STRAFRECHT ALLGEMEINER TEIL

法学精品教科书译丛

刑法总论教科书 第六版

〔德〕乌尔斯·金德霍伊泽尔 著
蔡桂生 译

北京大学出版社
PEKING UNIVERSITY PRESS

著作权合同登记号　图字:01-2013-4106

图书在版编目(CIP)数据

刑法总论教科书:第6版/(德)金德霍伊泽尔(Kindhäuser,U.)著;蔡桂生译.—北京:北京大学出版社,2015.6
（法学精品教科书译丛）
ISBN 978-7-301-25673-2

Ⅰ.①刑…　Ⅱ.①金…②蔡…　Ⅲ.①刑法—德国—教材　Ⅳ.①D951.64

中国版本图书馆 CIP 数据核字(2015)第 075273 号

Strafrecht Allgemeiner Teil, 6. Auflage, by Prof. Dr. Urs Kindhäuser © Nomos Verlagsgesellschaft, Baden-Baden(2013)
Simplified Chinese translation copyright © Peking University Press(2015)
ALL RIGHTS RESERVED

书　　　名	刑法总论教科书（第六版）
著作责任者	〔德〕乌尔斯·金德霍伊泽尔　著　蔡桂生　译
责 任 编 辑	毕苗苗
标 准 书 号	ISBN 978-7-301-25673-2
出 版 发 行	北京大学出版社
地　　　址	北京市海淀区成府路205号　100871
网　　　址	http://www.pup.cn
电 子 信 箱	law@pup.pku.edu.cn
新 浪 微 博	@北京大学出版社
电　　　话	邮购部 62752015　发行部 62750672　编辑部 62752027
印 刷 者	河北滦县鑫华书刊印刷厂
经 销 者	新华书店
	720 毫米×1020 毫米　16 开本　38.25 印张　750 千字
	2015 年 6 月第 1 版　2020 年 12 月第 5 次印刷
定　　　价	96.00 元

未经许可，不得以任何方式复制或抄袭本书之部分或全部内容。
版权所有，侵权必究
举报电话：010-62752024　电子信箱：fd@pup.pku.edu.cn
图书如有印装质量问题，请与出版部联系，电话：010-62756370

作者简介

乌尔斯·金德霍伊泽尔博士、教授(Prof. Dr. Dr. h. c. mult. *Urs Kindhäuser*),于1949年5月28日生于德国吉森。1968年进入吉森大学法律系学习,次年于弗兰肯塔尔市立医院服民役,1971—1976年分别在吉森大学、马尔堡大学、慕尼黑大学和弗莱堡大学法律系学习;之后,分别于1976年和1979年在弗莱堡通过德国国家司法考试第一试、第二试。1979年7月19日,获得弗莱堡大学法学博士学位,博士论文题目为:《有意的行为:针对刑法中行为之理解的语言哲学研究》(Intentionale Handlung. Sprachphilosophische Untersuchungen zum Verständnis von Handlung im Strafrecht,柏林1980年版)。

1979—1982年,他先后任曼海姆大学学术助手、巴登—巴登地方法院检察官、法官。1982—1987年,在克劳斯·蒂德曼教授(Prof. Dr. Dr. h. c. mult. *Klaus Tiedemann*)的指导下,撰写教授资格论文,教授资格论文题目为《作为犯罪的危险:抽象危险犯和具体危险犯学理的法理研究》(Gefährdung als Straftat. Rechtstheoretische Untersuchungen zur Dogmatik der abstrakten und konkreten Gefährdungsdelikte,美茵河畔法兰克福1989年版)。1987年5月14日,于弗莱堡大学取得刑法学、刑事诉讼法和法哲学的教授资格。1987—1993年先后任教于美茵河畔法兰克福大学、弗莱堡大学和罗斯托克大学,并任罗斯托克大学复建法律系首任系主任;1995年以后,于波恩大学法律与国家科学系担任刑法和刑事诉讼法教授。2002—2004年任波恩大学法律与国家科学系副系主任和系主任。1996年至今,担任波恩大学刑事法研究所主任。2008年起,任波恩大学学校委员会成员。长年于波恩大学讲授刑法学大课,课程内容条理清晰、表述易懂,深受听众好评。

2008年被秘鲁皮乌拉大学聘为名誉教授;2009年获秘鲁瓦努科大学名誉博士学位,并被秘鲁(利马)圣马科斯大学授予"莱昂·巴兰迪亚兰"(José León Barandiarán)奖章;2010年获秘鲁(钦博特)圣佩德罗大学名誉博士学位,并被秘鲁(利马)圣马丁大学聘为名誉教授;2011年当选阿根廷布宜诺斯艾利斯法律科学高端研究协会荣誉会员;2013年被中国人民大学聘为客座教授;2015年获秘鲁(胡利亚卡)安卡娜·内斯托尔·卡塞雷斯·贝拉斯克斯大学名誉博士学位。

自1980年以来,金德霍伊泽尔教授以德文和西班牙文独立出版专著九部、合著九部;出版有《刑法总论》(已出至第 6 版,2013 年)、《刑法分论 I》(已出至第 6 版,2014 年)、《刑法分论 II》(已出至第 8 版,2014 年)和《刑事诉讼法》(已出至第 3 版,2013 年)等九部教科书及教学参考书;发表有一百五十余篇学术论文和词典词条、14 篇判决评释、15 篇书评、6 篇其他作品,合编《法律科学》杂志,主编或合编十一套刑法学丛书、著作和三本(霍勒巴赫、蒂德曼、普珀)祝贺文集;担任《诺莫斯刑法典评注》(已出至第 4 版,2013 年)主编并撰写紧急防卫和防卫过当(第 32—33 条)、盗窃和侵占(第 242—248 条 c)、抢劫和勒索(第 249—256 条)、诈骗和计算机诈骗(第 263 条、第 263 条 a)、背信(第 266 条)、滥用支票与信用卡(第 266 条 b)、破产犯罪(第 283 条—第 283 条 d)、暴利(第 291 条)等条款评注;参著《法兰克福卡特尔法评注》(2009 年、2010 年、2013 年版等版本);独著《刑法典理论与实务评注》(已出至第 5 版,2012 年)。

缩略语索引

本书中,未标明法规出处的法条引用是指引用《刑法典》(StGB),并采取第×条第×款的形式。

德文缩略语	德文全称	中文译法
aA	anderer Ansicht	其他观点
abl.	ablehnend	反对的
Abs.	Absatz	款
abw.	abweichend	偏离的,不一致的
Achenbach-FS	Hellmann, Schröder (Hrsg.), Festschrift für Hans Achenbach, 2011	黑尔曼、施罗德主编:《汉斯·阿亨巴赫祝贺文集》,2011年版
aF	alte Fassung	旧版本、原版本
AG	Amtsgericht, Aktiengesellschaft	初级法院(地方法院),股份公司
Alt.	Alternative	替代性的,二者择一的,两种情况中的一种
Amelung-FS	Böse, Sternberg-Lieben (Hrsg.), Festschrift für Knut Amelung, 2009	伯泽、施特尔贝格—利本主编:《阿梅隆祝贺文集》,2009年版
Anm.	Anmerkung	评释、注解
AnwK-Bearbeiter	Leipold, Tsambikakis, Zöller (Hrsg.), AnwaltKommentar Strafgesetzbuch, 2011	莱波尔德、察姆比卡基斯、策勒主编:《刑法典律师评注》,2011年版
ARSP	Archiv für Rechts- und Sozialphilosophie (Zeitschrift)	《法律和社会哲学档案》(杂志)
Art.	Artikel	条
AT	Allgemeiner Teil	总论、总则
Aufl.	Auflage	版

(续表)

德文缩略语	德文全称	中文译法
ausf.	ausführlich	详尽地、详细地
Baumann-FS	Arzt u. a.（Hrsg.），Festschrift für Jürgen Baumann，1992	阿茨特等主编:《于尔根·鲍曼祝贺文集》,1992年版
Baumann/Weber/Mitsch	Baumann, Weber, Mitsch, Strafrecht Allgemeiner Teil, 11. Aufl. 2003	鲍曼、韦伯、米奇:《刑法总论》,第11版,2003年版
BayObLG	Bayerisches Oberstes Landesgericht	巴伐利亚州高等法院
Bd.	Band	卷
BGB	Bürgerliches Gesetzbuch	民法典
BGBl.	Bundesgesetzblatt（Teil，Seite）	联邦法律公报(部分,页)
BGH	Bundesgerichtshof	联邦法院
BGH-FS	Krüger-Nieland（Hrsg.），25 Jahre Bundesgerichtshof，1975	克吕格尔—尼兰德主编:《联邦法院25年》,1975年版
BGH-FS II	Geiß u. a.（Hrsg.），50 Jahre Bundesgerichtshof，2000	盖斯等主编:《联邦法院50年》,2000年版
BGH-FS IV	Canaris u. a.（Hrsg.），50 Jahre Bundesgerichtshof. Festgabe aus der Wissenschaft, Bd. IV. Strafrecht, Strafprozessrecht，2000	卡纳里斯等主编:《联邦法院50年:学术专辑》(第4卷:刑法、刑事诉讼法),2000年版
BGHR	Rechtsprechung des Bundesgerichtshofs in Strafsachen	联邦法院司法判决:刑事部分
BGHSt	Entscheidungen des Bundesgerichtshofs in Strafsachen	联邦法院刑事判例集
Bockelmann-FS	Kaufmann, Arthur u. a.（Hrsg.），Festschrift für Paul Bockelmann, 1979	阿图尔·考夫曼等主编:《保罗·博克尔曼祝贺文集》,1979年版
Bringewat	Bringewat, Grundbegriffe des Strafrechts, 2. Aufl. 2008	布林格瓦特:《刑法的基本概念》,第2版,2008年版
Bruns-FS	Frisch u. a.（Hrsg.），Festschrift für Hans-Jürgen Bruns, 1978	弗里施等主编:《汉斯—于尔根·布伦斯祝贺文集》,1978年版
Bspr.	Besprechung	评论、评释、书评

(续表)

德文缩略语	德文全称	中文译法
BT	Besonderer Teil	分论、分则
BT-Drucks	Bundestagsdrucksache（Wahlperiode/Nummer）	联邦议会印刷品（任期/编号）
BtMG	Gesetz über den Verkehr mit Betäubungsmitteln（Betäubungsmittelgesetz）	麻醉品交易法（麻醉品法）
BVerfG	Bundesverfassungsgericht	联邦宪法法院
BVerfGE	Entscheidungen des Bundesverfassungsgerichts	联邦宪法法院判例集
bzgl.	bezüglich	有关、关于
bzw	bezieungsweise	或者
Dencker-FS	Degener, Heghmanns（Hrsg.）, Festschrift für Friedrich Dencker, 2012	德格纳、黑格曼斯主编：《弗里德利希·登克尔祝贺文集》,2012年版
ders.	derselbe	同前者（比如，同一作者）
dh	das heißt	这意味着、这也就是说
dies.	dieselbe(n)	同样的
diff.	differenzierend	不同地（的）、有区别地（的）
Dreher-FS	Jescheck u. a.（Hrsg.）, Festschrift für Eduard Dreher, 1977	耶赛克等主编：《爱德华·德雷埃尔祝贺文集》,1977年版
Ebert	Ebert, Strafrecht Allgemeiner Teil, 3. Aufl. 2001（zitiert nach Seiten）	埃伯特：《刑法总论》,第3版,2001年版（按页码引用）
Einl.	Einleitung	导言
einschr.	einschränkend	限制性地（的）
Eisenberg	Eisenberg, Kriminologie, 6. Aufl. 2005	艾森贝格：《犯罪学》,第6版,2005年版
Eisenberg-FS	Müller, Sander, Válková（Hrsg.）, Festschrift für Ulrich Eisenberg zum 70. Geburtstag, 2009	米勒、桑德勒、瓦尔科娃主编：《乌尔里希·艾森贝格七十寿辰祝贺文集》,2009年版
EMRK	Europäische Konvention zum Schutze der Menschenrechte und Grundfreiheiten	欧洲保护人权和基本自由公约

(续表)

德文缩略语	德文全称	中文译法
Engisch	Engisch, Einführung in das juristische Denken, 10. Aufl. 2005（zitiert nach Seiten）	恩吉施：《法律思维导论》，第10版，2005年版（按页码引用）
EU	Europäische Union	欧盟
f	folgende（Seite, Paragraph）	以下（一个页码、边码等）
ff	folgende（Seiten, Paragraphen）	以下（几个页码、边码等）
Fischer	Fischer, Strafgesetzbuch und Nebengesetze, 60. Aufl. 2013	菲舍尔：《刑法典和附属刑法》，第60版，2013年版
Fn	Fußnote	脚注
Frank	Frank, Das Strafrecht für das Deutsche Reich, 18. Aufl. 1931	弗兰克：《德意志帝国刑法》，第18版，1931年版
Frank-FG	Hegler（Hrsg.）, Festgabe für Reinhard von Frank, Bd. I, II, 1930	黑格勒主编：《赖因哈德·弗兰克专辑》，第1、2卷，1930年版
Freund	Freund, Strafrecht Allgemeiner Teil. Personale Straftatlehre, 2. Aufl. 2009	弗洛因德：《刑法总论：人格犯罪论》，第2版，2009年版
Frister	Frister, Strafrecht Allgemeiner Teil, 5. Aufl. 2011	弗里斯特：《刑法总论》，第5版，2011年版
GA	Archiv für Strafrecht und Strafprozeß, begründet von Th. Goltdammer;（später:）Goltdammer's Archiv für Strafrecht	戈尔特达默创办的《刑法和刑事诉讼法档案》，后来改名为《戈尔特达默刑法档案》
Gallas-FS	Lackner u. a.（Hrsg.）, Festschrift für Wilhelm Gallas, 1973	拉克纳等主编：《维尔海姆·加拉斯祝贺文集》，1973年版
Geerds-FS	Schlüchter（Hrsg.）, Festschrift für Friedrich Geerds, 1995	施吕克特主编：《弗里德里希·格尔茨祝贺文集》，1995年版
gem.	gemäß	根据、按照、依照
Geppert-FS	Geisler, Kraatz, Kretschmer u. a.（Hrsg.）, Festschrift für Klaus Geppert zum 70. Geburtstag, 2011	盖斯勒、克拉茨、克雷奇默尔等主编：《克劳斯·格佩尔特七十寿辰祝贺文集》，2011年版
GG	Grundgesetz für die Bundesrepublik Deutschland	德意志联邦共和国基本法

(续表)

德文缩略语	德文全称	中文译法
ggf	gegebenenfalls	也许、可能、或许
GmbH	Gesellschaft mit beschränkter Haftung	有限责任公司
GmbHG	Gesetz betreffend die Gesellschaften mit beschränkter Haftung	有限责任公司法
Göppinger	Bock（Hrsg.），Göppinger，Kriminologie，6. Aufl. 2008	博克主编，格平格尔:《犯罪学》，第6版，2008年版
Gössel-FS	Dölling，Erb（Hrsg.），Festschrift für Karl Heinz Gössel，2002	德林、埃布主编:《卡尔·海因茨·格塞尔祝贺文集》，2002年版
grds.	grundsätzlich	根本上、基本上
Gropp	Gropp，Strafrecht Allgemeiner Teil，3. Aufl. 2005	格罗普:《刑法总论》，第3版，2005年版
GVG	Gerichtsverfassungsgesetz	法院组织法
Haft	Haft，Strafrecht Allgemeiner Teil，9. Aufl. 2004（zitiert nach Seiten）	哈夫特:《刑法总论》，第9版，2004年版（按页码引用）
Hanack-FS	Ebert u. a.（Hrsg.），Festschrift für Ernst-Walter Hanack，1999	埃伯特等主编:《恩斯特—瓦尔特·哈纳克祝贺文集》，1999年版
HansOLG	Hanseatisches Oberlandesgericht	汉萨同盟地区高等法院
Hauf	Hauf，Strafrecht Allgemeiner Teil，2. Aufl. 2001（zitiert nach Seiten）	豪夫:《刑法总论》，第2版，2001年版（按页码引用）
Heinitz-FS	Lüttger（Hrsg.）Festschrift für Ernst Heinitz，1972	吕特格尔主编:《恩斯特·海尼茨祝贺文集》，1972年版
Heinrich	Heinrich，Strafrecht Allgemeiner Teil，3. Aufl. 2012	海因里希:《刑法总论》，第3版，2012年版
v. Heintschel-Heinegg	v. Heintschel-Heinegg，Prüfungstraining Strafrecht，Bd. 1，Methodik der Fallbearbeitung，1992	冯·海因契尔、海内格:《刑法考试训练》（第1卷，案例分析的方法），1992年版
Heinz-FS	Hilgendorf，Rengier（Hrsg.），Festschrift für Wolfgang Heinz，2012	希尔根多夫、伦吉尔主编:《沃尔夫冈·海因茨祝贺文集》，2012年版

(续表)

德文缩略语	德文全称	中文译法
Henkel-FS	Roxin u. a. (Hrsg.), Festschrift für Heinrich Henkel, 1974	罗克辛等主编:《海因里希·亨克尔祝贺文集》,1974年版
Herzberg-FS	Putzke u. a. (Hrsg.), Festschrift für Rolf Dietrich Herzberg, 2008	普茨克等主编:《罗尔夫·迪特里希·赫茨贝格祝贺文集》,2008年版
Hillenkamp AT	Hillenkamp, 32 Probleme aus dem Strafrecht Allgemeiner Teil, 14. Aufl. 2012 (zitiert nach Seiten)	希伦坎普:《刑法总论中的32个问题》,第14版,2012年版(按页码引用)
Hirsch-FS	Weigend u. a. (Hrsg.), Festschrift für Hans Joachim Hirsch, 1999	魏根特等主编:《汉斯·约阿希姆·希尔施祝贺文集》,1999年版
HKGS-Bearbeiter	Dölling, Duttge, Rössner (Hrsg.), Gesamtes Strafrecht. Handkommentar, 2. Aufl. 2011	德林、杜特格、罗斯纳主编:《整体刑法评注便携本》,第2版,2011年版
hL	herrschende Lehre	主流学说、主流理论
hM	herrschende Meinung	主流观点、主流意见
Hoffmann-Holland	Hoffmann-Holland, Strafrecht Allgemeiner Teil, 2. Aufl. 2011	霍夫曼—霍兰特:《刑法总论》,第2版,2011年版
Hollerbach-FS	Bohnert u. a. (Hrsg.), Festschrift für Alexander Hollerbach, 2001	博讷特等主编:《亚历山大·霍勒巴赫祝贺文集》,2001年版
Honig-FS	Barth u. a. (Hrsg.), Festschrift für Richard M. Honig, 1970	巴尔特主编:《里夏德·M·霍尼希祝贺文集》,1970年版
Hrsg.	Herausgeber	主编
Hruschka	Hruschka, Strafrecht nach logisch-analytischer Methode, 2. Aufl. 1988	赫鲁斯卡:《逻辑分析的刑法》,第2版,1988年版
Hruschka-FS	Joerden u. a. (Hrsg.), Philosophia Practica Universalis. Festschrift für Joachim Hruschka, 2005	约尔登等主编:《哲学·实践·普遍性:约阿希姆·赫鲁斯卡祝贺文集》,2005年版
iE	im Ergebnis	在结果上、具体地
iSd	im Sinne des/der	在……的意义上,从……的角度而言

(续表)

德文缩略语	德文全称	中文译法
iSe	im Sinne eines/einer	在……的意义上,从某个……的角度而言
iSv	im Sinne von	在……的意义上,从……的角度而言
iVm	in Verbindung mit	与……相联系,考虑到
JA	Juristische Arbeitsblätter (Zeitschrift)	法学工作(杂志)
Jäger	Jäger, Examens-Repetitorium Strafrecht Allgemeiner Teil, 5. Aufl. 2011	耶格尔:《刑法总论考试参考书》,第5版,2011年版
Jakobs	Jakobs, Strafrecht Allgemeiner Teil, 2. Aufl. 1991	雅科布斯:《刑法总论》,第2版,1991年版
Jakobs-FS	Pawlik u. a. (Hrsg.), Festschrift für Günther Jakobs, 2007	帕夫尼克等主编:《雅科布斯祝贺文集》,2007年版
Jescheck-FS	Vogler u. a. (Hrsg.), Festschrift für Hans-Heinrich Jescheck, 1985	福格尔等主编:《汉斯—海因里希·耶赛克祝贺文集》,1985年版
Jescheck/Weigend	Jeschek, Weigend, Lehrbuch des Strafrechts Allgemeiner Teil, 5. Aufl. 1996	耶赛克、魏根特:《德国刑法教科书》,第5版,1996年版
jew.	jeweils	每个、各个
JGG	Jugendgerichtsgesetz	青少年法庭法
Joecks	Joecks, Studienkommentar StGB, 10. Aufl. 2012	约克斯:《刑法典学习评注》,第10版,2012年版
JR	Juristische Rundschau (Zeitschrift)	法学综览(杂志)
Jung-FS	Müller-Dietz u. a. (Hrsg.), Festschrift für Heike Jung, 2007	米勒—迪茨等主编:《海克·容祝贺文集》,2007年版
Jura	Juristische Ausbildung (Zeitschrift)	法学教育(杂志)(本书亦简译为《法学》)
JuS	Juristische Schulung (Zeitschrift)	法学教学(杂志)
JZ	Juristenzeitung (Zeitschrift)	法学家报(杂志)
Kaufmann, A.-GS	Dornseifer u. a. (Hrsg.), Gedächtnisschrift für Armin Kaufmann, 1989	多尔恩赛弗尔等主编:《阿明·考夫曼纪念文集》,1989年版

(续表)

德文缩略语	德文全称	中文译法
Kaufmann, Arth. -FS	Haft u. a. (Hrsg.), Strafgerechtigkeit, Festschrift für Arthur Kaufmann, 1993	哈夫特等主编:《刑事正义:阿图尔·考夫曼祝贺文集》,1993年版
Kaufmann, H. -GS	Hirsch u. a. (Hrsg.), Gedächtnisschrift für Hilde Kaufmann, 1986	希尔施等主编:《希尔德·考夫曼纪念文集》,1986年版
KG	Kammergericht	柏林高等法院
Kindhäuser BT I, II	Kindhäuser, Lehrbuch des Strafrechts Besonderer Teil I, Straftaten gegen Persönlichkeitsrechte, Staat und Gesellschaft, 5. Aufl. 2011; Lehrbuch des Strafrechts Besonderer Teil II, Straftaten gegen Vermögensrechte, 7. Aufl. 2013	金德霍伊泽尔:《刑法分论教科书I:侵犯人格权、国家和社会的犯罪》,第5版,2011年版;《刑法分论教科书II:侵犯财产权的犯罪》,第7版,2013年版
Kindhäuser LPK	Kindhäuser, Strafgesetzbuch, Lehr- und Praxiskommentar, 5. Aufl. 2013	金德霍伊泽尔:《刑法典理论与实务评注》,第5版,2013年版
Kindhäuser StPR	Kindhäuser, Strafprozessrecht, 2. Aufl. 2010	金德霍伊泽尔:《刑事诉讼法》,第2版,2010年版
Kindhäuser/ Schumann/Lubig	Kindhäuser, Schumann, Lubig, Klausurtraining Strafrecht, 2. Aufl. 2012 (zitiert nach Seiten)	金德霍伊泽尔、舒曼、卢比希:《刑法考试训练》,第2版,2012(按页码引用)
KJ	Kritische Justiz (Zeitschrift)	法学批评(杂志)
Kleinknecht-FS	Gössel u. a. (Hrsg.), Strafverfahren im Rechtsstaat. Festschrift für Theodor Kleinknecht, 1985	格塞尔等主编:《法治国家的刑事诉讼:特奥多尔·克莱因克内希特祝贺文集》,1985年版
Klug-FS	Kohlmann (Hrsg.), Festschrift für Ulrich Klug zum 70. Geburtstag, Bd. II, Strafrecht, Prozeßrecht, Kriminologie, Strafvollzugsrecht, 1983	科尔曼主编:《乌尔里希·克卢格七十寿辰祝贺文集》(第2卷:刑法、诉讼法、犯罪学、刑事执行法),1983年版
Köhler	Köhler, Strafrecht Allgemeiner Teil, 1997 (zitiert nach Seiten)	克勒:《刑法总论》,1997年版(按页码引用)
Kohlmann-FS	Hirsch u. a. (Hrsg.), Festschrift für Günther Kohlmann, 2003	希尔施等主编:《京特·科尔曼祝贺文集》,2003年版

(续表)

德文缩略语	德文全称	中文译法
Krey, Esser	Krey/Esser, Deutsches Strafrecht Allgemeiner Teil, 5. Aufl. 2012	克赖、埃塞尔:《德国刑法总论》,第5版,2012年版
Krey-FS	Amelung u. a. (Hrsg.), Festschrift für Volker Krey, 2010	阿梅隆等主编:《福尔克尔·克赖祝贺文集》,2010年版
krit.	kritisch	批评的、批判的、评判的
Kudlich	Kudlich, Strafrecht Allgemeiner Teil (Prüfe dein Wissen), 3. Aufl. 2009	库德利希:《刑法总论》(检验你的知识),第3版,2009年版
Kühl	Kühl, Strafrecht Allgemeiner Teil, 7. Aufl. 2012	屈尔:《刑法总论》,第7版,2012年版
Küper-FS	Hettinger u. a. (Hrsg.), Festschrift für Wilfried Küper, 2007	黑廷格等主编:《维尔弗里德·屈佩尔祝贺文集》,2007年版
L-Kühl	Lackner, Kühl, Strafgesetzbuch mit Erläuterungen, 27. Aufl. 2011	拉克纳、屈尔:《刑法典释义》,第27版,2011年版
Lackner-FS	Küper u. a. (Hrsg.), Festschrift für Karl Lackner, 1987	屈佩尔等主编:《卡尔·拉克纳祝贺文集》,1987年版
Lampe-FS	Dölling (Hrsg.), Festschrift für Ernst-Joachim Lampe, 2003	德林主编:《恩斯特—约阿希姆·兰珀祝贺文集》,2003年版
Lange-FS	Warda u. a. (Hrsg.), Festschrift für Richard Lange, 1976	瓦尔达等主编等主编:《里夏德·朗格祝贺文集》,1976年版
Larenz-FS	Canaris u. a. (Hrsg.), Festschrift für Karl Larenz zum 80. Geburtstag, 1983	卡纳里斯等主编:《卡尔·拉伦茨八十寿辰祝贺文集》,1983年版
Laubenthal	Laubenthal, Strafvollzug, 6. Aufl. 2011	劳本塔尔:《刑事执行》,第6版,2011年版
Leferenz-FS	Kerner u. a. (Hrsg.), Festschrift für Heinz Leferenz, 1983	克而纳等主编:《海因茨·勒弗伦茨祝贺文集》,1983年版
Lenckner-FS	Eser u. a. (Hrsg.), Festschrift für Theodor Lenckner, 1998	埃泽尔等主编:《特奥多尔·伦克纳祝贺文集》,1998年版
LG	Landgericht	州法院

(续表)

德文缩略语	德文全称	中文译法
v. Liszt	v. Liszt, Lehrbuch des Deutschen Strafrechts, 22. Aufl. 1919	冯·李斯特:《德国刑法教科书》,第22版,1919年版
LK-Bearbeiter	Laufhütte, Rissing-van Saan, Tiedemann (Hrsg.), Leipziger Kommentar zum Strafgesetzbuch, 12. Aufl. seit 2007; Jähnke, Laufhütte, Odersky (Hrsg.), Leipziger Kommentar zum Strafgesetzbuch, 11. Aufl. seit 1992; Jescheck, Ruß, Willms (Hrsg.), Leipziger Kommentar zum Strafgesetzbuch, 10. Aufl. seit 1985.	劳夫许特、里辛—凡·桑、蒂德曼主编:《莱比锡刑法典评注》,第12版,2007年以后; 延克、劳夫许特、奥德斯基:《莱比锡刑法典评注》,第11版,1992年以后; 耶赛克、鲁斯、维尔姆斯主编:《莱比锡刑法典评注》,第10版,1985年以后。
LR-Bearbeiter	Erb u. a. (Hrsg.), Löwe-Rosenberg, Die Strafprozessordnung und das Gerichtsverfassungsgesetz, 26. Aufl. seit 2006	埃尔布等主编:《勒韦—罗森贝格,刑事程序和法院组织法》,第26版,2006年以后。
m.	mit	和、及
M-Zipf	Maurach, Zipf, Strafrecht AT, Teilbd. I, Grundlehren des Strafrechts und Aufbau der Straftat, 8. Aufl. 1992	毛拉赫、齐普夫:《刑法总论》(第1分册:刑法基础理论及犯罪构造),第8版,1992年版
M-Gössel/Zipf	Maurach, Gössel, Zipf, Strafrecht AT, Teilbd. II, Erscheinungsformen und Rechtsfolgen der Straftat, 7. Aufl. 1989	毛拉赫、格塞尔、齐普夫:《刑法总论》(第2分册:犯罪形态及其法律后果),第7版,1989年版
Maihofer-FS	Kaufmann u. a. (Hrsg.), Festschrift für Werner Maihofer, 1988	考夫曼等主编:《魏尔纳·迈霍弗祝贺文集》,1988年版
Maiwald-FS	Bloy u. a. (Hrsg.), Festschrift für Manfred Maiwald, 2010	布洛伊等主编:《曼弗雷德·迈瓦尔德祝贺文集》,2010年版
Marxen	Marxen, Kompaktkurs Strafrecht, Allgemeiner Teil, 2003	马克森:《刑法课程浓缩:总论》,2003年版
Matt	Matt, Strafrecht Allgemeiner Teil I, 1996	马特:《刑法总论I》,1996年版
Maurach-FS	Schroeder u. a. (Hrsg.), Festschrift für Reinhart Maurach, 1972	施洛德等主编:《赖因哈德·毛拉赫祝贺文集》,1972年版

(续表)

德文缩略语	德文全称	中文译法
Maurer	Maurer, Allgemeines Verwaltungsrecht, 18. Aufl. 2011	毛雷尔:《行政法总论》,第18版,2011年版
maW	mit anderen Worten	换言之
Mayer-FS	Geerds u. a. (Hrsg.), Festschrift für Hellmuth Mayer, 1966	格尔茨等主编:《赫尔穆特·迈尔祝贺文集》,1966年版
MDR	Monatsschrift für Deutsches Recht	德国法月报
Meurer-GS	Graul, Wolf (Hrsg.), Gedächtnisschrift für Dieter Meurer, 2002	格劳尔、沃尔夫等主编:《迪特尔·莫伊尔纪念文集》,2002年版
Mitsch	Mitsch, Recht der Ordnungswidrigkeiten, 2. Aufl. 2005	米奇:《违反秩序法》,第2版,2005年版
Miyazawa-FS	Kühne u. a. (Hrsg.), Festschrift für Koichi Miyazawa, 1995	屈内主编:《宫泽浩一祝贺文集》,1995年版
MK-Bearbeiter	Joecks, Miebach (Hrsg.), Münchener Kommentar zum Strafgesetzbuch, 2. Aufl. ab 2011	约克斯、米巴赫主编:《慕尼黑刑法典评注》,第2版,2011年以后
mwN	mit weiteren Nachweisen	有进一步的文献
Naucke	Naucke, Strafrecht. Eine Einführung, 10. Aufl. 2002	瑙克:《刑法导读》,第10版,2002年版
Nishihara-FS	Eser (Hrsg.), Festschrift für Haruo Nishihara zum 70. Geburtstag, 1998	埃泽尔主编:《西原春夫七十寿辰祝贺文集》,1998年版
NJ	Neue Justiz (Zeitschrift)	新法学(杂志)
NJOZ	Neue Juristische Online-Zeitschrift (Internet-Zeitschrift)	新法学在线—杂志(网络期刊)
NJW	Neue Juristische Wochenschrift	新法学周刊
NJW-Spezial	Neue Juristische Wochenschrift-Spezial	新法学周刊—特辑
NK-Bearbeiter	Kindhäuser, Neumann, Paeffgen (Hrsg.), Nomos-Kommentar zum Strafgesetzbuch, 4. Aufl. 2013	金德霍伊泽尔、诺伊曼、佩夫根主编:《诺莫斯刑法典评注》,第4版,2013年版
Noll-GS	Hauser u. a. (Hrsg.), Gedächtnisschrift für Peter Noll, 1984	豪泽尔等主编:《彼得·诺尔纪念文集》,1984年版

（续表）

德文缩略语	德文全称	中文译法
Nr.	Nummer(n)	编号、项、点
NStZ	Neue Zeitschrift für Strafrecht	刑法新杂志
NStZ-RR	Neue Zeitschrift für Strafrecht-Report Strafrecht (Zeitschrift)	刑法新杂志——刑事判决和报告（杂志）
NZV	Neue Zeitschrift für Verkehrsrecht	交通法新杂志
o. ä.	oder ähnlich(e, es)	或者相似地
Oehler-FS	Herzberg (Hrsg.), Festschrift für Dietrich Oehler, 1985	赫茨贝格主编：《迪特里希·厄勒祝贺文集》，1985年版
OGHSt	Entscheidungen des Obersten Gerichtshofes für die Britische Zone in Strafsachen	英占区最高法院刑事判例集
OLG	Oberlandesgericht	州高等法院
OLG Celle-FS	Rechts- und Staatswissenschaftliche Fakultät Gö-ttingen (Hrsg.), Göttinger Festschrift für das Oberlandesgericht Celle, 1961	哥廷根法律和国家科学系主编：《策勒州高等法院的哥廷根祝贺文集》，1961年版
OLGSt	Entscheidungen der Oberlandesgerichte zum Straf- und Strafverfahrensrecht	州高等法院刑法和刑事诉讼法判例集
Otto	Otto, Grundkurs Strafrecht, Allgemeine Strafrechtslehre, 7. Aufl. 2004	奥托：《基础刑法课程——刑法总论》，第7版，2004年版
Otto-FS	Dannecker u. a. (Hrsg.), Festschrift für Harro Otto, 2007	丹内克尔等主编：《哈罗·奥托祝贺文集》，2007年版
OWiG	Gesetz über Ordnungswidrigkeiten	违反秩序法
Palandt-Bearbeiter	Palandt, Bürgerliches Gesetzbuch. Kurzkommentar, 72. Aufl. 2013	帕兰特：《民法典简要评注》，第72版，2013年版
Peters-FS	Baumann u. a. (Hrsg.), Einheit und Vielfalt des Strafrechts. Festschrift für Karl Peters, 1974	鲍曼等主编：《刑法的单一性与多样性：卡尔·彼得斯祝贺文集》，1974年版
Puppe	Puppe, Strafrecht Allgemeiner Teil im Spiegel der Rechtsprechung, 2. Aufl. 2011	普珀：《判例中的刑法总论》，第2卷，2011年版

(续表)

德文缩略语	德文全称	中文译法
Puppe-FS	Paeffgen u. a. (Hrsg.), Festschrift für Ingeborg Puppe, 2011	佩夫根等主编:《英格博格·普珀祝贺文集》,2011年版
Rengier	Rengier, Strafrecht Allgemeiner Teil, 4. Aufl. 2012	伦吉尔:《刑法总论》,第4版,2012年版
RG	Reichsgericht	帝国法院
RGSt	Entscheidungen des Reichsgerichts in Strafsachen	帝国法院刑事判例集
Rittler-FS	Hohenleiter u. a. (Hrsg.), Festschrift für Theodor Rittler, 1957	霍亨莱特等主编:《特奥多尔·里特勒祝贺文集》,1957年版
Rn	Randnummer	边码
Roxin TuT	Roxin, Täterschaft und Tatherrschaft, 8. Aufl. 2006	罗克辛:《正犯与犯罪行为支配》,第8版,2006年版
Roxin I, II	Roxin, Strafrecht Allgemeiner Teil, Bd. I, Grundlagen. Der Aufbau der Verbrechenslehre, 4. Aufl. 2006; Bd. II, Besondere Erscheinungsformen der Straftat, 2003	罗克辛:《刑法总论》(第1卷:犯罪论的构造),第4版,2006年版;《刑法总论》(第2卷:犯罪的具体形态),2003年版
Roxin-FS I	Achenbach u. a. (Hrsg.), Festschrift für Claus Roxin, 2001	阿亨巴赫等主编:《罗克辛祝贺文集》,2001年版
Roxin-FS II	Heinrich u. a. (Hrsg.), Strafrecht als Scientia Universalis, Festschrift für Claus Roxin, Bd. 1 und 2, 2011	海因里希等主编:《作为普适科学的刑法:罗克辛祝贺文集》,第1卷和第2卷,2011年版
Roxin, Imme-FS	Schulz u. a. (Hrsg.), Festschrift für Imme Roxin, 2012	舒尔茨等主编:《伊默·罗克辛祝贺文集》,2012年版
Roxin/Schünemann	Roxin, Schünemann, Strafverfahrensrecht, 26. Aufl. 2009	罗克辛、许内曼:《刑事程序法》,第26版,2009年版
Rspr	Rechtsprechung	判例(的见解)
RStGB	Reichsstrafgesetzbuch	帝国刑法典
Rudolphi-FS	Rogall u. a. (Hrsg.), Festschrift für Hans-Joachim Rudolphi, 2004	罗加尔等主编:《汉斯-约阿希姆·鲁道菲祝贺文集》,2004年版

（续表）

德文缩略语	德文全称	中文译法
S.	Satz, Seite	句子,页码
s.	siehe	见、参见
S/S-Bearbeiter	Schönke, Schröder, Strafgesetzbuch. Kommentar, 28. Aufl. 2010	舍恩克、施罗德:《刑法典评注》,第28版,2010年版
S/S/W-Bearbeiter	Satzger, Schmitt, Widmaier (Hrsg.), StGB - Strafgesetzbuch, Kommentar, 2009	萨茨格尔、施米特、维德迈尔主编:《刑法典评注》,2009年版
Salger-FS	Eser u. a. (Hrsg.), Festschrift für Hannskarl Salger, 1995	埃泽尔等主编:《汉斯卡尔·萨尔格尔祝贺文集》,1995年版
Schaffstein/Beulke	Schaffstein, Beulke, Jugendstrafrecht, 14. Aufl. 2002 (zitiert nach Seiten)	沙夫斯泰因、博伊尔克:《青少年刑法》,第14版,2002年版(按页码引用)
Schaffstein-FS	Grünwald u. a. (Hrsg.), Festschrift für Friedrich Schaffstein, 1975	格林瓦尔德等主编:《弗里德里希·沙夫施泰因祝贺文集》,1975年版
Schlüchter-GS	Duttge u. a. (Hrsg.), Gedächtnisschrift für Ellen Schlüchter, 2002	杜特格等主编:《施吕希特纪念文集》,2002年版
Schmidhäuser	Schmidhäuser, Strafrecht Allgemeiner Teil, Lehrbuch, 2. Aufl. 1975	施米德霍伊泽尔:《刑法总论教科书》,第2版,1975年版
Schmidhäuser StuB	Schmidhäuser, Strafrecht Allgemeiner Teil, Studienbuch, unter Mitarbeit von Heiner Alwart, 2. Auf. 1984	施米德霍伊泽尔:《刑法总论》,教学用书,与海内尔·阿尔瓦特合著,第2版,1984年版
Schmidt, Eb. -FS	Bockelmann, Gallas (Hrsg.), Festschrift für Eberhard Schmidt, 1961	博克尔曼、加拉斯主编:《埃伯哈特·施密特祝贺文集》,1961年版
Schroeder-FS	Hoyer u. a. (Hrsg.), Festschrift für Friedrich-Christian Schroeder, 2006	霍伊尔等主编:《弗里德里希—克里斯蒂安·施洛德祝贺文集》,2006年版
Schröder-GS	Stree, Cramer, Eser (Hrsg.), Gedächtnisschrift für Horst Schröder, 1978	施特雷、克拉默、埃泽尔主编:《霍斯特·施罗德纪念文集》,1978年版
SK-Bearbeiter	Rudolphi, Horn, Hoyer, Günther, Samson, Wolters (Hrsg.) Systematischer Kommentar zum Strafgesetzbuch, 8. Aufl., Stand Februar 2013	鲁道菲、霍恩、霍伊尔、京特、萨姆松、沃尔特斯主编:《刑法典体系性评注》,第8版,2013年版

(续表)

德文缩略语	德文全称	中文译法
sog	sogenannt(e, er)	所谓的
Spendel-FS	Seebode (Hrsg.), Festschrift für Günter Spendel, 1992	泽博德主编:《京特·施彭德尔祝贺文集》,1992年版
StGB	Strafgesetzbuch	刑法典
StPO	Strafprozessordnung	刑事诉讼法
str.	streitig	有争议地
StraFo	Strafverteidiger Forum(Zeitschrift)	刑事辩护人论坛(杂志)
Stratenwerth/Kuhlen	Stratenwerth, Kuhlen, Strafrecht Allgemeiner Teil. Die Straftat, 6. Aufl. 2011	斯特拉腾韦特、库伦:《刑法总论:犯罪》,第6版,2011年版
Stree/Wessels-FS	Küper u. a. (Hrsg.), Festschrift für Walter Stree und Johannes Wessels, 1993	屈佩尔等主编:《瓦尔特·施特雷和约翰内斯·韦塞尔斯祝贺文集》,1993年版
Streng	Streng, Strafrechtliche Sanktionen. Grundlagen und Anwendung, 2. Aufl. 2002	施特伦:《刑事制裁:原理与应用》,第2版,2002年版
StV	Strafverteidiger (Zeitschrift)	刑事辩护人(杂志)
StVG	Straßenverkehrsgesetz	道路交通法
StVO	Straßenverkehrsordnung	道路交通条例
StVollzG	Gesetz über den Vollzug der Freiheitsstrafe und der freiheitsentziehenden Maßregeln der Besserung und Sicherung (Strafvollzugsgesetz)	自由刑和剥夺自由的矫正和保安处分之施行法(刑事执行法)
subj.	subjektiv	主观的
Szwarc-FS	Joerden u. a. (Hrsg.), Frankfurter Festschrift für Andrzej J. Szwarc zum 70. Geburtstag, 2009	约尔登等主编:《安德日泽·J.斯茨瓦克法兰克福祝贺文集》,2009年版
Tiedemann-FS	Sieber u. a. (Hrsg.), Festschrift für Klaus Tiedemann, 2008	西贝尔等主编:《克拉斯·蒂德曼祝贺文集》,2008年版
Triffterer-FS	Schmoller (Hrsg.), Festschrift für Otto Triffterer, 1996	施莫尔勒主编:《奥托·特里夫特尔祝贺文集》,1996年版

(续表)

德文缩略语	德文全称	中文译法
Tröndle-FS	Jescheck u. a.（Hrsg.），Festschrift für Herbert Tröndle，1988	耶赛克等主编：《赫伯特·特伦德勒祝贺文集》，1988年版
u. a.	und andere；unter anderem	此外，另外
umf.	umfassende	全面的、广泛的
umstr.	umstritten	有争议的、待商榷的
unstr.	unstrittig	无争议的
usw	und so weiter	等等
Var.	Variante	修正版、有变化的
vgl	vergleiche	参见、比较、参考
VO	Verordnung	法令
Vor	Vorbemerkung(en)	前言、绪言
VRS	Verkehrsrechts-Sammlung(Zeitschrift)	交通法汇编（杂志）
W-Beulke	Wessels, Beulke, Strafrecht Allgemeiner Teil. Die Straftat und ihr Aufbau, 42. Aufl. 2012	韦塞尔斯、博伊尔克：《刑法总论：犯罪及其构造》，第42版，2012年版
WaffG	Waffengesetz	武器法
Welzel	Welzel, Das Deutsche Strafrecht, 11. Aufl. 1969	韦尔策尔：《德国刑法》，第11版，1969年版
Welzel-FS	Stratenwerth u. a.（Hrsg.），Festschrift für Hans Welzel, 1974	斯特拉滕韦特等主编：《韦尔策尔祝贺文集》，1974年版
wistra	Zeitschrift für Wirtschafts- und Steuerstrafrecht	经济刑法和税收刑法杂志
Wolf/Neuner	Wolf, Neuner, Allgemeiner Teil des Bürgerlichen Rechts, 10. Auflage, 2012	沃尔夫、诺伊纳：《民法总论》，第10版，2012年版
Würtenberger-FS	Herren u. a.（Hrsg.），Festschrift für Thomas Würtenberger, 1977	黑伦等主编《托马斯·维腾贝格尔祝贺文集》，1977年版
zB	zum Beispiel	比如，例如
Zieschang	Zieschang, Strafrecht Allgemeiner Teil, 2. Aufl. 2009（zitiert nach Seiten）	齐祥：《刑法总论》，第2版，2009年版（按页码引用）

（续表）

德文缩略语	德文全称	中文译法
ZIS	Zeitschrift für Internationale Strafrechtsdogmatik（Internet-Zeitschrift）	刑法学理国际杂志（网络期刊）
ZJS	Zeitschrift für das Juristische Studium（Internet-Zeitschrift）	法学学习杂志（网络期刊）
ZPO	Zivilprozessordnung	民事诉讼法
ZStW	Zeitschrift für die gesamte Strafrechtswissenschaft	整体刑法学杂志
zusf.	zusammenfassend	总结性地
zust.	zustimmend	赞同的、一致的、肯定的
zutr.	zutreffend	合适的、恰当的

德文第六版序

这本刑法总论教科书是关于犯罪学说总论部分的一个浓缩版,它覆盖了考试中会涉及的材料。这个浓缩版适合于初学者,也可以作为复习之用。本书的中心是,按照犯罪构造的逻辑,对具体的审查步骤进行阐述,同时,也论述刑法上的专业话题。犯罪构造是本书的主要部分,通过犯罪构造,我们才在"技术上"开始我们的学习研究。不过,在论述犯罪构造之上,需要对刑法的社会机能、(宪法)法律前提和方法论进行阐述。当我们在面对有争议的问题却要做出决定时,为了能成功地论证,也经常追问到这些内容。

对这本教科书的第6版,我进行了彻底的更新和全面的修订。在修订更新过程中,刑事法研究所的两位学术助手L.维斯特费尔德(Lisa Wüstefeld)女士和C.穆德尔斯(Christian Muders)先生提供了帮助,在此我表示衷心的感谢。此外,瓦伊斯·阿夫沙尔(Wahis Afschar)、M.巴西克(Marija Basic)、莱奥妮·埃德曼(Leonie Erdmann)、N.费尔南多(Nilani Fernando)、M.洛特莫泽(Marcel Lottermoser)、E-M.马克森(Eva-Maria Marxen)、L.梅廷斯(Lena Mertins)、A.波尔博士(Dr. Alexandra Pohl)、B.普罗伊斯(Birgit Preus)、S.舒克(Stephan Schuck)、K.舒曼博士(Dr. Kay Schumann)和J.施廷纳(Julia Stinner)诸位女士和先生给予了若干建议,特别是在校对上提供了有力的帮助,对此我表示感谢。最后,正如一贯以来的那样,我要感激J.格谢(Jacqueline Götsche)女士卓越的秘书事务和图书管理工作。

乌尔斯·金德霍伊泽尔
2013年2月于波恩

中译本序

蔡桂生翻译的德国著名刑法学家乌尔斯·金德霍伊泽尔教授的《刑法总论教科书》一书即将由北京大学出版社出版发行。金德霍伊泽尔教授曾经多次来到我国讲学,对于我们了解、借鉴德国刑法知识作出了重要的贡献。现在,金德霍伊泽尔教授的《刑法总论教科书》又在我国出版,使我们不仅能够"听"其言,而且还能够"读"其书,不亦乐乎。译者蔡桂生把金德霍伊泽尔教授的《刑法总论教科书》一书的打印版发给我,邀我为该书写序,在我浏览了译稿以后,欣然命笔,此为序。

蔡桂生是我在北京大学法学院指导的博士生。2012年5月,蔡桂生在北京大学法学院完成了其以《构成要件论》为题的博士论文答辩,取得了博士学位。然而,蔡桂生的求学生涯没有就此结束,因为他还要继续在德国波恩大学的学业。2013年8月,蔡桂生以《论诈骗罪中针对未来事件的欺骗》的论文在德国通过了博士论文答辩,由此完成了在德国的求学生涯。回到国内以后,蔡桂生在北京大学法学院从事博士后的研究工作。

在德国留学的四年时间,对于蔡桂生来说是极为重要的一段求学经历。无论是在德语上还是在学术上,蔡桂生都取得了重大的进步。就德语的翻译而言,除了已经翻译出版的罗克辛教授的《刑事政策与刑法体系》(中国人民大学出版社2011年版)以外,还与何庆仁博士一起翻译了罗克辛教授的《德国最高法院判例:刑法总论》(中国人民大学出版社2012年版)一书。在回国答辩期间,蔡桂生又给我带回了其第三部译著,这就是金德霍伊泽尔教授的《刑法总论教科书》。由此可见,蔡桂生译事之勤,可嘉可敬。

我国刑法学目前正在经历转型,其中德日刑法学是国外重要的理论资源。就德日刑法学而言,我们过去往往将之并称,两者的细微差异难以辨识。尤其是由于地缘上的关系,我国引入日本刑法知识更多一些。反过来说,日本刑法知识也更容易为我国所接受。不过,这些年德国的刑法知识也有引入我国,其重要表现之一就是德国刑法教科书翻译介绍到我国,使我们能够较为全面地了解德国刑法学的现状。从目前已经翻译出版的德国刑法教科书来看,主要有两类:一是大型的刑法体系书,例如耶赛克、魏根特合著的《德国刑法教科书》(徐久生译),其规模宏大,内容庞杂。又如罗克辛的教科书《德国刑法学总论》(王世洲译),第一卷和第二卷均已出版,其恢弘的气势令人赞叹不已。二是小型的刑法教科书,例如韦塞尔斯的《德国刑法总论》(李昌珂译)等。这些刑法教科书具有简约、明了的特点,更加适合初学者。金德霍伊泽尔教授的《刑法总论教科书》大体上就属于上述第二种类型,作者在中文版前言中也表示这是犯罪论总论部分的浓缩版。本书在我国的翻译出版,使我们多了一个近距离观察德国刑法学的视窗。当然,我们也必须看到,目前翻译介绍到我国的德国刑法教科书,基本上都是刑法总论,甚至都是犯罪论部分,而没有刑法各论部分,刑罚论部分也篇幅较少。因此,我们对德国刑法学的了解还是不够全面的。

从我国目前的刑法知识需求上来说,犯罪论当然是最为迫切的,因而翻译介绍到我国来的德国刑法教科书都对我国犯罪论体系的讨论提供了一定的理论资源。金德霍伊泽尔教授的《刑法总论教科书》,也是如此。随着大陆法系刑法教科书的引入我国,犯罪论体系呈现在我们面前的是一种多样化的景象,以至于使我们有些无所适从。例如,我们一般把大陆法系刑法学的犯罪论体系称为三阶层的犯罪论体系。但实际上除了三阶层的犯罪论体系之外,还存在二阶层的犯罪论体系,那么这两者之间到底存在何种区分呢?对此,我们过去不甚了然。在金德霍伊泽尔教授的《刑法总论教科书》中,对这两者犯罪论体系作了比较,指出:所谓的二阶层犯罪构造只区分不法和罪责,并且将犯罪的构成要件之前提条件视为是积极的要素,将正当化构成要件的前提条件视为是消极的要素,同时,这两种要素组成了统一的不法构成要件;这样,在一定程度上,正当化构成要件的前提条件就成了消极的构成要件要素。与之不同,所谓三阶层犯罪构造是区分构成要件符合性、违法性(无正当化的情况)和罪责的。三阶层的构造起源于贝林的构成要件论。按照今天对于犯罪的构成要件的理解,构成要件乃是"禁止素材",它包含了可以(积极地)证立某个行为之不法的所有要素。在金德霍伊泽尔教授看来,二阶层的犯罪论体系与三阶层的犯罪论体系只是对行为是否构成犯罪的审查步骤有所差异而已。

按照二阶层的犯罪论体系,故意犯的不法(符合构成要件并且不法的行为)要遵循以下步骤来进行审查:(1)犯罪的客观构成要件;(2)客观的正当化构成要件;(3)阶段性结论:客观的不法构成要件是否存在?(4)犯罪的主观构成要件;(5)主观的正当化构成要件;(6)阶段性结论:主观的责任构成要件是否存在?

而按照三阶层的犯罪论体系,故意犯的不法(符合构成要件并且不法的行为)需遵循以下步骤来进行审查:(1)犯罪的客观构成要件;(2)犯罪的主观构成要件;(3)客观的正当化构成要件;(4)主观的正当化构成要件。

在对比上述两种犯罪论体系以后,金德霍伊泽尔教授指出:在两种模式里,都是首先进行证立不法(犯罪的构成要件)的前提条件上的审查,然后,再进行阻却不法(正当化构成要件)之前提条件的审查。同时,都是先进行客观方面的审查,而后是主观方面的审查。仅仅是在客观和主观的不法要素的顺序上,**两种模式存在**

区别：**在二分构造中，是客观不法的所有条件先于主观不法的所有条件进行审查。而在三分模式中，是犯罪的主观构成要件先于客观的正当化构成要件进行审查。**在犯罪论体系中，这种审查的顺序不同，会影响到定罪的逻辑结构。

就我的罪体与罪责、罪量体系而言，似乎更接近于以上二阶层的结构，即在罪体中审查：（1）罪体构成要件；（2）罪体排除要素；（3）阶段性结论：客观的不法构成要件是否存在？在罪责中审查：（4）罪责构成要件；（5）罪责排除要素；（6）阶段性结论：主观的责任构成要件是否存在？

至于罪量，是根据我国所特有的犯罪概念中的数量要素而设立的犯罪成立要件。

在上述德国的三阶层的犯罪论体系中，犯罪的主观构成要件是在客观的正当化构成要件之前审查的，而不是与主观的正当化构成要件放在一起，在有责性的阶层进行审查的，这一点与贝林的三阶层的犯罪论体系已经存在较大的差别，即构成要件已经不是如同贝林时代那样的客观的，而是主客观统一的。总之，**在定罪中需要审查的内容包括：客观的行为要素、主观的心理要素、客观的评价要素与主观的评价要素。**这些要素根据一定的逻辑结构进行排列，由此形成犯罪论体系。无论是二阶层还是三阶层，客观的行为要素必然先于主观的心理要素进行审查，但主观的心理要素是否先于客观的评价要素进行审查则存在两种不同的安排：**主观的心理要素先于客观的评价要素进行审查的，属于三阶层；客观的评价要素先于主观的心理要素进行审查的，属于二阶层。**应该说，金德霍伊泽尔教授在本书中对二阶层与三阶层的犯罪论体系的结构对比，使我们对大陆法系的犯罪论体系认识更加深刻。其实，**大陆法系的犯罪论体系的根本属性还是在于阶层关系的确立，这种阶层性是与苏俄时期的四要件犯罪论体系的平面性的根本区别之所在。**明确了这一点，我们就不必为二阶层与三阶层而困惑，直指大陆法系犯罪论体系的本质。

在刑法知识上，我们需要借鉴国外的刑法理论。在这过程中，翻译出版国外的刑法理论著作，包括刑法教科书，是十分重要的。蔡桂生不仅在学习德国的刑法理论方面下了功夫，而且在翻译介绍德国刑法理论方面也功不可没，这是值得充分肯定的。我期望通过蔡桂生的努力，我们能够更加准确、更加科学地了解德国刑法理论，从而为我国刑法知识的转型作出应有的贡献。

值此金德霍伊泽尔教授的《刑法总论教科书》一书在中国出版之际，写下上述文字，预祝该书出版以后，在中国产生较大的学术影响。

陈兴良

谨识于北京海淀锦秋知春寓所

2012 年 6 月 14 日

改定于 2015 年 3 月 26 日

目 录

中文版前言 ··· 001

第一编　刑罚法规

第一章　刑法在法体系中的位置 ··· 013
　　第1节　刑法上的冲突 ··· 013
　　第2节　刑法的正当性 ··· 022
第二章　罪刑法定和刑法的适用范围 ································· 028
　　第3节　罪刑法定（构成要件之机能） ···························· 028
　　第4节　《刑法典》的适用范围 ······································· 033

第二编　犯罪论通论

　　第5节　犯罪是一种规范违反 ······································· 041
　　第6节　犯罪构造 ··· 048
　　第7节　为他人之行为 ·· 057

第三编　故意的作为犯

第三章　构成要件论的原理 ··· 061
　　第8节　犯罪的构成要件之概念和形式 ·························· 061
　　第9节　犯罪的构成要件的内容 ··································· 071
第四章　犯罪的客观构成要件 ·· 076
　　第10节　结果、行为和因果关系 ··································· 076
　　第11节　结果犯中的客观归属 ····································· 091
　　第12节　承诺 ·· 116

第五章 犯罪的主观构成要件 · 134
- 第13节 故意 · 134
- 第14节 故意的种类 · 139

第六章 违法性 · 152
- 第15节 基本原理 · 152
- 第16节 紧急防卫 · 158
- 第17节 正当化的紧急避险 · 179
- 第18节 正当化的义务冲突 · 192
- 第19节 推定承诺 · 195
- 第20节 其他正当化事由 · 201

第七章 罪责 · 208
- 第21节 基本原理 · 208
- 第22节 罪责能力 · 215
- 第23节 原因自由行为 · 220
- 第24节 免除罪责的紧急避险 · 230
- 第25节 防卫过当 · 235

第八章 错误论 · 242
- 第26节 基本原理 · 242
- 第27节 构成要件错误 · 249
- 第28节 禁止错误和针对免除罪责事由的认识错误 · 269
- 第29节 针对正当化前提条件的认识错误 · 275

第九章 力图 · 284
- 第30节 基本原理 · 284
- 第31节 预备和力图 · 294
- 第32节 力图中的中止 · 301

第四编 过失的作为犯
- 第33节 过失 · 325
- 第34节 故意—过失结合体 · 350

第五编 不作为犯
- 第35节 基本原理 · 357
- 第36节 不纯正的不作为犯 · 363

第 37 节	纯正的不作为犯	386

第六编　参加

第 38 节	基本原理	391
第 39 节	单独正犯	409
第 40 节	共同正犯	429
第 41 节	教唆	438
第 42 节	帮助	449
第 43 节	参加的力图	460

第七编　竞合

第 44 节	基本原理	471
第 45 节	行为单数	475
第 46 节	法规竞合	480
第 47 节	一罪和数罪	485
第 48 节	疑罪从无、选择确定和后置确定	494

定　义	500
关键词索引	519
刑法知识的传授和翻译（译者跋）	559

细目

中文版前言 ……………………………………………………………… 001
第一编　刑罚法规 …………………………………………………… 011
第一章　刑法在法体系中的位置 ………………………………… 013
第1节　刑法上的冲突 …………………………………………… 013
一、区分 …………………………………………………………… 013
　　1. 定义 ………………………………………………………… 013
　　2. 法体系内的视角 …………………………………………… 014
二、冲突的识别 …………………………………………………… 016
三、冲突的裁量 …………………………………………………… 016
　　1. 刑事程序 …………………………………………………… 016
　　2. 判决和专业鉴定 …………………………………………… 017
　　3. "双轨制"的法律后果 ……………………………………… 018
　　4. 刑罚 ………………………………………………………… 020
　　5. 其他处分和措施 …………………………………………… 021

第2节　刑法的正当性 …………………………………………… 022
一、刑法上的规范 ………………………………………………… 022
　　1. 概念 ………………………………………………………… 022
　　2. 举止规范和制裁规范 ……………………………………… 022
二、举止规范的正当性（法益保护） …………………………… 023
三、制裁规范的正当性（刑罚） ………………………………… 024
　　1. 绝对理论 …………………………………………………… 025
　　2. 相对理论 …………………………………………………… 026
　　3. 综合理论 …………………………………………………… 027

第二章　罪刑法定和刑法的适用范围 …………………………… 028
第3节　罪刑法定（构成要件之机能） ………………………… 028

- 一、罪刑法定原则 ……………………………………………… 028
- 二、保障机能和解释 …………………………………………… 029
  - 1. 禁止习惯法 ……………………………………………… 029
  - 2. 禁止溯及既往 …………………………………………… 029
  - 3. 必须具有明确性 ………………………………………… 030
  - 4. 类推的禁止和解释 ……………………………………… 030

第4节 《刑法典》的适用范围 …………………………………… 033
- 一、时间效力、行为时和行为地 ……………………………… 033
  - 1. 基本规则及其修正 ……………………………………… 033
  - 2. 行为时 …………………………………………………… 034
  - 3. 行为地 …………………………………………………… 034
- 二、空间效力和属人效力 ……………………………………… 036
  - 1. 国际刑法 ………………………………………………… 036
  - 2. 效力原则 ………………………………………………… 037
- 三、专业鉴定 …………………………………………………… 038

第二编 犯罪论通论 ……………………………………………… 039

第5节 犯罪是一种规范违反 …………………………………… 041
- 一、科学上的目标 ……………………………………………… 041
- 二、规范违反 …………………………………………………… 041
  - 1. 概念和犯罪构造 ………………………………………… 041
  - 2. 行为操纵和动力操纵（Antriebssteuerung）…………… 043
- 三、行为理论 …………………………………………………… 043
  - 1. 目的论 …………………………………………………… 043
  - 2. 社会论和人格论 ………………………………………… 044
  - 3. 遵守规范的意志能力 …………………………………… 044
  - 4. 因果论 …………………………………………………… 045
- 四、专业鉴定 …………………………………………………… 046

第6节 犯罪构造 ………………………………………………… 048
- 一、违法和有罪责的行为 ……………………………………… 048
  - 1. 不法和罪责 ……………………………………………… 048
  - 2. 不法的确定 ……………………………………………… 048
  - 3. 罪责的确定 ……………………………………………… 050
  - 4. 两阶层犯罪构造和三阶层犯罪构造 …………………… 050
- 二、客观处罚条件 ……………………………………………… 052
- 三、人身性的刑罚阻却事由、刑罚取消事由和刑罚限制事由 … 053
  - 1. 人身性的刑罚阻却事由和刑罚取消事由 ……………… 053

细目

　　2. 人身性的刑罚限制事由 ·· 054
　四、程序性条件(特别是刑事告诉) ·· 055
　　1. 程序性条件 ·· 055
　　2. 告诉犯 ·· 055
　五、专业鉴定 ·· 056
第 7 节　为他人之行为 ·· 057

第三编　故意的作为犯 ·· 059

第三章　构成要件论的原理 ·· 061

第 8 节　犯罪的构成要件之概念和形式 ······································ 061
　一、概念和区分 ·· 061
　　1. 机能和历史来源 ·· 061
　　2. 对整体行为的评价性要素(Gesamttatbewertende Merkmale) ········ 062
　　3. 构成要件和违法性 ·· 062
　　4. 概念的进一步应用 ·· 063
　二、构成要件的派生 ·· 063
　　1. 基本的构成要件及其加重和减轻 ······································ 063
　　2. 范例(Regelbeispiele) ·· 064
　　3. 独立犯(Delikt eigener Art, Delictum sui generis) ···················· 065
　三、犯罪类型 ·· 065
　　1. 作为犯(Begehungsdelikte) ·· 065
　　2. 一般犯(Allgemeindelikte) ·· 066
　　3. 结果犯和行为犯(Tätigkeitsdelikte) ·································· 066
　　4. 实害犯和危险犯 ·· 067
　　5. 亲手犯 ·· 068
　　6. 持续犯 ·· 068
　　7. 状态犯 ·· 069
　　8. 企行犯(Unternehmensdelikte) ······································ 069
　　9. 告诉犯 ·· 069
　四、重罪和轻罪 ·· 069
第 9 节　犯罪的构成要件的内容 ·· 071
　一、犯罪的客观构成要件和主观构成要件 ·································· 071
　　1. 概念和机能 ·· 071
　　2. 行为不法和结果不法 ·· 072
　二、构成要件要素的类型 ·· 072
　　1. 描述的构成要件要素和规范的构成要件要素 ·························· 073

2. 空白要素 …… 074
　三、既遂、力图、终了 …… 074
　　1. 定义 …… 074
　　2. 专业鉴定 …… 075

第四章　犯罪的客观构成要件 …… 076
第 10 节　结果、行为和因果关系 …… 076
　一、因果关系在刑法上的机能 …… 076
　　1. 机能的因果关系概念 …… 076
　　2. 法益保护 …… 076
　　3. 结果的概念 …… 077
　　4. 时间视角 …… 078
　二、因果关系的证明 …… 079
　　1. 等值或条件理论 …… 079
　　2. 合乎法则的条件说（Lehre von der gesetzmäßigen Bedingung） …… 080
　　3. 修正的"若无前者，即无后者"公式 …… 081
　三、具体问题 …… 082
　　1. 具体结果和假设的因果流程 …… 082
　　2. 等值和非典型的流程 …… 083
　　3. 超越性因果流程（Überholende Kausalverläufe）和因果流程的中断 …… 084
　　4. 累积的因果关系 …… 085
　　5. 替代的因果关系（双重因果关系） …… 086
　　6. 救助性因果流程的中断 …… 088
　　7. 集体决策 …… 088

第 11 节　结果犯中的客观归属 …… 091
　一、因果关系与客观归属 …… 091
　二、客观归属的对象 …… 093
　三、原因和风险 …… 094
　　1. 风险概念 …… 094
　　2. 具体的风险和日常的社会举止 …… 095
　　3. 假设的损害流程 …… 096
　　4. 风险降低 …… 097
　　5. 规范的保护目标 …… 100
　四、风险管辖（Risikozuständigkeit） …… 101
　　1. 基本原理 …… 101
　　2. 自我答责原则 …… 102

         3. 前提条件 ·· 103
         4. 危险实现的过程 ·· 105
         5. 受禁止的加功 ·· 106
      五、第三者的干预 ·· 107
         1. 回溯禁止 ·· 107
         2. 后续风险 ·· 110
         3. 救助者的场合 ·· 113
      六、专业鉴定 ·· 114
   第12节　承诺 ·· 116
      一、概述 ·· 116
         1. 概念 ·· 116
         2. 犯罪论体系上的地位 ···································· 116
         3. 参考 ·· 118
      二、有效性 ·· 119
         1. 前提 ·· 119
         2. 条件 ·· 120
         3. 代理 ·· 120
         4. 撤回 ·· 121
         5. 意思瑕疵 ·· 121
      三、区分:合意 ·· 124
         1. 概念 ·· 124
         2. 前提 ·· 125
      四、对外来危险的合意 ·· 130
         1. 概念 ·· 130
         2. 定性 ·· 131

第五章　犯罪的主观构成要件 ·· 134
   第13节　故意 ·· 134
      一、概论 ·· 134
         1. 故意的要素 ··· 134
         2. 犯罪论体系中的位置 ···································· 136
      二、故意归属的时点和对象 ···································· 137
         1. 时点 ·· 137
         2. 对象 ·· 138
   第14节　故意的种类 ·· 139
      一、蓄意和直接故意 ·· 140

        1. 蓄意 …… 140
        2. 直接故意 …… 141
    二、间接故意 …… 141
        1. 基本原理 …… 141
        2. 各种观点的情况 …… 142
        3. 结论和定义 …… 147
    三、若干故意的结合和概括故意 …… 149
        1. 累积故意和择一故意（*Dolus cumulativus* und *alternativus*）…… 149
        2. 概括故意（*Dolus generalis*）…… 150

第六章　违法性 …… 152
  第15节　基本原理 …… 152
    一、概论 …… 152
        1. 概念 …… 152
        2. 证立和效力范围 …… 152
        3. 专业鉴定 …… 154
    二、容许的构成要件 …… 154
    三、若干重要的正当化事由 …… 155
        1. 基本原则 …… 155
        2. 概况 …… 156
  第16节　紧急防卫 …… 158
    一、概论 …… 158
        1. 概念 …… 158
        2. 前提条件和专业鉴定的框架 …… 159
    二、紧急防卫的情形 …… 159
        1. 攻击 …… 159
        2. 对象 …… 161
        3. 现时性 …… 162
        4. 违法性 …… 164
    三、紧急防卫的行为 …… 166
        1. 防卫 …… 166
        2. 必要性 …… 166
        3. 需要性 …… 169
    四、主观的正当化 …… 170
    五、对成立紧急防卫的限制 …… 170
        1. 具体情况 …… 170

2. 轻微攻击 …… 171
　　3. 明显失衡 …… 172
　　4. 无罪责的人的攻击 …… 173
　　5. 保证人地位之间的攻击 …… 174
　　6. 挑起的或者其他负有责任的紧急防卫情形 …… 174

第17节　正当化的紧急避险 …… 179
　一、概念和种类 …… 179
　　1. 概念 …… 179
　　2. 各种紧急避险 …… 179
　　3. 正当化的紧急避险和免除罪责的紧急避险 …… 180
　二、正当化的紧急避险（第34条） …… 180
　　1. 概述 …… 180
　　2. 紧急避险的情形 …… 181
　　3. 紧急避险的行为 …… 183
　　4. 主观的正当化 …… 187
　　5. 专业鉴定的框架 …… 188
　三、民法上的侵犯性紧急避险（《民法典》第904条） …… 188
　四、防卫性的紧急避险（《民法典》第228条、《刑法典》第34条） …… 189
　　1. 概念和前提条件 …… 189
　　2. 法律原理 …… 190
　　3. 专业鉴定的框架 …… 191

第18节　正当化的义务冲突 …… 192
　一、概述 …… 192
　二、前提条件 …… 192
　三、义务侵害 …… 194

第19节　推定承诺 …… 195
　一、概述 …… 195
　二、适用领域 …… 195
　　1. 前提条件 …… 195
　　2. 具体的类型 …… 196
　　3. 推定的意思的查明 …… 197
　三、与假设承诺的区分 …… 198

第20节　其他正当化事由 …… 201
　一、临时逮捕（《刑事诉讼法》第127条第1款） …… 201
　　1. 行为 …… 201

  2. 现行犯罪 …………………………………………………… 202
  3. 逮捕手段 …………………………………………………… 202
  4. 主观的正当化 ……………………………………………… 203
 二、民法上的自力救济 …………………………………………… 203
  1. 《民法典》第 229 条、第 230 条 …………………………… 203
  2. 其他自力救济规则 ………………………………………… 204
 三、寄送未预订过的给付(Leistungen)(《民法典》第 241 条 a) ……… 204
 四、责打权和教育权 ……………………………………………… 205
  1. 教育照料权 ………………………………………………… 205
  2. 学校教育和职业教育 ……………………………………… 207

第七章　罪责 …………………………………………………………… 208

第 21 节　基本原理 …………………………………………………… 208
 一、罪责原则 ……………………………………………………… 208
 二、罪责概念 ……………………………………………………… 209
  1. 形式意义的罪责 …………………………………………… 209
  2. 实质意义的罪责 …………………………………………… 209
 三、罪责构成要件 ………………………………………………… 212
 四、期待不可能性和超法规紧急避险 …………………………… 212
  1. 符合规范之行为的期待不可能性 ………………………… 212
  2. 超法规紧急避险(Übergesetzlicher Notstand) ………… 213
  3. 宗教信仰上的良知冲突(Religiöse Gewissenskonflikte) ……… 214

第 22 节　罪责能力 …………………………………………………… 215
 一、概述 …………………………………………………………… 215
 二、第 20 条中的无罪责能力 …………………………………… 216
  1. 从两个阶层进行要素的确认(Merkmalsanordnung) …… 216
  2. 恍惚状态(Rauschzustände) ……………………………… 217
 三、限制 …………………………………………………………… 218
 四、适用 …………………………………………………………… 218

第 23 节　原因自由行为 ……………………………………………… 220
 一、概述 …………………………………………………………… 220
  1. 基本原理 …………………………………………………… 220
  2. 同时原则(Koinzidenzprinzip) …………………………… 221
 二、例外模式 ……………………………………………………… 221
  1. 论证 ………………………………………………………… 221
  2. 异议 ………………………………………………………… 222

三、构成要件模式 ……………………………………… 223
  1. 论证 …………………………………………………… 223
  2. 异议 …………………………………………………… 224
四、结论 ……………………………………………………… 224
  1. 违宪性？ ……………………………………………… 224
  2. 区别对待的思路 ……………………………………… 225
  3. 依靠第 323 条 a ……………………………………… 225
五、专业鉴定 ………………………………………………… 226
  1. 构造的问题 …………………………………………… 226
  2. 专业鉴定的框架 ……………………………………… 227
六、过失犯中的"原因自由行为" …………………………… 228

第 24 节　免除罪责的紧急避险 …………………………… 230
一、概述 ……………………………………………………… 230
二、前提条件 ………………………………………………… 230
  1. 紧急避险的情形 ……………………………………… 230
  2. 紧急避险的行为 ……………………………………… 231
  3. 救济的意思 …………………………………………… 232
  4. 没有期待可能性 ……………………………………… 232
三、适用 ……………………………………………………… 233

第 25 节　防卫过当 ………………………………………… 235
一、概述 ……………………………………………………… 235
二、质的紧急防卫过当（Der intensive Notwehrexzess） … 235
三、量的防卫过当（Der extensive Notwehrexzess） ……… 237
四、行为的主观方面 ………………………………………… 239
五、误想防卫过当 …………………………………………… 239
六、适用 ……………………………………………………… 240

第八章　错误论 …………………………………………… 242
第 26 节　基本原理 ………………………………………… 242
一、概述 ……………………………………………………… 242
  1. 错误的各种形式 ……………………………………… 242
  2. 认识错误的对象 ……………………………………… 243
  3. 认识错误的法律后果 ………………………………… 244
二、对其他可罚性条件的认识错误 ………………………… 245
三、图解 ……………………………………………………… 246
四、专业鉴定 ………………………………………………… 248

第27节　构成要件错误 ·· 249
一、法律规定 ·· 249
　1. 第16条第1款 ·· 249
　2. 第16条第2款 ·· 249
二、认识错误的对象 ·· 250
　1. 行为情状的概念 ······································ 250
　2. 和涵摄错误的区分 ···································· 251
　3. 规范的行为情状 ······································ 254
　4. 构成要件选择要素（Tatbestandsalternativen） ········· 257
　5. 专业鉴定中的构成要件错误和禁止错误 ·················· 258
三、个别的问题 ·· 259
　1. 针对人或者客体的认识错误 ···························· 259
　2. 针对因果流程的认识错误 ······························ 260
　3. 针对既遂时点的认识错误 ······························ 262
　4. 打击错误 ·· 263
　5. 针对"原因自由行为"的认识错误 ······················ 267

第28节　禁止错误和针对免除罪责事由的认识错误 ············· 269
一、禁止错误 ·· 269
　1. 罪责说和故意说 ······································ 269
　2. 不法意识 ·· 270
二、禁止错误的可避免性 ···································· 272
三、针对免除罪责事由的认识错误 ···························· 273

第29节　针对正当化前提条件的认识错误 ····················· 275
一、各种认识错误 ·· 275
二、没有认识到正当化情形 ·································· 276
三、容许构成要件错误 ······································ 277
　1. 概念 ·· 277
　2. 犯罪论体系上的地位 ·································· 278
　3. 结论 ·· 282
　4. 专业鉴定 ·· 282
　5. 针对规范性容许构成要件要素的特征的认识错误 ·········· 283

第九章　力图 ·· 284
第30节　基本原理 ·· 284
一、概述 ·· 284
　1. 概念 ·· 284

2. 专业鉴定的框架 · 284
　　3. 应罚性 · 285
二、力图的形式 · 287
　　1. 能犯力图和不能犯力图 · 287
　　2. 结果加重犯中的力图 · 288
　　3. 过失的力图 · 289
三、力图和幻想犯 · 289
　　1. 区分 · 289
　　2. 规范性构成要件要素 · 290
　　3. 身份犯 · 292

第 31 节　预备和力图 · 294
一、概述 · 294
二、行为决意 · 294
　　1. 概念 · 294
　　2. 无条件 · 295
　　3. 故意的形式 · 296
三、直接着手 · 296
　　1. 前提条件 · 296
　　2. 区分 · 297
四、"原因自由行为"中力图的开始 · 299
　　1. 例外模式 · 299
　　2. 构成要件模式 · 299

第 32 节　力图中的中止 · 301
一、概述 · 301
　　1. 基本原理 · 301
　　2. 规范的目标 · 301
　　3. 主动悔罪 · 302
二、与中止有关的诸种力图 · 302
　　1. 失败的力图 · 302
　　2. 未终了和已终了的力图 · 304
　　3. 概览 · 304
三、未终了的力图中的中止 · 305
　　1. 关于未终了的力图 · 305
　　2. 行为的放弃 · 310
　　3. 自愿性 · 312

四、已终了的力图中的中止 …………………………………… 314
　　　1. 已终了和未失败的力图 ……………………………………… 314
　　　2. 阻止既遂 ……………………………………………………… 315
　　　3. 个别动作说 …………………………………………………… 316
　　五、认真努力情形下的中止 …………………………………… 316
　　六、数个参加者时的中止 ……………………………………… 317
　　　1. 各种情况 ……………………………………………………… 317
　　　2. 前提条件 ……………………………………………………… 317
　　七、具体的问题 ………………………………………………… 319
　　　1. 客观上不可归属的结果中的中止 …………………………… 319
　　　2. 力图的加重中的中止 ………………………………………… 319
　　　3. 结果加重犯 …………………………………………………… 320
　　　4. 企行犯 ………………………………………………………… 321

第四编　过失的作为犯 ………………………………………… 323

　第33节　过失 …………………………………………………… 325
　　一、概述 ………………………………………………………… 325
　　　1. 可罚性 ………………………………………………………… 325
　　　2. 过失责任的机能 ……………………………………………… 325
　　　3. 概念和历史演变 ……………………………………………… 326
　　二、过失行为的要素 …………………………………………… 327
　　　1. 概览 …………………………………………………………… 327
　　　2. 划分 …………………………………………………………… 328
　　三、两阶层的过失模式 ………………………………………… 329
　　　1. 构成要件要素 ………………………………………………… 329
　　　2. 合乎谨慎的可预见性 ………………………………………… 331
　　　3. 合乎谨慎的可避免性 ………………………………………… 333
　　　4. 容许的风险和信赖原则 ……………………………………… 334
　　　5. 容许的风险性替代举止 ……………………………………… 336
　　　6. 过失的主观行为要素 ………………………………………… 339
　　四、一阶层的过失模式 ………………………………………… 340
　　　1. 对两阶层模式的批评 ………………………………………… 340
　　　2. 个别的可避免性 ……………………………………………… 341
　　五、违法性 ……………………………………………………… 343
　　六、罪责 ………………………………………………………… 345
　　　1. 期待可能性 …………………………………………………… 345

    2. 罪责的一般要求 ……………………………… 345
    3. 防卫过当 ……………………………………… 345
  七、过失的形式 …………………………………… 346
    1. 有认识和没有认识的过失 …………………… 346
    2. 轻率(Leichtfertigkeit) ……………………… 347
  八、专业鉴定:过失犯的构造 …………………… 347
    1. 两阶层的过失模式 …………………………… 348
    2. 一阶层的过失模式 …………………………… 348

  第34节 故意—过失结合体 ………………………… 350
  一、概述 …………………………………………… 350
    1. 各种形式 ……………………………………… 350
    2. 具体的危险 …………………………………… 350
  二、结果加重犯 …………………………………… 351
    1. 问题 …………………………………………… 351
    2. 限制解释 ……………………………………… 351
    3. 参加 …………………………………………… 352
  三、专业鉴定的构造 ……………………………… 353

第五编 不作为犯 ……………………………………… 355

  第35节 基本原理 …………………………………… 357
  一、纯正不作为犯和不纯正不作为犯 …………… 357
  二、作为和不作为的区分 ………………………… 357
    1. 作为和不作为的关系 ………………………… 357
    2. 具体问题 ……………………………………… 360

  第36节 不纯正的不作为犯 ………………………… 363
  一、概述 …………………………………………… 363
    1. 等价性 ………………………………………… 363
    2. 犯罪构造(概览) …………………………… 363
  二、犯罪要素 ……………………………………… 364
    1. 结果的发生 …………………………………… 364
    2. 不作为 ………………………………………… 364
    3. 因果关系 ……………………………………… 365
    4. 保证人地位 …………………………………… 368
    5. 客观归属 ……………………………………… 369
    6. 故意和认识错误 ……………………………… 369
    7. 过失 …………………………………………… 370

  8. 罪责 ……………………………………………………………… 371

 三、力图和中止 ………………………………………………………… 372

  1. 力图的开始 …………………………………………………… 372

  2. 中止 …………………………………………………………… 373

 四、保证人地位的成立 ………………………………………………… 374

  1. 义务基础 ……………………………………………………… 374

  2. 基于风险支配的监督者保证人地位 ………………………… 376

  3. 基于制度照料的保护者保证人地位 ………………………… 381

第 37 节 纯正的不作为犯 ……………………………………………… 386

 一、概述 ………………………………………………………………… 386

 二、犯罪要素 …………………………………………………………… 386

  1. 客观的构成要件 ……………………………………………… 386

  2. 其他犯罪要素 ………………………………………………… 387

第六编 参加 …………………………………………………………… 389

第 38 节 基本原理 ……………………………………………………… 391

 一、概述 ………………………………………………………………… 391

  1. 概念 …………………………………………………………… 391

  2. 参与的可罚根据 ……………………………………………… 393

 二、从属性 ……………………………………………………………… 394

  1. 参加的罪责独立性 …………………………………………… 394

  2. 参与的从属性 ………………………………………………… 395

  3. 从属性的松动 ………………………………………………… 395

 三、正犯和参与的区分 ………………………………………………… 398

  1. 概览 …………………………………………………………… 398

  2. 主观说 ………………………………………………………… 398

  3. 实质客观说 …………………………………………………… 400

  4. 在场（在行为地）…………………………………………… 401

  5. 身份犯和亲手犯 ……………………………………………… 402

  6. 证明问题 ……………………………………………………… 402

 四、过失的参加 ………………………………………………………… 402

  1. 对故意行为的过失参加 ……………………………………… 402

  2. 故意地参加过失的行为 ……………………………………… 403

  3. 对过失行为的过失参加 ……………………………………… 403

 五、不作为犯的参加 …………………………………………………… 404

  1. 主动参与不作为犯 …………………………………………… 404

  2. 不作为式的参加 ……………………………………………… 405

第39节　单独正犯 ……………………………………………… 409
 一、概念 ……………………………………………………… 409
  1. 直接正犯 ………………………………………………… 409
  2. 间接正犯 ………………………………………………… 409
  3. 同时正犯 ………………………………………………… 409
 二、间接正犯 ………………………………………………… 410
  1. 归属原则 ………………………………………………… 410
  2. 行为媒介的过限（Exzess）……………………………… 411
  3. 专业鉴定 ………………………………………………… 411
 三、间接正犯的若干重要类型（Fallgruppen）……………… 411
  1. 构成要件阶层上的欠缺 ………………………………… 411
  2. 正当化阶层的欠缺 ……………………………………… 414
  3. 罪责阶层的欠缺 ………………………………………… 414
  4. 组织性的权力机器 ……………………………………… 416
  5. 不作为 …………………………………………………… 418
  6. 自伤 ……………………………………………………… 419
 四、间接正犯的力图的开始 ………………………………… 422
  1. 基本原理 ………………………………………………… 422
  2. 设置圈套 ………………………………………………… 424
 五、认识错误的问题 ………………………………………… 425
  1. 针对犯罪行为支配的认识错误 ………………………… 425
  2. 实际执行者针对客体发生认识错误 …………………… 427

第40节　共同正犯 ……………………………………………… 429
 一、概述 ……………………………………………………… 429
  1. 概念 ……………………………………………………… 429
  2. 归属原则 ………………………………………………… 429
 二、前提条件 ………………………………………………… 429
  1. 共同地实施行为 ………………………………………… 429
  2. 共同的行为决意 ………………………………………… 430
  3. 身份要素 ………………………………………………… 431
  4. 承继的共同正犯 ………………………………………… 432
 三、力图的开始 ……………………………………………… 433
  1. 基本原理 ………………………………………………… 433
  2. 误想共同正犯 …………………………………………… 434

四、过限和认识错误 …………………………………………… 435
　　1. 共同正犯的过限 ………………………………………… 435
　　2. 针对客体的认识错误 …………………………………… 435
　　3. 针对跟踪者的认识错误 ………………………………… 436
　五、适用 ………………………………………………………… 436
第41节　教唆 ……………………………………………………… 438
　一、前提条件 …………………………………………………… 438
　二、主行为 ……………………………………………………… 438
　三、确定 ………………………………………………………… 438
　　1. 定义 ……………………………………………………… 438
　　2. 针对已经形成的行为决意的教唆 …………………… 440
　　3. 教唆的时间点 ………………………………………… 441
　　4. 不作为式的教唆 ……………………………………… 442
　　5. 接收者 ………………………………………………… 442
　四、教唆故意 …………………………………………………… 443
　五、认识错误问题 ……………………………………………… 445
　　1. 教唆侵害自己的利益 ………………………………… 445
　　2. 主行为人发生客体混淆 ……………………………… 446
第42节　帮助 ……………………………………………………… 449
　一、前提条件 …………………………………………………… 449
　二、提供帮助 …………………………………………………… 449
　　1. 帮助的形式 …………………………………………… 449
　　2. 因果关系 ……………………………………………… 450
　　3. 日常行为 ……………………………………………… 452
　　4. 不作为式的帮助和对不作为的帮助 ………………… 456
　　5. 承继的帮助 …………………………………………… 457
　三、帮助故意 …………………………………………………… 458
　四、与教唆的关系 ……………………………………………… 458
第43节　参加的力图 ……………………………………………… 460
　一、概述 ………………………………………………………… 460
　二、教唆的力图（第30条第1款） …………………………… 460
　　1. 力图 …………………………………………………… 461
　　2. 主行为的重罪性质 …………………………………… 462
　　3. 故意 …………………………………………………… 463

三、可罚的预备(第30条第2款) …… 464
  1. 概览 …… 464
  2. 自愿声明 …… 464
  3. 接受请求 …… 465
  4. 约定 …… 465
四、与既遂犯罪的关系 …… 466
五、参加的力图中的中止(第31条) …… 466
  1. 概览 …… 466
  2. 与第24条的关系 …… 467

第七编　竞合 …… 469

第44节　基本原理 …… 471
一、概述 …… 471
  1. 问题的提出 …… 471
  2. 审查顺序 …… 471
  3. 概览 …… 472
二、概念 …… 473

第45节　行为单数 …… 475
一、概览 …… 475
二、"自然"意义上的行为 …… 475
三、自然的行为单数 …… 476
  1. 前提条件 …… 476
  2. 反复的自然行为单数和逐渐的自然行为单数 …… 477
四、构成要件上的行为单数 …… 478
五、连续行为 …… 478

第46节　法规竞合 …… 480
一、概述 …… 480
  1. 概念和形式 …… 480
  2. 被排除适用的法规的相关性 …… 480
二、特别关系 …… 481
三、补充关系 …… 481
四、吸收关系 …… 482
  1. 区分 …… 482
  2. 在不纯正的一罪的情况下 …… 482
  3. 在不纯正的数罪的情况下 …… 483
  4. 不可罚的伴随行为(Begleittat) …… 483

五、专业鉴定 ... 483
第47节 一罪和数罪 ... 485
一、成立一罪的基本原理 ... 485
1. 概念 ... 485
2. 刑罚幅度的确定 ... 485
3. 机能 ... 485

二、成立一罪的前提条件 ... 486
1. 概览 ... 486
2. 由相同或部分相同的数个行为而成立一罪 ... 486
3. 夹结作用而形成的一罪 ... 488
4. 基于自然的行为单数而成立一罪 ... 489
5. 不作为时的一罪 ... 491
6. 参与时的一罪 ... 491

三、数罪 ... 492
1. 前提条件 ... 492
2. 总和刑的构成原则 ... 492

第48节 疑罪从无、选择确定和后置确定 ... 494
一、"疑罪从无"的原则 ... 494
1. 概念和适用领域 ... 494
2. 专业鉴定 ... 495

二、选择确定 ... 495
1. 判决时的情况 ... 495
2. 同种的选择确定 ... 496
3. 异种的选择确定 ... 496

三、后置确定和前置确定 ... 498
1. 后置确定（Postpendenz） ... 498
2. 前置确定（Praependenz） ... 498

定 义 ... 500
关键词索引 ... 519
刑法知识的传授和翻译（译者跋） ... 559

中文版前言

（一）

摆在我们面前的这本刑法教科书，乃是犯罪论总论部分的浓缩版。其主要内容在于，阐述刑法专业用语、阐述依犯罪构造之逻辑标准审查某举止*是否可罚的具体步骤。刑法的"专业"学习即始于此。在阐述该主要部分之前，我们先行论述了刑法的社会机能、宪法前提以及方法论的内容。为了在处理刑法学理上的争议性问题时能够得出合理的论证，诉诸于这些前提性内容的做法并不鲜见。

犯罪论总论所关注的是，要将任一举止认定为犯罪，所需满足的各种前提条件。将任一举止认定为犯罪，也就是说，将举止认定为个人否定了作为国家、社会之基础的举止规范之效力的犯罪行为。研习刑法的人，算是涉及了一个特殊的法律领域。刑事处罚并非什么善行，而是一种恶。确切地说，这种恶又是一种特殊的恶：通过施加这种刑法上的恶，可以同时表达出针对行为人所犯下的不良举止的社会伦理意义的责难。正是这种责难，使得刑罚在本质的意义上有别于其他形式的国家制裁；不管是强制性的民事损害赔偿，还是旨在防御危险的行政强制，它们均不具备这种责难要素。因此，作为规定经由施加恶以进行法伦理意义上责难的前提条件的法律，刑法在正当性问题上面临着尤为强大的压力。在这个意义上，刑法不只是在量上有别于其他法律领域，而是和它们有着质的不同。

在给行为人科处刑罚时，人们责难行为人的是，行为人违反了社会共处的基本原则，亦即在社会伦理意义上可责难地实施了举止，因为这点，在德国法律史上，刑

---

* 通常情况下一般将"Verhalten"译为"举止"，这主要是涉及它与 Handlung 的区分，Verhalten 是指一种自然朴素的、"裸"的举止，不附带有人的主观因素在里面，而 Handlung 是一种人的（有主观支配的）行为，已经不再是 Verhalten，故而在没有特别标明的情况下，本书将 Verhalten 译为"举止"，Handlung 译为"行为"。——译者注

法的学术研究与哲学有着紧密的联系。① 其根源要追溯到苏格拉底时代的希腊哲学。例如,在普罗泰戈拉那里,就出现了绝对刑罚理论和相对刑罚理论的区分。罗马哲学家塞涅卡将该区分表达为这样一个问题:处以刑罚,只是为了使将来犯更少的罪行(*punitur, ne peccetur*),还是仅旨在惩罚已犯下的罪行(*punitur quia peccatum est*)? 这样,该处涉及的基本问题即是:只是因为相对地实现某一目标而使刑罚正当,还是必须使刑罚绝对化,使刑罚不依赖于任何目标设定,而仅仅因为某人采取了值得处罚的、有害于社会的举止即应受罚?

针对这个问题,德意志理念论的两大哲学家伊曼努尔·康德和格奥尔格·威廉·弗里德里希·黑格尔尽管回答方式不同,但均做出了对刑罚进行绝对理解的回答。尤其是康德,他认为刑罚只能作为对行为人之罪责的报应,并以人格尊严来佐证该观点:绝不能让犯罪人沦为实现某一目标的客体,否则他就被当成物,而非自由和理性自决的人了。安塞尔姆·冯·费尔巴哈,乃是康德学派的一分子,同时也是近代以来最有影响的德国刑法学家。他的观点有些不同。在他看来,尽管针对行为人进行的具体惩罚只服务于对罪责的报应,但是,法律中的刑罚威吓却包含有一般预防之功效,能够防止潜在犯罪人实施犯罪。这种应当威慑潜在犯罪人犯罪的一般预防,即是所谓的消极的一般预防。然而,一直以来,人们都这样批评消极的一般预防论:在用以威吓之刑罚的幅度上,这种理论无法给出相应的标准,况且实施犯罪的动机也可能在强度上极为迥异。所以,对行为人的处罚,也必须一贯地与其罪责相适应。

不过,今天的刑法,却显著地得益于消极一般预防论的推动。安塞尔姆·冯·费尔巴哈当时即认为,仅当要防止潜在犯罪人实施的犯罪行为得到了尽可能明确的规定,这个刑罚威吓才能在精神上起到有效作用。相反,若对犯罪行为进行的是模糊的描述,则会过分地限制住公民的自由空间;出于对刑罚的畏惧,人们就会望而却步,就会放弃那些无害于社会乃至有益于社会的举止方式。由此便发展出了所谓的保障原则,其内容即是:在法律中,必须尽可能精确地规定犯罪。

19世纪下半叶,主要由弗兰茨·冯·李斯特提出了不同于消极一般预防论的特殊预防论。特殊预防论主张防止具体的个别行为人将来继续实施犯罪。在此,冯·李斯特区分了三种类型的行为人:(1)对于有办法矫正和需要矫正的行为人而言,需要经由再社会化,为他们转变为法忠诚的公民创造条件;(2)对于无需矫正的、已融入社会的行为人而言,对其处刑只是一种警告,警告他们将来不要再犯罪;(3)对没办法矫正且因其欠缺再社会化的可能而极度危险的行为人,则应当保护社会,必须对他们采取像保安监督这样的办法。尽管再社会化的思想在今天的刑事执行中发挥着重要的作用,但人们还是对特殊预防提出了异议,这种异议同人们批判消极的一般预防时的情况一样:在刑罚幅度问题上,特殊预防无法提供基于行为人之

---

① 详见本书第2节,边码8及以下几个边码。

罪责的标准。例如,对有小偷小摸习性的人,处之以长期监禁的刑罚便不相称。

在今天的德国刑法学理中,占据优势的是积极的一般预防论。② 在刑罚威吓和执行问题上,不像消极的一般预防论那样针对的是潜在的行为人,积极的一般预防论针对的是法忠诚的公民。这种一般预防论之所以是积极的,乃在于其认为刑罚不应是威慑,而是要强化对于法秩序的法忠诚和信任。借助这种方式,刑罚也要有助于社会的整合、融合(因而亦称为整合性预防)。这种整合性预防以如下思想为基础:在社会生活中,当人们用有效的行为认可刑法上的举止规范时,也就是说,当具体的公民们可以在事实上(而不只是在法律上)互相期待对方会实施符合规范的举止时,刑法上的举止规范才是(事实上)有效的。在这种情形下,各个规范便成为社会整合的适格的指导性样本(Orientierungsmuster)。假若在某一特定案件中并没有(像存在行为人患有精神病这种例外的情形下)可以不遵守规范的理由,而规范却未能得到遵守,那么规范的(事实上的)效力就会受到质疑。进而,我们就应当将犯罪理解成为一种规范违反:犯罪乃是使得刑法所保障的、相应规范将被遵守的期待落空的举止。通过不遵守规范,行为人宣告:规范对他不具有约束力。他质疑了规范充当法律上有约束力的举止样本的效力。凭借科处刑罚这一反应,则重新驳斥到:行为人的规范违反不值得效仿,规范仍然继续是有约束力的举止样本。科处刑罚是在强调,行为人必须为遵守规范之期待的落空承担责任。依照社会的固有理解,规范对社会的法秩序越为重要,(需要答责的)规范违反也就越重,这方面的标志便是对犯罪加以威吓的刑罚幅度。

(二)

不管人们如何定义国家刑罚的目标,刑罚都只能是针对破坏正当的规范的反应。这样,就产生一个问题:若要使得人们有合理的理由动用刑罚来确保某一规范的遵守,那该规范必须满足哪些前提条件呢?③ 同样地,在这个问题上,安塞尔姆·冯·费尔巴哈也为刑法科学做出了重要贡献。基于康德的意义,费尔巴哈认为,法律的任务只在于保卫每个个人的外部自由,亦即保卫能使每个公民自主决定自己想如何生活的自由空间。只有通过禁止侵犯性地侵入他人自由领域的禁令,才能对这种自由施加限制。

每个公民都具有要求他人不侵犯自己基本自由的权利,这种权利乃是一种绝对权。这种绝对权针对每个人均发生效力,与此对应的是相对权,如只针对合同相对方有效的买卖合同中的请求权。在费尔巴哈看来,正当的刑法规范的保护客体,正是这种绝对权,像生命权、身体不受侵害权、财产所有权和行动自由权即是。在

---

② 详见本书第 2 节,边码 14 及下一边码。
③ 详见本书第 2 节,边码 6 及下一边码。

费尔巴哈起草的 1813 年巴伐利亚王国刑法典中,仍只是包含两类犯罪,一类是侵犯个体绝对权的犯罪,另一类是针对服务于保卫个体绝对权的国家机关的犯罪。这样,费尔巴哈就为现代德国刑法做出了两个不可或缺的贡献。一方面是判断刑法规范是否正当的标准,即保护个体的绝对自由权。另一方面,在对个体公民之自由负有义务的法治国家里,立法者不得逾越正当刑法的这一严格的界限;这样,刑事政策也要服务于保卫个体的自由。

从基本设想上讲,费尔巴哈的学说今日仍然适用。只是在某些(当然)方面,这种学说得到了修正。首先,这指的是保护的内容。如今人们认为,保护的对象不再是权利,而是法律所针对的利益。例如,按照今天的理解,经由杀人禁令所受到保护的不是生命权,而是生命本身。或者说,剥夺活动自由的禁令所保护的,不是人身活动自由的权利,而是依照其意志事实上继续活动的可能性。概括而言,刑法并不服务于绝对权的保护,而是旨在保护作为绝对权之对象的利益。简言之,刑法必须保护法益。在这个意义上,法益被定义为:在自由、民主的法治和社会福利国家中,服务于个体自由发展的人、物和制度的特征。权属于个人的利益是个体法益(如身体、生命、荣誉、财产所有权和活动自由),而权属于公共的利益,则是集体法益(如司法权的正常运转)。

其次,针对费尔巴哈学说的另一修正之处在于:如何确定法律的意义和目标。按照今天的理解,保卫自由发展之可能性的偶然存续是不够的。毋宁说,使个体从根本上具备获取利益的能力以实现自由的发展,也是法律的任务。这样,在非物质性利益(例如教育、文化、健康)和物质性利益(例如财产所有权、住所、饮食)上,个体均要得到一定程度的保障。基于此,除了保卫自由之外,也出现了针对团结的最低限度的保障。④ 例如,每个人在刑法上都有义务以可期待的方式去救助陷于重大危险或困境中的其他公民。此外,特定个人之间也有义务互相实践特定的团结,例如,父母与其子女之间或者配偶之间。⑤

最后,还要提及一些其他领域。在这些领域中,人们认为保卫自由的思想显然过于狭隘。环境保护的领域便是其例。依照今天的理解,刑法不仅具有保护眼下生活着的公民面受损害的任务,而且要维护未来后代的生存条件。基于这点,保护像水、空气、土壤这些环境介质以免受有害的侵损,就也被视为必要。

(三)

凭借刑法上的规范,法益的保护以不同的方式得到呈现。在立法技术上,除了侵害禁令外,刑法还规定了危险禁令。就危险禁令而言,又可以进一步分为抽象的危险

---

④ 详见本书第 37 节,边码 2;亦见第 17 节,边码 10。
⑤ 详见本书第 36 节,边码 55。

禁令和具体的危险禁令这两种。⑥ 针对禁令的这种不同类型之间的区分,对应的是法益受到损害的不同方式。如果将法益理解成为服务于个体在民主的社会福利法治国中自由发展的人、物或制度的特征,那么法益的价值就在于其使自由成为可能的这一机能。因而,一旦法益充当自由发展之手段的机能遭遇损害,法益的价值即受减损。

这种减损可以是实体性的,但即便如此,价值之减损也并非体现在纯粹的实体改变上,而是体现在经由实体改变而导致的充当自由发展之手段的可能性受限之上。例如当我们实体性地改变某物时,究竟应将这种改变视为改善还是损害,就取决于这个改变是基于何种目的设定。与此相对应,如果我们在纸张上写一封书信,就根本不应视为这是对纸张的损害,而应当将之视为对纸张的有效利用。换言之,法益根本不是博物馆中的展品,而是社会生活中的人、物和制度的特征。

如果我们接受了这一前提,那么我们就会同意:合乎目的地使用利益的可能性,不是只能通过对它进行实体性改变才能遭遇减损。举个显然的例子,为阻止财产所有人使用属于他的某物,人们可以损毁该物;人们也可以盗走该物,或者威胁他,如果他使用该物就枪毙他。在所有这些场合,财产所有人使用该物的可能性,都遭到了剥夺,因而,该物的价值在其手段机能上遭受了减损。这样,如果认为对于法益持有者而言,法益的价值减损只能以实体性改变的方式得以体现,那就可能理解得过于肤浅了。

在日常生活中,这是自然而然的事。打比方说,有个人在外国购置了一处度假房,但该国突然爆发了内战。由于这个打击,他的度假房的售价便很可能急剧下跌,尽管战火丝毫没有实体性地损及该房。这个例子清晰地表明,物品的价值也受制于合目的地使用该物的环境条件。尽管在房屋紧密邻近的周围没发生任何战斗,但这一房屋的可使用性还是受到了限制,因为像开车穿越战区以抵达该房屋的这种行动是不理智的。这样,人们就当然无法理解,为何刑法只应保护法益免受实体性损害?把物主的物品彻底拿走,这种盗走行为所带来的损害绝不亚于实体性地改变这个物品。

由此可以得出:由于法益具有充当个体自由发展的手段的机能,因而具有价值并受到刑法上的保护,如果以损害法益的手段机能的方式改变了其实体,那么法益的价值无疑会降低,此即所谓法益侵害。例如,某人烧毁一本书籍,那么该书充当形象性地传播信息之载体的价值即告丧失。

但是,当利益是否遭受实体性损害只取决于偶然时,这种处境下的利益的价值,对于利益所有者而言,也是降低了。这种利益是否遭受实体性损害只取决于偶然的状态,人们将之称为具体危险。战区度假房一例已经清晰地表明:不能通过说法益只是处于侵害的潜在前阶段,就认为成立损害。毋宁说,只是由于房屋身处的不肯定性状态或不安全状态而使房屋价值蒙受损失,而不管房屋是否真的在战争

---

⑥ 详见本书第8节,边码20及以下几个边码。

行为中遭受到了损害。因此,将具体危险视作针对利益的独立的损害,就是完全可能的和合理的,尽管危险的状态只是短暂存在。

最后,当人们无法充分确信,在投入利益之时利益不会遭受损害,人们也不会理智地投入该利益以充当自由发展的手段。例如,当线索表明,法官可能收受了贿赂,证人可能说谎,那么再向这样的法庭起诉,就是不理智的。或者说,当人们不能肯定其他驾车司机是否喝醉酒,或盗窃团伙在道路上是否设置了路障时,就开着自己的汽车去旅行,也是不理智的。若人们不起诉,诉讼就不会输;若人们不使用汽车,汽车就不会遭受损害。尽管可以如此,但这样就限制住了人们自由发展的可能性,对于利益所有者而言,利益也就不具备其本来可以具备的价值。在这种情形下,理智地使用利益所需的安全条件未能得到保障,人们便可将该情形称为抽象危险。人们可能将这种意义上针对法益的抽象危险评价为独立形式的损害。就如不得在因醉酒而丧失驾驶能力的状态下参与机动化交通的这一禁令,便是禁止抽象危险的规范。

(四)

对于同时以宪法方式固定下来的基本原则的承认,乃是今天德国刑法中的标志性内容。这方面首要的便是刑事政策意义上所谓"最后手段原则"。依照这一原则,刑法只能充当阻止社会危害的最后的国家手段。[7] 如果某个损害也可以通过民法或者经由公法规则得到阻止,而且同样有效率,那就没有理由适用刑法法律。

在程序法中适用的是合法原则(Legalitätsprinzip,即强制侦查起诉原则)。[8] 依该原则,检察院有义务在具备实施了犯罪的初步嫌疑时启动侦查,若由此表征出了足够的犯罪嫌疑,则要提起控诉。从这点看,侦查和起诉对于检察院而言是强制性的。由此可以推出,"是否"启动侦查这个问题并不取决于合乎义务的裁量,或者说,这不是评判领域考虑的问题。如果警方已经对犯罪开始追诉,则亦须遵守合法原则,这时他们具有深入追究的义务(Erforschungspflicht)。此外,这一原则也适用于司法程序,亦即法官有义务确保已经开始的刑事程序的进行,并确保做出的具有法律拘束力的刑罚得到执行。

合法原则乃是由国家垄断控诉推出的合理结论。因为实质的刑罚权及其执行均只系之于国家,如果控诉垄断不是一句空话的话,国家就必须基于整个法共同体的利益和维持有效的法益保护的考虑,不分条件地确保针对"每个嫌疑人和处于同样嫌疑情形的人"进行不偏不倚和免于恣意的刑事追诉。

对于实体刑法而言,所谓罪刑法定原则或者说保障原则乃是其鲜明特征。[9]

---

[7] 详见本书第2节,边码8。
[8] 详见本书第1节,边码12。
[9] 详见本书第3节。

依照罪刑法定原则,认定犯罪和科处刑罚均需要有法律上的根据:没有(事先的)制定法,就没有刑罚,也没有犯罪(nulla poena, nullum crimen sine lege)。罪刑法定原则具有法治国家的保障机能,这种保障机能通过四个规则得以进一步体现:

(1) 禁止习惯法[nullum crimen sine leges scripta(落实于书面)];
(2) 禁止溯及既往[nullum crimen sine leges praevia(预防需先行)];
(3) 必须具有明确性[nullum crimen sine leges certa(勿歧义多义)];
(4) 禁止类推[nullum crimen sine leges stricta(限缩地解释)]。

这四个规则都只针对不利于行为人的情况。相反,若是针对有利于行为人的情况,则允许类推或者颁布具有溯及力的法律。

具体而言,不得凭借习惯法创设犯罪的构成要件,也不得借助习惯法将现行规定不利于行为人地加以改编。习惯法乃是指,不是通过正式的制定,而是通过长期的事实上的操练而产生的法,这种习惯法必须是持续不断、稳定常态的,而且,参加于其中的法同志将之视为有约束力的法规范。

禁止溯及既往这一禁令所针对的是,回溯性地对之前发生的事证立刑罚或使刑罚严厉化。该禁令不适用于程序性的规则(前提是其不涉及信赖保护)和时效规定。此外,亦不可凭借禁止溯及既往而更改(以前)已经确定生效的判例。

明确性原则乃是为防范恣意而设,该原则要求立法者尽可能清晰地给犯罪制定构成要件。

禁止类推则是说,在适用刑罚法规时,不得对其作出超出其字面含义的解释。除了充当犯罪之前提条件的证立可罚性的部分外,规定法律后果(刑罚以及矫正处分和保安处分)的规则也要受类推禁令之控制。需要区分受禁止的类推和(必要的)允许的法律解释这两者。在解释时,刑罚法规的适用范围乃是通过查清法条的语言含义而得以确定。而类推则不同,(尤其像在民法中一样)类推旨在填补法律漏洞,也就是说,它将法规的适用扩及其字义没有覆盖的情形。

同样,我们也通常区分出如下的解释方法:

(1) 在进行语义解释时,需查明的是日常用语和可能在法学中精确化了的字义;
(2) 历史(主观)解释旨在通过考查立法动机以查明条款的含义;
(3) 体系解释则在法律文本中考查条款并试图得出一上位的规则意义关联;
(4) 目的(客观)解释服务于查明条款的意义和目的,尤其是得出"规范的保护目标"。

(五)

客观归属学说的发展,乃是今天德国刑法学理中讨论的重点内容。[10] 所谓的

---

[10] 详见本书第11节。

客观归属有着一个消极任务,亦即要在为构成要件性结果进行刑法上答责的领域中,将不重要的因果流程排除出去。之所以说这个归属是客观的,乃是因为它完全排除了犯罪行为的主观方面。特别是在像杀人和身体伤害这种所谓的纯粹的结果犯领域,法律在文字表述上除了要求造成结果外,没有再要求任何其他内容,这样就产生如下问题:一方面,在犯罪时的行为上需要满足什么条件,另一方面,在行为和结果的联系上又需要满足什么条件,才能够将造成结果的某一举止认定为受刑法关注地实现了构成要件。不计代价地避免损害进而使社会生活僵化,并非刑法的任务。毋宁说,在特定的条件下,社会交往的进行必须免于对后果承担责任。藉此之见,当若干个人均与某一造成结果的事件具有因果关系时,需要审查的是,他们中的每个人当时是否都必须出于避免结果的考虑放弃他们的做功,并进而为结果的出现承担责任,或者由于有他人对此负责而使得自己毋需负责。

如果谁独自或者在别人的加功之下,创设了一种新情形,这种新情形发生符合构成要件的结果的可能性在客观上要高于之前的旧情形,那么原则上他就要为这个风险以及由此导致的后果负责。这种基于风险创设的负责性乃是建立在这样的原则上:若谁支配了某一事件,那他就要确保不因此使任何人遭受损害;支配的对应面即为答责。因此,任何人针对自己的行为活动空间都要确保,从该空间中不对外输出任何危及他人利益的危险。如果创设了这样的一个风险,那么当事人就要保证这个风险不在现实中实现。基于这一点,可以说,任何构成要件性的风险创设也都意味着一个保证人义务(所谓的"基于先行行为义务");如果违反该义务,则能够证立其不作为的可罚性。

创设风险者或共同创设风险者为风险以及由此产生的损害承担责任的这一原则,并不适用于受害人自己承担风险的情形(所谓自我答责原则)。倘若受害人以自己负责的方式危及自身,则应被认定为是自危行为。主要不是由行为人,而是由受害人答责的风险,并不能被当作是不容许地侵入了他人的法领域,行为人毋需为之承担责任。

自伤,在刑法上并不重要。单纯的自伤要由实施这种自伤的人自己答责。因此,如果第三人安排、协助、促进自伤,在刑法上也基本上是不重要的。由于自危行为乃是在客观归属的框架内加以讨论的,因而不管行为人针对结果另外是否还存在故意抑或过失,都要排除其责任。自我答责原则适用的主要领域是道路交通、毒品方面的不良行为以及和艾滋病病毒携带者的性行为。

依照文献中的一个观点,在客观归属的框架内还要承认"回溯禁止"。[11] 所谓回溯禁止,是指引起构成要件性结果的因果链不得追溯到某特定人的举止之后,因而,他人之前的因果贡献在结果归属上便成为不重要的内容。这种回溯禁止适用

---

[11] 详见本书第11节,边码36及以下几个边码。

于这样的情形:第一引起人采取的是合乎其社会角色的举止,不管他人(不容许的)风险性举止怎样,第一引起人的举止都是没有问题的。

这种回溯禁止尤其针对的是根本不存在共同的犯罪意思的社会交往的情形,像日常生活中的出售和提供服务的情况即是如此。例如,出租车司机 A 依正常的收费将入室窃贼 B 和 C 运送到犯罪地点。然而,如果用"A 开车运送 B 和 C 到犯罪地点实施入室盗窃"这样的描述来表达该事件,那就很难否认:在这种情形下其实是有犯罪意思的,正如在犯罪的联系中加入任一举止,都会赋予该举止以犯罪的含义一样,并不会因为 A 是以出租车司机的身份而行事的这样一个附加信息,而使得这样的描述成为错误。这样,鉴于给 B 和 C 提供的运输帮助,回溯禁止论者就是在诉诸 A 乃是出租车司机这样一个情况来主张其论点了。但是,某个人将入室窃贼运送到犯罪地点时,他的身份究竟是私人还是出租车司机,这在刑法上根本不能成为区别对待的理由,因而也就根本找不到支持回溯禁止的根据。如果可以通过主张别人犯下了不法,而为自己的有害举止开脱责任,那么这将不利于保护受害人。所以,判例否认了刑法中的回溯禁止,这种否定的观点值得认同。

(六)

在德国刑法中,基本上只可以处罚自然人。[12] 不同于其他欧洲国家(例如英国、法国和西班牙),德国刑法不承认法人和经济企业的刑事责任。文献中否认法人责任的多数观点,考虑到的是要求对犯罪事件进行个体答责的这种罪责原则。如果有企业卷入到了犯罪之中,那么,按照德国刑法就总是要讨论为该企业答责性地行为的自然人。

基于这一点,企业中承担责任者是否具有阻止其员工犯罪的保证人义务,就成为有争议的话题了。[13] 这个问题有人说是,有人说不是。说是的人主张,企业负责人具有阻止这类犯罪行为的可能性,而说不是的人则认为,根据劳动关系,只能产生指挥权,而无法产生针对人员的支配权。但不管怎样,考虑到确保交往安全的义务这一思想,就员工和代理者的危险性的举止方式以及法律行为的表示而言,企业负责人针对其所安排的或其余可归属于他的内容,具有保证人的地位。此外,在企业的经营管理成员的答责上,还需要考虑的问题是,他们中的每个人都需要承担多大限度的保证人义务?例如,在对其企业生产的产品所产生的危险进行预警这件事上。

(七)

近两百年来,现代德国刑法的特点是和其他科学紧密咬合在一起的,如哲学、

---

[12] 详见本书第 7 节。
[13] 详见本书第 36 节,边码 63。

心理学、社会学和经济学。对今天的讨论尤其产生影响的是法律的经济分析和语言哲学。更远的角度,德国刑法的进一步发展则主要取决于,欧洲联盟里的欧洲整合是否也包括了刑法的整合。今天,程序法已经在许多方面超出了国界,尤其是在刑事追究的国际协作领域。而在实体刑法领域,显现的是另一幅图景:在实体刑法上,各个国家仍维持着完全的自主性,尽管在经济刑法领域出现了追求法律统一化的巨大努力。

(八)

现在,这本刑法总论教科书以中文的形式呈现在读者面前,我在感到非常喜悦的同时,也意识到了巨大的学术挑战。总论的规范和原理,能够独立于某一国家分则的具体内容;进而,这种总论规范和原理也就超越了刑法的国界,成为了世界范围内研究和讨论的对象。所以,我有这样的愿望,即借助于这本教科书实现和中国的学者、同学们的共同对话。通过这种方式,我也期冀能够了解中国令人尊崇的丰富文化,以充实我个人的理解。

我必须特别地感谢蔡桂生先生,他不辞艰辛地将我的教科书译成了中文。基于他在波恩的学业,他对德国刑法有了深入的认知,这使得他能够恰当地将德文术语转化为中文。他的出色译事,理当得到学术上的高度认可。

乌尔斯·金德霍伊泽尔
2012 年 2 月 26 日于德国波恩

第一编

刑 罚 法 规[*]

---

[*] 刑罚法规,乃是对"Strafgesetz"的翻译,是指规定有刑罚的制定法、成文法,并不局限于《刑法典》。由于"法规"一词,也有法律规定的意思,故译为"刑罚法规"。——译者注

第一章　刑法在法体系中的位置

第1节　刑法上的冲突

> **案例1**
> 饭店店主 D 不遵守卫生法规，将已腐败的食物制作成饭菜提供给顾客；结果，一位顾客死亡，还有三位顾客在有力措施的抢救下才脱险。

一、区分

1. 定义

（1）刑法与秩序违反：作为法秩序的一个部分，刑法所规定的是：人们利用刑罚或保安措施、矫正措施来进行威胁的那些举止方式，需具备哪些条件和会造成哪些后果。① 这样，围绕着（刑罚等）这些制裁方式，人们便得到了刑法的定义。违反秩序法的目标设定（Zwecksetzung）是与刑法相似的，但违反秩序法并不以刑罚作为制裁方式，而只是采取罚款（Geldbuße）的方式。② 同样，对于法律上受禁止的举止，也可以采取这种罚款的方式进行制裁。与刑法不同的是，这种制裁却并不意味着同时进行社会伦理上的谴责。③

（2）核心刑法和附属刑法：人们用以确定哪些是可罚行为，以及这些可罚行为需要具备何种方式和何种程度的法律后果的法律规则，被称为是实体刑法（materialles Strafrecht）。但是，这些规则仅仅是部分地规定在《刑法典》[StGB, 1871 年 5

1

2

---

① 鲍曼、韦伯、米奇（*Baumann/Weber/Mitsch*），第3节，边码2；韦塞尔斯、博伊尔克（*W-Beulke*），边码10；哈夫特（*Haft*），第6页。
② 进一步的界定，见《联邦宪法法院判例集》（BverfGE），第22卷，第49页，尤其是第79页；博内特（*Bohnert*），《法学》（Jura），第11页及以下几页[关于德国法学期刊杂志中文章的注释的译法，本书除了坚持将作者和篇名译出之外，同时按照德国法学文献的注释体例，将文章位置译出，若只提到一个页码，便指的是文章的起始页及以下几页，若提到了两个（或两个以上）页码，并用"尤其是"标出，则该"尤其是"之后的页码为引用内容所在的精确位置。这点与国内体例有所不同，故加以说明。——译者注]；米奇，第3节，边码1及以下几个边码；与此相关，还有纪律法（Disziplinarrecht，又译为惩戒法），进一步参见《诺莫斯刑法典评注——哈塞默、诺伊曼》（NK-*Hassemer/Neumann*），第1条前言，边码218及以下几个边码；有关刑法史的论述，见耶塞克、魏根特（*Jescheck/Weigend*），第10节及以下。
③ 关于这种违反秩序的行为，可以以"违反停车秩序的人"（Parksünder）为例，虽然其行为是违反法律的，但是却不是犯罪人（Staftäter）或"罪犯"（Verbrecher）；对于刑罚功能的进一步论述，见本书第2节边码8及以下几个边码。

月15日由《帝国刑法典》（RstGB）转化而来]里。质言之，这部《刑法典》只是规定了那些特别重要的犯罪，即所谓核心刑法，以及一些总则性规定。相应地，那些与特定的法领域有更紧密的实际联系的特定犯罪，人们则将之单独规定在相应法规中，这便是附属刑法。④ 比如，《道路交通法》第21条就规定，没有取得驾驶许可或者违反驾驶禁令驾驶机动车的，要处以刑罚。

3　　　（3）《刑法典》的结构：《刑法典》的规定分为总则和分则。分则（第80—358条）*规定了各个犯罪的构成要件（Deliktstatbestände）及其相应的特定法律后果；不同的是，总则（第1—79b条）规定的则是带有普遍性的、基本上适用于所有犯罪的条文，这些条文几乎是通过"提取公因式法"（vor die Klammer ziehen）**得出的。在总则中，人们区分了两类规则：第一类规则规定的是，成立犯罪需要具备哪些前提条件（第1章和第2章）；第二类规则则规定，犯罪会引发哪些法律后果（第3章到第5章）。而相应地，在分则里，按照到底保护什么内容，具体地将犯罪分门别类加以规定；例如，在第5章中就规定了危害国防，在第13章中规定了妨害性自决权，在第16章中规定了侵害他人生命，等等。

4　　　（4）实体刑法和程序刑法：实体刑法规定的是，某个举止需要具备哪些前提条件，才可以被视为犯罪，而程序刑法则规定证明程序（侦查审判程序或认知程序，Erkenntnisverfahren）和对已证实的犯罪实施刑事执行以及行刑。⑤ 程序刑法的法律渊源是：《刑事诉讼法》（StPO）、《法院组织法》（GVG）、《刑事执行法》（StVollzG）和各联邦州的行刑法。

　　2. 法体系内的视角

5　　　如果我们把目光转向某个社会冲突，比如案例1，我们就知道，在这种情况下，法律会以完全不同的方式和按照不同的目标作出反应：

　　（1）民法的目标是实现私人利益之间的平衡⑥；因此，该案当事人由于健康受到损害，享有损害赔偿请求权。

---

　　④　对于核心刑法和附属刑法的深入论述，见《诺莫斯刑法典评注—哈塞默、诺伊曼》，第1条前言，边码206及以下几个边码，有进一步的文献。

　　*　本书在引用法条时，若未指明具体法典名称，则均指《德国刑法典》的相应条文。下同。——译者注

　　**　对于"vor die Klammer ziehen"的译法，民法学界有"提取公因式""括号前"等译法，不一而同。本书译者采前者，其更为准确、形象，因为数学中的分解因式就是把公因式提取到括号前，后者仅仅是朴素的直译。——译者注

　　⑤　关于实体刑法和程序刑法之间的关系，参见《刑法典图表注释—哈塞默、诺伊曼》，第1条前言，边码198及以下几个边码；《莱比锡刑法典评注—魏根特》（LK-Weigend），序，边码10及以下几个边码，均有进一步的文献；关于刑事执行和行刑二者的区分，例见劳本塔尔（Laubenthal），边码10及以下几个边码。

　　⑥　参见沃尔夫、诺伊纳（Wolf/Neuner），第2节，边码17。

(2) 行政法中则含有危险抵御和预防这方面的内容。⑦ 人们利用行政法来保护公民,以免其再次受到餐饮业之食物供给的毒害。因此,在该案中,维护秩序的主管机关就要对该饭店实施检查,以确定是否要吊销其营业执照,或者要整顿其卫生条件。

(3) 刑法的目标则是通过确证规范的效力(即规范的普遍遵守),以实现对各种法益(Güter)的保护⑧:具体到该案,它需要确证禁止损害他人健康的禁止规范得到遵守;如果有人违反了这种禁止规范,那么,就要运用刑罚来惩罚行为人,同时,借此明确宣告,不遵守规范是错误的。

按照这种分析,民法和刑法都是对过去的事情进行处理;它们回溯性地问道:我们应当如何对已经发生的事实做出反应?在具体案例中,刑法关注的是公共利益,而民法则不同,它仅仅关注当事人之间的利益。和行政法一样,刑法也是公法的一部分;行政法和刑法二者涉及的都是国家和公民之间的法律关系。⑨ 不同于回溯式的刑法的是,行政法是面对将来的;在抵御危险这方面,关注未来的它,致力于防止将来可能的损害的发生。⑩

6

图解:

7

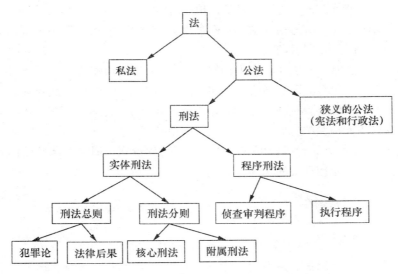

---

⑦ 毛雷尔(Maurer),第1节,边码15,主要是行政(管理)中秩序管理那部分。
⑧ 详见本书第2节。
⑨ 韦塞尔斯、博伊尔克,边码12;格罗普(Gropp),第1节,边码29及以下几个边码;毛雷尔,第3节,边码5。
⑩ 参见毛雷尔,第1节,边码11、15。

015

二、冲突的识别

8　　对于社会上的冲突而言，什么时候需要利用刑法的手段来识别，在民主社会中，这个问题必须由立法者来作出回答。而保护社会以免受犯罪侵害的政治内容，人们则称之为**刑事政策**。在立法者那里，他们的决定会特别地触及一些边缘领域，确切地讲，一方面，他们需要考虑，为了解决社会冲突，在多大范围内采用广为流传的刑法条文是合适的[11]；另一方面，他们又要应对社会的发展，比如，在经济或环境保护领域（的发展）。相反，侵犯高度人身性的法益的犯罪（如杀人、身体侵害和强奸）、侵犯财产法益的犯罪（如盗窃、诈骗和勒索）、侵犯公共（利益）（如叛国、妨害司法）的犯罪等这些核心犯罪，则拥有悠久的历史，并可以追溯到罗马法或者日耳曼法时期。这些犯罪规定所保护的法益，几乎构成了社会的基石。从根本上说，刑法忠实地反映了各个社会的自我理解。

9　　研究刑法上相关举止的实证性科学，乃是**犯罪学**。犯罪学是对于犯罪、违法者、不良的社会现象以及控制这些举止等内容的经验认知的条理化总和。[12] 如果对犯罪学缺乏认识，那么，刑事政策就缺乏事实的基础，刑法也就失去了目的。我们只有对某个举止的环境有了充足的认识之后，才可以将某个举止认定为应罚的。

10　　以揭露犯罪为研究方向的学科是**刑事侦查学**。[13] 刑事侦查学属于警察培训的内容，法律系不开设这门课程。

11　　针对刑法法规进行人文学科上的解释，乃是**刑法学理**的研究内容。刑法学理还利用逻辑的、历史的、语言学的、社会学的和哲学的方法，来揭示法规的意义和目的，阐明规则之间的体系性联系，而且还借助于切合实际的指导原则，来确保法律的适用是经得起检验的。刑法学理是一门规范科学，它并不提供可以实证地证明的结论，而只是努力进行尽量可信的和有说服力的说理。刑法学理可以再分为**实体刑法的学理**和**程序刑法的学理**。

三、冲突的裁量

1. 刑事程序

12　　人们动用刑事制裁的手段，来对某个社会冲突作出反应，只有在刑事程序中才是可能的。这种刑事程序是以**侦查程序**（Ermittlungsverfahren）为起点的。如果被

---

[11] 例如，出于这个原因，人们依照第六部《刑法改革法》（StrRG）取消了（《德国刑法典》第217条）杀婴的构成要件。

[12] 参见博克，载格平格尔（Göppinger），第1节，边码1；详见埃森贝格（Eisenberg），第1节，边码1及以下几个边码。

[13] 详见格尔茨（Geerds）：《刑事侦查学》（Kriminalistik），1980年版，第3页及以下几页。

认为有罪者的身上具有了足够的犯罪嫌疑,那么检察院就可以启动侦查程序。⑭
在该处,检察院有义务依照《刑事诉讼法》第 152 条的规定,在已具有足够根据的前
提下来追查所有可以追究的犯罪(所谓的**合法原则**)。在有足够的犯罪嫌疑的情
况下,(检察官)可以提起公诉(《刑事诉讼法》第 170 条第 1 款、第 203 条)或申请
处罚命令(《刑事诉讼法》第 407 条及以下几条)。

被告人的行为是否可罚,这需要由法庭在其后所谓的**主程序**(Hauptverfahren) **13**
中来确定。⑮ 在主程序之后,还有可能再由上级法院进行**法律救济程序**(Rechtsmit-
telverfahren)。⑯ 若仅是针对初级法院的判决提出上告(Berufung),那么,需要重新
进行的是事实审和法律审(《刑事诉讼法》第 312 条及以下几条);若是上诉审(Re-
vision Urteile),则只能是法律审(《刑事诉讼法》第 333 条及以下几条)。在判决产
生法律效力之后(这意味着不能再通过法律手段加以改变),就是**执行程序**了。⑰
这一程序也是由检察院启动并受其监督。⑱

2. 判决和专业鉴定*

法庭最后就事实和法律情况作出的标志刑事程序之结束的决定,是**判决**。⑲ **14**
判决书有着明确的形式:它首先必须写明判决结果,然后,予以说理。⑳ 这种明确
的形式,就使得所谓的"**判决书风格**"得以形成,其中,以直陈地使用"因为"句式为
显著特征。

人们做出刑事程序之裁决之前,事先是通过"**专业鉴定**"的方式加以准备的。 **15**
在"专业鉴定"中,与裁决相关的事实和法律问题均被全面地、清晰地详细阐述。在
大学课堂的考试、练习课的作业以及司法考试第一试中,经常将某个特定的真实案

---

⑭ 详见金德霍伊泽尔(*Kindhäuser*):《刑事诉讼法》(StPR),第 3 节,边码 4 以下,第 4 节,边码 1 以
下及进一步的文献。

⑮ 详见金德霍伊泽尔:《刑事诉讼法》,第 3 节,边码 8 及以下几个边码,第 17 节,边码 1 及以下几
个边码,有进一步的文献。

⑯ 详见金德霍伊泽尔:《刑事诉讼法》,第 3 节,边码 11 及以下几个边码,第 28 节,边码 1 及以下
几个边码,有进一步的文献。

⑰ 详见金德霍伊泽尔:《刑事诉讼法》,第 3 节,边码 14 及以下几个边码,第 27 节,边码 1 及以下
几个边码,有进一步的文献。

⑱ 《刑事诉讼法》第 451 条。

* 德国法学教科书多是用于给德国司法考试学制的法科学生传授法律知识,将来这些知识也就将
运用到司法实践中。专业鉴定(Gutachten)是教科书中极重要的一个方面,该词也可以翻译为"(内行)
意见""专业意见""鉴定"等。这也是德国法科学生需要学习撰写的东西,不管是学习公法、刑法还是民
法,都需要学习撰写之,并在考试中运用。法官在作出判决之前,需对案件中的正反两方面的多种可能
性加以考虑,对可能的情况进行假设,多采用"如果……那么"的句式,这时,便是在研究"专业鉴定"的
撰写。进而,法官的判决是建立在"专业鉴定"的基础之上的,其做出来的判决多采用"因为"的句式进
行说理。——译者注

⑲ 《刑事诉讼法》第 260 条第 1 款。

⑳ 参见《刑事诉讼法》第 260、267、268 条。

例来作为考题的内容。在考题中,往往是让考生按照(犯罪)参加者的可罚性的可能情况,以"专业鉴定"的形式来对案件事实情况(Sachverhalt)作出评判。在这种"专业鉴定"中,对于相应法律问题是有各种不同可能的解决方案的,考生需要就各种方案的优点和缺点进行论述,并加以权衡。这种所谓的"**专业鉴定风格**"经常是需要其虚拟的方式来设问,而到最后才得出答案的,这和判决书不一样了;考生们必须明确清晰地起草这种"专业鉴定",而且不允许遗漏任何与裁决有关的问题点。

3. "双轨制"的法律后果

16 《刑法典》规定了两种形式的法律后果(亦即所谓的"**二元体系**"):一为**刑罚**(包括附带的后果);二为**矫正处分和保安处分**。

17 仅当已经具备法律意义上的**罪责**,才可以施以刑罚。有多大的罪责,才可以具体地施加多严重的刑罚,而不能过度。[21] 与之相对应的是,矫正处分和保安处分,它们并不取决于罪责,而取决于行为人*特定的**危险性**。[22] 与警察法相近,这类处分

---

[21] 详见本书第21节,进一步参见《联邦宪法法院判例集》,第20卷,第323页,尤其是第335页;第50卷,第125页,尤其是第133页;第95、96卷,第131页。

* 关于Tat和Täter的译法,可能算是刑法学翻译中的难题。此处详细讨论如下:

关于Täter的译法,国内文献多将该词译为"行为人"。参见《德国刑法典》,冯军译,中国政法大学出版社2000年版,第218页。但是,由于Täter乃由Tat演化而来,若将Tat译为行为,那么Handlung将作何译?王世洲教授曾提到,Tat是指符合法律规定的行为,例如,刑法规定的故意杀人罪中的行为,盗窃罪中的行为,等等。参见[德]罗克辛:《德国刑法学总论》(第1卷),王世洲译,法律出版社2005年版,第3页。Täter和Tat这种词,其实在德国的日常生活中是常常能听到的,可见其应用之广泛。民法中也有相应的运用。在刑法文献里,一般是在涉及到犯罪(Straftat,受处罚的行为)的意义上使用Tat,乃指"符合构成要件的行为"。由此可见,是犯罪相关的外在事实(包括行为或状态)的一部分,似应将之根据情况译为行为或状态、犯罪事实乃至译为犯罪,而将Handlung单译为行为。

从不译为行为的角度,特别针对本书的翻译,相应的理由还有:当下德国刑法中,对"犯罪乃是一种行为"这一学理受到了质疑。例如,"为了长途赶路,司机S在夜里极其疲倦地开着车。过了一会儿,他睡着了,汽车驶入相对方向的机动车道中,引发了造成人员伤亡的交通事故。没有疑问的是,S并未以一个行为实现了杀人的构成要件,因为他是在睡着的状态下导致了交通事故的发生。S也不是因为一个行为而入睡,入睡是一种意识转换(Bewußtseinswechsel),并不是人的意志支配的结果。若犯罪是一种行为的话,那么S就没有实施犯罪。"参见金德霍伊泽尔:《犯罪构造的逻辑》(Zur Logik des Verbrechensaufbaus),载赫(Koch)主编:《法律面临的挑战》(Herausforderungen an das Recht),1997年版,第78页。此外,危险(状态)也被作为犯罪的一种。参见金德霍伊泽尔:《作为犯罪的危险》(Gefährdung als Straftat),1989年版。当然,陈兴良教授曾就是否坚持"犯罪乃是一种行为"这一格言做了辩护,尤其参见陈兴良:《"无行为则无犯罪"——一条刑法格言辩护》,载《中外法学》1999年第5期。而从反对将Tat译为"行为"的角度而言,那么,可能的理由应该是:虽然行为似乎更具备古典意义上的人权保障价值,但是,也不能因此就不发展行为概念,陈兴良教授其实也是在发展行为概念。因此,具有人权保障价值的是"外在事实",对于人的主观要素的苛责,都是建立在其客观表现形式之上的,所以,也许没有必要局限在"行为"这一用词上。当然,如果坚持认为犯罪只是行为,或者坚持行为概念予以发展,而不在既有的意义上使用"行为"这个概念,那么,将Täter译为行为人,也是有道理的。但是,"行为""行为人"这种词不限于刑法学中,是一个普通的词,有时也有可能会指称不明。比如,如何翻译Handlungseinheit和Tateinheit?这些都是译为行为可能带来的不足。

与前面的Tat相对应,在刑法学中,Tatbestand若直译似应为"犯罪事实存在",那便是对于犯罪外在整体的典型形象(当然,在构成要件史上,它是从诉讼法上一般纠问发展而来的,也更为侧重客观、证据化构建的事实),是在立法上容易固定下来的东西。译为"构成要件",算是意译;而译为"行为构成",似为直译,但也许有所出入。在民法中,也大量使用Tatbestand一词。例如,意思表示的客观构成要件和主观构成要件,比较明显的是,"构成要件"具有具体组件之意,这样,"行为构成"中去掉了"要件"一词,就将这种意思削弱了。此外,还应该指出的是,如果将Täter全部译为犯罪人,也可能导致不精确的后果,这

也具有预防功能，即便在没有罪责的情况下，人们也可以采取这类处分(《刑法典》

是因为Täter侧重于指称符合构成要件(Tatbestand)的人，并不代表必定已经最终定罪。正犯乃是专门给刑法学发明出来的词，特别是在参加理论中，可以按照通例译为"正犯"。但是，由于Tat和Täter是有联系的，却没有给Tat专门发明一个词，这导致了翻译的困难。若将Tat译为行为，Täter译为正犯，似乎就显得字面上割裂了二者。

但是，若不将Tat译为行为，而译为犯罪事实，比如将Tatherrschaft译为犯罪事实支配，那么也会造成一个缺陷：如果将Tat(行为(和/或状态))译为犯罪事实，由于实行行为、结果、危险、因果关系等都是犯罪事实的相应部分。Tat是犯罪事实的一部分，或者准确地说，实行行为才是Tat。相似的理解，亦参见[日]古田裕清：《日本的法律用语与德语》，崔延花译，载《比较法研究》2004年第1期。将Tat译为犯罪事实有逾越原意的可能。而且，将Tat译为犯罪事实，却又将Täter译为行为人，就同样有割裂二者含义联系的可能。同样，《新德汉词典》(上海译文出版社2000年版，第1159页)将Täter译为作案人、案犯，虽然意思正确，但有割裂与Tat的含义联系的嫌疑；在犯罪的意义上，针对"犯罪事实"一词，更为合适的德文词也许是"Tatsache"。这里所提到的相应的Tatherrschaft、Tat和Täter的译法，参见[德]罗克辛：《正犯与犯罪事实支配理论》，劳东燕译，载陈兴良主编：《刑事法评论》(第25卷)，北京大学出版社2009年版。

关于Täterschaft一词，王世洲教授译为"行为人"，冯军教授译为"行为人共同体"，许玉秀教授、徐久生教授和何庆仁博士认为应当亦译为正犯。何庆仁博士在与陈志辉博士的译法"正犯性"做区分时，认为正犯暗含了"正犯性"。专门的译法讨论，参见何庆仁：《德国刑法学中的义务犯理论》，载陈兴良主编：《刑事法评论》(第24卷)，北京大学出版社2009年版，第237页。根据我的研究，将Täterschaft译为"正犯性"，乃是将后缀-schaft理解成是状态和功能，将其译为"行为人共同体"乃是将后缀理解为集合和整体，因为Täterschaft的德文含义，其实是正犯的集合。类似的例子在德文中还有Arbeiterschaft(工人的集合)、Wissenschaft(认知的集合，即科学)等。因此，冯军教授的理解是准确的，何庆仁博士同意教授的理解，也是合理正确的，但是何庆仁博士在解释陈志辉博士的译法的时候，认为"正犯性"暗含于其中，也许并不准确。进一步说，如果Täterschaft包含了正犯性的意思，那么，täterschaftlich(乃至Täterschaftlichkeit)作何译呢？我虽然也最终接受了"正犯"的译法，但中文不区分单复数，因此在不会产生误解的场合，译者将之译为正犯，但在必要时，并不主张放弃直接将Täterschaft译为"诸种正犯""各种类的正犯"乃至朴素直译"正犯的集合"的做法。至于冯军教授所言，将Täter译为"犯人"，显得对Täter没有限制，因为教唆、帮助者亦为犯人。参见《德国刑法典》，冯军译，中国政法大学出版社2000年版，第218页。《新德汉词典》中作案人、案犯的译法也有此缺陷。也许"正犯"这个单独为Täter发明的词，重点在"正"(这就与"教唆""帮助"者有了界分)，而不在"犯"。

至于是否将"正犯"改用"实行犯"加以替代，译者并不赞同，较之于"正犯"，"实行犯"的刑法色彩已经淡化，但这并不是主要原因，主要原因乃是"实行犯"一词过于侧重支配性，在义务犯领域，由于物理性、支配性强的行动已经不重要，重要的是规范性的义务，所以用"实行犯"来涵括支配犯、义务犯，显得并不合适。而在被害人同意理论中，即便是存在被害人同意的场合，被告人仍然可以被称为Täter。例如，医生做手术，所有医生都成了Täter，那么出于阻却构成要件的考虑，这时满足了构成要件的的"正犯"一词来翻译，也变得不合适了。甚至更有可能的是，医生手术根本就是不符合构成要件的。我曾经以为采取如下的做法可以避免相应的麻烦：借用我国已有词汇，将Täter在一般情况下，不译为行为人，而译为犯罪嫌疑人。虽然犯罪嫌疑人在德语中的准确对应词是Tatverdächtiger，但不可否认Täter和Tatverdächtiger有相当大的重合之处。因此，在德文原文明为Tatverdächtiger(本书中使用该词极少)，且意思可能和Täter有别的地方，再注明原文，并针对Tat(行为和/或状态、犯罪事实)和Täter(犯罪嫌疑人、犯罪人、正犯)的具体情况，在不同场合采用不同的译法，原因在于：人们之所以讨论Täter，乃是因为其举止已经惹起了犯罪嫌疑，这种嫌疑也正是人们怀疑其符合了法律上规定的构成要件，但不代表真就符合了构成要件。若不怀疑其符合相应的构成要件，人们就不会去关注。只有有了犯罪嫌疑，所以学者将之列入讨论，法官将之列入庭审。同时，定罪之后，也仍然称为"Täter"。参见[德]罗克辛：《刑事政策与刑法体系》，蔡桂生译，载陈兴良主编：《刑事法评论》(第26卷)，北京大学出版社2010年版，第249—250页，脚注3；[德]金德豪伊泽尔：《评合意和承诺的区分》，蔡桂生译，载《中国刑事法杂志》2010年第4期。但是，通过长期的考虑，我还是放弃了"犯罪嫌疑人"这个译法，而采用了存在缺陷的"行为"和"行为人"的译法，之所以容忍这种译法，乃在于，这也许是缺陷相对少一些的译法，这样Tatstrafrecht和Täterstrafrecht也可以继续叫"行为刑法"和"行为人刑法"了，而"犯罪嫌疑人"过于宽广，不仅逾越了行为(和/或状态)，而且逾越了犯罪事实。同时"犯罪事实"也逾越了"行为(和/或状态)"，所以不得不采取接受"行为""行为人"(特别在关涉参加理论时，采取正犯的译法。在罪数理论中，采取一罪(Tateinheit)和数罪(Tatmehrheit)的译法，在有可能指称不明的地方，译为"(犯罪)行为""(犯罪)行为人"，之所以附加"犯罪"二字，也是因为这可以理解为在"定罪阶段内考察的行为(人)"）的译法。从翻译的角度上讲，我也对"行为"做了某种辩护。——译者注

② 耶赛克、魏根特，第9节I；拉克纳·屈尔(L-Kühl)，第61条，边码2。

第 20 条、第 63 条及以下几条);不过,采取这类处分所必需具备的条件是,当事人从事了违法行为[所谓的"**诱因行为**"(Anlasstat)]。㉓ 通过采用这种法律后果上的"双轨制",我们就可以避免刑罚由于背负过于繁重的预防性任务,而无法恪守罪责原则,并逾越罪责的合理边界。

4. 刑罚

18 **(1) 主刑与附加刑**:刑罚法规中规定了所谓的主刑,包括自由刑(第 38、39 条)和罚金刑(第 40—43 条);还规定了所谓的附加刑,例如,在特定的场合,可以禁止驾驶(第 44 条)。以前还有财产刑(第 43 条 a),这也是附加刑的一种,但它已经由联邦宪法法院宣布为违宪。㉔ 科以刑罚带来的进一步的附带后果,还有褫夺公职、剥夺被选举权和选举权(第 45 条、第 45 条 b)。

19 **(2) 自由刑**:自由刑可以是有期的,也可以是终身的(第 38 条第 1 款,比如在谋杀(第 211 条第 1 款)的场合)。若我们暂时不考虑诸具体犯罪所要求的刑罚,那么,有期自由刑的时间跨度是从最短 1 个月到最长 15 年(第 38 条第 2 款)。若判定当事人应该不会再危害社会,在自由刑上可以再宣判缓刑,来进行**考验**(第 56—58 条)。㉕ 仅当行为或行为人人格上具有特殊情况,且只有处以自由刑才足以矫正行为人或维护法秩序时,才可以例外地判处 6 个月以下的短期自由刑(第 47 条第 1 款)。

20 **(3) 罚金刑**:罚金刑是通过"日额金"的方式计算的(第 40 条)。日额金的数额是根据罪责来决定的。最低的日额金为 5 单位,最高为 360 单位全日日额金(volle Tagessätze)*。每单位日额金的数额取决于各行为人(可能的或实际的)日收入,换言之,通常是取决于其每天平均的净收入。不过,日额金的数额必须在 1 欧元到 3 万欧元的范围之内。按照这个标准,罚金刑的最低限额是 5 欧元,最高是 1080 万欧元。无法缴纳罚金的,则以自由刑代替之(第 43 条)。在判处 180 日额金的情况下,也同时可以宣布**保留刑罚的警告**(第 59 条及以下几条)。这是因为,对罚金刑没有办法适用缓刑,所以就采用这种警告来实现考验的功能。

21 **(4) 量刑**:在量刑时,法庭是按照犯罪之罪责基本状况的方式、程度,并考虑到

㉓ 《刑法典》第 66 条则比较特别,它规定,必须曾经被判处过自由刑,也就是有过有罪责的犯罪,才可以采取这类措施。

㉔ 《联邦宪法法院判例集》,第 105 卷,第 135 页,尤其是第 136 页。

㉕ 详见金德霍伊泽尔:《刑法典的理论与实务评注》(LPK),第 56 条及以下几条,有进一步的文献。

* 需指出的是,徐久生、庄敬华译的《德国刑法典》(中国方正出版社 2004 年版)第 40 条第 1 款中可能有漏译,依照流传甚广的德国口袋书出版社(Beck-Texte im dtv)2009 年出版的第 47 版《德国刑法典》,voller Tagesatze 应指全日日额金,否则,halber Tagessatz(半日日额金)作何译?——译者注

刑罚对行为人未来社会生活的可能影响,来对行为人科以刑罚的。㉖

5. 其他处分和措施

(1) 处分:矫正处分和保安处分既可以单处,也可以与刑罚并科。㉗《刑法典》具体规定了这些处分㉘:

① 剥夺自由的处分,包括收容于精神病院(第63条)、收容于戒除瘾癖的机构(第64条)或者收容于保安监督机构(第66条);

② 行为监督(第68条到第68条g);

③ 吊销驾照(第69条到第69条b);

④ 禁止从业(第70条到第70条b)。

(2) 措施:为了消除(犯罪)行为产生的财产性利益,或没收行为人的行为工具和行为产物㉙,《刑法典》除了规定了矫正和保安处分之外,还进一步规定了一些与罪责无关的(schuldindifferent)措施㉚:

① 追缴(第73条及以下几条);

② 没收(第74条及以下几条);

③ 查封(第74条d第1款第2句)。

> **复习与深化**
>
> 1. 民法和刑法、行政法和刑法之间分别有什么本质的区别?有什么本质的相同点?(边码5及以下几个边码)
> 2. 判决和专业鉴定都有什么功能?(边码14及以下)
> 3. 刑法都规定了哪些法律后果?(边码16及以下)

㉖ 具体的标准,详见金德霍伊泽尔:《刑法典的理论与实务评注》,第46条,边码1及以下几个边码;施特伦(*Streng*),边码440及以下几个边码,有进一步的文献。

㉗ 对此,详见施特伦,边码280及以下几个边码;关于前提条件和比例原则,参见金德霍伊泽尔:《刑法典的理论与实务评注》,第61条,边码3及以下几个边码;第62条,边码1及以下几个边码。

㉘ 其他处分还有:例如,《联邦狩猎法》(BJagdG)第41条及下一条规定了吊销狩猎证和禁止从事狩猎,《动物保护法》(TierschG)第20条规定了禁止饲养动物。

㉙ 金德霍伊泽尔:《刑法典理论与实务评注》,第73—76a条前言,边码1及以下几个边码;施特伦,边码304及以下几个边码,有进一步的文献。

㉚ 参见《刑法典》第11条第1款第8项的定义。

第 2 节　刑法的正当性

一、刑法上的规范

1. 概念

1　　民主国家需要保护个体的自由发展。因此，法律就有了这一任务，亦即，在协调市民之间不同利益的问题时，实现非暴力的协和(Intergration)，从而维系社会的正常运转。① 在法律中，这种**利益协调**(Interessenkoordination)，乃是通过规范来实现的。规范，就是一些(法律上的)规则。这些规则规定了哪些举止方式在法律上是容许的(合法)，哪些又是法律上禁止的(违法)。刑罚法规规定了**两种规范**，即举止规范和制裁规范②：

2. 举止规范和制裁规范

2　　**(1) 举止规范**：第 239 条第 1 款规定了拘禁他人将遭受处罚，该条款规定的情况首先告诉人们，拘禁他人乃是违法的。然而，第 32 条第 1 款作出了相反的规定，即出于紧急防卫所为的行为是容许的。这些法定的构成要件所表述的禁止的或容许的举止，便是人们所谓的"刑法上的举止规范"。这些**禁止规范和容许规范**既有可能是适用于每一个人，也有可能仅适用于特定的人。在前者，是所谓的"**一般规范**"(allgemeine Normen)，在后者，则是所谓的"**特别规范**"(Sondernormen)，如第 348 条中从事公共文书制作的公务员。每个犯罪都必须以违背某个举止规范为前提。③

3　　与禁止规范和容许规范相对应的是**命令规范和豁免规范**(Freistellungen)。刑法上的禁止规范禁止人们实现法律上规定的事实，亦即要求人们不作为；而命令规范则要求人们阻止法律上规定的事实的实现，亦即预先规定了要人们积极地作为。例如，第 323 条 c 就要求人们，在发生不幸的时候，需要提供可期待的帮助。容许规范排除的是禁止规范，换言之，在紧急防卫的时候，人们就可以伤害别人了；而豁免规范排除的是命令规范，例如，若某人自身就身陷于第 34 条规定的紧急状况，那么，他就不需要再按照命令规范救助他人了。在刑法上的命令规范中，既有普遍适

---

①　详见金德霍伊泽尔，《整体刑法学杂志》(ZStW)，第 107 卷，1995 年，第 701 页，尤其是第 711 页以下；对于相关概念的基本阐述，参见霍勒巴赫(Hollerbach)：《法律中的自决权》(Selbstbestimmung im Recht)，1996 年版，第 6 页及以下几页、第 15 页及以下几页。

②　关于刑法上的规范理论，详见金德霍伊泽尔：《作为犯罪的危险》，1989 年版，第 29 页以下，有进一步的文献；概括性的阐述，见《莱比锡刑法典评注——瓦尔特》(LK-Walter)，第 13 条前言，边码 17。

③　因此，违反"一般规范"的，则被称为"一般犯"(Allgemeindelikte)，违反"特别规范"的，被称为"特别犯"(Sonderdelikte，又译为"身份犯")，参见本书第 8 节，边码 15。

用于每个人的规范,也有仅适用于某些特定人[也就是所谓的"保证人"(Garanten)]的规范。④

(2)制裁规范:进一步地,刑罚法规中还有一种适用于所谓的法律机关(Rechtsstab)(亦即刑事追诉机关和刑事法庭)的规范。这种规范规定:要在特定的条件下,以特定的方式,对某人进行刑事追究和惩罚。如第239条第1款规定,剥夺他人自由的,处5年以下自由刑或者罚金刑。由于这种以法律机关为(规范)接收者的规范,乃是要求对对象(Gegenstand)科以制裁,因此,人们称之为制裁规范。换言之,制裁规范就是针对法律机关的特定的举止规范(特别规范)。最后,如果再违反这种举止规范,那么就要由进一步的其他制裁规范来保障了,比如,通过利用职务阻挠刑罚罪(第258条a)和枉法罪(第339条)来保障。

(3)正当性的需求:科以刑罚乃是国家最为严厉的反应方式,而且最为严重地干涉到了公民的(为基本法律所保障的)自由,因此,刑法就面临着特别巨大的正当性压力。在这里,也就需要论证举止规范和制裁规范何以是正当的。一方面,需要论证,究竟可以允许哪些举止规范被纳入刑法上制裁性质规范的(惩罚)圈内?另一方面,需要证明,为了惩罚对于举止规范的违反,为什么公正和合适的制裁手段是刑罚?

二、举止规范的正当性(法益保护)

按照目前完全占主流的观点,刑法上的举止规范乃是服务于法益的保护。⑤在法治和社会福利国家的民主社会中,服从于个人自由发展的人之特征、事物特征或制度(Institutionen)特征,如身体、生命、自由、财产、司法裁判(Rechtspflege),就是**法益**。⑥刑法是依靠规范来保护法益的。申言之,刑法禁止威胁或侵害法益的

---

④ 违反针对每个人的命令规范的,被称为"纯正不作为犯",而违反保证人义务的,乃是特别犯,其被称为"不纯正不作为犯"。详见本书第8节,边码13及下一边码。

⑤ 博特克(*Bottke*),载《福克尔祝贺文集》(Volk-FS),第93页及以下几页;金贝尔纳特·奥代格(*Gimbernat Ordeig*),《戈尔特达默刑法档案》(GA),2011年,第284页及以下几页;关于充当限制刑事立法者之门槛的法益保护,见屈尔(*Kühl*),载《施特克尔祝贺文集》(Stöckel-FS),第117页,尤其是第128页及以下几页;关于刑法的任务和边界,最近的,参见许内曼(*Schünemann*),载《赫茨贝格祝贺文集》(Herzberg-FS),第39页及以下几页;进一步深化的,参见斯沃博达(*Swoboda*),《整体刑法学杂志》,第122卷,2010年,第24页及以下几页。

⑥ 在细节上,法益的定义是有争议的;但大部分观点和我这里的观点没有本质的区别,法益总是被认为是法律上积极评价的利益、状态等等。参见耶赛克、魏根特,第26节I;克勒(*Köhler*),第24页以下;罗克辛(*Roxin*),第1卷,第2节,边码7。详见阿梅隆(*Amelung*):《法益保护与保护社会》(Rechtsgüterschutz und Schutz der Gesellschaft),1972年版,第38页及以下几页;《诺莫斯刑法典评注—哈塞默、诺伊曼》,第1条前言,边码108及以下几个边码;进一步参见伦茨考斯基(*Renzikowski*),《戈尔特达默刑法档案》,2007年,第561页,尤其是第566页及以下几页,伦茨考斯基从个体的法律关系的角度论述法益;与此相似的理解,还有黑芬德尔、冯·希尔施、沃勒尔斯(*Hefendehl/von Hirsch/Wohlers*)主编的《法益理论》(Rechtsgutstheorie),2003年版中的论文。

举止方式,或预先规定保障或维护法益的举止方式。⑦ 按照所保护的利益在法律上是属于个人的还是某个制度上的公共利益[如宪法机关(第 105 条)和证明法律关系(Beweisverkehr,第 267 条)],还可以将法益分为**个人法益和集体法益**。⑧ 需要指出的是,刑法并不全面禁止任何对法益的损害,而是强调:立法者基于对宪法上价值选择的角度认定,某些特定的举止方式是极其有害的。因此,我们必须容忍存在保护上的漏洞。在这个意义上,人们认为,刑法具有"**不完整性**"(fragmentarischer Charakter)。⑨ 故而,像只是简单地取用(Entzug)他人之物,大体上⑩就是不可罚的。此外,在个别的举止规范那里,针对其究竟是否保护了(正当的)法益的问题,可能特别有争议。⑪

7   法益,也就是法律上加以积极地评价的特征,如人的生命和健康之存续、行政管理的正常运转。如果有人不良地改变了某个具体的人或客体的受积极评价的特征,那么,这个具体的人或客体就相应地被人们称为**行为客体**(Tat- oder Handlungsobjekt)。⑫ 例如,如果 A 用枪射杀 B,那么 B 就是第 212 条意义上的杀人的行为客体。同时,A 破坏了 B 的正常生存下去的特征,这样,第 212 条这一规范所保护的法益就遭到了侵害。因为,禁止杀人的规范保护生命法益。

三、制裁规范的正当性(刑罚)

8   国家为何能用可危及生存的手段来惩罚其公民,这个刑法学的基本问题,已经

---

  ⑦ 关于刑事政策上的内容和界限,参见《诺莫斯刑法典评注——哈塞默、诺伊曼》,第 1 条前言,边码 49 及以下几个边码。
  ⑧ 韦塞尔斯、博伊尔克,边码 7;奥托(Otto),第 1 节,边码 32;深入的论述,见黑芬德尔:《刑法中的集体法益》(Kollektive Rechtsgüter im Strafrecht),2002 年版。在一定程度上,集体法益也被(相同意思地)称为普遍法益。
  ⑨ 对此,可参见黑芬德尔,《法学工作》(JA),2011 年,第 401 页及以下几页;屈尔,载《蒂德曼祝贺文集》(Tiedemann-FS),第 29 页,尤其是第 35 页及以下几页;屈尔,载《福克尔祝贺文集》,第 275 页,尤其是第 283 页及下一页;普里特维茨(Prittwitz),载科赫主编:《法律面临的挑战》,1997 年版,第 145 页及以下几页;福格尔(Vogel),《刑事辩护人杂志》(StV),1996 年版,第 110 页及以下几页。
  ⑩ 像第 248 条 b 和第 274 条第 1 款第 1 句则是例外。
  ⑪ 例如,第 173 条所禁止的亲属间的性交的问题,参见舒巴特(Schubarth),载《登克尔祝贺文集》(Dencker-FS),第 273 页及以下几页;关于法益定义的宪法边界的一般性问题,见《诺莫斯刑法典评注——佩夫根》(NK-Paeffgen),第 32 条前言,边码 11 及以下几个边码,有进一步的文献。
  ⑫ 鲍曼、韦伯、米奇,第 3 节,边码 18;克赖、埃塞尔(Krey/Esser),边码 810;《莱比锡刑法典评注——瓦尔特》,第 13 条前言,边码 14;关于确定行为客体的时点,见施特伦,《法学教学》(JuS),2002 年,第 454 页及以下几页。

在大大小小的不同层面上讨论了几个世纪。⑬ 今天,在很大程度上没有争议的只是,为了维护市民之间的和平共处,国家有权力动用刑罚来威胁那些对社会极度有害的举止方式。在这个层面上,人们将刑法理解成为是"最后的手段"(*ultima ratio*)⑭,只有在没有其他更缓和的办法的情况下,才可以辅助性地动用刑法。然而,争议点主要在于,通过刑罚的威胁和科处,是否也追求某种特定的目的?

1. 绝对理论

所谓"绝对刑罚理论",乃起源于刑罚除了回应错误举止[即因为有犯罪而科处刑罚(*punitur, quia peccatum est*)⑮]之外,不应追求任何其他目的。我们今日所采用的权威版本的绝对刑罚理论⑯,乃是由康德和黑格尔所提出的**报应理论**。⑰   9

按照康德的说法,刑罚的任务是实现正义。刑罚在任何情况下,必须只是由于一个人已经犯了一种罪行才可施加于他。因为一个人绝对不应该仅仅作为一种手段去达到他人的目的,也不能与物权的对象相混淆。正义必须被实现,因为实现正义乃是绝对命令。如果公正和正义沉沦,那么人类就再也不值得在这个世界上生活了。⑱ 相应地,黑格尔将犯罪理解成为是对法律的侵害,亦即对法的否定:对法的侵害乃是对效力的挑战,这种挑战必然招致"对侵害的侵害",并进而"重建法律"的刑罚:刑罚乃是法的否定之否定。⑲   10

---

⑬ 仅请参见《诺莫斯刑法典评注——哈塞默、诺伊曼》,第 1 条前言,边码 263 及以下几个边码;赫恩勒(*Hörnle*):《刑罚理论》(Straftheorien),2011 年版;雅科布斯(*Jakobs*),《整体刑法学杂志》,第 107 卷,1995 年,第 843 页及以下几页;金德霍伊泽尔,《整体刑法学杂志》,第 107 卷,1995 年,第 701 页及以下几页;克勒,第 37—46 页;莱施(*Lesch*),《戈尔特达默刑法档案》,1994 年,第 510 页及以下几页,第 590 页及以下几页;瑙克(*Naucke*),第 1 节,边码 138;诺伊曼、施罗斯(*Neumann/Schroth*):《犯罪和刑罚的新理论》(Neuere Theorien von Kriminalität und Strafe),1980 年版。

⑭ 仅请参见吕德森(*Lüderssen*)等人主编:《现代刑法和最后手段原则》(Modernes Strafrecht und ultima-ratio-Prinzip),1990 年版中的论文。

⑮ 这一表述可以追溯到普罗泰戈拉(*Protagoras*)和塞涅卡(*Seneca*)。

⑯ 这是相对于(意义不大的)所谓"赎罪理论"(Sühnetheorie)而言的,参见哈夫特(*Haft*):《罪责对话》(Der Schulddialog),1978 年版。

⑰ 亦参见察克奇克(*Zaczyk*):《费希特之法学说中的刑法》(Das Strafrecht in der Rechtslehre J. G. Fichtes),1981 年版;察克奇克,载《奥托祝贺文集》(Otto-FS),第 191 页及以下几页。

⑱ 《道德形而上学》(Metaphysik der Sitten),第一编 II,第二部分,第一章,一般注解 E[此处,译者部分地参考了沈叔平译康德的《法的形而上学原理》(商务印书馆 1991 年版,第 164—165 页)的译法,有改动。——译者注],关于康德的刑法学说,参见布尔德、赫鲁斯卡(*Byrd/Hruschka*),《法学家报》(JZ),2007 年,第 957 页;赫鲁斯卡,载《普珀祝贺文集》(Puppe-FS),第 17 页;屈佩尔(*Küper*),载《容祝贺文集》(Jung-FS),第 485 页。

⑲ 《法哲学原理》(Grundlinien der Philosophie des Rechts),第 99 节及以下几节;亦参见泽尔曼(*Seelmann*),载《雅科布斯祝贺文集》(Jakobs-FS),第 635 页及以下几页。

2. 相对理论

11　相反地,按照所谓"相对刑罚理论"的理解,若刑罚实现某个特定的(合法)目的,刑罚便是正当的:为了没有犯罪而科处刑罚(*punitur, ne peccetur*)。相对刑罚理论指的是特殊预防和一般预防,而一般预防还可以再分出两个类型:消极的一般预防和积极的一般预防。

12　**(1)特殊预防**:特殊预防的接收者(Adressat)是具体的行为人,通过对他适用刑罚,以阻止他将来再实施犯罪。弗兰茨·冯·李斯特的马堡项目深深地影响了现代人对于特殊预防的理解,按照他的观点[20],特殊预防乃是通过三种途径发挥作用的:

① **矫正**(再社会化)那些可以矫正和需要矫正的行为人(教育、去势等);
② **威慑**那些不需要矫正的行为人(通过警告性的刑罚来威慑);
③ 使那些无法矫正的行为人**无害化**(如保安监督)。

13　**(2)消极的一般预防**:消极的一般预防的接收者是社会公众。刑罚必须阻止其他人也进行犯罪和变成具体的行为人。对于潜在的行为人而言,刑罚乃是一种心理强制;借助于用于威吓的刑法上的恶(Strafübel),而将他们维持在法律的轨道之内。[21] 这种一般预防之所以是消极的,乃是因为它将刑罚理解成是威慑的手段:

① 通过**刑罚的威胁**,使得所有的规范接收者都不应该再犯相关的犯罪;
② 通过**刑事判决的执行**,明确宣示了这种威胁是严肃认真的。

14　**(3)积极的一般预防**:积极的一般预防理论同样认为,刑罚乃是作用于社会公众的。但是,刑罚并不是要威慑公众,而是要积极地强化法忠诚和对法秩序的信任。[22] 按照这种说法,刑罚威胁和处罚的目标,乃是维护自由社会之协和的基本规范的效力。[23] 刑法并不是要向警察法那样,进行危险抵御,而是要确证一种期待,即人们会互相遵守已被批准的各种举止规范。每个市民都可以而且允许认为,所有的其他人都会(尽量地)按照规范来作为其行事之指南。刑法必须表明,这种相

---

[20]　《整体刑法学杂志》,第3卷,1883年,第1页及以下几页;《刑法典》第46、47条中的特殊预防等就是他的观点的产物。

[21]　尤其请参见费尔巴哈(Feuerbach)的所谓"心理强制说"[《德国通行刑罚法教科书》(Lehrbuch des gemeinen in Deutschland gültigen peinlichen Rechts),第11版,1832年版,第13节及以下几节]。对此,详细、基础性的论述,见瑙克:《康德以及费尔巴哈的心理强制说》(Kant und die psychologische Zwangstheorie Feuerbachs),1962年版。

[22]　关于20世纪下半叶,人们是如何从特殊预防发展到积极的一般预防的历史变化,参见特林登(Terlinden):《从特殊预防到积极的一般预防》(Von der Spezial-zur positiven Generalprävention),2009年版。

[23]　因此,积极的一般预防又被称为"协和预防"(Intergrationsprävention);关于积极的一般预防的各个在细节上不同的版本,仅请参见《诺莫斯刑法典评注——哈塞默、诺伊曼》,第1条前言,边码288及以下几个边码;雅科布斯,第1节,边码4及以下几个边码;卡格尔(Kargl):《法理学》(Rechtstheorie),1999年版,第371页及以下几页;金德霍伊泽尔,载《施洛德祝贺文集》(Schroeder-FS),第81页及以下几页;诺伊曼,载《雅科布斯祝贺文集》,第435页及以下几页,均有进一步的文献。

互之间的期待是正当的、也是可靠的,同时,也要让那些依照这种期待行事的人,不能(持续性地)失望而导致改变信念。

如果这种期待没有被满足,那么,就必须动用刑罚:施加刑罚乃是明确表明,它"憎恨"行为人不遵守规范,因为人们期待他会对法律保持忠诚,而他却让人们的期待落空了。因此,施加刑罚是为了宣示,行为人的这种违反规范的举动是不值得效仿的,规范还必须继续地、有效力地充当人们的举止指南。依照社会的自我理解,对于社会的法秩序而言,如果规范越重要,那么,相应的(要被答责*的)规范违反也就越严重;此处的标志便是,威胁该犯罪的刑罚有多重。同时,这也向行为人表明,人们希望他认识到,他的那种表明他缺乏法忠诚的举止给人们带来了失望,刑法上的恶乃是针对这种失望的象征性的反应:如果他换到别人的立场上来看他自己的犯罪,那么他自己也许必定同样会感到失望,从而,接受刑罚是一种报应。

3. 综合理论

在判例和大多数学说中,采取的是兼采绝对刑罚理论和相对刑罚理论之长的综合理论。刑罚在根本上是必须有目的的,但是,它也应受到报应理论之意义上的罪责原则的限制。㉔ 而在积极的一般预防说看来,则并不需要这种限制,理由是,行为人需要为其破坏规范之举动答责,如果对其科处的刑罚并不与这种答责相适应,那么,这种刑罚就无法提供社会协和的功能。对于遭受失望的期待来说,过分严厉的刑罚并非公正的代偿。

有些综合理论的要素,亦将刑罚的各个部分分别处理㉕;具体而言,刑罚的威胁需要着眼于威慑性的一般预防,刑罚的科处需要着眼于(符合罪责的)报应,以及刑罚的执行需要着眼于特殊预防。

> **复习与深化**
>
> 1. 什么是举止规范?什么是制裁规范?谁分别是它们的接收者?(边码1及以下几个边码)
> 2. 刑法上的举止规范服务于什么目标?(边码6及以下)
> 3. 什么是绝对刑罚理论?什么是相对刑罚理论?(边码8及以下几个边码)

---

* "verantworten"和"Verantwortung",一个是动词,一个是名词化动词,原则上,我将之译为"答责",译法参考冯军:《刑法中的自我答责》,载《中国法学》2006年第3期。但是,偶尔在不指明行为人的时候,我也将之译为"责任",例如,"Produktverantwortung",便译为"产品责任"。——译者注

㉔ 参见《联邦宪法法院判例集》,第21卷,第309页,尤其是第403页以下;第54卷,第100页,尤其是第108页;耶赛克、魏根特,第8节V;至今,联邦宪法法院仍然拒绝对它所支持的刑罚理论做正面的表述,关于其判例,详见罗克辛,载《福克尔祝贺文集》,第602页以下几页。

㉕ 参见《诺莫斯刑法典评注—哈塞默、诺伊曼》,第1条前言,边码240;施洛德,载《奥托祝贺文集》,第165页,均有进一步的文献。

第二章　罪刑法定*和刑法的适用范围

第 3 节　罪刑法定（构成要件之机能）

一、罪刑法定原则

1 　　《刑法典》第 1 条就规定了罪刑法定原则，这和《基本法》第 103 条第 2 款①的表述是一致的。第 1 条规定：本法只处罚实施犯罪之前已经规定了其可罚性的犯罪。法无明文规定不为罪，法无明文规定不处罚。为了满足这种明确性的要求，刑罚法规必须规定哪些是刑法上受禁止的举止，同时，作为这些举止的法律后果（刑罚威胁），要施加的刑罚是什么。

2 　　借助于罪刑法定原则，公民（权益）得到保障：仅当他的举止实现了之前法律规范予以确定的犯罪的构成要件要素，这个举止才是可罚的。刑法的这一**法治国家保障机能**②，也见诸于拉丁格言"无法无罪，无法无罚"（*nulla poena*，*nullum crimen sine lege*），具体而言，它又包含四个次级规则：

（1）禁止习惯法 [nullum crimen sine leges *scripta*（落实于书面）]；
（2）禁止溯及既往 [nullum crimen sine leges *praevia*（预防需先行）]；
（3）必须具有明确性 [nullum crimen sine leges *certa*（勿歧义多义）]；
（4）禁止类推 [nullum crimen sine leges *stricta*（限缩地解释）]。

---

*　该词对应的是"die Gesetzlichkeit(des Strafrechts)"，直译当为"（刑法之）法定"，徐久生教授翻译耶赛克先生和魏根特先生的《德国刑法教科书》采取的是直译。本书译者认为，刑法乃是主要规定犯罪和刑罚的法律，因此，将其翻译为我国熟悉的"罪刑法定"，似乎更为适合。——译者注

①　亦参见《欧洲保护人权和基本自由公约》（EMRK）第 7 条第 1 款；对此，参考《莱比锡刑法典评注—丹内克尔》（LK-*Dannecker*），第 1 条，边码 6 及以下几个边码；关于欧盟法中的罪刑法定原则，尤其参见舒尔（*Schuhr*），载库德利希（*Kudlich*）等主编：《罪刑法定和刑法》（Gesetzlichkeit und Strafrecht），2012 年版，第 255 页及以下几页。

②　参见《联邦宪法法院判例集》，第 45 卷，第 363 页，尤其是第 370 页；第 105 卷，第 135 页，尤其是第 152 页及以下几页；第 95 卷，第 96 页，尤其是第 130 页及以下几页；详见丹内克尔，载《奥托祝贺文集》，第 25 页及以下几页；库伦（*Kuhlen*），载《奥托祝贺文集》，第 89 页及以下几页。

二、保障机能和解释

1. 禁止习惯法

人们必须将刑罚法规书面地固定下来,这样就需要禁止习惯法了。禁止习惯法这一规则是说,不能通过习惯法来创设犯罪的构成要件,也不允许将改编过的构成要件**用以对抗**(zu Lasten)行为人。③ 这种意义上的习惯法是什么？它是指:"不是通过正式的制定,而是通过长期的事实上的操练而产生的法,这种习惯法必须是持续不断、稳定常态的,而且,参加于其中的法同志将之视为有约束力的法规范。"④

2. 禁止溯及既往

禁止溯及既往是指,禁止人们回溯性地对之前的事证立刑罚,或者使刑罚严厉化(Schärfung)。⑤ 相反,如果后来修订的法律是有利于行为人的,那么,则可以按照所谓"限时法"(Zeitgesetze)进行例外的考虑。⑥ 原则上,禁止溯及既往这一规则**并不适用于程序性的规定**⑦,例如,并不适用于溯及既往地废除刑事告诉的前提条件⑧,也不适用于时效规定⑨。而且,禁止溯及既往的要求也**仅适用于刑罚制裁**,而并不适用于矫正和保安处分(第2条第6款)。⑩ 最后,在针对(迄今)有效存续的判例加以更改上,也不适用禁止溯及既往原则。⑪

---

③ 《联邦宪法法院判例集》,第71卷,第108页,尤其是第115页;第73卷,第206页,尤其是第235页;第92卷,第1页,尤其是第12页;《诺莫斯刑法典评注——哈塞默、卡格尔》,第1条,边码64及以下几个边码;斯特拉腾韦特(Stratenwerth)、库伦,第3节,边码25及以下几个边码。

④ 《联邦宪法法院判例集》,第22卷,第114页,尤其是第121页。

⑤ 《联邦宪法法院判例集》,第95卷,第96页,尤其是第131页;联邦法院(BGH),《新法学周刊》(NJW),1993年,第141页,尤其是147页;《诺莫斯刑法典评注——哈塞默、卡格尔》,第1条,边码42;罗克辛,第1卷,第5节,边码51。

⑥ 详见本书第4节,边码3。

⑦ 详见《诺莫斯刑法典评注——哈塞默、卡格尔》,第1条,边码60及以下几个边码,当然,有细节上的不同。

⑧ 对此,持批评意见的有皮罗特(Pieroth),《法学》,1983年,第122页,尤其是第124页;罗克辛,第1卷,第5节,边码59。

⑨ 《联邦宪法法院判例集》,第25卷,第269页,尤其是第284页以下;第46卷,第188页,尤其是第193页。

⑩ 亦见《联邦法院刑事判例集》(BGHSt),第5卷,第168页,尤其是第173页以下;第24卷,第103页及以下几页。

⑪ 联邦宪法法院,《刑法新杂志》(NStZ),1990年,第537页;耶赛克、魏根特,第15节Ⅳ、3;罗克辛,第1卷,第5节,边码16;《刑法典体系性评注——鲁道菲》(SK-Rudolphi),第1条,边码8;限制性或者批评的观点,见《诺莫斯刑法典评注——哈塞默》,第1条,边码51及以下几个边码;诺伊曼,《整体刑法学杂志》,第103卷,1991年,第331页及以下几页;总结性的,参见奥托,载《联邦法院祝贺文集》(BGH-FS),第4卷,第111页,尤其是第112页及以下几页。

3. 必须具有明确性

5   明确性原则要求每个受禁止的举止都必须尽可能精确和清晰地在法律中得到规定,这样才可以保护公民免受专断之侵害。⑫ 立法者必须尽量清楚地撰写犯罪的构成要件。⑬ 由于无法根除概念上的模糊性,因此,仅当逾越了合理的边界时,才可以认为违反了明确性原则。⑭ 同样,对一般条款(Generalklauseln)的适用,在原则上也不是禁止的。⑮ 有疑问的一个例子是,什么是第211条第2款之谋杀要素规定的"卑劣的动机"?⑯

4. 类推的禁止和解释

6   最后,要谈谈禁止类推。禁止类推是针对法官而言的。禁止类推的要求是,不得对刑罚法规作出超出其字面含义的解释,并不得用这种解释**来对抗**行为人。⑰ 因此,我们必须将禁止的类推和对犯罪的构成要件的必要解释区分开来。通过对于刑罚法规的语言含义的解释,我们才有办法确定这一刑罚法规的适用范围。⑱ 与之不同的是,特别是在民法中,类推乃是法律适用中的填补法律漏洞的一个重要方法,为了填补漏洞,它可以将法规扩张解释以涵盖法规之字面意思没有涵盖到的

---

⑫ 按照冯·李斯特(v. Liszt)[《刑法学论文和讲演》(Strafrechtliche Aufsätze und Vorträge),第2卷,1905年版,第80页]的说法,刑罚法规乃是"犯罪人的大宪章",它清晰地规定了什么是受禁止的,因此,也就规定了什么在刑法上是容许的。

⑬ 参见《联邦宪法法院判例集》,第26卷,第41页,尤其是第42页以下;第92卷,第1页,尤其是第12页;第127卷,第170页,尤其是第194页及以下几页及舒尔茨(Schulz)的评释,载《罗克辛祝贺文集》,2011年版,第305页及以下几页;《联邦法院刑事判例集》,第30卷,第285页,尤其是第287页;第42卷,第79页,尤其是第83页;罗克辛,第1卷,第5节,边码67及以下几个边码;进一步参见屈尔,载《泽博德祝贺文集》(Seebode-FS),第61页及以下几页;奥托,载《泽博德祝贺文集》,第81页及以下几页;佩夫根,《刑事辩护人论坛》(StraFo),2007年,第442页及以下几页;关于所谓空白要素的问题,见联邦宪法法院,《新法学周刊》,2010年,第754页(针对一违反秩序的构成要件),以及欧盟法背景下的研究,见伯泽(Böse),载《克赖祝贺文集》(Krey-FS),第7页;《(萨茨格尔、施米特、维德迈尔)刑法典评注—萨茨格尔》(S/S/W-Satzger),第1条,边码57及下一边码。

⑭ 例如,《联邦宪法法院判例集》,第105卷,第135页,尤其是第152页以下;联邦宪法法院,《刑法新杂志》,1989年,第229页;巴伐利亚州宪法法院(BayVerfGH),《巴伐利亚州法律和法规公报》(Bay-GVBl.),1952年,第6页,尤其是第8页以下。

⑮ 深入的论述,见《诺莫斯刑法典评注—哈塞默、卡格尔》,第1条,边码16及以下几个边码;萨茨格尔,《法学教学》,2004年,第943页及以下几页。

⑯ 详见金德霍伊泽尔:《刑法分论》(BT),第1卷,第2节,边码15及以下几个边码。

⑰ 《联邦宪法法院判例集》,第73卷,第206页,尤其是第235页以下;第92卷,第1页,尤其是第12页及下一页;联邦宪法法院,《刑法新杂志》,2009年,第83页及以下几页和福特(Foth)的注释,《刑法新杂志—刑事判决和报告》(NStZ-RR),2009年,第138页及下一页和库德利希的注释,《法学综览》(JR),2009年,第210页及以下几页;《诺莫斯刑法典评注—哈塞默、卡格尔》,第1条,边码70;对此,亦参见马里努齐(Marinucci),载《蒂德曼祝贺文集》,第189页及以下几页。

⑱ 韦塞尔斯、博伊克克,边码56;《诺莫斯刑法典评注—哈塞默、卡格尔》,第1条,边码72、75及以下几个边码;罗克辛,第1卷,第5节,边码26及以下几个边码。

案件上。[19] 在刑法中，这种方法总是受到禁止的，因为它会导致对行为人不利的后果。[20] 相反，有利于行为人的类推则是可以的，只要法律上没有清楚地规定这一法律漏洞。

在解释法规的时候，绝不允许抛弃宪法所规定的框架（这便是所谓的"**合宪解释**"）。[21] 此外，按照传统的方法论[22]，我们还可以从以下四个方面来解释法规： 7

（1）通过（基本的）**语义解释**，可以得知字词在法学或日常语境中的含义。[23] 例如，在盗窃的构成要件（第242条）中，电力并不是"物"（Sache）[24]。

（2）在法律文本的规定中，不同的位置具有不同意义[25]。例如，第266条位于第22章之下，这样该条所谓的"损失"，就必须是一种财产损失。为了使这些意义之间产生关联，就有了**体系解释**。

（3）借助于**历史解释**（或称为主观解释）的方法，人们可以从立法动机和立法目的的角度来理解规定[26]。例如，立法者在第265条a中将原先的"通讯网"（Fernmeldenetz）改成"电信网"（Telekommunikationsnetz），说明立法者想将该条的适用领域扩张到电信和无线电缆网上[27]。

（4）特别重要的并且在疑难问题上发挥决定性作用的是**目的解释**（或称为客观解释）。在进行目的解释时，需要确定法规的意义和目的，也就是规范的保护目

---

[19] 参见恩吉施（*Engisch*），第187、193页及下一页。

[20] 《联邦宪法法院判例集》，第105卷，第135页，尤其是第153页及以下几页；《联邦法院刑事判例集》，第18卷，第136页，尤其是第139页及下一页。

[21] 参见《联邦宪法法院判例集》，第17卷，第155页，尤其是第163页及以下几页；第45卷，第187页，尤其是第259页及以下几页；《联邦法院刑事判例集》，第19卷，第325页，尤其是第330页；第30卷，第105页，尤其是第118页；耶赛克、魏根特，第17节 IV、1b；《刑法典体系性评注——鲁道菲》，第1条，边码33。

[22] 尤其可以追溯到冯·萨维尼（*v. Savigny*）那里；参见恩吉施，第91页及以下几页；《诺莫斯刑法典评注——哈塞默、卡格尔》，第1条，边码104及以下几个边码，有进一步的文献；关于专业鉴定中的解释，详见特廷格尔（*Tetinger*）：《法学工作理论导读》（Einführung in die juristische Arbeitslehre），第3版，2003年版，边码20及以下几个边码；金德霍伊泽尔、舒曼（*Schumann*）、卢比希（*Lubig*），第49页及以下几页。

[23] 《联邦法院刑事判例集》，第22卷，第235页，尤其是第236页及下一页；第23卷，第267页，尤其是第268页；《刑法典体系性评注——鲁道菲》，第1条，边码29及下一边码；深入讨论的，见库德利希，载《普珀祝贺文集》，第123页及以下几页。

[24] 因此，按照帝国法院的相应决定［《帝国法院刑事判例集》（RGSt），第29卷，第111页及以下几页；第32卷，第165页及以下几页］，专门规定了对盗用电力的处罚，即今天的第248条c。

[25] 参见《联邦法院刑事判例集》，第5卷，第263页，尤其是第266页；第15卷，第28页，尤其是第32页及以下几页；第24卷，第222页，尤其是第227页；耶赛克、魏根特，第17节 IV、1a。

[26] 参见《联邦宪法法院判例集》，第48卷，第246页，尤其是第257页及以下几页；《联邦法院刑事判例集》，第11卷，第47页，尤其是第49页；第28卷，第224页，尤其是第230页；联邦法院，《刑法新杂志》，1996年，第135页；鲍曼、韦伯、米奇，第9节，边码74及以下几个边码。

[27] 参见《联邦议会印刷品》，第7任期，第3441号，第30页（BT-Drucks. 7/3441, 30）。

的,并且要将该目的用于确定具体的构成要件要素的含义。[23]

复习与深化

1. 罪刑法定原则有哪些内容(边码1)?
2. 罪刑法定原则有哪四个具体的原则(边码2)?
3. 刑法上解释的界限在哪里(边码7)?

---

[23] 参见《联邦宪法法院判例集》,第11卷,第126页,尤其是第130页;第64卷,第389页,尤其是第396页;《联邦法院刑事判例集》,第17卷,第21页,尤其是第23页;第24卷,第40页及以下几页。

第4节 《刑法典》的适用范围

一、时间效力、行为时和行为地

1. 基本规则及其修正

《刑法典》第 2 条规定了刑法的**时间效力**。① 这条规定将第 1 条和《基本法》第 103 条第 2 款中的禁止溯及既往的原则进一步具体化了。② 第 2 条第 1 款拟定的**基本规则**表明,(某个举止)的可罚性取决于行为时有效的③刑罚法规,亦即取决于总则和分则中有没有相应法律规定。

(1) 法规变更:第 2 条第 2 款、第 3 款则规定,由于法规的变更,基本规则也要跟着加以修正:

如果(当事人)**行为(作为)**时(Begehungszeit),既定的刑事处罚发生了变更,那么,依照第 2 条第 2 款的规定,适用行为犯罪终了时有效的法规。

在犯罪终了之后,并在**判决作出之前**,法规发生了变更,这时,按照第 2 条第 3 款的规定,适用处刑最轻的法规。即便这个处刑最轻的法规也只是暂时适用过。④ 所谓**最轻**的法规,乃是对行为人而言,在刑罚幅度上最有利的法规。⑤ 如果几个法规的处刑都同样轻,那么适用行为时的法规。⑥ 如果相应的法规被废止,那么,(当事人的举止)就完全没有可罚性了。⑦

(2) 限时法:第 2 条第 4 款规定了一个特别规则,即违反限时法的,在该限时法失效以后,仍然可以进行处罚。所谓限时法,是明确表明或可以为人们所得知

---

① 关于这一规定的详细论述,见丹内克尔:《时际刑法》(Das intertemporale Strafrecht),1993 年版,第 226 页及以下几页、第 289 页及以下几页;蒂德曼:《税收刑法中的法定减轻》(Die gesetzliche Milderung im Steuerstrafrecht),1985 年版,第 18 页及以下几页。
② 参见本书第 3 节,边码 2、4。
③ 参考《基本法》第 82 条。
④ 关于填补空白刑罚法规的法律规范的变更,参见《刑法典体系性评注——鲁道菲》,第 2 条,边码 8a 及以下几个边码,有进一步的文献;关于第 2 条第 3 款在欧洲法中的含义,参见格莱斯(Gleß),《戈尔特达默刑法档案》,2000 年,第 224 页及以下几页。
⑤ 《联邦法院刑事判例集》,第 20 卷,第 22 页,尤其是第 29 页及下一页;联邦法院,《新法学周刊》,2005 年,第 2566 页,尤其是第 2567 页。
⑥ 联邦法院,《法学综览》,1953 年,第 109 页,尤其是第 110 页;菲舍尔(Fischer),第 2 条,边码 8 及以下几个边码、边码 10a。
⑦ 联邦法院,《刑法新杂志》,1992 年,第 535 页,尤其是第 536 页。

的,限制在特定的时间范围内适用的法律。这类法律多见于涉及经济的领域。⑧ 价格法条文⑨和税收法规⑩上发生的修订便是其例。

2. 行为时

4　　第8条规定了行为时。该条规定,原则上说,作为时就是行为时;而在不作为的场合,行为时便是行为人应有所作为的时候,至于结果什么时候发生,并不重要。⑪ 这个行为时,不仅对于确定行为时所适用的法律是有效的,而且对于行为人是否具有特定的性质(如第5条第1款第9项、第7条第2款)、是否存在正当化事由或罪责阻却事由,乃至确定期限、期间是否已过(如第59条第2款、第66条第4款),都具有重要意义。

3. 行为地

5　　**(1) 统一论**:第9条规定,按照(当事人)从事犯罪地(Begehungsort)来确定行为地。⑫ 确定这个行为地,一方面,对于回答是否可以适用德国刑法是很重要的,另一方面,《刑事诉讼法》第7条及以下几条中确定由哪一家法庭管辖以开展刑事诉讼,也取决于该行为地。从事犯罪地,既可以是作为或放任不作为的地方,也可以是发生符合构成要件的结果或者按照参加者的设想本该发生相应结果的地方。行为和结果是统一为一体的,此即所谓的"普遍论或统一论"(Ubiquitäts- oder Einheitstheorie)。⑬

6　　**(2) 行动地(Tätigkeitsort)*和结果地**:按照第9条第1款规定的第一种情况,

---

⑧ 《联邦法院刑事判例集》,第6卷,第30页,尤其是第36页以下;耶赛克、魏根特,第15节 IV、6;罗克辛,第1卷,第5节,边码66;《刑法典体系性评注—鲁道菲》,第2条,边码15;关于针对《欧盟基本权利宪章》第49条第1款第3句的限缩解释,见格德(Gaede),《经济刑法和税收刑法杂志》,2011年,第365页及以下几页。

⑨ 联邦法院,《新法学周刊》,1952年,第72页以下。

⑩ 杜塞尔多夫初级法院(AG Düsseldorf),《新法学周刊》,1985年,第1971页;科隆初级法院(AG Köln),《新法学周刊》,1985年,第1037页,尤其是第1040页;弗兰茨海姆(Franzheim),《刑法新杂志》,1982年,第137页,尤其是第138页;不同的观点,见丹内克尔,《时际刑法》,1993年版,第443页;蒂德曼,《税收刑法中的法定减轻》,1985年,第35页及以下几页;亦参见《联邦法院刑事判例集》,第34卷,第272页,尤其是第283页。

⑪ 关于具体个案的种类,见金德霍伊泽尔,《刑法典理论与实务评注》,第8条,边码3及以下几个边码。

⑫ 至于违反秩序,则适用《违反秩序法》第7条。

⑬ 参见《联邦法院刑事判例集》,第44卷,第52页,尤其是第55页以下,《(舍恩克、施罗德)刑法典评注—埃泽尔》(S/S-Eser),第9条,边码3;侵犯国家的犯罪则是例外,参见第91条。

＊ 关于Tätigkeit和Handlung的区别,一般而言,后者译为"行为"已成惯例,主要是指行动的产物,译者亦从;而前者在德语中,主要是行动、活动之意,在时间上和Handlung有所区别。——译者注

正犯(单独正犯或共同正犯)从最初的力图*阶段一直到实现构成要件阶段的行动地点,都属于行动地。⑭ 按照第9条第1款规定的第二种情况,在不作为犯罪的情况下,行为地是行为人本来能够和应当排除构成要件之结果的地点,或者他本必须排除结果的地点。⑮ 按照第9条第1款规定的第三种情况,结果地就是发生属于构成要件的结果的地点。⑯ 在力图的情况下,行为地乃是行为人本该实现其结果的地点,纵然事实上未能实现(第9条第1款第四种情况)。⑰

(3) 参与(Teilnahme):按照第9条第2款的规定,参与者的行为地既可以是主行为(Haupttat)的行为地,又可以是参与地,这个参与地也就是参与者采取行为的地点,或者在违反义务的不作为的情况下,便是他本必须有所作为的地点。 7

(4) 隔地犯:隔地犯主要是指国际性的隔地犯。在这类犯罪中,行为(Handlung)地和结果发生地位于不同的国家境内,尽管隔地犯中只有一部分行动实施或企图实施于本国境内,或者(只有一部分)结果发生或本要发生在本国境内,该犯罪也仍然作为国内犯来处理。⑱ 8

(5) 网络(犯罪):在通过互联网促成的犯罪中⑲,结果地是被指控的举止产生作用的地方:若在国内发生了相应法规的构成要件和保护目的所规制的某种状态,那么,第9条第1款第三种情况中所谓的"结果"也就实现了,同时,也仅有在该种 9

---

* 关于德文中"Versuch"的翻译,冯军教授采"力图"译法,理由有二:其一,将作为名词的"Versuch"译为"未遂",就无法与作为动词的"versuchen"在译语上保持哪怕是大致的统一。其二,刑法规定处罚"Versuch",不是因为其消极性即"未遂",而是因为其积极性即"力图"。详见《德国刑法典》,冯军译,中国政法大学出版社2000年版,第219页。之后李昌珂教授亦如此翻译,而徐久生教授将之译为"未遂"。从德文词义来讲,译为"力图"是更为准确的,我也接受这种译法,并在译文中采用。相似的理解,亦参见[德]普珀:《法学思维小学堂》,蔡圣伟译,台湾元照出版公司2010年版,第261页,译注1。但是,考虑到我国已经广泛采用"未遂"一词同时,我国刑法中也使用未遂一词,所以,在我国的规范刑法学中,可以保留"未遂"一词。但在翻译德文文献时,应当使用力图,否则就没有做到对原文和原作者意思的忠实,也是对德国刑法的一种误读。——译者注

⑭ 《联邦法院刑事判例集》,第34卷,第101页,尤其是第106页;联邦法院,《新法学周刊》,1975年,第1610页,尤其是第1611页。

⑮ 《(舍恩克、施罗德)刑法典评注——埃泽尔》,第9条,边码5;《莱比锡刑法典评注——维尔勒、耶斯贝格尔》(LK-Werle/Jeßberger),第9条,边码19;此外,有部分观点认为,在结果得以防止地点之前所经过的、任何可能的过渡地点,均为行为地(《刑法典体系性评注——霍伊尔》(SK-Hoyer),第9条,边码4)。

⑯ 例如,某个人通过发传真的方式诽谤另一人。那么,结果地就是,传真到达接收人的地方。参见耶拿州高等法院(OLG Jena),《刑法新杂志》,2005年,第272页;关于第164条,则参见奥斯纳布吕克州法院(LG Osnabrück),《刑法新杂志——刑事判决和报告》,2007年,第136页。

⑰ 《联邦法院刑事判例集》,第44卷,第52页,尤其是第54页以下。

⑱ 参见联邦法院,《刑法新杂志》,1986年,第415页;《刑事辩护人论坛》,2009年,第161页及下一页;《诺莫斯刑法典评注——伯泽》(NK-Böse),第9条,边码6。

⑲ 依照第5、6条,已经可以适用德国刑法,这样,就不再取决于行为地到底在哪;不过,还可参考联邦法院,《刑法新杂志》,1986年,第415页。

条件下才实现。[20] 这也适用于出版和无线电领域的犯罪。

二、空间效力和属人效力

1. 国际刑法

10 《刑法典》第3—7条规定了德国刑法的空间效力和属人效力的范围。[21] 这些条文同时也被称为国际刑法。[22] 不过,这里的国际刑法讲的不是国际法,而只是国内法。[23] 而且,它也不像国际私法处理法律之间的真正冲突[《民法典施行法》(EG-BGB)第3条及以下几条]那样,而仅仅是处理单方面的法律冲突,亦即国内刑罚权的范围可及于何处。如果(事实上)无法适用德国刑法,那也只是个程序上的问题,只需要调整程序就可以了。[24] 第3条并没有规定所谓的"区际刑法"。由于国内的不同地域拥有不同的刑法,亦即州刑法之间可能产生冲突,这样就有问题了。[25] 在这种场合,乃是适用行为地法律,也就是说由适用管辖该案的国内法院地法,而不论该法庭是否是最后的审判法院。[26]

11 对于空间效力和属人效力而言,下面几个**定义**是很重要的:

(1) **国内**是指德国刑法依据国家主权所可以适用的范围。[27] 这种所谓的功能

---

[20] 关于细节上的争论,参见金德霍伊泽尔:《刑法典理论与实务评注》,第9条,边码22及以下几个边码;深入的讨论,见《整体刑法评注便携本—哈特曼》(HKGS-Hartmann),第9条,边码5及以下几个边码;《(萨茨格尔、施米特、维德迈尔)刑法典评注—萨茨格尔》,第9条,边码14及以下几个边码。

[21] 详细的阐述,见洪布雷歇尔(Hombrecher),《法学工作》,2010年,第637页及以下几页、第731页及以下几页;萨茨格尔,《法学》,2010年,第108页及以下几页、第190页及以下几页。

[22] 菲舍尔,第3条前言,边码1;拉克纳、屈尔,第3条前言,边码1;概念上详解,见加尔多基(Gardocki),《整体刑法学杂志》,第98卷,1986年,第703页及以下几页;批判性的观点,见弗里斯特(Frister),第5节,边码9;《莱比锡刑法典评注—维尔勒、耶斯贝格尔》,第3条前言,边码1及下一边码。

[23] 亦参见弗里斯特,第5节,边码9;关于刑法欧洲化的努力,参考博伊克尔曼(Beukelmann),《新法学周刊》,2010年,第2081页;黑克尔(Hecker),《戈尔特达默刑法档案》,2007年,第561页及以下几页;迈尔(Meyer),《刑法新杂志》,2009年,第657页及以下几页;奥托,载《斯茨瓦克祝贺文集》(Szwarc-FS),第53页及以下几页;帕斯托·穆尼奥斯(Pastor Munoz),《戈尔特达默刑法档案》,2010年,第84页及以下几页;佩龙(Perron),载《屈佩尔祝贺文集》,第429页及以下几页;许内曼,载《斯茨瓦克祝贺文集》,第109页及以下几页;西贝尔(Sieber),《整体刑法学杂志》,第121卷,2009年,第1页及以下几页;斯特赖因茨(Streinz),载《奥托祝贺文集》,第1029页及以下几页;《莱比锡刑法典评注—魏根特》,导言,边码84及以下几个边码;齐默尔曼(Zimmermann),《法学》,2009年,第844页。

[24] 《联邦法院刑事判例集》,第34卷,第1页,尤其是第3页;萨尔布吕肯州高等法院(OLG Saarbrücken),《新法学周刊》,1975年,第506页,尤其是第509页。

[25] 此处可参见弗里斯特,第5节,边码21及下一边码;由于民主德国的加入而产生的过渡性问题,参见拉克纳、屈尔,第3条,边码3、10。

[26] 《联邦法院刑事判例集》,第11卷,第365页,尤其是第366页;弗里斯特,第5节,边码21。

[27] 参见《联邦法院刑事判例集》,第30卷,第1页,尤其是第4页;第32卷,第293页,尤其是第297页;关于"海洋上"犯罪的刑法效力,参见瓦姆塞尔(Wamser),《刑事辩护人论坛》,2010年,第279页。

性*的"国内"概念和国家法上的概念是一致的,其包括《基本法》序言中所列举的那些州。

(2) 德国人是指依照《基本法》第116条拥有德国国籍的人。㉘

(3) 外国是指不属于国内的领域,包括公海和无国家主权的地方。㉙

(4) 外国人是指《基本法》第116条第1款意义上的非德国人,也包括无国籍人。(《居留法》第2条第1款)

2. 效力原则

在确定效力范围的时候,决定性的也是最先需要考虑的,乃是属地原则。按照这个原则,如果犯罪是在德国发生的,那么就可以适用德国刑法。除了这个原则以外,还有若干补充性的原则,便是保护原则、(被动和主动的)属人原则、普遍原则或世界法原则,以及代理之刑事司法(der stellvertretenden Strafrechtspflege)原则。㉚ **12**

效力原则图解: **13**

国内犯罪	国外犯罪				
	不取决于其在行为地是否可罚		若其在行为地是受刑罚处罚的		
属地原则(第3条和第4条)	保护原则:涉及第5条所规定的法益	世界法原则:涉及受国际保护的法益(第6条)	被动的属人原则:针对德国人的犯罪(第7条第1款)	主动的属人原则:行为人是德国人或者犯罪后成为德国人(第7条第2款第1项)	代理之刑事司法原则:行为人是外国人,但在国内被逮捕,而没有向国外引渡(第7条第2款第2项)

在联邦德国的新联邦州加入之前,按照《基本法》原第23条的规定,《刑法典》第3条及以下几条的规则是针对**以前的民主德国**的。㉛ 功能性的"国内"概念仅仅包括联邦德国和西柏林。㉜ 据此,在民主德国时代,民主德国公民虽有德国国籍, **14**

---

* 所谓"功能性"的,就是起作用的。——译者注

㉘ 具有国籍也就代表着是德国人民的组成部分,参见《联邦宪法法院判例集》,第36卷,第1页,尤其是第30页以下;《联邦法院刑事判例集》,第11卷,第63页以下。

㉙ 《诺莫斯刑法典评注——伯泽》,第5条前言,边码2。

㉚ 关于这各个原则和程序法规则,详见金德霍伊泽尔:《刑法理论与实务评注》,第3—7条前言,边码2及以下几个边码;拉特(Rath),《法学工作》,2007年,第26页及以下几页。

㉛ 至于是否是直接适用,还是相应适当地加以适用,之前存在争议,参见《联邦法院刑事判例集》,第40卷,第125页,尤其是第130页。

㉜ 《刑法典体系性评注——霍伊尔》,第3条,边码3;不同的观点,《联邦法院刑事判例集》,第30卷,第1页,尤其是第4页以下;第40卷,第125页,尤其是第129页。

但若其境内有针对他们的罪行,在这些犯罪中,他们也仍然不受(联邦德国)《刑法典》所保护。㉝ 如果我们今天发现了在以前的民主德国内犯下的罪行(亦即所谓"旧罪"),那么,若联邦德国刑法的处刑并非更轻的话,原则上还是要适用行为时有效的民主德国刑法(《刑法典施行法》(EGStGB)第 315 条第 1 款中对《刑法典》第 2 条的规定)。㉞

15　　按照对欧盟(基本)适用的《申根协定》(SDü)㉟,协定缔约国有义务互相遵守《申根协定》第 54 条规定的一事不再理($ne\ bis\ in\ idem$,《基本法》第 103 条第 3 款)之基本原则。㊱ 否则,如果某个德国人在外国已被审判过,在德国仍然有可能再受审判;不过,在国内再行审判时,会对在外国(已执行的)刑罚加以考虑(第 51 条第 3 款)。特别是,对于外国事项的强行追究是明显受到《刑事诉讼法》第 153 条 c 限制的。㊲

三、专业鉴定

16　　在学理上的专业鉴定中,仅当某事实举止发生在国外或(当事人)参加了国外的犯罪,才考虑是否适用德国刑法的问题。这时,在审查实际的刑法上构成要件之前,需要先问的是,是否适用德国刑法?由于第 3—7 条规定了德国刑法的效力前提,若相应的构成要件不能适用的话,讨论某个具体犯罪就没有必要了。

17
> **复习与深化**
>
> 1. 刑罚法规变更时,第 2 条规定了哪些规则?(边码 1)
> 2. 在确定行为地时,所谓的"统一论"是指什么?(边码 5)
> 3. 德国刑法的空间效力和属人效力范围是按照哪些原则确定的?(边码 12 以下)

㉝ 《联邦法院刑事判例集》,第 20 条,第 125 也,尤其是第 129 页;但按照第 5 条第 1 款第 6 项的规定,第 234 条 a 和第 241 条 a 则是例外(《(舍恩克·施罗德)刑法典评注——埃泽尔》,第 3 条前言,边码 85)。

㉞ 参见拉克纳、屈尔,第 2 条,边码 11 及以下几个边码。

㉟ 1990 年 10 月 19 日,关于执行《比荷卢经济联盟、联邦德国和法国政府间(1985 年 6 月 14 日,申根)关于逐步取消共同边界检查的议定书》的决议。

㊱ 按照《申根协定》第 55 条,是可以进行保留的,德国也运用过这一规定。参见《联邦法律公报》(BGBl.),1994 年第 2 部分,第 631 页。

㊲ 对涉及外国(事项)的案例的处理,参见拉特,《法学工作》,2006 年,第 435 页及以下几页;瓦尔特,《法学教学》,2006 年,第 870 页。

第二编

犯罪论通论

第5节　犯罪是一种规范违反

一、科学上的目标

某个人是否从事了犯罪？这个问题，需要通过具有一定顺序的审查步骤来回答。人们要处罚某个举止，这时需要哪些条件？对此，人们虽然也可以不经组织地、一个个地讨论这些条件，因为犯罪所有的可以推导出可罚性的要素，在逻辑上都是同样重要的；在这些要素中，没有什么更重要的要素和更不重要的要素之分。然而，刑法学理的目标则是：对犯罪之举止的可罚性的条件进行科学的体系化（加工）。通过这种加工，我们发展出了犯罪构造的理论。在这种犯罪论中，某个犯罪的所有构造性的要素都拥有了一个逻辑上的位置。同时，这种犯罪构造也提供了刑法上专业鉴定的框架。　　1

通过有顺序的审查步骤，来确定某个举止是否可罚。这种思想，最先是出于这样的考虑，亦即：犯罪的一些要素，乃是以一些其他要素的实现作为前提的。例如，罪责责难乃是以不法的实现作为对象的，因此，顺理成章的是，我们在回答某个举止是否有罪责之前，要回答它是不是有违法性。① 更进一步说，界分"应该"（如"某人允许干什么？"）和"是"（如"某人能干什么？"）这两个问题，在科学理论上是合适的。此外，借助于这种有顺序的概念性体系，我们在适用具体的可罚性前提条件的时候，能够更加容易地辨认出各种相似性、关联性、区别性和特殊性，并对之加以思考。特别地，我们还要说明，遵循审查步骤上的这样一种逻辑顺序，还可以使得法律的适用更加安全，并经得起考验。②　　2

二、规范违反

> **案例 1**
>
> A 利用来复枪射击 B，并致其死亡。

1. 概念和犯罪构造

刑罚，具备保障人们遵守刑法上的举止规范的目的。③ 那么，人们按照这个目的动用刑罚加以威胁的犯罪，便是这样一种举止，行为人通过该举止明确表明：某　　3

---

① 鲍曼·韦伯·米奇，第12节，边码2。
② 亦参见《诺莫斯刑法典评注——普珀》（NK-Puppe），第1条前言，边码1以下；萨尔迪特（Salditt），《戈尔特达默刑法档案》，2003年，第85页，尤其是第92页。
③ 参见本书第2节，边码14中的积极的一般预防。

个举止规范对他是没有用的。因此,刑罚就是对于这种规范违反的再次谴责。④刑罚明确宣示:尽管有人破坏规范,但是,规范仍然是有效的,而且,继续对遵守规范保持信任是正确的。行为人必须为他引发的冲突付出代价,这时,刑法上的"恶"就是这种代价的象征。同时,这种刑法上的"恶"还说明,行为人的规范违反是不足为鉴的。⑤

4 　　因此,需要人们运用犯罪构造加以审查的是,在人们要将某个举止认定为行为人应予以答责的规范违反时,相应的条件是否已经满足。按照罪责原则⑥,只要行为人有足够的遵守规范的法忠诚,就本有能力遵守相应规范,这时,才可以对他没有做到而表示谴责。

5 　　案例1所涉的是杀人的禁止规范。该规范所禁止的是对第212条的构成要件的实现,亦即,引发他人的死亡是受禁止的。如果A遵守杀人的禁止规范,本来是能够和必须避免B的死亡的,那么,对于A而言,导致B的死亡的事实就是一种规范违反,且应当归属于A。此处首要的条件是,若遵守这一禁止规范,A本来是能够通过其行为(体力上和智力上)避免死亡的发生的。具体地,他必须认识到,他的来复枪是实弹的,且瞄准了B。进一步地,他在瞄准时必须有能力控制他手指头的运动,而且不能有身体某部分突然痉挛等现象发生。⑦

6 　　如果我们确定,A是具有行为能力的,那么,接下来的问题是,要看人们原则上是否可以允许A为这种行为。在具体情况中,杀人的禁止规范也可以因为某个特定的容许规范而被取消。例如,A可能处于第32条规定的紧急防卫的情况下。在这种场合下,在法律上可能并无任何理由可以要求A不造成他人的死亡,因此,人们也就不能对A没遵守约束于他的规范施加谴责。

7 　　在具体案件中,假使并没有出现这种可以适用容许规范的现象,那么,我们需考察的进一步的问题便是,A为什么没有遵守禁止杀人的规范?他可能是误以为他的举止不是受禁止的;他也可能错误地以为,他也可以在紧急防卫以外的其他场合,将以前总是殴打和羞辱他的B射杀;也有可能是A患上了精神病,因此无法正常地控制自己了。这些相似的事由所涉及的问题是,行为人当时是否在本质上具备动机能力?或者他身处于某个具体的情况(比如,第35条规定的紧急避险情形),在这种情况中,人们不能正常地期待他有遵守规范的动机能力,这样人们也就

---

④ 亦见弗洛因德(Freund),第1节,边码10;雅科布斯,《整体刑法学杂志》,第107卷,1995年,第843页,尤其是第844页。

⑤ 当然,除了这种象征性的社会意义之外,对于被判刑人而言,刑罚还是一种附加的"恶",即按照宪法上的标准,这种"恶"会给他带来基本权利上的限制。

⑥ 详见本书第21节,边码1及以下几个边码。

⑦ 如果这时,A由于粗心而误认了现实情况,如以为枪中无弹,这时候就只能是第212条的过失致人死亡了。在这里,为了简单起见,就不再深入探讨过失犯归属形式的细节问题了,详见本书第33节。

不能认为他缺乏法忠诚,而进行谴责。

2. 行为操纵和动力操纵(Antriebssteuerung)

案例1中已经清楚表明,某人是否要为其违反刑罚法规的举止进行刑法上的答责,需要考虑两个方面的能力:**行为能力**和**动机能力**。首先,如果只要行为人愿意,他就可以在体力和智力上有能力具体地避免构成要件的实现(等同于行为能力),而他没这样做,那么他对于构成要件的实现,就要被归属为违法的(违反规范的)行为。其次,由于法律上的要求,他本来必须具备避免构成要件之实现的意志的,而且由于并没有明显的不利处境,他也本来能够具备这种意志的(等同于动机能力),而他却没有这种意志,那么,他就要被谴责。此处,我们将犯罪的模式分割为二:一方面是行为操纵,另一方面是动力操纵。 8

今日的刑法学理中贯彻的观点是,将违反刑罚法规的某个举止评价为不法,理解为这样一个事件(Geschehen):在不存在正当化事由的情况下,将某个犯罪的构成要件的实现归属为行为。⑧ 换言之,若按照行为人体力和智力情况,他是有办法避免实现违法的构成要件的,而却实现了它,那么,就出现了刑法上的不法。⑨ 另一方面,这一事实发生的整体方面,亦即对于"应为"的辨认能力和合乎规范的动力操纵,则归入罪责阶层了。当刑法上的法律后果仅仅需以违法行为的存在为前提,而并不进一步需要有罪责的时候,这种方案是特别奏效的。例如,14岁以下的人虽然可以违法地行为,但不可以有罪责地(因此就可罚了)行为(第19条)。 9

三、行为理论

1. 目的论

刑法上的不法,只可以是有目的地可被避免的事实发生。这个我们今天所奉行的观点,乃是受到所谓的"目的行为论"的极大影响。目的行为论认为,行为是由正在进行操纵的意志(Willen)所支配的、为了目的的实现而作出的人类的举止。⑩ 这种观点正确地指出了,只有人们将一个举止进行意图(意向)上的解释时,才可以将这个举止理解为行为。借助于意向(Intention),人们才可以指称特定活动之理由,或者也才可以指称特定的被动性(Passivität)。例如,A弯下身,乃是因为他想 10

---

⑧ 有争论的只是,从要被归属的事实这方面看来,是否该事实是在不同于违法性的构成要件符合性阶层中,还是构成一个整体的不法构成要件(Gesamtunrechtstatbestand)。详见本书第6节,边码8及以下几个边码。

⑨ 在该处,有关人们对于不法之客观方面与主观方面、结果不法和行为不法的再次区分,参见本书第6节,边码6。

⑩ 这种理论主要由韦尔策尔倡导,仅请参见《德国刑法教科书》(Lehrbuch des Deutschen Strafrechts),第1版,1940年版,第8节;韦尔策尔,《法学教学》,1966年,第421页以下。

(will)捡起一张钞票。或者,B静静地伫立在那里,乃是因为他在窃听小鸟的叽叽啾啾声。如果没有意向,那么这里的弯身和伫立就是难以理解的活动,因此,也就不是行为。

11　　对于犯罪的构成要件的实现,目的论也想将其解释成为是一种目的性的举止。然而,这肯定会失败的。因为在大多数犯罪中,特别是在过失的作为方式中,根本就不存在以实现构成要件为(目的)导向的举止。例如,为了获取保险金,X对某一房子实施放火,他同时估计到,这种举动可能会造成Y的死亡,因此,致Y死亡就不是X的目的行为。由于致Y死亡并非使得X为该举止的原因,也就是说,这并不是因果地导致事实发生的意志。更确切地说,X之所以放火烧房子,仅仅是为了保险金。只有这个,才是他的意志。[11]

2. 社会论和人格论

12　　为了整合进那些没有意志但却因果性地(实现了构成要件的)举止方式的结果,人们提出了所谓的"社会行为论"。按照社会行为论的观点,刑法上的行为是受意志支配或者可以受意志支配的具有社会意义的举止。[12] 相近地,人格行为论认为,行为是人格的外在体现。[13] 这些理论在一定程度上都是有解释力的,因此并不是什么"错误的"理论。[14] 只是它们都没有谈到关键的地方:刑法上的行为概念涉及的是对于刑法上举止规范的遵守。所以,从刑法的角度上说,只有那些可被人们解释成为违反刑法上举止规范的举止,才具有社会意义,或者才是人格的外在体现。

3. 遵守规范的意志能力

13　　刑法上的规范所要求的是避免实现犯罪的构成要件。因此,为了避免构成要件的实现,行为人就有必要进行作为或不作为,刑法所关心的就正是这种举止。[15]

---

[11] 从意志角度对于行为的解释的相关学术理论原理,详见赫鲁斯卡:《归属的结构》(Strukturen der Zurechnung),1976年版;金德霍伊泽尔:《有意的行为》(Intentionale Handlung),1980年版,第91页及以下几页,各处可见。

[12] 仅请参见韦塞尔斯、博伊尔克,边码93;豪夫(Hauf),第15、17页;迈霍弗(Maihofer):《犯罪论体系中的行为概念》(Der Handlungsbegriff im Verbrechensystem),1953年,第4页及以下几页;毛拉赫、齐普夫(M-Zipf),第16节,边码50及以下几个边码。

[13] 罗克辛,第1卷,第8节,边码44及以下几个边码。

[14] 亦参见奥托,第5节,边码36;关于其他行为理论的详尽论述,见《诺莫斯刑法典评注——普珀》,第13节前言,边码41及以下几个边码。

[15] 关于刑法上的行为概念,详细的论述见金德霍伊泽尔,载《普珀祝贺文集》,第39页及以下几页。

换言之，刑法上的行为便是**和实现构成要件相关的可避免的举止**。⑯ 这里的可避免性是由行为能力的两个要素组成的：行为者必须在体力上和智力上都能通过其举止有目标地（有意志地）避免构成要件的实现。⑰ 这一行为概念同时包含积极的作为和不作为：如果行为人不这样做，就能够避免构成要件的实现，那么，他的所做便是行为。例如，在 A 可以采取不作为的方式，不扣动来复枪之扳机，从而避免 B 的死亡的时候，他却主动地通过射击杀死了 B。或者，如果 C 将 D 从水中拉出，就可以避免 D 的死亡，而 C 却没有这样做，那么 C 便是通过不作为杀死了 D。

在这里，行为人通过其举止想要从事实上达到的目标，和目的行为论的目的是不同的。对于刑法上的归属而言，该目标基本上没有意义：经常的情况是，该目标至少并不是符合规范的，也就是说，它并不打算避免构成要件的实现。更确切地说，关键性的是，如果行为人在追求他的这个具体目标时，本来能够和本来应当避免他的举止，这样，构成要件就不会被实现了。当 X 为了取得保险金而纵火焚烧房子，而且同时估计到，这可能导致 Y 的死亡，那么，由于他造成了 Y 的死亡，他的行为就是刑法所关注的：因为 X 在体力上和智力上都具备有意志地避免（亦即，通过不去纵火焚烧房子）致 Y 死亡这一事实发生的能力。

4. 因果论

所谓的"因果行为论"涉及的范围就非常之广了。按照这种学说，通过有意志地举止所引发的外界变动，都可以视为刑法上的行为。⑱ 按照该观点，每个只要能归结为有意志的举止的因果事实的发生，均可以算作不法，而行为人的所有（智力上和动机上的）操纵性能力则成为罪责的标准。

依该种理论，某人促成了某个事实的发生，若要将该事实发生评价为不法，并不取决于：这个人具备能够遵守规范所需的避免该事实发生的能力。举例而言，A 拿起饮料便喝（这是个有意志的举止），但是他并不知道，已经有人在这杯饮料中下了致幻剂。喝完之后，若他开始无端地到处进行粗暴的厮打，那么，按照因果论，他在该种状态下干的所有实现构成要件的举止（如损坏了若干财物、伤害了若干个人），都是对不法的实现；而仅仅是由于他没有罪责而可能免于处罚。或者，B 坐在河边的长凳上看书，而 C 就在身边溺水身亡。在这里，由于看书乃是一种有意志的举止，而 B 在体力上也可能对 C 实施救助，可是假若 B 也许是个聋子，这样他就听不到 C 的呼救声，按照因果论，这时 B 的不作为仍然可能被认为实现了不法。因为

---

⑯ 详见雅科布斯，《韦尔策尔祝贺文集》(Welzel-FS)，第 307 页及以下几页；金德霍伊泽尔：《作为犯罪的危险》，1989 年版，第 41 页及以下几页。

⑰ 参见上文边码 5。

⑱ 仅请参见冯·李斯特，第 28 节；拉德布鲁赫（*Radbruch*）：《行为概念对于刑法体系的意义》(Der Handlungsbegriff in seiner Bedeutung für das Strafrechtssystem)，1904 年版。

B 实际上到底能够知道还是不能知道(行为操纵),在因果论看来,仅仅是个罪责的问题,而和不法根本没有关系。该种类型的案件只是一种不幸事件,而是很难被认定为刑法上的不法的。因此,按照今天占据主导的观点,行为操纵乃是不法的一部分,这样才显得更切乎实际。

四、专业鉴定

17　　围绕着刑法上的行为概念,人们展开过激烈的争论,这种争论在 20 世纪中期达到了顶峰。这种争论的焦点是,行为操纵应当放在犯罪构造的哪个位置上,亦即故意应放在哪里？这场争论,以人们在法律中规定了错误的规则(《刑法典》第 16 条及下一条)告终。从这两个条款中,人们可以间接地得出故意在地位上属于主观的不法要素的认知。关于这场争论,在如今的案例探讨中已经不再涉及。

18　　特别需要从根本上加以强调的是:不要在审查是否构成犯罪的专业鉴定中一开始就探讨行为人是否具有相应的行为。因为这个问题更多地是取决于特定的事实发生。因此,若脱离具体的背景条件就没有办法回答该问题。例如,某人被撞倒在地,考虑到这一情况,他并没有行为,但是,在落地瞬间,他也许仍然可以将他的手臂撇向一边,这样就可以避免将某个花瓶打翻在地了。

19　　在犯罪构造中,行为并不是独立的阶层,而只是符合构成要件的事实发生的一个部分。[19] 人们是在构成要件之实现的主观或客观要素的框架内,同时对行为的要素进行考察的。为了避免构成要件的实现,需要人们对其有一定的认识,这种认识就属于主观构成要件的内容,至少在故意犯领域是这样。(行为人)体力上是否可以避免构成要件的实现,乃是客观构成要件的要素;然而,仅仅是在不作为犯的领域,才需要经常考察行为人是否具备相应的体力上的能力来实施救助行为。在作为犯领域,显而易见,行为人多半是具备避免实现构成要件之举止的体力上的能力的,比如,在杀人的场合,行为人有能力不实施致命的刺杀行为。

20　　通常情况下,仅当举止明显不受意志操纵时,才认为构成要件之实现在体力上是不可避免的,[20] 例如:(1)由身体或生理刺激所引发的反射性(肢体)运动;(2)痉挛性举止;(3)梦游;(4)外力绝对胁迫下的(肢体)运动。

---

[19] 亦参见奥托,第 5 节,边码 40 及下一边码,有进一步文献。
[20] 亦参见美茵河畔法兰克福州高等法院(OLG Frankfurt/M),《交通法汇编》(VRS),第 28 卷,第 364 页,尤其是第 365 页以下;哈姆州高等法院(OLG Hamm),《新法学周刊》,1975 年,第 657 页及下一页;韦塞尔斯·博伊尔克,边码 95;克赖·埃塞尔,边码 295 及以下几个边码;屈尔,第 2 节,边码 2、5 及下一边码;《莱比锡刑法典评注—瓦尔特》,第 13 条前言,边码 38;毛拉赫·齐普夫,第 16 节,边码 16。

相反,如下举止在体力上则常常是可避免的,因此便是行为[21]:
(1) 纯粹的意识不正常状态(如醉酒)下的举止;
(2) (当事者的意识作用下的)冲动行为(Affekttaten)[22];
(3) 机械性的举止行为(如驾驶汽车)。[23]

复习与深化

1. 在科学上,犯罪构造理论具有哪些目标?(边码1及以下)
2. 将某一举止归属为规范违反需要考虑哪些能力?(边码8及以下)
3. 在刑法上,哪些举止方式不能被认为是行为?(边码20)

---

[21] 亦参见美茵河畔法兰克福州高等法院,《交通法汇编》,第28卷,第364页,尤其是第365页以下;哈姆州高等法院,《新法学周刊》,1975年,第657页及下一页;雅科布斯,第6节,边码41;克赖、埃塞尔,边码299;罗克辛,第1卷,第8节,边码69。

[22] 关于"冲动"的概念,见桑德尔(Sander),载《埃森贝格祝贺文集》,第359页及以下几页。

[23] 详见《莱比锡刑法典评注—瓦尔特》,第13条前言,边码37;默克尔(Merkel),《整体刑法学杂志》,2007年,第214页及以下几页。

第6节 犯罪构造

一、违法和有罪责的行为

1. 不法和罪责

1　　不法和罪责是犯罪的两个基本要素：

（1）判定某行为人的举止是否是刑法上值得关注的违法的(等同于"违反法律的""禁止的""违反义务的"或"违反规范的")举止，是需要一定条件作为前提的。这些所有前提条件的总和，便是**不法**。①

（2）人们在责难一个行为人所犯的不法及其可罚的后果之前，需要先行判定他是否需以可罚的方式对其所犯的不法承担责任，而这种判定也是需要一定前提条件的。这些所有的前提条件之总和，则是**罪责**。

2　　因此，不法便是罪责责难的对象。不法和罪责的区分并非只是一种理论上的设想②，而是有着显著的实际功用的。③ 在刑法中，有些法律后果需要以不法作为前提，但却并不需要以罪责作为前提④；在这种情况下，法规通常将之称为**违法行为**（rechtswidrigen Tat）⑤。相反，如果法规中提到**犯罪**（Straftat），那么其则必须是有罪责地实施的。⑥

3　　无论如何，某个犯罪的所有要素都必须在一个确定时点内一次性地加以实现［所谓的"**重合原则**"（Koinzidenzprinzip）］。⑦ 例如，A 故意杀死了 B，但是 A 是在阻却罪责能力的嗜杀（Blutrausch）状态下为该举止的，那么，这就不是第 212 条规定的故意杀人了；纵然，他有可能在恢复正常理智后，回想起这事时，还将其行为视为"正确的"。

2. 不法的确定

4　　**（1）审查**：我们需要通过两个主要步骤来确定不法（亦即通过行为以达致构成

---

① 对不法概念深入的论述，见洛斯（Loos），载《迈瓦尔德祝贺文集》（Maiwald-FS），第469页及以下几页。
② 关于行为操纵和动力操纵的区分，参见本书第5节，边码8及下一边码。
③ 关于犯罪构造的逻辑，详见金德霍伊泽尔，载科赫主编：《法律面临的挑战：古老问题的新回答》，1999年版，第77页；普珀，载《奥托祝贺文集》，第389页及以下几页。
④ 参见如下法条：第11条第1款第5项、第63条及以下几条、第73条及以下几条、第74条d。
⑤ 这样的称呼，有第26条及下一条。
⑥ 例如，参见第44条第1款第1句、第66条。
⑦ 弗洛因德，第4节，边码34；克赖·埃塞尔，边码405及下一边码；将重合性分解同时性（Simultaneität）和对应性（Referenz），亦请参见赫鲁斯卡，第4页及以下几页。

要件之实现的违法性）：

① **构成要件符合性**：首先要加以审查的是，是否特定犯罪的构成要件之前提条件已被满足。犯罪的构成要件中所包含的是**积极地证立***犯罪之**不法**的那些要素。⑧

② **违法性**：然后才要审查，是否（有可能）满足了特定的正当化构成要件（例如，第 32 条的紧急防卫）的前提条件。对于将某个行为评价为不法而言，正当化事由乃是**与之相对立**的容许规范。按照这种设计，仅当不存在正当化事由的时候，某个符合构成要件的举止才是具有违法性的。

（2）犯罪的构成要件之构造：犯罪的构成要件以及正当化事由中均存在客观构成要件和主观构成要件： 5

① 所谓**客观构成要件**，指的是犯罪的构成要件或正当化事由中规定的各种外部的行为情状（Tatumstände）。例如，在故意杀人罪（第 212 条第 1 款）中，行为人造成的他人死亡的举止；或者在紧急防卫（第 32 条）时，针对某个违法攻击所采取的客观上应当且必要的防御。

② 所谓**主观构成要件**，指的是行为中各种特定的认识或意志诸要素。例如，故意犯中的故意、第 211 条第 2 款中的贪财、第 32 条紧急防卫情形中的认识。

（3）行为不法和结果不法：通常地，不法还可以划分成为行为不法和结果不法。⑨ 在不存在主观的正当化要素时，属于行为不法（亦称行为非价**）的是行为人的举止和主观构成要件的要素。⑩ 相反，像人的死亡、伤害等这样的结果以及所有其他的行为情状，则属于结果不法（亦称结果非价）。⑪ 为什么要区分行为不法和结果不法？在方法论上，这一区分的理由主要在于：它使得区分"行为人之应为及不应为"和"其行为的结果"这两者成为可能。对于犯罪构造而言，这一区分并不是很重要，在专业鉴定中也不需要进行具体阐述。 6

---

* 证立（begründen），意指"使……成立"或"说明……成立（的理由）"，此处亦即"积极地说明犯罪之不法成立的那些要素"。换言之，只有具备了这些要素，才能成立不法，这些要素乃是认定不法成立的理由。——译者注

⑧ 屈尔，第 3 节，边码 1 及下一边码。

⑨ 详见韦塞尔斯、博伊尔克，边码 15；加拉斯（Gallas），载《博克尔曼祝贺文集》（Bockelmann-FS），第 155 页及以下几页；耶赛克、魏根特，第 24 节 III；斯特拉腾韦特，载《沙夫斯泰因祝贺文集》（Schaffstein-FS），第 177 页及以下几页。

** 行为非价（Handlungsunwert），中文中多使用来自日文的"行为无价值"，考虑到译文准确性，本书将"无价值"改为"非价"。下同。——译者注

⑩ 斯特拉腾韦特、库伦，第 8 节，边码 60；罗克辛，第 1 卷，第 10 节，边码 101。

⑪ 弗洛因德，第 2 节，边码 4；斯特拉腾韦特、库伦，第 8 节，边码 60；关于结果非价，深入的论述，亦见雅科布斯，载《萨姆松祝贺文集》（Samson-FS），第 43 页及以下几页。

3. 罪责的确定

在审查某个举止的可罚性的时候，人们**并不是积极地来证立**罪责的存在的。更确切地说，刑罚法规所认为的是，每个公民原则上都有足够的动机能力，从而能够遵守刑法上的举止规范。[12] 因此，在《刑法典》中仅仅明文规定的是：实现了不法却并不视为有罪责，需要具备哪些前提条件。

将某个违法的举止认定为没有罪责，是需要一些前提条件的。首先，第17条第1句规定的**不可避免的禁止错误**就是这样一种条件。其次，行为人不能认识不法或依照他的认识而行为的，也不能进行罪责责难（第20条）。14岁以下的儿童也是没有罪责能力的，这是一种不可推翻的推定（第19条）。除了这些**罪责阻却事由**之外，还存在所谓的**免除罪责事由**（Entschuldigungsgründe）。这种事由应当理解成是（精神方面）例外情况。在这种情况下，人们无法期待行为人具备符合规范的动机，因此，不能将他的违法行为视为是一种缺乏法忠诚的表示。这方面的例子有免除罪责的紧急避险（第35条）。同样，在免除罪责事由这上面，也可以划分为免除罪责的客观构成要件和免除罪责的主观构成要件，如第35条规定的免除罪责的紧急避险的客观前提条件和行为人的认识就是其例。

4. 两阶层犯罪构造和三阶层犯罪构造

(1) 刑法学理的发展：在今日的刑法学理中，人们（几乎）一致赞同区分不法和罪责[13]，争论的问题只是，针对确定不法的时候所需要的两个审查步骤，即构成要件符合性和违法性，是否仅于同一阶层中在逻辑上同时进行审查，抑或它们就是两个具有实际区别的（犯罪）评价阶层。[14]

所谓的**两阶层犯罪构造**只区分不法和罪责，并且将犯罪的构成要件之前提条件视为是积极的要素，将正当化构成要件的前提条件视为是消极的要素，同时，这两种要素组成了统一的不法构成要件；这样，在一定程度上，正当化构成要件的前提条件就成了消极的构成要件要素（这便是所谓**整体的不法构成要件理论**）。[15]

---

[12] 这种假定的正当性，参见金德霍伊泽尔，《戈尔特达默刑法档案》，1989年，第493页，尤其是第499页及以下几页，有进一步的文献。

[13] 而关于附属于罪责的不法概念，参见帕夫尼克（Pawlik），载《奥托祝贺文集》，第133页及以下几页；亦参见瓦尔特：《刑法的核心》（Kern des Strafrechts），2006年版，第80、83页及以下几页：不法和罪责是"无法拆散的统一体"。反对的意见，见格雷科（Greco），《戈尔特达默刑法档案》，2009年，第636页及以下几页。

[14] 从基础原理上对讨论情况的阐述，见《诺莫斯刑法典评注—佩夫根》，第32条前言，边码16及以下几个边码；进一步参见奥托，第5节，边码23及以下几个边码；历史发展角度的阐述，见安博斯（Ambos），《戈尔特达默刑法档案》，2007年，第1页及以下几页。

[15] 详见林克（Link）：《两阶层的犯罪构造》（Der zweistufige Deliktsaufbau），2000年版，第309页及以下几页；《诺莫斯刑法典评注—普珀》，第13条前言，边码12及以下几个边码。

与之不同,所谓三阶层犯罪构造是区分犯罪的构成要件符合性、违法性(无正当化的情况)和罪责的。三阶层的构造起源于贝林(Beling)的构成要件论。在他的构成要件论中,构成要件只是一种中性的对举止的描述,对于这种举止描述的刑法评价,是直到违法性阶层上才进行的。[16] 然而,这种理解已经被超越了。因为按照今天对于犯罪的构成要件的理解,构成要件乃是"禁止素材"(Verbotsmaterie),它包含了可以(积极地)证立某个行为之不法的所有要素(本节边码5)。

在三阶层犯罪构造的支持者看来,行为人"仅仅是"被正当化了,还是根本就没有为刑法上相关的行为,这二者都是很重要的。[17] 杀死一只蚊子是不可以和紧急防卫杀死一个人相提并论的。这种观点遭到了两阶层犯罪构造论者的反对。按照他们的观点,禁止规范和容许规范乃是处于同一个规范逻辑层面上的,因此,对于刑法上的罪责责难而言,正当化的举止和与构成要件无关的举止一样,都不具有什么不法。对于紧急防卫杀死人和杀死一只蚊子而言,刑法都同样地没有施加什么罪责责难。因此,构成要件符合性和违法性之间并不存在刑法上值得关注的区别;更确切地说,这仅仅是同一个犯罪层面上的统一评价阶层的两个审查步骤而已。[18] 而且,某个行为的违法性只有在缺乏正当化事由的时候才可以成立。这样,对于依靠某一举止的构成要件符合性已经证立的不法而言,违法性评价实际上并没有添加任何东西。

9

(2) **两阶层的犯罪构造**:按照两阶层犯罪构造的基本原理,故意犯[19]的不法(符合构成要件且违法的行为)要遵循如下步骤来进行审查:

10

① 犯罪的客观构成要件。② 客观的正当化构成要件。③ 阶段性结论:客观的不法构成要件是否存在?④ 犯罪的主观构成要件。⑤ 主观的正当化构成要件。⑥ 阶段性结论:主观的不法构成要件是否存在?

(3) **三阶层的犯罪构造**:按照三阶层犯罪构造的原理,故意犯的不法(符合构成要件且违法的行为)需遵循如下步骤来进行审查:

11

① 犯罪的客观构成要件;② 犯罪的主观构成要件;③ 客观的正当化构成要件;④ 主观的正当化构成要件。

(4) **比较**:如果我们比较一下这两种构造模式的审查步骤,我们就会发现,在两种模式里,都是首先进行证立不法(犯罪的构成要件)的前提条件上的审查,然后,再进行阻却不法(正当化构成要件)之前提条件的审查,同时,都是先进行客观

12

---

[16] 参见本书第8节,边码1及下一边码。
[17] 韦塞尔斯、博伊尔克,边码126及以下几个边码,有进一步的文献。
[18] 详见《诺莫斯刑法典评注—普珀》,第13条前言,边码8及以下几个边码;进一步参见朗格尔(Langer),载《奥托祝贺文集》,第107页及以下页,他将"应罚性"当作可罚的不法的第三个范畴。
[19] 在过失犯的构造中,人们对于行为的主观方面(subjektive Tatseite)这一要素的体系性地位存在争议,参见本书第33节,边码13及下一边码、边码45及以下几个边码、边码49及以下几个边码。

方面的审查,而后是主观方面的审查。仅仅是在客观和主观的不法要素的顺序上,两种模式存在区别:在二分的构造中,是客观不法的所有条件先于主观不法的所有条件进行审查,而在三分的构造中,是犯罪的主观构成要件先于客观的正当化构成要件进行审查。

按照今日刑法学理的状况,这两种模式**仅仅在一个点上**存在区别,亦即在发生正当化构成要件之前提条件事实性的认识错误的情况下,是否可以排除故意? 如果可以排除故意,那么就得出二分的构造的结论,如果不可以排除故意,就得出三分的构造的结论。[20] 然而,这个问题已经没有那么大的意义了,因为,在判例中,人们虽然都采取三分的构造,但是在遇到前提条件的事实性认识错误时,却都类比(analog)第16条,对故意实施了排除,因此,在结论上就和两阶层的构造保持一致了。

由于两阶层和三阶层这两种犯罪构造之间的争论基本上没有产生多少实际作用,另外,再由于将构成要件符合性从整体上先于违法性进行审查,在教学上显得更为简便,故而,我们这本教科书还是采取在学界理论中占据主导地位的三分构造来进行论述。不过,本书虽然采用了三分构造,但这仅仅是就审查步骤之顺序的形式上来说的,而不能因此得出结论说:本书断言了构成要件符合性和违法性这二者之间存在实质上的区别。此外,在刑法的专业鉴定中,人们是需要挑选一个(犯罪)构造来论述的,但是没有必要对为什么挑选这个犯罪构造而不挑选那个犯罪构造进行论证。

二、客观处罚条件

13 在刑罚法规中存在一些这样的要素,虽然某个举止是否可罚需要以它们的实现作为前提条件[21],但是它们却并不是进行主观归属的对象。这种要素就被称为客观处罚条件。在这些要素上面,无论是故意、过失、还是罪责,统统都不需要。[22] 因此,刑罚科处需要这种客观处罚条件,而这种条件却不取决于罪责。通常而言,人们是出于刑事政策的考虑,将客观处罚条件从不法和罪责的关联之中单划出来的。

法规上规定的哪些要素是客观处罚条件? 对此,并没有任何一般的标准。更确切地说,在每个犯罪中,我们是通过对法规进行具体解释来做出具体决定的。不

---

[20] 关于这个问题,详见本书第29节,边码11及以下几个边码。
[21] 同样,在该类犯罪的力图的场合,也是需要以客观处罚条件作为前提的。
[22] 亦参见马特(Matt),第5章,第1节,边码1;奥托,第7节,边码78;伦瑙,《法学教学》,2011年,第697页及以下页;罗克辛,第1卷,第23节,边码2。

过,客观处罚条件经常通过"只有……的情况下,才是可罚的"[23]或"才可处罚,仅当……"[24]的立法字眼表现出来。同时,人们还将一些其他内容归入客观处罚条件:

(1) 第186条规定的无法证明毁坏他人名誉之情况的真实性[25];

(2) 第231条规定的参加斗殴造成严重后果[26];

(3) 第283条d规定的(他人)停止支付、就其财产宣告破产程序或宣告破产的申请因缺乏破产人财产而被驳回[27];

(4) 在第323条a规定的醉酒状态下实施违法行为(或出现违法状态)[28]。

由于客观处罚条件和**罪责原则**之间的**不协调**,使得客观处罚条件变得富有争议。客观处罚条件并非仅仅可以产生限制刑罚的作用,在现实中,它还会起到(同时)证立不法的作用,例如,第186条规定的无法证明毁坏他人名誉之情况的真实性,或者第323条a规定的醉酒行为或者状态。[29] 因此,甚至出现了一些质疑客观处罚条件到底应不应该存在的观点。[30] 无论如何,仅当为罪责之归属提供依据的那部分不法已经足够严重,足以证立行为的应罚性的时候,客观处罚条件才是正当的;换言之,行为的应罚性绝不允许由客观处罚条件来决定性地创设。

三、人身性的刑罚阻却事由、刑罚取消事由*和刑罚限制事由

1. 人身性的刑罚阻却事由和刑罚取消事由

刑法中还有这样一些情状,如果出现了它们,就可以阻止人们对违法且有罪责的举止进行进一步的刑事追究,这些情状被人们称为人身性的刑罚阻却事由或者刑罚取消事由,它们主要是建立在刑事政策的衡量基础之上的。如果在某个行为

14

---

[23] 参见第283条d。

[24] 参见第323条a第1款。

[25] 参见《联邦法院刑事判例集》,第11卷,第273页,尤其是第274页;金德霍伊泽尔:《刑法分论》,第1卷,第23节,边码17及以下几个边码,有进一步的文献,以及反对的观点。

[26] 参见《联邦法院刑事判例集》,第14卷,第132页,尤其是第134页;第16卷,第130页,尤其是第132页;金德霍伊泽尔:《刑法分论》,第1卷,第11节,边码15及以下几个边码,有进一步的文献,以及反对的观点。

[27] 参见《联邦法院刑事判例集》,第28卷,第231页,尤其是第234页;金德霍伊泽尔:《刑法分论》,第2卷,第38节,边码26及以下几个边码。

[28] 参见《联邦法院刑事判例集》,第16卷,第124页,尤其是第127页;第20卷,第284页,尤其是第285页;金德霍伊泽尔:《刑法分论》,第1卷,第71节,边码20及以下几个边码,有进一步的文献,以及反对的观点。

[29] 详见盖斯勒(Geisler),《戈尔特达默刑法档案》,2000年,第166页及以下几页;雅科布斯,第10节,边码2及以下几个边码;耶赛克·魏根特,第53节Ⅰ、2;克劳泽(Krause),《法学》,1980年,第449页,均有进一步的文献。

[30] 鲍曼:《客观处罚条件相关问题研究》(Zur Frage der objektiven Bedingungen der Strafbarkeit),1957年版,第52页及以下几页。

* 相当于我国刑法中的"免除处罚"。——译者注

中出现了刑罚阻却事由，那么，该行为从一开始就不是可罚的。[31] 不同地，若出现了刑罚取消事由，则是根据相应的情状，从事后的角度（*ex post*）取消了之前已被证立的可罚性。这些事由都是人身性的，因为如果在有多人参加的场合，这些事由只能适用在那些满足了特定的人身前提条件的人身上。[32]

15　　**（1）人身性刑罚阻却事由**：

① 议员豁免（《基本法》第 46 条；《刑法典》第 36 条）；

② 年龄特权（如第 173 条第 3 款）；

③ 参与被包庇之罪，并不因包庇罪而受罚（第 257 条第 3 款），以及阻挠自己所受的刑罚不因阻挠刑罚罪而受罚（第 258 条第 5 款）；

④ 家属特权（如第 258 条第 6 款）；

⑤ 享有治外法权的人不受追究（《法院组织法》第 18、19 条）。

16　　**（2）人身性刑罚取消事由**：

① 中止（第 24、31 条）；

② 帮助查明严重的犯罪或阻止严重的犯罪（第 46 条 b）；

③ 实施悔改的特定情况（如第 98 条第 2 款第 2 句、第 306 条 e 第 2 款、第 314 条 a 第 3 款、第 320 条第 3 款、第 330 条 b 第 1 款第 2 句）；

④ 刑罚的免除（第 56 条 g）；

⑤ 特赦和大赦。

2. 人身性的刑罚限制事由

17　　如果法律规定没有强制性地阻却刑罚，而是让法庭在其职权义务范围内进行衡量，是否其需要按照特定的前提条件免除刑罚或减轻刑罚，那么，这种便是人身性的刑罚限制事由。这类事由具体还有[33]：

① 行为人和被害人和解（第 46 条 a）；

② 实施悔改的特定情况（如第 83 条 a、第 87 条第 3 款、第 98 条第 2 款第 1 句、第 142 条第 4 款、第 158 条、第 163 条第 2 款、第 306 条 e 第 1 款、第 314 条 a 第 1 和 2 款、第 320 条第 1 和 2 款、第 330 条 b 第 1 款第 1 句）；

③ 罪责轻微的特定情况（第 86 条第 4 款、第 218 条 a 第 4 款第 2 句）；

④ 紧急状况下的陈述（第 157 条）。

此外，如果在行为人只需要处 1 年以下自由刑，而且行为人的行为给行为人本身造成了严重的后果，以至于科处刑罚变得明显不当的时候，法庭可以免除刑罚

---

[31] 韦塞尔斯·博伊尔克，边码 494；奥托，第 20 节，边码 1；斯特拉腾韦特·库伦，第 7 节，边码 30。

[32] 参见第 28 条第 2 款。

[33] 进一步参见第 139 条第 1 款。

(第 60 条)。㉞

四、程序性条件(特别是刑事告诉)

1. 程序性条件

人们将启动刑事程序的法定条件称为程序性条件。㉟ 在每个程序阶段,这些程序性条件都要有职权部门进行审查。如果条件不符合,那么按照《刑事诉讼法》第 170 条第 2 款第 1 句,程序即行停止。

在刑法的专业鉴定中需要考虑的程序性条件有:

① 告诉犯中的刑事告诉(如第 123 条第 2 款、第 194 条、第 230 条、第 247 条、第 248 条 a、第 303 条 c);

② 时效未过(第 78 条及以下几条);

③ 起诉权未用尽("一事不再理");

④ 无豁免权(《基本法》第 46 条第 2 款、第 4 款)。㊱

2. 告诉犯

在告诉犯中主要是指,只有在提出告诉之后,才有可能启动刑事追究程序(所谓的绝对告诉犯)。㊲ 这在案例研讨时是尤其重要的。同时,还有一些犯罪,虽然可能没有规定需要告诉,但是在某些特定案件中,尤其是在某些人身性很强的案件中,只有进行刑事告诉了,才可以进行追究(所谓的相对告诉犯)。㊳ 最后,还存在一类告诉犯,即如果国家检察机关认为案件中涉及重大公共利益,则可以取代当事人实施刑事告诉。㊴

倘若法规中没有其他规定㊵,**有权**提出刑事告诉的,是**被害人**(第 77 条第 1 款)。行为人实现了构成要件,而承载该种构成要件所保护的法益的人,就是被害人。㊶ 如果告诉权人没有行为能力或者只是具备限制行为能力,那么,其法定代理人或者有权照顾告诉权人之人,可以提出告诉(第 77 条第 3 款)。如果被害人已经

㉞ 参见《联邦法院刑事判例集》,第 27 卷,第 298 页及以下几页;联邦法院,《刑法新杂志》,1997 年,第 121 页及下一页;卡尔斯鲁厄州高等法院(OLG Karlsruhe),《法学家报》,1974 年,第 772 页以下。
㉟ 详见金德霍伊泽尔:《刑事诉讼法》,第 14 节,边码 1 及以下几个边码,有进一步的文献。
㊱ 详见布罗克尔(*Brocker*),《戈尔特达默刑法档案》,2002 年,第 44 页及以下几页。
㊲ 例如,第 205 条第 1 款。
㊳ 例如,第 247 条、第 259 条第 2 款。
㊴ 例如,第 303 条 c。
㊵ 例如,第 194 条第 3 款、第 230 条第 2 款、第 355 条第 3 款。
㊶ 《联邦法院刑事判例集》,第 31 卷,第 207 页,尤其是第 210 页。

死亡,**仅在法律有规定的情况下**[42],告诉权转移给特定的家属(第 77 条第 2 款)。

刑事告诉必须在 3 个月的**期间**内提出(第 77 条 b 第 1 款)。这个期间从告诉权人知道行为发生和行为人是谁时开始计算(第 77 条 b 第 2 款);在有数个告诉权人的情况下,各个告诉权人的期间分别计算,若针对数个行为人提出告诉,则针对不同的行为人的告诉期间也分别计算(第 77 条 b 第 3 款)。刑事告诉必须以书面形式向法院或检察机关提出,或者由其他部门整理出书面笔录(《刑事诉讼法》第 158 条第 2 款)。

五、专业鉴定

20 在专业鉴定中,总是需要明确地对**积极地证立**可罚性的所有犯罪要素加以审查。如果犯罪要素并不完整,那么,就要停止撰写该专业鉴定了。不过,可以在其他前提条件下重新起草专业鉴定。例如,在没有既遂的情况下,可以撰写未遂的专业鉴定,在没有故意的情况下,可以研究过失。**客观处罚条件**既可以作为"构成要件的附件"(Tatbestandsannex),放在犯罪的(客观和主观)构成要件后面接着讨论,不过这时,需要提示对其不需要进行主观归属[43],也可以放到罪责的后面[44]加以审查。在这两个方案中,较好的是第一个方案,因为这样也许就免去了对于违法性和罪责的没用的一些讨论。

消除可罚性的那些要素,像正当化、免除罪责等,一般情况是不需要进行阐述的,除非在案件事实情况中包含了相应的根据,则另当别论。如果存在这类要素,那么就需要停止专业鉴定的撰写了,如果不存在这类要素,那么就只需要简略地认定这些要素的不存在,就可以继续后面的审查了。

至于**其他的可罚性条件**,则只需在案件事实情况中有相应根据的时候讨论,否则,可以径直不提。

21 > **复习与深化**

1. 某个行为的不法的确定要经过哪些步骤?(边码 4 及以下几个边码)
2. 在专业鉴定中,要如何确定罪责?(边码 7)
3. 应该如何理解客观处罚条件?(边码 13)
4. 什么是人身性的刑罚阻却事由和刑罚取消事由?(边码 14 及以下几个边码)

---

[42] 例如,第 165 条第 1 款第 2 句、第 194 条第 1 款第 5 句和第 2 款、第 205 条第 2 款、第 230 条第 1 款第 2 句。

[43] 这样做的,有韦塞尔斯、博伊尔克,边码 148、872。

[44] 这样的情况如阿茨特(*Arzt*),《刑法考试》(Strafrechtsklausur),第 7 版,2006 年版,第 195 页。

第 7 节　为他人之行为

> **案例 1**
>
> A 是某家音乐场所"D 有限责任公司"的个体经营者。由于经营不善,该公司失去了清偿能力,但还留下了一些很有价值的小提琴,于是,A 将其最后一把小提琴送给了与他交情甚好的首席小提琴手 K,以避免在破产程序中债权人得到这把小提琴。

德国的违反秩序法规定,对于法人和团体也可以科处罚款(《违反秩序法》第 30 条)①,与此对应,德国刑法中就规定了**仅有自然人**才可以处以犯罪的刑罚②,这点和几个欧洲国家都是不一样的。③ 但是,在特别犯的场合,某个行为具备可罚性,需以承担或侵害了某个义务为前提;而这个义务,却完全有可能是个需由法人来履行义务。这样,与案例 1 相关的破产(第 283 条)就是一个只有"债务人"才可以实施的特别犯。④ 由于这里的法人 D 有限责任公司本身就是个债务人,因此,按照第 283 条第 1 款第 1 项,它也有义务在失去支付能力的时候不转移其财产的组成部分。可是,D 有限责任公司本身不是适格的行为人,因此,它是不可罚的。 **1**

于是,在这里就产生了可罚性漏洞:一方面,法人虽然是刑法上规范的接收者,但却是不可罚的;另一方面,做了具体行为的自然人却因为没有特别义务,而无法成为行为人。为了填补这种漏洞,就有了第 14 条。该条规定使得**刑事责任**从法人**转移**(Überwälzung)到自然人身上,这种自然人便是法人的成员或法定代理人、经营 **2**

---

① 在欧洲的卡特尔法中,罚款有时只可以处罚企业[《欧盟运行方式条约》(AEGV)第 101 条、《法令》(VO)第 23 条,1/2003,所谓的卡特尔法令],有时也可以用于处罚企业和自然人[《兼并监管法令》(FusionskontrollVO)第 14 条]。

② 关于引入"团体可罚性"(Verbandsstrafbarkeit)的讨论,参见伯泽,载《雅科布斯祝贺文集》,第 15 页及以下几页;丹内克尔,《戈尔特达默刑法档案》,2001 年,第 101 页及以下几页;克尔克(Kelker),载《克赖祝贺文集》,2010 年版,第 221 页及以下几页;莱波尔特(Leipold),载《高韦勒尔祝贺文集》(Gauweiler-FS),第 375 页及以下几页;福尔克(Volk),《法学家报》,1993 年,第 429 页及以下几页;进一步参见阿尔瓦拉多(Alvarado),《蒂德曼祝贺文集》,第 413 页及以下几页;博伊克尔曼,《新法学周刊—特刊》(NJW-Spezial),2008 年,第 216 页及下一页;许内曼,载《蒂德曼祝贺文集》,第 429 页及以下几页;特吕格(Trüg),《刑事辩护人论坛》,2011 年,第 471 页及以下几页;冯·弗赖尔(von Freier),《戈尔特达默刑法档案》,2009 年,第 198 页及以下几页,以及深入的论述,见金德勒尔(Kindler):《企业作为有责任的行为人》(Das Unternehmen als haftender Täter),2008 年版;基希—海姆(Kirch-Heim):《针对企业的制裁》(Sanktionen gegen Unternehmen),2007 年版。

③ 例如,在英国、荷兰和法国[2004 年刑法典(code pénal)第 121—2 条]等国家中,都对企业规定了刑事责任。

④ 参见金德霍伊泽尔:《刑法分论》,第 2 卷,第 38 节,边码 4;米奇,《刑法分论》,第 2 卷,第 2 分册,2001 年版,第 5 节,边码 141;韦伯,《刑事辩护人杂志》,1988 年,第 16 页。

代理人。⑤ 具体到案例1中，A若转移公司运营的财产部分，那么他作为D有限责任公司的经营者就要遭受处罚（第283条第1款第1项、第14条第1款第1项）。但第14条并不仅仅规定了法人的成员责任和代理责任，而且还延伸到了各种一般的构成要件上：只要这种构成要件赋予了特定人员以特别义务，那么其代理人也适用该构成要件。⑥ 不过，假若规范接收者并不是法人，而是个自然人，则他的责任并不会被取消；更确切地说，只要也符合其他可罚性前提条件，那么，不仅代理人，而且被代理的自然人都可能被处罚。⑦

3　　适用第14条的一贯前提是：对于代理人本人而言，相关的构成要件中未规定适用于他的特别犯，这样，这些构成要件就**无法直接地适用到代理人身上**。具体来说，当特定的人身性特征、关系或情况（所谓的人身性要素）⑧构成了可罚性的基础，而代理人又不具备这些人身性要素，那么构成要件就无法直接地适用于他了。⑨ 这些人身性要素必须是可以转移的，因此，那些具有高度人身性的特征，诸如年龄、性别，就要剔除出去。像特定的社会角色，就是可以转移的关系和情况，具体比如有：债务人（第283条及以下几条、第288条）、质权人（第290条）、建筑指挥人员（第319条）、雇主（第266条a）。此外，不管是作为犯还是（不纯正的）不作为犯⑩，第14条都同样适用。

4　　复习与深化

1. 第14条有什么功能？（边码2）

---

⑤　关于具体的代理可能性及其前提条件，详见金德霍伊泽尔：《刑法典理论与实务评注》，第14条，边码18及以下几个边码。

⑥　《违反秩序法》第9条为违反秩序法规定了一个相应的规则。

⑦　参见第14条第1款和第2款中的"仍"（也）。进一步参见柏林高等法院（KG），《法学综览》，1972年，第121页及格勒尔（Göhler）的评释；《诺莫斯刑法典评注——马克森、伯泽》（NK-Marxen/Böse），第14条，边码2、51。

⑧　第14条中的人身性要素的概念在第28条第1款有另外一种含义。这种含义也是由这些要素的功能决定的：在第28条第1款中，这些要素使得局外人获得了减轻处罚的待遇，而在第14条中，却给当事人带来了负担。详见加拉斯，《整体刑法学杂志》，第80卷，1968年，第1页，尤其是第21页以下；赫茨贝格，《整体刑法学杂志》，第88卷，1976年，第68页，尤其是第110页及以下几页；《诺莫斯刑法典评注——马克森、伯泽》，第14条，边码12。

⑨　关于这一标准，详见《诺莫斯刑法典评注——马克森、伯泽》，第14条，边码9及以下几个边码；《莱比锡刑法典评注——许内曼》，第14条，边码20及以下几个边码。

⑩　详见《诺莫斯刑法典评注——马克森、伯泽》，第14条，边码15；《莱比锡刑法典评注——许内曼》，第14条，边码25。

第三编

故意的作为犯

第三章 构成要件论的原理

第8节 犯罪的构成要件之概念和形式

一、概念和区分

1. 机能和历史来源

犯罪的构成要件(简称:构成要件)是人们用以甄别可罚举止的("类型化的") **1**
要素之总和,同时,在犯罪构造的范围内,只有具备了这些要素,才可以证立行为的
不法。① 因此,构成要件阶层乃是**犯罪构造的最底部的阶层**。② 当人们问,某个举
止是否具备"构成要件符合性"时,需要审查的便是:这个举止是否满足了刑罚法
规中针对某个特定的犯罪所规定的(积极的)要素。例如,行为人开车紧跟着前面
的车行驶,他是否会因为强制而受处罚呢?那么,需要先看看,他的举止到底是否
符合第240条第1款所提到的那些要素。在实际的事实发生中,比如,A射杀B,还
有个**案件事实情况**(Sachverhalt)的概念,这个概念和构成要件的概念有所不同,案
件事实情况是指法律上进行评判的具体对象,换言之,案件事实情况是要被涵摄到
构成要件下面的。

构成要件理论乃是人们对于所谓的"罪体"(corpus delicti)理论的进一步发展。 **2**
这种"罪体"乃是犯罪的外部表征,正是有了这种犯罪外部表征,人们才有权采取
追究措施。费尔巴哈是这样定义该概念的:"某种形式的违法行为的法定概念中所
包含的特定行为或事实之要素的总和,就叫作犯罪的构成要件(**罪体**)。"③将构成
要件设计为犯罪构造的基石,则主要是贝林的贡献。④ 在贝林那里,构成要件还只
是一个中性的举止描述,若要对之加以评价,则需要在其后的犯罪阶段中进行。与
此不同的是,今天人们则是将构成要件理解成为禁止素材,这种禁止素材也就是:

---

① 对于构成要件论的全面阐述,见《诺莫斯刑法典评注—佩夫根》,第32条前言,边码7及以下几
个边码;概括性的阐述,见《莱比锡刑法典评注—瓦尔特》,第13条前言,边码41。
② 基于这种机能,人们将犯罪的构成要件也成为"体系性构成要件",参见罗克辛,第1卷,第10
节,边码4及以下几个边码。
③ 《刑罚法教科书》,第14版,1847年版,第81节;同时,在该书中该处注解1到注解3里,还有米
特迈尔(Mittermaier)针对"罪体"(corpus delicti)理论的历史来源的阐释。
④ 贝林:《犯罪论》(Die Lehre vom Verbrechen),1906年版;贝林:《构成要件理论》(Die Lehre vom
Taibestand),1930年版;对该理论及其进一步的发展,可以参考雅科布斯,第6节,边码49及下一边码;
耶赛克、魏根特,第25节I。

已经发生了可以被一般地评价为不法的事实。这里所说的"一般地",是指在不考虑特定的正当化情状的情况下。

2. 对整体行为的评价性要素(Gesamttatbewertende Merkmale)

3　　除了规定符合构成要件的举止,有的刑罚法规为了确定相应举止的不法,还作出了特别的规定。例如,第240条第2款⑤规定,一般地(亦即,在没有特定的正当化情状的情况下),若行为人为了实现其所追求的目标而对他人实施暴力或恶行的威胁,被视为是可受责难的,他所实施的强制才是违法的。在这个规定中,可责难性本身并不是构成要件的要素,这个可责难性是一种提示,即若要将某个行为评价为违法,则在整体上,该行为还要是可责难的。因此,人们将之称为"对整体行为的评价性要素"。⑥ 不过,将相应举止评价为可责难并进而认定具有违法性,是需要具备评价之基础的;充当这种基础的那些事实性情状,则属于构成要件。因此,这些证立行为的可责难性的事实性情状,就成了故意的认识对象;至于行为人是否自己也认为他本人的行为是可责难的,对于故意而言,则并不重要。⑦

3. 构成要件和违法性

4　　按照通行的说法,某一举止的构成要件符合性乃是其违法性的"征表"。⑧ 然而,这个论点存在两个方面的不足:第一,某一举止实现了某犯罪的构成要件的全部要素,并不只是违法性的"征表"。因为犯罪的构成要件便是(积极)证立犯罪之不法的前提条件的全部,这样,更确切地说,符合构成要件的举止就是违法性评判的对象本身。在具体案件中,仅当这个具有一般性的不法评价没有遇到特定的容许规范(如第32条的紧急防卫),才可以消极地确立最终的违法性评价。第二,某一举止虽然实现了犯罪的构成要件的前提条件,但是,不管在逻辑上,还是在经验上,它都并不能代表(征表)具体案件中缺乏正当化事由。尽管这个论点曾经通行一时,但是,在专业鉴定中,人们不应该再采用它。特别要提到的是,在具体地遵循各个审查步骤上,这个论点也是完全多余的。⑨

---

⑤ 还可参见第253条第2款。

⑥ 这是主流学说,代表性地参见耶赛克、魏根特,第25节II;《(舍恩克、施罗德)刑法典评注——伦克纳、艾泽勒》(S/S-Lenckner/Eisele),第13条前言,边码66及下一边码;罗克辛,第1卷,第10节,边码45及以下几个边码;亦参见《诺莫斯刑法典评注——普珀》,第13条前言,边码27及以下几个边码;不一致的有,所谓开放的构成要件理论,见韦尔策尔,第14节中有进一步的文献。

⑦ 参见金德霍伊泽尔,《刑法分论》,第1卷,第13节,边码46,有进一步的文献;尽管行为人对事实情况具备正确的认识,但若他认为他的举止并不是可以受责难的,那么,他就处于第17条规定的禁止错误的状态下。

⑧ 代表性地参见韦塞尔斯、博伊尔克,边码115页及以下几个边码;屈尔,第6节,边码2。

⑨ 亦参见弗洛因德,第3节,边码2;奥托,第5节,边码26及以下几个边码;《诺莫斯刑法典评注——普珀》,第13条前言,边码9。

4. 概念的进一步应用

人们不仅用构成要件这一概念来指称某一受禁止之举止的前提条件,而且将之用以说明其他事实性的前提条件。这种事实性的前提条件可以是某一举止受容许的前提条件,也可以是该举止被免除罪责的前提条件。对此,人们分别将之称为"**正当化构成要件**"或"**容许构成要件**"(如第32条规定的紧急防卫的前提条件),或者"**免除罪责构成要件**"(如第35条规定的免除罪责的紧急避险的前提条件)。在一定程度上,人们也将正当化的各种构成要件的前提条件理解是成某一犯罪的构成要件的消极要素;这样,违法性的积极条件和消极条件就一起构成了"**整体的不法构成要件**"。⑩

二、构成要件的派生

1. 基本的构成要件及其加重和减轻

《刑法典》在分则中首先规定的是表述特定犯罪类型之基本形式的这类构成要件。这便是所谓**基本的构成要件**。这种构成要件规定了具体犯罪的典型特征的各个要素。⑪ 这样的例子有:故意杀人(第212条)、身体侵害(第223条)、强制(第240条)或盗窃(第242条)。除了这些基本的构成要件之外,还经常存在一些其他的构成要件。这些构成要件规定了,在满足基本构成要件的要求后,若还进一步满足了证立行为之不法的其他要素,则可以处以更重或者更轻的刑罚。需处以更重刑罚的,则是基本构成要件的加重(如第224条);刑罚幅度更轻的,则是基本构成要件的减轻(如第216条)。⑫

由于**各种加重和减轻**(在不同阶层的意义上)增高或者降低了基本的构成要件的不法,所以它们只是基本的构成要件的派生。然而,这种派生情况却是**起决定作用的法律规则**,如果满足相应的前提条件的话,刑罚必须按照这些事先设定的刑罚幅度来科处。同时,由于法规竞合的原因,在基本的构成要件与加重、减轻的各种构成要件相冲突时,后者优于前者;因此,人们也只可以按照特殊构成要件(Spezialtatbestand)来处罚行为人,毕竟,特殊构成要件中包含基本的构成要件的所有不法要素。⑬

---

⑩ 详见本书第6节,边码8、10;第29节,边码20及下一边码;进一步参见奥托,第5节,边码24;《诺莫斯刑法典评注——普珀》,第13条前言,边码12,有进一步的文献。
⑪ 亦参见韦塞尔斯、博伊尔克,边码108;格罗普,第3节,边码45a;卡格尔,《法学家报》,2003年,第1141页,尤其是第1144页。
⑫ 亦参见鲍曼、韦伯、米奇,第8节,边码60;格罗普,第3节,边码45a。
⑬ 进一步参见第46节"竞合",边码5及以下几个边码。

2. 范例（Regelbeispiele）

8   除了各种加重规则之外，《刑法典》还规定了**刑罚严厉事由**（Strafschärfungsgründe），但是，它并非必定适用，而是仅**在规定的情况下才适用**；它们是各种特别严重情形的（具体）"范例"。不同于加重规则的是，在法官适用这类范例时，法官在两种情况下是享有某种自主权的：一方面，尽管当事人实现了范例中的要素，但是，经过法官对所有情况的综合评价后，法官仍然可以认为行为的不法并不严重。另一方面，虽然当事人没有满足某个范例中的任何要素，但是，法官在综合考虑所有情况后，有权在严重的案件中，对行为作出较之于范例（之规定）更为严重的不法评价。⑭ 在《刑法典》中，人们可以比较容易就认出某些规定是范例，因为它们在表述的时候都含有"一般地"这样的字眼（这样，就可以将它们与纯正的加重相区分开来了）。比如，第243条第1款、第263条第3款和第283条a的规定。

9   按照主流观点，范例只是一种（纯粹的）量刑规则，人们之所以这样解释，是为了避免与《基本法》第103条第2款的明确性原则产生冲突。⑮ 可是，由于"纯正"的加重构成要件将和不法、罪责相关的情况规定为特定刑罚框架的前提条件，因此，这种构成要件也是量刑规则。这两种形式的规定*都使得刑罚变得更为严厉，但是它们之间是存在区别的。确切地说，二者的区别在于：范例是一种开放的量刑规则，而加重（构成要件）则是一种强制性的量刑规则。因而，我们不称范例为"构成要件"的理由在于：刑法总则的规则是要不受限制地适用于构成要件的。⑯ 然而，在联邦法院看来，具有价值开放性的范例和独立的加重构成要件之间没有本质性的区别，而仅仅是立法技术上的不同形式而已。⑰ 尽管如此，主流学说的观点还是不认为范例具有构成要件的性质，而且在大多数情况下，对于范例，也是类推适

---

⑭ 详见金德霍伊泽尔：《刑法分论》，第2卷，第3节，边码1及以下几个边码，有进一步的文献。
⑮ 《联邦法院刑事判例集》，第26卷，第104页，尤其是第105页；第33卷，第370页，尤其是第373页；阿茨特，《法学教学》，1972年，第385页及以下几页、第515页及以下几页；德林（Dölling），《法学教学》，1986年，第688页，尤其是第689页；施特尔贝格—利本（Sternberg-Lieben），《法学》，1986年，第183页；韦塞尔斯，载《毛拉赫祝贺文集》（Maurach-FS），第295页，尤其是第298页以下；毛拉赫·齐普夫，第20节，边码51。
* 即加重构成要件和刑罚严厉事由。——译者注
⑯ 卡利斯（Calliess），《新法学周刊》，1998年，第929页，尤其是第934页；艾泽勒，《戈尔特达默刑法档案》，2006年，第309页及以下几页；雅科布斯，第6节，边码99；金德霍伊泽尔，载《特里夫特尔祝贺文集》（Triffterer-FS），第123页，尤其是第124页及以下几页。
⑰ 《联邦法院刑事判例集》，第26卷，第167页，尤其是第173页以下；亦参见巴伐利亚州高等法院（BayObLG），《州高等法院刑事判例集》（OLGSt），第243条，第3号，第2号；屈佩尔，《法学家报》，1986年，第518页，尤其是第526页；迈瓦尔德（Maiwald），载《加拉斯祝贺文集》（Gallas-FS），第137页，尤其是第148页以下。

用刑法总则的规则。⑱

3. 独立犯（Delikt eigener Art, Delictum sui generis）

所谓**独立犯**是指，通过将别的要素加入到某种犯罪中或者将两种犯罪结合成一种犯罪的方式，从而（独立）构造出一种新的犯罪。这种新的犯罪在不法的类型化（Vertypung）上是独立的，而并不仅仅是原始构成要件（Ausgangstatbestand）（减轻或加重）的一种派生。⑲ 人们试图通过这种独立化，使得这种新的犯罪和原始构成要件的整个规则复合体实现脱钩。抢劫（第249条）就是该种意义上的独立化的犯罪，因为抢劫是由强制（第240条）和盗窃（第242条）组合而成的。由于抢劫是一种独立犯，那么，适用于各种盗窃之构成要件的第247条规定就不能适用到抢劫罪身上；因此，如果对家属实施抢劫，就不是告诉乃论的事情。第28条第2款也不适用于具有原始构成要件和独立犯的关系的犯罪。某个构成要件仅仅是对原始构成要件的加重还是对原始构成要件的独立化，是需要通过解释相关的构成要件才能够确定的⑳；在这种归类上，并没有什么正式的规则。

三、犯罪类型

人们可以按照各种特定的特征，将刑法分则的具体法条规定划分成为各种特定的犯罪类型*。㉑ 这样，对于每个构成要件而言，都有可能被归类到好几种类别之下。

1. 作为犯（Begehungsdelikte）

行为人通过作为（积极的举止）的方式可归属地实现了构成要件，那么，这种犯罪就是**作为犯**。㉒ 与之相对应的是**不作为犯**。行为人在可以阻止构成要件的实现的时候，可归属地采取了不作为的做法（第13条第1款），那么，该种犯罪就是不

---

⑱ 《联邦法院刑事判例集》，第23卷，第254页，尤其是第256页以下；第26卷，第104页，尤其是第105页；第33卷，第370页，尤其是第373页；迈瓦尔德，《刑法新杂志》，1984年，第433页及以下几页；施特尔贝格-利本，《法学》，1986年，第183页；韦塞尔斯，载《毛拉赫祝贺文集》，第295页，尤其是第298页以下；亦参见鲍曼、韦伯、米奇，第8节，边码91；罗克辛，第1卷，第10节，边码134。

⑲ 鲍曼、韦伯、米奇，第8节，边码79；韦塞尔斯、博伊尔克，边码111；格罗普，第3节，边码45c；罗克辛，第1卷，第10节，边码135。

⑳ 罗克辛，第1卷，第10节，边码135；毛拉赫、齐普夫，第20节，边码43；在这方面有争议的是，第211条相对于第212条而言，到底是一种加重还是一种独立犯？对此，详见金德霍伊泽尔：《刑法分论》，第1卷，第1节，边码2及以下几个边码；第2节，边码56及以下几个边码。

* 即我国刑法中说的犯罪形态。——译者注

㉑ 对于不同的犯罪类型，亦参见《莱比锡刑法典评注—瓦尔特》，第13条前言，边码58及以下几个边码。

㉒ 关于"作为"的概念，兰珀（Lampe），《戈尔特达默刑法档案》，2009年，第673页及以下几页。

作为犯。针对不作为犯,还可以进一步区分为纯正的不作为犯和不纯正的不作为犯:

13　　（1）**纯正不作为犯**是指,在这种犯罪中,犯罪的构成要件所表述的举止就(已经是)一种特定的不作为。㉓

14　　（2）**不纯正不作为犯**是指,在这种犯罪中,行为人虽然身负第13条第1款所规定的相应的特别义务("保证人义务"),但却没有阻止构成要件的实现。由于这种犯罪中被实现的构成要件所表述的是一种作为,因此,也就将这种不作为犯称为"不纯正"不作为犯。故而,在第13条第1款规定的前提条件下,基本上每一个作为犯都可以以不纯正不作为犯的方式来实现。

2. 一般犯(Allgemeindelikte)

15　　**一般犯**,是指每个人都可以实现的那种犯罪[等同于"人人犯"(Jedermanndelikt)];通常,人们是用"任何人"(wer)来表述其构成要件的主体的。㉔ 与此相对应的是**特别犯**(Sonderdelikte)。特别犯是指那些只有满足了特别的人身条件的人才能实现的犯罪,亦即,仅在满足了这些特别的人身条件之后,才是要避免构成要件之实现的。㉕ 针对这种情况,人们经常都会进一步对构成要件的主体进行描述,例如,第331条就规定了这种主体须是公务员。对于特别犯,人们还可以将之分为纯正特别犯和不纯正特别犯:

16　　（1）如果某种犯罪根本上只能由负有特别义务的人来实施,那么这种犯罪就是**纯正特别犯**。㉖ 在纯正特别犯中,特别义务起到的是**证立刑罚的作用**。㉗

17　　（2）倘若负有某种特别义务的人实现了某个一般犯,而这个一般犯为这种人规定了特殊的法律后果,那么,这种犯罪就是**不纯正特别犯**。㉘ 在大多数情况下,这种特殊的法律后果是提高刑罚幅度。在这种情况下,特别义务起到的是**使刑罚更为严厉的作用**。㉙

3. 结果犯和行为犯(Tätigkeitsdelikte)

18　　如果犯罪的构成要件中要求需要在外界中造成特定事态,亦即要求行为之结果(或者只是"效果"或"结果"),例如,第212条第1款的被害人死亡,那么,这样

㉓ 尤其是第123条第1款第2句、第138条、第323条c。
㉔ 例如,第212条、第223条、第323条c。
㉕ 对于特别犯的深入论述,见朗格尔:《特别犯》(Die Sonderstraftat),2007年版,第206页及以下几页。
㉖ 例如,第331条、第339条。
㉗ 亦参见第28条第1款。
㉘ 例如,第258条a、第340条第1款。
㉙ 亦参见第28条第2款。

的犯罪就是**结果犯**。㉚ 与之相对应,如果犯罪的构成要件只表述了一种行为进程,而没有提及什么"结果",那么,它便是(朴素的)行为犯。㉛

所谓的**结果加重犯**也是结果犯。在结果加重犯中,对于后续结果的造成,行为人至少是有过失的(第18条),由于造成了这种结果,使得行为的不法得到了提升。这方面的例子有:在第227条中,实施身体侵害之时造成了死亡的后果。㉜   19

4. 实害犯*和危险犯

若符合构成要件的结果侵害了规范所保护的法益㉝,那么这种犯罪便是**实害犯**。例如,第263条诈骗罪所保护的是财产,那么,该罪行为的结果就是造成了财产损害。与之相对应的是**危险犯**。对于受保护的法益而言,如果行为人损害这种法益的安全,就需要受到刑罚处罚,那么这种犯罪就是危险犯。在危险犯中,并不需要对受保护法益有实质性的损害,就算实现了构成要件。㉞ 人们可以将危险犯划分为具体危险犯和抽象危险犯: 20

(1) **具体危险犯**,是指这样一种犯罪:如果行为人对具有受保护法益之特征的行为客体造成了具体的危险,那么,这种具体的危险就是构成要件的结果。该种犯罪就是具体危险犯。如果发生了某种事态,而同时,在熟悉相应情况的人看来,**只有纯粹出于偶然的原因**,相应的实害才不会发生,那么这时,我们就可以认为,相应的行为客体遭遇了具体的危险。例如,由于喝了酒的原因,司机引发了一起交通事故,在该事故中,除非出现偶然的情况,行人才有可能避免受到伤害。在该种情况下,行人身处于肢体乃至生命受侵害的危险之中,这种危险便是第315条c第1款第1项中所规定的结果。一般而言,我们很容易辨认出具体危险犯,因为在犯罪的构成要件中会明确提到"危险""危及"这些要素。㉟ 因此,造成危险也就是客观的构成要件要素,这种客观构成要件要素也便是故意或过失所需要认识的东西。   21

(2) **抽象危险犯**既可以是行为犯㊱,也可以是不需要以法益侵害作为结果的犯罪。㊲ 什么是抽象危险?如果行为人侵害了对法益的(无忧虑地)自由支配所必要   22

㉚ 韦塞尔斯、博伊尔克,边码23;克赖、埃塞尔,边码218及以下几个边码。
㉛ 例如,第153条以下、第316条;关于结果犯和行为犯,进一步参见伦瑙(*Rönnau*),《法学教学》,2010年,第961页及以下几页。
㉜ 详见屈尔,载《联邦法院祝贺文集》,第4卷,第237页及以下几页;概括地,见库德利希,《法学工作》,2009年,第246页及以下几页。
* 实害犯(Verletzungsdelikte),又译为侵害犯。——译者注
㉝ 参见本书第2节,边码7。
㉞ 深入的论述,见金德霍伊尔,载《克赖祝贺文集》,第249页及以下几页。
㉟ 例如,可参见第315条第1款、第319条、第330条第1款第2项。
㊱ 例如,第153条及以下几条、第173条、第177条。
㊲ 例如,第306条a第1款。

的安全条件,那么,这便是抽象危险。㊳ 安全本身并不是什么法益,它只是一种状态。在这种状态下,规范所保护的法益所要免于遭受的,仅仅是该法益的相应交往圈中一般的社会相当的危险,而并非什么特定的危险。㊴ 例如,为了保障安全参与道路交通活动,人们就必须在客观上确信,参与道路交通的其他人都是适宜驾驶的,因饮酒而不宜驾驶者就必须受到控制。这种客观上的确信,就是安全参加道路交通的条件。而第316条所规定的抽象危险行为就破坏了这种安全。第316条并不要求已经出现了对其他交通参加者的具体危险,或者甚至已经侵害了其他交通参加者;而是只要行为人实施了行为,就科以刑罚。在抽象危险犯的情况下,人们必须只用构成要件来(明确)规定其要涵摄的相应案件事实情况;不存在任何可能需要考察并主观地进行归属的危险之构成要件要素*。㊵

5. 亲手犯**

23 亲手犯是指只可以由正犯亲自为之的犯罪。㊶ 因此,按照第316条的规定,只有处于酒后不宜驾驶状态的人自己对机动车进行驾驶,才是可罚的。在亲手犯的领域,虽然第三人可以作为教唆犯或帮助犯参与进来,但是他们不能够以间接正犯(第25条第1款第2句)的形式实现构成要件。由于这个原因,在某些情况下,人们就用特别规定的方式来规定这些间接地行为的情况。㊷

6. 持续犯***

24 持续犯是指:行为人引发了符合构成要件的结果,接着,这种情况在或长或短的时间范围内得以持续存在。持续犯已经实现构成要件的既遂了,但是,直至犯罪终了之后,才可以开始计算时效期间(第78条a)。例如,第239条的剥夺他人自由便是持续犯,一旦被害人被拘禁了,犯罪就既遂;而直到这种剥夺自由的状态终了

㊳ 抽象危险犯不仅在刑事政策上,而且在学理上,都存在多方面的争议,详见格劳尔(Graul):《抽象危险犯和刑法中的推定》(Abstrakte Gefährdungsdelikte und Präsumtionen im Strafrecht),1991年版;耶赛克、魏根特,第26节Ⅱ、2;金德霍伊泽尔:《作为犯罪的危险》,1989年版,第225页及以下几页;库伦,《戈尔特达默刑法档案》,1994年,第197页,尤其是第199页以下。

㊴ 亦参见金德霍伊泽尔,《戈尔特达默刑法档案》,1994年,第197页,尤其是第199页以下。

* 此处的"危险"指的是作为构成要件要素的危险,该构成要件要素就是"危险",而不是说这个构成要件是"危险的"。——译者注

㊵ 在《刑法分论》中我会继续讨论相关细节问题,参见金德霍伊泽尔:《刑法分论》,第1卷,第65节,边码14及下一边码,例如,第306条a。

** 亲手犯(eigenhändige Delikte),又译为亲犯、自手犯、己手犯等。——译者注

㊶ 详见萨茨格尔,《法学》,2011年,第103页及以下几页。

㊷ 例如,第160条,详见金德霍伊泽尔:《刑法分论》,第1卷,第48节,边码7及以下几个边码。

*** 持续犯(Dauerdelikte),又译为继续犯。——译者注

(结束),才可以计算时效。㊸

7. 状态犯

如果行为人在时间上或长或短地或者一定程度上持续性地侵害了法益,而这个过程就是符合构成要件的结果,那么,这种犯罪便是**状态犯**。例如,身体侵害(第223 条)和损坏财物(第303 条)。在该犯罪中,一旦发生了符合构成要件的结果,状态犯便同时既遂并且终了。

8. 企行犯(Unternehmensdelikte)

若某个犯罪的构成要件将它的力图和既遂同等相待,那么,这种犯罪就是**企行犯**(第 11 条第 1 款第 6 项)。㊹ 在这种犯罪中,只要出现了企图实行犯罪(亦即力图),犯罪就几乎已经完成(亦即既遂)了。这导致的一个结果是,免于处罚的力图中的中止(第 24 条)就不可能存在于企行犯中。人们可以将企行犯划分为纯正企行犯和不纯正企行犯:

(1) **纯正企行犯**是指,在犯罪的构成要件中**明确提及**了"企图实行"行为的犯罪。㊺

(2) 与之相对应,**不纯正企行犯**是指,法规中虽然没有"企图实行"这样的字眼,但是,按照犯罪的构成要件的表述,只要实行了犯罪行为,就可以认定已经既遂。第 292 条第 1 款第 1 项中所表述的"追捕"行为便是企图捕获,"追捕"就已经是既遂了。

9. 告诉犯

如果某种犯罪的刑事追究,在程序上必须以提出刑事告诉为前提,那么,这种犯罪是**告诉犯**,当然,只是在例外的情况下,才需要这种程序性条件。㊻ 至于何时需要刑事告诉这一前提条件,刑法分则均已明确地进行了规定。

四、重罪和轻罪

在刑法学理中,"Verbrechen"的意思和"Delikt""Straftat"是一样的,他们都是指某种可以科以刑罚的举止,这三个词是近义词。* 除此之外,在技术上,"Verbrechen"一词还有另外一种意思,即**技术意义上的"Verbrechen"**用以指代最严重

㊸ 亦参见《联邦法院刑事判例集》,第42 卷,第215 页,尤其是第216 页。
㊹ 对此,详见米奇,《法学》,2012 年,第 526 页及以下几页。
㊺ 例如第 81 条以下。
㊻ 亦参见本书第 6 节,边码 19;亦参见耶赛克·魏根特,第 85 节 I。
* 就像中文里,"犯罪""罪"和"罪行"是近义词一样。——译者注

的违法(罪)行这一范畴。对于这类"**重罪**",法律规定的最低自由刑是 1 年(第 12 条第 1 款)。与之对应,最高自由刑不超过 1 年或者处以罚金刑的违法(罪)行,则称之为"**轻罪**"(Vergehen)(第 12 条第 2 款)。

31　　在技术的意义上,重罪和轻罪的区分有着司法实务上的多方面重要意义,具体地,此处略举如下几例:① 未遂的可罚性(第 23 条);② 教唆的力图(第 30 条);③ 法院的管辖(《法院组织法》第 24 条、第 25 条、第 74 条);④ 起诉便宜原则(Opportunitätprinzip,《刑事诉讼法》第 153 条);⑤ 处刑命令程序(Strafbefehlsverfahren,《刑事诉讼法》第 407 条及以下几条)。

32
复习与深化

1. 如何理解(犯罪的)构成要件?什么是案件事实情况?(边码1)
2. 《刑法典》都规定了构成要件的哪些形式的派生?(边码6及以下几个边码)
3. 如何区分重罪和轻罪?(边码30)

第9节　犯罪的构成要件的内容

一、犯罪的客观构成要件和主观构成要件

1. 概念和机能

人们将对于一个可罚举止的要素的法律上的表述,称为犯罪的构成要件(或者简称为:构成要件)。犯罪的构成要件包含了**积极证立**举止之可罚的**不法**的所有要素。犯罪的构成要件必须对可罚举止进行尽可能精确的表述("类型化"),这样,它才能清晰易懂地向各个公民指明每个不法,以此才可以要求他们做出忠诚于法律的举止。就这点来说,犯罪的构成要件也就担负起了**呼吁功能**(Appellfunktion)。人们可以将犯罪的构成要件分为**客观构成要件**和**主观构成要件**①:

(1) 客观构成要件要素:客观的构成要件要素所表述的是行为的外部表象。根据具体犯罪的不同,各个犯罪的客观构成要件要素都包含或多或少的具体内容②,按照通行的审查顺序的先后,这些具体内容主要有:

① **行为人要素**(或正犯特征,Tätermerkmale):在一般法的情况下,是"任何人",否则,则指负有特别义务者,如"公务员"(第340条)、"债务人"(第283条)。

② **行为客体**(Tatobjekt):人们会对之进行详细的描述,如"他人的动产"(第242条)。

③ **犯罪行为**(Tathandlung):如"拿走"(第242条);人们也有可能通过引起犯罪结果的方式来定义它,如"杀死"(第212条)。

④ **行为情况**(Tatsituation):如"从教堂内"(第243条第1款第2句第4项)。

⑤ **行为方式**(Tatmodalitäten):如"携带武器"(第244条第1款第1项a)。

在一些犯罪中,"**违法的**"(还有"违背法律地""未经许可地"等)这样的字眼也是客观的构成要件要素,而在另一些犯罪中,这些字眼则仅仅是对于(作为犯罪的一般要素的)违法性的一种没有什么特殊意义的提示。倘若缺乏这种要素,就使得即便发生了构成要件性质的事实,也无法成立不法,那么,这就属于客观构成要件的前提条件(或要素);这方面的例子有第132条a规定的"对头衔的使用"。而第324条中的"未经许可"这一字眼,则是对于(作为犯罪的一般要素的)违法性的无意义的提示。理由在于:如果污染水域无法通过某个特殊的容许加以正当化的

---

① 关于"客观—主观"构成要件要素的思考,见施蒂宾格(Stübinger),载《普珀祝贺文集》,第263页及以下几页。

② 所谓的客观处罚条件不能算作是犯罪的客观构成要件。关于客观处罚条件,请参见本书第6节,边码13。

话,那么,它就已经是违法的了。

5　　(2) **主观构成要件要素**:犯罪的主观构成要件要素是指行为人的精神心灵领域和思想世界中的相应情状,这些情状表明了每个犯罪行为的主观方面的特征。分别按照相应犯罪的具体设计,主观构成要件包含如下内容:

6　　① 故意或主观的过失③;
② 特定的目的*(如占为己有的目的,第 242 条);
③ 特定的动机(如"贪财",第 211 条第 2 款);
④ 特定的倾向(如"职业的",第 243 条第 1 款第 2 句第 3 项);
⑤ 思想要素("草率"和"恶意",第 225 条第 1 款;"疏忽",第 315 条 c 第 1 款第 2 项)。④

2. 行为不法和结果不法

7　　犯罪的构成要件可以区分为客观构成要件和主观构成要件,不法也可以区分出行为不法和结果不法,但是,不法上的区分和构成要件上的区分并不是一样的。如果行为人(在客观和主观上)本来能够和必须做出一定的作为或不作为,从而避免犯罪的构成要件的实现,而他却没有这样做,那么,他的不作为或者作为的举止,便是行为不法。与之相对应,由相应举止所导致的符合构成要件的事实发生,则是结果不法。⑤ 例如,若 A 用手枪瞄准 B 射击,致 B 死亡,那么,该行为的行为不法就是指故意地进行射击,因为 A 本必须不这样干,才能够避免故意杀人构成要件(第 212 条)的实现。而由于射击,因果性地造成了 B 的死亡,这是该行为的结果不法。行为不法和结果不法的区分,只在一般的犯罪论上有意义⑥,而在专业鉴定的具体审查步骤中,并没有什么意义,因此,也就不进一步论述了。

二、构成要件要素的类型

8　　各种构成要件是利用不同类型的要素来表述行为的发生的。举例而言,在第 242 条的盗窃构成要件中,行为客体被表述成了"动"(产),这样,该构成要件也就部分地涉及到了自然意义上的特征。同时,人们进一步描述了行为客体的特征,即

---

③ 部分地,主观的过失也被(同时)认为是罪责要素;详见本书第 33 节,边码 44 及以下几个边码、边码 49 及以下几个边码。

* 目的(Absicht),又译为意图、蓄意。因此,目的犯也常常译作意图犯。在没有特别区分时,本书采用通常采用"蓄意""目的"的译法。——译者注

④ 对此深入的论述,见克尔克(*Kelker*):《刑法中思想要素的正当性研究》(Zur Legitimität von Gesinnungsmerkmalen im Strafrecht),2007 年版。

⑤ 关于结果不法的概念,详见吕德森,载《赫茨贝格祝贺文集》(Herzberg-FS),第 109 页及以下几页。

⑥ 比如,在界定犯罪类型(行为犯与结果犯)上有意义。

"他人的"(动产),这样,也就指出了物体上存在的财产状况,以及某种法律关系。之所以要描述事实发生中的这些不同特征,其主要的意义在于回答这个问题,即,若要认定行为人是(在第16条第1款第1句的意义上)故意地行为,他必须认识到构成要件中的哪些情况?由于(事实发生的)特征的不同,使得这一认识也需要满足不同的条件⑦,这样,人们就有必要进一步来确定构成要件要素的各种类型。

1. 描述的构成要件要素和规范的构成要件要素

在这里,最基本的区分便是所谓描述的构成要件要素和规范的构成要件要素的区分: **9**

(1) **描述的构成要件要素**是指人或物体的自然特征,是否存在这类特征是可以运用实证的方法或者测算的方法来确定的。⑧ 例如,"不满14岁的人"(第176条)、"听力"(第226条第1款第1项)或者"电的"(第248条c)。 **10**

(2) **规范的构成要件要素**是指需要由社会规范或者法律规范来确定的那些特征。⑨ 例如,"信誉"(第187条)、"照料"(第225条第1款第1项)或者"价值甚微的"(第248条a)。至于是否存在这种规范的构成要件要素,只有通过援用创制这些要素的规则(规范)才能够确定。 **11**

我们可以通过国际象棋来打比方,从而解释这一对要素类型的区分⑩。各个棋子(人物)的颜色和棋盘的格式对应的是描述性要素的特征。比如,棋子是黑的、棋盘是四方格式的,就代表着相应事物上人们可以直接把握到的特征;因此,人们可以采用观察、测量等方式来校验这些特征。相反,如果黑王被"将死",那么,情况就不一样了。"将死的"乃是一种规范性要素,因为它所指代的是对人物的特定安排,而这种安排只能是由相关的游戏规则来确定的。只有在象棋规则的意义上,才有所谓"将死的"要素这种特征。相似地,第242条中的"他人的"这一要素也是如此。将某个东西称为"他人的",也是必须以相关的法律规则为背景的。按照这种规则,某个人拥有对于该物的全面的支配权(所有权)⑪,而行为人对于该物却没有这种意义上的排他的所有权。 **12**

规范性要素是由规则创制的。用规范性要素来刻画人或事物的特定特征,在 **13**

---

⑦ 详见错误论,本书第27节,边码23及以下几个边码。
⑧ 参见韦塞尔斯、博伊尔克,边码131;罗克辛,第1卷,第10节,边码58,有进一步的文献。
⑨ 屈尔,第5节,边码92;罗克辛,第1卷,第10节,边码60。
⑩ 对于这里的区分和界定,还有细节上的争论,参见《联邦法院刑事判例集》,第31卷,第348页;多普斯拉夫(Dopslaff),《戈尔特达默刑法档案》,1987年,第1页及以下几页;哈斯(Haas),载《普珀祝贺文集》,第93页及以下几页;金德霍伊泽尔,《法学》,1984年,第465页及以下几页、第672页;罗克辛:《刑法总论》,第1卷,第10节,边码57及以下几个边码;《莱比锡刑法典评注——瓦尔特》,第13节,边码42。
⑪ 参见《民法典》第903条。

社会现实生活中,和自然特征一样,都属于行为事实。足球比赛中的射门或者在犯罪集团中获得收益,和修筑街道、伐树一样,都是实际的事实。它们之间的不同仅在于刻画这些事实的特征是不同的。为了搞清楚这些不同,人们将规范性特征所创制的行为事实称为**制度性的行为事实**(institutionelle Tatsachen),而将自然特征所创制的行为事实称为**自然的行为事实**(natürliche Tatsachen)。从刑法的角度说,刑法是要规范性地作用于社会现实的。刑法不仅必须规定制度的行为事实,也要规定自然的行为事实,而纯粹自然的行为事实则更多地是一种(少数的)例外。

2. 空白要素

14 《刑法典》一些犯罪的构成要件中存在所谓的空白要素。若该要素需要援引其他法律规则(法典、法令、行政处罚),并由这些规则来确定该要素的内容,那么,该要素便是空白要素。⑫ 在这种情况下,空白要素所涉及的法定规则的要素也属于构成要件的内容。例如,第 315 条 c 第 1 款第 2 项的构成要件就是其规定的举止方式和《道路交通条例》(StVO)的综合体,这一点可以从其规定"违反交通规则地"看出来。⑬ 这样的例子还有第 184 条 e,在该条中涉及了禁止卖淫的法令,还有第 292 条,其中有关于侵犯他人狩猎权的规定。

三、既遂、力图、终了

1. 定义

15 如果犯罪的构成要件中的客观和主观的所有构成要件要素都已经实现,那么,这个犯罪也就**既遂**。⑭ 与之不同,根据第 22 条的规定,按照行为人对行为的预期,只要他直接着手实现犯罪的客观构成要件,就是**力图**(Versuch),而不需要到达既遂的地步。没有达到既遂,要么是因为犯罪的构成要件未能满足,要么是该构成要件无法被客观地归属,要么是这个行为在客观上是正当化的。若该行为明确被规定为是一种犯罪或者明确被规定为是可罚的,那么,在故意犯的情况下,这种未遂是可罚的(第 23 条第 1 款)。过失是没有力图的;要处罚过失,必须既遂才可以。

---

⑫ 克赖、埃塞尔,边码 128;斯特拉腾韦特、库伦,第 3 节,边码 8 以及注释 9。

⑬ 亦参见《联邦法院刑事判例集》,第 6 卷,第 30 页,尤其是第 40 页;第 20 卷,第 177 页,尤其是第 181 页;第 42 卷,第 79 页;耶赛克、魏根特,第 12 节 III、2;《诺莫斯刑法典评注—普珀》,第 13 条前言,边码 26。

⑭ 而且(按照主流学说)并不存在任何客观的正当化情形;详见本书第 15 节,边码 1 及下一边码。

如果可罚的不法完成了，那么这个犯罪也就**终了**（Beendigung）了。⑮ 在某些犯罪场合，犯罪终了的时点也可能在既遂的时点之后。例如，A 把 B 的自行车骑走了，以图占为己有。骑行 200 米后，A 成功地借助绕弯的路线将追击的 B 摆脱。而在 A 骑走的时候，A 本人就取得了对自行车的操控，因而也就犯下了第 242 条规定的"拿走"既遂。但是，只有到他彻底控制这个自行车，且 B 再无机会直接将该自行车重新夺回的时候，这个盗窃才算终了。

2. 专业鉴定

关于（犯罪）终了的时点，在专业鉴定中常常并不加以深入探讨。但是，要特别注意两点例外：第一，如果该行为可能已经过了时效，而由于时效期间是随着犯罪终了才可以开始的（第 78 条 a），那么，这时候才需要探讨（犯罪）终了。这种情况多见于持续犯中。⑯ 第二，和主流学说相反的是，判例中的观点认为，在既遂和终了之间的这个时间段，是可能出现**对行为的参加**（Tatbeteiligung）的。⑰ 这样，在这种情况下，需要回答这个问题，以及确定（犯罪）终了的时点。⑱

16

17

18

> **复习与深化**
>
> 1. 人们可以怎样划分犯罪的构成要件？（边码 1 及以下几个边码）
> 2. 如何理解描述的构成要件要素和规范的构成要件要素？（边码 9 及以下几个边码）
> 3. 犯罪何时未遂？何时既遂？何时终了？（边码 15 及以下）

---

⑮ 《联邦法院刑事判例集》，第 3 卷，第 40 页，尤其是第 43 页以下；巴伐利亚州高等法院，《新法学周刊》，1980 年，第 412 页；鲍曼、韦伯、米奇，第 28 节，边码 4；详见屈尔，载《罗克辛祝贺文集》（Roxin-FS），第 665 页，尤其是第 672 页及以下几页。

⑯ 参见本书第 8 节，边码 24。

⑰ 仅请参见《联邦法院刑事判例集》，第 4 卷，第 132 页，尤其是第 133 页；联邦法院，《新法学周刊》，1985 年，第 814 页；对此，表示拒绝的观点，见鲁道菲，载《耶赛克祝贺文集》（Jescheck-FS），第 559 页，有进一步的文献。

⑱ 关于盗窃或抢劫既遂之后可能出现的对行为的参加的主要情况，参见金德霍伊泽尔：《刑法分论》，第 2 卷，第 2 节，边码 125；第 13 节，边码 32。

第四章 犯罪的客观构成要件

第10节 结果、行为和因果关系

一、因果关系在刑法上的机能

1. 机能的因果关系概念

1　　所有以侵害结果或具体危险的结果之发生的实现作为前提的诸个构成要件，都要求这个结果可以追溯其原因（因果地）到行为人的举止上面去。这样，这个原因上的联系便是**结果和行为之间的符合构成要件的连接**。在这种情况下，因果关系的要素要么是通过一个与结果有关的动词来体现的，比如，第212条第1款中导致死亡的"杀"，或者就像第222条中那样，直接在构成要件中予以明确提及。

我们这里所讨论的因果关系的概念，就像刑法上的任何一个概念一样，都需要从其刑法上的特定机能来确定其含义。刑法决不可以盲目地就采用哲学上、科学理论（Wissenschaftstheorie）或者自然科学中发展起来的一个因果关系的概念，而是必须按照刑法本身的目标来确定其因果关系概念。不过，这种机能的因果关系概念不得与今日的科学理论上的理解相抵触，而是必须和自然科学上的认识相协调。举例来说，在医学上无法解释吞食某种药物是否会导致死亡时，我们就无法在刑法中断言，某个人的死亡是由于吞服了这种特定药物而引起的。

2. 法益保护

2　　在刑法上如何来理解因果关系？在这个问题上，法益保护的思想具有决定性作用：凭借于对规范的遵守，当事人必须避免或阻止那种被评价为损坏法益的特定损害。按照这种目标设定，因果联系在一定程度上便是"行为方案"（Handlungsrezepte）。① 假若某人知道，在给定的情况下*，事件A可以引发事件B，那么，他若想引发B，就必须实现A；或者他若想避免B，也就必须避免A。对于因果联系的这种认识告诉我们：对于能够有目标地避免损害或阻止损害，换言之，为了遵守规范，怎

---

① 亦请参见道格拉斯·加斯金（Douglas Gasking）:《因果关系和方案》（Causation and Recipes），载《心灵》（Mind LXIV），第64卷，1955年，第479页及以下几页；详见于金德霍伊泽尔：《有意的行为》，1980年版，第74页及以下几页，有进一步的文献。

* 所谓"在给定的情况下"，就是在其他条件都不变的情况下。——译者注

样做是必要的。就这点而言,我们对刑法上的因果关系的理解是和"操纵技术"(manipulative Techniken)有关的。因果关系所关涉的,(仅仅是)对真实的事实发生流程的实际介入或可能介入的各种效用。依此观点,若损害发生了,那么,针对损害发生的情况所提出的第一个问题是:如果人们本来做了某个特定行为,或者本没有做某个已经做了的行为,那么,人们**是否本可以避免该损害或者阻止该损害**?人们对因果关系的审查所回答的就是这个问题。

3. 结果的概念

用刑法上的术语来说,人们将需要避免的损害称为结果。结果这一概念所意指的是对于规范所保护的法益(客体)的**负面改变**。这样,保护生命、健康这些法益就意味着:当人是活着的、健康的时候,不得负面地改变人的这些状态;换言之,不该把人弄死或者弄病。在确定这种结果的时候,法益是否已经处于一个负面状态之中,原则上是不需要考虑的。更确切地说,结果只是指:不得负面地改变也许一直就是那样的既有现状。② 这样一种改变也可以是很细微的,并不需要(一定)是有持续性的;即便是一个病人的健康也是可以受损的,这也就是说,如果某人对他已经很糟糕的健康进行了进一步的损坏的话。

3

基于举止规范的保护目的,**改变的时间点**(Zeitpunkt der Veränderung)也属于刑法上的结果。在遭受负面改变之前,人们应当尽可能地维持(法益)受保护的这种状态。因此,任何一个提前的负面改变都要被算为一种结果。举例来说:如果某个人仅仅凭借着某个绳索吊挂在悬崖上,而这个绳索因为难以承受这个人的重量正在缓慢地断裂,那么,别人不可以去剪断这个绳索,即便他不这样做,死亡结果也只是滞后几秒钟发生而已。因为即使只是几秒钟,受害人的生命也应受到绝对的保护。

4

将负面改变的结果界定在一个特定的时间点,亦即所谓**具体形态的结果**(Erfolg in seiner konkreten Gestalt),也同时意味着:损害事件的其他所有情况均不需加以考虑。这也就是说,我们不需要解释遭受负面改变的客体的状态。这点要特别地加以指出。举例来说:如果 A 把雕刻家 B 的雕像撞倒,那么,这个雕像是不是 B 以前所雕刻的,对于打碎雕像而言,并没有意义。* A 和 B 虽然对现在雕像破碎于地的事实都有贡献,但刑法上需加以说明的结果,只是在某个特定的时间点将雕像

---

② 关于将结果定位成是对构成要件上加以规定的负面改变,详见普珀,《整体刑法学杂志》,第 92 卷,1980 年,第 863 页,尤其是第 878 页及以下几页;进一步参见金德霍伊泽尔:《作为犯罪的危险》,1989 年版,第 88 页及以下几页;瓦尔德尔(Walder),《瑞士刑法学杂志》(SchwZStrR),第 93 卷,1977 年,第 123 页;沃而夫(Wolff):《作为和不作为的因果关系》(Kausalität von Tun und Unterlassen),1965 年版,第 21 页及以下几页。

* 换言之,在进行刑法上结果的认定时,不能说,为什么 B 你要制造这个雕像?你如果不制造这个雕像,那么我 A 就不会把你的雕像打碎了。同理,一个杀人犯不能反驳说:为什么受害者他母亲要把受害者生下来,如果受害者没有出生,我就不会杀害他了。——译者注

从一个完好的状态改变到另一个破碎的状态。就这种状态的改变而言，B 是否制造了这个雕像，根本没有意义。

4. 时间视角

5 对于因果关系的证明，有着不同的方法，根据这些不同方法，人们可以将视角放在采取或不采取行为的时候（所谓**事前观察法**），也可以将视角放在结果发生的时间点（所谓**事后观察法**）。**事前**的这种视角不可避免地会带来一定程度的较大的不安全性。因为可能会出现这样的状况：在（正要采取）相应行为时，从行为人的角度甚至从内行的观察者的角度，都无法辨认出这种状况。例如，某个不幸的人患有一种极罕见而同时又很难甄别出来的过敏。这时，当事医生按照医生的医事规则（lex artis）给他注射了一种特定的药物，结果触发了过敏而导致其死亡，那么，如果按照**事前观察法**，人们也许就要否定因果关系的存在了，也就是说，就会持论到：这种事实的发生流程是无法预见的，因而无法避免。或者相反：若医生根本就没有对这个患者进行处理，然后患者就死亡了，这个时候，人们可能就会说，正是因为医生的不作为，所以导致了患者的死亡，而且，从**事前观察法**来看，假若医生给这位患者治疗一下，本来也许就可以提高病人的生还机率。如果按照这种观点来看的话，那么，我们**事后**再对死者进行验尸时的发现（亦即：即便给患者相应的药物，本也无法阻止死亡的发生，而只要有过敏反应，就足以导致死亡）就无法发挥任何作用了。

6 在刑法领域，人们一直不断尝试（现在仍然不断在尝试），以**事前**观察法来证明因果关系的存在。如所谓的**相当理论**（Adäquanztheorie）只考虑这种因果流程，即按照一个（最佳的）经验知识水准，在**事前**可以期待什么？③ 进一步地，人们认为，在任何情况下，假若在按照命令为相应举止之时本来真正有个可以避免结果的机会，那么，不作为的因果关系就足以成立了。④

与此相反，主流学说则主张从**事后**的角度来证明因果关系，这种主张是有力的。具体来说，也就是人们**事后**认识到的、与事实发生流程**在因果上相关的所有情况**，都应予以**考虑**，用以证明因果关系。在这一主张事后角度的理论看来，若行为人未能对某种特定举止采取不作为的做法，**而这时人们尚未确切地确定，**采

---

③ 基础性的论述，见克里斯（Kries），《整体刑法学杂志》第 9 卷，1889 年，第 525 页及以下几页；进一步的论述，绍尔（Sauer），《刑法学通论》（Allgemeine Strafrechtslehre），第 3 版，1955 年版，第 79 页；特雷格尔（Traeger），《刑法和民法中的因果概念》（Der Kausalbegriff im Straf-und Zivilrecht），1904 年版；决定性的反对意见，见霍尼希（Honig），载《冯·弗兰克祝贺文集》（v. Frank-FG），第 1 卷，第 179 页及以下几页；亦参见雅科布斯，第 7 节，边码 30 及以下几个边码、边码 35。

④ 毛拉赫、格塞尔、齐普夫（M-Gössel/Zipf），第 46 节，边码 23；奥托，第 9 节，边码 98 及以下几个边码，均有进一步的文献；关于不作为的因果关系，详见本书第 36 节，边码 12 及以下几个边码。

取了不作为的举动能够排除这一具体结果,就责难并要求他为某个结果答责,是完全没有道理的。相反地,若行为人未能通过采取特定的举止以阻止相应结果,而这时,对于采取相应行为也就本来可以阻止这一结果的论断,人们却没有足以保障安全的那种高度确信,那么,人们便不可以谴责他,并要求他为结果的发生答责。

相当理论试图将刑事责任限制在可预见性的事实发生流程上的努力,是完全合理的。只是在刑法领域(与民法领域有些不同⑤),这种努力并没有体现在因果关系方面,而是体现在过失犯中对合乎谨慎的可预见性⑥这一审查步骤上,而该审查步骤是跟随在因果关系之后的。质言之,也就是仅考察这个问题:若人们也处于行为人的境地,为了能够辨认出行为人的行为是危险的且该行为有可能导致结果,需要哪些(规范性)条件?基于这种方式,人们就将因果关系这一经验性问题和答责性这一规范性问题合理地分开了,而这在科学上是可取的。 7

二、因果关系的证明

案例1a

A把一些粉末倒在B的咖啡里,B在享用咖啡后死亡。

1. 等值或条件理论*

判例和部分文献在因果关系的证明问题上采所谓的等值或条件理论: 8

按照这种理论,对于引发的结果而言,若某个举止是无法排除掉的,没有这个举止,就无法产生具体的结果,那么,该举止便是导致结果的原因(所谓"若无前者, 9

---

⑤ 对此,参见伦瑙、福斯特(*Faust*)、费林(*Fehling*),《法学教学》,2004年,第113页,尤其是第114、116页;罗克辛,第1卷,第11节,边码39及以下几个边码;《刑法典体系性评注—鲁道菲》,第1条前言,边码54及下一个边码;进一步地,见耶格尔(*Jäger*),载《迈瓦尔德祝贺文集》,第345页及以下几页。

⑥ 详见本书第33节,边码22及下一边码。

* 关于等值或条件说(Äquivalenz-oder Bedingungstheorie)中的"Äquivalenztheorie"的中文译法,徐久生教授将之译为"相当理论",王世洲教授将之译为"等值理论",值得注意的是,徐久生教授将"Adaequangztheorie"(原文如此,实应为Adäquanztheorie)也译为"相当理论"。分别参考[德]耶赛克、魏根特:《德国刑法教科书》,徐久生译,中国法制出版社2001年版,第339页及该页注释①;[德]罗克辛:《德国刑法学总论》(第1卷),王世洲译,法律出版社2005年版,第232页。由此观之,徐久生教授将"Äquivalenztheorie"译为"相当理论",是需要予以纠正的,因为"相当理论"和"条件理论"是因果关系理论中两种不同的学说,不应混淆。——译者注

即无后者"公式)。⑦

10　　在案例1a中,若当事人不将粉末倒入咖啡中,B就不会死去,那么,按照条件说,倒入粉末就是死亡结果的原因。

11　　针对这一"若无前者,即无后者"的公式,**反对的意见**认为,借助于该公式不过只能指出已经被说明了的因果联系,换言之,人们是在**答案不证自明**的前提下运用这个公式的。⑧ 因此,仅当粉末的因果意义上的作用已经是清楚的情况下,在案例1a中将粉末视为引发结果的条件才是有意义的。相反,如果人们并不知晓粉末的化学成分或者并不了解它对人体会产生的作用,那么,人们就也不能通过抽掉摄入粉末的方式来确定粉末便是死亡的原因。人们可以很容易发现这种可能,即粉末和损害之间根本没有任何关系,死亡结果是通过其他方式引起的。因此,只有当"如果相关举止(将粉末倒入咖啡)不存在,结果(B的死亡)就不会发生"这种虚拟的条件语句,能够被人们**客观地、经得起检验地加以证实**,从而可以肯定其真实性之后,人们才可以凭借这一"若无前者,即无后者"的公式相应地证明因果关系的成立。⑨

2. 合乎法则的条件说(Lehre von der gesetzmäßigen Bedingung)

12　　由于上面的原因,在学术文献中占据支配地位的所谓"合乎法则的条件说"就加入了一个以自然科学法则来确证的过程。具体而言,如果**按照公认的自然法则**,某个结果和某个行为之间存在着不可避免的联系的话,那么之后,人们便可将该举止视为该结果的原因。⑩ 根据这种理论,若在像受害人的身体构造和机制这类条件限制⑪已经给定的前提下,摄入粉末是依照相应的自然科学法则足以解释结果发生的一种情况,那么,粉末对于B的死亡就是有原因的。当人们只要不考虑粉

---

⑦ 见冯·布里(v. Buri):《因果关系及其答责研究》(Über Causalität und deren Verantwortung),1873年版;进一步参见《帝国法院刑事判例集》,第1卷,第373页及以下几页;《联邦法院刑事判例集》,第1卷,第332页及以下几页;第2卷,第20页,尤其是第24页;第7卷,第112页,尤其是第114页;第39卷,第195页,尤其是第197页;弗里斯特,第9节,边码5及以下几个边码;施吕希特(Schlüchter),《法学教学》,1976年,第312页;特佩尔(Toepel):《过失结果犯领域的因果关系和义务违反性之间的联系》(Kausalität und Pflichtwidrigkeitszusammenhang beim fahrlässigen Erfolgsdelikt),1992年版;韦尔策尔,第9节 II;批判性观点,见伦茨考斯基,《戈尔特达默刑法档案》,2007年,第561页,尤其是第574页。

⑧ 针对传统的相当理论的基础性批判,见普珀,第2节。

⑨ 关于"刑法上的产品责任"的关键性情形,参见延克(Jähnke),《法学》,2010年,第582页,尤其是第585页及以下几页。

⑩ 当下的主流学说,请代表性地参见耶赛克、魏根特,第28节 II、4;《(舍恩克、施罗德)刑法典评注——伦克纳、艾泽勒》,第13条前言,边码75;罗克辛,第1卷,第11节,边码15;《刑法典体系性评注——鲁道菲》,第1条前言,边码41、42;舒尔茨(Schulz),载《拉克纳祝贺文集》(Lackner-FS),第39页;最近出现了对该学说的批判性观点,见弗里斯特,第9节,边码6及以下几个边码。

⑪ 对于这类给定的条件限制,人们也可以将之称为解释的"因果场域"(kausale Feld);在解释纵火罪时,解释的"因果场域"便包含空气中的氧气、可燃的材料等条件。

末，便不再能够从自然科学上解释结果的发生时，便是如此。

论述至此，与很可能是凭借已知晓、确定的经验性法则"若无前者，即无后者"公式来确证相比，该种理论肯定是有说服力的。然而，就是我们面对的这一案例，却给我们提供了从根本上寻找一个普遍的因果法则的契机。举例来说：某种特定的皮革防护剂的许多使用者都患有肺水肿。[12] 若人们迄今为止无法从自然科学法则上证明吸入这种物质和生病之间存在的联系，那么，人们也无法通过求助于确切的医学知识来确证"若无前者，即无后者"这一公式的成立。在这种案例中，判例中的观点是通过**排除替代性原因**的方法来论证因果联系的。根据这种方法，对于这种病的出现，如果人们没有办法再找到其他可信的解释的话，那么，人们就将这种皮革防护剂认定为肺水肿的原因。[13]

还要说明的是，这种极合理的方法可以用于**像精神和社会这类领域**中基本没有普遍决定性法则可供使用的地方。[14] 这样，对于如下的情况——如果 C 没有教唆 A 侵入 B 的别墅的话，那么 A 就本不会侵入 B 的别墅——人们就不必再找任何普遍经验法则来加以论证了。当然，在这种场合下，人们也不可以用法官纯粹的确信来替代对因果关系的证明。更确切地说，我们是要根据生活经验和（公认的）相应的专业知识，来确定怎样论证才能使得人们对"若无前者，即无后者"公式的适用是经得起考验的，并且能够排除合理的怀疑。

3. 修正的"若无前者，即无后者"公式

由此可以得出，为了按照公认的因果法则有效地解释具体结果的发生，在给定

13

14

15

---

[12] 参见《联邦法院刑事判例集》，第 37 卷，第 106 页及以下几页。
[13] 赞同的观点，见埃尔布（Erb），《法学教学》，1994 年，第 449 页，尤其是第 453 页；希尔根多夫（Hilgendorf）：《"风险社会"下生产制造者的刑事责任》（Strafrechtliche Produzentenhaftung in der "Risikogesellsachaft"），1993 年版，第 121 页及以下几页；库伦：《产品刑事责任诸问题》（Fragen einer strafrechtlichen Produkthaftung），1989 年版，第 67 页及以下几页；奥托，第 6 节，边码 35 及下一边码；罗克辛，第 1 卷，第 11 节，边码 17；沙尔（Schaal）：《企业中集体决策的刑事答责》（Strafrechtliche Verantwortlichkeit bei Gremienentscheidungen in Unternehmen），2001 年版，第 81 页及以下几页；反对的观点，见哈塞默：《现代刑法中的产品责任》（Produktverantwortung im modernen Strafrecht），1994 年版，第 33 页及以下几页；《诺莫斯刑法典评注—普珀》，第 13 条前言，边码 103 及下一边码。关于产品责任的问题，还可以进一步参见《联邦法院刑事判例集》，第 41 卷，第 206 页及以下几页（木料防护剂）；奥托，载《施洛德祝贺文集》，第 339 页及以下几页；普珀，《法学家报》，1994 年，第 1147 页及以下几页。
[14] 参见《联邦法院刑事判例集》，第 13 卷，第 13 页及以下几页；亦可参见希尔根多夫，《法学》，1995 年，第 514 页及以下几页；卡洛（Kahlo）：《戈尔特达默刑法档案》，1987 年，第 69 页及以下几页；科里亚特（Koriath）：《因果关系、条件理论和精神的因果关系》（Kausalität, Bedingungstheorie und psychische Kausalität），1988 年版，第 142 页及以下几页、第 224 页；奥托，第 6 节，边码 37 及以下几个边码；进一步参见伯恩斯曼（Bernsmann），《法哲学和社会哲学档案》（ARSP），1982 年，第 536 页，尤其是第 545 页及下一页；普珀，《整体刑法学杂志》，第 95 卷，1983 年，第 287 页，尤其是第 297 页及以下几页。

的情况下,人们不得不考虑的任何一种因素,都应当被认定为是原因。⑮ 因此,"若无前者,即无后者"这一公式就需要作出如下的修正:

在给定的情况下,倘若某个举止是人们不得不考虑的,没有这种举止的话,按照公认的因果法则,具体结果就不必加以考虑了,那么,该举止则是促成结果的原因。

16 所谓结果不必加以考虑,意味着:在这个公式中,基于已给定的情况,结果的发生在因果上也许不再是可解释的。在案例1a中,如果倒入咖啡的粉末是一种有毒物质,而在当时,该有毒物质在人们对死亡结果进行医学上的解释时是必须加以考虑的,那么,在咖啡中倒入粉末就应视为死亡的原因。反之,B从某个瓷杯中喝咖啡,就不是原因。理由在于,从瓷杯中喝咖啡根本无助于从因果上解释导致死亡的事实发生。

三、具体问题

1. 具体结果和假设的因果流程

> **案例1b**
>
> A把一些粉末倒入B的咖啡里,B在享用了瓷杯中的咖啡后,于7点30分死在自家厨房里。

> **案例2**
>
> A将一块石头砸向B家花园中的郁金香。正当石头砸到郁金香时,石头遇到天上下降的冰雹,而该冰雹若没有因被撞击而改变方向的话,那么本也会和石头一样损坏郁金香。

17 **(1) 具体结果**:按照(修正的)等值理论,因果关系总是要涉及具体结果(边码3及下一边码)。因此,要问的是,是哪些情况促成了结果的具体化(亦即具体结果的发生)?在案例1b中,具体的结果也就是:在特定的时间点,对行为客体做了构成要件性的改变,即B于7点30分死亡。

18 所谓**假设的因果流程**,也就是按照这种流程,同样的结果可能将以另一种方式

---

⑮ 在学术理论的讨论中,人们也将"原因"称为足以用来解释结果的"条件综合体"(Bedingungskomplex)的一个必要部分,也就等于足以促成结果的最低条件。详见金德霍伊泽尔,《戈尔特达默刑法档案》,1982年,第477页及以下几页;金德霍伊泽尔:《作为犯罪的危险》,1989年版,第84页及以下几页;《诺莫斯刑法典评注—普珀》,第13条前言,边码103及下一边码;加深的论述,见普珀,《戈尔特达默刑法档案》,2010年,第551页及以下几页;索福斯(*Sofos*):《作为和不作为的多重因果关系》(Mehrfachkausalität beim Tun und Unterlassen),1999年版,第107页及以下几页;亦参见特佩尔,载《普珀祝贺文集》,第289页及以下几页。

随后发生。这种假设的因果流程根本上**不会起到任何作用**。⑯ 需要考虑的只是事实上存在的、对于因果地解释结果的发生不可或缺的那些情况。与之相反,根本(尚)未实现的那些情况,在因果的解释中也是不需要考虑的。在案例1b中,对于B的死亡,有毒的咖啡是原因,但将之认定为原因并不与B作为一个(假定的)反正终究要死的人相抵触。同样,将服用有毒咖啡认定为原因,也和若毒剂在B身体中失效,然后B出门时可能会遭到埋伏在其家门口的C的伏击、射杀没有关系。因为C准备射杀B,对于从因果上解释B死于7点30分毫无帮助。

图解:

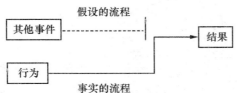

（2）**预备的原因**（Reserveursache）:我们还可以联想到这种场合,即某个"预备的原因"本来能够按照其既定时间和地点而导致具体结果的,而此时,在该场合,我们仍然不能采用假设的情况。具体到案例2中,人们不考虑B砸石头的行为,结果也仍然会存在,那么这时,如果我们纯粹就是应用"若无前者,即无后者"公式的话,就会得出结论:因果关系不成立。可是,这个结论显然是错误的,因为冰雹*实际上并没有撞到郁金香上,因此,就不可以将之用来解释这一具体的损害性变化。故而,冰雹就不是真正的原因,由此而导致的结果是,若砸石头也不是原因的话,岂不是郁金香无缘无故就被损坏了?

若人们以修正的方式来运用"若无前者,即无后者"公式的话,那么问题就可以得到解决了:哪些给定的情况可以因果地解释郁金香受损这个事情?砸石头。如果人们对砸石头的事情不予考虑,那么,**在给定的情况下这个损坏就不再是可解释的**了,这样,人们便应将砸石头认定为原因。冰雹本来也会撞击到郁金香上,这并没成为真实的情况,而仅仅是个想象中的情况,故而,它对于解释因果关系并不是重要的。

2. 等值和非典型的流程

> **案例3**
> 医生Y给患者H注射了一种药物,结果这种药物导致了一种过敏反应,并致H于死地,可是,这种结果在医事上完全是出乎意料的。

---

⑯ 参见《联邦法院刑事判例集》,第2卷,第20页;第10卷,第369页;第13卷,第13页;第45卷,第270页,尤其是第294页及下一页;屈尔,第4节,边码11及以下几个边码。

* 冰雹撞击就是这里的"预备的原因",它也是假设的情况。——译者注

22　　　所谓等值理论,顾名思义,就是说**结果的所有条件都是同等价值的**(等值)。这也适用于"若无前者,即无后者"这一公式的修正形式。因此,不管结果的发生是由某个无法预见的情况所触发,还是通过其他方式由某种非典型的流程而引发,对于因果关系都没有影响。⑰ 按照这种理论,因果联系的确定并没有受到任何影响;极不可信的偶然也没有被排除出去。这样导致的后果就是:在案例 3 中,即便遵守医事规则也不可期待和预料到会发生这种过敏反应,但是,Y 的注射仍然被认定为是引发死亡结果的原因。当然,在这种案件中,因缺乏过失,不能进行结果**归属**(Erfolgszurechnung)。*⑱

23　　　图解:

3. 超越性因果流程(Überholende Kausalverläufe)和因果流程的中断

案例 4
　　A 给 S 打了一剂致命的毒药;在毒药发作前,B 开枪将 S 打死了。

案例 5
　　F 给 Q 打了一剂致命的毒药;在毒药刚刚开始发作时,D 开枪将 Q 打死了。D 之所以会成功,仅仅是因为 Q 由于中毒已经非常虚弱,从而无法逃避 D 的射击了。

24　　（1）**因果关系的超越**:如果某个举止被另外一个事实发生流程所超越,那么,这个举止对于解释结果发生就根本没有任何意义了,故而,该举止便不能再被视为促成结果的原因。⑲ 对此,人们将之称为**中断的因果流程**。在案例 4 中,由 A 所引发的注射毒药的因果流程就被 B 的射杀行为所中断了。B 的射杀行为也就是超越性的因果流程。在这里,**只有超越性因果流程**(射杀)才是**原因**。

---

　　⑰ 参见《帝国法院刑事判例集》,第 54 卷,第 349 页及以下几页;联邦法院,《戈尔特达默刑法档案》,1960 年,第 111 页及以下几页。

　　* 在该种案件中,一定要否定的是结果归属,也就是我国刑法中所谓的"客观归罪"。此外,作者在该案例中,认为遵守医事规则仍要肯定因果关系,并不代表当事人最后一定会被定罪。——译者注

　　⑱ 参见本书第 33 节,边码 20 及以下几个边码。

　　⑲ 参见《帝国法院刑事判例集》,第 69 卷,第 44 页,尤其是第 47 页;《联邦法院刑事判例集》,第 4 卷,第 360 页及以下几页;联邦法院,《刑法新杂志》,1989 年,第 431 页。

图解：

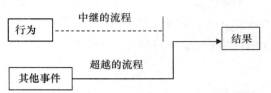

然而，倘若人们无法排除原来所造成的条件对于具体结果的发生仍然具有的因果上的解释力，那么，该因果流程就没有中断。在案例5中，D之所以能够成功射杀Q，乃是因为Q中了毒过于虚弱，以至于无法在遇到D的时候安全地逃走。在该案中，F所首先引发的因果流程并没有中断，而是继续发挥作用。[20] 原因在于：在这一给定情况下，如果人们不考虑Q的中毒，就不足以解释Q的死亡。

（2）因果的回溯禁止：第三人或被害人自己有意识地和企图共同促进结果的发生时，由原行为所促成的、对结果具有说明力的因果流程，不会由于第三人或被害人的举动而中断。[21] 反驳这种观点的人会援引因果的回溯禁止来暂时地争辩道：由于人的意志决定是自由的，那么，因果流程就会不断地被重新启动，故而，在分析因果关系时，不可以追溯到先前的举止中去。[22] 然而，这种反驳的观点是站不住脚的，原因在于：即便是个自由的意志行为，也仍然是通过作用到给定的情况中才取得因果相关性（kausale Relevanz）的，而我们在因果地解释结果发生时，是无法对这种给定的情况不加考虑的。

这样，在案例5中，F的举止也是Q的死亡的原因。因为F的举止造成了一种条件：Q的身体变得虚弱，而这种条件是足以解释结果为什么会发生的一种前提情况。如果人们对这一举止不予考虑，那么，也许就不再能够解释具体结果为何会发生了，若完全去掉这个举止，结果也不是这样的。

4. 累积的因果关系

案例6

A和B独立地分别给S的汤中投入了一剂毒药，他们投入的毒药剂量单独都无法导致人的死亡，但是，两者相加就可以致S于死地了。

---

[20] 《联邦法院刑事判例集》，第39卷，第195页，尤其是第197页及下一页；联邦法院，《刑法新杂志》，2001年，第29页，尤其是第30页；亦参见弗里斯特，第9节，边码15。

[21] 仅请参见《帝国法院刑事判例集》，第61卷，第318页及以下几页；第64卷，第317页及以下几页；联邦法院，《德国法月报》（MDR），1994年，第82页；斯图加特州高等法院（OLG Stuttgart），《刑法新杂志》，1997年，第190页；《（舍恩克·施罗德）刑法典评注——伦克纳·艾泽勒》，第13条前言，边码77；罗克辛，载《特伦德勒祝贺文集》（Tröndle-FS），第177页。

[22] 尤其请参见弗兰克，第1节，注解III、2a；对此还可以参见本书第11节，边码37；进一步参见《莱比锡刑法典评注——耶赛克》（LK-Jescheck），第11版，第13条前言，边码58。

29 　　所谓累积的因果关系,是指在给定的情况下,要因果地解释结果的发生的话,有必要将两个或两个以上的举止方式都考虑进去。在累积的因果关系的场合,任何一个对于因果地解释结果所必要的条件都应当认定为原因。

30 　　图解:

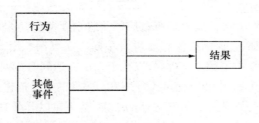

5. 替代的因果关系(双重因果关系)

> **案例 7**
> 　　A 和 B 独立地分别给 S 的汤中投入了一剂毒药,他们中任何一人所投入的毒药剂量都足以致 S 于死地。

> **案例 8a**
> 　　C 和 D 于同一时刻分别独立地朝 Q 射击。这两枪每枪都是致命的。

> **案例 8b**
> 　　C 和 D 分别独立地朝 Q 射击。在这两枪(枪枪致命的)射击中,有一枪是先射出的。但是现在没法查清,Q 是谁射杀的。

31 　　**(1) 双重因果关系的场合**:在像案例 7 这样的替代的因果关系(或双重因果关系)的场合,出现了互相独立的若干个条件,在给定的情况下,这些条件每个都能够因果地解释结果的发生。

32 　　图解:

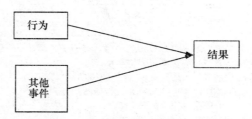

33 　　针对案例 7,如果我们纯粹是应用"若无前者,即无后者"这个公式,那么也许可以得到这样的结论:不管是 A,还是 B,都不是导致 S 死亡的原因。原因在于:我

们可以不考虑这两剂毒药中的任何一剂毒药,而同时结果仍然会发生。这样,对于 S 的死,就没有任何原因了,因为若不将其中至少一剂毒药考虑进来的话,就不足以解释这个(死亡)结果了。[23]

① 为了避免得出这种显然没说服力的结论,我们需要对"若无前者,即无后者"的公式做如下修正:

在给定的情况下,若人们在按照公认的因果法则的标准保留结果发生的前提下,如果若干行为虽可替代性地不予考虑,但不可累积性地加以排除,那么,这几个行为中的每个,都应认定为结果的原因。[24]

② 在同时正犯的场合,发生替代的因果关系时,应当注意如下的**归属**原则:行为人不得通过援引(不管是自己的,还是第三者的)不容许的替代性举止,而为自己不受容许的举止开脱责任。否则,当被害人不只是受一个行为人,而是受若干个行为人攻击时,刑法就偏在这种场合无法提供保护了。显然,这是不符合法益保护的结论。在案例 7 中,由于**两行为人**都向 S 的饮料中下了毒,并因此产生了结果。当多人的替代性损害行为造成了一个结果时,对于每个行为人的归属问题,都应当**依照规范化世界**的标准进行。也就是说,在与案例有关的情状上,要依照合乎法律的规范期待的世界的标准来归属。因此,对于案例 7 而言,应当以如下的方式来回答归属问题:在考察 A 的归属问题时,应当认定 B 是合法行事和没有在 S 的汤中下毒的;在考察 B 的归属问题时,则应当假定 A 是合法行事的。[25]

(2)**不存在双重因果关系**:所谓不存在替代的因果关系的场合,是指:人们无法获知,两个潜在引发结果的条件中,哪一个在事实上可以认定成为是原因。案例 8a 和案例 7 其实是同一种情况,因而进行同样的解释。相比之下,在案例 8b 的场合,两粒子弹中**只有**一粒子弹真实地命中受害人并引发死亡;这粒命中的子弹导致了围绕另一粒子弹而产生的因果流程的中断。由于已经无法再查清到底是谁先射出了这粒致命的子弹,这时就需要适用"疑罪从无"(in dubio pro reo)*的原则[26]:为了有利于两个行为人,人们不得不假定,他们每个人都是后面射出子弹的。这样,

34

35

36

---

[23] 出于这个原因,特佩尔只愿意承认力图,见《法学教学》,1994 年,第 1009 页;赞同该观点的,见弗里斯特,第 9 节,边码 9 及以下几个边码;罗奇,载《罗克辛祝贺文集》,2011 版,第 377 页,尤其是第 392 页。

[24] 亦参见《联邦法院刑事判例集》,第 39 卷,第 195 页;希尔根多夫,《刑法新杂志》,1994 年,第 561 页及以下几页;金德霍伊泽尔,《戈尔特达默刑法档案》,2012 年,第 134 页及以下几页;屈尔,第 4 节,边码 19;《(舍恩克·施罗德)刑法典评注——伦克纳、艾泽勒》,第 13 节前言,边码 82;《刑法典体系性评注——鲁道菲》,第 1 条前言,边码 51。

[25] 对此,详见金德霍伊泽尔,《戈尔特达默刑法档案》,2012 年,第 134 页及以下几页。

* 或按字面译为,"有疑义时,作有利于被告人的解释"。——译者注

[26] 关于该原则,详见本书第 48 节,边码 1 及以下几个边码。

案例 8b 中的这两个行为人就都只会因力图而受处罚。㉗

6. 救助性因果流程的中断

案例 9

在水中,某块木板正漂向落水的 S,如果 S 抓住了这块木板就会得救,而这时 A 在水上出现了,他将木板撞了一下,木板偏离方向,不漂向 S 了。于是,S 溺死。

37　　所谓救助性因果流程的中断,是指本来存在某种条件,这种条件极有可能阻止结果的发生,而这时有人消除了这种条件,于是结果发生了。㉘ 在这里,我们是要将这一(极可能成功的)救助性因果流程的中断认定为促成结果的原因的:在案例 9 中,如果我们对阻止了救助的侵害不予考虑的话,就不能通过溺死因果地解释死亡的发生了。这种因果分析并不是一种想象,因为这个木板确实在漂向 S。㉙

38　　图解:

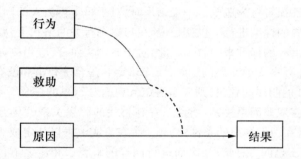

7. 集体决策

案例 10

某个有限责任公司的决议是按照多数意见作出的,在得知使用某种产品极有可能会导致对人们健康的损害之后,该公司的经营者仍然作出决议:决定继续经营该种产品。

㉗ 参见联邦法院,《新法学周刊》,1996 年,第 1823 页;耶赛克、魏根特,第 28 节 II、5;考夫曼(Kaufmann),载《Eb. 施密特祝贺文集》(Schmidt, Eb. -FS),第 200 页,尤其是第 211 页。

㉘ 针对这类案例群的详细论述,见赖因霍尔德(Reinhold):《不法的归属和救助性流程的中断》(Unrechtszurechnung und der Abbruch rettender Verläufe),2009 年版。

㉙ 参见《诺莫斯刑法典评注——普珀》,第 13 条前言,边码 111;在结论上与此一致,但却采取了不同说理的,有格罗普,第 5 节,边码 32;屈尔,第 4 节,边码 17 及下一边码;罗克辛,第 1 卷,第 11 节,边码 33 及下一边码。

第 10 节　结果、行为和因果关系

倘若结果是由集体决策所促成的㉚，那么，就会有因果关系上的问题。㉛ 对于 **39**
这种决策，人们需要区分以下两种情况㉜：

（1）**累积的因果关系**：如果两个经营者投票赞成并形成了多数意见，而另一个 **40**
经营者投票反对或者表示弃权㉝，那么，决议即通过。由于对于决议的通过而言，
这两票是必要的，故而，这种情况所涉及的便是持赞同意见的经营者的累积因果
关系。

（2）**替代的因果关系**：在案例 10 中，如果这种集体决定全票（三票）赞成通过， **41**
那么所涉及的就是一种替代的因果关系了：在保持决议通过的前提下，人们虽然可
以对这些赞成票中间的任何一票不予考虑，但是，却不可以累积性地对它们不予考
虑。每个投票都需和其他投票联合在一起，这样才足以解释多数决议之形成。㉞
这种解释力并不会因为决议之通过也可以由另一组赞成票来解释而失去。由于没
有出现具有"超越性的"任何一张投票，所以也没有任何投票因此而失去其因果上
的相关性，这样，结果也就多出了一张投票。

然而，对于这个广受认可的结论，如果人们还要试图以有所不同的方式、理由 **42**
来论证的话，那么就会变得没有说服力了。例如，把这种情况认定为是累积的因果
关系的特殊情况㉟就没有什么说服力。原因在于：对于结果的促成而言，这里只是

㉚ 如果认为，所有的参加者总归都是共同正犯，那么便可以回避这里的问题，但是，这种回避并不是个令人满意的方案。对这种方案，联邦法院也持的是相反意见（《联邦法院刑事判例集》，第 37 卷，第 106 页，尤其是第 126 页及以下几页）。理由在于：对于形成各种共同正犯也是需要个体贡献的因果关系的，而即便不考虑该因果关系，人们也没法解释过失作为的这一重要的情况；其他观点，比如，关于过失共同正犯在构造上是违反事物本质的，见克瑙尔（*Knauer*）：《刑法中的集体决定》（Die Kollegialentscheidung im Strafrecht），2001 年版，第 133 页及以下几页、第 181 页及以下几页；进一步参见伦茨考斯基：《限制正犯概念和过失参加》（Restriktiver Täterbegriff und fahrlässige Beteiligung），1997 年版，第 282 页及下一页；沙尔：《企业中集体决策的刑事答责》，2001 年版，第 242 页及以下几页；中肯的批判，见普珀，《戈尔特达默刑法档案》，2004 年，第 129 页及以下几页。

㉛ 关于该问题的深入论述，见索福斯：《作为和不作为的多重因果关系》，1999 年版，第 156 页及以下几页。

㉜ 关于针对促成避免结果的集体决策的（累积的）不作为的情况，参见本书第 36 节，边码 22，进一步见联邦法院，《新法学周刊》，2003 年，第 522 页，尤其是第 526 页，有进一步的文献；关于秘密表决的可罚性问题，见克雷尔（*Correl*），载《伊默·罗克辛祝贺文集》（Roxin, Imme-FS），第 117 页及以下几页。

㉝ 人们是否以其他理由来处罚该经营者，比如，由于他作为担保人，而必须投票反对决定。此处则尚未谈及。

㉞ 亦参见《诺莫斯刑法典评注——普珀》，第 13 条前言，边码 107；进一步见诺伊德克尔（*Neudecker*）：《集体机构成员的刑事答责》（Die strafrechtliche Verantwortlichkeit der Mitglieder von Kollegialorganen），1995 年版，第 224 页及下一页；伦克拉特（*Röckrath*），《刑法新杂志》，2003 年，第 641 页及以下几页；魏塞尔（*Weißer*）：《违反义务之集体决策的刑事评价中的因果关系和正犯问题》（Kausalität- und Täterschaftsprobleme bei der strafrechtlichen Würdigung pflichtwidriger Kollegialentscheidungen），1996 年版，第 113 页及以下几页。

㉟ 鲍曼、韦伯、米奇，第 14 节，边码 37；马克森（*Marxen*），第 30 页及下一页；罗克辛，第 1 卷，第 11 节，边码 19。

"过分促成"了结果,因为有一张投票对于决议的通过并不是必要的。㊱

> **复习与深化**
>
> 1. 刑法中因果关系有什么机能?(边码 1 及以下几个边码)
> 2. 因果判断要在哪个时间点做出?(边码 5 及以下几个边码)
> 3. 如何理解"若无前者,即无后者"这一公式?按照合乎法则的条件说,应当如何修正这一公式?(边码 8 及以下几个边码、边码 12 及以下几个边码,边码 15 及下一边码)
> 4. 超越性的因果流程和替代的因果关系所描述的是哪些情况?(边码 24 及以下几个边码、边码 31 及以下几个边码)

㊱ 亦参见雅科布斯,载《宫泽浩一祝贺文集》(Miyazawa-FS),第 419 页,尤其是第 421 页及以下几页;克瑠尔:《刑法中的集体决定》,2001 年版,第 93 页及下一页。

第11节 结果犯中的客观归属

一、因果关系与客观归属

> **案例1**
> A借了一把斧子给他那笨拙的邻居L,结果,L在劈木料的时候,不小心把自己劈伤了。

之所以人们要证明因果关系的存在,乃是为了确定在某个行为和某个符合构成要件的结果之间存在一种事实上的关联,这种事实上的关联便是:若人们对该行为采取不作为的做法,那么,其具体结果就不会发生。可是,采取这种方法,却仍不足以将所有按照刑法评价、特别是根据其一般预防的任务的标准不值得处罚的举止方式都从客观的责任关联中排除出去。① 这样说的原因在于:在针对某一特定行为的不作为的情况下,特定的结果也许没有发生,但是,这并不意味着当事人的行为也是出于避免结果发生的考虑而采取不作为的举动。这样,若规范中事先规定了要避免结果的发生,那么,仅当出于避免结果发生的考虑而不能采取的那种行为,才能够被认定为其需要为结果承担刑事责任。

尤其是在所谓的纯粹结果犯的领域,如第212条的杀人和第223条的身体侵害,法律在字面上只写明要导致结果,那么,就会有这样的问题:一方面,在犯罪的时点,行为需要满足哪些要求?另一方面,行为和结果之间需要具有何种关系,才可以将某个引发了结果的举止认定为与刑法有关地实现了构成要件?在今天几乎没有争议的观点看来,界定责任这一必要步骤,不再像以前所认为的那样②,仅仅在主观的构成要件或者罪责的范围就能够解决,而是在审查客观的构成要件的时候,就已经需要完成一部分了。③

1

---

① 参见弗里施,《法学教学》,2011年,第19页及以下几页;舒曼,《法学》,2008年,第408页及以下几页。
② 仅请参见《帝国法院刑事判例集》,第29卷,第218页,尤其是第220页;第56卷,第343页,尤其是第348页及下一页;鲍曼、韦伯、米奇,第14节,边码100。
③ 参见韦塞尔斯、博伊尔克,边码180;《整体刑法评注便携本——M. 海因里希》(HK-*M. Heinrich*),第13条前言,边码71及以下几个边码;雅科布斯,第7节,边码35及以下几个边码;《诺莫斯刑法典评注——普珀》,第13条前言,边码153及以下几个边码;伦瑙、福斯特、费林,《法学教学》,2004年,第113页,尤其是第114页;《刑法典体系性评注——鲁道菲》,第1条前言,边码57及以下几个边码;许内曼,《戈尔特达默刑法档案》,1999年,第207页,尤其是第209页及以下几页;从原理上加以批判的,见考夫曼,载《耶赛克祝贺文集》,第251页及以下几页;对考夫曼的反批判,见雅科布斯,载《希尔施祝贺文集》(Hirsch-FS),第45页及以下几页。在构造上有部分偏离,但在结论上大体一致的,见弗洛因德,第2节,边码46及以下几个边码;弗里施:《符合构成要件的举止和结果的归属》(Tatbestandsmäßiges Verhalten und Zurechnung des Erfolgs),1988年版;对此,批判性的观点,见罗克辛,第1卷,第11节,边码51。

2　　　从构成要件上进行责任限定这一审查步骤,人们将之称为客观归属。④ 这一审查步骤所要(规范性地)确定的是:结果是否是由某个由行为人所支配的⑤、不容许的、具有风险性的因果流程所促成?这样,客观归属就有了这样一个消极的任务:将无关的因果流程从刑法上的结果答责的范围中剔除出去。⑥ 由于这种归属对主观方面仍是全然不予考虑的,因而,称之为**客观**归属。它所考虑的,仅仅是人们是否可以将结果的造成认定为是对犯罪的客观构成要件的一种实现?

3　　　案例1就证明了这种方案是合理的。在给定的情况下,如果人们想要能够因果地解释结果的发生,那么,L对斧子的拥有就是不得不加以考虑的,因而,A将斧子外借就是造成身体侵害的一个原因。除此之外,如果A还估算到,他的邻居这么笨拙,会伤害到他自己,可仍然故意地将斧子借给他。那么,这又如何处理?而且,在这种情况下,A又无法援引正当化事由和免除罪责事由,那么,A就很可能因为故意实施身体侵害而遭受处罚。可是,这样的结论却是令人难以接受的,因为A可能根本没有义务来为他的邻居操这种心!对于这种日常的生活风险,他的邻居又不是不知道,因此,L用这种到处可以弄到的日常工具伤着自己,又关A什么事?不计任何代价来避免损害,这不是刑法的任务,因为那样会使得社会生活僵化而无法发展。在(某些)特定的条件下,社会交往必须不受制于刑法上的结果答责,而自由地向前发展。因此,特别是在有好几个都因果地参加了引发结果的事实流程的人时,所需要审查的问题就是:是否这几个人中的每个人本来都必须出于避免结果

---

④ 关于这一概念的演变,参见普珀:《刑法中的结果归属》(Die Erfolgszurechnung im Strafrecht),2000年版,第1页及以下几页;罗克辛,第1卷,第11节,边码44及以下几个边码;舒曼,《法学》,2008年,第408页及以下几页。然而,客观归属论只是在其核心领域得到了学理上的肯定。术语尚不统一,且在细节上各个标准也存在争议。仅请参见弗里施:《符合构成要件的举止和结果的归属》,1988年;弗里施,《法学教学》,2011年,第19页;雅科布斯,载《希尔施祝贺文集》,第45页及以下几页;《诺莫斯刑法典评注——普珀》,第13条前言,边码153及以下几个边码;拉特克(Radtke),载《普珀祝贺文集》,第831页;"共同的顶层概念"(gemeinsames begriffliches Dach);罗克辛,载《迈瓦尔德祝贺文集》,第715页及以下几页;《刑法典体系性评注——鲁道菲》,第1条前言,边码57及以下几个边码;许内曼,《戈尔特达默刑法档案》,1999年,第207页及以下几页。批判的观点,见卡洛,载《屈佩尔祝贺文集》,第249页及以下几页;扎赫尔(Sacher),《整体刑法学杂志》,第118卷,2006年,第574页及以下几页。从整体上加以拒绝的观点,见考夫曼,载《耶赛克祝贺文集》,第251页及以下几页。

⑤ 在客观归属理论发展之初,所讨论的就是结果的支配可能性问题。如果是需要这种支配可能性的,那么,在行为人的处境下,对客观的标准人格而言,事实的发生也必定是可以有目标地(bezweckbar)实现的。从基本原理上,首先见之于拉伦茨:《黑格尔的归属理论和客观归属的概念》(Hegels Zurechnungslehre und der Begriff der objektiven Zurechnung),1927年版;对刑法领域产生显著影响的是霍尼希,载《弗兰克祝贺文集》,第174页及以下几页。关于霍尼希其人,详见魏格林(Weiglin):《理查德·马丁·霍尼希(1890—1981):一位犹太裔德国法学家的人生和早年作品》[Richard Martin Honig(1890—1981)-Leben und Frühwerk eines deutschen Juristen jüdischer Herkunft];针对结果避免之目标性的抽象化现象(也就是脱离具体行为人的情况来思考问题),批判性的观点,见金德霍伊泽尔,载《赫鲁斯卡祝贺文集》(Hruschka-FS),第527页,尤其是第529页及以下几页。

⑥ 努力进行科学理论上精确化的尝试,见多尔德(Dold),《整体刑法学杂志》,第122卷,2010年,第785页及以下几页。

的考虑,针对其贡献(Beitrag)实施不作为的做法,从而要为结果的发生承担责任?或者,是否别人可能要对此事情(完全或部分地)⑦负责(Zuständigkeit),从而使自己从中摆脱干系?⑧

二、客观归属的对象

案例1清楚地表明:引发了某个结果,并不代表就一定实现了犯罪的客观构成要件。之所以会这样,是因为刑法上的各种构成要件中包含了各种举止规范,不仅有禁止规范,也有命令规范,这样,实现构成要件就必须体现出对各举止规范的违反。为了能将某个引发了结果的举止认定为是对构成要件的实现,人们就必须将这种举止**一般地规定为不被容许的**。某一实现构成要件的事实发生必须是一般不容许的,也就是说:在具体场合中,这种事实发生也完全有可能由于正当化情形的出现而变为容许的。举例而言,谁利用武器对他人的身体实施了侵害,那么他的举止就是违反身体侵害的禁止规范的,因而是一般地不被容许的。尽管如此,在具体情况下,比如说在紧急防卫的情况下,这个举止又是容许的。这样,换言之,客观归属的对象也就是:在不考虑特定的正当化情形的情况下,对客观构成要件的不法予以确定。 4

如果在某个结果中,由(单独或共同)正犯实现了其所创设的某一(一般的)**不被容许的风险**,那么,这个结果在客观上就是可归属的。⑨ 在这个通行的表述中,风险这一概念本身并没有什么特定的含义,原因在于:任何一个引发某个结果的举止,就像我们在下文(边码6及以下几个边码)中马上要讨论的一样,都是有风险的。所以,确切地说,客观归属的特别之处便在于:要求具有风险的举止必须是(一般地)不被容许的。对某个风险而言,什么时候它是不被容许的?或者不改变意思,换个说法:什么时候它是符合构成要件地、在法律上受到否定的?对于这个问题,客观归属理论却又只是**消极地**从反面来回答的: 5

若某个引发了结果的风险未能满足任何可将该风险(一般地)视为容许的前提条件,那么,该风险就是不被容许的。

---

⑦ 如果(自己的)因果性贡献仅仅是一种对他人行为的参与,那么,若别人对此部分负责时,自己便是摆脱了这部分的干系;对此,详见本书第38节,边码3。

⑧ 针对将客观归属进行扩张,从而压迫到主观归属这一现象的批判,参见金德霍伊泽尔,《戈尔特达默刑法档案》,2007年,第447页及以下几页;卡洛,载《屈佩尔祝贺文集》,第249页及以下几页;H. 舒曼/A. 舒曼(*H. Schumann/A. Schumann*),载《屈佩尔祝贺文集》,第543页,尤其是第556页及以下几页;舒曼,《法学》,2008年,第408页及以下几页;进一步参见布洛克(*Block*):《客观归属中的非典型因果流程》(*Atypische Kausalverläufe in objektiver Zurechnung*),2008年版,第160页及以下几页;施洛德,载《斯茨瓦克祝贺文集》,第273页及以下几页。

⑨ 参见伦吉尔(*Reniger*),第13节,边码46。

三、原因和风险

1. 风险概念

案例 2

> 远足旅行的 W,于穿过一片因酷夏而干枯的树林时,掉以轻心地随手丢了一截还闪着火星的烟头,结果引发了一场灾难性的火灾。

6　　**(1) 概念**:风险这一概念和危险的概念其实是同一个意思。所谓风险,是指按照人们的预料,(至少是)极有可能导致结果发生的这样一种情况。因此,风险判断(在时间上)是因果分析的对立面。

因果分析和风险判断这两者都是通过援用经验意义上的合法性来考察各种事件之间的因果联系。它们所不同的仅仅是**视角**:因果分析是在结果发生之后,从**事后**的角度加以分析的。例如,在案例 2 中,根据哪些情况才得以因果地解释火灾的产生？在该案中,尤其有关的内容便是:干枯的植物和还亮着火星的烟头发生接触了。与此相对应,风险判断则是从**事前**的角度来做出的。在案例 2 中,按照人们日常的生活经验以及对已知诸种情况的认识,人们是极有可能可以预见到会发生火灾的。在这里,这种风险判断仅仅是通过一个"极有可能"来做出的,之所以可以做出这种判断,一方面是因为科学(还)没有能力提供一种相关的决定性法则,比如,对于人们如何得病这种流程,也无法做出绝对的判断;另一方面,人们的判断经常只能建立在对所有条件有限度的认知的基础之上,而且,这些条件是否发生还可能是不确定的,或者它们之间(已经产生的)因果的相关性也还可能会被其他进一步出现的条件再次打断或取消。那么,在案例 2 中,还有可能发生这种情况:森林管理员 S 在巡逻的时候,及时地发现了火点,并将之弄灭。

7　　**(2) 风险因素和可识别性(Erkennbarkeit)**:就像因果关系一样,在风险这上面,也需要精确地区分风险判断本身和风险判断的对象。因果分析以及风险判断所牵涉到的都是真实的事实和诸种事件。如果没有某个情况,人们就无法在**事后**因果地解释某个结果的发生,那么,人们就将该情况称之为原因。⑩ 相应地,如果按照人们对某个情况的考虑,该情况**事前地**提升了结果发生的可能性,那么,人们就将该情况称为**风险因素**。在案例 2 中,树林的枯干和丢掷带火星的烟头(当然,还有其他条件)乃是真实的事实情况,该真实的事实情况就被**事前**的判断称为"风险因素",而被事后的因果分析称为"原因"。

8　　针对原因和风险因素这两个概念所涉及的这种事实情况,人们可以精确地区

---

⑩ 参见本书第 10 节,边码 15 及下一边码。

分出:这种事实情况是可以被**识别**成原因,还是可以被**识别**成为风险因素?⑪ 在案例2中,那个亮着火星的烟头便是火灾的原因,而和在后来的调查中,人们**事后**是否成功地精确重构出事实的发生流程没有任何关系。同样地,丢掷烟头的行为乃是引发火灾的客观的风险因素,而不取决于行为人自己或者第三人**事前**到底如何估算相应的情况;也许从表面上几乎很难看出烟头竟然还可以继续燃烧。就像人们所说的"不明不白的原因"(unbekannte Ursache)一样,从概念上讲,风险因素的存在也决不以对该因素之因果相关性的认识为前提。

根据因果分析和风险判断二者之间的**对应关系**,现在,我们可以得出,任何事实情况,只要它可以被**事后地**认定为是原因,那么同时,它**事前**也必定是风险因素。在案例2中,我们可以**事后地**得出结论说,丢掷烟头导致了火灾的发生,那么这样,我们同时也可以说,这个举止对于森林火灾的爆发**事前**就是个风险因素。因此,任何一个(正确的)因果分析都是**事后**揭露出了某一结果的相应的风险因素。⑫ 在行为发生的时候,行为人或者第三人是否(以及可能在多大程度上)能够识别出这种风险因素,则是另外一个问题,对于这个问题的回答,则牵涉到这种最终实现的风险是否可以归属到(行为人的)故意或者过失上去。⑬*

9

2. 具体的风险和日常的社会举止

> **案例3**
>
> 在一次集体旅行中,大伙穿过一片因酷夏而干枯的树林,这时,A策动他的朋友P,到山湖里面去洗个清凉澡。P在水里游时,突然掉进了冰冷的漩涡,患上了致命的心力衰竭。

由于客观归属这个步骤是在确定因果关系之后进行的,同时,人们将促成结果的每个原因都认定为是该结果的风险因素,这样,已促成结果的那些风险因素,便也总是使得结果发生的危险增高:没有这种原因也就没有结果。⑭ 因此,如果纯粹是要求行为人对于结果的促成,必须是通过创设一个(客观的)风险的方式来实现

10

---

⑪ 对此,详见布克哈特,载沃尔特(Wolter)、弗洛因德主编:《整体刑法体系中的犯罪、量刑和刑事程序》(Straftat, Strazumessung und Strafprozeß im gesamten Strafrechtssystem),1996年版,第103页及以下几页。

⑫ 但是,"反之亦然"在这里就显然不成立了:如果结果没有发生,那么,风险判断仍然还可能是正确的;人们在做风险判断之时,只是从可能性上预测了结果,而并没有说结果就一定如此。在判断性语境下,人们所说的风险因素,只能理解成为潜在的因素。

⑬ 亦参见金德霍伊泽尔,《戈尔特达默刑法档案》,2007年,第447页,尤其是第464页;H·舒曼/A·舒曼,载《屈佩尔祝贺文集》,第543页,尤其是第549页;施特林泽(Struensee),《法学家报》,1987年,第53页,尤其是第58页;施特林泽,《戈尔特达默刑法档案》,1987年,第97页,尤其是第101页;魏格林:《理查德·马丁·霍尼希(1890—1981):一位犹太裔德国法学家的人生和早年作品》,第179页。

* 或者说,是否可以将这种风险的实现,认定为是行为人的故意或过失所致。——译者注

⑭ 对此,参见本书第10节,边码15及下一边码。

的,那么,仍然是没有给构成要件施加什么限制。⑮

11　　社会中的日常举止,通常和损害结果没有什么因果上的相关性,因而并不是危险的。可是,正如案例3中所说的那样,当这种举止导致了某种结果后,事情突然就完全不一样了。在这里,人们几乎不能这样说,A策动P去做了件无危险的事情,因为通常而言,洗澡是个没风险的活动。更确切地说,结果的发生恰恰是通过具体的案例反驳了洗澡是没有危险的这种说法。洗澡不是没有风险的,在给定的情况下,它在客观上也会变得足以危及生命。说白了,关键是看参加者是不是知道相关的风险因素。对于这个问题的回答,又决定了进一步的刑法评价,特别是A是否可能是故意或过失地让P去洗澡的? 可能的一种情况是:若A原来就知道,在这个湖中,P会遇到寒冷的激流,却还以刑法上不太相关的方式策动P自己去承担这个危险。⑯

日常的社会举止在"正常情况"下(完全)是没有危险的,但从这个论断中并不能就推断出,这种社会举止在具体情况下也是没有危险的。倘若有人认为某个举止是没有危险的,就将之推广适用到一般情况下,并进而认为,这种举止在具体情况下也(在客观上)是容许的,那么,无疑就是荒唐的。通常而言,在一条清晰而宽敞的马路上,以100km/h的速度驾车行驶,可能是容许的,但是,在具体的情况下,如有行人横穿马路,或者路上有一层薄冰,人们就不能再以100km/h行驶了。

3. 假设的损害流程

> **案例4a**
> 　　A用枪射杀了E的狗。但是,如果A未能成功,B就站在旁边,他就会补上一枪,将犯罪实施完。

> **案例4b**
> 　　A未取得E的授权,就射杀了E的那只已生病的狗。而E只想给他的狗打针麻醉剂催眠。

---

⑮　尽管如此,在学术文献中,还是有人认为,也许存在虽然促成了结果,但却未创设出风险,因而与刑法无关的举止方式。属于这类情况的有,比如策动别人去参加正常的日常活动,像上楼梯、洗澡或者登山(见罗克辛,第1卷,第11节,边码56,有进一步的文献)。可是,这种观点将风险因素本身和对这种风险因素的识别搞混淆了。

⑯　对此,详见下文边码22及以下几个边码;如果只有A知道这个风险,那么,需要考虑的就是故意杀人的间接正犯,详见本书第39节,边码11。

> **案例 4c**
>
> 在山上,X 射死了 Y,而若 Y 没被射死,他也会在稍后席卷而来的山崩中而去。

假设的因果流程["后备原因"(Ersatzursachen)]既不会导致对已经成立的因果关系[17]的否定,也不会与结果的客观可归属性相冲突[18]: 12

(1)这种假设的因果流程首先和重点适用的领域,就是案例 4a 中的情况,即对于行为人而言,已经存在一个**后备的行为人**了。[19] 在实务中,如下这一种情况也是重要的[20]:由于出现了严重的大雾,高速公路上发生了连环追尾事故。在这种情况下,每个司机都要为他所引发的碰撞事故承担责任,并且不得通过援用如下理由来摆脱干系,这种理由就是:他同样是受后面的交通肇事者的推挤才撞到前面的车子上去的。 13

(2)同样,倘若"后备的行为人"本来是要容许地做某种行为的,就像案例 4b 中那样,结论也不发生改变:A 需要承担责任。

(3)而在案例 4c 中,若一个**自然事件**而不是行为人将促成结果,那么,这种情况也不会影响结果的客观可归属性。[21]

4. 风险降低

> **案例 5**
>
> 由于莱茵河涨水,导致河水渗透到居住在岸边的 E 的住房的地下室里。邻居 L 发现了这一情况,而这时 E 又不在家,于是 L 自行将 E 的地下室窗户堵塞住。

> **案例 6a**
>
> R 将 O 推到一边,这样 O 的脑袋就不会被上面落下的砖头砸到了,但是,O 的肩膀仍然受了伤。

---

[17] 参见本书第 10 节,边码 18。

[18] 这是完全占据主流的观点;与此有偏离的,见考夫曼,载《Eb. 施密特祝贺文集》,第 200 页及以下几页。

[19] 参见《联邦法院刑事判例集》,第 30 卷,第 228 页及以下几页;克赖、埃塞尔,边码 308 及以下几个边码;罗克辛,第 1 卷,第 11 节,边码 59,有进一步的文献;关于后备因果关系问题的深入论述,见普珀,第 2 节,边码 2 及以下几个边码。

[20] 参见《联邦法院刑事判例集》,第 30 卷,第 228 页及以下几页。

[21] 耶赛克·魏根特,第 28 节 IV、5,《(舍恩克·施罗德)刑法典评注——伦克纳、艾泽勒》,第 13 条前言,边码 98;罗克辛,第 1 卷,第 11 节,边码 62,斯特拉滕韦特·库伦,第 8 节,边码 41 及下一个边码;其他观点,见《刑法典体系性评注——鲁道菲》,第 1 条,边码 59。

> **案例 6b**
>
> X 将 Y 推到一边，这样 Y 的脑袋就不会被上面落下的砖头砸到了，但是，Y 的肩膀仍然受了伤。可是，X 本来可以用更大点的力气把 Y 推开的，这样 Y 就完全不会受伤了。然而，X 还是想，让这个他不太喜欢的 Y 受点小伤。

> **案例 7**
>
> 在消防救助中，火焰将一个小孩困在楼房的高层里，这马上就要使他窒息而死。由于没有其他救助办法，虽然明知会造成严重的创伤，消防队员 F 仍将该小孩从窗户里抛出，以使得他能活命。

14 **(1) 例外**：大量文献观点将所谓"风险降低"的情况作为假设的因果流程之无关性的一种例外，亦即，假设的因果流程这时变得有关了。具体来说，如果行为人只是**降低一个已经存在的风险**[22]，那么，在概念上，就已经不能将之再认定为是一种对结果发生的可能性的提高了。当行为人以如下的方式影响了因果流程，也就是该处的意义上所说的风险降低：

① 减少了某个结果发生的可能性；
② 在量上减轻了损害的程度；
③ 使得更不严重的结果发生（如身体侵害代替死亡）。

15 **(2) 批判**：风险降低学说所得出的结论（在很大程度上）是令人信服的。[23] 可是，这种结论并不是我们这里援引来论证的风险降低这一思想的功劳，而是来源于具有完全不同的好几种方案的贡献，这好几种方案是不可以互相混杂在一起的。[24] "风险降低"概念项下的情形，其实可以细分为三种，并且这三种情况**都有着自己独立的规则**。

16 **① 纯正的风险降低**：如果引发了结果，在客观上是不可能使结果发生的风险得以降低的，因此，假使发生了纯正的风险降低的情况的话，那么，就**已经取消了因果关系**。我们以案例 5 为例，案例中的 L 对 E 家情况的插手，只是阻止了更大的水患。由于人们即便不考虑 L 的举止也可以因果地解释 E 在事实上所遭受到的损害，因而，L 的举止也就不是具体结果的原因。更确切地说，如果我们要解释 E 所受到的损害，那么，地下室事实上已渗入的水就足以说明问题了。由于并没有引发

---

[22] 罗克辛，第 1 卷，第 11 节，边码 53；赞同他的观点，还有格罗普，第 5 节，边码 45；海因里希，第 1 卷，边码 247 等处。

[23] 出于这个原因，本书的前些版本也以这个理论为基础。

[24] 针对风险降低学说的批判，请代表性地参见金德霍伊泽尔，载《赫鲁斯卡祝贺文集》，第 527 页，尤其是第 533 页及下一页；迈瓦尔德，载《宫泽浩一祝贺文集》，第 465 页，尤其是第 468 页及下一页；施洛德，载黑芬德尔等主编：《实证和学理的根基，刑事政策的推动力》（Empirische und dogmatische Fundamente, kriminalpolitischer Impetus），2005 年版，第 151 页及以下几页，有历史性的概括。

结果,因此 L 并未实现客观的构成要件,而并不是因为他减轻了一个由他引发的损害的风险。㉕

② **风险替换**:第二种类型的情况就体现在案例 6a 中,其所涉及的并不只是降低某个特定损害的发生风险,而是同时还引发另一个新的损害。为解决这类案例,我们需要清晰地区分消失掉的损害(ausgebliebenes Schaden)和新发生的损害(eingetretenes Schaden):

第一,消失掉的损害:由于 R 的插手,O 被砖头致命地砸中脑门的风险,并不只是像案例 5 那样被降低了,而是完全被清除了。鉴于致命的身体侵害的结果消失了,这样,R 的举止在这个方面上就是没有因果相关性的*,也就是不符合构成要件的。

第二,新发生的损害:反之,R 在事实上是引发了新的损害的,亦即 O 被砖头砸中肩部。如果要解释该损害为什么会发生,就不得不考虑到 R 的举止。鉴于发生了这种损害,就根本不是什么风险降低了;相反,R 是急剧地提高了 O 肩部受伤的风险。人们毫无理由否认这种导致 O 肩部受伤的举止是具有构成要件符合性的。当然,R 的行为并不是不法,因为 O 肯定会对救助表示合意(einverstanden)的,这样,推定承诺(mutmaßliche Einwilligung)㉖这种正当化事由就介入了。

将案例 6a 理解为已经可以排除构成要件,是和该情况下显然欠缺不法相联系在一起的。但是,这并不会改变风险降低学说违反刑法上重要的基本原则的事实。如果在这里便已经否定了身体侵害在客观上的构成要件符合性,那么,就特别忽略掉了受害人的自治(Autonomie)权。在该案中,若因为引发这种(肩部)损害会中断另一个会导致更严重(脑部)损害的因果流程,就认为这种(肩部)损害因此只是不符合构成要件的,那么,我们不禁要问,如果医生违背患者的意志,为治疗为目的对患者身体进行手术,是否也是不符合构成要件的呢㉗? 这样,从根本上就提出了这样一个问题:应当以什么标准来评判损害的范围? 如果已必须阻却客观的构成要件了,那么,客观的标准就必须起决定性作用,这样,受害人的选择权就完全不得加以考虑。可是,这很明显是和推定承诺的基本原则相冲突的,如果遵守推定承诺的基本原则的话,对相应利益的评判必须和该利益持有者的意志联系在一起。㉘

同样,在略有变化的案例 6b 中,若按照风险降低学说的说法,那便是 X 没有实

㉕ 亦参见普珀,《整体刑法学杂志》,第 92 卷,1980 年,第 883 页及以下几页。

* 亦即,R 的举止没有导致 O 的脑门被砖头击中,故 R 的举止和(击中脑门的)损害结果之间无因果相关性。——译者注

㉖ 详见本书第 19 节。

㉗ 对此,自从《帝国法院刑事判例集》,第 25 卷,第 375 页,尤其是第 378 页以来,判例都是合理地持反对意见的;详见金德霍伊泽尔:《刑法分论》,第 1 卷,第 8 节,边码 22 及以下几个边码,有进一步的文献。

㉘ 参见本书第 19 节,边码 2。

现身体侵害的构成要件。这里又一次出现结论可靠但说理不可靠的情况。这里的问题还是出在理论基础风险降低学说身上。如果 X 根本没有插手此事,那么,Y 就会被砖头甚至砸出性命来,因此,就故意杀人罪而言,X 既没有通过作为实现其构成要件,因为没有因果关系,也没有通过不作为来实现其构成要件,因为没有保证人义务。㉙ 这样,他就只能因为没有提供救助,按照第 323 条 c 来承担责任。如果 X 像案例 6b 中所说的那样,并没有完全不作为,而只是至少愿意使出一半的力气来插手,那么,结论也不会发生变化:因为较之于死亡的结果威胁,最后发生的身体侵害显然能够通过推定承诺得到正当化;人们可以推定 Y 更愿意受伤,而不想死。因此,人们只能够谴责 X 没有按照第 323 条 c 来使 Y 免于受到身体侵害。

19　　③ **新风险的创设**:在案例 7 中,风险降低学说认为,F 实现了身体侵害的构成要件。因为按照该理论的设定,他没有将已经存在的窒息风险减小,而是新创设了一个风险,即小孩会因为从窗户抛下而受伤。㉚ 可是,F 并不是可罚的,因为他的举止可以通过推定承诺㉛的基本原理得以正当化。在该案例中,结果以及理由都是完全令人赞同的。

　　在案例 7 中,风险降低学说也得出了(正当化地)实现构成要件的结论,那么,这就又表明,该学说对案例 6a 的解释是成问题的。因为这两个案例的区别仅仅在于,案例 6a 中的行为人的插手是修正了具有风险的某个因果流程(用肩膀受伤代替死亡),而案例 7 中其做法则是启动了一个新的因果流程(从窗户抛出代替窒息)。事实上,这两个案例中行为人都是打断了一个特定的因果流程(死亡),然后,分别主动开启了一个新的事实发生(身体侵害),因此,这两种类型的情况的区别在实际上并不大。

5. 规范的保护目标

20　　在案例 3 中,我们讨论了通常没有危险、但在个案中却完全具有危险乃至需要加以禁止的社会日常举止,为了和这种所谓社会日常举止相区分,我们可以得出**规范上没有危险的举止方式**(normativ ungefährliche Verhaltensweisen)。这种举止方式从一开始就在规范的保护目标之外。如果某种举止方式按照其本质从本身上(*per se*)就不能**损坏**由构成要件**所保护的法益**,换言之,这种举止方式是不适格的,那么,它就处于规范的保护目标之外。因此,比如说,只是为了表达对尽心工作的感

㉙ 对此,详见本书第 36 节,边码 23 及以下几个边码、边码 49 及以下几个边码。
㉚ 韦塞尔斯、博伊尔克,边码 195;弗里施,《法学教学》,2011 年,第 116 页,尤其是第 117 页;海因里希,第 1 卷,边码 248;耶赛克、魏根特,第 28 节 IV、2;屈尔,第 4 节,边码 55;罗克辛,第 1 卷,第 11 节,边码 54。
㉛ 参见本书第 19 节。

谢，而给予清除市政垃圾机构的司机一些圣诞礼物[32]，就不得因此而将这种礼物视为是第331条意义上的符合构成要件的利益。[33]

日常的生活活动多半是没有危险的，这是从纯事实的角度来讲的，而不同于这种角度，将缺乏侵害法益之适格性的举止方式认定为处于规范的保护目标之外，则是**通过解释构成要件**的角度来讲的。正如前述的例子中所讨论的，我们将利益的概念做这种解释，从而就使得赠予市政清理垃圾的职员的圣诞礼物这种案件事实情况无法涵摄到这种利益概念上。 21

四、风险管辖（Risikozuständigkeit）

1. 基本原理

如果某人单独或者和他人共同地创设了一种条件，这种条件使得发生符合构 22
成要件的结果的可能性（相比于原来的情况）在客观上得到提高，那么，这个人就要为这个风险以及由该风险产生的结果负责。换言之，这个风险及其结果就在他的管辖范围之内。对创设风险的这种管辖，是基于这个原则：任何一个对事实发生进行支配的人，都必须对此答责，并担保没有人会因为该事实发生而遭到损害。支配的另一面就是答责。按照这一原则，任何人都必须安排好他自己的行为活动空间，从这个行为活动空间中不得输出对他人的利益的任何危险。如果创设了这样的一个风险，那么，当事者必须担保这种风险不会转化成现实。[34]

然而，正如在本节开始的时候所提到的案例1所体现的那样，在某些特定的前提条件下，可以不将由行为人所引发的结果客观地归属于他，这也是合乎事实的，但是，如果他主观上完全认识到了结果发生的风险，那么，不将结果归属于他就不是合乎实情的了。针对汽车和医药的生产而言，如果生产者要为这些产品所引发的损害承担责任的话，那么，汽车生产和医药生产也许就不可能了。更确切地说，在这种场合下，对因使用这些产品而产生的风险的管辖，必须从生产者转移到购买者那里。从基本的意义上说，这种场合下，（对生产者而言）之所以有责任排除，乃是因为自我答责的风险接受（Risikoübernahme）这一基本原理在起作用（边码23及以下几个边码）。

客观归属理论发展出了一系列的前提条件，如果满足了这些前提条件，人们就

---

[32] 参见《联邦法院刑事判例集》，第19卷，第152页，尤其是第154页；第23卷，第226页，尤其是第228页；埃泽尔，载《罗克辛祝贺文集》，2001年版，第199页及以下几页；《刑法典体系性评注——施泰因·鲁道菲》（SK-Stein/Rudolphi），第331条，边码23，有进一步的文献。

[33] 在客观归属理论的不统一的术语之中，这种排除责任的情况也被称为"社会相当"。

[34] 在不作为犯罪情况下，由此而产生的基于干预（Ingerenz）的保证人义务，参见本书第36节，边码63及以下几个边码。

应将引发结果的风险评价为是容许的。然而,这些前提条件在其本身事实方面或者其适用于哪些具体犯罪(deliktsspezifische Zuordnung)方面都不是没有争议的。㉟ 在下文中,我们仅仅是先把这些前提条件当作**同时适用于故意犯和过失犯地**加以阐述。因为按照主流意见,这些前提条件只适用于排除过失犯的责任,或者至少在过失犯领域,是具有实务上的意义的;故而,我们在后面再从这种框架下进行探讨。㊱

2. 自我答责原则

> **案例8**
> 警察J把他的公务手枪随便乱放,结果使得他的朋友P(女),自己拿起这把手枪(自我答责地)自杀了。㊲

23 谁创设或和他人共同创设了风险,就应当为该风险及其产生的损害负责,这个原则却并不适用于**受害人**对风险**自我答责**的情况。具体而言,也就是受害人以一个自己负责的方式自己危及自己(所谓的自我答责原则)。㊳

受害人自我答责地接受了风险,从而阻止了其他行为者对相应风险的管辖,这也就意味着,在这种场合下,其他行为者不再是不容许地入侵了他人(受害者)的权利领域。刑法是不过问那种纯粹的自伤的。谁实施了这种自伤,自己就应该承担责任。出于这种考虑,那些给自我答责的自伤提供主意、可能性和援助的行为,在刑法的眼里也是不重要的。㊴ 由于受害人的自我答责已经切断了将引发结果的举止客观地归属于他人的链条,因此,他人到底是故意地还是过失地做这些事情,都是根本不重要的。在案例8中,P的自杀并没有实现刑法上的任何构成要件,因而,援助了这一自杀的举止也是不可罚的,而且不管J是具备有意识地让别人自杀的目的而放任手枪的管理,还是由于管理疏忽而使得P获取了该手枪,都没有任何

㉟ 尤其令人不解的是,是否客观归属理论的不少做法不合理地将主观构成要件要素和客观构成要件的正当化要素放到前面来了呢? 相关问题,详见金德霍伊泽尔,《戈尔特达默刑法档案》,2007 年,第 447 页及以下几页,有进一步的文献。

㊱ 这些前提条件,特别适用于对结果尽到谨慎的可预见性的标准(即如何才是谨慎地对结果进行了预见)、容许的风险的标准(即怎样才是容许的风险) 以及义务违反的关联性的标准,参见本书第 33 节,边码 20 及以下几个边码、边码 26 及以下几个边码、边码 34 及以下几个边码。

㊲ 参见《联邦法院刑事判例集》,第 24 卷,第 342 页。

㊳ 主流观点,参见《联邦法院刑事判例集》,第 32 卷,第 262 页及以下几页;联邦法院,《刑法新杂志》,1985 年,第 25 页;埃塞尔,载《克赖祝贺文集》,第 81 页,尤其是第 82 页及以下几页;罗克辛,载《加拉斯祝贺文集》,第 241 页,尤其是第 243 页及以下几页;罗克辛,《刑法新杂志》,1984 年,第 411 页及以下几页;鲁道菲,《法学教学》,1969 年,第 549 页,尤其是第 556 页及下一页;还有其他观点,见《联邦法院刑事判例集》,第 17 卷,第 359 页。

㊴ 韦塞尔斯、博伊尔克,边码 186;弗洛因德,第 10 章,边码 94;克赖、埃塞尔,边码 356 及以下几个边码、边码 359 及以下几个边码。

关系。在实务中常常见到的阻却归属的案例,多是像吸毒这种不良行为⑩或者和艾滋病患者发生性关系这样的例子。⑪

3. 前提条件

案例 9

A 给了他的邻居 L 一把斧子,这把斧子的手柄上有个 L 所不知的裂缝。L 用这把斧子劈了几下后,斧子断裂,L 因此受伤。

案例 10

A 请求他的邻居 L 在 A 度假期间帮助 A 照管他的动物饲养园。L 在喂养动物的时候,被一只毒蛇咬伤并死亡。这只蛇是 A 新买来的,A 很轻率地以为它没有毒,便将之放入园内。

假使受害人是按照自我答责原则的标准自担危险地行事的,那么,其他行为者虽然也对风险创设有贡献,但也不再需要为结果答责。⑫ 但是,这种责任排除有**两个前提条件**:首先,受害人在风险创设中必须决定性地共同发挥作用(加功),而且其次,他在这一(风险创设)过程中必须自我答责地行为。 24

(1)加功:由于风险创设必须是受害人自危的一种体现,这样,受害人在这个过程中必须决定性地加了功就是必需的;否则,如果受害人仅仅是对外来危险或侵害作出承诺,那么,就并不总是与刑法无关的了。* 因此,如果是自杀,那么别人对他自杀的参加虽然是不可罚,但是,如果受害人要求借他人之手来杀害自己,那么 25

---

⑩ 参见联邦法院,《刑法新杂志》,2011 年,第 341 页及以下几页(该判例认为,在进行"(毒品)致幻"诊治的情况下,医生让完全答责的消费者服用毒品,不存在犯罪行为支配)及雅恩(*Jahn*)的评论,《法学教学》,2011 年,第 372 页及下一页;普珀,《法学家报》,2011 年,第 911 页及下一页。

⑪ 详见《联邦法院刑事判例集》,第 36 卷,第 1 页,第 17 页及以下几页;第 37 卷,第 179 页;巴伐利亚州高等法院,《新法学周刊》,1990 年,第 131 页;弗里施,《法学教学》,1990 年,第 362 页及以下几页;哈塞默,《法学教学》,1984 年,第 724 页;金阿普费尔(*Kienapfel*),《法学家报》,1984 年,第 751 页及下一页;朗格、瓦格纳(*Lange/Wagner*),《刑法新杂志》,2011 年,第 67 页;奥托,《法学》,1984 年,第 536 页及以下几页;普珀,第 6 节,边码 13 及以下几个边码;罗克辛,《刑法新杂志》,1984 年,第 411 页及以下几页;赛尔(*Seier*),《法学工作》,1984 年,第 533 页及下一页;施特雷(*Stree*),《法学教学》,1985 年,第 179 页及以下几页;针对"比赛喝水"的问题,参见克拉夫奇克、诺伊格鲍尔(*Krawczyk/Neugebauer*),《法学工作》,2011 年,第 264 页及以下几页。

⑫ 如果某人要做自担危险的行为,那么是指,他要和别人共同地作用于该行为,而他自己承担危险,这种自担危险要和"对外来危险的合意"相区分开,在"对外来危险的合意"中,风险是由第三人亲自控制着的;参见本书第 12 节,边码 61 及以下几个边码。

* 换言之,可能触犯刑法。——译者注

就会使那些实施这种行为的人,受到第 216 条的处罚。[43] 据此,仅当受害人独立地或者至少起同等作用地将风险操控于自己手中,他人才因受害人的自危而不需对风险负责。换言之,受害人的亲手贡献必须符合单独正犯或共同正犯的标准。[44]

26 **(2)自我答责性**:何时受害人才是自我答责地行事?这个问题无法直接从刑罚法规中得到答案。因为在刑罚法规中,只是明确规定了对侵害他人的答责,而没有规定对于和刑法无关的自伤的负责。因此,我们可以通过类比一般的规则来得出自我答责的标准。在这种标准中,有两个方面起着决定性的作用:

27 ① 首先,受害人必须能够在刑法的意义上答责。因此,尤其是若受害人(不是侵害自己,而是侵害别人时)被认为没有罪责能力或者要免除罪责,则需要排除自我答责。这点也正如不是伤害自己,而是伤害他人时,相应情况也是排除答责的(在《刑法典》第19、20、35条和《青少年法庭法》第3条)。[45]

28 ② 其次,受害人自我答责地接受由他人所为的风险贡献时,只有这是符合他的事实意志的,才能算是有效的风险接受[46]:这也就是说,受害人必须拥有**必要的洞察能力**(nötige Einsichtsfähigkeit)[47],以能够判断风险的承担范围,而且在这上面决不可以陷入认识错误的境地。[48] 例如 A 交付一把斧子给邻居 L,这把斧子看上去没有什么毛病,因此,L 在使用该斧子的时候,也就接受了他所知晓的通常的风险。但是,正如案例 9 中所说的那样,这个斧子中却有个不为 L 所知的裂缝,故而,由于没有足够的风险认识,自我答责原则也就不能排除这里的归属。[49]

29 ③ 在**专业鉴定**里需要注意的是,涉及自我答责原则而带来的责任排除这一审查步骤是在客观归属阶段完成的。若人们认为,受害人对风险的认识不如行为人

---

[43] 关于该问题,参见金德霍伊泽尔:《刑法分论》,第 1 卷,第 4 节,边码 7 及以下几个边码,有进一步的文献;受害人所安排的过失致人死亡,见纽伦堡州高等法院(OLG Nürnberg),《法学家报》,2003 年,第 745 页,尤其是第 746 页及下一页和恩伦德(Engländer)的评释。

[44] 详见本书第 38 节,边码 34 及以下几个边码。

[45] 关于这种所谓排除责任的标准,详见察克奇克:《刑法上的不法和受害者的自我答责》(Strafrechtliches Unrecht und die Selbstverantwortung des Verletzten),1993 年版,第 36 页、第 43 页及下一页。

[46] 在这点上,需要引入对承诺之有效性的标准的讨论(参见本书第 12 节,边码 9 及以下几个边码);关于这一标准对于自我答责的自杀这种重要情况的意义,参见《(舍恩克·施罗德)刑法典评注——埃泽尔》,第 211 条前言,边码 36;金德霍伊泽尔:《刑法分论》,第 1 卷,第 4 节,边码 12 及以下几个边码;《诺莫斯刑法典评注——诺伊曼》,第 211 条前言,边码 64 及以下几个边码,有进一步的文献。

[47] 特别是碰到有少年的场合,人们需要审查他们有没有这种能力,而且,在经常的情况下,人们得出的是否定的结论。

[48] 参见《联邦法院刑事判例集》,第 32 卷,第 262 页,尤其是第 265 页;第 36 卷,第 1 页,尤其是第 17 页及以下几页;联邦法院,《刑法新杂志》,1985 年,第 25 页;1986 年,第 266 页,尤其是第 267 页;罗克辛,第 1 卷,第 11 节,边码 113。

[49] 至于 A 是否可罚,则尤其取决于他是否满足故意或过失的条件。

对风险的认识时,受害人就不是在自我答责地行事[50],那么,应当认为,人们的这种认识只是有时候正确,却在实际上违反了事实;如果要审查是否可以处罚行为人,那么,行为人的认识是在探讨他是故意还是过失,也就是进行主观归属的时候才有意义。因此,在认定自我答责时,受害人的风险认识是否足够,并**不取决于行为人的认识**如何。如果受害人有足够的风险认识,那么,在客观上就阻止了行为人的风险管辖,而不管行为人的认识是否比受害人的认识更多、更少还是两者相同。此外,当行为人同样对风险没有什么认识,或者他具备比受害人还更少的认识,换言之,当他在风险认识上,并不比受害人更有优势时,也绝不意味着,受害人这时候就是自我答责了,或说,其自我答责就成立了。因此,在案例10中,L对风险没有认识(L有没有认识和A的认识水平之间没有关系),因此,他并不是自我答责地在行事。可是,A却为L在客观上创设了一个致命的风险,因为A策动L,并使L能够和毒蛇有所接触。由于A自己也没有认识到这个风险,但这并无法为A开脱,理由在于:他不够小心所以导致了自己的无知,因而,他要因为过失致人死亡(第222条)而遭受惩罚。[51]

4. 危险实现的过程

> **案例 11**
>
> A想自我答责地自杀,因此,他就从B那里搞来一堆合适的药片,出于自杀的目标将之服下,而后死亡。当A失去意识且濒临死亡的时候,B仍然是在场的;可是,B却没有叫救护车。

> **案例 12**
>
> A和B举行自行车比赛,赛程中必须经过一段坡度非常大的拐弯处。A知道这样赛车会有相应的风险,但是,他希望自己能够克服这种风险。可是,他跌下了车,并遭受到了危及生命的伤害。

正如在案例11中所描述的,如果受害人(A)首先自我答责地接受了风险,但是在危险实现过程中,却失去了掌控的能力,这时,别人(B)是否仍然还可以不为他(B)的风险创设之贡献承担责任? 这个问题是有争议的。　　30

(1) 判例:按照判例中的观点,如果行为人主动地加功于自我答责的自危,那么他不应承担责任,但是,若他不采取救助措施,则会因为过失致人死亡,承担不作　　31

---

[50] 仅请参见联邦法院,《刑法新杂志》,2001年,第205页;巴伐利亚州高等法院,《新法学周刊》,2003年,第371页,尤其是第372页;韦塞尔斯、博伊尔克,边码187;格罗普,第12节,边码63;罗克辛,第1卷,第11节,边码113;对此,正确的批判,见《诺莫斯刑法典评注——普珀》,第13节前言,边码197。

[51] 详见过失责任,本书第33节。

为的刑事责任。㊾

32　　（2）**主流学说**：然而,这种方案＊并没有说到点子上,因为以自我答责的方式排除责任的要义恰恰在于,有风险的行为和相应结果脱离联系。否则,(相应)举止规范的内容的表述就自相矛盾了。在案例 11 中,B 交付药片给 A,这样,也就使得 A 可以实施自我答责的已经计划好的自杀了。可是,若在药物一旦见效之时,就用刑罚要求 B 给 A 洗胃或者采取进一步的救助措施,那么,便是自相矛盾了。因此,按照主流学说,在这里只适用这个原理:若某人参加了风险创设,而不需要为受害人的自我答责的自危负责,那么,他也不需要因为他的(对风险创设的)参加,而担保风险不会实现。㊿

33　　特别要指出的是,人们不得忽视这里可能出现了第 323 条 c 的救助义务,也就是说,受害人虽然自我答责地接受了风险,但是,**不想结果发生**。因此,在案例 12 中,包括(注意到事实发生的)B 在内的任何人,都有义务按照第 323 条 c 提供可期待的帮助。

　　5. 受禁止的加功

> **案例 13**
>
> 　　商人 S 卖海洛因给自我答责地购买的消费者 X,X 却不小心地过量注射,结果死了。

34　　对风险创设的参加,若**在手段和方式上恰恰是受禁止**的,那么,自我答责性并不能导致归属的阻却。在这种情况下,法律虽然并未取消自我答责原则,但是,对之做了如下的限制:当事人不得为了保护自己而以特定的手段和方式来行事。因而,这种禁止规范具有一种提防性的作用。这样,按照《麻醉品交易法》第 30 条第 1 款第 3 项的规定,案例 13 中的 S 就要因为(轻率的)杀人而受罚了,这并不取决于他是不是为一个自我答责地行事的消费者而搞到毒品。㊽可是,若人们禁止以这

㊾　这样的观点,至少见诸于联邦法院,《刑法新杂志》,1984 年,第 452 页及下一页;1985 年,第 319 页及罗克辛的批判性评释;偏离的观点,亦见慕尼黑检察院(StA München),《刑法新杂志》,2011 年,第 345 页及下一页。

＊　即指判例的方案。——译者注

㊿　仅请参见罗克辛,第 1 卷,第 11 节,边码 112,有进一步的文献。

㊽　参见博伊尔克、施罗德,《刑法新杂志》,1991 年,第 393 页;奥托,《法学》,1991 年,第 443 页及以下几页;《诺莫斯刑法典评注——普珀》,第 13 条前言,边码 189;鲁道菲,《法学家报》,1991 年,第 572 页及以下几页;韦伯,载《施彭德尔祝贺文集》(Spendel-FS),第 371 页及以下几页;其他观点,见霍曼(Hohmann),《德国法月报》,1999 年,第 1117 页及下一页;罗克辛,第 1 卷,第 11 节,边码 112;新近关于阻却归属的判例,仅是基于《麻醉品交易法》第 30 条第 1 款第 3 项而做出的,而没有适用《刑法典》第 222 条,参见《联邦法院刑事判例集》,第 37 卷,第 179 页,尤其是第 182 页;进一步参见联邦法院,《新法学周刊》,2000 年,第 2286 页,尤其是第 2287 页;《刑法新杂志》,2001 年,第 205 页,尤其是第 206 页。

种形式(且仅仅是该形式!)⑮加功于他人的自危,那么,在杀人罪的框架内,这种加功也就不适用阻却归属了。

五、第三者的干预

我们已经深入讨论了,受害人自我答责的自危可以导致对参加者的归属之阻却,那么,在风险创设引发责任这一特定条件下,是否第三人的干预也可以单独地脱离出去?对这个问题,有着不同的回答。在这里,需要区分三种类型的情况:第一种情况是,如果某个第三者已经决定性地操控着风险,那么,如何处理加功该风险者的责任?换言之,若行为人和第三人共同作用于该风险,他们要怎样负责?(以下以关键词"**回溯禁止**"标出)第二种情况是,在已经有了第一个风险的时候,第三人若再进一步创设出风险,那么,谁管辖该风险?(关键词"**后续风险**")第三种情况是,救助者在清除由行为人所创设的风险的时候,受到了伤害怎么办?〔关键词"**救助者的场合**"(Retterfälle)〕

1. 回溯禁止

案例 14

A 以杀人的意图,将毒药倒入 S 的咖啡里。这一举动被 B 秘密地观察到了,B 马上又觉察到,这个毒药的量太少了。由于 B 也想杀死 S,于是他就在咖啡中又加了一点毒药,这样毒药的量就足以杀死 S 了。之后,S 饮毒身亡。

案例 15

出租车司机 C 按照正常的乘车价格将入室盗窃者 E 和 F 运送到行为地点。

案例 16

狩猎者 S 随便乱放他的来复枪,这使得 B 有机会,突然拿走枪并开枪将与之有过肢体冲突的 O 枪杀。

在行为人启动了该因果流程后,若由第三者决定性地进行了干预,并导致了结果,那么,是否还需要将结果归属于行为人?以及是将全部结果还是部分结果归属于他?换言之,归属阻却的可能性和边界在哪里?对于这些问题的回答,是在"回溯禁止"这个主题下展开讨论的。回溯是禁止的,这意味着:某个特定的人采取某举止,导致了刑法上可罚之结果,这一因果链就不得再追及到该特定人的举止的后

---

⑮ 参见《联邦法院刑事判例集》,第 32 卷,第 262 页,关于放任注射的不可罚性的部分;亦参见联邦法院,《刑法新杂志》,1985 年,第 25 页。

面去，因此，在结果的归属上，他人所为的因果贡献就不应再加考虑。㊺或者，换言之，基于回溯禁止，第一个引发人就与其举止的结果的归属脱离关系了，因为后续的事实发生，就落入了第三人["第二引发人"（Zweitverursacher）]的答责领域内。

37　　（1）回溯禁止的旧学说：按照人们的原先说法（现在已成为少数说），回溯禁止是指，**第三者故意的行为打断了由第一引发人**（Erstverursacher）**所启动的因果流程**。㊻这种观点是这样推理的：如果某人出于自由的决定已经做了某个行为，那么，该行为便不受制于其他原因（否则它就可能不是自由的了），而总是最后的基于自由意志的行为才启动了因果流程。因而，在人们进行自由地设定条件时，不能将之前既有的条件认定为原因。但是，人们仍然是可以参与（教唆、帮助）某个故意的行为的。然而，这种观点可能并没有什么说服力，因为所谓意志自由，只是指意志形成的那些前提条件，而不是后来的其他人按照他们的意志所干预的事实发生。特别要指出的是，为了解释清楚这里的因果关系，需要考察后面的人（即第二引发人）作出决定时的那些既有条件，而这时，哪些条件是前面的人自由地设定的，哪些又是前面的人不自由地设定的呢，并不重要。结合案例14，这就意味着：按照累积的因果关系的规则，人们应将由 A 所投下的毒药也认定为引发具体结果的原因，并不取决于是否 B 基于自由意志将毒药量提高到一个致死的高度。如果人们不考虑先前 A 的因果贡献，那么，B 也可能不成为死亡结果的原因，因为他所给 S 下的毒可能也不够达到致人死亡的地步。

38　　（2）回溯禁止的新学说：回溯禁止的新学说不再认为是因果流程的打断导致了责任的排除，而是诉诸于结果的客观归属。按照这种新学说，回溯禁止是指：如果**第一引发人是按照他的社会角色**行事，那么，他的举止就是合理的，而并不取决于第三人（不被容许的）有风险的举止。㊼这种学说尤其适用于像案例15这样的例子。在该例子中，相应的社会交往没有产生任何一起犯罪的意思，像日常生活中的销售和服务行为都是如此。

39　　同时，难以否认的是，若我们这样描述，C 将要去入室盗窃的 E 和 F 运送到行为地点，那么，这种事实描述就拥有了犯罪的含义，就像任何卷入某种犯罪关联的举止都会给这一举止蒙上一层犯罪的意义。这种描述并不会因为还有附加信息（亦即 C 是按照出租车司机的角色行事）就变成错误的。因此，鉴于 C 给 E 和 F 提供了帮助服务，而这里恰巧 C 是出租车司机，那么人们可能可以援用 C 是出租车司机这一事实来论证对 C 的回溯禁止。但是，这种论证是站不住脚的，因为不管是作

㊺　亦参见《诺莫斯刑法典评注——普珀》，第13条前言，边码167。

㊻　尤其是弗兰克，第1节，评释 III、2a，有进一步的文献。

㊼　此处，见雅科布斯，第24节，边码15及以下几个边码，还有相应的例子；亦参见弗里施：《符合构成要件的举止和结果的归属》，1988年版，第280页及以下几页、第295页及以下几页。

为私人还是作为出租车司机,只要他将入室盗窃者运送到行为地点,相应地在刑法上都没有区别。

40 按照另一个学说观点,如果第二引发人是**故意地**行事的话,而第一引发人只是具有过失,那么,正常情况下,人们就不得将结果归属给第一引发人。根据这种观点,在案例 16 中,S 本人只有在故意行事的情况下(如 S 知道 B 会在与 O 的冲突中使用该枪),或者 S 和 B 两个人都有过失行为(如在格斗中枪支不慎走火),S 才是可罚的。而如果 S 本人虽有过失行为,但 B 是故意射杀 O 的,则 S 不可罚。[59]

41 至于为什么可以阻却归属,该学说内部也存在分歧:有人认为,若第三者(B)故意地以其行为来干预相应事实发生,那么,这个事实发生的流程便不再受第一引发人(S)的控制了。[60] 也有人认为,只有过失的帮助不需得到处罚,因为故意行事的行为人(B)和具有过失的第一引发人(S)之间存在着一个答责上的明显落差(erhebliches Verantwortungsgefälle)。[61]

42 这种方案没有说清楚的第一个问题是,在 S 自己有过失的情况下,S 对于事实发生的控制性或者操控,要在多大程度上取决于 B 故意还是过失地行事? 其实,S 的控制性或者操控仅仅限于随便乱放来复枪:如果 S 对 B 和 O 之间的冲突有所了解,那么,他就应当能够避免创设这种和结果有关的条件。而这,并不取决于 B 后来是有目的地还是疏忽地射击 O。

43 此外,还有一个难以理解的地方:为什么当 B 出现故意的时候,S 就不需要承担责任? 而当 B 出现过失时,却又要承担责任? B 的主观答责性的范围,其实与 S 应当和能够在多大程度上不创设与结果有关的条件这个问题根本没有任何关系。如果人们可以从受害人的视角来看待这个问题,情况就清晰多了:O 针对 S 的合法权益在于,S 不要随便乱放来复枪,随便乱放会提高肢体冲突时使用该致命武器的风险(即可能性),这种权益的存在和后来受到侵害,都不取决于 B 到底是故意还是过失地将该风险转化为结果。此外,针对这种风险的消失,O 也是有合法权益的,而该权益也和 S 到底是故意还是过失地放置来复枪没有关系。

---

[59] 关于杀人狂(Amoklauf)的相似情形,参见联邦法院,《法学工作》,2012 年,第 634 页及耶格尔的评释;贝尔施特(Berster),《刑法学理国际杂志》(ZIS),2012 年,第 722 页。

[60] 瑙克,《整体刑法学杂志》,第 76 卷,1964 年,第 409 页,尤其是第 424 页及以下几页;奥托,载《毛拉赫祝贺文集》,第 91 页,尤其是第 99 页及下一页;亦参见布尔格施塔勒(Burgstaller):《刑法中的过失犯》(Das Fahrlässigkeitsdelikt im Strafrecht),1974 年版,第 116 页及下一页;毛拉赫、格塞尔、齐普夫,第 43 节,边码 74;韦尔普(Welp):《不作为的行为等价的基础:先行行为》(Vorangegangenes Tun als Grundlage einer Handlungsäquivalent des Unterlassens),1968 年版,第 283 页及以下几页、第 299 页及下一页。

[61] 韦尔勒(Wehrle):《对故意犯的过失参加——回溯禁止?》(Fahrlässige Beteiligung am Vorsatzdelikt-Regreßverbot?),1986 年版,第 63 页及以下几页、第 83 页及以下几页;舒曼:《刑法上的行为不法和他人的自我答责原则》,1986 年版,第 46 页以下几个边码,他们想将答责建立在最后一个决定性的行为上,但同时认为,这并不适用于间接正犯和重大过失(allsetige Fahrlässigkeit)的场合。批判该种做法的,参见《诺莫斯刑法典评注——普珀》,第 13 条前言,边码 178 及以下几个边码。

44　　**(3) 结论**：我们从这里可以看出，回溯禁止学说的前提就是不符合事理的：该学说想要在**没有**法律上的容许规范的前提下，将一个禁止规范（亦即禁止为他人的受刑法保护的利益设置风险）转变成是容许的，从而取消这个禁止规范。在该问题上，像符合职业地驾驶出租车这种合乎角色的举止，并不是什么正当化的事由[62]，同样，自己的受禁止的举止的不法也不会因为第三人受禁止的举止而取消。如果某人作出了具有损害性的举止，而这时，别人也犯下了不法，在这种情况下，若允许前者援引后者的犯行，来为自己（前者）开脱，那么，这就破坏了对受害人的保护。

45　　因此，如果判例及与之保持一致的学术文献继续遵守传统的观点（亦即**根本不承认回溯禁止**可以阻却归属），那么，我们就应予以支持。更确切地说，当行为人没有认识到出现了第三人的干预，或者第三人的干预明显地偏离了前者原先设想的因果流程，这时，第三人的干预才可以阻却故意。[63] 相应地，在过失犯的场合，如果行为人在尽到了人们所期待的谨慎后，仍无法预见到第三人会做出这样的干预，那么，第三人干预就排除了对行为人的结果归属。[64]

2. 后续风险

46　　**(1) 促成进一步的结果**：前文讨论了回溯禁止是否可能的问题，也就是说，若某个人所创设的条件直到后来的人进行了干预，才能导致结果的实现，是否可以回溯追及到前面的人。需要和这一问题相区分的是，若第三人在第一行为人（Ersttäter）已经引发结果的情况下，再促成进一步的结果，那么，这个问题就不是回溯禁止问题了。例如：

案例 17

E 将 O 打伤，后 O 被送往医院救治。事故医生 Y 只是对 O 进行了一个表面的检查，而忽视了 O 严重的内伤，从而错过了本来可以对 O 进行能阻止结果发生的有效医治时机。

案例 18

E 将 O 打伤，后 O 被送往医院救治。事故医生 Y 没有按照规定进行检查，就给 O 注射了一种药物，结果这种药物引发了一个过敏反应，导致 O 死亡。

---

[62] 符合角色的社会举止是不符合正当化原则的。参见本书第 15 节，边码 3 及以下几个边码。
[63] 对此，参见本书第 27 节，边码 43 及以下几个边码。
[64] 仅请参见《联邦法院刑事判例集》，第 4 卷，第 360 页，尤其是第 362 页；第 7 卷，第 268 页，尤其是第 269 页及下一页；第 11 卷，第 353 页，尤其是第 355 页；联邦法院，《德国法月报》（达林格）(*Dallinger*)，1956 年，第 525 页，尤其是第 526 页；鲍曼·韦伯·米奇，第 14 节，边码 33；耶赛克·魏根特，第 54 节 IV、2。

第 11 节　结果犯中的客观归属

> **案例 19**
> E 用枪将 O 打伤,后 O 被送往医院救治。当夜,恐怖主义者 K 纵火焚烧医院;O 窒息而死。E 知道 K 的计划,因而故意打伤 O,这样 O 就会成为纵火案的受害者。

> **案例 20**
> T 将 O 打伤,O 在医院中,出于宗教信仰的原因,拒绝了对他的救助性的输血。[65]

① 首先,像案例 17 中的 Y 之类的第三人**没有清除**由第一行为人所创设的风险,可能**只是违反义务**的。在该案中,由于该违反义务的不作为没有创设任何风险,而只是没有阻止既已创设的风险的实现,那么,结果无疑是要客观地归属于 E 的。[66] 不管 Y 是否因为不作为地过失致人死亡(第 222 条、第 13 条)而需承担刑事责任,在客观上,都要将结果的促成归属于 E,在该处,E 是作为犯。理由在于:即便别人不遵守义务地将 E 创设的风险降低或者消除,E 也仍然不能由此而开脱责任。[67]   47

② 进一步地,第三人还有可能通过一个**主动的举止**将既有的风险引向结果,案例 18 中的 Y 就是这样的第三人。   48

首先,按照常规的理解,在该案例中涉及对于因果流程是否有预见的问题,这种可预见性是承担过失责任[68]的前提。如果(Y 实施的)再次损害能够为首次损害者(E)所预见的话,那么 E 需要承担责任。在这种情况下,人们只能将严重的(或者说轻率犯下的)人为错误认定为是不可预见的[69],因为在通常的事实发生流程中,这类错误难以估算到。在案例 18 中,Y 对结果的促成并不是出于过失,因为 Y 在注射药物之前,没有按照规定进行检查,而不做这种检查可算得上是个严重的错误。   49

其次,按照广泛流传的学说,如果在结果中所实现的并不是第一行为人所创设的风险,那么,这个结果在客观上就不得归属于他。[70] 按照这种观点,在案例 18 中,   50

---

[65] 反之,如果受害人拒绝了或多或少有风险的手术,则并非一开始就是不理智的。亦参见策勒州高等法院(OLG Celle),《刑事辩护人杂志》,2002 年,第 366 页及下一页和瓦尔特(Walther)的评释。

[66] 参见屈尔,第 4 节,边码 51。

[67] 关于行为人故意地"介入"自己的(过失)犯罪行为的特别情形,见海因里希,载《格佩尔特祝贺文集》(Geppert-FS),第 171 页及以下几页。

[68] 在这里,实际上不太可能出现故意犯。

[69] 策勒州高等法院,《新法学周刊》,1958 年,第 271 页及下一页;按照布尔格施塔勒,载《耶赛克祝贺文集》,第 357 页,尤其是第 364 页及以下几页的说法,当再次损害是出于第二行为人的轻度(或者中度)的过失,那么,这种再次损害是可以归属给第一行为人的,而当第二行为人是故意或者重大过失地引发结果时,就不可以再这样归属给第一行为人。

[70] 参见(在细节上有差异的)弗里施:《符合构成要件的举止和结果的归属》,1988 年版,第 436 页及以下几页;雅科布斯,《整体刑法学杂志》,第 89 卷,1977 年,第 1 页,尤其是第 29 页及下一页;罗克辛,第 1 卷,第 11 节,边码 42;罗克辛,载《加拉斯祝贺文集》,第 241 页,尤其是第 257 页及下一页;《刑法典体系性评注——鲁道菲》,第 1 条前言,边码 73;对之部分地加以限制的观点,见《诺莫斯刑法典评注——普珀》,第 13 条前言,边码 240 及下一边码。

由于死亡结果(具体结果)的发生所实现的并非实现了打伤的风险,而是实现了因不当的注射所激发的过敏反应的风险,这样,就不可以(对 E)客观归属了。

51　　就像我们在回溯禁止时已经指出的那样,这种新的风险学说*是存在问题的:仅仅因为别人的错误举止,就使得第一行为人不再为他自己引发的结果承担责任,这是没有道理的。更确切地说,第一行为人的责任只是取决于,他在多大程度上预见到(后来)进一步的事实发生(故意),或者在多大程度上能够和必须预见到这种状况(过失)。这也是判例中的观点。案例 19 中所涉及的就仅仅是可预见性的问题:从表面上看,E 创设了枪伤的风险(可能有生命危险),但这个枪伤本身并没有直接造成具体结果的实现。这时,如果我们就因此认为 E 没有实现杀人的客观构成要件,那么,就很可能是没有道理的。因为 O 虽然没有因为枪击而直接死亡,但是却于医院窒息而亡。对这种窒息的风险,E 不是没有原因的,通过使 O 受伤,便使得 O 入住医院。鉴于事实的发生符合了 E 的计划,这样,O 的死亡也就代表了 E 所故意创设的死亡风险得以实现。⑦

52　　案例 19 再次表明,需要精确地区分客观的风险因素和对这种因素的可预见性。如果 O 没有住进医院的话,就无法从因果上解释死亡结果的发生,因此,在客观上,使得 O 住院就是窒息风险的一个因素。从时间上讲,E 先是已经创造了一个枪杀的风险,而这并不会改变如下事实:E 对后来窒息风险的产生也是有贡献的。行为时,窒息风险对死亡有着决定性的作用,而对该窒息风险的可预见性则是完全另一个问题。在通常的场合,人们是没有办法预见到这种窒息风险的,因而也就需要排除行为人的故意责任或者过失责任。但是,如果行为人知道了这种决定性的风险因素,那么,我们根本就没有理由为他开脱责任,更不能辩解说:他在客观上没有实现由他创设的风险。

53　　**(2)例外**:然而,如果受害人(像案例 20 中那样)按照自我答责的原则接受了对自己的危险,那么,就可以排除第一损害者的责任了。⑦ 在这种情况下,针对行为人举止的客观结果之归属的过程就被打断了。当然,在这里需要尤其注意的是,自我答责的风险接受的前提条件是,O 是具备洞察能力的,且完全了解了他所做决定的影响范围。⑦

54　　所以,在如下的案例中,结果的归属就不为受害人举止所影响:T 打伤 O;在紧

---

　　*　即前述"广泛流传的学说"——译者注。

　　⑦　对此,清晰的阐释,见施特林泽,《戈尔特达默刑法档案》,1987 年,第 97 页,尤其是第 98 页及下一页。

　　⑦　参见屈尔,第 4 节,边码 52。

　　⑦　参见联邦法院,《刑法新杂志》,1994 年,第 394 页;布尔格施塔勒,载《耶赛克祝贺文集》,第 357 页,尤其是第 363 页及下一页;雅科布斯,第 7 节,边码 59;耶赛克、魏根特,第 28 节 IV、4;罗克辛,第 1 卷,第 11 节,边码 118 及下一页。

急医生尚未抵达之前,出于惊慌,O 离开了原地,从而没有得到及时的救助。在这里,T(而不是 O)要为这种惊慌的错误反应承担责任。

3. 救助者的场合

> **案例 21**
>
> A 纵火焚烧 B 的房子。为了拯救房子里快要窒息而亡的 B 的小孩,邻居 L 闯进大火中。在房里,他被一块落下的横梁砸中,致锁骨骨折。

(1)基本原理:如果像案例 21 中的 L 这样的第三人,为了救助的目的,自愿地介入了由行为人所引发的事实发生过程,并遭受到了伤害,那么,问题就出来了:是否这种伤害也可以客观地归属于行为人呢[74]?   55

① 有人认为,由于救助这一举动落入了行为人所制造的风险领域中,那么,在正常情况下,因救助而导致的结果就可以客观地归属于该行为人。[75] 极端反对的观点认为,行为人原则上不应为这种伤害承担责任,因为救助者是自愿干预进来的,行为人只是引起了一个(救助者)自我答责的自危。[76]   56

② 主流学说采取的是折中看法:鉴于救助可能带来的危险性,来考察这种救助的合理性。按照这种观点,鉴于救助措施必要性的考虑,如果**这种自危是理智的**,那么,救助者所遭受的伤害,对于行为人而言,即是可归属的。这种情况就发生在案例 21 中,L 冒着生命的危险,为的是救下一条人命。反之,如果 L 只是为了去阻止一个微不足道的损害,却采取了近乎莽撞的行动,并因此遭到损害的话,那么,这种自危就是不理智的。[77]   57

③ 主流学说的方案是值得赞同的。理由在于:谁创设了一个风险,谁就要为   58

---

[74] 对此,列举了不同类型的情况,并作了详细阐述的,见蒂埃尔(*Thier*):《第六部刑法改革法中的纵火罪中救助者伤害的可归属性》(Zurechenbarkeit von Retterschäden bei Brandstiftungsdelikten nach dem Sechsten Gesetz zur Reform des Strafrechts),2008 年版。

[75] 耶赛克·魏根特,第 28 节 IV、4。

[76] 布尔格施塔勒,载《耶赛克祝贺文集》,第 357 页,尤其是第 370 页;奥托,《新法学周刊》,1980 年,第 417 页,尤其是第 422 页;罗克辛,第 1 卷,第 11 节,边码 115;然而,见罗克辛,载《普珀祝贺文集》,第 909 页及以下几页。

[77] 《联邦法院刑事判例集》,第 39 卷,第 322 页,尤其是第 325 页及下一页;斯图加特州高等法院,《刑法新杂志》,2009 年,第 331 页及以下几页和普珀的批评性评释;古川(*Furukawa*),《戈尔特达默刑法档案》,2010 年,第 169 页及以下几页;拉克,载《普珀祝贺文集》,第 831 页,尤其是第 842 页及以下几页;罗克辛,载《普珀祝贺文集》,第 909 页,尤其是第 927 页及以下几页以及雅科布斯,《整体刑法学杂志》,第 89 卷,1977 年,第 1 页,尤其是第 15 页及下一页;《诺莫斯刑法典评注——普珀》,第 13 节前言,边码 186 及下一边码;《刑法典体系性评注——鲁道菲》,第 1 条前言,边码 80 及下一边码;《莱比锡刑法典评注——瓦尔特》,第 13 条前言,边码 116 及下一边码;关于此问题的详细阐述,见施特拉塞尔(*Strasser*):《救助、逃亡和追捕诸举止的归属》(Zurechnung von Retter-, Flucht-und Verfolgerverhalten),2008 年版,第 228 页及以下几页。

该风险不实现于结果而答责。因此,如果救助者为了减少或减轻损害,而采取了适当而必要的措施,那么,**救助者也就是在履行本要由行为人来履行的义务**。这样,行为人创设了一个风险领域,在该风险领域中活动的救助者是在为行为人而行事,因此,行为人也就需要为救助者所遭受到的结果承担责任。换句话说,行为人必须为救助者遭受的伤害承担责任,就像如果他遵照自己的义务,亲自实施救助而可能也遭受到的伤害一样。所以,谁如果创设了一个风险,也就给人以采取理性的救助行为的缘由。此外,我们还可以看到,这不仅符合道德上成立的团结义务,而且符合一般的法律义务(第 323 条 c):在宝贵的利益遭受到严重危险的时候,要采取合理的措施来加以救助。如果将在第 323 条 c 规定的期待可能性范围之内实施的自愿救助说成是一种自愿的自危,那无疑是荒唐的,因为这种救助并不是一种恣意的决定,而是法律预先规定的决定。

59　　(2)**保证人地位**:当救助者不是任意的私人,而是具有个人的保证人地位,如父亲或者丈夫,或者具有公共义务,如消防员或警察,那么,他们作为救助者来干预的话,便是我们该处考察的情况了。[78] 在这种情况下,救助者拥有更高的危险承担义务,因此,人们也就可以预料到,他们可能采取有风险的救助措施,那么这样,对于因这种风险而导致的伤害,也要由行为人来为之承担责任。然而,在这种场合中,偶尔会出现自愿的自危,若真是自危,那么,也需要从原则上排除行为人的相应责任。[79]

　　所谓救助者场合还与一种情形有关,即,如果只是因为被害人的逃亡促成他自己受伤或死亡这种构成要件性结果,应当如何处理?判例已经针对性地解决了这一问题:在这种情况下,行为人的举止之中就已经蕴藏有被害人力图冒险逃亡的风险,因此,可以将之归属于行为人。[80]

六、专业鉴定

60　　在结果犯领域,行为和结果之间肯定需要有一个因果关系,这样才能实现客观的构成要件,因此,在正常情况下,这还需要一个明确的审查:行为人对于其所引发的结果是否都需要承担责任?**客观归属的规则所界定的就仅仅是这种责任**;这样,也就限制了构成要件的适用范围。所以,就像违法性的审查和罪责的审查一样,仅

---

[78] 仅请参见《刑法典体系性评注——鲁道菲》,第 1 节前言,边码 81,有进一步的文献。
[79] 罗克辛,第 1 卷,第 11 节,边码 139。
[80] 参见联邦法院,《刑法新杂志》,2008 年,第 278 页;施特拉塞尔:《救助、逃亡和追捕诸举止的归属》,2008 年版,第 246 页及以下几页;亦见斯泰因贝格尔(*Steinberg*),《法学家报》,2010 年,第 1053 页提到"精神伤害致死";进一步地,关于"相反"的情形,亦即被追捕者针对追捕者追捕造成伤亡的答责,见罗克辛,载《普珀祝贺文集》,第 909 页,尤其是第 926 页及下一页;施特拉塞尔:《救助、逃亡和追捕诸举止的归属》,2008 年版,第 256 页及以下几页;施图肯贝格(*Stuckenberg*),载《普珀祝贺文集》,第 1039 页及以下几页。

当案件事实情况中出现了需要阐释客观归属规则的充足理由,才必须就此加以详细阐释。

就此方面而言,如果案件事实情况中真出现了相关的需求,那么,也就只需要论述特定的疑难问题。例如,可以专门讨论自我答责的自危的问题。与此相关地,也就需要将之**与"对外来危险的合意"情况区分开来**。⑧¹ 此外,需要注意的是,如果受害人不是自担风险地行事,那么,创设风险的那些人,有可能成立**间接正犯**。⑧²

需要始终记住的是,客观归属乃是**确定犯罪的客观构成要件时的一个审查步骤**。这首先意味着:在客观归属层面上,行为的主观方面,如行为人的设想和目标,基本上不能发挥任何作用。如果在论证某个结果的客观归属可能性时认为:只发生了行为人也所想要的结果,那么,就可能犯下逻辑错误了。更确切地说,在客观归属层面,乃是在讨论:如果随便放一个人到行为人的位置上,那么,这个任意的人是否也需要为结果的发生承担责任?倘若得到否定的答案,这个结果在客观上就是不可归属的;由于没有符合客观的构成要件,这样犯罪也就没有实现。由此产生的一个新问题是,如果行为人确实是故意地行事,那么,他是否构成了可罚的力图?

61

62

63

> **复习与深化**
>
> 1. 刑法中的客观归属有何种机能?(边码1及以下几个边码)
> 2. 如何理解风险?(边码6)
> 3. 原因和风险因素二者有何联系和区别?(边码6及以下几个边码)
> 4. 如何理解"纯正的"和"不纯正的风险降低"?(边码14及以下几个边码)
> 5. 受害人的自危要满足什么条件才可以阻却归属?(边码23及以下几个边码)
> 6. 在第三者干预可能导致阻却归属的情况中,探讨了哪三类具体情况?(边码36及以下几个边码、边码46及以下几个边码、边码55及以下几个边码)

---

⑧¹ 详见本书第12节,边码61及以下几个边码。
⑧² 参见本书第39节,边码44及以下几个边码。

第12节 承 诺

一、概述

> **案例1**
> 17岁的S让皮肤科医生P去除他的胎痣。手术之前，医生详细告诉过他这种手术的风险。

1. 概念

1 遵照他人的意志对其利益实施侵犯，原则上并不成立不法["愿者不受损害"(*volenti non fit iniuria*)]。① 理由在于：人们对个人的法益并不是绝对地予以保护的，而是服务于保护承认法治和社会福利国家的民主社会里个体的自由发展这个目标。② 因此，相比较于禁止违背法益持有者的意志改变法益而言，这正是一种相反。除非出于公共利益，才可以以强制的命令的方式对个人的自由施以限制。③

2. 犯罪论体系上的地位

2 如果行为人是以为构成要件所保护的法益合法持有者的意志而行事，那么，他的所为原则上就不是不法。这点在结论上是毫无争议的。④ 有争议的是，承诺到底应当放在犯罪论体系的哪个阶层？

首先是常规的理解，而且也许还是主导地位的观点，亦即，承诺乃是一种**正当化事由**。⑤

---

① 这个流行的删节本，源自于乌尔比安(*Ulpian*)的《学说汇纂》(*Digesten*)第47卷的传世名句，即"以被害人的意志所发生的东西，不是不法的"(nulla iniuria est, quae in volentem fiat)(D.47,10.1.5)。
② 参见本书第2节，边码6；关于历史上承诺理论演变史中的对立立场，参见霍尼希：《被害人承诺》(*Die Einwilligung des Verletzten*)，第1部分，1919年版，第32页及以下几页、第46页及以下几页、第60页及以下几页；针对今日承诺学说的批判，见阿茨特，载《格佩尔特祝贺文集》，第1页及以下几页。
③ 关于处分权的限制，有216条、第228条，参见本节边码10及以下几个边码、边码66及以下几个边码。
④ 在这点上，第228条所确认的承诺没有违法性，只有宣告性的意义；人们很难将该条款认定为是个正当化条款。
⑤ 《联邦法院刑事判例集》，第17卷，第359页，尤其是第360页；第23卷，第1页，尤其是第3页及下一页；阿梅隆、艾曼(*Eymann*)，《法学教学》，2001年，第937页，尤其是第938页；鲍曼、韦伯、米奇，第17节，边码93及以下几个边码；韦塞尔斯、博伊尔克，边码361、370；菲舍尔，第32条前言，边码3c；格罗普，第6节，边码56；海因里希，第1卷，边码438；耶赛克、魏根特，第34节 I,3；克勒，第245页及以下；屈尔，第9节，边码22以下几个边码；奥托，《法学》，2004年，第679页，尤其是第680页；《诺莫斯刑法典评注——佩夫根》，第228条，边码8；斯特拉滕韦特、库伦，第9节，边码9。

而按照已产生巨大影响的观点,承诺已经可以**阻却客观的构成要件**了。⑥

（1）**正当化事由说**：按照传统的观点,承诺只是一种正当化事由。法益侵害的成立,也并不取决于具体的法益客体持有者(Inhaber)的意志。⑦ 按照这一观点,在**案例1**中,对于S的手术是对于其身体完整性的侵犯,所以,人们需要将之评价成为第223条意义上的身体侵害的法益侵害。在被害人承诺的情况下,人们既可以将之看作是其放弃法益保护⑧,这种放弃具有一种正当化效用。同样,人们也可以这样认为,即在承诺的情况下,从法益衡量的角度看,个体的处分自由高于法益的价值。⑨

（2）**构成要件说**：将承诺理解为对他人侵入自己利益的答责的接受,尤其体现在客观归属论者那里。⑩ 通过承诺,权利人将行为人的行为转化为自己的行为。依照这种理解,行为人是在**为权利人行事**,因此**是为后者执行事务的工具**。这样,案例1中P的举止应当理解为S自己要除去胎痣。

尽管这种观点在取消构成要件性不法这一结果上是合理的,但是,它很难解释,为什么在第216条、第228条中要排除或者限制成立承诺的可能性。例如,倘若在承诺的场合要将他人的杀害认定为承诺者的自杀,那么就同样必须将这种情况认定为不符合构成要件或者作为容许的情形加以处理,因为自杀不符合构成要件,不是受禁止的;然而,第216条却所言相反。尽管存在受侵害者的承诺,但这种情形下所采取的实施构成要件的行为,却仍然属于由行为人单独答责的对他人利益的侵犯。

在刑法中,人们规定了不得损害他人利益的义务。这种不得损害他人利益的

---

⑥ 罗克辛,第1卷,第13节,边码12及以下几个边码,有深入的论证;罗克辛,载《阿梅隆祝贺文集》(Amelung-FS),第269页及以下几页;进一步参见《刑法典体系性评注——霍恩》(SK-Horn),第228条,边码2;考夫曼,载《克卢格祝贺文集》(Klug-FS),第2卷,第277页,尤其是第282页;伦瑙:《刑法中承诺的意思瑕疵》(Willensmängel bei der Einwilligung im Strafrecht),2001年版,第92、124页;伦瑙,《法学》,2002年,第665页,尤其是第666页;鲁道菲,《整体刑法学杂志》,第86卷,1974年,第68页,尤其是第87页以下;施莱霍弗(*Schlehofer*):《承诺和合意》(Einwilligung und Einverständnis),1985年版,第4页及以下几页;魏根特,《整体刑法学杂志》,第98卷,1986年,第44页,尤其是第60页。

⑦ 屈尔,第9节,边码22;关于将个体法益视为人格发展之基石加以保护的修正观点,参见伦瑙,《法学》,2002年,第595页,尤其是第598页。

⑧ 《联邦法院刑事判例集》,第17卷,第359页,尤其是第360页;韦塞尔斯、博伊尔克,边码370;格尔茨,《整体刑法学杂志》,第72卷,1960年,第42页,尤其是第43页;克赖、埃塞尔,边码662;拉克纳、屈尔,第32条,边码10;《(舍恩克、施罗德)刑法典评注——伦克纳、施特尔贝格—利本》,第32条前言,边码33;奥托,载《格尔茨祝贺文集》(Geerds-FS),第603页,尤其是第613页。

⑨ 格佩尔特,《整体刑法学杂志》,第83卷,1971年,第952页及以下几页;耶赛克、魏根特,第34节 II,3;诺尔(*Noll*),《整体刑法学杂志》,第77卷,1965年,第1页、第15页及以下几页。

⑩ 仅请参见阿明·考夫曼,载《克卢格祝贺文集》,第277页,尤其是第282页;伦瑙:《刑法中承诺的意思瑕疵》,2001年版,第92页及下一页,第124页及以下几页;罗克辛,第1卷,第13节,边码12及以下几个边码;施莱霍弗,《承诺和合意》,1985年版,第4页及以下几页;魏根特,《整体刑法学杂志》,第98卷,1986年,第44页,尤其是第60页及下一页。

义务,不是像民法中那样(只是)相对于利益的各个持有者而言的,而是(还)在公共利益的层面上,相对于国家而言的。[11] 因此,侵犯他人利益的,如果得到了持有者的承诺,虽然在民法上不存在(需赔偿的)损害,因为利益持有者免除了行为人只针对他自己(利益持有者)的义务。然而,针对国家性质的刑法规范,利益持有者没有处分的权限,因而也不能自作主张地给行为人免除遵守刑法规范的义务。准确地说,受害者之所以有可能通过承诺以取消刑法上实现构成要件的不法,乃是因为国家同意给予受害者处分权限。像财产所有权这种利益,只有个体有利益要求其不受伤害,在此之外不存在公共利益,那么,利益持有者就具有通过承诺对其加以处分完整的权限。因此,财产权人完全可以通过承诺取消损害财物(第 303 条)的不法。然而,杀害他人或者严重违反善良风俗的伤害他人身体,则是通过绝对的国家禁令体现的具有公共利益的禁忌的行为,受害人不具有处分这类利益的权限。

在这个意义上,人们可以将承诺视为在原则上给予受害人以取消实现构成要件之不法的的相应权限。换言之,承诺乃是一种**独立形式的构成要件性的不法阻却**,不过,它会因为不符合公共利益而被排除或者限制,像受请杀人(第 216 条)或者身体伤害(第 228 条)便是其例。

6 **(3) 体系性地位归类的结果**:如果按照主流学说,对构成要件错误和正当化事由错误做相同处理,也就是说,在出现对它们各自的构成要件性质的前提条件发生认识错误的情况下,都按照第 16 条第 1 款来阻却故意的成立[12],那么,承诺在犯罪论体系中的归位[13]是**没有实务上的意义**的。此外,关于如何才是或者不是有效的承诺[14]的这种争议问题,也是和承诺的犯罪论体系的地位没有关系的。在**分析案例**的时候,人们需要给承诺选择一个在犯罪论体系中的位置,但不需要进行进一步的论证。

3. 参考

7 承诺必须总是带有结果。

8 不管是在故意犯,还是在过失犯的场合,都可能发生承诺问题。[15]

---

[11] 关于承诺的结构,详见金德霍伊泽尔,《戈尔特达默刑法档案》,2010 年,第 490 页及以下几页。
[12] 参见本书第 29 节,边码 24 及以下几个边码。
[13] 深入的论述,参见金德霍伊泽尔,《戈尔特达默刑法档案》,2010 年,第 490 页及以下几页。
[14] 参见后文边码 9 及以下几个边码、边码 21 及以下几个边码。
[15] 参见巴伐利亚州高等法院,《交通法汇编》,第 53 卷,第 349 页;格佩尔特,《整体刑法学杂志》,第 83 卷,1971 年,第 947 页,尤其是第 969 页及以下几页;海因里希,第 1 卷,边码 473;屈尔,第 17 节,边码 82 及以下几个边码。

二、有效性

1. 前提

（只有）满足了如下的前提条件后，承诺才是有效的：

（1）就像案例 1 中的那样，受保护的法益必须在原则上是**可以处分的个人法益**。[16] 需要注意的是，在某些特定的个人法益上，特别是像生命（第 216 条）和身体完整性（第 228 条），其处分是受到限制的。进一步地，如果要实现构成要件，就必须让受害人共同参加进来，而这时，条款的规定又正是为了保护这种参加进来的受害人的，那么，也不成立承诺。在这种情况下，由于受害人几乎无法反抗，因而不承认受害人具有做出自由和自我答责的决定的能力。这方面的例子有第 174 条及以下几条[17]的性滥用和（第 291 条的）暴利。

（2）就像自担风险的情形一样[18]，承诺者也必须有**足够的洞察能力**，这样才足以理性地判断**法益的含义和侵犯的严重程度**。[19] 特别地，他必须有能力对法益侵犯的方式和程度以及相伴随的风险和后续的风险具体有所了解。承诺者是否拥有必要的洞察能力，**是和他本人的年龄没有关系的**。这里并不需要民法上的行为能力[20]，除非在具体情况下，承诺正好涉及法律行为是否有效。[21] 如果承诺者缺乏必要的洞察能力，那么，他实际上所表达出来的意志就不能算数。这样，我们就可以分析案例 1 了，在该案中，在被告知手术的风险后，17 岁的少年 S 能够了解手术的方式和程度，因此，他的承诺是有效的。

---

[16] 哈夫特，第 75 页；耶赛克、魏根特，第 34 节 Ⅲ、5；罗克辛，第 1 卷，第 13 节，边码 33。

[17] 进一步参见第 179 条、第 180 条、第 180 条 a。

[18] 参见本书第 11 节，边码 23 及以下几个边码。

[19] 主流观点，仅请参见《帝国法院刑事判例集》，第 41 卷，第 392 页，尤其是第 395 页及以下几页；第 77 卷，第 17 页，尤其是第 20 页；《联邦法院刑事判例集》，第 4 卷，第 88 页，尤其是第 90 页；第 23 卷，第 1 页，尤其是第 4 页；联邦法院，《新法学周刊》，1978 年，第 1206 页；《刑法新杂志》，2000 年，第 87 页，尤其是第 88 页；格尔茨，《戈尔特达默刑法档案》，1954 年，第 262 页，尤其是第 265 页；希伦坎普（Hillenkamp），《刑法总论中的 32 个问题》（AT），第 50 页；耶赛克、魏根特，第 34 节 Ⅳ、4；伦瑙，《法学》，2002 年，第 665 页，尤其是第 668 页及下一页。尤其值得一读的是，联邦法院，《新法学周刊》，1978 年，第 1206 页，以及哈塞默的评释，《法学教学》，1978 年，第 710 页，尤其是第 711 页；霍恩，《法学教学》，1979 年，第 29 页，尤其是第 30 页；赫鲁斯卡，《法学综览》，1978 年，第 519 页及以下几页；罗加尔，《新法学周刊》，1978 年，第 2344 页，尤其是第 2345 页；吕平（Rüping），《法学》，1979 年，第 90 页，尤其是第 91 页。

[20] 《联邦法院刑事判例集》，第 12 卷，第 379 页，尤其是第 383 页；阿梅隆，《整体刑法学杂志》，第 104 卷，1992 年，第 525 页，尤其是第 526 页；希伦坎普，《法学教学》，2001 年，第 159 页，尤其是第 161 页；《诺莫斯刑法典评注——佩夫根》，第 228 节，边码 14 及以下几个边码，有进一步的文献。

[21] 雅科布斯，第 7 节，边码 114；伦克纳，《整体刑法学杂志》，第 72 卷，1960 年，第 446 页，尤其是第 455 页及下一页；其他观点，见阿梅隆，《整体刑法学杂志》，第 104 卷，1992 年，第 525 页，尤其是第 528 页；耶赛克、魏根特，第 34 节 Ⅳ、；奥托，载《格尔茨祝贺文集》，第 603 页，尤其是第 614 页。

12　（3）承诺只可以通过**事先同意**的方式作出,事后的批准是不够的。㉒

13　（4）承诺并**不需要任何形式**,而只是必须以不让人误解的方式(口头地、以身体姿势等)㉓明确地表达出来[所谓的表示理论(Kundgabetheorie)]。㉔

14　（5）承诺**不允许有意思瑕疵**(详见边码21及以下几个边码)。

2. 条件

15　权利人可以给他的承诺附加条件,换言之,只有对方的侵犯符合了特定的条件,这个承诺才是有效的。例如,必须由某个特定人来实施该行为,或者这种行为必须以某种特定的方式和程度来实施。㉕ 如果在实施该行为之前或者实施该行为时㉖,相应的条件未能满足,那么,(受害人的)承诺就是无效的。㉗

3. 代理

16　只要不是针对影响生存的(如器官捐献)不可代理的决定,在承诺问题上都是可以代理的。㉘

17　（1）**任意代理**需要一个在民法上有效的授权。㉙ 这种代理经常出现于涉及财产问题的决定中。

18　（2）如果法益的持有者(Rechtsgutsinhabern)缺乏必要的洞察能力,那么,便可以由**亲权人**(Personensorgeberechtigte)来帮助做决定。这类的亲权人例如有父母(《民法典》第1626条)、监护人(《民法典》第1793条)或者照管人(《民法典》第1896条及下一条、第1901条)。如果亲权人逾越了其决定权限,那么,其承诺是无效的。如果亲权人不当地拒绝作出承诺,如在做手术时,那么,监护法庭可以命令采取必要的措施(《民法典》第1666条)。在像需要紧急为小孩动手术这类时间仓

㉒ 《联邦法院刑事判例集》,第17卷,第359页,尤其是第360页;阿梅隆、艾曼,《法学教学》,2001年,第937页,尤其是第941页;克赖、埃塞尔,边码665;拉克纳、屈尔,第228条,边码4;《(舍恩克、施罗德)刑法典评注——伦克纳、施特尔贝格—利本》,第32条前言,边码44。

㉓ 阿梅隆、艾曼,《法学教学》,2001年,第937页,尤其是第941页;鲍曼、韦伯、米奇,第17节,边码104;韦塞尔斯、博伊尔克,边码378;格尔茨,《戈尔特达默刑法档案》,1954年,第262页,尤其是第266页;耶赛克、魏根特,第34节Ⅳ、2;不一致的观点,雅科布斯,第7节,边码115;伦瑙,《法学》,2002年,第665页,尤其是第666页:内心的同意就足够了[所谓的"意志方向理论"(Willensrichtungstheorie)]。

㉔ 阿梅隆、艾曼,《法学教学》,2001年,第937页,尤其是第941页。

㉕ 屈尔,第9节,边码31;施特尔贝格—利本:《刑法中承诺的客观界限》(Die objektiven Schranken der Einwilligung im Strafrecht),1997年版,第535页。

㉖ 由于可罚性不可以在事后成立,因此,特别地,给(行为人的)行为附加的相应条件从时间上讲必须在行为之前。

㉗ 详见施特尔贝格—利本:《刑法中承诺的客观界限》,1997年版,第535页及以下几页。

㉘ 罗克辛,第1卷,第13节,边码93。

㉙ 鲍曼、韦伯、米奇,第17节,边码102。

(3) 由于洞察能力优势并不取决于法益持有者的年龄,因此,**未成年人**也是有 19
可能拥有必要的洞察能力的。在这种情况下,他的决定优于他的法定代理人的决
定。㉛ 在案例 1 中,如果 S 的父母反对了 S 的手术,也仍然不影响 S 所做出的承诺
的有效性。如果某一拥有洞察能力的未成年人暂时失去了作出决定的能力,比如,
他失去了意识,那么,这时他的法定代理人并不会又重新具备相应决定权力。更确
切地说,在这种情况下,需要适用推定承诺的规则。㉜ 因此,法定代理人的说明
(Erklärungen)只能给人们了解未成年人的可能的意志提供帮助。

4. 撤回

直到行为真正实施,承诺都是可以**在任意时间内自由撤回的**。㉝ 在这种情况 20
下,也相应地适用作出承诺时所需要的那些关于有效性的前提条件。

5. 意思瑕疵

> **案例 2**
> 母亲 M 由于受到欺骗而承诺为她的小孩捐出器官;医生 Y 将这个器官按照
> 既定计划移植到了第三个人身上。

> **案例 3**
> B 给他的邻居 L 写信说同意 L 砍伐属于他(B)的一棵树。但是,B 在书写信
> 件时,不小心漏写了一个"不"字。㉞

(1) **威胁或暴力**:由第 240 条意义上的威胁或暴力㉟逼迫而产生的承诺是**始终** 21
无效的。㊱ 反之,如果未达到强制这个门槛而施加了影响力,则不会影响承诺的

㉚ 详见本书第 17 节,边码 10 及以下几个边码。
㉛ 出于宗教的原因,而拒绝接受输血的相关问题,参见希伦坎普,载《屈佩尔祝贺文集》,第 123 页
及以下几页。
㉜ 对此,详见本书第 19 节。
㉝ 《帝国法院刑事判例集》,第 25 节,第 375 页,尤其是第 382 页;韦塞尔斯、博伊尔克,边码 378;
屈尔,第 9 节,边码 32。
㉞ 罗克辛,第 1 卷,第 13 节,边码 111。
㉟ 关于这两种强制的形式,见金德霍伊泽尔:《刑法分论》,第 1 卷,第 12 节,边码 4 及以下几个边
码,边码 29 及以下几个边码。
㊱ 哈夫特,第 74 页;《(舍恩克、施罗德)刑法典评注——伦克纳、施特尔贝格—利本》,第 32 条前
言,边码 48;奥托,载《格尔茨祝贺文集》,第 603 页,尤其第 614 页及以下几页;罗克辛,第 1 卷,第 13
节,边码 113 及以下几个边码;关于威胁,见屈尔,第 9 节,边码 36;限定性的论述,见鲁道菲,《整体刑法
学杂志》,第 86 卷,1974 年,第 68 页,尤其第 85 页;威胁必须有第 34 条所规定的那种强度。

效力。㊲

22　　**（2）认识错误**：进一步地，如果做出承诺者发生了认识错误，也会影响到承诺的效力。在这种情形下，有两个方面的问题是有争议的：其一，因欺骗而骗取的承诺需满足哪些前提条件才是无效的？其二，是否行为人必须为这个认识错误承担责任？

23　　① 就像案例 2 中的一样，**因欺骗而导致认识错误，进而引发的承诺**，在多大程度上是无效的？其实，对这个问题有三种答案：

24　　第一，判例和部分学说认为，**任何因欺骗而引发的**承诺，都是无效的。㊳ 这样，在案例 2 中，由于缺乏有效的承诺，Y 的所为是一种违法的身体侵害。

25　　第二，按照在文献中有广泛影响的观点，因欺骗而引发的错误必须是**与法益有关的认识错误**，也就是说，对侵犯的内容和范围发生认识错误，才可以导致承诺的无效。㊴ 刑法原则上只保护法益的存在价值［Bestands(wert)］，而仅在特殊场合才保护法益的交换价值。这样，也就只有那种与法益的存续有关的认识错误，对于承诺来说才是重要的。依此观点，如果只是出现完全的动机错误，那么，对于承诺的有效性也不会有什么影响。在案例 2 中，母亲 M 是知道要对她的身体完整做何种侵犯的，因此，按照文献中的限制性的观点，她的承诺是有效的，可以否定身体侵害的不法。

26　　第三，折中的观点认为，若出现因欺骗而引发的动机错误，且只要该动机是**决定性的动机**，那么，就足以使得承诺无效化。㊵ 在案例 2 中，由于 M 的认识错误涉及决定性的动机错误，即以为用于救小孩，因此，虽然不是与法益有关的认识错误，但该承诺仍然是无效的。

27　　这里所提出的对可导致承诺无效的认识错误予以限制的观点，看来并没有什么说服力。认为刑法应当从根本上限制在对法益的存续提供保护，也是难以令人

㊲ 罗克辛，第 1 卷，第 13 节，边码 113 及下一边码。
㊳ 斯图加特州高等法院，《新法学周刊》，1982 年，第 2266 页，尤其是第 2267 页；鲍曼、韦伯、米奇，第 17 节，边码 109；菲舍尔，第 228 条，边码 7；海因里希，第 1 卷，边码 469；伦瑙，《法学》，2002 年，第 665 页，尤其是第 674 页。
㊴ 阿茨特，《承诺中的意思瑕疵》（Willensmängel bei der Einwilligung），1970 年版，第 15 页及以下几页；勒兰茨（Brandts）、施莱霍弗，《法学家报》，1987 年，第 442 页、尤其是第 444 页及以下几页；格罗普，第 6 节，边码 43 及下一边码；雅科布斯，第 7 节，边码 121；耶赛克、魏根特，第 34 节 IV、5；屈尔，第 9 节，边码 37 及下一边码；屈佩尔，《法学家报》，1990 年，第 510 页，尤其是第 514 页；《（舍恩克、施罗德）刑法典评注——伦克纳、施特尔贝格—利本》，第 32 条前言，边码 46；鲁道菲，《整体刑法学杂志》，第 86 卷，1974 年，第 68 页，尤其是第 82 页及以下几页；亦参见阿梅隆，《被害人承诺中的意思瑕疵的基本原理：认识错误和欺骗》（Irrtum und Täuschung als Grundlage von Willensmängeln bei der Einwilligung des Verletzten），1998 年版，第 36 页及以下几页。
㊵ 罗克辛，第 1 卷，第 13 节，边码 74；罗克辛，载《诺尔纪念文集》（Noll-GS），第 275 页，尤其是第 281 页及以下几页；批评的观点，见《诺莫斯刑法典评注——佩夫根》，第 228 条，边码 28 及下一边码。

相信的。人们应当通过法益来保护个体的自由发展,因此,当人们在处理自己的利益时,刑法应整体而不是片面地保护其个人的决定自由。[41] 因此,区分决定性的动机错误和其他的动机错误在本质上并不是合理的。进一步说,在案例 2 中乃是一种**有条件的承诺**:M 的表述应当理解成为,如果 Y 也愿意将捐献出的器官移植到小孩身上,那么,仅在此条件下,M 承诺捐献其器官。而 Y 没有满足这个条件,这样,他就不能够援引承诺来抗辩。至于 M 的动机错误是否具有决定性,则不需要考虑。

从欺骗的角度来看,人们不仅可以通过明示或暗示的方式来实施欺骗[42],而且还可以通过不作为的方式来实行它,只要行为人没有遵守他所应该保证实施的**说明义务**,从而导致了受害人的错误。例如,某医生没有做出他所应当做出的说明,那么,他没有清除受害人的错误认识,就是违反其义务的,对于受害人的错误认识,他必须承担责任,由此而引发的后果是,因认识错误而引发的相应承诺是无效的。[43] 28

② 有争议的是,就像案例 3 中那样,若行为人并**没有实施欺骗**而引起该认识错误,那么,是否承诺作出者的**错误**也可以导致承诺的无效?如果人们在案例 3 中承认承诺的无效性,那么,L 对树木的砍伐,(无论如何)满足了第 303 条的客观的构成要件。 29

第一,如果受害人(B)对与法益有关的情况发生了认识错误,那么,其做出的承诺是无效的,这**并不取决于行为人的认识**。[44] 另一种观点认为,如果受害人在做出表达时或者对表达的内容发生了认识错误,那么,其承诺也是无效的。[45] 这两种观点都体现在案例 3 中。 30

第二,目前占据主导地位的反对观点将承诺建立在**表示出来的意志**之上。人们需要从接收者的角度、根据通常的解释标准来得出到底承诺了什么内容。因此, 31

---

[41] 参见阿梅隆,《整体刑法学杂志》,第 109 卷,1997 年,第 490 页,尤其是第 499 页;金德霍伊泽尔,《戈尔特达默刑法档案》,1989 年,第 493 页,尤其是第 494 页及以下几页;奥托,载《格尔茨祝贺文集》,第 603 页,尤其是第 615 页及以下几页;罗克辛,载《诺尔纪念文集》,第 275 页,尤其是第 279 页及以下几页。

[42] 针对这两种主动的欺骗方式,见金德霍伊泽尔:《刑法分论》,第 2 卷,第 27 节,边码 13 及以下几个边码。

[43] 参见《联邦法院刑事判例集》,第 11 卷,第 111 页,尤其是第 115 页及下一页;第 16 卷,第 309 页,尤其是第 310 页及下一页;联邦法院,《新法学周刊》,1980 年,第 633 页,尤其是第 634 页及下一页;1998 年,第 1802 页,尤其是第 1803 页;2011 年,第 1088 页,尤其是第 1089 页及下一页;"柠檬汁案",及雅恩的评论,《法学教学》,2011 年,第 468 页及以下几页;哈德通(Hardtung),《刑法新杂志》,2011 年,第 635 页及以下几页;席曼(Schiemann),《新法学周刊》,2011 年,第 1046 页及以下几页;亦参见克勒,载《屈佩尔祝贺文集》,第 275 页及以下几页。

[44] 《(舍恩克、施罗德)刑法典评注——伦克纳、施特尔贝格—利本》,第 32 条前言,边码 46,有进一步的文献。

[45] 鲍曼、韦伯、米奇,第 17 节,边码 109 及以下几个边码;菲舍尔,第 228 条,边码 7,有进一步的文献。

在案例3中,对L来说,也许只有表达出来内容才有决定性意义,而B的原计划与表达出来的内容不相一致,这种不一致并不会影响到他的承诺的效力。㊻ 这个观点使承诺的有效性以客观的表示为前提,是有说服力的。按照这种意见,人们需要保护行为人对于客观上得知的表述内容的信赖利益。相反,如果行为人明知承诺者的认识错误,还故意地利用之,那么,他的所为便是**法律上的滥用**(rechtsmissbräuchlich)。㊼

32 倘若人们接受了这后一种有说服力的理论,那么,在**专业鉴定**中应当注意:不要把客观构成要件和主观构成要件混淆在一起。㊽ 在案例3中,如果L知道B所犯的错误,那么,在审查客观的构成要件时,应当首先确定,B做出了个有错误的承诺,仅当L不知道该错误,该错误的承诺才阻却构成要件㊾。紧接着,在主观构成要件方面,需要确定的是,L知道该错误,这样因该错误使得承诺无法有利于他地产生任何效力。

三、区分:合意

1. 概念

33 在一系列保护个人法益的犯罪中,若要**实现特定的构成要件要素**,则必须有违反(权利)人的意志的行为。这方面的重要例子有:

(1)“强制”:违背受害人意志的强迫性举止(如第177条、第240条、第253条)㊿;

(2)“拿走”(第242条)*:违背迄今的持有者的意志,取消(他对利益的)看守(51);

(3)“违背权利人的意志”使用交通工具(第248条b);

(4)“侵入”(第123条):违背权利人的意志进入其空间领域。(52)

㊻ 阿茨特:《承诺中的意思瑕疵》,1970年版,第48页及以下几页;屈内(*Kühne*),《法学家报》,1979年,第241页,尤其是第243页及以下几页;在意志方向理论的基础,具体亦见伦瑙,《法学》,2002年,第665页,尤其是第672页及下一页。

㊼ 奥托,载《格尔茨祝贺文集》,第603页,尤其是第618页;罗克辛,第1卷,第13节,边码79。

㊽ 若人们将承诺归类为犯罪论体系中的正当化事由,那么,则相应地适用正当化事由的客观方面和主观方面的要求。

㊾ 若人们将承诺认定为正当化事由,则应当按照正当化事由层面上的方法来做。

㊿ 关于强制,详见金德霍伊泽尔:《刑法分论》,第1卷,第13节,边码2及下一边码,边码7及以下几个边码,有进一步的文献。

* 这里“拿走”是对“Wegnahme”的翻译,它要求违背权利人意志。在汉语中,“拿走”虽不全是违反他人意志拿走他人东西的意思,但有时也是有这个意思的,如“不拿群众一针一线”。这个关键词的中德文差异,充分体现了翻译工作的特点。——译者注

(51) 关于“拿走”的定义,相关细节,见金德霍伊泽尔:《刑法分论》,第2卷,第2节,边码27及以下几个边码,有进一步的文献。

(52) 详见金德霍伊泽尔:《刑法分论》,第1卷,第33节,边码13及以下几个边码,有进一步的文献。

这样,如果行为人按照受害人的意志行事,那么,相应的构成要件要素以及由此的(客观)[53]构成要件在整体上就没有实现。[54] 这种针对具体的构成要件要素的受害人同意,人们将之称为合意(Einverständnis)。[55] 由于合意可以阻却构成要件要素,所以,如果行为人错误地以为权利人是合意的,那么,则成立阻却故意的构成要件错误(第16条第1款)。

2. 前提

> **案例 4a**
> 8岁小孩B不反对18岁的S将之(B)暂时锁在屋里。

> **案例 4b**
> X拿着一只手枪,P慑于压力,而忍受与X的性行为。

> **案例 4c**
> Y隐藏其真实意图,许诺给Z女一贵重礼物,以将Z诱奸。

> **案例 5a**
> 6岁小孩L在玩球。这时,有一成年人C问他,他是否可以拿走这个球,以及L是否愿意将这个球送给他;L同意了,因为C对他很好,他想对C表示友好。

> **案例 5b**
> 9岁小孩J让H拿走他(J)的球。因为H许诺J,作为球的对价,将给J一个冰淇淋。H得到球后,就带着球有预谋地消失了。

> **案例 5c**
> J以武力威逼10岁小孩S,不得在J拿走他(S)的球时反抗。

> **案例 6a**
> A请求13岁的B借给他(A)自行车,因为A必须紧急去看医生。

---

[53] 如果行为人并未认识到这种合意,那么,在故意犯的情况下,他则要因为未遂而受罚。
[54] 基本原理,见格尔茨,《戈尔特达默刑法档案》,1954年,第262页,尤其是第264页及以下几页;进一步参见耶赛克·魏根特,第34节 I、1b;屈尔,第9节,边码25;奥托,载《格尔茨祝贺文集》,第605页,尤其是第605页及以下几页;罗克辛,第1卷,第13节,边码2及以下几个边码。
[55] 关于承诺和合意二者之间关系的概述,见伦瑙,《法学教学》,2007年,第18页及以下几页。

> **案例 6b**
>
> V 欺骗房主 F 说,他是来读电表的,于是 F 信以为真,让其进入;实际上,V 是要袭击 F,并带走有价值的财物的。

35　　**(1) 各种合意***:承诺代表着(权利人的)一种受构成要件保护的法律立场,因而,具有意志表示的特征。与承诺不同的是,合意则包含有各种不同的同意形式:

36　　① 首先,第一种犯罪的不法在于**压制某一(现实或潜在地)对立的受害人意志**。在这种情形下,需要保护的只是意志形成和意志确认的自由。换言之,也就是要保护做出某种决定或者实现某种已做出的决定的可能性。例如,第 240 条的强制和第 239 条的剥夺他人自由。在这些场合下,受害人意志受到了攻击、压制和否定。这也便是案例 4a 到 4c 中的相应情况。

37　　② 其次,构成要件要素可以是指**对某一事实状态的改变**,而这种状态的存在又取决于受害人相应的意志。例如,管理(Gewahrsam)是对某物拥有的有意的事实性支配力,因而只要求占有的意思(而不要求有权占有)。而不顾该物迄今的持有者的意志,取消这一持有者对物的管理,便是盗窃罪的拿走要素(第 242 条)中的打破管理(的状态)。这是案例 5a 到 5c 中的情况。

38　　③ 最后,构成要件要素还可以是**侵入某种法律状态**。例如,第 123 条意义上的"侵入",也就是在违背权利人的意志的前提下,以进入其空间领域的方式侵害其住宅权。或者也可以以此为例:在"违背权利人意志"的情况下,使用其交通工具以侵害其使用权。这些符合构成要件的行为均要求对权利人的法律状态的侵入,而这种侵入是不为权利人意志所容的。这种情况对应着案例 6a 到 6b。

39　　我们这里提到的有关合意这一构成要件要素的这三种类型的情况,在内容上彼此有着显著的区别,因而,对于这些合意是否有效,也不适用一般的前提条件。特别地,在这三种情况中,对权利人的洞察能力的要求也各不相同。同样,对于会导致合意无效的意思瑕疵的要求也各不同。进一步地,在何种情况下,合意需要何种(意思)表示? 则是有争议的。

40　　**(2) 对洞察能力的要求:**

41　　① 如果受害人根本就没有对立的意志,那么,就没有满足所谓**压制对立的受害人意志**这一构成要件要素。受害人在根本上只有所谓的"**自然意志**"(natürlicher Willen),也就是说,他是有意去做行为人强迫他做的举止。按照这种观点,在案例 4a 中,由于 S 将 B 关在屋里并不违反 B 的意思,因而,就不符合第 239 条第 1 款。㊱

---

　　* 此处"各种合意"是"Systematik"的意译,直译应当为"(合意的)体系""各种(合意的)组合"。——译者注

　　㊱ 在第 239 条的犯罪行为中,关于合意的阻却构成要件的效果,参见联邦法院,《新法学周刊》,1993 年,第 1807 页。

② 在构成要件要素中包含**改变某一事实状态**的情况下,对应地,要成立合意, 只需要维持该相应状态所需的洞察能力。这样,第 242 条意义上的管理需要相应 的自然支配意志下的对物的支配;这种自然支配意志,即便是儿童或者精神病人, 也是具备的。相应地,针对保持这种状态而言,若要成立合意,所需要的仅仅是自 然意志[57],因此,在案例 5a 中,对于 L 而言,球就不算被"拿走"。

42

③ 在构成要件要素以**侵入某种法律状态**为内容的情况下,如在案例 6a 中,为 使相应的合意有效,是否需要以某一特定程度的洞察能力为前提,是存在争议的:

43

其中一种观点是,在这种情况下,由于合意是对某一构成要件要素的取消,根据 这种形式上的情况,有人认为,也可以像其他犯罪类型中的合意那样,只需要一个自 然意志就足够。至于这种自然意志是否适当地判断了当时的情形,则是根本不重要 的。按照这种观点,如果权利人由于年纪尚幼或者精神有问题,从而缺乏相应的洞察 能力,在原则上,也是无法推翻其作出的合意的有效性的。[58] 同样,人们还认为,这种 合意更多地具有事实上的特征(faktischer Charakter)。[59] 那么,依此观点,在案例 6a 中,B 的合意就是有效的。鉴于此处相关案例的情况,这是令人难以理解的。

44

而按照占据了主导地位的反对观点,在这种情况下,合意就是承诺,因而,合意 和承诺这二者之间就没有什么本质的区别了。[60] 如果比较一下无权使用交通工具 罪(第 248 条 b)和损坏财物罪(第 303 条),那么,便可得知,将这二者做同等处理 是合理的。正如损害财物罪是侵犯他人的财产,无理使用他人的交通工具也是侵 犯他人对交通工具的使用权。[61] 反之,允许这种侵犯发生的权利人,都是在行使他 所享有的权利。因此,较之于第 303 条,第 248 条 b 在构成要件中所明确要求的行 为必须违反权利人的意志,也就仅仅是个形式上的不同了。第 248 条 b 中的合意 决非纯粹事实性的。

45

出于这种实质上的一致性,在这种情况下,**使得承诺有效的那些条件要求也同 样适用于合意**。有所不同的是各自的构成要件。[62] 从根本上讲,不管权利人的年

46

---

[57] 韦塞尔斯、博伊尔克,边码 367;斯特拉滕韦特、库伦,第 9 节,边码 12。

[58] 参见韦塞尔斯、博伊尔克,边码 367;格罗普,第 6 节,边码 61。

[59] 这种观点,见韦塞尔斯、博伊尔克,边码 367。

[60] 《刑法典体系性评注——霍恩、沃尔特斯》(SK-*Horn/Wolters*),第 228 条,边码 2;考夫曼,载《克 卢格祝贺文集》,第 2 卷,第 227 页,尤其是第 282 页;屈内,《法学家报》,1979 年,第 241 页,尤其是第 242 页;罗克辛,第 1 卷,第 13 节,边码 11;鲁道菲,《整体刑法学杂志》,第 86 卷,1974 年,边码 68,尤其是 边码 87 及下一边码;施米德霍伊泽尔(*Schmidhäuser*),载《格尔茨祝贺文集》,第 593 页,尤其是第 598 页 及下一页;魏根特,《整体刑法学杂志》,第 98 卷,1986 年,第 44 页,尤其是第 61 页。

[61] 这种情况也同样适用于第 123 条规定的侵入权利人的空间领域从而侵犯居住权这一重要例子; 参见金德霍伊泽尔:《刑法分论》,第 1 卷,第 33 节,边码 13 及以下几个边码、边码 21 及以下几个边码。

[62] 耶赛克、魏根特,第 34 节 I、2a;罗克辛,第 1 卷,第 13 节,边码 80;判例也是这种观点,其中,一 方面请参见《联邦法院刑事判例集》,第 23 卷,第 1 页,尤其是第 3 页及下一页;另一方面请参见联邦法 院,《刑法新杂志》,1997 年,第 124 页,尤其是第 125 页,针对第 266 条的。

龄有多大,他都应当有足够的洞察能力,以能够对法益侵犯的方式和范围以及伴随风险和后续风险有所了解。如果合意的内容是一种法律行为,那么,作出同意的人就必须还另外为此拥有必要的(限制的)行为能力。[63] 按照这种观点,在案例 6a 中,由于 B 对相关情况有所了解,能够判断出借自行车的方式和风险,这样 B 的合意就是有效的。

47   ④ 需要注意的是,有些构成要件规定了不止一个和合意有关的构成要件要素。而且,在这种情况下,对于每种合意的具体要求都会有所不同。这方面的例子如盗窃罪的构成要件(第 242 条),这一构成要件规定了两种与合意相关的要素[64]:一方面是"拿走",这种"拿走"是要求违背迄今为止的管理者的意志,破坏他管理者的状态;另一方面是"非法占有"这一要素,假若财产所有者对财产转让表示合意,那么,就无所谓"非法占有"了。

48   这意味着,在案例 5a 中:不应认为 C 拿走 L 的球是"拿走"。但是,他的行为是"非法占有"。针对这一财产转让,L 既没有必要的洞察能力(如对球的价值和损失的理解),也没有有效地为亲自施赠(Handschenkung)的行为能力。因此,其合意是无效的。按照这种理解,由于"拿走"的不成立,第 242 条的构成要件就未能满足;但是,C 可能触犯了第 246 条,因为侵占罪的构成要件只需要"非法占有",而不需要"拿走"。

49   **(3) 意思瑕疵**:如果出现了欺骗、威胁或者暴力的情况,并导致意思瑕疵,那么,在何种情况下,会因这种原因而导致合意无效?为了解答这个问题,需要区分与合意有关的三类构成要件要素:

50   ① 在以**压制对立的受害人意志**为内容的构成要件要素中,如果**行为人利用符合构成要件的行为**引发了"合意",那么,**正是因为这种符合构成要件的行为,使得合意具有瑕疵**,从而合意根本就**不成立**。如果谁像案例 4b 中的 P 那样,屈服于行为人的暴力,并忍受奸淫(第 177 条第 1 款),那么,就根本不存在能排除强制的合意。反之,如果谁像案例 4c 中的 Z 那样,由于陷入认识错误(如对对价认识错误)而听从于行为人的行为,那么,其(Z)就不是受构成要件性质的逼迫,就不是为情势所迫。之所以这样说,原因在于:从相关规定中可以得知,除了第 177 条第 1 款第 3 项所提到的条件之外,构成要件中规定的暴力和一定程度的威胁才是让受害人屈服的原因。至于计策,构成要件中则没有将之规定为这种原因。

51   ② 在构成要件要素规定为**改变某一事实状态**的情形下,**因欺骗而产生的意思瑕疵**是不重要的;在这种情形下,对于放弃事实状态而言,重要的仅仅是事实上的

---

[63] 《(舍恩克、施罗德)刑法典评注——伦克纳、施特尔贝格—利本》,第 32 条前言,边码 32。

[64] 关于具体细节,参见金德霍伊泽尔:《刑法分论》,第 2 卷,第 2 节,边码 43 及以下几个边码,边码 71,有进一步的文献。

第 12 节　承诺

意思。结合案例 5b 来分析，若 H 采用欺骗的方式，使得 J 有利于 H 地放弃了对球的持有，H 的行为也并非第 242 条上的"拿走"。[65] 反之，在案例 5c 中，J 对改变 S 持有球的事实状态，是通过违背 S 的意思采取**强制**的方式实现的，因此，这里的合意就不成立（边码 50）。更确切地说，J 运用武力威胁迫使受害人放弃对球的管理，是构成了第 249 条意义上的"拿走"。

③ 同样，在**侵入法律状态**的情形下，强迫下的合意也是不能成立的（边码 50），就像第 253 条中的强迫那样。可是，有争论的是**因欺骗而引发的**意思瑕疵，如案例 6b 中的 F。　　52

一方面，有人认为，在这种情况下，合意是否有效根本不以具备洞察能力为前提，因而，这时的意思瑕疵并不重要。按照这种观点，案例 6b 中的 V 不构成第 123 条意义上的"侵入"F 的住宅，因为 F 的认识错误无法推翻他同意 V 进入其住处。　　53

另一方面，反对者认为，在这种情况下的合意和承诺是一样的，这种合意同样要因为意思瑕疵而不成立。[66] 这种观点是合理的。在案例 6b 中，由于 V 的欺骗，导致 F 的合意无效化；由于入侵，V 犯下了第 123 条的非法侵入他人住宅罪。而且，这里所涉及的是与法益有关的认识错误，因为允许他人进入的这种处分居住权是针对人的。[67]　　54

(4) 是否需要(进一步的意思)表示？　　55

① 按照主张对合意和承诺从根本上加以一般地区分的观点，合意是否有效，在原则上并不取决于（当事人的）意思表示。即便（当事人）只有一种纯粹的内心同意，也就足以使得合意生效。[68]　　56

对此，我们需要注意如下的后果，即如果某财物所有者没有反对行为人以特定的方式改变该财物，也没有做出同意的表示，那么，行为人构成损坏财物既遂（第 303 条）；由于缺乏意思表示，不能成立承诺。[69] 相反，如果某汽车的所有者对行为人驾驶其汽车并不反对，但没有做出同意的表示，那么，行为人就只构成无理使用（他人交通工具）的力图（第 248 条 b 第 2 款、第 22 条及下一条）；即便没有意思表示，也可以成立合意，并进而阻却客观的构成要件。　　57

② 可是，做这种区分是没有什么道理的。确切地说，更为合理的是，将**具有法律上或事实上的结果**的各种合意都和承诺一样对待，也就是说，不管是成立这种合　　58

---

[65]　但是，却触犯了第 263 条。
[66]　罗克辛，第 1 卷，第 13 节，边码 106。
[67]　对此的其他观点，见罗克辛，第 1 卷，第 13 节，边码 106。
[68]　韦塞尔斯、博伊尔克，边码 368；格尔茨，《戈尔特达默刑法档案》，1954 年，第 262 页，尤其是第 266 页；格罗普，第 6 节，边码 62；耶赛克、魏根特，第 34 节 I、2a；亦参见巴伐利亚州高等法院，《新法学周刊》，1979 年，第 729 页。
[69]　参见本书本节前文边码 13。

意,还是成立承诺,都需要有一个(明示或者默示的)意思表示。例如,并不是某个人只要心里想占有某个财物,就能够代表他取得了对这个财物的管理,他除了想占有财物之外,还必须将这个想法(怎么也要合乎道理地)表露于外,以让别人认识到,这样,这个当事人才算取得了对该财物的控制。与此相对应的相反过程就是,如果要放弃对财物的管理,也需要明确地表示,他不再要支配该财物。这种放弃也必须至少通过合乎逻辑的举止的方式做出。⑦ 当然,仅当这种合意会带来法律行为的结果时,才适用对合意的这种要求。

59　　　不同地,当构成要件要素中包含必须**压制对立的受害人意志**的这一内容的时候,就不应该再适用这个规则了。在这种情况下的合意和受制于受害人意志的、具有法律或真实结果的意思说明(Willenserklärung)没有任何相似的地方。更确切地说,在压制受害人意志的情况下,人们考察的是,行为人是否真的取消了(对方)意志形成和意志实现的自由? 因此,在这种情况下,起决定性作用的仅仅是受害人事实上到底想做什么。至于意思的表示,则并不是必需的。

60　　　**(5) 其他**:在考察合意的时候,需要考虑如下几点:
① 在(犯罪)事实发生的时候,合意必须已经存在了,事后的批准是不够的;
② 合意可以附加条件;
③ 代理是可以的;
④ 在任何时候,合意都是可以自由撤回的。

四、对外来危险的合意

案例 7

M 努力练习成为飞刀手。十九岁的 I 说,他愿意站在一个木墙前面,让 M 练习飞刀,投到木墙上的飞刀要成为一个圈,并将 I 包围。在这种情形下,I 是知道,他自己可能中刀,甚至还有死亡的危险。

1. 概念

61　　　**(1) 定义**:像案例 7 那样,"对外来危险的合意"是指,某个人有意地将他所拥有的、根本上有处分权的利益,具体如身体、生命或财产,置于外来的危险之中。

62　　　**(2) 与承诺的区分**:承诺的基本情形是受害人同意行为人造成结果,而"对外来危险的合意"是受害人仅仅同意行为人的**风险创设**。

63　　　**(3) 与自担风险的区分**:自我答责的自危意义上的自担风险,与"对外来危险

---

⑦ 详见金德霍伊泽尔:《刑法分论》,第 2 卷,第 2 节,边码 43 及以下几个边码;其他观点,见米奇:《刑法分论》,第 2 卷,第 1 分册,第 2 版,2003 年版,第 1 节,边码 71,有进一步的文献。

的合意"也是有区分的[71]:

① 在自我答责的自危的情形下,风险是由受害人自我答责的,这是因为受害人给自己的利益自我地、以共同正犯的方式决定性地创设了风险;或者说,受害人将自己放置到某个已经存在的危险之中。对此,第三者仅仅是一种参加。由于受危者的举止是和构成要件无关的,因而,在这种情况下,对于第三者而言,也就不存在可以归属于他的不法了。[72]   64

② 而"对外来危险的合意"的**关键之处是第三者具有犯罪行为支配**。[73] 在这种情形下,按照参与的基本原理,受害人只是作为帮助者或者教唆者参加于其中。[74]   65

2. 定性

(1) 问题:在分别与承诺和自担风险做了区分之后,我们就遇到了这样一个在实务上也很重要的问题,即,应该按照何种原理来处理"对外来危险的合意"?[75] 虽然承诺和自担风险都是在客观归属的意义上对管辖的接受,但区分这两者还是有意义的:由于缺乏构成要件符合性,自我答责的自伤以及自我答责的自危这二者都是刑法所不予考虑的;而在故意杀人罪和身体侵害罪中,若借他人之手来实现自伤,即便存在承诺,也仍然是要受到第 216 条和第 228 条之规定的限制的。   66

这样,如果谁只是(帮助地)参加他人自杀,那么,由于自杀缺乏构成要件符合性,他就自始根本没有实现任何与刑法有关的不法。相反,如果谁基于他人真实的   67

---

[71] 概览,见艾泽勒,《法学教学》,2012 年,第 577 页。

[72] 参见杜特格,载《奥托祝贺文集》,第 227 页及以下几页。

[73] 《联邦法院刑事判例集》,第 53 卷,第 55 页及以下几页;非法驾驶汽车,和屈尔的批判性评释,见《新法学周刊》,2009 年,第 1158 页及下一页;普珀,《戈尔特达默刑法档案》,2009 年,第 486 页及以下几页;伦茨考斯基,《最高法院刑法判例在线杂志》,2009 年,第 347 页及以下几页;对此,亦参见德林,载《格佩尔特祝贺文集》,第 53 页及以下几页;雅恩,《法学教学》,2009 年,第 370 页及下一页;库德利希,《法学工作》,2009 年,第 389 页及以下几页;穆尔曼(Murmann),载《普珀祝贺文集》,第 767 页及以下几页;拉特克,载《普珀祝贺文集》,第 831 页,尤其是第 846 页及下一页;罗克辛,《法学家报》,2009 年,第 399 页及以下几页;斯特拉滕韦特,载《普珀祝贺文集》,第 1017 页及以下几页。针对边界性的(im Grenzbereich liegend)艾滋病案例,参见巴伐利亚州高等法院,《刑法新杂志》,1990 年,第 81 页及下一页;弗里施,《法学教学》,1990 年,第 362 页,尤其是第 369 页及下一页;赫尔佐克(Herzog)、内斯特勒—特雷梅尔(Nestler-Tremel),《刑事辩护人杂志》,1987 年,第 360 页,尤其是第 368 页;普珀,第 6 节,边码 1 及以下几个边码。

[74] 对于二者的区分,详见罗克辛,第 1 卷,第 11 节,边码 121 及以下几个边码。

[75] 对此,详见德林,《戈尔特达默刑法档案》,1984 年,第 71 页,尤其是第 80 页及以下几页;普里特维茨,《法学工作》,1988 年,第 427 页,尤其是第 431 页及以下几页;罗克辛,《刑法新杂志》,1984 年,第 411页及以下几页;施特尔贝格—利本,《法学教学》,1998 年,第 428 页,尤其是第 429 页及下一页;施特雷,《法学教学》,1985 年,第 179 页,尤其是第 183 页;基于所谓"承诺的方案",以论述没有必要区分自我答责的自危和"对外来危险的合意"二者的观点,见博伊尔克,载《奥托祝贺文集》,第 207 页及以下几页。

请求而亲手杀害了他人,那么,他就会根据第 216 条而受到处罚。尽管这种处罚不会像第 212 条那样严厉。[76] 相似地,参与他人的自伤,本身也是和构成要件无关的,但是,如果这种身体侵害违反了善良风俗(第 228 条),那么,即便有承诺,这种侵害也仍具有正犯性(täterschaftlich),需要受到处罚。[77]

68　　(2) **各种观点**:在定性上,归纳起来,存在三种代表性观点:

69　　① 按照**判例**的观点,在他人实施伤害时,被害人**承诺的规则**以及第 216 条、第 228 条规定排除承诺的规则,在原则上也适用于"对外来危险的合意"。按照这种见解,在案例 7 中,I 针对 M 危及其生命的做法而做出的承诺就是**不成立的**。[78] 可是,将第 216 条和第 228 条阻却承诺的适用领域这样扩张适用到"对外来危险的合意"上,不管是从行为人角度来说,还是从被害人的角度来说,都是不合理的。第 216 条仅仅是针对行为人接受被害人的请求而杀死受害者这种情况;而在"对外来危险的合意"的情形下,行为人(M)虽然可能知道相应的风险,但却是没有故意导致结果发生的心态的。相应地,某人承诺某个有生命危险的行动,但并不代表他就想要死(像第 216 条中那样)。还需说明的是,第 216 条是对个体自治的一种限制性的干预,因而,在解释上必须极其严格。[79]

70　　② 还有人认为,如果"对外来危险的合意"在所有相关方面都可以和自危相等价的话,那么,就不应阻却承诺。基于这种理解,就像自担风险一样,可能出现的某种结果就不能在客观上再归属于行为人。[80] 而案例 7 则不满足这种条件。这也就是说,在如下情况下可以成立承诺:如果某人 A 劝说某个喝醉酒而无能力驾驶(而还能明白相关情况)的车主 B,开动汽车并将他(A)带到某个地方,然后直接发生车祸,导致 A 的死亡。不过,这种见解有个没法解决的问题:如果人们支持犯罪行为支配标准,那么,同一个举止怎么可以既是正犯性的外来伤害,又是自我答责的自伤的帮助(行为)呢?

71　　③ 因此,合理的观点应该是,虽然人们应将"对外来危险的合意"在特定情况下理解成为承诺,这样,在这两种情形下,也**适用以使同意有效的相同条件**,但是,

---

[76] 对于该问题,详见金德霍伊泽尔:《刑法分论》,第 1 卷,第 3 节,边码 8 及以下几个边码,第 4 节,边码 7 及以下几个边码,有进一步的文献。

[77] 对此,详见金德霍伊泽尔:《刑法分论》,第 1 卷,第 8 节,边码 14 及以下几个边码、边码 18 及以下几个边码。

[78] 杜塞尔多夫州高等法院(OLG Düsseldorf),《刑法新杂志——刑事判决和报告》,1997 年,第 325 页,尤其是第 327 页。

[79] 赞成的观点,格吕嫩瓦尔德(Grünewald),《戈尔特达默刑法档案》,2012 年,第 364 页及以下几页。因而,在自由地答责的自杀情形下,若某人没有阻止这种自杀,也就是不作为,从而导致死亡发生的,也不应适用第 216 条。参见金德霍伊泽尔:《刑法分论》,第 1 卷,第 3 节,边码 913,有进一步的文献。

[80] 罗克辛,第 1 卷,第 11 节,边码 123;罗克辛,《戈尔特达默刑法档案》,2012 年,第 655 页,尤其是第 663 页及以下几页。

应当限制第 216 条和第 228 条的适用范围。[81] 因而,第 216 条只是针对故意的杀人排除承诺,而尤其对于过失犯罪而言,该条并不适用。[82] 与此对应,第 228 条[83]也是没有多少实际意义的,只有在伤害危险很高且按照相应标准又违反善良风俗时,才可以加以适用。因此,在案例 7 中,应该认可承诺的有效性,因为人们并不认为练习飞刀是违反善良风俗的事。[84]

复习与深化

1. 承诺是建立在哪个原则之上的?承诺在犯罪论体系中的地位如何?(边码 1 及以下几个边码)
2. 一个有效的承诺,必须满足哪些前提条件?(边码 9 及以下几个边码)
3. 什么是阻却构成要件的合意?(边码 33 及以下几个边码)
4. 需要将与合意有关的构成要件要素区分成为哪些类别?在这些类别中,意思瑕疵分别发挥什么作用?(边码 35 及以下几个边码)
5. 如何理解"对外来危险的合意"?其定性上有哪些问题?(边码 61 及以下几个边码,边码 66 及以下几个边码)

---

[81] 屈尔,第 17 节,边码 87 及下一边码;《(舍恩克、施罗德)刑法典评注——伦克纳、施特尔贝格—利本》,第 32 条前言,边码 104;具体地,还有茨魏布吕肯州高等法院(OLG Zweibrücken),《法学综览》,1994 年,第 518 页,尤其是第 519 页及下一页。

[82] 屈尔,第 17 节,边码 87。

[83] 该规定适用于所有身体侵害的情况,包括过失的身体侵害。参见《联邦法院刑事判例集》,第 6 卷,第 232 页,尤其是第 234 页;第 17 卷,第 359 页及下一页;格佩尔特,《整体刑法学杂志》,第 83 卷,1971 年,第 947 页,尤其是第 974 页及以下几页、第 980 页;金德霍伊泽尔:《刑法分论》,第 1 卷,第 8 节,边码 3。

[84] (在该案中可能没有违反善良风俗)针对违反善良风俗的标准,见金德霍伊泽尔:《刑法分论》,第 1 卷,第 8 节,边码 18 及以下几个边码。

第五章　犯罪的主观构成要件

第13节　故　意

一、概论

1. 故意的要素

> **案例 1**
>
> 　　警察 J 殴打被告人 B 以迫使其招供。这时，他脑子里没有把自己当作公职人员。

1　　**（1）定义**：在《刑法典》总则中没有明确规定故意的定义。但是，我们从第 16、17 条中可以在一定程度上了解到故意的内容和对象。首先，从这两个条款中，我们可以知道，《刑法典》对于**行为的具体情状**（就像犯罪的各个构成要件中所叙述的那样）以及**将这种情状评价为不法**这二者是做了体系上的**区分**的。这样，故意是对应于相关的行为情状的，而至于将这些事实情状评价为不法，并对这种不法有所认识，则属于（罪责范畴中的）不法意识。因而，如果对构成要件的实现缺乏认识，就阻却故意（第 16 条）；而（在禁止错误意义上，）如果没有不法意识，则是个不影响故意的罪责问题（第 17 条）。

2　　**（2）认识（intellektuell）因素**：对于故意而言，必须对行为情状有**认识**。要具备故意的这种认识因素，只需要所谓"**实事角度的伴随意识**"（sachgedankliches Mitbewusstsein），这种"**实事角度的伴随意识**"不是那种现实的反思性（aktuell reflektiert）的认识，而是对于行为情状的现存意义上（vorhanden）的"知"。① 这种"知"主要是针对行为人扮演的、与构成要件有关的角色（如父亲、丈夫或者监护人等）、行为的

---

① 《联邦法院刑事判例集》，第 30 卷，第 44 页，尤其是第 45 页；雅科布斯，第 8 节，边码 11 及下一边码；普拉茨古默（Platzgummer）：《故意的意识形式》（Die Bewußtseinsform des Vorsatzes），1964 年版，第 55 页及以下几页；亦参见巴伐利亚州高等法院，《新法学周刊》，1997 年，第 1974 页及下一页；科隆州高等法院（OLG Köln），《新法学周刊》，1978 年，第 658 页及下一页，有进一步的文献；赫鲁斯卡，《新法学周刊》，1978 年，第 1338 页；奥托，第 7 节，边码 5 及以下几个边码。批判性的观点，克勒，《戈尔特达默刑法档案》，1985 年，第 285 页，尤其是第 296 页及以下几页；席尔德（Schild），载《施特雷‐韦塞尔斯祝贺文集》（Stree/Wessels-FS），第 241 页。反对的观点，见弗里施，载《A. 考夫曼纪念文集》（Kaufmann, A.-GS），第 317 页及以下几页。

环境(如建筑物中有人)以及在构成要件性的结果中,行为人所创设之风险的具体实现。② 因而,在案例1中,J虽然也许并没有及时意识到他是公职人员,但是,他是知道自己是公职人员的,这种知道就属于他在该行为中现存意义上的"知"。不过,这种"实事角度的伴随意识"无论如何不得和过失犯中的没有认识相等同:行为人本来必须认识到和(即便在不太注意的情况下)能够认识到的东西,尚不等于现存意义上的"知",因而也就不是"实事角度的伴随意识"。过失犯那里的无认识,甚至是一种马虎。

(3) 意志(voluntativ)因素: 在故意概念**通行的基本表述**(einheitliche Grundform)中,除了认识因素这一必要因素之外,是否还必须有意志因素,存在着不同的观点。③ 判例和学界部分观点认为,必须有意志因素,同时还将故意定义成为:对实现构成要件的"知"和"欲"。④ 然而,在文献中广为传播的观点却认为,对于故意而言,意志因素并不是必要的;也就是说,他们纯粹从认识因素的角度,将故意定义为成为对构成要件之实现的"知"。⑤ 这种围绕着故意的定义的观点分歧表面上看来似乎比较严重,但其实并无多少实际意义。因为:主流学说在故意的基本表述上,认为故意不需要有我们常说的"欲",也就是说,不需要那种对行为能产生指导作用的意志,而仅仅只需要个"认可"(Billigen)就够了。这个认可不再是行为人清楚地知道的对结果的预见,而是预见到了结果,却没有阻止自己的行为,也就是说,预见到了结果,却还不收手。相似地,针对故意的认识要素的"知"要达到什么程度

3

---

② 针对因果流程的认识错误,参见本书第27节,边码43及以下几个边码。
③ 对此,详见本书第14节,边码12及以下几个边码;进一步参见萨茨格尔,《法学》,2008年,第112页,尤其是第113页及以下几页;施特尔贝格—利本、施特尔贝格—利本(*Sternberg-Lieben/Sternberg-Lieben*),《法学教学》,2012年,第884页及以下几页、976页及以下几页。
④ 《帝国法院刑事判例集》,第70卷,第257页,尤其是第258页;《联邦法院刑事判例集》,第19卷,第295页,尤其是第298页;第36卷,第1页,尤其是第9页及下一页;联邦法院,《刑法新杂志》,1988年,第175页;邦(*Bung*):《刑法中的认识和意志》(Wissen und Wollen im Strafrecht),2009年版;海因里希,第1卷,2005年版,边码264;耶塞克·魏根特,第29节II2,奥托,第7节,边码3、27;罗克辛,第1卷,第12节,边码4。
⑤ 细节上有差别地,请参见弗里施:《故意和风险》(Vorsatz und Risiko),1983年版,第255页及以下几页;赫鲁斯卡,第433页及以下几页;雅科布斯,第8节,边码8;金德霍伊泽尔,《整体刑法学杂志》,第96卷,1984年,第1页及以下几页、第21页及以下几页;莱施(*Lesch*),《法学工作》,1997年,第802页;《诺莫斯刑法典评注——普珀》,第15条,边码23及以下几个边码、边码43及下一边码、边码64及以下几个边码;施莱霍弗,《新法学周刊》,1989年,第2017页,尤其是2019页及以下几页;施米德霍伊泽尔,《厄勒祝贺文集》(Oehler-FS),1985年版,第135页及以下几页。

这个问题,反对的观点提出的也是这种要求。*

2. 犯罪论体系中的位置

4　　(1) **主观的构成要件**:按照目前完全主流的看法,故意属于主观的构成要件,那么,这就意味着,在故意犯的领域,故意是不法的基础。⑥ 因而,如果第257条第1款这样的条款将法律后果建立在第11条第1款第5项这类违法行为上,而同时,相应犯罪又是故意犯,那么,行为人便必定已为故意之行为。对于这一点,以前的主流学说是基于因果行为论而将故意解释成为罪责要素⑦;进一步地,故意[所谓的"恶意(诈欺)"(dolus malus)]在除了对实现构成要件的"知"以外,还包括不法意识。判例基本上和主流学说保持一致,他们有时将对行为的主观方面(subjektive Tatseite)有决定性作用的"知"和"欲",称为"自然的故意"(natürlicher Vorsatz)⑧。在**专业鉴定的安排**中,人们不需要对犯罪论体系做过多论述,而可以直接选取主流学说。

5　　(2) **双重的机能**:在学术文献中,不时可以见到人们对故意的双重机能的论述,即,一方面,故意对于行为不法有着重要意义,另一方面,相比较于过失犯而言,故意乃是一种加重的罪责形式[故意是"思想非价的载体"(Träger des Gesinnungsunwerts)]。⑨ 故意的行为人经常具备实际的不法意识,而过失的行为人若不知道他自己实现了某个犯罪的构成要件,也就不可避免地没有相应的不法意识。这种

---

* 换言之,对立双方在"知"的程度,观点并不存在对立。这里需要再补充介绍一下所谓不需要"欲"的背景观点。例如,前面注释的文献中提到的雅科布斯教授认为:"行为人在认识到构成要件之实现的情形下行事,他可能是为了实现构成要件本身,也可能只是为了实现构成要件的结果,而想('欲')这样行事;不管怎样,在这个范围内,对于构成要件之实现的预见就足以成为行为的充分条件。这是主要结果(Hauptfolgen)的领域。进而,行为人在对构成要件之实现有认识的情况下行事,而这种认识并不一定就也要成为'欲'的内容;人们可以将这种认识视为是依赖于'欲'的,但是,实现'欲'并非行为的缘由。这是附随结果(Nebenfolgen)的领域。因而,主要结果是'知'的内容,就像'欲'的内容那样;附随结果也是'知'的内容,并且可以看做是依赖于'欲'。结合避免令人失望的举止这一规范目的,这也就意味着:在主要结果的领域,行为人没有从意志和认识上避免结果的发生;在伴随结果的领域,他只是没有从认识上避免,至于意志方面则不需要了。所以,将故意定义成实现构成要件的'知'和'欲'这种通行的说法自始就是不合适的:如果人们需要用'欲'来指称某个举止的驱动力上的某种积极的东西时,使用任何其他的语词所遮蔽的东西反而比它揭示的东西更多,那么,在附随结果那里,'欲'就不成立了。必须这样来修正这个公式:故意是一种认识。这种认识是知道了:如果采取其所'欲'的行为过程的话,会导致构成要件的实现。而这种认识可能也并不想('欲')实现构成要件。简言之,故意是对行为及其结果的认识。"(雅科布斯,第8节,边码7、8)关于主要结果和伴随结果的区分,亦可参见本书第14节,边码5及下一边码。——译者注

⑥ 雅科布斯,第8节,边码1、3;克赖、埃塞尔,边码373;罗克辛,第1卷,第10节,边码70及以下几个边码。

⑦ 参见本书第5节,边码15及下一边码。

⑧ 参见《联邦法院刑事判例集》,第23卷,第356页;联邦法院,《刑事辩护人杂志》,1994年,第304页。

⑨ 参见韦塞尔斯、博伊尔克,边码142;耶赛克、魏根特,第24节Ⅲ、5,第39节Ⅳ、4;批判性的观点,亦见弗洛因德,第7节,边码31。

观点是合理的。但是,故意的行为人同样有可能陷入不可避免的禁止错误(或者免除罪责的紧急避险等),这样,这种故意的行为方式,便和行为人的罪责扯不上什么关系了。

(3) 特别的主观不法要素:除了故意以外,主观的构成要件还可能包含其他的主观要素。这些主观要素可以起到证立整体行为的不法或者提高、减轻这种不法性的作用。⑩ 例如,如果行为人带有贪财的动机故意杀人,那么,这个故意杀人就成为了第 211 条中的谋杀。这种特别的主观不法要素是和各种具体的犯罪联系在一起的;它们和故意的责任没有任何关系。 6

(4) 犯罪需要故意 *:只要法律没有明确规定要处罚过失行为,那么,所有的犯罪都是故意犯(第 15 条),因而,在犯罪的构成要件中不需要再大面积地规定犯罪需要是故意的。只有特别的故意形式需要明确加以规定。所以,分则中的许多规定并没有规定任何主观的构成要件要素。⑪ 不过,尽管如此,我们还是必须不断指出,这些犯罪是需要故意的。 7

二、故意归属的时点和对象

1. 时点

> **案例 2**
>
> A 不小心地造成了一场交通事故,在这场事故中 B 丧命了。对于这个结果,A 非常高兴,因为他已经计划好,于次日要将 B 击毙。

当行为人在为第 16 条第 1 款第 1 句所规定的行为时,也就是说,在从事**构成要件性质的实行行为**的时点,必须存在故意。⑫ 至于事前故意(*dolus antecedens*)和事后故意(*dolus subsequens*),都不需予以考虑。⑬ 同时,依照判例观点,在实行行为过程中,只要出现了行为决意上的暂时性"偏离"(Abrücken),就足以否定故意。⑭ 8

这样,在案例 2 中,A 计划杀死 B 就根本起不到任何作用,因为在造成死亡结果的时点上,他针对具体的因果流程并没有相应的故意。

---

⑩ 参见本书第 9 节,边码 5 及下一边码中对这种主观不法要素的列举。

* 犯罪需要故意,是"Vorsatzerfordernis"的意译,如果直译为"故意(的)要求"或"故意(的)需求",在中文语境中是很难理解的。——译者注

⑪ 例如,参见第 212 条、第 223 条、第 239 条。

⑫ 有争议地,请代表性地参见菲舍尔,第 15 条,边码 4;弗洛因德,第 7 节,边码 43;弗里斯特,第 11 节,边码 4;雅科布斯,第 8 节,边码 1;拉克纳、屈尔,第 15 条,边码 9;《莱比锡刑法典评注——福格尔》(LK-*Vogel*),第 15 条,边码 53 及以下几个边码。

⑬ 参见联邦法院,《法学家报》,1983 年,第 864 页及赫鲁斯卡的评释;罗克辛,第 1 卷,第 12 节,边码 89 及以下几个边码。

⑭ 联邦法院,《刑法新杂志》,2010 年,第 503 页及下一页。

9　　　进而，故意还要求，行为人已确定地决定实施行为。⑮ 特别要指出的是，如果某个行为人已经决定为某一行为，但他想在开始行动前，先等候某个特定情状的发生，然后再进入力图实施阶段，同样也是"已确定地决定实施行为"。⑯

2. 对象

10　　　**（1）重合**：从根本上讲，归属到故意的对象就是人们称为"客观的构成要件"的那些情状。* 这样，客观构成要件和主观构成要件二者之间就存在一种重合。⑰ 例外的是所谓的客观处罚条件⑱和对违法性的（多余的）提示这种一般犯罪要素。⑲ 在结果犯的情况下，故意也必须对因果流程有整体的本质上的认识。⑳

11　　　进而，对于提高刑罚的构成要件各种加重要素，也是故意需要认识的，而不管它们是起决定性作用的加重构成要件（如第244条），还是范例（如第243条）。㉑ 对于使得刑罚严厉的各种结果加重㉒而言，从原则上讲，有过失（第18条）就够了。

12　　　**（2）超过的内心倾向***：在许多种犯罪中，行为的主观方面会超越客观的构成要件。在这种情况下，故意所针对的是客观构成要件之实现范围以外的结果。这种情况多是特别的故意形式。人们将这些犯罪称为带有超过的内心倾向的犯罪。例如，按照第253条规定的敲诈勒索，行为人通过强制的方式造成财产的损害，是为了自己或者第三人的非法获利。这种"为了自己或者第三人非法获利"，就超过了客观的构成要件。

13
> **复习与深化**
>
> 1. 什么是"**实事角度的伴随意识**"？（边码2）
> 2. 行为人的故意必须处于哪个时点？（边码8及下一边码）
> 3. 什么是故意的对象？（边码10及以下几个边码）

---

⑮ 主流观点，已可见于《帝国法院刑事判例集》，第65卷，第145页，尤其是第148页；第68卷，第339页，尤其是第341页；第70卷，第201页，尤其是第203页；进一步地，韦塞尔斯、博伊尔克，边码598。
⑯ 参见《联邦法院刑事判例集》，第5节，第149页，尤其是第152页；第21卷，第14页，尤其是第17页；鲍曼、韦伯、米奇，第20节，边码23；格罗普，第5节，边码63。
* 也就是说，故意需要认识的对象是客观的构成要件情况。——译者注
⑰ 亦参见《联邦法院刑事判例集》，第36卷，第221页，尤其是第222页及下一页。
⑱ 参见本书第6节，边码13及以下几个边码。
⑲ 比如，第201—204条中的"未经许可的"就是和故意没有什么关系的构成要件要素。
⑳ 《帝国法院刑事判例集》，第70卷，第257页，尤其是第258页；布拉姆森（Brammsen），《法学家报》，1989年，第71页及以下几页；耶赛克、魏根特，第29节Ⅱ、3；施特林泽，《整体刑法学杂志》，第102卷，1990年，第21页及以下几页。
㉑ 详见本书第8节，边码6及以下几个边码。
㉒ 参见本书第8节，边码19。
* 此处，"超过的内心倾向"（Überschießende Innentendenz）即我们熟知的"超过的主观要素"。——译者注

第 14 节　故意的种类

> **案例 1a**
>
> A 为获取保险金以还债，对大楼纵火。在这种情况下，A 明明知道，楼上卧病在床的 H 会丧生于火灾。

> **案例 1b**
>
> A 为获取保险金以还债，对大楼纵火。在 A 看来，楼上住着的兄弟 B 可能会因此丧生，因为 A 知道，B 经常在这个时间点呆在房间里。

> **案例 2**
>
> C 朝远方一个移动着的黑点射击，他认为这个黑点是他的敌人 D。但他并不真正认为这颗子弹能够射中对方。

1　只需观察一下这几个案例，就可以清楚地知道，行为人对于其举止可能带来的结果有着完全不同的态度。基于此，可以区分三种类型的故意，亦即蓄意*（Absicht）[又为：第一级直接故意（*dolus direchtus* 1. Grades）]，直接故意（direkter Vorsatz oder *dolus directus*）（又为：第二级直接故意）和间接故意（bedingter Vorsatz oder *dolus eventualis*）。

2　如果某个犯罪的构成要件并没有对故意的形式有特别的要求，那么，这三种故意形式都是等价的；只要有间接故意就够了。在这种情况下，由于故意的种类对构成要件的实现没有任何影响，为避免产生不必要的纰漏，**专业鉴定**不需要对故意的种类加以深入论述。①

有一些构成要件在其主观方面对故意提出了特别的要求。例如，第 164 条诬告罪中，只有行为人在诬告的时候（Verdachtsmomente）具有直接故意，并且还蓄意使他人遭受构成要件中提到的调查或处分，才算实现了诬告罪的构成要件。

---

* 王世洲教授是将"Absicht"译为"犯罪目的"，参见[德]罗克辛：《德国刑法学总论》（第 1 卷），王世洲译，法律出版社 2005 年版，第 286 页，这种翻译也是合理、正确的。徐久生教授将之译为"蓄意"，参见[德]耶赛克、魏根特：《德国刑法教科书》，徐久生译，中国法制出版社 2001 年版，第 358 页。在我国，犯罪目的经常和犯罪动机放在一起论述，而不是放在故意的分类中论述。例如，陈兴良主编：《刑法学》（第 2 版），复旦大学出版社 2009 年版，第 140、148—149 页。因而，出于德国刑法学一般在故意的种类之内而不是故意的种类之外讨论"Absicht"，我在翻译"Absicht"时，为了显示这种归类的区别，多采取"蓄意"的译法。但是，对于"Absichtsdelikt"，我还是按照通行说法，将之译为"目的犯"。此外，在某些特定的表达中，也会相应地采用"目的"的译法。——译者注

① 概况参见伦瑙，《法学教学》，2010 年，第 675 页及以下几页。

一、蓄意和直接故意

1. 蓄意

定义：如果行为人追求构成要件情状的实现，并且希望通过他的举止能引发这种实现，那么，他就是在蓄意地行事。②

(1) 目标：若行为人一心想要把某个构成要件性的情状（也就是构成要件性质的结果）作为**终极目标**或者（通常情况下的）**必要的阶段性目标**加以实现的话，那么，便是在追求构成要件性的情状。③

为了更好地理解意图之中的目标设定，有必要区分举止的**主要结果和伴随结果**。犯罪行为的终极目标或必要的阶段性目标的结果，是主要结果。相应地，至于其他的、在行为人看来不起决定性作用的效果，则将之认定为伴随结果。不过，在行为人的眼中，这些伴随结果是肯定或者可能发生的。按照这种观点，行为人一心（也可能"心情沉重"地）想造成的所有事件，都是主要结果；而按照行为人的设想，为了实现目标，有些事件并不是他非要造成不可的，这种只是体现了行为的（甚至可能是令人高兴的）伴随情状的事件，则是伴随结果。④

在这种意义上，**有目的地加以追求的事件**是行为人的行为的**主要结果**。在案例1a中，纵火和获取保险金就是蓄意追求的主要结果：纵火是必要的阶段性目标，之所以纵火，是为了实现获得保险金的终极目标。进一步地，获得保险金又是偿还债款的必要的阶段性目标。至于H的死亡则只是个伴随结果，并不是A有目的地追求的；烧死H并不是A的终极目标，也不是他获取保险金的必要的阶段性目标。简而言之，如果某个事件在用语上是用"为了"来表述的，那么，这个事件就是终极目标或阶段性目标。为了获取保险金，A放了火，但是，烧死H，并不是A获得保险金的必要的阶段性目标。

(2) 对可能性的具体化设想：在这种情形下，根据相应的行为情状，行为人还需要具体地认为，在结果中**实现他所设定的符合构成要件的风险是可能的**。⑤ 倘若行为人虽然希望发生结果，但是，为了实现这种结果，他自己都认为，他的行为并

---

② 参见《联邦法院刑事判例集》，第4卷，第107页，尤其是第108页及下一页；第21卷，第283页，尤其是第284页；弗洛因德，第7节，边码65、70；格罗普，第5节，边码92及下一边码；屈尔，第5节，边码33；详见维齐格曼（Witzigmann），《法学工作》，2009年，第489页及以下几页。

③ 弗洛因德，第7节，边码65；格罗普，第5节，边码92；耶赛克·魏根特，第29节Ⅲ、1a；克赖·埃塞尔，边码378；屈尔，第5节，边码35；奥托，第7节，边码29；罗克辛，第1卷，第12节，边码10。

④ 详见冯·海因契尔—海内格（v. Heintschel-Heinegg），边码224及以下几个边码；雅科布斯，第8节，边码15及以下几个边码；屈尔，第5节，边码35；莱施，《法学工作》，1997年，第802页，尤其是第806页。

⑤ 参见《联邦法院刑事判例集》，第35卷，第325页，尤其是第327页；雅科布斯，第8节，边码17；罗克辛，第1卷，第12节，边码8；韦尔策尔，第13节Ⅰ、2a。

不是个合适的手段，那么，这就不是蓄意。因此，在案例 2 中，即便 C 希望射死 D，但是，鉴于相应的行为情状，他并不具体地认为，他可能实现他的目标，这时，他的行为就不是蓄意的。

2. 直接故意

定义：鉴于某个构成要件性的情状，如果行为人认为，实现该构成要件情状是**他所欲采取的举止的必然结果**，那么，他便有了直接故意。⑥   8

行为人明知的构成要件性的情状，或者明确预见到这种构成要件性情状的发生乃是他的行为的**伴随结果**，就是直接故意所要认识的对象。在直接故意的情况下，重要的是故意的认识因素；而意志因素则没有任何动机上（motivational）的意义；也就是说，尽管行为人认识到了结果，但是并没有停止他为了实现其他目标而想要实施的行为。在案例 1a 中，由于 A 明确地预料到会有死亡结果的发生，这样，对于 H 的死，A 是直接故意的。   9

在构成要件规定了（至少要有）"明知的"（wissentlich）行为（如第 226 条第 2 款、第 344 条第 1 款），或者"违背良知的"（wider besseres Wissen）行为的地方，就是必须需要直接故意的。   10

二、间接故意

1. 基本原理

间接故意（*dolus eventualis*，Eventualvorsatz）是**故意的基本形式**。⑦ 与直接故意一样，间接故意也是以**伴随结果**为认识对象的，而且也不要求以目标为导向的那种"欲"*。与蓄意相比，间接故意在认识因素上并没有确信（Gewissheit），而只是以为结果发生有具体的可能性。   11

虽然间接故意的这种基本结构大体上是没有争议的，但是，在一些细节上却产生了激烈的争论，出现了各种各样的观点。这里尤其突出的问题是：间接故意是否要求意志因素？为了不对争论的情况产生误解，需要首先注意到，即便是间接故意，也总是涉及某一所"欲"的行为。之所以会这样，是因为间接故意总是针对某一   12

---

⑥ 参见《联邦法院刑事判例集》，第 18 卷，第 246 页，尤其是第 248 页；第 21 卷，第 283 页，尤其是第 284 页及下一页；弗洛因德，第 7 节，边码 67；格罗普，第 5 节，边码 97；马特，第 2 章，第 4 节，边码 18；罗克辛，第 1 卷，第 12 节，边码 18 及以下几个边码；《刑法典体系性评注——鲁道菲、施泰因》，第 16 节，边码 42；毛拉赫、齐普夫，第 22 节，边码 29。

⑦ "间接故意"（直译为"有条件的故意"——译者注）这个称谓是约定俗成的，但是可能会带来这样的误解：比如，这个故意并不依赖于某个条件的发生。

* "Wollen"一词，在大多数情况下，译为"欲"是合适的，但在有的时候，为了文字通顺，我也会将"欲"用"想"替代。在论述"故意"时，这是个值得注意的概念。——译者注

所"欲"的行为的伴随状况（如第 176 条中性交对象的年龄）或者伴随结果。在案例 1b 中，A 确实知道，可能导致大楼里的 B 因此丧命的后果，因此，B 的死便是他所"欲"（亦即以纵火和保险金为导向的）的行为的伴随结果。如果 B 真被烧死，而 A 说，他也不想发生这种结果，那么，这也并不代表，B 的死是在一个 A 不想引发的因果流程里发生的。因为导致 B 死亡的因果流程，确确实实是由 A 有意志地启动的。更确切地说，烧死 B 并不是纵火的动因，他的死并不是 A 蓄意地所"欲"造成的。

13   现在，争论就剩下这个问题：基于伴随状况或者行为人已认识到但却并不蓄意引发的伴随结果，是否他就必定已经也具有了一种意志关系？* 对于这点，判例中的观点是，要求有一种对构成要件性的情状的"认可"或者"认可地容忍"。⑧

2. 各种观点的情况

14   在间接故意的定义上，有着多种多样的定义。归纳起来，主要有两类观点，至于这些观点内部的分歧，顶多是一些细微的术语运用上的不同。这两类观点是：其一，纯粹通过认识因素就可以定义间接故意了；其二，光有认识因素还不够，还需要附加意志因素才能定义间接故意。这些观点一直都在追求这个目标：尽可能地将间接故意和（有认识的）过失二者之间作出精确的区分。但是，在按照所谓的"**可能性理论**"（边码 16），连故意（的行为）都不能成立的时候，人们就没有必要在**专业鉴定**中深入讨论这些观点的争论。这样做的原因是："可能性理论"是诸种理论学说之中，对故意成立的条件要求最少的理论。只有当我们按照"可能性理论"，可以肯定故意存在，而且案件事实情况中出现可能缺乏意志的行为要素的明显迹象的时候，才值得深入讨论这些观点分歧。当然，在这个时候，讨论的结果基本上不会有太大差别，因为这些观点虽然用语殊异，但在实质上是非常一致的。

举例来说：

> **案例 3**
>
> X 驾驶一辆轮胎已磨损的汽车，并且对此有所认识，尽管会导致风险的增高，但他还是开车上路了。这样，可能引发一起交通事故。

---

* 换言之，在行为人认识到伴随状况，或者已经认识到伴随结果但却并没有目的追求这个（伴随）结果的时候，行为人单独针对伴随结果的发生是否就已经是有意志的？是否就已经是在"欲"求这个结果发生？——译者注

⑧ 参见本书本节下文边码 23。

> **案例 4**
>
> Y 持来复枪朝一枪靶子射击。在他看来,由于能力有限,他有可能击中靶子旁边站着的 P。

> **案例 5**
>
> 猎人 L 在每次射击的时候,都非常害怕可能击中随时出来行走的行人;但是,他却没有确定的判断根据,认为当时有行人在场。

(1) 去掉意志因素的定义:按照学术文献中广为传播的观点,间接故意只和行为人的认识状况有关。但特别要指出的是,行为人到底要认识到何种程度? 却是有着不同标准的:占据主导地位的是"可能性理论",其次,还有"极有可能性理论""风险理论"和"避免理论"。 15

① 针对间接故意,按照所谓的"**可能性理论**",行为人在采取行为时,从行为情状和因果上的合乎法律性(Gesetzmäßigkeit)中,可以由此知道,构成要件的实现是**具体地可能的**。⑨ 所谓可能性必须是具体的,是说:对于行为人所设置的、但却不赞同其发生的风险在某个构成要件的实现中真正成为现实,行为人必定是有某些**确定的判断根据**(bestimmte Anhaltspunkte)的。⑩ 故而,他一定须针对某个具体化的因果流程有所设想。换言之,如果行为人只是以为风险"无论怎样"(抽象地)都是有可能实现的,那么,则是根本不够的。我们结合案例 3 来论述,案例中 X 知道,他参加道路交通的风险提高了,但是,他的行事并不是间接故意的,因为他根据特定的行为情状,并没有得出**风险会具体地实现**的判断。相比较而言,在案例 4 中,Y 既不是蓄意想要射击别人,对于射击别人也没有直接故意的意义上的那种肯定,但是,他有着足够的判断依据认为,射到别人的这种因果流程是具体可能发生的。 16

② 按照所谓的"**极有可能性理论**",如果行为人认为,构成要件的实现是极 17

---

⑨ 弗洛因德,第 7 节,边码 70 及下一边码;格林瓦尔德(Grünwald):《迈尔祝贺文集》,第 281 页,尤其是第 288 页;朗格尔,《戈尔特达默刑法档案》,1990 年,第 435 页,尤其是第 458 页及以下几页;施米德霍伊泽尔,《法学教学》,1980 年,第 241 页,尤其是第 250 页及以下几页;舒曼,《法学家报》,1989 年,第 427 页,尤其是第 430 页及下一页;以及本书后文边码 31 处的方案。

⑩ 细节上有(细微)差别地,参见弗洛因德,《法学综览》,1988 年,第 116 页,尤其是第 117 页;弗里施,《故意和风险》,1983 年版,第 101 页、第 482 页及以下几页、第 486 页;弗里斯特,第 11 节,边码 24 及下一边码;雅科布斯,第 8 节,边码 21 及以下几个边码;金德霍伊泽尔,《戈尔特达默刑法档案》,1994 年,第 197 页,尤其是第 203 页及下一页;进一步见约尔登(Joerden):《刑法上答责概念的结构》(Strukturen des strafrechtlichen Verantwortungsbegriffs),1988 年版,第 151 页及下一页;奥托,第 7 节,边码 34 及下一几个边码;施罗斯,《故意和错误》(Vorsatz und Irrtum),1998 年版,第 11 页及以下几个边码;对此,实质上还可参见联邦法院,《新法学周刊》,1979 年,第 1512 页及奥托的评释,见《新法学周刊》,1979 年,第 2414 页及下一页;联邦法院,《法学家报》,1981 年,第 35 页及克勒的评释;联邦法院,《刑法新杂志》,1983 年,第 365 页;1994 年,第 483 页,尤其是第 484 页。

有可能的(当然,还没有到几乎绝对会实现的地步),那么,间接故意才成立。⑪ "极有可能"这一表述也清楚地说明了,结果之发生只有纯粹的(抽象的)可能性是不够的。由于"可能性理论"的支持者也是将结论建立在具体的情形判断的基础上,因而,"极有可能性理论"和"可能性理论"这二者之间几乎只存在术语上的不同。

18　　③ 按照所谓的"**风险理论**",如果某个决定是和法秩序的风险原则不相容的,那么,这时的行事就是故意的举止。⑫ 按照这种观点,从能具有某种特定的**故意危险**(Vorsatzgefahr)的行为情状中,行为人必须同时判断出,在这种情状中,并不存在过失。所谓故意危险,是指对某种风险的设想。具体说来,在正常情况下,创设该种风险可以引发结果,因而,如果谁有意地设置这种风险,那么人们就只能认为,他做出了侵犯法益的决定的表示。这意味着:行为人预见结果所凭借的那些事实情状,必须同时在客观上也是能够有效地引发结果的、公认的事实前提。⑬ 因而,如果行为人有意识地创设这样的一种故意风险,那么他便是间接故意的。

19　　"风险理论"与"可能性理论"的主要不同在于,前者并不是像后者一样建立在行为人对危险的判断上,而是建立在客观的风险原则之上,并遵照这种原则来评判行为。⑭ 在这里,需要注意的是,"可能性理论"也是按照客观的标准来衡量行为人的判断的。具体而言,这一理论要求:行为人在实施相应行为时,也需要基于事实的判断根据,认为从该种事实根据中是可能具体地实现某个构成要件的。所以,如果行为人超乎寻常的小心谨慎,那么,不管按照何种观点,在他的行为中,就都不成立故意了。因而,不管按照什么观点,案例 5 中的 L 的行为就不是故意的,因为他并没有具体的根据,认为某个行人确实在场。

　　因此,"风险理论"可以理解成为是对于"可能性理论"的进一步的发展⑮:"风险理论"努力追求在客观归属的术语中来理解故意的对象(亦即,对于实现某个构成要件的设想)。如果某个不容许的风险会在结果中实现,而创设这样一种风险就代表着客观归属中不法的成立⑯,而同时,若人们(在既遂的故意犯中)还想使行为

---

⑪ 卡格尔:《认知性的行为论基础之上的刑事故意》(Der strafrechtliche Vorsatz auf der Basis der kognitiven Handlungslehre),1993 年版,第 67 页及以下几页、第 70 页;亦参见普里特维茨,《法学工作》,1988 年,第 486 页,尤其是第 498 页;批判性地,《(萨茨格尔、施米特、维德迈尔)刑法典评注——莫姆森》(S/S/W-Momsen),第 15 节、第 16 节,边码 39。

⑫ 普珀:《故意和归属》(Vorsatz und Zurechnung),1992 年版,第 35 页及以下几页;《诺莫斯刑法典评注——普珀》,第 15 条,边码 64、边码 67 及以下几个边码。

⑬ 《诺莫斯刑法典评注——普珀》,第 15 条,边码 69;普珀:《故意和归属》,1992 年版,第 28 页及下一页。

⑭ 详见《诺莫斯刑法典评注——普珀》,第 15 条,边码 68。

⑮ 对此,亦参见金德霍伊泽尔,载《赫鲁斯卡祝贺文集》,第 527 页,尤其是第 539 页及以下几页;金德霍伊泽尔,《戈尔特达默刑法档案》,2007 年,第 447 页,尤其是第 464 页及以下几页。

⑯ 参见本书第 11 节,边码 6 及以下几个边码;第 33 节,边码 22 及下一边码。

的客观方面与行为的主观方面实现对应,那么,对于被人们认定成是"特定的不容许风险之创造"的相应案件事实情况,行为人必须认识和设想到。[17] 所以,如果行为人根据他自己对于相应的行为情状和因果上的合乎法律性的判断,从而知道,他的行为就正体现了实现某犯罪的构成要件的具体风险的创造,那么,他的行为就是故意的。[18]

不管是依照"风险理论",还是"可能性理论",案例 3 和案例 4 都可以得到相同的解决。在案例 3 中,X 虽然知道,轮胎磨损得没有什么条纹了,会降低他避免交通事故的能力,因而仍然进行驾驶是危险的,但是,他并没有办法从这个情况判断出,就会产生某个特定交通事故的具体风险,所以,在他的行为中,也并没有要故意去伤害别人或者损坏他人的财产的意思。不过,案例 4 就不同了。在该案中,Y 根据特定的判断根据从而知道,如果他开枪的话,可能击中 P,因而认识到了可以被认定为"具体的伤害风险之创造"的相应案件事实情况,但仍然坚持行事,这样,他的行为是(间接)故意的。

④ 按照所谓的"**避免理论**",如果行为人认为实现构成要件是可能的,却**没有**采取措施对此予以避免*,那么,他就有间接故意。[19] 与此不同的是,如果行为人通过采取特定的措施表示出,他想避免构成要件的实现("避免意志"的宣示),那么,才可以说他是(有认识的)过失。这种理论的合理之处在于,如果某个人努力避免某事,那么代表他不想促成此事。但是,反过来说,如果某个人不想避免某事,那么也不代表他因此就想促成此事。在案例 5 中,L 一方面没有采取任何措施,以避免射伤行人,另一方面,也不想击中任何人。因此,对于如何使得间接故意的内容更为精确化而言,"避免理论"并没有任何优于"可能性理论"的积极贡献;"避免理论"只是从消极的方面表述了不成立故意的一种情形。

(2) **带有意志因素的定义**:按照惯常的理解,为了有示区别于有认识的过失,

---

[17] 不同的是,按照赫茨贝格的说法(《法学教学》,1986 年,第 249 页,尤其是第 254 页及以下几页、第 262 页;1987 年,第 777 页,尤其是第 780 页及下一页;《法学家报》,1989 年,第 470 页,尤其是第 476 页;相似的观点,见卡内斯施特拉里(*Canestrari*),《戈尔特达默刑法档案》,2004 年,第 210 页,尤其是第 223 页及下一页),在不符合第 23 条第 3 款的情况下,行为人需要已经认识到客观存在的、必须引起认真重视的危险。

[18] 至于行为人的认识和设想是否真正符合事实,对于故意的成立而言,并无任何意义。假若他的认识和设想在客观上并不是正确的,那么,只是客观的构成要件不符合,因而,可以成立力图。对此,可以进一步参见本书第 30 节。

* 原文为"ohne einen Vermeidewillen zu betätigen",直译当为"没有落实'避免的意志'"。我采取意译的译法。——译者注

[19] 阿明·考夫曼,《整体刑法学杂志》,第 70 卷,1958 年,第 64 页,尤其是第 81 页;相似地,见贝伦特(*Behrendt*),《法学教学》,1989 年,第 945 页,尤其是第 950 页;施莱霍弗,《新法学周刊》,1989 年,第 2017 页,尤其是第 2020 页;施罗斯,《法学教学》,1992 年,第 1 页,尤其是第 8 页;许内曼,《法学工作》,1975 年,第 787 页,尤其是第 790 页;亦参见希伦坎普,载《A. 考夫曼纪念文集》,第 351 页及以下几页。

间接故意仅仅只靠认识因素来定义是不够的。更确切地说，还需要一个意志因素。特别要指出的是，这个意志因素所表示的不再是对于实现构成要件的简单的情绪联系（leichte emotionale Beziehung），也不应理解成日常语言中的"欲"。对于如何具体地确定意志因素，有着各种不同的观点，但这些观点大多只是有着术语和用词上的区别。除了占据主导地位的"承诺或认可理论"之外，还值得一提的有"认真对待理论"（Ernstnahmetheorie）以及"无所谓理论"（Gleichgültigkeitstheorie）。

23　　① 判例和部分学说中所采的是"**承诺或认可理论**"。该学说认为，在间接故意的情形下，行为人对于将可能发生的结果是持"内心认可"（innerlich billigt）、"认可地容忍"（billigend in Kauf nimmt）、"放任"（sich mit ihm abfindet）或者"合意"（einverstanden）的态度。[20] 特别要指出的是，如果行为人相信构成要件不会实现，那么，就需要阻却故意的归属。而假若行为人非常不希望结果发生，但是他又放任它的发生，那么，就出现了这里所说的"认可"的情况，因此，这个规则甚至连积极的情绪联系也不需要（边码13，针对案例1b）。更确切地，在这里其实只是说，尽管认识到了实现构成要件的相关（具体）风险，但是，行为人仍然还是做出了实施行为的决定。因此，在案例3和案例4中，不管是运用"认可理论"，还是运用"可能性理论"，两种理论所得出的结果都是一样的。

24　　需要注意的是，针对行为人于高度激愤、发怒或醉态的情况下所**实施危及生命的暴力行为**，判例的观点一贯强调，如果在这种情形下要成立杀人的间接故意，需以越过针对杀害他人而设置的**高门槛**为必要。[21] 这时，事实审法官在对犯罪的所有客观和主观要素进行全面的评价的基础上，从暴力行为的客观危险性程度来推

---

[20] 《帝国法院刑事判例集》，第33卷，第4页，尤其是第5页及下一页；第76卷，第115页，尤其是第116页；《联邦法院刑事判例集》，第7卷，第363页，尤其是第369页；第56卷，第277页，尤其是第284页及下一页；联邦法院，《刑法新杂志》，1997年，第434页及下一页；2001年，第475页，尤其是第476页；2003年，第259页，尤其是第260页；2011年，第699页，尤其是第701页及下一页；鲍曼·韦伯·米奇，第20节，边码48；菲舍尔，第15条，边码9b；毛拉赫·齐普夫，第22节，边码34、36；对于判例之见解的深入分析，见《莱比锡刑法典评注——福格尔》，第15条，边码102及以下几个边码。

[21] 参见联邦法院，《刑法新杂志》，1983年，第407页；1988年，第175页；2003年，第603页及下一页；《刑法新杂志——刑事判决和报告》，2011年，第73页及下一页；2012年，第369页，尤其是第370页；对杀人之间接故意的判例的观点做了概述的，见联邦法院，《刑事辩护人论坛》，2008年，第387页及下一页；教学案例，见法尔，《法学》，2003年，第60页及以下几个；批判性的观点，见赫茨贝格，《联邦法院祝贺文集》，第4卷，第51页，尤其是第78页及以下几个；《诺莫斯刑法典评注——普珀》，第15条，边码92及以下几个边码；里辛—凡·桑（Rissing-van Saan），载《格佩尔特祝贺文集》，第497页，尤其是第506页及以下几页。

断出行为人相应的故意,在一定程度上也是可能的。㉒ 然而,联邦法院最近明确指出,所谓门槛理论的意思,仅在于提示要依照《刑事诉讼法》第261条处理。"门槛理论"这个词并不能取代对个案的具体讨论。㉓

② 按照文献中广为流传的所谓"**认真对待理论**",如果行为人对于其所认识到 25
的构成要件性结果的危险是"认真对待"的,并且出于某种(构成要件以外的)目标而(也许违反其意志地)放任这种结果发生,那么,他就有间接故意。㉔ 就像在"认可理论"那里一样,如果行为人相信结果不会发生,就应该特别地将这种情形排除出去。* 这种情况可能并不存在于案例4中,故而,按照"认真对待理论",可能就要承认故意的成立了。

③ 按照"**无所谓理论**",如果行为人认为实现构成要件是可能的,并且同时出于 26
对受保护法益的无所谓的态度,容忍这种情况的发生,那么,就成立间接故意。㉕ 但是,如果行为人不乐意见到其举止产生实现构成要件的附随结果,并因而希望不发生这样的结果,则应否定故意的成立。㉖ 同样,按照这种理论,在案例4中也成立故意。

3. 结论和定义

(1) 结论:出于以上的考虑,在"可能性理论"的基础上(按照风险理论的形 27

㉒ 联邦法院,《刑法新杂志》,2002年,第314页,尤其是第315页;《刑法新杂志——刑事判决和报告》,2007年,第45页及下一页,第141页及下一页,第307页;《刑法新杂志》,2009年,第91页,第629页及下一页;2010年,第511页及下一页;2012年,第207页及以下几页;《新法学周刊》,2012年,第1524页及以下几页及雅恩的评释,《法学教学》,2012年,第757页。从整体上考察的,亦见斯泰因贝格,《法学家报》,2010年,第712页及以下几页;2011年,第177页及以下几页。在反复折磨身体的致死性虐待以及持续性地不抚养自己小孩的情形下的极高门槛,尤其参见联邦法院,《刑法新杂志》,2007年,第402页,尤其是第403页;《刑法新杂志——刑事判决和报告》,2007年,第267页及下一页;第304页及以下几页。针对摇晃婴儿的情形,见联邦法院,《刑法新杂志》,2009年,第264页及以下几页。

㉓ 联邦法院,《新法学周刊》,2012年,第1524页及以下几页及黑格曼斯(Heghmanns)的评释,见《刑法学理国际杂志》,2012年,第826页,以及雅恩,《法学教学》,2012年,第757页,莱特迈尔(Leitmeier),《新法学周刊》,2012年,第2850页,普珀,《法学综览》,2012年,第477页和辛、博恩霍斯特(Sinn/Bohnhorst),《刑事辩护人杂志》,2012年,第661页的评释。

㉔ 韦塞尔斯、博伊尔克,边码214、225;格罗普,第5节,边码109;耶赛克、魏根特,第29节Ⅲ、3a;克勒,《法学家报》,1981年,第35页及下一页;屈尔,第5节,边码84及下一边码;罗克辛,第1卷,第12节,边码21及以下几个边码。

* 也就是说,不成立故意。——译者注

㉕ 博伊尔克,《法学》,1988年,第641页,尤其是第644页;恩吉施,《故意和过失之研究》(Untersuchungen über Vorsatz und Fahrlässigkeit),1930年版,第186页及以下几页、第230页及以下几页、第233页及下一页;加拉斯,《整体刑法学杂志》,第67卷,1955年,第1页,尤其是第43页;《(舍恩克、施罗德)刑法典评注——施特尔贝格—利本》,第15条,边码84。

㉖ 不过,在这点上不一致的,有联邦法院,《刑法新杂志——刑事判决和报告》,2011年,第110页。需要批判性地注意的一点是,在描述行为人所构想情景的时候,无所谓和不乐意这两者没有办法同时存在:如果某人对某事持无所谓态度,那么这件事对于他而言,既不是乐意的,也不是不乐意的。

式)㉗,来定义间接故意是合理的。而且,这种理论还可以很好地说明,为什么故意行为在原则上㉘需要受到比过失更重的刑罚处罚:故意的行为人在实施行为时,就认为某构成要件之实现的具体风险已经存在,而过失的行为人则不然,他是由于不够谨慎㉙而未能认识到他所创设的危险的范围和程度。这样,故意的行为人虽然明明知道结果发生的具体风险,而且他不相信构成要件的不实现(过失行为人则是错误地估算了相应的案件事实情况,从而相信构成要件不会实现),却仍然继续行事。因而,这表明,较之于过失犯罪而言,故意犯罪在法忠诚上的赤字更为严重。*

28　　在本质上,"极有可能性理论"和"可能性理论"二者之间区别不是很大;这两个学说之间的用词和术语在一定程度上是可互换的,而所指其实相同。同样也不需要意志因素的"避免理论"虽然可信地说明了故意犯罪的某些方面,但是,从总体上,并没有给人们提供满意的答案。

29　　判例和部分学说观点认为,间接故意不仅要有认识因素,而且还要有个至少是较弱的意志因素。而"可能性理论"并不要求这种意志因素。在这里,由于间接故意的行为也是个与决定实现构成要件相联系的、所"欲"的行为,前者(判例和部分学说)之所以会要求有意志因素,可能是和这个原因有关。因此,("认可理论"的)"认可规则"对间接故意的情形做过十分合理的表述,即行为人在追求他的(构成要件之外的)某个目标时,有着这样的一个支配性的动机:他也不想消除结果发生的具体可能,并且"认可地容忍"结果的发生。然而,这种"认可"("认真对待""无所谓")也不是"想要引起(引发)",而只是为了某个更重要的目标的"不想避免"的一种表达。因此,也不是说,对构成要件之实现的"认可地容忍"之类的意志模式就是错误的;而只是说,这些模式相比较于"可能性理论"已经取得的发现而言,并没有得出进一步的新信息和新发现。

30　　(2) 定义:因此,必须这样来考虑间接故意的定义:行为人虽然想("欲"),但是并没有以实现构成要件为导向地行事,而只是对于具体风险的具体的可能性有所认识和设想。在这个意义上,需要这样来定义间接故意:

31　　若行为人根据某个构成要件性的情状,认为从具体风险上看,实现该情状乃是他所"欲"的举止的某种可能的结果,那么,他就是在间接故意地行事。㉚

㉗　参见本书上文边码16、18及下一边码。
㉘　关于相应的例外,有第316条(这是出于积极的一般预防之目的的原因)。
㉙　对此,详见本书第33节。
*　换言之,故意犯罪对于法律更不忠诚。——译者注
㉚　参见《联邦法院刑事判例集》,第18卷,第246页,尤其是248页;第21卷,第283页,尤其是第284页及下一页。

三、若干故意的结合和概括故意

1. 累积故意和择一故意（*Dolus cumulativus* und *alternativus*）

> **案例 6**
>
> A 掷一燃烧弹于 B 屋中，A 认为，这能使房屋燃烧，且可以通过烟熏损害 B 的健康。

> **案例 7a**
>
> A 朝骑着马的 Q 射击，同时，他认为，他可能击中 Q（第 212 条），也可能只击中马（第 303 条）。最终，子弹击中 Q，Q 身亡。

> **案例 7b**
>
> 同案例 7a，只是：A 击中了马。

> **案例 7c**
>
> 同案例 7a，只是：A 打偏，不仅没有击中 Q 也没有击中马。

（1）**累积故意**：只要行为人认为，通过他的行为，可以**同时**实现**若干个构成要件**，那么，任何一个构成要件的实现，都可以归属于他。案例 6 便是这样的例子。㉛ 32

（2）**择一故意**：这种所谓的"累积故意"，并没有发生任何争议。但是，所谓的"择一故意"就不同了。㉜ 择一故意是指，行为人认为，通过他的行为，可以实现**若干个互相独立的构成要件中的一个**。就像案例 7 中的那样。这种故意形式上是针对两个或两个以上构成要件，但其实只是针对一个构成要件。与累积故意一样，择一故意并不是什么故意种类，而是若干个（可能是不同形式的）故意的结合。在这种情形下，有争议的是，行为人在带着择一故意实施相应行为时，哪种结果可以归属于他？ 33

① 有人认为，在案例 7a 和案例 7b 中，只要最后出现了一个结果，那么，这个结果就是需要客观地归属的犯罪。而且，如果像案例 7b 那样，未遂的不法、罪责的内容本质上都比既遂行为更为严重，那么，需要在既遂犯罪和未遂犯罪之间成立一罪（Tateinheit）。与此不同的是案例 7c，在该案例中，没有发生任何结果，因而，对行 34

㉛ 对此，参见《莱比锡刑法典评注——福格尔》，第 15 条，边码 134。
㉜ 对此，参见《莱比锡刑法典评注——福格尔》，第 15 条，边码 135 及下一个边码。

为人(只)基于其重罪未遂而给予处罚。㉝

35　　②还有人认为,不管怎样,都只需要针对重罪而处罚故意,确切地说,即便重罪只有未遂也是如此。㉞

36　　③不过,主流观点更为合理,即,在既遂罪和未遂罪之间或者在两个未遂罪之间成立一罪。㉟ 理由在于:以两个构成要件为目标的故意的不法,必须清楚地表示出来。

2. 概括故意(Dolus generalis)

> **案例 8**
>
> 恐怖分子 K 把一重型炸弹放在一个热闹的地方,以尽量炸伤或者炸死最多的人。

> **案例 9**
>
> A 用一铁棍打倒 B。但他并不肯定,B 是否已经被打死。于是,A 又将 B 吊起来。后来发现,B 开始只是昏过去,而最后是死于勒杀。

> **案例 10**
>
> C 错误地以为,D 已经被扼死了。为了消灭犯罪痕迹,C 将"尸体"丢入化粪池中;这时,D 溺死于其中。㊱

37　　首先,所谓"概括故意"的概念是这样一种故意形式:行为人有意识地为任何数量的法益创设危险,而不是正好针对某个特定的利益实施侵害。㊲ 因此,在案例8 中,对于任何一个死亡和伤害结果,K 的行为都是故意的。

其次,"概括故意"还可以指如下情形:行为人并不知道,是否其采取的第一个行动就已经导致了结果,为了保险起见,他采取了进一步的措施以导致结果发生。所以,在案例 9 中,对于具体的死亡结果,A 是故意的。

最后,在今天的术语环境里,"概括故意"还特别地用于意指这种情形:行为人

㉝ 韦塞尔斯、博伊尔克,边码 233 及以下几个边码;海因里希,第 1 卷,边码 294;毛拉赫、齐普夫,第 22 节,边码 27。

㉞ 约尔登,《整体刑法学杂志》,第 95 卷,1983 年,第 565 页,尤其是第 594 页;奥托,第 7 节,边码 23;《莱比锡刑法典评注——福格尔》,第 15 条,边码 136。

㉟ 联邦法院,见博施(BGH bei *Bosch*),《法学工作》,2006 年,第 330 页;雅科布斯,第 8 节,边码 33;耶赛克、魏根特,第 29 节 III、4;《诺莫斯刑法典评注——普珀》,第 15 条,边码 115 及下一边码;罗克辛,第 1 卷,第 12 节,边码 94;斯特拉滕韦特、库伦,第 8 节,边码 122;韦尔策尔,第 13 节 I、2d。

㊱ 参见《联邦法院刑事判例集》,第 14 卷,第 193 页。

㊲ 这是由冯·韦伯所创立的学说。参见冯·韦伯:《犯罪法的新档案》(Neues Archiv des Criminalrechts),1825 年,第 557 页,尤其是第 576 页及以下几页。

通过采取第二个行动,从而促成了结果,而对于这第二个行动促成结果的可能性,根本就不予以考虑。对此,在相关的案例 10 中,尚存在争议的是,对于行为人而言,是否(他对)这个事实上的因果流程也算是故意的㊳?

> **复习与深化**

38

1. 一共有哪三种故意?(边码 1 及下一边码)

2. 如何理解主要结果和伴随结果?(边码 5 及下一边码)

3. 行为人什么时候是蓄意的?什么时候是直接故意的?(边码 3 及以下几个边码、边码 8 及下一边码)

4. 哪些学说在定义间接故意是要求有意志因素?哪些又认为不要意志因素?(边码 14 及以下几个边码)

5. 如何理解择一故意和概括故意?(边码 33 及以下几个边码、边码 37)

㊳ 这是针对因果流程的可能的认识错误,关于该问题,详见本书第 27 节,边码 43 及以下几个边码。

第六章 违法性

第15节 基本原理

一、概论

1. 概念

1   如果某个行为实现了某个犯罪的构成要件(或者至少力图实现之),而同时又没有正当化事由,那么,该行为在刑法的意义上就是违法的。而在各种特定条件下允许犯罪的构成要件实现的诸个规范,则是**正当化事由**。正当化事由规定了(例外地)容许符合构成要件的举止的各种情形。① 因此,正当化事由乃是"不法阻却事由";如果其起到的是取消禁令的作用,那么,人们将之称为**容许规范**,而若其起到的是免除遵守命令的义务的作用,那么,人们称之为**豁免规范**。

2   在满足正当化情形的前提条件下,行为人有权利采取某一实现构成要件的行为,与这个权利相对应的是受害人的**容忍义务**(Duldungspflicht)。因此,如果谁阻止行为人按照正当化紧急避险(第34条)实施利益损害,那么,行为人就可以对他按照紧急防卫(第32条)的方式实施反击。但是,违法地违反容忍义务却可能是可以免除罪责的。

2. 证立和效力范围

3   **(1) 证立**:所谓的"**一元论**"(monistische Theorien)试图将所有的正当化事由都还原到这样的一个基本原则上去②:正当化的举止高于对构成要件的实现。③ 在法益冲突④的具体情形下,处于更高地位的有更高的价值⑤、更大的益处⑥或者更大的利益⑦等。

---

① 详见《诺莫斯刑法典评注——佩夫根》,第32条前言,边码8、56及以下几个边码。
② 相关理论争议,详见《诺莫斯刑法典评注——佩夫根》,第32条前言,边码44及以下几个边码。
③ 关于早期的目的理论(Zwecktheorie),参见冯·李斯特,第32节II、2。
④ 施米德霍伊泽尔,第9节,边码13。
⑤ 诺尔,《整体刑法学杂志》,第77卷,1965年,第1页,尤其是第9页。
⑥ 绍尔,《刑罚通论》,第3版,1955年版,第56页。
⑦ 弗洛因德,第3节,边码4;奥托,第8节,边码5;罗克辛:《刑事政策与刑法体系》,1973年版,第15页;不同的观点,见《诺莫斯刑法典评注——佩夫根》,第32条前言,边码46。

由于这种基本原则过于抽象,以至于人们无法从中得出任何具体的结论。因此,更为合理的是"**多元论**"(pluralistische Theorie)意义上的正当化事由,这种正当化事由是建立在不同的原则之上的。在这里,特别是三个原则具有指导性作用⑧:

① 按照**受害人答责的原则**,如果某个举止乃是被害人所管辖之风险的结果,那么,该举止是正当的;这个原则尤其适用于紧急防卫、防卫性的紧急避险、临时逮捕(vorläufige Festnahme)、自力救济和各种职权。

② 根据**对受害者利益的把握的原则**,如果从受害者的角度来看,某个举止是有益的,或者至少是可以接受的,那么,该举止是正当的;特别地,该原则适用于(推定)承诺和官方容许(behördlicher Erlaubnis)。

③ 根据**最低限度的团结**(Mindestsolidarität)**原则**,为了保护他人或者公众明显更大的利益,即便某个举止侵犯到了受害人的利益,该举止也是正当的;该原则尤其适用于攻击性紧急避险(aggressiver Notstand)。⑨

(2)效力范围:按照主流学说,若没有更严格的或者独立的(enger und abschließend)特定规则的话,尤其是像第32、34、193条这样的刑法上的正当化事由,不仅适用于私人彼此之间的举止,而且适用于官员的**主权行为**(hoheitliches Handeln)。⑩ 在实践中,一般的正当化事由的主要适用领域,包括为了免受恐怖主义暴力行为的侵犯而采取的措施,以及在紧急自卫措施的情况下,隐蔽的知情者(verdeckte Ermittler)迫于情势而采取的犯罪或者警察使用枪、炮等武器。⑪

然而,比如,在绑架案件中,以排除危险为目的的警察却并没有权力基于第32

---

⑧ 详见雅科布斯,第11节,边码3。

⑨ 详见屈恩巴赫(*Kühnbach*):《不参加者的团结义务》(Solidaritätspflichten Unbeteiligter),2007年版,第56页及以下几页。

⑩ 参见《联邦法院刑事判例集》,第27卷,第260页;巴伐利亚州高等法院,《法学家报》,1991年,第936页。

⑪ 支持适用正当化事由的,见联邦法院,《刑法新杂志》,2005年,第31页及下一页和佩特松(*Petersohn*)的评释,见《法学工作》,2005年,第91页及下一页;巴伐利亚州高等法院,《德国法月报》,1991年,第367页;屈尔,《法学》,1993年,第233页,尤其是第238页;奥托,第8节,边码58;《(舍恩克、施罗德)刑法典评注——佩龙》,第32条,边码42a及以下几个边码;罗克辛,第1卷,第15节,边码108及以下几个边码;第16节,边码89及下一边码;施瓦布(*Schwabe*),《新法学周刊》,1977年,第1902页;反对的观点,阿梅隆,《法学教学》,1986年,第329页,尤其是第331页及下一页;雅科布斯,第12节,边码41页及以下几页;第13节,边码42;《诺莫斯刑法典评注——金德霍伊泽尔》,第32节,边码84;《诺莫斯刑法典评注——佩夫根》,第32节前言,边码151、153;《莱比锡刑法典评注——伦瑙、霍尔(*Hohn*)》,第32节,边码220;鲁道菲,载《A.考夫曼纪念文集》,第371页,尤其是第372页;泽尔曼,《整体刑法学杂志》,第89卷,1977年,第36页,尤其是第49页及以下几页;不同的观点,基希霍夫(*Kirchhof*),《新法学周刊》,1978年,第969页,尤其是第970页及以下几页;罗加尔(*Rogall*),《法学教学》,1992年,第551页,尤其是第558页及下一页;泽博德,载《克卢格祝贺文集》,第359页,尤其是第371页。

条(或第34条)采取**刑讯**⑫,理由是:这种权力不仅明显违反法治国家的基本原则(《基本法》第104条第1款第2句,《欧洲保护人权和基本自由公约》第3条)⑬,而且有可能演化成为警察有义务实施刑讯,因为他们是受攻击法益的保证人。⑭ 对此需要强调的是,并不是说,在权衡其他原因的条件下,在具体个案中不可能出现(像在罪责阶层的)不可罚性。⑮

3. 专业鉴定

6 只有当案件事实情况中出现了阐释正当化事由的相应必要,才需要在专业鉴定中就此加以论述。如果没有这个必要,那么只需要确认,当事人实现了犯罪的构成要件或者力图即可,这时由于缺乏正当化事由,那么,该行为便具有违法性。相反,如果出现了正当化事由,而且这个正当化事由也可以主观上归属于当事人,那么,就应该确认,当事人的行为是正当的(因此,也便是不可罚的),从而结束案件的审查。

二、容许的构成要件

7 就如将犯罪的各种构成要件区分为客观构成要件和主观构成要件一样,在正当化事由领域,我们也可以将之区分为客观和主观的容许构成要件或者正当化事由。如果客观的容许构成要件可以主观地归属于行为人,那么,他的行为就是完全正当的。客观的容许构成要件和主观的容许构成要件之间必须存在一致性。⑯

8 就像犯罪的构成要件一样,**容许构成要件的客观要素**也是人们**事后**加以确定的。只有在考察预测性的要素,如第34条第1款中的危险概念时,才在事后地采

---

⑫ 佩龙,载《韦伯祝贺文集》(Weber-FS),第143页,尤其是第149页及下一页;罗克辛,载《埃泽尔祝贺文集》(Eser-FS),第461页及以下几页;不一致的观点,见埃尔布,《刑法新杂志》,2005年,第593页及以下几页;默克尔,载《雅科布斯祝贺文集》,第375页及以下几页;亦参见法尔(Fahl),《法学》,2007年,第743页及以下几页。

⑬ 亦参见法兰克福州法院(LG Frankfurt),《新法学周刊》,2005年,第692页,尤其是第693页及以下几页;违反了《基本法》第1条第1句规定的人的尊严。

⑭ 亦参见布鲁格尔(Brugger),《法学家报》,2000年,第165页及以下几页;希尔根多夫,《法学家报》,2004年,第331页。

⑮ 例如,参见耶格尔,载《赫茨贝格祝贺文集》,第539页,尤其是第550页及以下几页;耶格尔,《法学工作》,2008年,第678页,尤其是第683页及下一页;罗克辛,载《埃泽尔祝贺文集》,第461页,尤其是第468页及下一页;如果谁对救助性刑讯加以阻止,那针对要被救助的人是否可罚呢? 对此问题,米奇做了研究(并得出了否定的结论),见米奇,载《罗克辛祝贺文集》,2011年版,第639页及以下几页。

⑯ 这是完全占据主流的观点;反对的观点,见施彭德尔(Spendel),载《博克尔曼祝贺文集》(Bockelmann-FS),第245页及以下几页。

取一个**事前**的立场。⑰ 与之相反地,有一广为流传的少数说认为,在确定所有的正当化事由的要素时,都是理性观察者的**事前**视角起着决定性作用。⑱ 然而,反对这种观点的人认为,行为的不法乃是借助于结果来确定的,仅当从**事后**看来,造成的结果在实际上体现出正当性时,这种不法才不成立。⑲

同样地,在**行为的主观方面**上,容许构成要件和犯罪的构成要件二者也是互相吻合的:(在故意犯领域,)犯罪的主观构成要件至少是要以行为人对实现犯罪的客观构成要件有认识为前提的,而主观的容许构成要件则至少要求行为人对其行为的正当性具有认识。⑳ 此外,按照主流学说,正当化还需要一个意志性因素。㉑ 例如,在紧急防卫上,需要有"防卫的意志"㉒;在正当化紧急避险的情形下,需要"救助的意志"㉓;在履行养育权时,需要"养育的意志"㉔。但是,按照目前占据支配地位的学说,这种"意志"需要受限于行为人对正当化情形的认识。㉕ 这种观点是值得赞同的,因为行为人的举止是否被容许,并不取决于他自己的意志。

9

三、若干重要的正当化事由

1. 基本原则

根据**法秩序的统一性和无矛盾性**,刑法上各种公私权利的所有容许和豁免,基

10

---

⑰ 主流学说,仅请参见加拉斯,载《博克尔曼祝贺文集》,第 155 页,尤其是第 166 页及以下几页;格劳尔,《法学教学》,1995 年,第 1049 页,尤其是第 1056 页;耶赛克、魏根特,第 31 节 IV、4;《(舍恩克、施罗德)刑法典评注——伦克纳、施特尔贝格—利本》,第 32 条前言,边码 10a;奥托,第 8 节,边码 16。其他观点,见伯尔格尔斯(*Börgers*):《刑法中的危险判断研究》(*Studien zum Gefahrurteil im Strafrecht*),2008 年版,第 85 页及以下几页,第 239 页及下一页:事后的观察总是起着决定性作用。

⑱ 参见弗里施:《故意和风险》,1983 年版,第 419 页及以下几页;考夫曼,载《韦尔策尔祝贺文集》,第 392 页,尤其是第 399 页及以下几页;米奇,《法学教学》,1992 年,第 289 页,尤其是第 291 页;莫姆森、拉科夫(*Rackow*),《法学工作》,2006 年,第 550 页,尤其是第 554 页及下一页;鲁道菲,载《A. 考夫曼纪念文集》,第 371 页,尤其是第 381 页及以下几页。

⑲ 对专业鉴定中观点争议的影响的深入论述,见尼佩特、廷克尔(*Nippert/Tinkl*),《法学教学》,2002 年,第 964 页及以下几页。

⑳ 关于认识错误的问题,参见本书第 29 节,边码 11 及以下几个边码。

㉑ 全面的论述,见《诺莫斯刑法典评注——佩夫根》,第 32 条前言,边码 91 及以下几个边码。

㉒ 参见本书第 16 节,边码 37 及下一个边码;《联邦法院刑事判例集》,第 5 卷,第 245 页,尤其是第 247 页;联邦法院,《刑法新杂志》,1996 年,第 29 页,尤其是第 30 页。

㉓ 参见本书第 17 节,边码 41;《联邦法院刑事判例集》,第 2 节,第 111 页,尤其是第 114 页;联邦法院,《刑法新杂志—刑事判决和报告》,1998 年,第 173 页。

㉔ 参见本书第 20 节,边码 14;《帝国法院刑事判例集》,第 67 卷,第 324 页,尤其是第 327 页。

㉕ 参见弗里施,载《拉克纳祝贺文集》,第 113 页,尤其是第 135 页及以下几页;弗里斯特,第 14 节,边码 24 及下一边码;《(舍恩克、施罗德)刑法典评注——伦克纳、施特尔贝格—利本》,第 32 条前言,边码 14;伦瑙,《法学教学》,2009 年,第 594 页,尤其是第 596 页;罗克辛,第 1 卷,第 14 节,边码 97。其他观点,马特,第 3 章,第 1 节,边码 12。不同的观点,见毛拉赫、齐普夫,第 25 节,边码 24 及以下几个边码。

本上都可以起到正当化事由的作用。㉖ 此外,由于正当化事由是给行为人免除负担或者不给他施加负担的,因此保障原则(《基本法》第 103 条第 2 款,《刑法典》第 1 条)㉗只是限制性地适用于正当化事由。特别地,即便是不成文的规则也可以起到正当化的作用。但是,由于刑法乃是有着特殊要求的特定法律领域,因此,刑法上适用的正当化事由,并不总能适用于其他法律领域。㉘ 例如,在刑法上正当的举止,在纪律法规上可能就是违法的。

2. 概况

11 在《刑法典》中加以规定的最重要的**法定正当化事由**是紧急防卫(《刑法典》第 32 条,以及《民法典》第 227 条)㉙、正当化紧急避险(《刑法典》第 34 条,以及《违反秩序法》第 16 条)㉚和损失名誉上的正当权益的维护(第 193 条)。㉛

12 不成文的正当化事由有:正当化的义务冲突㉜、推定承诺㉝和父母及监护人的养育权(惩戒权)㉞等。

13 在**源于其他法律领域的正当化事由**中,最重要的如:

(1) 容许的自我救助(《民法典》第 229 条、第 562 条 b、第 581 条第 2 款、第 704 条、第 859 条、第 1029 条);

(2) 民法上的紧急避险,亦即,防卫性的紧急避险(《民法典》第 228 条)和攻击性的紧急避险(《民法典》第 904 条);

(3) 无因管理(《民法典》第 677 条、第 679 条);

(4) 强制执行许可(《民事诉讼法》第 758 条、第 808 条、第 909 条);

(5) 抵抗权(《基本法》第 20 条第 4 款);

(6) 临时逮捕(《刑事诉讼法》第 127 条、《刑事执行法》第 87 条)㉟、血液采集(《刑事诉讼法》第 81 条 a)、扣押(《刑事诉讼法》第 94 条及以下几条)和搜查(《刑事诉讼法》第 102 条及以下几条);

(7) 要求违反秩序(或犯罪)的强制性命令,而行为人却没有认识到这种违反

㉖ 《帝国法院刑事判例集》,第 61 卷,第 242 页,尤其是第 247 页;《联邦法院刑事判例集》,第 11 卷,第 241 页,尤其是第 244 页;《莱比锡刑法典评注——伦瑙》,第 32 条前言,边码 21。

㉗ 参见本书第 3 节,边码 2 及以下几个边码。

㉘ 京特,载《施彭德尔祝贺文集》,第 189 页及以下几页;罗克辛,第 1 卷,第 14 节,边码 31 及以下几个边码。

㉙ 参见本书第 16 节。

㉚ 参见本书第 17 节。

㉛ 对此,详见金德霍伊泽尔:《刑法分论》,第 1 卷,第 27 节。

㉜ 参见本书第 18 节。

㉝ 参见本书第 19 节。

㉞ 参见本书第 20 节,边码 18 及以下几个边码。

㉟ 参见本书第 20 节,边码 1 及以下几个边码。

秩序(或犯罪)(《军人法律地位法》第 11 条第 1 款、《联邦公务员法》第 63 条第 2 款、第 3 款)。㊱

如果在某个特定的情形下,出现了**多种正当化事由**,比如《民法典》第 229 条、第 859 条、《刑法典》第 32 条,那么,这些正当化事由原则上是互相独立地适用于该案件事实情况。㊲ 不过,有些正当化事由之间存在一般与特别的关系。例如,相较之于《刑法典》第 34 条,《民法典》第 228 条、第 904 条就是特别条款。㊳ 在这种情形下,特别规定要优于一般规定。

14

15

> **复习与深化**
>
> 1. 满足哪些条件后,某一行为才具有违法性?(边码 1)
> 2. 容许构成要件和犯罪的构成要件在多大程度上相吻合?(边码 7 及以下几个边码)
> 3. 何谓法秩序的统一性与无矛盾性?(边码 10)

㊱ 有争议地,参见罗克辛,第 1 卷,第 17 节,边码 15 及以下几个边码,有进一步的文献。
㊲ 参见石勒苏益格州高等法院(OLG Schleswig),《刑法新杂志》,1987 年,第 75 页。
㊳ 参见泽尔曼:《〈刑法典〉第 34 条和其他正当化事由之间的关系》(Das Verhältnis des § 34 StGB zu anderen Rechtfertigungsgründen),1978 年版,第 75 页;瓦尔达(Warda),载《毛拉赫祝贺文集》,第 143 页,尤其是第 162 页。其他观点,见黑尔曼(Hellmann):《民法上的正当化事由在刑法中的可适用性》(Die Anwendbarkeit der zivilrechtlichen Rechtfertigungsgründe im Strafrecht),1987 年版,第 106 页及以下几页。

第16节 紧急防卫

一、概论

1. 概念

1　　**（1）规则**：第32条中规定了紧急防卫的正当化事由。第1款规定，紧急防卫的行为不违法；第2款将紧急防卫界定为"为使自己或他人免受正在发生的违法攻击而实施的必要的防卫行为"。① 按照当今的主流学说，紧急防卫权建立于两个原则之上：① **保护法益免受攻击**；② **维护法秩序**。②

2　　**（2）紧急救助**：在紧急防卫的情形下，防卫者并不需要和受攻击者是同一个人（"使自己或他人"）。为他人而实施的防卫，也就是所谓的"紧急防卫救助"或"紧急救助"，所适用的条件和紧急防卫是一样的，进而也是正当的。③ 特别要指出的是，在（攻击是）针对可处分的利益的时候，如果受攻击者为了避免伤及攻击人等目的，而（明显）是想忍受利益侵害，那么，这时，就不允许进行紧急救助。④ 进一步的问题是，为了有利于愿实施紧急救助的第三者的需求，受攻击者需要在多大的程度上放弃自己实施防卫⑤？

---

① 与此在内容上相对应的规定，见诸于《违反秩序法》第15条、《民法典》第227条。
② 《联邦法院刑事判例集》，第48卷，第207页，尤其是第212页；阿茨特，载《沙夫斯泰因祝贺文集》（Schaffstein-FS），第77页，尤其是第87页；博克尔曼，载《德雷埃尔祝贺文集》（Dreher-FS），第235页，尤其是第243页及下一页；加拉斯，载《博克尔曼祝贺文集》，第155页，尤其是第177页；屈尔，《法学教学》，1993年，第177页，尤其是第182页及下一页；伦克纳，《戈尔特达默刑法档案》，1968年，第1页，尤其是第3页；鲁道菲，《法学教学》，1969年，第461页，尤其是第464页；毛拉赫-齐普夫，第26节，边码4。批判性的观点，诺伊曼，载吕德森·内斯特勒-特雷梅尔、魏根特主编：《现代刑法和最后手段原则》，1990年版，第215页及以下几页；恩伦德，《紧急救助的基础和边界》（Grund und Grenzen der Nothilfe），2008年版，第7页及以下几页；泽贝格（Seeberg），《被迫的紧急救助、紧急防卫和防卫过当》（Aufgedrängte Nothilfe, Notwehr und Notwehrexzess），2004年版，第52页及以下几页。法哲学原理方面，见《诺莫斯刑法典评注—金德霍伊泽尔》，第32节，边码7及以下几个边码；屈尔，载《希尔施祝贺文集》，第259页及以下几页；屈佩尔，《法学家报》，2005年，第105页及以下几页；帕夫尼克，《整体刑法学杂志》，第114卷，2002年，第259页及以下几页。
③ 例如，联邦法院，《德国法月报》（霍尔茨）（Holtz），1979年，第985页。
④ 《联邦法院刑事判例集》，第5卷，第245页，尤其是第247页及下一页；耶赛克·魏根特，第32节IV；屈尔，《法学》，1993年，第233页，尤其是第236页；奥托，第8节，边码54及下一边码；罗克辛，第1卷，第15节，边码118；亦参见绍伊林（Seuring）：《被迫的紧急防卫》（Die aufgedrängte Notwehr），2004年版，第170页及以下几页。不同的观点，见泽贝格：《被迫的紧急救助、紧急防卫和防卫过当》，2004年版，第172页及以下几页。有偏离的观点，见施洛德，载《毛拉赫祝贺文集》，第127页，尤其是第141页。
⑤ 对此的详细讨论，见恩伦德：《紧急救助的基础和边界》，2008年版，第152页及以下几页、第289页及以下几页；森格布施（Sengbusch）：《紧急防卫的辅助性》（Die Subsidiarität der Notwehr），2008年版。

2. 前提条件和专业鉴定的框架

（1）**紧急防卫的条件有三**： 3
① 紧急防卫的情形(Notwehrlage,"是否"实施紧急防卫)；
② 紧急防卫的行为（"如何"实施紧急防卫）；
③ 防卫的意思（紧急防卫的主观方面）。

（2）**专业鉴定的框架**：在专业鉴定中,需要对紧急防卫的前提条件采取如下的 4
步骤进行审查：
① 构成要件符合性。
② 违法性：紧急防卫(第32条)。
首先,紧急防卫的情形：
其中,第一,攻击(边码6及以下几个边码)；
第二,针对受法律保护的利益(边码11及以下几个边码)；
第三,正在发生的(边码17及以下几个边码)；
第四,违法性(边码21及以下几个边码)。
其次,紧急防卫行为：
其中,第一,防卫(边码26)；
第二,必要性(Erforderlichkeit,边码27及以下几个边码),其中,I.适当的和II.
相对更缓和的手段；
第三,需要性(Gebotenheit,边码35及以下几个边码；可能的限制性事由,边码
39及以下几个边码）。
最后,主观的正当化(防卫的意思)：
其中,第一,对紧急防卫情形和行为的认识(边码37)；
第二,(可能的)防卫的目的(边码38)。
如果紧急防卫成立,那么,行为人之所为就是正当的。否则,就要进一步审查
犯罪的其他要素了。

二、紧急防卫的情形

如果正在发生针对受法律保护的利益的攻击,那么,就具备了紧急防卫的情形。 5

1. 攻击

案例1

A躲在他人的商店里,他想等商店关门后实施盗窃。商店关门后,他被锁在
里面了。

> **案例 2**
> 由于母亲 M 不给婴儿 Y 喂奶，Y 面临饿死的危险。

6　　由人为的举止所引起的针对受法律保护之利益的任何伤害，都是攻击。⑥

7　　**（1）人为的举止**：这里的人为的举止应该是行为，换言之，是具有意志的举止。不然的话，我们就不能将之评价为"违法"攻击了。因此，针对癫痫病人的痉挛发作而引发的有危险的损害，就没有办法成立紧急防卫。⑦ 另外，攻击者（至少）必须对他的行为的相关风险负责，这样，才可以许可成立紧急防卫权，而该种权利明显超过了《民法典》第 228 条⑧之防卫性紧急避险的。

8　　特别要指出的是，攻击并**不一定必须是以伤害为目的的行为**。即便这个举止并不是故意的，也可以是攻击。⑨ 而只需要按照这个举止的趋势加以判断，会直接导致伤害即可。这样，必须注意适用"风险管辖"⑩的规则。所以，在案例 1 中，对于 A 而言，剥夺人身自由并不代表是一种攻击。A 进入商店本来是没有危险的，但是，他自己把本没危险的状况转成了有危险的状况，所以，他也就必须承担他的矛盾性方案的后果。

9　　**（2）不作为形式的攻击**：原则上讲，人们也可以将**不作为**认定为是可以加以紧急防卫的攻击。⑪ 然而，成立这种攻击的具体的前提条件，却未得到说明。按照有的人的观点，基于第 13 条的法律思想，只要根据一个特定的要求行动的法律义务，一般地等同于主动作为，即可认定攻击的成立。⑫ 但另一些人认为，仅当存在保证人义务⑬，或者在存在至少由刑法或秩序法制裁加以保障的行为义务时⑭，才可以

---

⑥ 鲍曼、韦伯、米奇，第 17 节，边码 4；布里茨（*Britz*），《法学教学》，2002 年，第 465 页，尤其是第 466 页；格罗普，第 6 节，边码 68；罗克辛，第 1 卷，第 15 节，边码 6；毛拉赫、齐普夫，第 26 节，边码 8。

⑦ 鲍曼、韦伯、米奇，第 17 节，边码 5；雅科布斯，第 12 节，边码 16；罗克辛，第 1 卷，第 15 节，边码 8。

⑧ 对此，参见第 17 节，边码 45 及以下几个边码。

⑨ 鲍曼、韦伯、米奇，第 17 节，边码 5；盖伦（*Geilen*），《法学》，1981 年，第 200 页，尤其是第 202 页；耶赛克、魏根特，第 32 节 II、1c；《(舍恩克-施罗德)刑法典评注——佩龙》，第 32 条，边码 3；罗克辛，第 1 卷，第 15 节，边码 10；施特尔贝格—利本，《法学工作》，1996 年，第 299 页，尤其是第 300 页；其他观点，奥托，第 8 节，边码 19 及以下几个边码：有意识的威胁法益是必要的。

⑩ 参见本书第 11 节，边码 22 及以下几个边码。

⑪ 《英占区最高法院刑事判例集》（OGHSt），第 3 卷，第 66 页；哈姆州高等法院，《戈尔特达默刑法档案》，1961 年，第 181 页；巴伐利亚州高等法院，《新法学周刊》，1963 年，第 824 页；《莱比锡刑法典评注——伦瑙、霍尔》，第 32 条，边码 101 及以下几个边码。批判性的观点，见纳尔登，《法学教学》，1992 年，第 26 页。拒绝的观点，见舒曼，载《登克尔祝贺文集》，第 287 页及以下几页。

⑫ 鲍曼、韦伯、米奇，第 17 节，边码 6；奥托，第 8 节，边码 18；毛拉赫、齐普夫，第 26 节，边码 9。

⑬ 赫鲁斯卡，载《德雷埃尔祝贺文集》，第 189 页，尤其是第 201 页；屈尔，《法学》，1993 年，第 57 页，尤其是第 59 页及下一页；拉戈德尼（*Lagodny*），《戈尔特达默刑法档案》，1991 年，第 300 页及以下几页；《（萨茨格尔、施米特、维德迈尔）刑法典评注—罗泽瑙》（S/S/W-*Rosenau*），第 32 条，边码 6；罗克辛，第 1 卷，第 15 节，边码 11；斯特拉滕韦特、库伦，第 9 节，边码 65。

⑭ 盖伦，《法学》，1981 年，第 204 页；耶赛克、魏根特，第 32 节 II、1a。

进行防卫。不管怎样,当至少不履行合同义务时,是不能认定攻击的⑮,这是攻击成立的界限。例如,当租客违反合同拒绝搬出房屋时,出租者不得采用紧急防卫的方法迫使其搬出。⑯

在案例 2 中,对于 Y 而言,(依照所有提到的观点)M 具有保证人的地位,因而,M 的不作为便是针对 Y 的健康、生命的攻击;基于紧急救助的需要,人们可以强迫 M 照料 Y。

(3)动物:动物引起的危险并不是攻击⑰;如果发生了这种危险,人们可以按照 10《民法典》第 228 条第 1 款第 1 句或者《刑法典》第 34 条规定的条件采取防御。不过,如果某人利用动物(如军犬)作为工具以引发伤害,那么,这就是人所为的攻击了。

2. 对象

> **案例 3**
> 承租人 U 拒绝按照合同约定迁出房屋。

> **案例 4**
> B 将醉汉 C 打翻在地,这样,已失去驾驶能力的 C 就不会坐在汽车驾驶座位上了。

从原则上讲,攻击的对象可以是防卫者自己或者第三者的任何法律上保护的 11 利益,特别是身体完整、生命、尊严⑱、所有权和有权占有。⑲ 需要注意的是,如果用**假武器**来对他人实施威胁,虽然在客观上对生命和身体没有什么危险,但是,却可能成为强制意义*上的对他人决策自由的威胁性攻击,因而,在这类相关案件中,

---

⑮ 《(舍恩克、施罗德)刑法典评注——佩龙》,第 32 条,边码 11;罗克辛,第 1 卷,第 15 节,边码 12;不同的观点,《莱比锡刑法典评注——伦瑙、霍尔》,第 32 条,边码 105 及以下几个边码。

⑯ 参见屈尔,《法学》,1993 年,第 57 页,尤其是第 59 页及下一页;拉戈德尼,《戈尔特达默刑法档案》,1991 年,第 300 页及以下几页。

⑰ 鲍曼、韦伯、米奇,第 17 节,边码 4;马特,第 3 章,第 2 节,边码 10。

⑱ 巴伐利亚州高等法院,《新法学周刊》,1991 年,第 2031 页。

⑲ 此外,在侵犯人格领域还会产生各种具体的问题(巴伐利亚州高等法院,《新法学周刊》,1962 年,第 1782 页及下一页),具体而言,有拍照涉及的肖像权(联邦法院,《法学家报》,1978 年,第 762 页及佩夫根的评释,第 738 页及以下几页;汉堡州高等法院,《刑事辩护人论坛》,2012 年,第 278 页,尤其是第 279 页及下一页,以及黑克尔的赞同性评论,《法学教学》,2012 年,第 1039 页,尤其是第 1040 页及下一页;阿梅隆、特雷尔(*Tyrell*),《新法学周刊》,1980 年,第 1560 页)、侵犯居住权(联邦法院,《德国法月报》(霍尔茨),1979 年,第 985 页,尤其是第 986 页)以及(相反地)无权阻拦他人进入(西科尔(*Sickor*),《法学》,2008 年,第 14 页及以下几页,有进一步的文献)、阻塞道路交通(巴伐利亚高等法院,《新法学周刊》,1993 年,第 211 页,以及德林的评释,见《法学综览》,1994 年,第 113 页及下一页;海因里希,《法学教学》,1994 年,第 17 页及以下几页)、行人"占用"(*reservieren*)停车位(巴伐利亚高等法院,《新法学周刊》,1995 年,第 2646 页)。

* 即第 240 条所规定之"强制"。——译者注

不得过于提前地开始容许构成要件错误的考察。⑳

12　　**(1) 法律形式的程序**：为了使紧急防卫能够成立,受攻击的利益不能仅仅只是受某一特定法律形式程序的保障。如果利益只能够用这种特定的法律形式来保障的话,那么,就只能在这种法律形式的框架内加以保护,而不能采取紧急防卫的方式一般性地加以防卫。因此,结合案例3,出租人不得对承租人 U 采取紧急防卫,也就是说,他不能强迫 U 迁出房屋。㉑ 确切地说,他只能够启动法律程序要求 U 迁离。

13　　**(2) 国家的利益**：对于个人而言,只有特定范围内的国家利益才可以(为保护它而)进行紧急防卫。对此,需要作出如下的区分：

14　　① 为保护应归国家所有的**个人法益**(如所有权、财产、占有),可以采取紧急防卫的。

15　　② 相反,不可以为保护**公众法益和公共秩序**,而采取紧急防卫,因为在这时,个体的权利并未受到直接的威胁。㉒ 因而,在案例4中,B 不可以为了维护道路交通的(抽象)安全,而采用暴力迫使 C 不为醉酒驾驶。但是,如果只有这样做,才可以保护道路上玩耍的小孩免受危害,那么,就应当**另行**对待。

16　　③ 仅当现实的(existenziell)国家利益受到了直接的威胁,而且主管机构在该特定场合又无法保护这一国家利益,那么,这时,为了保护作为**主权象征**的国家法益,才可以采取紧急防卫[所谓的"国家紧急防卫"(Staatsnotwehr)]。㉓ 按照少数人的观点,只能够按照正当化的紧急避险来容许这种干预。㉔

3. 现时性

> **案例 5**
> 为了朝 E 射击,D 伸手抓起一把他明显想开火的手枪。

---

⑳ 对此,参见阿梅隆,《法学》,2003年,第91页,尤其是第93页及以下几页;关于容许构成要件错误,详见本书第29节,边码11及以下几个边码。

㉑ 屈尔,《法学》,1993年,第118页,尤其是第125页;拉戈德尼,《戈尔特达默刑法档案》,1991年,第300页及以下几页。

㉒ 《联邦法院刑事判例集》,第5卷,第245页,尤其是第247页;联邦法院,《新法学周刊》,1975年,第1161页,尤其是第1162页;斯图加特州高等法院,《新法学周刊》,1966年,第745页,尤其是第748页;雅科布斯,第12节,边码9及以下几个边码;屈尔,《法学》,1993年,第57页,尤其是第61页;奥托,第8节,边码23;罗克辛,第1卷,第15节,第36。

㉓ 主流学说,参见《帝国法院刑事判例集》,第63卷,第215页,尤其是第220页;菲舍尔,第32条,边码11;奥托,第8节,边码23;《(舍恩克·施罗德)刑法典评注——佩龙》,第32条,边码6及下一边码。

㉔ 耶赛克·魏根特,第32节Ⅱ、1b;《莱比锡刑法典评注——伦瑙·霍尔》,第32条,边码80;韦尔策尔,第14节Ⅱ、4。

案例 6

争吵中，F 当面用脏话辱骂了 G。

案例 7

家中霸王 B 一旦多喝了酒，就常常痛打年幼的小孩。当 B 某晚再次朝酒瓶伸手时，他的妻子 Q 为了防止他喝酒，无意地操起扫帚朝他打去。

如果利益伤害即刻就会直接发生（或者说，迫在眉睫）、已经开始或者还在继续，那么，我们才可以说"攻击正在发生"（即"现时性"）。㉕ 17

（1）**具体危险**：（从客观上看）当相应法益已经陷入具体危险时，可以说攻击即刻发生。从形式上讲，在这里并不需要攻击行为已经达到力图的阶段。关键之处在于，如果利益拥有者再继续等待而不采取行动的话，将（明显地）失去行动机会了。因而，在案例 5 中，我们是可以说具有现时性的，因为 D 正朝手枪伸去，马上就会开枪。㉖ 18

（2）**既遂后的继续**：在形式上既遂之后，（实质地）终了之前，攻击还有可能再继续一段时间。㉗ 这种情况经常发生在**盗窃**罪上，在行为人打破财物的管理状态后，就已经达到构成要件既遂，但是，直到（临时地）控制好赃物，整个过程才终了。㉘ 同样地，在**勒索**的场合，作出威吓之后，对意志自由的攻击也没有结束，因为即便在受害人决定进行防卫之后，这种威吓仍然可能潜在地限制其自由。㉙ 相应地，在已经施加的**侮辱**的情形下，需要严格考察的是，是否这种侮辱（客观上明显地）还在继续，或者（像案例 6 中那样）已经随着脏话的骂出而终了了。如果攻击者先是实施了攻击，而现在已处于撤退的状态，而这时再对他加以攻击，那么，攻击者可对这一再次攻击以紧急防卫方式加以抵御。㉚ 19

（3）**预防性紧急防卫**：像案例 7 中的 B 可能会痛打小孩这种攻击，并不是即刻 20

㉕ 埃格尔特（*Eggert*），《刑法新杂志》，2001 年，第 225 页，尤其是第 226 页；格罗普，第 6 节，边码 77。
㉖ 参见联邦法院，《新法学周刊》，1973 年，第 255 页。
㉗ 《联邦法院刑事判例集》，第 48 卷，第 207 页，尤其是第 209 页；罗克辛，第 1 卷，第 15 节，边码 28。
㉘ 对此，详见金德霍伊泽尔：《刑法分论》，第 2 卷，第 2 节，边码 49 及以下几个边码、边码 119 及以下几个边码；亦参见屈尔，《法学教学》，2002 年，第 729 页，尤其是第 735 页。
㉙ 有争议。和本书观点一致的，见罗克辛，第 1 卷，第 15 节，边码 29；其他观点，如柏林高等法院，《法学综览》，1981 年，第 254 页；阿茨特，《法学家报》，2001 年，第 1052 页及下一页；他们认为在这种情况下，紧急防卫的情形只取决于宣称加害的现时性；持整体观点的，亦见阿梅隆，《戈尔特达默刑法档案》，1982 年，第 381 页，尤其是第 384 页及以下几页；《诺莫斯刑法典评注——金德霍伊泽尔》，第 32 条，边码 59；米勒（*Müller*），载《施洛德祝贺文集》，第 323 页及以下几页；泽斯科（*Seesko*）：《针对利用被容许的举止而实施威胁的勒索的紧急防卫》（Notwehr gegen Erpressung durch Drohung mit erlaubtem Verhalten），2004 年版，第 66 页及以下几页；察克奇克，《法学教学》，2004 年，第 750 页，尤其是第 752 页。
㉚ 联邦法院，《刑法新杂志》（阿尔特法特）（Altvater），2004 年，第 23 页，尤其是第 29 页。

就会直接发生的,而若这种攻击过些时间肯定会发生,这样,只能通过立即采取措施才足以有效防御这种攻击,那么,这种攻击就不是现时的。尽管如此,按照少数人的观点,在这种所谓的"**类似紧急防卫的情形**"下,可以比照第 32 条,成立"预防性紧急防卫"。㉛ 而主流观点则合理地对紧急防卫的成立范围做这种扩张表示了否定的态度。㉜ 由于紧急防卫权是建立在广泛的防卫许可范围之上的,因而需要对其适用严格的前提条件,其中,将攻击限制在"现时"也是这种条件中的一种。类似紧急防卫的情形符合的是紧急避险的相应情形,因而,对此可以相应地适用第 34 条的规定。㉝

4. 违法性

> **案例 8**
> 家中霸王 B 喝了大量的酒,这时的他没有罪责能力(第 20 条)了。当他出于这种状况,并开始准备痛打他的妻子 Q 时,Q 操起扫帚把 B 打翻在地。

21　　如果对攻击不能适用容许规范,因而当事人也无需忍受这种攻击,那么,这种攻击就具有了**违法性**。㉞

在**互相攻击**的场合,需要严格加以考察的是,是谁先动了手。因为先遭到攻击的人,可以自卫。这样,最先发动攻击者必须容忍对方的防卫,他若再动手就又违法了。㉟

22　　部分的学术观点认为,只是要求不存在容许规范,尚不足以认定攻击具有违法性。进一步地,攻击者还必须是以主观上有"**行为不法**"的方式行事的㊱;否则,他

㉛ 《刑法典体系性评注——京特》,第 32 条,边码 74 及下一边码;施米特(Schmitt),《法学教学》,1967 年,第 19 页,尤其是第 24 页;祖佩特(Suppert):《紧急防卫和"类紧急防卫的情形"研究》(Studien zur Notwehr und "Notwehrähnlichen Lage"),1973 年版,第 356 页及以下几页。

㉜ 《联邦法院刑事判例集》,第 39 卷,第 133 页,尤其是第 136 页及阿茨特的评释,见《法学家报》,1994 年,第 314 页及以下几页和罗克辛的评释,见《刑法新杂志》,1993 年,第 335 页及下一页;韦塞尔斯、博伊尔克,边码 329;哈夫特、艾泽勒,《法学》,2000 年,第 313 页,尤其是第 314 页;耶赛克、魏根特,第 32 条 II、1d;《诺莫斯刑法典评注——金德霍伊泽尔》,第 32 条,边码 55 及以下几个边码;屈尔,《法学》,1993 年,第 57 页,尤其是第 61 页及下一页;奥托,第 8 节,边码 40;《(舍恩克、施罗德)刑法典评注——佩龙》,第 32 条,边码 17;斯特拉滕韦特、库伦,第 9 节,边码 69。

㉝ 格罗普,第 6 节,边码 77。

㉞ 《帝国法院刑事判例集》,第 21 卷,第 168 页,尤其是第 171 页;第 27 卷,第 44 页,尤其是第 45 页;菲舍尔,第 32 条,边码 21;耶赛克、魏根特,第 32 节 II、1c;详细叙述,见《(舍恩克、施罗德)刑法典评注——佩龙》,第 32 条,边码 19 及以下几个边码;《莱比锡刑法典评注——伦瑙、霍尔》,第 32 条,边码 113。

㉟ 对此,联邦法院,《刑法新杂志》,2003 年,第 420 页,尤其是第 421 页;2003 年,第 599 页,尤其是第 600 页。

㊱ 格罗普,第 6 节,边码 71;《(舍恩克、施罗德)刑法典评注——佩龙》,第 32 条,边码 19、20;罗克辛,第 1 卷,第 15 节,边码 14 及以下几个边码。

只是创设了具有违法性的危险,而尚不是违法的攻击。然而,这种(合理的)限制不能从技术的意义上来理解,因为攻击并不以实现(第11条第1款第5项意义上的)某个犯罪的构成要件为导向。[37] 因而,所要求的"行为不法"是在攻击者可以避免的举止这个意义上说的。

进一步地,有争议的是,是否攻击必须也是**有罪责**的?主流观点根据第32条第2款的法律表述认为,只需要一个违法行为即可,而**毋需有罪责**。[38] 但是,这种观点,也限制针对无罪责行为人的防卫权,不过,不是在"攻击"这个概念层面,而是在防卫的需要性(以下边码47)上予以限制。在案例8中,依照主流观点,应当肯定成立第32条意义上的违法(现时)攻击;但需要考察的是,此时的紧急防卫权是否需在给定的情况下接受限制。 23

相反,按照一种流传的少数说,要成立可以施加紧急防卫的攻击,必须以有罪责的举止为前提。[39] 这种观点的理由在于,只有有罪责的行为才挑战了法秩序的效力,而紧急防卫(也)就是为了保卫这种法秩序。[40] 也仅有有罪责的行为者才需要承担他的冲突的所有成本,这种成本包括防卫者给他引起的利益损失。[41] 因而,对于无罪责的攻击,需(类比《民法典》第228条)适用正当化(防卫性)紧急避险的规则。按照这种观点,案例8中Q顶多只能按照紧急避险规则正当化。 24

紧急防卫特别区别于其他紧急权利之处在于,攻击者要为出自于他的威胁负责,因为他的危险举止是违法的,他本能够和本必须避免这种举止,所以他必须自己为其举止的损害结果承担责任。从这个角度上讲,少数说的观点是有道理的。对结果的答责,始终需以可归属性为前提,(行为人)只有在规范上可以掌控(事件),才可以被归属。但是,在攻击是否需有"有责性"这个问题上,无论如何都不应当要求技术意义上的那种罪责,因为攻击所危及的利益侵害(无疑义地)**不必**达到力图犯罪的程度。例如,违法地非分使用他人之物,不为刑法所制裁,但却属于可以紧急防卫的攻击。因此,从术语上讲,将攻击理解为准有责(quasi-schuldhaft)的举止,是较为合适的。

---

[37] 《帝国法院刑事判例集》,第27卷,第44页;《联邦法院刑事判例集》,第3卷,第217页;菲舍尔,边码21;拉克纳、屈尔,边码5;罗克辛,《整体刑法学杂志》,第93卷,第82页。

[38] 《联邦法院刑事判例集》,第3卷,第217页及下一页;耶赛克、魏根特,第32节II、1a;罗克辛,《法学教学》,1988年,第425页,尤其是第428页,各有进一步的文献。

[39] 关于从这一角度对紧急防卫权的限制,参见恩伦德:《紧急救助的基础和边界》,2008年版,第253页及以下几页;弗洛因德,第3节,边码98;弗里斯特,《戈尔特达默刑法档案》,1988年,第291页,第305页及下一页;哈斯:《紧急防卫和紧急救助》(Notwehr und Nothilfe),1978年版,第236页;霍伊尔(*Hoyer*),《法学教学》,1988年,第89页,尤其是第96页;赫鲁斯卡,第140页及以下几页;奥托,第8节,边码21;帕夫尼克,《戈尔特达默刑法档案》,2003年,第14页及下一页;伦茨考斯基:《紧急避险和紧急防卫》(Notstand und Notwehr),1994年版,第99页及以下几页。

[40] 奥托,第8节,边码20。

[41] 雅科布斯,第12节,边码16。

三、紧急防卫的行为

25   针对攻击所需要实施的必要防卫,是紧急防卫的行为。

1. 防卫

> **案例 9a**
> L 想痛打 M,于是对 M 发动攻击。为了免受攻击,M 只能操起 N 的花瓶抵抗。花瓶碎了。

> **案例 9b**
> P 想用 Q 的花瓶砸 O;O 抵抗时,花瓶碎了。

26   由于攻击者的举止导致了别人有权对其实施紧急防卫,因而,防卫**仅仅只能针对攻击者**。㊷ 因此,采取防卫的时候,受害者必须认准攻击者。这个基本原则只有一个例外,即,当攻击者利用他人的法益而实施攻击时,是为例外。㊸ 按照正当化的紧急避险的规则,则有权对第三者的利益实施侵害(《刑法典》第 34 条、《民法典》第 228、904 条)。因此,在这种情形时,对于防卫者的行为,需要考察两种正当化事由。㊹ 对于案例 9a 而言,这意味着,M 无权对 N 的花瓶采取紧急防卫;他顶多可依照《刑法典》第 34 条和《民法典》第 904 条来正当化其行为。反之,在案例 9b 中,O 就可以通过损害花瓶的方式实施紧急防卫了,因为这个时候,花瓶乃是一种攻击工具。

2. 必要性

> **案例 10**
> R 唆使他名贵的纯种狗去追击 T 的宠物猫。为了救助自己的猫,T 操起铲子给了狗致命的一铲。

27   任何防卫都必须是必要的。所谓必要性,是指为了制止攻击,基于客观的**事前**

㊷ 《帝国法院刑事判例集》,第 58 卷,第 27 页,尤其是第 29 页;《联邦法院刑事判例集》,第 5 卷,第 245 页,尤其是第 248 页;鲍曼·韦伯·米奇,第 17 节,边码 19;《慕尼黑刑法典评注——埃尔布》(MK-Erb),第 32 条,边码 114;克赖·埃塞尔,边码 500;屈尔,第 7 节,边码 84。

㊸ 《帝国法院刑事判例集》,第 58 卷,第 27 页,尤其是第 29 页;马特,第 3 章,第 2 节,边码 20;其他观点,鲍曼·韦伯·米奇,第 17 节,边码 21;《刑法典体系性评注——京特》,第 32 条,边码 84 及下一页;《诺莫斯刑法典评注——金德霍伊尔》,第 32 条,边码 80 及下一边码;奥托,第 8 节,边码 42。

㊹ 偏离的观点,见科赫,《整体刑法学杂志》,第 122 卷,2010 年,第 804 页及以下几页,他主张在这种情形时,鉴于攻击者的攻击,同样只需依照紧急避险规则来考察。

判断，防卫必须是适当的。具体而言，也就是要采取**对等适当的手段**，且只能给攻击者造成**尽量少的损失**。㊺

（1）什么是必要的：说防卫是不是必要的，说的是防卫的**行为**，而不是防卫的**结果**。㊻ 也就是说，考察的是防卫行为的性质和方式。例如，按照第 32 条，即便是用开着保险的手枪实施的必要一击，也可以是正当的，假若这一给攻击者造成致命伤害的枪击是不小心而实施的话。㊼ 就像案例 10 那样㊽，在紧急防卫的情形下，基本**不需要**受攻击的利益和保卫的利益二者之间**符合比例原则**。㊾ 如果是出于必要的防卫，紧急防卫允许对攻击者的利益进行损害性的攻击。㊿ 基于这个原因，倘若在攻击发生的时点(51)，如果没有能起到相应作用且又更缓和的手段的话，为抵御身体遭到的攻击和为保卫财产利益，也是可以采取危及生命的手段的。(52) 28

在可以有效地防卫［所谓的"**攻击防卫**"（Trutzwehr，如反击）］的情况下，不需要仅仅采取保护［所谓"**防御防卫**"（Schutzwehr）］或者其采取其他方式（如逃跑）来维护自己的安全。(53)* 同样，在斗争中，防卫者也不需要考虑结果到底会怎么样。(54) 但特别需要指出的是，如果防卫者在防卫时对于防卫手段的效果并没有什么把握， 29

㊺ 《联邦法院刑事判例集》，第 3 卷，第 217 页及下一页；联邦法院，《刑事辩护人杂志》，1990 年，第 543 页；巴伐利亚州高等法院，《刑法新杂志》，1988 年，第 408 页及下一页；《（舍恩克、施罗德）刑法典评注—佩龙》，第 32 条，边码 34。

㊻ 联邦法院，《刑法新杂志》，1981 年，第 138 页；雅科布斯，第 12 节，边码 37 及下一边码。

㊼ 《联邦法院刑事判例集》，第 27 卷，第 313 页。

㊽ 在该案中，因为 R 唆使动物，因而他是利用动物作为攻击工具，这样就成立"攻击"。参见本书上文边码 10。

㊾ 参见《帝国法院刑事判例集》，第 21 卷，第 168 页，尤其是第 170 页。

㊿ 《联邦法院刑事判例集》，第 27 卷，第 313 页，尤其是第 314 页；巴伐利亚州高等法院，《法学家报》，1988 年，第 725 页。

(51) 联邦法院，《刑法新杂志》，2002 年，第 140 页及下一页。

(52) 《联邦法院刑事判例集》，第 42 卷，第 97 页，尤其是第 100 页及以下几页 联邦法院，《刑法新杂志》，1994 年，第 539 页；《刑事辩护人杂志》，1999 年，第 143 页，尤其是第 145 页；《诺莫斯刑法典评注——金德霍伊泽尔》，第 32 条，边码 87 及下一边码；克赖，《法学家报》，1979 年，第 702 页，尤其是第 709 页；奥托，载《维腾贝格尔祝贺文集》（Würtenberger-FS），第 129 页，尤其是第 137 页及下一页；罗克辛，《整体刑法学杂志》，第 93 卷，1981 年，第 68 页，尤其是第 99 页及以下几页。其他观点，慕尼黑州法院（LG München），《新法学周刊》，1988 年，第 1860 页及以下几页和持反对意见的弗里斯特的评释，《戈尔特达默刑法档案》，1985 年，第 553 页，尤其是第 560 页及下一页，米奇，《刑法新杂志》，1989 年，第 26 页及下一页，施洛德，《法学家报》，1988 年，第 567 页及以下几页。

(53) 对这两种行动的描述，特别参见：联邦法院，《新法学周刊》，1980 年，第 2263 页；进一步参见联邦法院，《刑事辩护人杂志》，1986 年，第 15 页；《诺莫斯刑法典评注——金德霍伊泽尔》，第 32 条，边码 94；克拉奇（*Kratzsch*），《戈尔特达默刑法档案》，1971 年，第 65 页，尤其是第 75 页；罗克辛，《整体刑法学杂志》，第 75 卷，1963 年，第 541 页及以下几页。

* 换言之，在可以反击的情况下，不需要只是抵挡对方的进攻，也不需要逃跑。——译者注

(54) 联邦法院，《刑法新杂志》，1996 年，第 29 页；1998 年，第 508 页，尤其是第 509 页；2002 年，第 140 页；《刑法新杂志——刑事判决和报告》，2007 年，第 199 页，尤其是第 200 页；埃伯特（*Ebert*），第 76 页；格罗普，第 6 节，边码 79；罗克辛，第 1 卷，第 15 节，边码 43。

那么，他并不必须采用危险更小的防卫手段。[55] 因此，如果谁在防卫的时候，先是采取小心翼翼的却没有足够效果的手段，然后，转而采取了一个更为危险却更为有效的手段，那么，也是允许的。当然，在斗争中，若防卫者有办法得到武器，那么，一般而言，他也可以用武器来威胁对方。[56] 如果针对防卫者身体之攻击已经明显停止，且攻击者现在也可以采取防卫，那么这时，(至少在没有事先警告的情况下)就不允许再用危险工具采取危及生命的、间接故意的防卫攻击。[57]

30　**(2) 不适当的防卫行为**：如果缺乏必要性，那么这种性质的行为就完全不合适了，因而也不能正当化。[58]

31　**(3) 防卫过当**：如果防卫者逾越了必要的限度，那么，他的行为虽然是违法的，但可能根据紧急防卫过当的规则免除罪责(第33条)。[59]

32　**(4) 技术装置**：从实质上讲，借助于自动的自我保护装置(如铁蒺藜、自动射击装置、地雷以及会咬人的狗)以实施防卫，是可以因紧急防卫而正当化的(所谓"**预先的紧急防卫**")。如果触发这种装置的时候，正在发生违法攻击，是成立紧急防卫的。[60] 而只要有谁在没有实施(紧急防卫意义上的)攻击时遭到了伤害，那么，设置这种装置的人就要为这种损害承担责任。[61]

33　由于这些装置并不会根据攻击方式的不同而采取不同的反应，因而，就会产生防卫行为的必要性方面的问题。按照主流见解，要么攻击者**明显能看到**这种设置，要么设置者已经通过警告牌或者逐步的警示反应**提醒**攻击者**注意**相应装置的存在以及该装置发生作用所可能带来的危险，只有这样，安装这种装置才是(一般地、容许地)符合必要性的要求的。[62] 这样，如果攻击者对这种吓阻警告视而不见，仍然继续行事，那么，具有特定强度的法益侵害也就成立了。[63] 但是，考虑到技术上针对破门实施盗窃的种类繁多的防卫可能性，也有人怀疑到底是否容许使用这种装

---

[55]《联邦法院刑事判例集》，第24卷，第356页，尤其是第358页；第27卷，第336页，尤其是第337页；联邦法院，《刑法新杂志》，1998年，第508页。

[56] 联邦法院，《刑法新杂志》，2004年，第615页及下一页；《法学综览》，2012年，204页，尤其是第206页及黑克尔的评释，《法学教学》，2012年，第263页，尤其是第265页。

[57] 联邦法院，《刑法新杂志——刑事判决和报告》，2004年，第10页及下一页。

[58] 屈尔，《法学》，1993年，第118页，尤其是第121页；瓦尔达，《法学》，1990年，第344页及以下几页、393页及以下几页；反对的观点，参见《慕尼黑刑法典评注——埃尔布》，第32条，边码150及以下几个边码；斯特拉滕韦特、库伦，第9节，边码78。

[59] 对此，参见本书第25节。

[60] 对于相关问题，参见海因里希，《刑法学理国际杂志》，2010年，第183页及以下几页；克嫩(Köhnen)："预先的紧急防卫"(»Antizipierte Notwehr«)，1950年版，屈尔，《法学》，1993年，第123页及以下几页；库恩茨(Kunz)，《戈尔特达默刑法档案》，1984年，第539页及以下几页；施吕希特，载《伦克纳祝贺文集》(Lenckner-FS)，第313页及以下几页。

[61] 雅科布斯，第12节，边码35；耶赛克、魏根特，第32节II、1d；罗克辛，第1卷，第15节，边码51。

[62] 海因里希，《刑法学理国际杂志》，2010年，第183页，尤其是第195页；屈尔，第7节，边码111。

[63]《(舍恩克、施罗德)刑法典评注——佩龙》，第32条，边码37。

置,而且指出这对于(莽撞的)小孩和无辜者可能是个潜在的危险[64];因此,这类危险就是必须承担的成本。* 如果相应的装置可以迅速地击倒攻击者,那么,这种装置必须特别加以禁止。

对于评判是否有必要进行抵御,无论如何,**最为重要的**总是**具体的情形**。因此,在不危险的吓阻手段(如警报装置、轻微电击、只叫不咬的狗)已经足够的情况下,过度的反应(如自动射击或者爆炸的地雷)便不是必要的,而且由于没有必要性,也就不能正当化。[65] 34

3. 需要性

如果防卫在规范上合适,那么,该防卫便是需要的。 35

如果出现**"社会伦理"的限制**,那么,就不能再实施抵抗。[66] "必要性"这一要素所涉及的是对攻击在事实上实施抵抗的可能性。[67] 不同于"必要性","需要性"所指的是,这种反应(抵抗)是否在规范上合适。[68] 尤其要指出的是,采取紧急防卫绝不可以成为权利滥用。[69] 因此,如果只是轻微的具体攻击,那么,就没有进行法秩序的确证的需要。[70] 基于此,主流学说归纳出了一些特定的情况,如果符合这些情况,就不成立紧急防卫。[71] 36

---

[64] 赫尔佐克,载《施吕希特纪念文集》(Schlüchter-GS),第 209 页及以下几页;《诺莫斯刑法典评注——金德霍伊泽尔》,第 32 条,边码 137;库恩茨,《戈尔特达默刑法档案》,1984 年,第 539 页及以下几页。

* 这是针对设置者而言的。——译者注

[65] 《诺莫斯刑法典评注——金德霍伊泽尔》,第 32 条,边码 137;《(舍恩克、施罗德)刑法典评注——佩龙》,第 32 条,边码 37;罗克辛,第 1 卷,第 15 节,边码 51。

[66] 参见《联邦议会印刷品》,第 5 期,第 4095 号,第 14 页;《联邦法院刑事判例集》,第 39 卷,第 374 页,尤其是第 378 页;阿梅隆,《戈尔特达默刑法档案》,1982 年,第 381 页,尤其是第 389 页及下一页;韦塞尔斯、博伊尔克,边码 342;马特,《刑法新杂志》,1993 年,第 271 页,尤其是第 272 页;罗克辛,《整体刑法学杂志》,第 93 卷,1981 年,第 68 页,尤其是第 79 页;施罗斯,《新法学周刊》,1984 年,第 2562 页。基本上持反对意见的,见哈塞默,载《博克尔曼祝贺文集》,第 225 页,尤其是第 228 页及以下几页;科赫,《整体刑法学杂志》,第 104 卷,1992 年,第 785 页,尤其是 819 页及下一页;克拉奇,《法学教学》,1975 年,第 435 页,尤其是第 437 页。

[67] 参见《联邦法院刑事判例集》,第 42 卷,第 97 页,尤其是第 100 页及以下几页;《诺莫斯刑法典评注——金德霍伊泽尔》,第 32 条,边码 98。

[68] 《诺莫斯刑法典评注——金德霍伊泽尔》,第 32 条,边码 98。

[69] 《联邦法院刑事判例集》,第 24 卷,第 356 页;巴伐利亚州高等法院,《新法学周刊》,1995 年,第 2646 页;罗克辛,第 1 卷,第 15 节,边码 58 及下一边码;鲁道菲,《法学教学》,1969 年,第 461 页,尤其是第 464 页。

[70] 耶赛克、魏根特,第 32 节 III、3;克劳泽,载《H. 考夫曼纪念文集》(Kaufmann, H. -GS),第 673 页,尤其是第 686 页。

[71] 对此,参见本书本节下文边码 39 及以下几个边码。

四、主观的正当化

案例 11

U 老早就想教训 V 了,但总是没有机会。当 V(某天)对 U 发动攻击时,U 出于愤怒戳刺了 V 的手臂。

37 　　行为人必须有"防卫的意思"[72],才满足正当化的主观上的条件。[73] 按照主流学说,"防卫的意思"要求至少要对紧急防卫情形有认识,而且有意识地对攻击实施抵抗。[74]

38 　　此外,判例和部分学说还要求行为具有防卫的目的。[75] 之所以要求这样一种目的性的意思,而不仅仅是动机,乃是因为法律条文中"为了……防卫"的表述。针对这种正当化的意志要素,反对的观点认为,将某个举止评价为违法,并不取决于行为者的动机。[76] 按照主流学说,案例 11 中的 U 虽然在客观上满足了紧急防卫的前提条件,但是,无论如何,在主观上是无法正当化的。那么,是否要对 U 施以身体侵害既遂或者(只是)力图的处罚,就取决于这个问题了:在已符合客观的正当化情形的情况下,却没有正当化的主观条件,这时是需要按既遂还是仅仅按力图来处罚?[77]

五、对成立紧急防卫的限制

1. 具体情况

39 　　虽然,从原则上讲,紧急防卫不应受到任何限制,但是,人们也普遍地认为,在

---

[72] 在已经出现客观的正当化情形的情况下,却没有防卫的意思,这时是按照既遂还是力图来处罚?关于该问题,参见本书第 29 节,边码 8 及以下几个边码。

[73] 关于过失犯中对于主观的正当化要素的要求,参见本书第 33 节,边码 60 及以下几个边码。

[74] 弗里施,载《拉克纳祝贺文集》,第 113 页,尤其是第 135 页及以下几页;赫鲁斯卡,第 437 页及下一页;雅科布斯,第 11 节,边码 21;《诺莫斯刑法典评注——金德霍伊泽尔》,第 32 条,边码 147;金德霍伊泽尔:《作为犯罪的危险》,1989 年版,第 114 页及下一页;屈尔,《法学》,1993 年,第 233 页,尤其是第 234 页;奥托,第 8 节,边码 52;《(舍恩克·施罗德)刑法典评注——佩龙》,第 32 条,边码 63;普里特维茨,《戈尔特达默刑法档案》,1980 年,第 381 页,尤其是第 384 页;《莱比锡刑法典评注——伦瑙、霍尔》,第 32 条,边码 262;罗克辛,《整体刑法学杂志》,第 75 卷,1963 年,第 541 页,尤其是第 563 页。

[75] 《帝国法院刑事判例集》,第 60 卷,第 261 页,尤其是第 262 页;《联邦法院刑事判例集》,第 5 卷,第 245 页;联邦法院,《刑法新杂志》,1996 年,第 29 页,尤其是第 30 页;2001 年,第 143 页,尤其是第 144 页;2007 年,第 325 页;埃伯特,第 77 页;菲舍尔,第 32 条,边码 25;盖伦,《法学》,1981 年,第 308 页,尤其是第 310 页;耶赛克·魏根特,第 32 节 II、2a;伦吉尔,第 18 节,边码 107。

[76] 亦参见本书第 15 节,边码 9。

[77] 对此,参见本书第 29 节,边码 8 及以下几个边码。

不值得无限制地证明权利(Rechtsbewährung)*的地方,也不应成立紧急防卫。特别是在只损害没有什么价值的利益,或者受攻击者对攻击者负有一般或特别的团结义务,或者受攻击者对紧急防卫情况负责的情形下,对紧急防卫的成立应予以限制。这些限制都概括在防卫的需要性这一要素之下;没有需要,就不能实施紧急防卫。⁷⁸必要性这个要素针对的是攻击在事实上的防卫可能性,而需要性所考虑的则是反应在规范上是否适当。⁷⁹

限制紧急防卫的成立的,包括以下具体情况⁸⁰:(1)轻微攻击;(2)所涉及的利益之间明显失衡;(3)无罪责的行为人发动的攻击;(4)防卫人对攻击人拥有特定的保证人地位;(5)受攻击者对紧急防卫情形的产生负有责任。 40

2. 轻微攻击

案例 12

节日期间,游客大声放歌,因此,影响了附近居民的夜间休息。

轻微攻击是指那些近乎经常可见的、只能导致不明显的利益损害的举止方式。像案例 12 中,只可以谨慎地采取所谓的"对不许可行为的防卫"**。⁸¹这样,如果要让唱歌者不再唱歌,就不应朝他丢掷会导致他伤害的东西。 41

---

* 对于"Rechtsbewährung"和"Rechtbewährungsinteresse"两个词,徐久生教授分别译为"权利证明"和"法确证利益";对"Rechtsbewährungsprinzip",王世洲教授译为"法保护原则"。分别参见[德]耶赛克、魏根特:《德国刑法教科书》,徐久生译,中国法制出版社 2001 年版,第 402、415 页;[德]罗克辛:《德国刑法学总论》(第 1 卷),王世洲译,法律出版社 2005 年版,第 400、424 页。现在看来,"Recht"一词,此处应译为"权利",而"Bewährung"是"证明"而不是"维护、保护"之意,"bewahren"及"Bewahrung"才是"保护"的意思,两个词是不同的。因此,"Rechtsbewährung""Rechtsbewährungsinteresse"和"Rechtsbewährungsprinzip"应当分别译为"权利证明"(有时可以根据情况译为"证明权利")、"权利证明的利益"和"权利证明原则"。以前的译法(包括我本人在内)应该得到纠正。——译者注

⑦⁸ 见本书本节上文边码 35 及下一边码;有人也将之放到必要性要素里加以讨论(但没有本质区别),参见《(舍恩克、施罗德)刑法典评注——佩龙》,第 32 条,边码 44。

⑦⁹ 仅请参见本斯贝格初级法院(AG Bensberg),《新法学周刊》,1966 年,第 733 页;希默尔赖希(Himmelreich),《戈尔特达默刑法档案》,1966 年,第 129 页及以下几页;罗克辛,《整体刑法学杂志》,第 93 卷,第 79 页。

⑧⁰ 对此,综合地,参见伦瑙,《法学教学》,2012 年,第 404 页及以下几页;关于紧急救助,尤其参见恩伦德,《紧急救助的基础和边界》,2008 年版,第 313 页及以下几页;库伦,《戈尔特达默刑法档案》,2008 年,第 282 页,尤其是第 289 页及以下几页,有进一步的文献。

** 此处,"Unfugabwehr"一词,王世洲教授译为"对胡闹性的防卫"。参见[德]罗克辛:《德国刑法学总论》(第 1 卷),王世洲译,法律出版社 2005 年版,第 451 页。——译者注

⑧¹ 参见雅科布斯,第 12 节,边码 48;屈尔,《法学》,1990 年,第 244 页,尤其是第 251 页;奥托,第 8 节,边码 73。

3. 明显失衡

> **案例 13**
> 为阻止 X 偷走一瓶柠檬汁，W 朝 X 开了致命的一枪。

42 同样，如果出现了防卫的利益和攻击的利益之间的明显失衡，那么，也不应成立紧急防卫。[82] 之所以有这种限制，首先是出于如下考虑：较之于国家保护而言，紧急防卫权属于补充性地行使权利。既然属于权利行使，也就要遵守权利行使的基本原则，也就是说，要遵守法律中根本性的合比例性原则。[83] 尽管如此，防卫者还是有相当大的自由空间，因为在国家机构缺席的场合，个体无需严格依照管辖相应事项的公职人员所适用的规则那样来保卫法益。因此，只要求防卫行为在原则上乃有效防卫所必要，就是理所当然的了。因此，完全没有节制的[84]和让人无法忍受的过分的[85]防卫措施，以及让人根本无法理解的[86]防卫措施，就是绝不能允许的。另外，在紧急防卫权中引入这些限制，根本不违反类推禁止原则，因为任何权利的行使，都意味着要遵守基本的法律原则。

然而，判例和部分文献并不怎么使用合比例的思想，而是消极使用禁止**权利行使滥用**的原则来限制紧急防卫。[87] 以紧急防卫行事的当事人，不得在行使其防卫权的时候，超越为防止滥用而设置的一般界限[88]所采用的标准，像违反善良风俗这种民法上的概念。例如这样考察，防卫的必要性是否符合以诚实信用为指导的一

---

[82] 联邦法院，《刑法新杂志》，1987 年，第 172 页；1987 年，第 322 页；盖伦，《法学》，1981 年，第 370 页，尤其是第 374 页；《诺莫斯刑法典评注——金德霍伊泽尔》，第 32 条，边码 111 及下一边码；奥托，载《维腾贝格尔祝贺文集》，第 129 页及以下几页；舒曼，《法学教学》，1979 年，第 559 页，尤其是第 565 页；其他观点，范·里嫩（*van Rienen*）：《紧急防卫权的"社会伦理"限制》(Die „sozialethischen" Einschränkungen des Notwehrrechts)，2010 年版，第 230 页及以下几页。

[83] 对此，见比尔特（*Bülte*），《戈尔特达默刑法档案》，2011 年，第 145 页及以下几页；《诺莫斯刑法典评注——金德霍伊泽尔》，第 32 条，边码 99 及下一边码；利利（*Lilie*），载《希尔施祝贺文集》，第 277 页及以下几页；施洛德，载《毛拉赫祝贺文集》，第 137 页及以下页。

[84] 联邦法院，《德国法月报》，1956 年，第 372 页。

[85] 《巴伐利亚州高等法院刑事判例集》(BayObLGSt)，第 54 卷，第 59 页，尤其是第 65 页。

[86] 哈姆州高等法院，《新法学周刊》，1977 年，第 590 页；博尔克曼·福尔克，《刑法总论》，第 15 节 I，3；《莱比锡刑法典评注——伦瑙、霍尔》，第 32 条，边码 179；罗克辛，第 1 卷，第 15 节，边码 55 及以下几个边码。

[87] 菲舍尔，第 32 条，边码 39；屈尔，第 7 节，边码 178；其他观点，弗洛因德，第 3 节，边码 118。

[88] 《联邦法院刑事判例集》，第 24 卷，第 356 页；联邦法院，《新法学周刊》，1962 年，第 308 页；哈姆州高等法院，《新法学周刊》，1977 年，第 590 页；卡尔斯鲁厄州高等法院，《新法学周刊》，1986 年，第 1358 页；菲舍尔，第 32 条，边码 36；弗里斯特，《戈尔特达默刑法档案》，1988 年，第 313 页；盖伦，《法学》，1981 年，第 370 页；鲁道菲，《法学教学》，1969 年，第 464 页；反对的观点，见瑙克，载《迈尔祝贺文集》，第 571 页；《莱比锡刑法典评注——伦瑙、霍尔》，第 32 条，边码 226。

般法感情？至于应当何时认定存在这种失衡，则取决于具体个案。[89] 在案例13中，由于X的生命在价值上明显高于像一瓶柠檬汁这种价值轻微的物品，这样，W就只能采用更为轻缓的防卫或只得采用防御防卫的方式。[90]

有疑问的是，如果为了保护财产利益而导致了**攻击者的死亡**，那么，这时，是否就原则上必须认为出现了所涉利益之间的明显失衡？按照社会福利法治国的价值秩序，应当可以认定成立明显失衡。[91] 此外，人们还可以考虑《欧洲保护人权和基本自由公约》第2条第2款a中的规定。根据该规定，只有在"为了保卫某人免受违法的暴力侵犯"，在无条件地具有相应必要的情况下，才可以致攻击者于死地。 43

（1）按照主流学说，应从《欧洲保护人权和基本自由公约》第2条第2款a制定的演变史、该条的字义和目的来加以解释，这样，该条针对的仅仅是主权统治的行为。按照这种观点，只有为了实现国家的目标而实施的故意杀人才是禁止的；至于私人为了保护财产利益而杀害攻击者，则在原则上并未受到该条的禁止。[92] 44

（2）按照文献中广为流传的见解，《欧洲保护人权和基本自由公约》对于私人的行为同样能产生直接的作用。因此，只有在攻击者实施侵犯生命、身体的暴力行为时，才可以将其杀害。[93] 45

4. 无罪责的人的攻击

当出现儿童、明显发生认识错误的人或者明显无罪责的其他行为人的攻击性举止时，通常认定需要对防卫权加以限制。依照少数说，在这种场合，就已经需要否定攻击的存在了。[94] 主流观点虽然认定此时成立违法的攻击[95]，但也援引权利滥用思想或一般的最低限度团结原则来限制这时的防卫权。这样，受攻击者必须躲避或者仅仅采取"防御防卫"，只是在无可奈何的时候，才可以采取缓和的 46

---

[89] 具有启发性的例子，见拉迪格斯（*Ladiges*），《法学教学》，2011年，第879页，尤其是第880页及下一页。

[90] 参见屈尔，第7节，边码183；毛拉赫、齐普夫，第26节，边码37。

[91] 贝恩斯曼（*Bernsmann*），《整体刑法学杂志》，第104卷，1992年，第311页及下一页；《诺莫斯刑法典评注—金德霍伊泽尔》，第32条，边码100。

[92] 菲舍尔，第32条，边码40；雅科布斯，第12节，边码39及下一边码；耶赛克、魏根特，第32节 V；萨茨格尔，《法学》，2009年，第759页，尤其是第762页及下一页。

[93] 弗里斯特，《戈尔特达默刑法档案》，1985年，第553页，尤其是第564页；朗格，《法学家报》，1976年，第546页，尤其是第548页；施洛德，载《毛拉赫祝贺文集》，第127页及以下几页；将之限制于蓄意的（有目的的）和有认识的杀人的场合，见罗克辛，《整体刑法学杂志》，第93卷，1981年，第68页，尤其是第98页及下一页；齐祥（*Zieschang*），《戈尔特达默刑法档案》，2006年，第415页，尤其是第419页。

[94] 参见本书本节上文边码24。这样的结果是，不能适用第32条，而应当适用紧急避险规则来解决案例。

[95] 参见本书本节上文边码23。

"攻击防卫"⑯,这也基本上同样地适用于第 21 条意义上至少(明显)已减弱罪责能力的人,因为在这种情况下,明显存在限制权利的利益。⑰

5. 保证人地位之间的攻击

47 对于提供保护的保证人⑱而言,他对受其保护的人只具有有限的紧急防卫权⑲。这一规则特别适用于配偶之间和父母—子女之间。⑳ 在对攻击者的现实利益实施损害之前,提供保护的保证人必须先行躲避,并且忍受对自己利益的轻度损害。这种对紧急防卫的限制乃是源自于保证人针对受保护人的特殊的团结义务和照料义务㉑,为了维持共同体的存续,其必须在大多数情况下保持克制。㉒ 反之,如果保证人自己遭受到了严重的损害威胁,没有躲避的可能性,而且也没有更为缓和的防御手段,那么,他有权实施紧急防卫。前述案例 8(边码 21 及以下几个边码)就正是这种情况。

6. 挑起的或者其他负有责任的紧急防卫情形

案例 14

在旅馆里,Z 因其对其他顾客采取了攻击性的举止,而变得惹人注意。之后,Y 对 Z(单独地)实施了很严重的辱骂,这使得 Z 操起一个啤酒瓶朝 Y 砸去。为了避免被砸中,Y 不得不掏出随身携带的刀朝 Z 的上臂刺去。

48 **(1) 各种观点**:针对限制紧急防卫成立的情况,有种情况在细节上具有争议,

---

⑯ 参见《联邦法院刑事判例集》,第 3 卷,第 217 页;第 42 卷,第 97 页及以下几页;巴伐利亚州高等法院,《法学综览》,1987 年,第 344 页;《刑法新杂志》,1991 年,第 433 页及福尔鲍姆(Vormbaum)的评释,见《法学综览》,1992 年,第 163 页及以下几页和米奇的评释,见《法学教学》,1992 年,第 289 页;《慕尼黑刑法典评注——埃尔布》,第 32 条,边码 185;屈尔,第 7 节,边码 196;斯特拉滕韦特、库伦,第 9 节,边码 87。

⑰ 鲁道尔施塔特初级法院(AG Rudolstadt),《刑法新杂志——刑事判决和报告》,2007 年,第 265 页;罗克辛,第 1 卷,第 15 节,边码 64;其他观点,《(舍恩克、施罗德)刑法典评注——佩龙》,第 32 条,边码 52:仅需要遵守"确定的(gewiss)比例关系"。

⑱ 对此,详见本书第 36 节,边码 52、56、74 及以下几个边码。

⑲ 联邦法院,《新法学周刊》,1984 年,第 986 页;《刑法新杂志》,1994 年,第 581 页;雅科布斯,第 12 节,边码 58;《(萨茨格尔、施米特、维德迈尔)刑法典评注——罗泽瑙》,第 32 条,边码 33;施拉姆(Schramm),《刑法中的婚姻和家庭》(Ehe und Familie im Strafrecht),2011 年版,第 115 页及以下几页;限制性的观点,见《莱比锡刑法典评注——伦瑙、霍尔》,第 32 条,边码 240;反对的观点,见恩格斯(Engels),《戈尔特达默刑法档案》,1982 年,第 109 页及以下几页;弗洛因德,第 3 节,边码 123;弗里斯特,第 16 节,边码 33;齐祥,《法学》,2003 年,第 527 页及以下几页。

⑳ 关于这一原则对非配偶的同居关系的适用,见克雷奇默尔(Kretschmer),《法学综览》,2008 年,第 51 页,尤其是第 53 页。

㉑ 参见菲舍尔,第 32 条,边码 37;盖伦,《法学》,1981 年,第 370 页,尤其是第 374 页;毛拉赫、齐普夫,第 26 节,边码 33;罗克辛,《整体刑法学杂志》,第 93 卷,1981 年,第 68 页,尤其是第 101 页。

㉒ 参见耶赛克、魏根特,第 32 节 III、3a;《(舍恩克、施罗德)刑法典评注——佩龙》,第 32 条,边码 53;舒曼,《法学教学》,1979 年,第 559 页,尤其是第 566 页。

即(后来的)防卫者对于紧急防卫情形(共同地)负有责任时,应当如何处理? 此时,需要注意,如果(后来的)防卫者在先实施的举止已经就是个当时的违法攻击,那么,就不属于我们这里讨论的情况,因为:在这种情形下,受挑衅者可以按照第32条的规定进行防卫,而挑衅者必须忍受这种防卫。[103] 确切地说,在案例14中,受挑衅的攻击者又采取了现时的违法攻击,故而,挑衅者事实上处于紧急防卫之中。针对 Y 是否可以实施紧急防卫及其对象和范围,在事实上存在三种不同的观点[104]:

① 按照主流学说,如果(后来的)防卫者(Y)对于紧急防卫情形(共同地)负有责任时,具体而言,他**预见到相应情况**[105]**却可受谴责地**蓄意挑起了这种紧急防卫情形,那么,出于权利不得滥用的考虑,他的紧急防卫权就应受到限制。[106] 而根据多数人的见解,如果防卫者在先实施的举止在社会伦理上站不住脚,那么,这种举止就具有可谴责性。[107] 有人还进一步认为,防卫者在先(故意或过失)实施的违法举止还必须已共同引起了(对方发动的)攻击。[108] 49

② 反对的观点认为,不得对紧急防卫实施任何限制。由于攻击并不仅仅是针对挑衅者的利益,而且还针对法秩序,这样,不管是否有挑衅,出于权利证明的目的,防卫都是正当的。[109] 按照这种观点,案例14中 Y 所实施的对 Z 的伤害就可以依照第32条加以正当化。 50

③ 有人认为,按照在拒绝**原因自由行为**(*actio libera in causa*)[110]的基础上发展起来的**原因不法行为**(*actio illicita in causa*)[111]法律概念,应将对攻击者(Z)的伤害 51

---

[103] 参见本书本节边码24。

[104] 关于学说争论的详细阐述,见《诺莫斯刑法典评注——佩夫根》,第32条前言,边码145及以下几个边码;施图肯贝格,《法学工作》,2001年,第894页及以下几页;2002年,第172页及以下几页。

[105] 《联邦法院刑事判例集》,第27卷,第336页,尤其是第338页;联邦法院,《刑法新杂志》,2009年,第626页,尤其是第627页及黑克尔的评注,《法学教学》,2010年,第172页。

[106] 请代表性地参见《联邦法院刑事判例集》,第39卷,第374页及以下几页;联邦法院,《刑法新杂志》,2006年,第332页,尤其是第333页及罗克辛的评释,见《刑事辩护人杂志》,2006年,第235页;《刑法新杂志——刑事判决和报告》,2011年,第305页;罗克辛,《整体刑法学杂志》,第93卷,1981年,第68页及以下几页,均有进一步的文献。

[107] 《联邦法院刑事判例集》,第24卷,第356页及以下几页;第27卷,第336页;第42卷,第97页;联邦法院,《刑法新杂志》,2011年,第82页,尤其是第83页;《诺莫斯刑法典评注——金德霍伊泽尔》,第32条,边码117及以下几个边码;许内曼,《法学教学》,1979年,第275页,尤其是第279页。

[108] 格林瓦尔德,《整体刑法学杂志》,第122页,2010年,第51页,尤其是第79页及以下几页;克勒,第273页;屈尔,《法学》,1991年,第57页及以下几页;伦吉尔,第18节,边码78;《莱比锡刑法典评注——伦瑙、霍尔》,第32条前言,边码253、255;舒曼,《法学教学》,1979年,第559页,尤其是第565页。

[109] 博克尔曼,载《霍尼希祝贺文集》,第19页及以下几页;哈塞默,载《博克尔曼祝贺文集》,第225页及以下几页;希伦坎普,《故意行为和被害人举止》(Vorsatztat und Opferverhalten),1981年版,第125页及以下几页、第167页及以下几页。

[110] 对此,详见本书第23节。

[111] 认为这一法律概念本质上不妥并加以批判的观点,参见联邦法院,《刑法新杂志》,1983年,第452页;1988年,第450页;金德霍伊泽尔,《作为犯罪的危险》,1989年版,第116页。

作为违法的行为归属于挑衅者 Y。⑫ 也就是说,对于 Y 而言,本身合法的紧急防卫行为并没有办法起到正当化的作用,因为他在先实施的举止造成了正当化的情形。* 至于他要负故意还是过失的责任,则取决于 Y 是故意还是过失地引起了导致防卫的情形。

52　　**(2) 解决方案**:只要承认在对紧急防卫情形"(共同地)负有责任"时应当限制紧急防卫的成立,就可以得到两种处理方案:

53　　① 主流学说按照不同的行为情状设计了分步骤实施防卫的权利:只要是蓄意地进行挑衅,换言之,有目的地引起(对方的)攻击,那么,防卫者有时就完全没有了紧急防卫权⑬;在这种情形下,他也就只能逃跑,若没法逃跑,则要忍受攻击。此外,(防卫者)在至少可责难地引发了紧急防卫情形的时候,则要根据防卫的强度具体地加以分析;同样,在这种情形下,受攻击者也必须先行躲避;如果行不通,则必须在人们可期待他实施防御性举止的时候,实施防御性的举止;再不行,才可以采取"攻击防卫"。也就是所谓的"**防卫权三阶段**":躲避、"防御防卫""攻击防卫"。⑭ 结合案例 14 加以分析:由于 Y 无理地直接挑起了攻击,那么,可以对他适用分步骤实施防卫权利的规则。在这里,人们对他实施纯防御性防卫的期待,取决于他对于紧急防卫情形负有多大程度的责任;人们可以越强烈地责难他引发紧急防卫的情形,那么,他(防卫者)就必须越加克制。⑮ 不过,他(防卫者)没有必要对于极其严重的损害也加以忍受。⑯

54　　② 按照学术文献中的观点,如果防卫者对紧急防卫情形(共同地)负有责任,那么,他只可以根据**防卫性紧急避险**⑰(比照《民法典》第 228 条的规定)的利益比

---

　　⑫　贝特尔(*Bertel*),《整体刑法学杂志》,第 84 卷,1972 年,第 1 页及以下几页;伦克纳,《戈尔特达默刑法档案》,1961 年,第 299 页,尤其是第 303 页及以下几页;林德曼(*Lindemann*)、赖希林(*Reichling*),《法学教学》,2009 年,第 496 页及以下几页;施米德霍伊泽尔,第 6 节,边码 81 及以下几个边码;施罗德,《法学综览》,1962 年,第 187 页及下一页;有所限制的观点,见弗洛因德,《戈尔特达默刑法档案》,2006 年,第 267 页,尤其是第 271 页及下一页;关于"原因不法行为",见赫鲁斯卡,第 381 页及以下几页;《诺莫斯刑法典评注——金德霍伊泽尔》,第 32 条,边码 119。

　　*　具体地说,Y 在先实施的举止就是 Z 实施紧急防卫所依据的正当化情形。——译者注

　　⑬　韦塞尔斯、博伊尔克,边码 347;罗克辛,《整体刑法学杂志》,第 93 卷,1981 年,第 68 页,尤其是第 86 页及下一页。

　　⑭　《联邦法院刑事判例集》,第 24 卷,第 356 页;第 26 卷,第 143 页,尤其是第 145 页及以下几页;第 39 卷,第 374 页,尤其是第 379 页及以下几页;联邦法院,《新法学周刊》,1991 年,第 503 页及鲁道菲的评释,见《法学综览》,1991 年,第 210 页及以下几页;联邦法院,《刑法新杂志》,1993 年,第 133 页;2001 年,第 143 页,尤其是第 144 页;2002 年,第 425 页,尤其是第 426 页及下一页;《慕尼黑刑法典评注——埃尔布》,第 32 条,边码 199。

　　⑮　联邦法院,《刑法新杂志——刑事判决和报告》,2002 年,第 205 页及下一页;《刑法新杂志》,2002 年,第 425 页,尤其是第 426 页及下一页;2003 年,第 420 页,尤其是第 421 页。

　　⑯　《(舍恩克、施罗德)刑法典评注——佩龙》,第 32 条,边码 60。

　　⑰　对此,参见本书第 17 节,边码 45 及以下几个边码。

例关系来采取防卫。[118]

(3) 过失实施行为:即便依上述标准,行为人直接行使的防卫行为具有正当化的效力,也不意味着完全结束了可罚性的审查。确切地说,依照判例的观点,需要考察防卫者**之前的举止**是否至少需科以**过失的责任**(例如,在依第 222 条最终杀死了攻击者的情况下)。[119]

因此,在结果上,这时在过失犯层面,就应当得出和原因不法行为[120]的方案相似的结论[121],即使判例在形式上否定了原因不法行为这个法律概念。当然,区别之处(不同于原因不法行为地)在于,判例的构造并非针对挑衅与紧接的防卫行为相加的"整体行为",而只是认为,挑衅性的先前举止足以证立可罚性。在这个意义上,人们至少不能(像有时发生的那样)批评判例说,它将同样的举止既认定为允许,又矛盾性地认定为不允许。[122]

这里所说的是否可罚,只是针对违法攻击之前先行的挑衅行动,但是主流学说又以其他理由一般性地否定了过失行为的成立。人们通常如此主张,可以防卫的攻击表现的是受害人**自我答责的自危**,这就使得(总是)不能将由此造成的结果归属到防卫者(时间上)之前的举止上去。[123]另一种观点认为,仅当后来的防卫者当时有正当权利行使挑拨行为时,才能够阻却归属。[124]最后,存在疑问的是,这种有利于防卫者的答责阻却,是否也适用于**误想防卫**的情形,因为在误想防卫的情形,事实上不存在攻击,因而也就不存在攻击者的真实的自危。[125]

应用到案例 14 中,这意味着:由于 Y 自己对 Z 的挑衅,属于不谨慎的先行举止(第 185 条),且根据 Z 之前所表现的攻击性行为,可以预见到他会发动攻击,这样,Y 是否要依照过失的身体伤害加以处罚,则取决于是否要将 Z 的袭击像主流学说

---

[118] 参见赫鲁斯卡,第 371 页及以下几页,第 376 页及以下几页;雅科布斯,第 12 节,边码 53;金德霍伊泽尔:《作为犯罪的危险》,1989 年版,第 117 页及下一页;施洛德,载《毛拉赫祝贺文集》,第 127 页及以下几页。

[119] 对此,有启发性的见解,见联邦法院,《刑法新杂志》,2001 年,第 143 页及艾泽勒的评注,《刑法新杂志》,2001 年,第 416 页及以下几页;耶格尔,《法学综览》,2001 年,第 512 页;米奇,《法学教学》,2001 年,第 751 页;罗克辛,《法学家报》,2001 年,第 667 页及下一页;亦参见联邦法院,《刑法新杂志》,2011 年,第 82 页,尤其是第 83 页。

[120] 本书本节边码 51。

[121] 如此的观点,亦见艾泽勒,《刑法新杂志》,2001 年,第 416 页,尤其是第 417 页;林德曼、赖希林(*Lindemann/Reichling*),《法学教学》,2009 年,第 496 页,尤其是第 499 页。

[122] 合理的观点,克雷奇默尔,《法学》,2012 年,第 189 页,尤其是第 193 页,有进一步的文献以及反对的观点。

[123] 这样的观点,例见恩伦德,《法学》,2001 年,第 534 页,尤其是第 537 页及下一页;霍夫曼—霍兰特(*Hoffmann-Holland*),边码 261;亦参见克雷奇默尔,《刑法新杂志》,2012 年,第 179 页,尤其是第 183 页。

[124] 弗里斯特,第 16 节,边码 31。

[125] 对此,参见福格特(*Voigt*)、霍夫曼—霍兰特,《刑法新杂志》,2012 年,第 362 页,尤其是第 365 页及下一页。

那样认定为阻却构成要件的自危，或者在 Y 没什么正当理由去挑衅 Z 的时候，尽管 Z 发动自我答责的攻击，也肯定客观归属。

> **复习与深化**

1. 采取紧急防卫要满足什么前提条件？（边码 3）
2. 如何定义紧急防卫的情形？（边码 5 及以下几个边码）
3. 如何定义紧急防卫的行为？（边码 25 及以下几个边码）
4. 按照主流学说，紧急防卫权在哪些情况下需要接受限制？（边码 39 及以下几个边码）
5. 如何处理挑起的紧急防卫情形？（边码 48 及以下几个边码）

第 17 节　正当化的紧急避险

一、概念和种类

1. 概念

所谓紧急避险,乃是指某个利益陷入危险之中,这时,只有通过放弃或损害其他利益才可以排除这种危险。

2. 各种紧急避险

根据行为者为排除紧急情形而干预到的利益的类型,可将紧急避险分为如下几类:

（1）**被危及者的利益**:为了排除危险,如果行为者干预到被危及者的利益,那么,可以按照**推定承诺**(mutmaßliche Einwilligung)①或者无因管理(Geschäftsführung ohne Auftrag)的规则来评判这种举止。

（2）**为危险负责者的利益**:如果行为者为了排除危险侵犯到对危险负有责任的人的利益,那么,需要区分两种情况:

① 如果行为者所要排除的危险本身,就是一种违法的攻击,那么,直接适用**紧急防卫**的特定的前提条件(第 32 条)。②

② 对于其他危险的排除,适用**防卫性的紧急避险**(《刑法典》第 34 条或者《民法典》第 228 条)。③

（3）**无辜的第三人的利益**:如果行为者为排除危险侵犯到无辜第三人的利益,那么,这种举止应当认定为**侵犯性的紧急避险**(《刑法典》第 34 条或者《民法典》第 904 条)。在这种情形下,侵犯的条件要明显比其他种类的紧急避险情形更为苛刻,因为这时是无辜者的利益受到损害。如果刑法没有特别指明是哪一种的紧急避险,通常指的就是这种侵犯性的紧急避险。

（4）**自己的利益**:如果行为者在防御危险的时候,所损害的仅仅是自己的利益,那么,由于没有损害到受保护的他人利益,因而,行为者的举止基本上就是和刑法无关的。所以,刑法规定中也没有对这种情况加以规定。特别要指出的是,如果谁创设了相应的险情,并使得行为者(因而也就是不自愿地)不得不放弃自己的利益,那么,这个创设危险的人就要为这种举止负责,同时,根据案件事实情况的不

---

① 对此,参见本书第 19 节。
② 对此,参见本书第 16 节。
③ 本书本节边码 45 及以下几个边码。

同,可能因为间接正犯④、强制(第240条)或者勒索(第253条)等犯罪而受到处罚。

3. 正当化的紧急避险和免除罪责的紧急避险

7　　《刑法典》第34条和第35条分别规定了正当化的紧急避险和免除罪责的紧急避险。在这两种情况中,为了避险,行为人都侵犯了第三人的利益。尽管如此,从其各自的前提条件及其法律后果这两方面考虑,这两种紧急避险情况还是有着明显的区别:

8　　(1) 在第34条规定的情况下,需要保护的利益的**价值要明显高于**为避险而沦为代价的利益的**价值**。在这种情况下,避险是**容许的**,因而,利益被侵犯者必须对此加以忍受。

9　　(2) 不同地,在第35条规定的情况下,需要保护的利益的**价值并不明显高于**为避险而沦为代价的利益的**价值**。因而,在这种情况下,避险是**不容许**的,所以,利益被侵犯的人不必对此加以忍受。不过,这种避险虽是被禁止的,但是,倘若行为者自己或与之关系密切者的现实利益(身体、生命、自由)处于危境中,人们没有办法期待产生合乎规范的动机,则可以按照第35条所规定的(严格的)前提条件对行为者加以**免除罪责**。

二、正当化的紧急避险(第34条)

1. 概述

10　　(1) **证立**:第34条规定的正当化的(侵犯性)紧急避险,乃是**优势利益和最低限度的互相团结这两个原则的体现**:为了维护更为重要的利益,人们可以期待个人放弃自己的明显更没有价值的利益。第34条中针对所有种类的利益而规定的规则是1969年第二部《刑法改革法》⑤加以制定的,在此之前,人们将之称为超法规的紧急避险,因为直到当时所一直适用的《民法典》第904条的规则只是规定了对财物的侵犯可以正当化,而并未规定对第三者利益的其他侵犯也可以正当化。超法规的紧急避险最先是在医学上合适的妊娠中断的事例中得到承认的⑥,然后,进一步发展成为一般的原则:在权衡所有对具体利益冲突有意义的情况后,侵害更低价值的利益成了保护更高价值的利益的唯一手段,那么,这时,这种对更低价值的

---

④ 对此,参见本书第39节,边码7及以下几个边码。
⑤ 《联邦法律公报》,第1部分,第717页。
⑥ 《帝国法院刑事判例集》,第61卷,第242页;第62卷,第137页;《联邦法院刑事判例集》,第2卷,第111页;第14卷,第1页;现在见诸《刑法典》第218条a。

利益的侵害就不是违法的。⑦

（2）主权行为：按照主流学说，如果利益冲突没有办法通过公法上的特殊规定特别地加以解决的话，那么，主权行为也是可以按照第34条加以正当化的。⑧ 占首要地位的特别规则主要是指《刑事诉讼法》中刑事追诉的措施，适用这些规定不必退而援引第34条的规定。⑨

（3）与其他规定的关系：第34条规定了紧急避险情形中利益衡量的最普遍和最全面的规则。因而，这一规定属于一般法（*lex generalis*）。在针对解决冲突还有其他特别规则和裁决原则（如《民法典》第228条、第904条和推定承诺）的情况下，并不优先适用一般法。⑩

（4）前提条件：正当化的（侵犯性）紧急避险需要三个前提条件：

① 紧急避险的情形（Notstandslage）；
② 紧急避险的行为；
③ 救济的意思（紧急避险的主观方面）。

2. 紧急避险的情形

案例1

由于暴风，树木遭到严重破坏，随时可能倒下砸到花园的房屋上。

案例2

A拦住B，以阻止他持凶器滥杀无辜。

如果法益遭遇了现时的危险，那么，就可以说已经有紧急避险的情形了。这时，可以是行为者自己的利益，也可以是第三人的利益遭遇这种危险（这后一种情

---

⑦ 参见《联邦法院刑事判例集》，第12卷，第299页及下一页；屈佩尔，《法学家报》，1976年，第515页及以下几页；奥托，《法学》，1985年，第298页及以下几页，有进一步的文献。

⑧ 《联邦法院刑事判例集》，第27卷，第260页；法兰克福州高等法院，《新法学周刊》，1975年，第271页；博特克，《法学工作》，1980年，第93页，尤其是第95页；格塞尔，《法学教学》，1979年，第162页，尤其是第164页及下一页；奥托，第8节，边码196；伦吉尔，第19节，边码58；罗克辛，第1卷，第16节，边码103。其他观点，阿梅隆，《新法学周刊》，1977年，第833页及以下几页；伯肯弗尔德（*Böckenförde*），《新法学周刊》，1978年，第1881页，尤其是第1883页及下一页；屈佩尔：《可以对国家实施敲诈勒索吗？》（Darf sich der Staat erpressen lassen?），1986年版，第77页及以下几页、第90页；亦参见本书第15节，边码5。

⑨ 《慕尼黑刑法典评注——埃尔布》，第34条，边码46；《（舍恩克、施罗德）刑法典评注—佩龙》，第34条，边码7；但针对隔离（审查）的情况，亦可参见《联邦法院刑事判例集》，第27卷，第260页，尤其是第261页。

⑩ 关于第34条和其他正当化事由之间竞合的基本情况，参见伦克纳，《戈尔特达默刑法档案》，1985年，第295页及以下几页；鲁道菲，载《A.考夫曼纪念文集》，第371页，尤其是第396页。

况即所谓的"紧急避险救助")。

15 **(1)危险**:如果根据当时的情况,法益极有可能遭到损害,那么就可以说,法益遇到了危险。⑪

16 按照主流学说,**对危险的判断**乃是从中立观察者的角度**事前**地作出的一种预料。⑫ 若侵害已经发生,那么,危险则是损害可能性的增大。⑬ 危险到底源于哪里,这是不重要的。因为紧急避险乃是危险情形下关于利益冲突的各方面的规则。因此,不管是自然力,还是人类的举止,都可以引起危险。⑭

17 **(2)可以成立紧急避险的利益**:不管为了保护什么法益⑮,都可以成立紧急避险。也就是说,身体、生命、自由、尊严和所有权,都是可以成立紧急避险的利益。同样地,超个人法益(集体法益)也可以成为紧急避险救助的对象。⑯ 第34条的表述并没有特指具体的利益,因而,这可以理解成为包含所有合法评价的利益和行为,而并不仅仅指有形的利益。

18 **(3)现时性**:如果必须立即采取措施以回避危险,那么,就可以说这个危险是现时的。

19 某个危险到底是不是现时正在发生的,这取决于是否**有立即采取行动**以避免逼近的侵害**的必要性**,而更不依赖于人们预料中危险具体实现的时间点。⑰ 因而,若已经没有其他办法以回避危险了,这种危险就具有现时性,该现时性就是有必要进行回避的核心理由。⑱

20 在紧急防卫案件中,有所谓即刻就会直接发生(迫在眉睫)利益损害的现时攻击(的概念)。⑲ 紧急避险时的现时的危险的概念比这种现时攻击的概念更宽。所以,一方面,如果某种已经存在的**持续的危险**(Dauergefahren)随时都可能引发损害

---

⑪ 《联邦法院刑事判例集》,第18卷,第271页及以下几页;联邦法院,《戈尔特达默刑法档案》,1967年,第113页;详见齐祥,《戈尔特达默刑法档案》,2006年,第1页及以下几页。

⑫ 巴伐利亚州高等法院,《刑事辩护人杂志》,1996年,第484页,尤其是第485页;韦塞尔斯、博伊尔克,边码304;耶赛克、魏根特,第33节 IV、3a;从行为人的角度,见鲁道菲,载《A. 考夫曼纪念文集》,第371页,尤其是第381页及以下几页。

⑬ 鲍曼、韦伯、米奇,第17节,边码47。

⑭ 鲍曼、韦伯、米奇,第17节,边码49;罗克辛,第1卷,第16节,边码19。

⑮ 参见《刑法典》第34条第1句"或者其他法益"。

⑯ 参见法兰克福州高等法院,《刑法新杂志——刑事判决和报告》,1996年,第136页。

⑰ 《帝国法院刑事判例集》,第66卷,第98页,尤其是第100页;《联邦法院刑事判例集》,第5卷,第371页,尤其是第373页;联邦法院,《新法学周刊》,1979年,第2053页;《刑法新杂志》,1988年,第554页;《新法学周刊》,1989年,第176页;1989年,第1289页;拉克纳、屈尔,第34条,边码2;《(舍恩克、施罗德)刑法典评注——佩龙》,第34条,边码17。

⑱ 对此,详见金德霍伊泽尔、瓦劳(Wallau),《刑事辩护人杂志》,1999年,第379页,尤其是第380页及下一页。

⑲ 参见本书第16节,边码17及以下几个边码;进一步见《联邦法院刑事判例集》,第39卷,第133页,尤其是第136页及下一页;奥托,第8节,边码169;罗克辛,第1卷,第16节,边码20。

(就像案例1中那样),那么,该危险可以视为现时的危险[20];另一方面,如果出现了马上可以紧急防卫的情形(就像案例2中那样),也可以理解成是现时的危险。[21]

3. 紧急避险的行为

正当化的紧急避险行为具有三个要素: 21

第一,必要性(第34条第1句"不得已"):为避险,行为须是必要的。

第二,利益衡量(第34条第1句"权衡相冲突的利益"):要保护的利益必须明显高于为避险而损害到的利益。

第三,适当性(第34条第2句):行为必须是避险的适当手段。

(1) 必要性:对回避危险而言,若需要采取紧急避险行为,且同时又是最为缓 22
和的回避措施,那么,该行为就是必要的。[22]

如何确定紧急避险行为具有必要性?这需要建立在客观的、了解案情的**事前** 23
判断之上。[23] 在这里,(成功)避险,绝不可以是完全不可能的。*[24] 如何对紧急避险行为的必要性作出客观上合理的评价?这并不取决于紧急避险的行为人本人的估计。即便是非常的救助措施也可能是必要的,所以,对于避险,并没有特定的手段,(作为代价的)受侵害的法益也就没有固定的成式。[25]

(2) 利益衡量:由于紧急避险行为而受到保护的利益必须明显地高于受侵害 24
的利益。举例而言:

---

[20] 参见联邦法院,《新法学周刊》,1979年,第2053页及赫鲁斯卡的评释,见《新法学周刊》,1980年,第21页及以下几页;联邦法院,《新法学周刊》,2003年,第2464页,尤其是第2466页;鲍曼、韦伯、米奇,第17节,边码58;希伦坎普,载《宫泽浩一祝贺文集》,第141页,尤其是第154页;耶格尔,边码112、153;不同的意见,见布兰克(Blanke):《用危及身体或生命以威胁的加重强制手段》(Das qualifizierte Nötigungsmittel der Drohung mit gegenwärtiger Gefahr für Leib oder Leben),2007年版,第177页及以下几页。

[21] 参见《联邦法院刑事判例集》,第13卷,第197页;进而,相应地,为了阻止即将实施的强制或者勒索,而进行秘密录音(第201条),对此,参见联邦法院,《新法学周刊》,1982年,第277页,尤其是第278页;柏林高等法院,《新法学周刊》,1996年,第26页;阿茨特,《法学家报》,1973年,第506页,尤其是第508页;豪格(Haug),《新法学周刊》,1965年,第2391页及下一页;奥托,载《克莱因克内希特祝贺文集》,第319页,尤其是第335页。

[22] 《联邦法院刑事判例集》,第2卷,第242页;哈姆州高等法院,《新法学周刊》,1976年,第721页及下一页;卡尔斯鲁厄州高等法院,《法学家报》,1984年,第240页及赫鲁斯卡的评释;哈夫特,第99页及下一页;伦克纳,载《拉克纳祝贺文集》,第95页,尤其是第111页。

[23] 屈尔,第8节,边码79。

* 换言之,避险取得成功,必须有所可能才可为之。——译者注

[24] 在具体案件中需要有多大程度的结果可能性,才足以使得对利益的侵犯正当化,乃是个利益衡量的问题(参见本书本节下文边码28)。参见卡尔斯鲁厄州高等法院,《新法学周刊》,2004年,第3645页。

[25] 参见格雷宾(Grebing),《戈尔特达默刑法档案》,1979年,第81页,尤其是第86页及以下几页;屈佩尔,《法学家报》,1976年,第515页,尤其是第516页;拉克纳、屈尔,第34条,边码3;其他观点,博克尔曼,《法学家报》,1959年,第495页,尤其是第498页及下一页。

> **案例 3**
> A 威胁 B，如果 B 不销毁属于 C 的文书，A 就要杀 B。

> **案例 4**
> D 威胁 E，如果 E 不毁掉 F 的几个花园陶俑，那么，D 就要毁掉 E 的(一个)花园陶俑。

> **案例 5**
> 为了拯救陷于不幸中的病人的性命，急诊医生 J 虽然处于酒精度超标状态，不适于驾车，但仍然开车去病人处。

25　① 如何确定受到保护的利益高于受侵害的利益？可以采取如下三个步骤[26]：

26　首先，需要确定的是所涉及的法益在法秩序中有什么样的**抽象价值**。在这一过程中，可以作为判断依据的是具体个罪的刑罚幅度以及宪法上的相应价值。[27] 这样，通过比较第 212 条和第 274 条就可以得知，案例 3 中生命法益的价值要明显高于保护文书存续的价值；而在案例 4 中，所涉及的法益都是财产(所有)权法益。

27　其次，在同一种利益相互冲突时，需要考虑的是**可能遭受损害的大小**。[28] 在健康、财产等各种法益可能或多或少地遭受损害时，起决定作用的不仅有损害的性质，也包括损害的数量。因而，在案例 4 中，对受保护的利益(E 的花园陶俑)的损害就要小于对 F 的好几个花园陶俑这一利益的损害。人的生命是最高的利益，没有比这更重要的法益了。

28　最后，要考量**危及法益的危险的各自程度**。假若仅仅是个相对较小的危险威胁了某个具有高度价值的利益，那么，可能就要放弃较小价值的那个利益了。因此，在案例 5 中，尽管 J 的酒后驾驶对其他交通参与者而言具有抽象危险，但因为它乃排除一具体的生命危险所必要，故仍属正当。[29]

29　② 按照侵犯性紧急避险的前提条件，下列举止基本上**不可能是正当的**：

30　第一，**杀害某个人**。即便是通过杀人可以拯救大量的其他人，或者紧急避险行

---

[26] 亦参见第 34 条第 1 句的表述。
[27] 《慕尼黑刑法典评注——埃尔布》，第 34 条，边码 109；格罗普，第 6 节，边码 128；克赖、埃塞尔，边码 605；罗克辛，第 1 卷，第 16 节，边码 27 及下一边码。
[28] 罗克辛，第 1 卷，第 16 节，边码 32。
[29] 参见巴伐利亚州高等法院，《新法学周刊》，1991 年，第 1626 年；哈姆州高等法院，《新法学周刊》，1977 年，第 1892 页；科布伦茨州高等法院(OLG Koblenz)，《新法学周刊》，1988 年，第 2316 页及米奇的评论，见《法学教学》，1989 年，第 964 页及以下几页；不同观点，亦参见杜塞尔多夫州高等法院，《刑法新杂志》，1990 年，第 396 页。

为人自己或家属陷入了生命危险中,都不可以这样做。㉚

第二,**身体侵害**。为了救助严重的负伤者,也不得采取抽血、摘取器官等身体侵害,理由是,这种侵害有可能违反法秩序中受害者的自由原则或者人类尊严,若都允许这样做的话,受害者简直就成为"器官仓库"了。㉛ 不过,也有反对的声音认为,应允许(不危险的)**抽血**,他们以合宪的国家许可的侵犯为例(如《刑事诉讼法》第81条a),这种许可是容许进行这种损害的。㉜ 31

③ 如果为了保护某个利益,必须侵犯**若干不同个法益主体(Rechtsgutsträger)*****的利益**;那么,应当将这些利益作为一个整体和要保护的那个利益进行比较衡量。㉝ 举例来说,只有损害许多其他财物,才足以使得某个贵重的财产脱离危险,那么这时,就需要将前者作为一个整体价值,与后者(贵重财产)进行比较。 32

④ 仅当危及的利益和为避险而损害的利益分属于不同的法益主体时,正当化紧急避险才有可能成立。仅当出现这样的利益冲突时,才有必要采用客观的评价尺度加以评价。相反,如果**利益属于同一个法益主体**,那么,在发生利益冲突问题时,需要按照当事人的主观意思加以评价就可以了。所以,如果发生这种情况,就不需要按照紧急避险的规则行事,而应按照推定承诺来处理。㉞ 虽然如此,如果有人在文献中还认为,这种情况原则上也要适用第34条㉟,那么,利益衡量就(尽可能地)还是取决于**当事人对价值的判断**。这样,这一方案的结论便和按推定承诺的规则得出的结论相吻合了。 33

㉚ 请代表性地参见《联邦法院刑事判例集》,第2卷,第111页,尤其是第116页;第35卷,第347页;联邦法院,《新法学周刊》,1953年,第513页;屈佩尔:《刑法中正当化的义务冲突的基础和边界之问题》(Grund- und Grenzfragen der rechtfertigenden Pflichtenkollision im Strafrecht),1979年版,第42页及以下几页、第110页及以下几页;屈佩尔,《法学教学》,1981年,第785页及以下几页;伦克纳:《正当化的紧急避险》(Der rechtfertigende Notstand),1965年,第27、31页;罗克辛,第1卷,第16节,边码38;韦尔策尔,第23节Ⅲ、2;其他观点,针对某些特定种类的论述,见埃尔布,《法学教学》,2010年,第108页,尤其是第110页及以下几页;席尔德,《法学工作》,1978年,第631页,尤其是第633页及下一页。

㉛ 主流学说,请代表性地参见赫鲁斯卡,第144页及以下几页;雅科布斯,第13节,边码25;克勒,第291页;《莱比锡刑法典评注——利利》(LK-Lilie),第11版,第223条,边码21。

㉜ 哈塞默,载《迈霍弗祝贺文集》,第183页,尤其是第201页及下一页;罗克辛,《刑事政策与刑法体系》,第2版,1973年版,第27页及以下几页。

* 即法益持有者、法益持有人,也就是享有这种法益的人。——译者注

㉝ 雅科布斯,第13节,边码32;约尔登,《戈尔特达默刑法档案》,1993年,第245页,尤其是第253页及下一页;屈佩尔:《"负有责任的"正当化紧急避险》(Der "verschuldete" rechtfertigende Notstand),1983年版,第146页及以下几页;《莱比锡刑法典评注——齐祥》(LK-Zieschang),第34条,边码55;不一致的观点,见登克尔(Dencker),《法学教学》,1979年,第779页及以下几页;奥托,第8节,边码177;任何一个侵犯都要单独地加以评价。

㉞ 详见本书第19节。

㉟ 韦塞尔斯、博伊尔克,边码322;《(舍恩克、施罗德)刑法典评注——佩龙》,第34条,边码8a;亦参见《联邦法院刑事判例集》,第42卷,第301页,尤其是第305页。

34 ⑤ 有争议的是,在所谓"**强制紧急避险**"的场合,如何进行利益衡量。案例3和案例4中所反映的就是这种情况。在这种情形下,为了回避人为的违法威胁,必须侵犯第三人的利益。首先,需要明确的是,不管怎样,都只可以在案例3中适用正当化紧急避险,因为在案例4中,要保护的利益小于要损害的利益(边码27)。然后,针对案例3,为了辨清争论的实际意义,需要知道:强制者(A)对第三人(C)做出了一个违法侵犯,C对此是可以采取紧急防卫的,但因为A是幕后者,所以,这种许可进行紧急防卫,对C而言,又是没有实际效果的。如果人们认为案例3中的受强制者(B)可以适用第34条,那么,他的行为就是容许的,C必须忍受文书的销毁。相反,如果人们不赞同将B正当化,那么,他的行为则是禁止的,是一种违法侵犯,对这种侵犯,C可以按照紧急防卫的规则(第32条)进行防卫。㊱

35 一方面,学术文献中有部分人认为,"强制紧急避险"在任何情况下都免除罪责(第35条),而不可以正当化,因为行为人沦为了犯罪工具,并因此犯下了不法。㊲进一步地说,如果第三人(C)只能针对强制者(A)实施防卫,却不能针对事实上实施了侵犯的被强制者(B)防卫,就可能会动摇法秩序的效力。㊳

36 另一方面,反对的观点㊴认为,应当让被强制者成立正当化。这种观点是更为合理的。该观点认为,在第34条中,不管危险来自哪里,都是不重要的。㊵对于被强制者而言,是谁造成了威胁他生命的危险,并没有什么区别,因此,在"强制紧急避险"的情况下,当他因避险而侵犯第三人利益时,他有权要求法律同志(Rechtsgenossen)*的团结。

㊱ 需要特别注意的是,如果B由于受到了死亡威胁而可以按照第35条免除罪责,那么,这时要对C的紧急防卫进行限制,因为这种紧急防卫针对的是(明显)没有罪责的人的行为。这样做的结果是,C在原则上只可以采取缓和的防卫手段(详见本书第16节,边码46)。

㊲ 《刑法典体系性评注——京特》,第34条,边码49;哈塞默,载《伦克纳祝贺文集》,第115页;《(舍恩克、施罗德)刑法典评注——佩龙》,第34条,边码41b。

㊳ 韦塞尔斯、博伊尔克,边码443。

㊴ 伯恩斯曼:《紧急避险的"免除罪责"》(„Entschuldigung" durch Notstand),1989年版,第147页及下一页;雅科布斯,第13节,边码14;第21节,边码84;屈佩尔:《可以对国家实施勒索吗?》,1986年版,第56页及以下几页;《诺莫斯刑法典评注——诺伊曼》,第34条,边码53及以下几个边码;伦茨考斯基:《紧急避险和紧急防卫》,1994年版,第65页及以下几页。

㊵ 参见本书本节上文边码16。

* 对于该词的译法,米健教授讨论道:"德文'Rechtsgenossen',是萨维尼自己提出的一个概念,后来并没有得到广泛使用。这里权将其译作'法律伙伴',意指处在共同或相关法律关系甚至法律秩序之下的人。德文'Genossen'有'同志'的意思,但按照中文的理解和表达习惯,这里显然不是指'同志'的关系状态。"参见米健:《意思表示分析》,载《法学研究》2004年第1期,注释16。我以为,本书将"Rechtsgenossen"译为"法律同志"是合理的,是团结在法律之下、不破坏法秩序的人。因为中文的"同志"乃是志同道合之人的意思,也是团结的。特别在革命战争年代,该词的运用达到巅峰。若我们愿意历史地理解词义变化,那么,现今建设法治,也仍然可以使用该词,"同志"虽然革命战争的意味变淡,但依然有志同道合之意,如果置于刑法学语境中,就是都对法律保持忠诚,这就是一种共识,至少在刑法学中,采取"法律同志"的译法是没有问题的。——译者注

（3）适当性：为了避险，当事人无法为合法行为时，在第 34 条第 2 句的意义上，紧急避险行为才具有第 34 条第 2 句意义上的适当性。㊶

在没有外力的帮助下，紧急避险者只能采取侵犯无辜的第三人的利益，才能保护其利益，这样的一种非常情况，也就是正当化的紧急避险。但是，如果法律事先规定，在这种情形下，必须采取某种特定的方式来保护其利益，那么，擅自采取行动就是不合适的。例如，为了避免无辜者被定罪，而采取伪证（第 154 条）的手段就是不适当的，因为为了保护被告人的利益，只可以采取诉讼程序上的措施。判断某个措施是否适当，有时也是利益衡量的一部分任务，因而，第 34 条第 2 句中关于适当性的规定本身并没有意义㊷；从这个规定中，没有办法得出有实质内容的结论。

（4）例外和限制：有**职责义务**承受**某些特定危险**的人，在危险发生时，原则上不可以援引紧急避险。㊸ 这类人包括警察、消防员和士兵等。

然而，正当化紧急避险的规则原则上还是适用于那些**有责任地引起**危及其利益的**危险**的人。㊹ 如果紧急避险者对危险负有责任，那么，在利益衡量时，应当特别考虑到：引起危险的人必须明显地忍受危险对自己的损害。㊺ 之所以这样说，乃是考虑到，任何对危险负有责任的人，也只能对别人要求相应更少的团结。＊㊻

4．主观的正当化

（在故意犯的情况下）㊼至少需要**对正当化的情形有认识**，紧急避险的主观正

㊶ 参见埃尔布，《法学教学》，2010 年，第 108 页，尤其是第 113 页；雅科布斯，第 13 节，边码 36；耶赛克、魏根特，第 33 节 IV，3d；约尔登，《戈尔特达默刑法档案》，1991 年，第 411 页，尤其是第 427 页；罗克辛，第 1 卷，第 16 节，边码 91 及以下几个边码；有部分不一致的，见帕格洛特克（*Paglotke*）：《发生威胁时紧急避险和紧急防卫的程序方面》（Notstand und Notwehr bei Bedrohungen innerhalb von Prozesssituationen），2006 年版，第 97 页及下一页、第 209 页、第 287 页及下一页。

㊷ 参见鲍曼、韦伯、米奇，第 17 节，边码 83；屈佩尔，《法学家报》，1980 年，第 755 页及以下几页；《（舍恩克、施罗德）刑法典评注——佩龙》，第 34 条，边码 46；齐祥，《法学工作》，2007 年，第 679 页，尤其是第 684 页。

㊸ 埃伯特，第 85 页；毛拉赫、齐普夫，第 27 节，边码 39。

㊹ 参见巴伐利亚州高等法院，《法学综览》，1979 年，第 124 页；登克尔，《法学教学》，1979 年，第 779 页及以下几页；屈佩尔，《戈尔特达默刑法档案》，1983 年，第 289 页及以下几页；《诺莫斯刑法典评注——诺伊曼》，第 34 条，边码 94。

㊺ 奥托，第 8 节，边码 174；罗克辛，第 1 卷，第 16 节，边码 62；认为不应当考虑自己的过错的，见赫鲁斯卡，《法学综览》，1979 年，第 125 页，尤其是第 126 页；伦茨考斯基：《紧急避险和紧急防卫》，1994 年版，第 54 页及以下几页；也有人认为，应当运用"原因不法行为"的法律概念来解释，参见屈尔，第 8 节，边码 144；对此，加以反对的，见《诺莫斯刑法典评注——诺伊曼》，第 34 条，边码 98，有进一步的文献。

＊ 也就是说，任何对危险负有责任的人，就相应地不能对（同样遵守法律的）别人提更多的要求。——译者注

㊻ 详见《诺莫斯刑法典评注——诺伊曼》，第 34 条，边码 95 及下一边码。

㊼ 在过失犯的情形下，自然并不需要主观的正当化，参见本书第 33 节，边码 60 及以下几个边码。

当化构成要件才得以成立。然而,主流学说认为仅仅有这种认识尚且不够[48],因为条文中的(为了……避免)规定,所以,还需要进一步的(通常也是具备的)**救济的意思**,也就是为了避险而行事。[49] 至于是否要求紧急避险者还按其义务对紧急避险的情形加以审查,则是不需要的。[50]

5. 专业鉴定的框架

42 在专业鉴定中,较为合适的是,按照如下的步骤来考察正当化紧急避险的前提条件:

(1) 构成要件符合性。
(2) 违法性:紧急避险(第 34 条)。
① 紧急避险的情形:
第一,危险(边码 15 及下一边码)。
第二,法律上保护的利益(边码 17)。
第三,现时性(边码 18 及以下几个边码)。
② 紧急避险的行为:
第一,必要的侵犯(边码 22 及下一边码)。
其中,首先需是合适的(手段),其次还要是最缓和的手段。
第二,利益衡量[边码 24 及下一边码;也许还有(相应的)各种限制,边码 39]。
第三,适当性(边码 37 及下一边码)。
③ 主观的正当化(救济的意思):
第一,对紧急避险的情形和行为的认识(边码 41)。
第二,也许还要有,救济的目的(边码 41)。
如果成立紧急避险,那么,紧急避险者(行为人)就正当化了;否则,就要进一步审查其他犯罪要素了。

三、民法上的侵犯性紧急避险(《民法典》第 904 条)

43 按照《民法典》第 904 条第 1 句的规定,为避开正在发生的危险,有必要对他人的物实施干预,这时,危险可能造成的损害要明显大于因干预而造成的物的损害,

---

[48] 合理的其他观点,见《慕尼黑刑法典评注——埃尔布》,第 34 条,边码 190;加拉斯,《整体刑法学杂志》,第 80 卷,1980 年,第 1 页,尤其是第 26 页;格罗普,第 6 节,边码 147;屈尔,第 8 节,边码 183;《(萨茨格尔、施米特、维德迈尔)刑法典评注——罗泽瑙》,第 34 节,边码 35;亦参见本书第 16 节,边码 38。

[49] 仅参见《联邦法院刑事判例集》,第 2 卷,第 111 页,尤其是第 114 页;韦尔策尔,第 14 节 IV;《莱比锡刑法典评注——齐祥》,第 34 条,边码 45。

[50] 《慕尼黑刑法典评注—埃尔布》,第 34 条,边码 191;格罗普,第 6 节,边码 147;克赖、埃塞尔,边码 619;屈佩尔:《"负有责任的"正当化紧急避险》,1983 年版,第 115 页;奥托,第 8 节,边码 181;毛拉赫、齐普夫,第 27 节,边码 46;关于以前持不一致意见的判例,参见《联邦法院刑事判例集》,第 3 卷,第 7 页,尤其是第 9 页。

那么，物的所有者就应当忍受这种干预。因而，相对于第34条而言，这一关于**侵犯物**的正当化规定乃是**特殊规定**。作为法律后果，《民法典》第904条第2句赋予了物的所有者就避险而引发的物的相应的损害赔偿请求权。

《民法典》第904条的优先适用只是纯粹形式上的。如果在物的损害的正当化时，直接适用《刑法典》第34条而非《民法典》第904条，那么，也没有实质上的错误。因为按照主流学说，《民法典》第904条所有的客观和主观要素都可以按照《刑法典》第34条来做同样的解释。㊶虽然根据《民法典》第904条的字面含义，该条只需要进行损害的权衡，但仍然可以将《刑法典》第34条中的其他评判性观点适用到这种利益衡量之中。这样说来，《民法典》第904条就可以像《刑法典》第34条一样，遵循同样的考察步骤了。

44

四、防卫性的紧急避险（《民法典》第228条、《刑法典》第34条）

> **案例6a**
> T用木棍打死了W的很名贵的纯种狗，因为该狗攻击了他(T)的德国猎犬，并对猎犬以死相逼。

> **案例6b**
> 为了不让自己的烤香肠被狗抢走，T用木棍打死了W的极为名贵的纯种狗。

1. 概念和前提条件

防卫性紧急避险㊷是指，为了防止某个对利益的危险，从而对造成这种危险㊸的利益实施侵犯。如果是某个物（如一只咬人的狗）促成了这种危险，那么，就应适用《民法典》第228条的相应规定。在这里，为了避险，并没有（像侵犯性紧急避险那样）侵犯到无辜第三人的利益，而是直接对造成危险的物㊹本身实施损害。这种避险，对利益衡量有很明显的影响：

45

相比较于侵犯性的紧急避险（《民法典》第904条）中，只有为防止明显更为严重的损害的时候才可以侵犯他人的财产，而按照《民法典》第228条的规定，只要对物的损害**并不与要防止的危险比例失衡**，那么就足以正当化了。因而，按照《民法

46

㊶ 雅科布斯，第13节，边码6。
㊷ 针对这种正当化事由的结构和体系性地位，以及相关案例，详见帕夫尼克，《法学》，2002年，第26页及以下几页。
㊸ 如果这种危险是某个人的违法攻击，那么，则是紧急防卫（第32条）这一特殊情况。参见本书本节上文边码4。
㊹ 或者，也有可能由（正实施违法攻击的）人充当危险源，对此，参见帕夫尼克，《法学》，2002年，第26页，尤其是第28页及以下几页。

典》第 228 条的规定，即便造成的损害大于当时威胁的侵害，也有可能会被正当化。[55] 这来源于财产所有者须为其物负责的这一归属原理：他的物不得给他人造成任何危险，否则，若危及第三人，那么他即便没有卷入，也明显需承担责任。[56] 所以，结合案例 6a，即便考虑到两只狗的市场价，损害到的利益可能更高些，纯种狗价值和猎犬的价值二者之间也并不失衡。

47　　然而，如果为了防止危险，却造成了远远更大的损害，那么，物的所有者就可以反过来有权要求这个法律同志的团结了。[57] 这时，虽然他的物引发了危险，但也仍然不容损害。这样，防卫性紧急避险就和"更为严厉"的紧急防卫有区别了。在紧急防卫的情况下，防卫者实施的防卫不仅侵害到了法益而且攻击到法秩序，而防卫性紧急避险的情况下，物所引发的危险根本就没有对法秩序造成干扰。所以，在案例 6b 中，为了保护自己的财物（香肠），T 不可以把实施攻击的狗杀掉，因为此处也许产生了加以救济的利益和损害之间的失衡。

2. 法律原理

48　　是否也可以将第 34 条认定为防卫性紧急避险？这是有争议的。特别地，如果危险不是来自某个物，而是来自于某个人，那应如何处理？[58] 这时，有人认为，只能（类比）适用《民法典》第 228 条了[59]，也有人认为，第 34 条是利益冲突的基础条款，因而也适用于防卫性紧急避险的案件。[60] 但是，这种争论没有什么实际意义。一方面，至少在物的危险的场合，《民法典》第 228 条较之于（《刑法典》）第 34 条是特别规定。另一方面，《民法典》第 228 条予以规范化的权衡规则（即损害不得和危险失衡），在防卫性紧急避险的案件中，也是可以用来解释第 34 条的适用的。[61] 所以，

---

[55] 鲍曼、韦伯、米奇，第 17 节，边码 87；弗洛因德，第 3 节，边码 80；克赖、埃塞尔，边码 578。

[56] 《慕尼黑刑法典评注——埃尔布》，第 34 条，边码 156。

[57] 紧急避险者可能负有民法上的损害赔偿义务（《民法典》第 228 条第 2 句），但相对于避险正当化而言，这是另一回事。

[58] 如果第 32 条的情况尚未出现（如危险尚不是现时的），那么，按照主流学说，基于防卫性紧急避险权，甚至可以杀人（作为最后手段）。对此，参见《慕尼黑刑法典评注——埃尔布》，第 34 条，边码 170；京特，载《阿梅隆祝贺文集》，第 149 页，尤其是第 152 页及以下几页；雅科布斯，第 13 节，边码 46，以上均有进一步的文献。在劫持客机的案例中，对于防卫性紧急避险的应用，见希尔施，载《屈佩尔祝贺文集》，第 149 页及以下几页。

[59] 这样的观点，见弗里斯特，《戈尔特达默刑法档案》，1988 年，第 291 页，尤其是第 295 页；赫鲁斯卡，《新法学周刊》，1980 年，第 21 页及以下几页；雅科布斯，第 13 节，边码 6、46；兰珀，《新法学周刊》，1968 年，第 88 页，尤其是第 90 页及下一页。

[60] 如此的见解，见鲍曼、韦伯、米奇，第 17 节，边码 72 及以下几个边码；耶赛克、魏根特，第 33 节 IV、5c；罗克辛，载《耶赛克祝贺文集》，第 457 页及以下几页。

[61] 参见联邦法院，《法学综览》，1980 年，第 113 页及以下几页；《刑法新杂志》，1989 年，第 431 页；韦塞尔斯、博伊尔克，边码 313；屈佩尔：《"负有责任的"正当化紧急避险》，1983 年版，第 15 页；罗克辛，载《耶赛克祝贺文集》，第 457 页及以下几页。

可以按照统一的评价标准来评判防卫性紧急避险,这样所剩下的就是个形式上的问题了,亦即,到底你想在法律上选择哪个连接点?

3. 专业鉴定的框架

在专业鉴定中,较为合适的是,按照如下的步骤来考察防卫性紧急避险的前提条件:

(1)构成要件符合性。
(2)违法性:防卫性紧急避险(《民法典》第228条或《刑法典》第34条)。
① 紧急避险的情形:
第一,由某物(或某个实施攻击但却不能加以紧急防卫的人)而引发的危险(边码15及下一边码)。
第二,法律上保护的利益(边码17)。
第三,现时性或者危险的威胁(边码18及以下几个边码)。
② 紧急避险的行为:
第一,对物(或人)实施损害。
第二,为避险而实施损害的必要性(边码22及下一边码)。
其中,首先需是合适的(手段),其次还要是最缓和的手段。
第三,损害不得与危险失衡(边码46)。
③ 主观的正当化(救济的意思):
第一,对危险和造成损害以避险的认识(边码41)。
第二,也许还要有,救济的目的(边码41)。

如果成立防卫性紧急避险,那么,行为人便正当化了;否则,就要进一步审查其他犯罪要素了。

> 复习与深化

1. 有哪几种紧急避险?(边码2及以下几个边码)
2. 按照第34条,侵犯性的正当化紧急避险要满足什么前提条件?(边码13及以下几个边码)
3. 根据《民法典》第904条的规定,民法上的侵犯性紧急避险要符合什么条件?(边码43及下一边码)
4. 基于《民法典》第228条的规定,防卫性的正当化紧急避险要符合什么条件?(边码45及以下几个边码)

第18节 正当化的义务冲突

一、概述

> **案例 1**
>
> 面对熊熊大火,父亲 F 只能救出失火房屋内两个自己孩子之中的一个。

> **案例 2**
>
> 为了保护自己的孩子 K 不被恶狗咬伤,父亲 P 用力扯下 G 的地盘栅栏上的一根横木,把狗赶走。

1 正当化的义务冲突是指,当事人同时需要履行两个同等地位的义务,但是,他只能够履行其中一个,牺牲另一个。① 案例 1 就是这种情况。这时经常出现的是,必须履行的**行为义务之间的竞合**。②

2 如果履行某个行为义务只能通过违反某个不作为义务才得以实现,换言之,通过为某个受禁止的行为才算履行该义务,那么,这时**不存在义务冲突**。案例 2 中就是这种情况。更确切地说,在这种情形下,针对是否允许采取该受禁止的行为这一问题,应直接适用正当化紧急避险的规则来决定。③ 在案例 2 中,就 P 损坏栅栏(第 303 条)的行为,可以根据《民法典》第 904 条第 1 句(或者《刑法典》第 34 条)的规定加以正当化,理由在于:只有通过破坏 G 的东西,才有办法履行(优位的)保护 K 的义务。

二、前提条件

3 在义务冲突的场合,只要规范接收者*只能履行其中一项义务,那么,对于另外的义务而言,就应该适用这个基本原理,亦即,没有人能超出其所能而担负义务(*ultra posse nemo obligatur*)。④ 这意味着,由于规范接收者履行了一个义务,那么,

---

① 克勒,第 294 页;屈尔,第 18 节,边码 134;斯特拉滕韦特、库伦,第 9 节,边码 120。
② 关于不作为义务之竞合的例外情况,见赫鲁斯卡,载《拉伦茨祝贺文集》,第 257 页,尤其是第 261 页及下一页。
③ 鲍曼、韦伯、米奇,第 17 节,边码 133;埃伯特,第 182 页;赫鲁斯卡,《法学家报》,1984 年,第 241 页及下一页;雅科布斯,第 15 节,边码 8 及下一边码;屈佩尔,《法学教学》,1971 年,第 474 页,尤其是第 475 页;萨特格尔,《法学》,2010 年,第 753 页,尤其是第 755 页;斯特拉滕韦特、库伦,第 9 节,边码 126;其他观点,奥托,第 8 节,边码 206。
* 该处的"规范接收者",具体而言,便是相应义务的承担者。——译者注
④ 与此具有相同意义的是"impossibilium nulla est obligatio"。

就他没有履行的与前义务相竞合的义务而言,他的所为仍然是**正当的**。⑤ 与之不同地,因为规范接收者起先能够履行这些义务中的任意一个义务,那么,义务冲突就不能基于无能力为相应行为而阻却构成要件:他只是无法同时履行两个义务。所以,为了实现其中的一个义务,必须(例外地)容许他针对其他竞合之义务的不作为,而这种不作为本身却是符合构成要件的。

在回答事实上是否存在正当化的义务冲突,即是否可以诉诸该正当化事由的问题时,尤需考察互相竞合的义务的各自重要性: 4

一方面,如果一个义务**明显**比另一义务**更有价值**,那后一义务就已经依正当化紧急避险的规则退居其次了。⑥ 在这种情况下,尽管从语言上讲也存在义务冲突,也能够部分地适用相应的正当化事由⑦;但是,更为正确的理解是,既然依照第 34 条第 1 句所明确规定的衡量规则就已经可以得出合理结论了,那再诉诸不成文的正当化构成要件即属不必要。举例而言,如果同时需要保护某物免受损害和救助某人的性命,那么,救助生命的义务便自始占据优先地位。而对物的损害不加以阻止,则可以依第 34 条加以正当化。 5

另一方面,如果这些义务的**重要性都一样**,则不存在第 34 条的正当化效应,因为没有任何义务(明显)高于其他义务。因此,这时有必要采用正当化的义务冲突规则。在这种情形下,规范接收者可以随意挑选履行其中的一个义务。当他履行了其中一个义务之后,他没有履行其他义务的不作为就正当化了。⑧ 6

这些竞合的义务中,哪些义务更为**重要**?这需要按照适用于正当化紧急避险的基本原则来判断。⑨ 按照这种方法,最重要的是,需要搞清楚危及的利益价值和各种极可能损害到的价值的大小,并加以互相权衡。需要指出的是,与第 34 条不同,在相似的义务相冲突时,只要其中某个义务的重要性稍稍高出一些,就已经可以成为需要优先履行的义务,而不需要直到某种义务的重要性从实质上凸显出来,才加以履行。⑩ 因此,医生必须先处理病情严重的病人,后处理病情较轻者,即便先处理的病人并没有生命危险。至于在重症医疗场合,相对于出于同样危境者,已 7

---

⑤ 因而,义务冲突也就成为了独立的一种正当化事由,之所以这样说,是因为它不像紧急避险或者紧急防卫那样取消了结果不法,而是取消了行为不法:由于行为人无法实行人们所要求的行为,因而,人们要将之正当化。

⑥ 《慕尼黑刑法典评注——埃尔布》,第 34 节,边码 41。

⑦ 《(舍恩克、施罗德)刑法典评注—施特尔贝格—利本》,第 32 条前言,边码 73;萨茨格尔,《法学》,2010 年,第 753 页,尤其是第 755 页。

⑧ 赫鲁斯卡,载《德雷埃尔祝贺文集》,第 189 页,尤其是第 192 页及以下几页;屈尔,第 18 节,边码 137;屈佩尔,《法学教学》,1987 年,第 81 页,尤其是第 89 页;《(舍恩克、施罗德)刑法典评注——伦克纳、施特尔贝格—利本》,第 32 条前言,边码 73;《莱比锡刑法典评注——伦瑙》,第 32 条前言,边码 116;将这种情况解释成免除罪责事由的,见耶赛克、魏根特,第 33 条 V、1。

⑨ 对此,参见本书第 17 节,边码 24 及以下几个边码。

⑩ 雅科布斯,第 15 节,边码 6 及下一边码。

被开始采取拯救措施的病人是否享有优先的权利,则存在争议。⑪

三、义务侵害

8 如果行为人没有履行诸义务中的任何一个,那么,他只需要为违反具有最小不法的那个义务负责。不同的观点认为,行为人应当为违反所有义务负责,因为他只在义务冲突时履行了竞合性(优位的)义务,才能在针对未履行的(诸)义务上成立正当化。⑫ 然而,人们反对这种观点,因为人们只能就可以避免的举止方式对行为人施以刑法上的责难;而行为人不可避免地会违反竞合性的两义务中的其中之一。

9
> **复习与深化**
>
> 1. 如何理解正当化的义务冲突?(边码1及下一边码)
> 2. 需要满足何种条件,才可以将义务冲突正当化?(边码3及以下几个边码)

---

⑪ 详见萨茨格尔,《法学》,2010年,第753页,尤其是第756页。
⑫ 《莱比锡刑法典评注——希尔施》,第11版,第32节前言,边码81。

第19节 推定承诺

一、概述

推定承诺是一种独立的、在习惯法上得以成立的正当化事由。① 这一正当化事由的思想根基有二:其一,如果干预他人的法空间能够有益于权利人的利益(**利益代理原则**)(Prinzip der Interessenwahrnehmung),那么,该干预是允许的;其二,若干预明显合理地不会影响权利人的利益(**缺乏利益原则**)(Prinzip des mangelnden Interesses),那么,也可以允许这种干预。 1

承诺乃是阻却构成要件的事由②,不同于承诺的是,推定承诺则是一种正当化事由,这样说的理由在于:推定承诺中所估料的意思可能和当事人的真实意思不一致。③ 相比较于建立在当事人实际的意思表示基础上的承诺,推定承诺则是将当事人的意思建立在推测之上。因而,按照推定承诺的标准,行为人的行事自始就没有阻却侵害当事人利益的构成要件的实现。更确切地说,人们是根据案件的情况推测,当事人的利益不会受到负面的影响。相对于表示出来的承诺而言,推定承诺是辅助性的,因为它只是替代了承诺的位置。④ 而较之于正当化紧急避险而言,推定承诺又是优位的,因为这时的利益衡量取决于当事人的自我决定权。⑤ 因此,推定承诺和正当化紧急避险的区别是,推定承诺所采取的不是客观的评判标准,而是**主观的评判标准**。这样,推定承诺便阻却不法,这种阻却不法是介于(纯主观的)承诺和(纯客观的)正当化紧急避险之间的。⑥ 2

二、适用领域

1. 前提条件

推定承诺成立要具备三个客观条件: 3

第一,需要满足**成立一个有效的承诺所需满足的所有条件**,只是必须缺少法益 4

---

① 完全的主流学说,请代表性地参见《帝国法院刑事判例集》,第61卷,第242页,尤其是第256页;《联邦法院刑事判例集》,第16卷,第309页,尤其是第312页;韦塞尔斯、博伊尔克,边码380;克赖、埃塞尔,边码677;屈尔,第9节,边码46;《诺莫斯刑法典评注——佩夫根》,第32条前言,边码157及以下几个边码。
② 这点是特别有争议的,参见本书第12节,边码2及以下几个边码。
③ 亦参见罗克辛,第1卷,第18节,边码3。
④ 屈尔,第9节,边码46;《莱比锡刑法典评注——伦瑙》,第32条前言,边码222;罗克辛,第1卷,第18节,边码10。
⑤ 埃伯特,第89页;《刑法典体系性评注——京特》,第34条,边码60。
⑥ 参见弗里斯特,第32条前言,边码4;罗克辛,第1卷,第18节,边码3及下一边码。

持有者的承诺表示⑦;

5 第二,由于**无法克服的**(或者只有采取极不正常的手段才能克服)**障碍**(如失去意识、不在场),**没有办法及时取得**权利人明确的表示⑧;

6 第三,通过客观地评判所有的情况,可以**肯定地预料到**(权利人也会)**承诺**,因为这个行为是出于权利人的利益而考虑的,或者,明显没有触动到当事人的值得保护的利益。

7 如果行为人在行事时认识到推定承诺的所有客观条件,那么,**在主观上**,他的行事是正当的。⑨

2. 具体的类型

案例 1
A 为了灭火侵入(不在家的)邻居 L 的家里。

案例 2
在水果大丰收的年份,小孩们捡拾树上落下的少量水果。

案例 3
未经 E 的同意,T 就将整钱换成了 E 的零钱,因为 T 亟需零钱使用自动售货机。

8 在可以肯定地期待(权利人的)承诺的这一前提条件中,我们可以发现推定承诺的两个基本思想的存在,即利益代理原则和缺乏利益原则:

9 **(1) 利益代理**:某个行为是否符合当事人*的利益,这取决于是否符合当事人的偏好(Präferenzen)。具体而言,也就是是否符合他的个人利益、愿望、需求或者价值方面的考虑(Wertvorstellungen)。⑩ 在这种情形下,同样也可以援用无因管理的基本原理和按照正当化紧急避险的要求⑪而进行的利益衡量原理。但是,这时

---

⑦ 关于承诺的前提条件,参见本书第 12 节,边码 9 及以下几个边码;进一步见《慕尼黑刑法典评注——施莱霍弗》(MK-*Schlehofer*),第 32 条前言,边码 134 及以下几个边码;毛拉赫、齐普夫,第 28 节,边码 10。

⑧ 亦参见弗里斯特,第 15 节,边码 32。

⑨ 《莱比锡刑法典评注——伦瑙》,第 32 条前言,边码 229;罗克辛,载《韦尔策尔祝贺文集》,第 447 页,尤其是第 453 页及以下几页;不一致的观点,耶赛克、魏根特,第 34 节 VII、3;需要仔细认真地考察。

* 在这个语境下,这个"当事人"是指权利人。以下不再赘述。——译者注

⑩ 参见《联邦法院刑事判例集》,第 35 卷,第 246 页,尤其是第 249 页;第 45 卷,第 219 页,尤其是第 221 页;罗克辛,第 1 卷,第 18 节,边码 21 及以下几个边码。

⑪ 参见本书第 17 节,边码 24 及以下几个边码。

需要注意的是,这仅仅用于考察了解当事人的真实意思。[12] 如果当事人是个不太理智或者不太寻常的人,那么,也必须考虑到他的不一致的价值标准。不过,就行为人当时的处境来考虑,若没有办法知道当事人的特殊考虑,那么,他可以按照通常的评价标准作出相应的决定。结合案例1,为了减少火灾可能造成的损害而闯进L的空间里,明显是为了有利于L的利益。对实务有重要意义的是,在医事救助措施方面,如出现了失去意识的事故受害人,此时,便可以根据基于利益代理原则的推定承诺而实施医事救助。

(2) **缺乏利益**:进而,当某个特定情况没怎么改变,也可以期待当事人会做出承诺,因为当事人对这种情况明显没有什么利益。案例2就是这种情况。同样的道理也适用于案例3。但是,在这种情况下还是需要注意:必须事实上没有办法联系到当事人,且当事人没有反对性的偏好的时候,才可以这样做。因此,在案例3中,如果T清楚知道,当事人(E)是收集硬币的或者E自己就亟需硬币,那么,T的行为就不可以援引推定承诺。 10

3. 推定的意思的查明

为了查明当事人的意思,需要考虑如下几点: 11

(1) **默示表示**:承诺不仅可以通过明示的方式表达出来,也可以通过默示(通过关键性的行为)的方式表示出来。因此,如果从当事人的举止或者先前的表述中可以明确地推知他的实际意思,那么,就可以得出一个真实的承诺。[13] 人们将这种承诺称为"被推定的"(gemutmaßt)的承诺。* 12

(2) **已知的反对意思**:如果已经知道当事人是反对这样做的,那么,即便这种 13

---

[12] 参见《联邦法院刑事判例集》,第45卷,第219页,尤其是第221页;耶赛克、魏根特,第34节VII;屈尔,第9节,边码46及下一边码;施罗斯,《法学教学》,1992年,第476页,尤其是第478页及以下几页;斯特拉滕韦特、库伦,第9节,边码34及下一边码;具体化的,见奥托,第8节,边码131;韦尔策尔,第14节 V。

[13] 其他观点,米奇,《法学学习杂志》(ZJS),2012年,第38页,尤其是第42页及下一页:推定承诺的情形。

* 这种"被推定的"承诺,王世洲教授将之译为"假想同意"。参见[德]罗克辛:《德国刑法学总论》(第1卷),王世洲译,法律出版社2005年版,第530页。这里不再讨论"Einwilligung"的译法,只讨论"gemutmaßt"。这种承诺所得到的是真实的承诺,只不过不是明示的,因此"被"推定了。令人困惑的是,如果将之译为"假想同意",那么,"hypothetische Einwilligung"(假设承诺)的翻译可能会遇到困难。为避免误解,译者先简单举例介绍一下所谓的"假设承诺"(后面还有详细论述):某医生错误地对病人的某块脊椎骨A动了手术,后来,又正确地对他的另一块脊椎骨B动了手术。在这两个手术中他都得到了病人的承诺,但是,在对脊椎骨B动手术前,医生是这样说的,第一个手术虽然成功了,但是持续的疼痛又转移到脊椎骨B上去了。在该案例中,医生未告诉病人实情,只是主张如果告知了,病人也会承诺。案例参见联邦法院,《刑法新杂志——刑事判决和报告》,2004年,第16页;本处参考了屈尔的《刑法总论》第288页的概括。这里需要补充的是,该案例和后面的案例4并无冲突,关键的地方是,医生都没有告诉病人医事上的真实内容,而都"以为"病人会对医学上的真实内容表示承诺。——译者注

反对的意思可能并不理智,那么,推定承诺也仍然不成立。⑭

14　　　（3）**事前的观察**:就像任何正当化事由一样,在推定承诺的情形下,起决定作用的也是从行为人立场出发而对事情进行的**事前**判断。即便**事后**行为人的决定与权利人的实际意思不一致,他的所为也仍然是正当的。⑮ 进而,在行为人的位置上所无法知晓的事实情状,也是不能否定推定承诺之成立的。⑯

三、与假设承诺的区分

> **案例 4**
> 　　手术后,医生 Y 将钻尖落在病人 B 的骨骼里。由于不想暴露这个人为失误,Y 佯装还有另外一种情况,以需要再做一次手术。这样,通过做这第二次手术,Y 把钻尖拿了出来。

15　　"假设承诺"这一法律概念起源于民法领域。⑰ 该种承诺的**概念**所描述的是联邦法院新近针对[根据医事规则(de lege artis)而实施的]医疗手术中的告知义务而适用的一种承诺形式。⑱ 在这种情况下,针对这种基本上符合第 223 条意义上的身体侵害⑲,没有办法适用推定承诺加以正当化,因为总是不符合推定承诺的前提条件:要成立推定承诺,必须无法取得病人的明确承诺或者只有通过极不合理的手段才可以得到这种承诺。因此,在案例 4 中就是如此:在手术前,Y 本来能够很容易地询问 B,是否同意他拿出钻尖。由于 Y 放弃了这种询问,那么他就不能援引说,这是 B 的推定承诺。

16　　与此相对,按照判例的观点,在假设承诺的场合,重要的仅仅是:病人在得到**本应得到的告知**(unterstellte Aufklärung)时,本来就会对手术做出同意的⑳;至于外在

---

　　⑭ 请代表性地参见《帝国法院刑事判例集》,第 25 卷,第 375 页,尤其是 383 页及下一页;《联邦法院刑事判例集》,第 45 卷,第 219 页,尤其是第 223 页及下一页。
　　⑮ 韦塞尔斯、博伊尔克,边码 382;耶赛克、魏根特,第 34 节 VII、2;毛拉赫、齐普夫,第 28 节,边码 15。
　　⑯ 《(舍恩克、施罗德)刑法典评注——伦克纳、施特尔贝格—利本》,第 32 条前言,边码 58。
　　⑰ 对此,参见西科尔,《法学》,2008 年,第 11 页,尤其是第 12 页及以下几页。
　　⑱ 参见联邦法院,《法学综览》,2004 年,第 469 页及普珀的评释;联邦法院,《刑法新杂志——刑事判决和报告》,2007 年,第 340 页及下一页和博施的评释,见《法学工作》,2008 年,第 70 页和施特尔贝格—利本的评释,见《刑事辩护人杂志》,2008 年,第 190 页。
　　⑲ 对此,详见金德霍伊泽尔:《刑法分论》,第 1 卷,第 8 节,边码 22 及以下几个边码。
　　⑳ 联邦法院司法判决:刑事部分,《刑法典》第 223 条第 1 款,手术侵犯,2,1(3)(BGHR, StGB § 223 I Heileingriff 2, 1(3));联邦法院,《刑法新杂志》,1996 年,第 34 页,尤其是第 35 页及乌尔森海默尔的赞同性评释,见《刑法新杂志》,1996 年,第 132 页,尤其是第 133 页;联邦法院,《刑法新杂志》,2004 年,第 442 页及伦璕的赞同性评释,见《法学家报》,2004 年,第 801 页及以下几页;联邦法院,《刑法新杂志—刑事判决和报告》,第 16 页,尤其是第 17 页;库伦,《法学综览》,2004 年,第 227 页及以下几页;库伦,《法学家报》,2005 年,第 713 页及以下几页;米奇,《法学家报》,2005 年,第 279 页,尤其是第 285 页;亦参见菲舍尔,第 223 条,边码 16a。关于学理上的构造和归类,详细的阐述,见库伦,载《罗克辛祝贺文集》,2001 年版,第 331 页,尤其是第 336 页及以下几页。

的表达,或者仅仅是这种表达的可能性,则并非必要。如果无法排除这种(假设)承诺,那么,就必须适用"有疑义时,做有利于被告的解释"(in dubio pro reo)㉑这一原则,宣告医生无罪了。㉒ 为了论证这种做法,有人认为,在这种情况下,至多侵害到了病人的自决权,但评价起来,这种侵害不至于算得上第223条及以下几条的法益侵害。㉓ 与此不同的是,有人持限制性的观点:在这种情形下,医生并不是完全不需要处罚的,至少,可以肯定其成立力图,因为假设承诺并非阻却对他人实施侵犯的义务违反性,而是排除既遂罪不法的成立。㉔

相当多的人持**反对的观点**,他们认为,应当一般性地拒绝对没有告知这一问题做事后的修补,没有告知病人,就损害到了病人的意思;他们还对此特别提醒到,根本就不可能事后得知病人本来假设会做出的(fiktiv)决定。㉕ 每个人的决定都必须是自由的[否则,就剥夺了人格体(Person)的自决权],因而,不得有明确的法律严格地限制应当如何做出决策,所以,这里所涉及的就根本不是什么适用决疑规则(Zweifelsatz)来解决证明上的疑难的问题。㉖ 意思的真实形成这一过程,并不会因为它可能会或者也许令人可信地会和别人的意思相一致,从而丧失自己存在的价值和法律意义。*㉗ 而且,即使能够肯定确定(权利人)会做出假设的承诺,但是,这种假设承诺并不足以**事后地**取消损害法益时已经实现的不法,就像财物的所有人

17

㉑ 对此,参见本书第48节,边码1及以下几个边码。

㉒ 联邦法院,《法学综览》,2004年,第251页,尤其是第252页;《刑法新杂志》,2012年,第205页,尤其是第206页;批判性的观点,见奥托,《法学》,2004年,第679页,尤其是第683页;普珀,《戈尔特达默刑法档案》,2003年,第764页,尤其是第769页;批判的观点,还见西科尔,《法学工作》,2008年,第11页,尤其是第16页和《法学综览》,2008年,第179页及以下几页。

㉓ 米奇,《法学家报》,2005年,第279页,尤其是第285页;伦瑙,《法学家报》,2004年,第801页,尤其是第802页;罗泽瑙,载《迈瓦尔德祝贺文集》,第683页,尤其是第694页。

㉔ 这样的观点,见库伦,《法学综览》,2004年,第227页及注释6;在结论上一致地,亦见米奇,《法学家报》,2005年,第279页,尤其是第284页,他也当然注意到了证明这种故意会出现严重的问题。

㉕ 艾泽勒,《法学工作》,2005年,第279页,尤其是第254页;《(舍恩克·施罗德)刑法典评注——埃泽尔·施特尔贝格—利本》,第223条,边码40e;格罗普,载《施洛德祝贺文集》,第197页,尤其是第201页及以下几页;耶塞尔,载《容祝贺文集》,第345页,尤其是第359页及下一页;奥托,《法学》,2004年,第679页,尤其是第682页及下一页;佩夫根,载《鲁道菲祝贺文集》,第187页,尤其是第208页及下一页;普珀,《法学综览》,2004年,第470页及以下几页;普珀,《戈尔特达默刑法档案》,2003年,第764页及以下几页。批判性的观点,见伯克(Böcker),《法学家报》,2005年,第925页,尤其是第927页及以下几页;博拉赫尔(Bollacher)、施托克布格尔(Stockburger),《法学》,2006年,第908页,尤其是第913页。

㉖ 普珀,《法学综览》,2004年,第470页;参见佩夫根,载《鲁道菲祝贺文集》,第187页,尤其是第208页;"疑义时做有利于被告的解释"这个句子只适用于犯罪事实不清的情况下,而不适用于推测(假设)的情况下。

* 换言之,A是怎么想的,并不取决于B是怎么想的,也不取决于一般人以为A会怎么想。任何人都有独立的想法,别人以为A会放弃自决,做出承诺,并不代表A真的会放弃自决,做出承诺。——译者注

㉗ 普珀,《法学综览》,2004年,第470页,尤其是第472页,其援引了《联邦法院刑事判例集》,第13卷,第13页,尤其是第15页。

事后地同意别人的盗窃，并不能取消盗窃时已实现的不法一样。㉘ 因此，虽然不是病人的任何轻微的错误都可导致将医生论处身体伤害，但是，医生所需说明的治疗内容，却补充性地受此限制。㉙

18   在**专业鉴定**中，可以根据是将真实承诺理解成阻却构成要件还是将之理解成正当化事由㉚，分别将假设承诺的问题放在构成要件阶层或者放在违法性阶层来处理。㉛ 特别地，如果放在违法性阶层处理，那么，假设承诺不可以作为正当化事由，而只能作为阻却刑罚的事由（从缺乏义务违反性的关联的角度）引入到客观的正当化构成要件的层面上加以讨论；否则，就会掩盖无法满足真实承诺或推定承诺的前提条件这一事实，且没有任何后果。㉜ 在案例 4 中，我们不能接受，Y 在知悉案件事实情况后，直接让 B 再次动手术，这样 Y 自己就可以通过认为可能成立假设承诺，并援用这个法律概念就摆脱干系。B 本来也有可能求助于另一个医生来做这个客观上有必要做的手术，但是，求助于其他医生，并不影响 Y 所为的具体侵犯的成立。㉝

19   **复习与深化**

1. 如何理解推定承诺？它是建立在哪些原则之上的？（边码 1 及下一边码）
2. 推定承诺必须符合哪些条件？（边码 3 及以下几个边码）
3. 在查明推定的意思时，什么时间点起决定性作用？（边码 14）

㉘ 奥托，《法学》，2004 年，第 679 页，尤其是第 683 页；索瓦达（Sowada），《刑法新杂志》，2012 年，第 1 页，尤其是第 6、9 页；亦参见杜特格（Duttge），载《施洛德祝贺文集》，第 179 页，尤其是第 188 页；艾泽勒，《法学工作》，2005 年，第 252 页，尤其是第 254 页；普珀，《法学综览》，2004 年，第 470 页，尤其是第 471 页：不为人知的可能原因（unbeachtliche Reserveursache）。

㉙ 奥托、阿尔布雷希特（Albrecht），《法学》，2010 年，第 264 页，尤其是第 270 页及下一页；索瓦达，《刑法新杂志》，2012 年，第 1 页，尤其是第 4 页。

㉚ 对此，参见本书第 12 节，边码 2 及以下几个边码。

㉛ 将假设承诺的问题放在构成要件阶层处理的，参见罗克辛，第 1 卷，第 13 节，边码 120、122；将之放在违法性阶层处理的，见库伦，《法学综览》，2004 年，第 227 页；案例处理，见策勒尔、马瓦尼（Zöller/Mavany），《法学学习杂志》（ZJS），2009 年，第 694 页，尤其是第 700 页及下一页。

㉜ 参见库伦，《法学综览》，2004 年，第 227 页；西科尔，《法学工作》，2008 年，第 11 页，尤其是第 14 页及下一页。

㉝ 亦参见联邦法院，《法学综览》，2004 年，第 251 页，尤其是第 252 页。

第20节　其他正当化事由

一、临时逮捕(《刑事诉讼法》第127条第1款)

> **案例1**
>
> A注意到,陌生人M某夜在孤寂的大街上在一辆汽车上弄些什么,而该车副驾驶位上的车窗已经破损。当A走近时,M手拿一袋子逃走。追了一会儿,A竟然追上了M,于是将之扭送到他(A)已经用手机报告过的警方。为了挣脱A的擒拿,M多次猛击A的脸部,但未能成功。M是个语言能力很差的外国人,事件发生后,他没有办法回答A的问题。他本身并没有犯罪,而是出于害怕逃走,因为他把A当成犯罪行为人了。

根据《刑事诉讼法》第127条第1款,**任何人都有权利对有逃跑嫌疑或者无法立刻查明其身份的现行犯罪涉案人采取临时逮捕**。具体而言,要成立这一正当化事由,需满足如下前提条件: 1

1. 行为

所谓的行为,仅仅是指第11条第1款第5项规定的违法行为。① 因此,这种举止必须**实现了刑罚法规规定的构成要件**,而同时没有被正当化。至于行为人行事时是否要有罪责,倒不需要。② 2

有争议的是,是否仅当当事人确实犯下了罪行,私人才有逮捕权?③ 对于这个争议问题的回答,可以有助于解决案例1。 3

第一,按照广为流传的一种见解,**基于必要的尽量谨慎的情况下**,若某个人**表露其是犯罪嫌疑人**(Tatverdächtiger),那么,即便他是无辜者(这里的M),也可以加以逮捕④:由于私人(这里的A)也是出于公共利益才实施逮捕的,那么,如果还要将可能错抓了无罪者的风险也课加于他,显得不公平。因为按照职权实施的逮捕(《刑事诉讼法》第127条第2款)都不以被逮捕者事实上已经犯下罪行为必要。而 4

---

① 韦塞尔斯、博伊尔克,边码353;奥托,第8节,边码153。
② 西科尔,《法学教学》,2012年,第1074页,尤其是第1075页及下一页。
③ 对此问题,详见希伦坎普:《刑法总论中的32个问题》,第60页及以下几页。
④ 巴伐利亚州高等法院,《法学综览》,1987年,第344页;茨魏布吕肯州高等法院,《新法学周刊》,1981年,第2016页;阿茨特,载《克莱因克内希特祝贺文集》,第1页,尤其是第6页及以下几页;比尔特,《整体刑法学杂志》,第121卷,2009年,第377页,尤其是第400页;弗洛因德,第3节,边码13及以下几个边码;勒韦、罗森贝格、希尔格尔《LR-Hilger》:《刑事诉讼法》(StPO),第127条,边码9及下一边码;《莱比锡刑法典评注——伦瑙》,第32条前言,边码268;魏格纳(Wagner),《法学学习杂志》,2011年,第465页,尤其是第468页及以下几页;亦参见联邦法院,《新法学周刊》,1981年,第745页(民事庭)。

这却是毫无争议的。

5　　第二，反之，主流意见要求**事实上有行为**，这种意见是合理的。⑤ 首先，不同于有职权者，私人并没有逮捕的职责，因此，就不可以将职权者所必需的错误豁免不加考虑地也适用到私人身上去，而且私人也大多没有相应的（逮捕）执业经验。其次，即便无辜者遭到了（严重的）怀疑，即别人认为他已经犯了罪，但这种情况也丝毫不能改变这一事实：对于冲突本身，无辜者并不承担责任，所以，至少私人不可以剥夺他的自由，不可以造成他自由的损失。最后，条款中的明确表述为"现行犯罪"（frische Tat），而并不是仅仅以为有这种犯罪。⑥ 因而，按照主流意见，A 无权逮捕 M，从而（A）符合了第 239 条的构成要件。

6　　对于逮捕者是否可能遭遇刑罚，这种争论没有多大的**实务意义**。这样说的理由在于，不管怎样，若这个逮捕者在认定涉案人为犯罪嫌疑人时已具备了必要的尽量谨慎之注意，那么，经常发生的情况是，他发生了（能够阻却故意的）容许构成要件的认识错误。⑦ 正如案例 1 中所叙述的一样，更重要的问题在于，是否这个没有罪责的犯罪嫌疑人（M）可以对逮捕者采取紧急防卫？假若按照少数说，逮捕者有权防卫，而 M 必须忍受；也就是说，逮捕者 A 又获得了一种新的紧急防卫权。而若根据主流意见，那么，无权逮捕就是一种违法攻击了，对于这种攻击，M 可以按照第 32 条的标准实施防卫。但是，在这种情形下，需要特别注意，如果逮捕者明显陷入了认识错误，被逮捕者的紧急防卫权可能要受到限制。⑧

2. 现行犯罪

7　　只要能够从当事人所处的总体情况中推知他尚处在犯行期间，那么，可以说，该犯罪是现行的。这特别意味着，实施逮捕或至少是启动追究程序尚与行为具有直接的时间和空间上的联系。⑨

3. 逮捕手段

8　　逮捕的手段可以是**相对于逮捕目标而言所有适合的手段**。不合适的手段经常

---

⑤ 哈姆州高等法院，《新法学周刊》，1972 年，第 1826 页及下一页；汉堡州高等法院（OLG Hamburg），《新法学周刊》，1972 年，第 1290 页；鲍曼、韦伯、米奇，第 17 节，边码 145；韦塞尔斯、博伊尔克，边码 354；菲舍尔，第 32 条前言，边码 7a；克赖、埃塞尔，边码 643 及以下几个边码；屈尔，第 9 节，边码 83、85 及下一边码；奥托，第 8 节，边码 153 及以下几个边码；罗克辛、许内曼，第 31 节，边码 4；萨茨格尔，《法学》，2009 年，第 107 页，尤其是第 110 页；韦尔策尔，第 14 节 Ⅵ、3；毛拉赫、齐普夫，第 29 节，边码 13。

⑥ 亦参见克赖、埃塞尔，边码 646 及下一边码。

⑦ 详见本书第 29 节，边码 11 及以下几个边码。

⑧ 参见本书第 16 节，边码 46。

⑨ 鲍曼、韦伯、米奇，第 17 节，边码 146；奥托，第 8 节，边码 153；亦参见金德霍伊泽尔，《刑法分论》，第 2 卷，第 16 节，边码 10 及下一页，关于第 252 条中的相似问题。

指那些会导致严重损害健康或直接危及生命的手段。⑩ 如果被逮捕者使用法律允许的手段加以暴力反抗，那么，逮捕者就拥有紧急防卫权，但其根本没有权利使用射击武器（如枪支）。不过，为了实现逮捕，至少可以有必要地采取比剥夺人身自由更严重的措施，如轻微的身体侵害。⑪ 倘若逮捕者出于慌乱、恐惧或者惊吓而使用了不合比例的手段，则需要考虑类比适用防卫过当条款（第33条）的问题。⑫

《刑事诉讼法》第127条第1款也包括了为了实现相同目的而实施的比剥夺人身自由更缓和的措施，例如，拿走行为人的身份证或者车钥匙。⑬

4. 主观的正当化

按照《刑事诉讼法》第127条第1款的规定，在相应行事时，需要对为了逮捕这一目标的正当化情形具有认识，这样，主观上才是正当化的。

二、民法上的自力救济

1. 《民法典》第229条、第230条

为了保障某一请求权，《民法典》第229条、第230条规定了可以采用（私人）暴力的方式。⑭ 由于民事请求权的执行只能通过法律程序来进行，这样，在这种情况下，就不得适用紧急防卫。⑮ 根据《民法典》第229、230条的规定，自力救济仅限于对某一请求权的保障；进而，如果只是为了满足请求权的即刻需要，那么，就不得采用自力救济。⑯ 不过，为了甄别身份，像拦住某个人或拿走某件东西，则是允

---

⑩ 《联邦法院刑事判例集》，第45卷，第378页，尤其是第381页；联邦法院，《刑法新杂志——刑事判决和报告》，1998年，第55页；勒韦、罗森贝格、希尔格尔，第127条，边码29；雅科布斯，第16节，边码19；屈尔，第9节，边码91；罗克辛，第1卷，第17节，边码28。

⑪ 参见斯图加特州高等法院，《新法学周刊》，1984年，第1694页及下一页。

⑫ 对此，详见西科尔，《法学教学》，2012年，第1074页，尤其是第1078页及下一页。

⑬ 萨尔布吕肯州高等法院，《新法学周刊》，1959年，第1190页，尤其是第1191页；罗克辛，第1卷，第17节，边码28；萨茨格尔，《法学》，2009年，第107页，尤其是第113页；其他观点，克赖、埃塞尔，边码653。

⑭ 针对非法驾驶（开黑车）时审查驾驶证的正当化，见绍尔、维蒂希（Schauer/Wittig），《法学教学》，2004年，第107页，尤其是第109页及下一页。

⑮ 雅科布斯，第11节，边码17；屈尔，第9节，边码3及以下几个边码。

⑯ 《联邦法院刑事判例集》，第17节，第87页，尤其是第89页；巴伐利亚州高等法院，《刑法新杂志》，1991年，第133页，尤其是第134页；科隆州高等法院，《新法学周刊》，1996年，第472页，尤其是第473页；鲍曼、韦伯、米奇，第17节，边码149；屈尔，第9节，边码5；罗克辛，第1卷，第17节，边码30。

许的。⑰

12　按照《民法典》第 229、230 条的规定，自力救济需要符合如下**前提条件**：
（1）行为人本人有一需实现的请求权；
（2）请求权的实现有失败或者变难的危险；
（3）无法及时地获取公权力的帮助；
（4）自力救济乃是为防止危险所必要；
（5）自力救济仅仅是主权行为的补充，因而不得超越相应情况下公权力主管机关所容许采取的措施的限度。
在主观上，行为人必须是为了自力救济的目标而行事。

2. 其他自力救济规则

13　《民法典》第 562 b 条第 1 款、第 581 条第 2 款、第 704 条第 2 句、第 859 条、第 1029 条规定了其他的自力救济规则，较之于一般的紧急防卫权，这些规则也是优先适用的。

三、寄送未预订过的给付（Leistungen）（《民法典》第 241 条 a）

14　根据《民法典》第 241 条 a，如果厂家给消费者寄送后者没有预订过的其他给付，那么，从原则上说，厂家就不享有约定或法定的请求权，除非他是送错货了。因此，消费者既不需要归还东西，若损坏了，也不需要赔偿。基于民法上的这种豁免，如果他将之保留或者毁坏，（厂家）再按照《刑法典》第 246、303 条加以起诉，那么，就显得矛盾了。⑱ 但有疑问的是，如何才能用《民法典》第 241 条 a 来有效地否定这种责任。

15　有人认为，行为客体已经不是他人的了⑲：因为原来的所有权人对消费者不享有任何权利了，那么，消费者凭借其对财产的掌控而成为了财物的经济上的所有权人（wirtschaftlicher Eigentümer）。⑳ 然而，反对的观点认为，由于"经济上的所有权"的概念显得尤其模糊；而适用民法上物权的法律状态（Rechtslage）则可以带来法安

---

⑰ 联邦法院,《刑法新杂志》,2012 年, 第 144 页及格拉博（Grabow）和黑克尔,《法学教学》,2011 年, 第 940 页及以下几页。为了确定人员身份的情况, 亦见巴伐利亚州高等法院,《新法学周刊》,1991 年, 第 934 页及下一页和杜特格格的评论,《法学》,1993 年, 第 416 页及以下几页; 约尔登,《法学教学》,1992 年, 第 23 页及以下几页; 舍夫勒（Scheffler）,《法学》,1992 年, 第 352 页, 尤其是第 356 页; 施洛德,《法学家报》,1991 年, 第 682 页及下一页。
⑱ 其他观点, 施瓦茨（Schwarz）,《新法学周刊》,2001 年, 第 1449 页, 尤其是第 1453 页及下一页。
⑲ 关于这一概念, 见金德霍伊泽尔:《刑法分论》, 第 2 卷, 第 2 节, 边码 20 及以下几个边码。
⑳ 奥托,《法学》,2004 年, 第 389 页, 尤其是第 390 页; 相似的观点, 见兰贝茨（Lamberz）,《法学工作》,2008 年, 第 425 页, 尤其是第 428 页。

定性,这种法安定性是不该过早予以放弃的。㉑

因此,文献中多数见解认为,这种行为虽然原则上符合构成要件,但是没有**违法性**。㉒ 这种观点显得更有说服力。相比较于前者,在此处,人们也可以认定,债权人未经(对方)同意地获得(Verschaffung)了一个特定之债(Stückschuld)*:若债务人要求返还原物,虽有违"债务应诚信履行"(dolo agit)的抗辩,但主流观点认为,在这种情况下,物仍然算是别人的,也就是说,物的外来性(Fremdheit)未受触动,这样,所欠缺的仅仅是非法占有的"违法性"。㉓   16

需要注意的是,《民法典》第 241 条 a 的效果只适用于符合该条款的条件的那些人。** 如果消费者将他收到的商品转交给了不诚信(bösgläubig)的第三人,那么,厂家就可以要求该第三人归还原物。㉔ 相应地,按照保护所有权的各构成要件,第三人也就需要承担刑法上的责任。㉕   17

四、责打权和教育权

1. 教育照料权

按照至今占据主导地位的见解,根据《民法典》第 1626 条、第 1631 条第 1 款、第 1800 条的规定,家庭法上的教育照料权中包含了责打权,但是,这种责打权需要受到明显的限制。㉖ 由于《民法典》第 1631 条第 2 款第 2 句禁止实施体罚、精神折磨或其他有损尊严的教育措施,因而,特别要指出的是,如果侵犯身体没有达到损   18

㉑ 亦参见马茨基(Matzky),《刑法新杂志》,2002 年,第 458 页,尤其是第 461 页及下一页;赖希林(Reichling),《法学教学》,2009 年,第 111 页,尤其是第 113 页。

㉒ 贝格尔(Berger),《法学教学》,2001 年,第 649 页,尤其是第 653 页及注释 51;韦塞尔斯、博伊尔克,边码 283a;《(舍恩克、施罗德)刑法典评注——埃泽尔、博施》,第 246 条,边码 23;哈夫特、艾泽勒,载《莫伊尔纪念文集》(Meurer-GS),第 245 页,尤其是第 254 页及以下几页;《刑法典体系性评注——霍伊尔》,第 303 条,边码 19;赖希林,《法学教学》,2009 年,第 111 页,尤其是第 114 页;毛拉赫、施洛德、迈瓦尔德(M-Schroeder/Maiwald),第 36 条,边码 22;反对的观点,见兰贝茨,《法学工作》,2008 年,第 425 页,尤其是第 427 页及下一页;塔肖(Tachau):《民法比刑法严厉吗?》(Ist das Strafrecht strenger als das Zivilrecht?),2005 年版,第 200 页及以下几页。

* 这里所说的是民法中的特定化了的"特定之债",与之相对应的是没有特定化的"种类之债"(Gattungsschuld)。——译者注

㉓ 详见金德霍伊泽尔:《刑法分论》,第 2 卷,第 2 节,边码 82。

** 换言之,只有符合该条款的前提条件的人,才可以享受到该条款带来的好处。——译者注

㉔ 帕兰特、海因里希(Palandt-Heinrichs),第 241 条 a,边码 7。

㉕ 参见克雷斯(Kreß)、巴尼施(Baenisch),《法学工作》,2006 年,第 707 页,尤其是第 712 页。

㉖ 反对父母的责打权的观点,较为合理的论证,见卡格尔,《新法学》(NJ),2003 年,第 57 页及以下几页。关于宪法上的相关问题,见诺阿克(Noak),《法学综览》,2002 年,第 402 页及以下几页;里默尔(Riemer),《少年犯罪法和少年救助杂志》(Zeitschrift für Jugendkriminalrecht und Jugendhilfe),2005 年,第 403 页及以下几页。

害尊严的体罚的地步，则是允许的。㉗ 更确切地说，折磨人的、伤及健康的、伤及廉耻（das Anstandsgefühl verletzend）的以及其他粗野的虐待都是始终禁止的。㉘

19 而轻微的**侵犯身体**（如轻打耳光之类的），则无论如何是允许的（或者已经就不符合构成要件），只要是有教育权的人为了特定的教育目标，（作为最后手段）而对**自己的孩子**适当地采取的措施。㉙ 除此以外，**剥夺自由**（如关在家里，第239条）和可能的**痛斥**（第185条）㉚都在一定程度上是包含在教育权的内容里面的。㉛ 在明确的设定界限下，这一权利也同样可以转而适用到按约定承担教育任务的人（如护理员、保姆）身上。㉜ 最后，依据2012年12月20日新创设的《德国民法典》第1631条d，**对男孩所行的割礼**，在满足通过专业手术实施和不具体危及儿童利益的条件时，也属于教育权的范围。㉝ 之所以有必要这样地做出明确规定，是因为科隆州法院根据旧法曾将割礼原则上判定为可罚的身体伤害（第223条）㉞，这在文献中除了得到若干认同声音外㉟，激起了一部分文献的激烈批评。㊱

㉗ 参见韦塞尔斯、博伊尔克，边码387a；菲舍尔，第223条，边码40及下一边码；拉克纳、屈尔，第223条，边码12。对此，原则上加以反对的观点，见奥托，《法学》，2001年，第670页，尤其是第671页；吕平、胡施（Hüsch），《戈尔特达默刑法档案》，1979年，第1页，尤其第6页及以下几页。

㉘ 对此，详见联邦法院，《刑法新杂志》，2004年，第201页及下一页和施奈德（Schneider）的评释；博伊尔克，载《哈纳克祝贺文集》（Hanack-FS），第539页及以下几页；《刑法典体系性评注—霍恩、沃尔特斯》，第223条，边码13；勒尔勒克（Roellecke），《新法学周刊》，1999年，第337页及以下几页；施拉姆，《刑法中的婚姻和家庭》，2011年版，第169页及以下几页。

㉙ 参见《联邦法院刑事判例集》，第12卷，第62页，尤其是第73页及以下几页；博伊尔克，载《哈纳克祝贺文集》，第539页，尤其是第546页；《慕尼黑刑法典评注—约克斯》（MK-Joecks），第223条，边码63及以下几个边码；罗克辛，《法学教学》，2004年，第177页，尤其是第179页。文献中有人明确地持反对意见：依照《德国民法典》第1631条第2款第2句，即便是有限的责打权，也不能成立。这种观点，见海因里希，边码521；克尔纳（Kellner），《新法学周刊》，2001年，第796页，尤其是第797页；米奇，《法学教学》，1992年，第289页，尤其是第290页；奥托，《法学》，2001年，第670页，尤其是第671页。

㉚ 亦参见第193条。

㉛ 屈尔，第9节，边码57。

㉜ 《联邦法院刑事判例集》，第12卷，第62页，尤其是第67页；屈尔，第9节，边码55；奥托，第8节，边码147；《诺莫斯刑法典评注——佩夫根》，第223条，边码32，有进一步的文献。

㉝ 对草案加以批判的有瓦尔特（Walter），《法学家报》，2012年，第1110页，尤其是第1111页及以下几页。

㉞ 《新法学周刊》，2012年，第2128页，尤其是第2129页。

㉟ 参见肯普夫（Kempf），《法学综览》，2012年，第436页及以下几页；一般性地认可的，有赫茨贝格，《刑法学理国际杂志》，2010年，第471页及以下几页。

㊱ 博伊尔克、迪斯纳（Dießner），《刑法学理国际杂志》，2012年，第338页及以下几页；穆克尔（Muckel），《法学工作》，2012年，第636页，尤其是第638页及下一页；罗克斯（Rox），《法学家报》，2012年，第806页及以下几页；保守地，雅恩，《法学教学》，2012年，第850页及以下几页。

2. 学校教育和职业教育

在以前[37]，根据习惯法，**教师**也是有责打权的，但今天已经不是这样了。[38] 体罚已经不符合宪法所保障的尊严和少年成长的不受伤害性(Unversehrtheit)了。在联邦德国的大多数州里，已从宪法上否认了教师具有责打权。[39] 至多是课堂内部为维持纪律而使用的(轻微的)身体强制，可以得到允许。[40] 20

在**职业教育**中，也不得进行体罚，《少年工作保护法》(JArbSchG)第 31 条从法律上对此加以了禁止。 21

22

复习与深化

1. 只有当事人事实上确实犯了罪，私人才可以按照《刑事诉讼法》第 127 条第 1 款采取临时逮捕吗？（边码 3 及以下几个边码）

2. 要成立《民法典》第 229 条、第 230 条规定的民法上的自力救济，需要满足哪些前提条件？（边码 11 及下一边码）

3. 父母具有多大程度的责打权？（边码 18 及下一边码）

---

[37] 参见《联邦法院刑事判例集》，第 11 卷，第 241 页及以下几页；第 14 卷，第 52 页及以下几页。

[38] 联邦法院，《刑法新杂志》，1993 年，第 591 页；哈夫特，第 113 页；耶赛克、魏根特，第 35 节 III、1；奥托，第 8 节，边码 151；《诺莫斯刑法典评注——佩夫根》，第 223 条，边码 31；罗克辛，第 1 卷，第 17 节，边码 52 及以下几个边码；施莱霍弗，《法学教学》，1992 年，第 659 页，尤其是第 663 页。

[39] 亦参见联邦法院，《刑法新杂志》，1993 年，第 591 页。

[40] 对此，柏林州法院，见雅恩(LG Berlin bei *Jahn*)，《法学教学》，2010 年，第 458 页，尤其是第 459 页。

第七章 罪　责

第21节 基本原理

一、罪责原则

1　罪责原则,是指刑罚须以罪责为前提;该原则通常表述为"**没有罪责就没有刑罚**"。这样,罪责就成了同时具备证立刑罚和限制刑罚之作用的犯罪要素。① 一方面,必须有罪责,刑罚才可以科处,否则连科处都不可以。另一方面,刑罚不得高于罪责的幅度。在罪责所给定的刑罚上限之下,人们可以按照是否有运用刑罚进行预防的必要,来确定具体刑罚的幅度。②

2　罪责原则是受宪法保障的。③ 虽然这一原则没有明确在《基本法》和《刑法典》中予以规定,但是,它是法治国原则和《基本法》第 1 条第 1 款、第 2 条第 1 款的人的尊严和普遍行为自由之规定可推出的结论。④

3　罪责原则**仅适用于犯罪罚**(Kriminalstrafe)。那些由行为人的社会危险性所决定的矫正处分和保安处分(第 61 条及以下几条),就不需要罪责。和矫正和保安处分这类法律后果相关的只是当事人从事了第 11 条第 1 款第 5 项所规定的"违法行为"。

4　同样,参加的规则⑤也只是与违法行为有关,而且也适用于所有法律后果,按照主流学说,参加的规则也不需要(共同)正犯的行为是有罪责的。

---

① 该主流观点,请代表性地参见《联邦宪法法院判例集》,第 20 卷,第 323 页,尤其是第 331 页;第 95 卷,第 96 页,尤其是第 130 页及下一页;《联邦法院刑事判例集》,第 2 卷,第 194 页,尤其是第 200 页。关于判例的观点,也可参见诺伊曼,载《联邦法院祝贺文集》,第 4 卷,第 83 页及以下几页;进一步见韦塞尔斯、博伊尔克,边码 398;《(舍恩克、施罗德)刑法典评注——伦克纳、艾泽勒》,第 13 条前言,边码 107 及以下几个边码;尤其是边码 111 及下一边码;弗里斯特,第 3 节,边码 1;奥托,第 12 节,边码 32;《慕尼黑刑法典评注——施莱霍弗》,第 32 条前言,边码 225 及以下几个边码。其他观点,见罗克辛,第 19 节,边码 33 及以下几个边码,他只承认罪责的刑罚限制功能,至于刑罚的证立则由预防得出。
② 参见金德霍伊泽尔:《刑法典理论与实务评注》,第 46 节,边码 2 及以下几个边码,有进一步的文献。
③ 关于罪责原则在宪法上的论证,见赫恩勒(Hörnle),《蒂德曼祝贺文集》,第 325 页及以下几页。
④ 仅请参见《联邦宪法法院判例集》,第 20 卷,第 323 页,尤其是第 331 页;第 25 卷,第 269 页,尤其是第 285 页。
⑤ 详见本书第 38 节,边码 17 及下一边码。

二、罪责概念

1. 形式意义的罪责

从形式上看,刑法上的罪责乃是一种责难,这种责难是在将**某个犯罪归属到某** 5
个行为人之后,作为**结果**而出现的。如果行为人没有出于遵守规范的目的,而避免
(至少已力图)实现某个犯罪的构成要件,而这时人们本是可以基于相应的案件事
实情况来期待他进行避免的⑥,可是,他没有避免,那么,就要对他施以罪责责难。
这样,罪责也就是指,若行为人的违法举止中显示出:他对法律欠缺足够忠诚的动
机,那么,行为人就要为欠缺这种动机进行答责。⑦

2. 实质意义的罪责

形式意义的罪责只是说明,行为人要为不法的实现在刑法上承担责任。而为 6
什么人们可以期待他遵守刑法上的规范?形式意义的罪责却没有给予说明。在检
验是否可以对某个人施加惩罚时,人们并不考虑这个问题,因此,在专业鉴定中也
不需要予以撰写。尽管如此,对这个问题的回答,却决定着人们将如何解释刑法上
的归属规则以及罪责阻却事由或免除罪责事由。为什么行为人本能够和本应该具
备符合期待地遵守规范的动机?这个问题,要由实质意义的罪责理论来给出答
案。⑧ 特别要指出的是,如何来确定刑法中实质意义的罪责这一问题,是有争议的:

(1) 规范的罪责概念: 目前的判例和理论中所采用的是规范的罪责概念。按 7
照这种理论,罪责乃是一种"可责难性"(在对某种事情有能力,亦即"对此能够"的

---

⑥ 人们所期待行为人应具备哪种符合规范的动机,是要以标准人格(Maßstabsfigur)作为参照的。对于这一标准人格,参见布林格瓦特(*Bringewat*),边码 504;耶赛克、魏根特,第 39 节 III、2;考夫曼,《法学》,1986 年,第 225 页,尤其是第 227 页;金德霍伊泽尔,《整体刑法学杂志》,第 107 卷,1995 年,第 701 页,尤其是第 718 页及以下几页;迈尔德,载《拉克纳祝贺文集》(*Lackner*-FS),第 149 页,尤其是第 164 页及以下几页;《刑法典体系性评注——鲁道菲》,第 19 条前言,边码 1。

⑦ 答责性的概念也见之于其他法秩序中,对于该概念,见施洛德,载《蒂德曼祝贺文集》,第 353 页及以下几页。

⑧ 关于脑科学的新近发展对于罪责概念的(可能)影响,参见菲舍尔,第 13 条前言,边码 9 及以下几个边码;京特(*Günther*),《法学批评》(KJ),2007 年,第 120 页,尤其是第 126 页及以下几页;哈塞默,《整体刑法学杂志》,第 121 卷,2009 年,第 829 页及以下几页;克劳斯(*Krauß*),《容祝贺文集》,第 441 页及以下几页;吕德森,载《普珀祝贺文集》,第 65 页及以下几页;《整体刑法评注便携本——勒斯纳》(HK-*Rössner*),第 1 条前言,边码 26;默克尔,载《赫茨贝格祝贺文集》,第 3 页,尤其是第 35 页及以下几页;赛德尔(*Seidel*),《新法学在线杂志》(NJOZ),2009 年,第 2106 页及以下几页;西泽尔(*Siesel*):《刑法、神经生理学和意志自由》(*Das Strafrecht, die Neurophysiologie und die Willensfreiheit*),2009 年版;施特伦,载《雅科布斯祝贺文集》,第 675 页及以下几页;维特曼(*Wittmann*),载《斯茨瓦克祝贺文集》,第 147 页及以下几页。

意义上）。在规范罪责论之前，曾占据主流的是心理的罪责概念[9]，心理的罪责概念将罪责理解成为精神事实，因此，不得不纠缠于（至少在法律上无法解决的）人类的意志自由问题而不得其解。[10] 在规范的罪责概念的意义上，可责难性是指，违法地实现了构成要件**明确表明了行为人对于法律规范的错误态度**。[11] 规范的罪责概念将罪责看成是个规范的结构，而该规范的结构是建立在社会对于自由和可答责的行为的理解之上的，故而，虽然将罪责视为规范的结构并没有错，但是也使得这种罪责概念具有高度的不确定性，而且显得内容空洞。

8　　（2）**机能的罪责概念**：在新近的讨论中，所谓机能的罪责概念取得了重大的影响。[12] 按照这一理论，罪责乃是刑罚的一种机能，确切地说，这个机能是在积极的一般预防的意义上说的。所谓积极的一般预防，也就是将刑罚的目的认定为保障规范得到有足够法忠诚的普遍遵守。[13] 根据该理论，依照积极的一般预防这一目的设定的标准，若有必要处罚行为人，那么他就是有罪责的。由于在任何一个国家的不法体系中，都可以追求这种积极一般预防的目的，这样，实质意义的罪责就可以被理解为在面对**具有合法性的**（legitim）规范时却欠缺对法律的忠诚。这种具有合法性的规范之所以能要求人们对其忠诚，乃是因为这种规范对于保障个体自由、平等的发展是不可或缺的。[14] 尽管有着这种限制，机能的罪责概念却仍然是很不确定的，而且没有回答这个问题，即，对于行为人而言，为什么必须遵守规范？因为这个理论没有说明规范的合法性和破坏规范者的罪责这二者之间的关系。

---

⑨　与此有关的，还有"性格罪责"（Charakterschuld）和"生活方式罪责"（Lebensführungsschuld），参见阿亨巴赫（Achenbach）：《刑法体系之罪责理论的历史和学理基础》（Historische und dogmatische Grundlagen der strafrechtssystematischen Schuldlehre），1974年版；考夫曼：《罪责原则》（Das Schuldprinzip），第2版，1976年版。

⑩　亦参见布克哈特（Burkhardt），载《迈瓦尔德祝贺文集》，第79页及以下几页。

⑪　基础性的论述，见弗兰克（Frank）：《罪责概念的构造》（Aufbau des Schuldbegriffs），1907年版，第11页及以下几页，各处可见；进一步参见《联邦法院刑事判例集》，第2卷，第194页，尤其是第200页，其只是在细节上有些细微的变化；菲舍尔，第13条前言，边码47；加拉斯，《整体刑法学杂志》，第67卷，1955年，第1页，尤其是第45页；耶赛克·魏根特，第39节Ⅱ；《（舍恩克·施罗德）刑法典评注——伦克纳·艾泽勒》，第13条前言，边码114；奥托，《戈尔特达默刑法档案》，1981年，第481页，尤其是第484页；《诺莫斯刑法典评注——佩夫根》，第32条前言，边码208及下一个边码；施米德霍伊泽尔，载《耶赛克祝贺文集》，第1卷，第485页及以下几页；韦尔策尔，第19节Ⅲ、Ⅳ；毛拉赫·齐普夫，第30节，边码7。基于对意志自由的否定而形成的否定性观点，见赫茨贝格，《整体刑法学杂志》，第124卷，2012年，第12页。

⑫　请特别参见雅科布斯：《罪责和预防》（Schuld und Prävention），1976年版；雅科布斯，《罪责原则》（Das Schuldprinzip），1993年版；雅科布斯，《刑法总论》，第17节，边码18及以下几个边码；布克哈特，《戈尔特达默刑法档案》，1976年，第321页及以下几页；克林佩尔曼（Krümpelmann），《戈尔特达默刑法档案》，1983年，第337页及以下几页；施特伦，《整体刑法学杂志》，第101卷，1989年，第273页，尤其是第286页及以下几页。

⑬　参见本书第2节，边码14及下一边码。

⑭　详见雅科布斯：《罪责原则》，1993年版，第26页及以下几页。

（3）交谈的罪责概念（Diskursiver Schuldbegriff）：交谈的罪责概念试图建立罪责和规范的合法性二者之间的内在关联。⑮ 按照这种概念，行为人不仅是法律上受责难的（规范）接收者，他还是缔造这种被他破坏的规范的主人，这种缔造规范的活动，存在于法治国的民主之中。在一个民主的社会中，自治而有人格的各个个人（Personen）对于其利益（可能的）应当得到怎样的协调和处理有着相应的理解（Verständigung），当这种理解以法律的形式明确表示出来后，就成为了各种规范。当行为人作为规范的缔造者这个角色时，他和别人之间就确定（或固定）了这种理解，因此，他也只能以理解（"交谈"）的方式，与法律规范发生偏离。在民主社会中，每个人都可以谋求各种规范的改变，但是，也必须诚实（loyal）地注意到他人权利（Recht der anderen）的存在，交往性地参加这种理解的过程。如果行为人（以能够被归属的方式）破坏了规范，那么，他就**否定了规范赖以存在的根基——诸参加者的理解**。按照这种观点，对于各种利益冲突之间合法协调存在行为人的理解和其他人的理解，而行为人不按照其他人的理解来行事，因此，针对其他人（在整个理解中）所占份额（或"股份"），行为人就通过自己犯罪的形式表现出了他的不诚实*，而这种缺乏诚实，便是实质的罪责。⑯ 进一步说开去，如果按照这种方式来理解，那么，民主社会的刑法中罪责，就会和神权政体或专制政体下刑法中的罪责有所不同。

（4）法律罪责（Rechtsschuld）：不管人们怎么界定刑法中实质意义的罪责，它都只是法律罪责，也就是说，它**仅仅**是对**缺乏忠诚**的责难。尽管在刑法中出现了社会评价，但是，刑法上的罪责责难不是一种道德审判，同时，罪责责难也和个人所奉为权威的伦理标准的道德评价没有关系。⑰

---

⑮ 与此处论述具有细节性差异的是，京特：《法律和伦理年鉴》（Jahrbuch für Recht und Ethik），1994 年版，第 143 页及以下几页；金德霍伊泽尔，《整体刑法学杂志》，第 107 卷，1995 年，第 701 页，尤其是第 725 页及以下几页。

* 这种不"诚实"（Loyalität）和雅科布斯教授所说的"忠诚"（Treue）有些不同，前者"诚实"是指既然行为人参与了规范的缔造，就代表着他是认可这种规范的，而现在他却又通过犯罪的形式否认了他"亲自"参加缔造的规范，那么，在面对别人都遵守规范并小心地维护其在规范中的"股份"的时候，他就是说话不算数了。而"忠诚"只是说为了社会的维系，这些规范是必不可少的，从而需要"忠诚"，而没有从这种社会契约论的角度来理解。——译者注

⑯ 相近的，还可参见莫姆森，载《容祝贺文集》，第 569 页及以下几页；所谓"目的理性的"罪责概念。

⑰ 关于法律的（客观）中立性原则（Neutralitätsgebot），参见金德霍伊泽尔，《整体刑法学杂志》，第 107 卷，1995 年，第 701 页及以下几页；关于确信犯（Überzeugungstäter），参见埃伯特，《新近法律发展中的确信犯》（Der überzeugungstäter in der neueren Rechtsentwicklung），1975 年版，第 52 页及以下几页；弗里施，载《施洛德祝贺文集》，第 11 页及以下几页；海尼茨（Heinitz），《整体刑法学杂志》，第 78 卷，1966 年，第 615 页，尤其是第 631 页及下一页；耶赛克·魏根特，第 37 节 II. 3；关于所谓公民不服从（ziviles Ungehorsam），见拉德克，《戈尔特达默刑法档案》，2000 年，第 19 页及以下几页；关于宗教信仰冲突方面的免除罪责事由，参见本书本节下文边码 15。

三、罪责构成要件

11　　在故意犯上，罪责构成要件包括罪责能力、符合规范的动机的期待可能性和（至少潜在的）不法意识。在犯罪构造中，这些要素在罪责层面**并不是积极地加以确定的**。[18] 确切地说，就这些要素而言，只要审查一下案件事实情况究竟是否有相应的根据存在，以证明这些要素中任意一个没有被满足。因此，也就是说，要看看是否罪责能力、期待可能性或（潜在的）不法意识中有某个是不成立的，如果真有不成立的，那么行为人就没有罪责。倘若案件事实情况中并没有出现相应的内容要点（这也是经常的情况），那么，罪责审查就得出确定的结论：行为人的行为是有罪责的，因为没有发现任何可以让罪责消失的理由。

12　　能够导致阻却罪责要素的这些理由，是用法律加以规定的。具体如下：

（1）如果行为人还是个儿童（第 19 条）或者满足了第 20 条规定的条件，那么，他是没有**罪责能力**[19]的。

（2）如果满足了免除罪责的紧急避险（第 35 条）[20]或者防卫过当（第 33 条）[21]这些免除罪责事由的话，就没有**符合规范的动机的期待可能性**。

（3）如果行为人陷入了一种无法避免的禁止错误（第 17 条第 1 句）[22]，那么，他就没有（至少潜在的）**不法意识**。

四、期待不可能性和超法规紧急避险

1. 符合规范之行为的期待不可能性

13　　第 33、35 条从法律上对免除罪责的事由进行了规范化的规定，这些免除罪责的事由中明定了各种特定的条件，如果符合这些条件，那么这时，按照刑法典的评价，要求当事人具备符合规范的动机就是一种期待不可能。倘若人们还想在这些规定之外，就符合规范之行为的期待不可能性，再给出个免除罪责事由的一般性规定，（恐怕）原则上是**不可能**了。原因还尤其在于：这样一个阻却罪责的标准也许会

---

[18] 关于不法层面的假设的法忠诚动机（Hypothese rechtstreuer Motivation），参见赫鲁斯卡，第 377 页及以下几页；金德霍伊泽尔，《戈尔特达默刑法档案》，1990 年，第 407 页，尤其是第 415 页及以下几页；奥托，第 12 节，边码 5 及以下几个边码。

[19] 参见本书第 22 节。

[20] 参见本书第 24 节。

[21] 参见本书第 25 节。

[22] 参见本书第 28 节，边码 14 及以下几个边码。

过于模糊或者鉴于第35条已规范化的利益衡量而显出其之多余。㉓ 然而,人们普遍认可的是,在不作为犯领域㉔和过失犯㉕的某些特定领域,援用期待不可能性来限制可罚性是合理的。㉖

2. 超法规紧急避险(Übergesetzlicher Notstand)

在法律对遵守规范缺乏期待可能性的各种事由做了规范化规定之后,于这些事由之外,再对期待不可能性认定一般的免除罪责事由的做法,是不为人们认可的。但与这个不认可的基本态度相偏离的,是一种人们因缺乏法定规则而称之为"超法规"紧急避险的特定的案例形态。这种案例意指这样一种情况:为了避免不属于(像第35条规定那样的)他本人或者与之关系密切的他人的同等价值的利益受侵害,行为人对现存利益加以侵害。该种情况必须针对的是极端的例外情况,比如,为了拯救多数人,而以个体或少数人群作为牺牲的代价。㉗ 一个能够想到的例子就是,击落一架被恐怖分子劫持并作为恐怖工具加以利用的客机。㉘ 可在实务中,迄今为止只有一种情形被认定为超法规紧急避险:该例的行为人是精神疗养院的医生,其在纳粹时代为几个病人实施了安乐死,之所以这样做,是因为医生想保护大量其他病人免受如果他不作为就被杀死的威胁。㉙

14

㉓ 阿亨巴赫,《法学综览》,1975年,第492页及以下几页;格罗普,第7节,边码106;《(舍恩克、施罗德)刑法典评注——伦克纳、施特尔贝格—利本》,第32条前言,边码122、123;罗克辛,第1卷,第22节,边码142及以下几个边码;《刑法典体系性评注——鲁道菲》,第19条前言,边码10;斯特拉腾韦特、库伦,第10节,边码103及以下几个边码。

㉔ 关于不纯正不作为犯,参见本书第36节,边码37及下一边码;关于纯正不作为犯,参见本书第37节,边码9及下一边码。

㉕ 参见本书第33节,边码63。

㉖ 请代表性地参见鲍曼、韦伯、米奇,第23节,边码63;屈尔,第12节,边码12;其他观点有《慕尼黑刑法典评注——施莱霍弗》,第32条前言,边码278及以下几个边码。

㉗ 埃伯特,第110页;海因里希,边码596;耶格尔,边码204;耶赛克、魏根特,第47节I;屈佩尔,《法学教学》,1981年,第785页,尤其是第793页;屈佩尔,《法学家报》,1989年,第617页,尤其是第625页及以下页;马特,第4章,第5节,边码23;罗克辛,第1卷,第22节,边码146及以下几个边码;《刑法典体系性评注—鲁道菲》,第19条前言,边码8;不赞成的观点,见米奇,《戈尔特达默刑法档案》,2006年,第11页,尤其是第13页。

㉘ 希尔根多夫,载布拉施克(Blaschke)等主编:《安全高于自由?》(Sicherheit statt Freiheit?),2005年版,第107页,尤其是第130页;耶格尔,《法学工作》,2008年,第678页,尤其是第684页;帕夫尼克,《法学家报》,2004年,第1045页,尤其是第1051页。也有部分的观点认为,在这种情况下,也可以特别考虑适用正当化的方案[见希尔施,载《屈佩尔祝贺文集》,第149页及以下几页;拉迪格斯(Ladiges),《刑法学理国际杂志》,2008年,第129页,尤其是第140页;罗加尔,《刑法新杂志》,2008年,第1卷,尤其是第2页及以下几页],或者甚至认定击落者原则上具有可罚性(施蒂宾格,《整体刑法学杂志》,第123卷,2011年,第403页,尤其是第406页);案例处理,见贝格曼、克罗克(Bergmann/Kroke),《法学》,2010年,第946页,尤其是第951页及以下几页。

㉙ 《英占区最高法院刑事判例集》,第1卷,第321页;第2卷,第117页,尤其是第120页及以下几页;科隆州法院(LG Köln),《新法学周刊》,1952年,第358页;针对医生的做法,表示反对的观点,见格罗普,第7节,边码100及以下几个边码。

3. 宗教信仰上的良知冲突（Religiöse Gewissenskonflikte）

15 按照目前占支配地位的观点，免除罪责方面还有个特例是，根据宗教信仰自由这一基本权利（《基本法》第 4 条第 1 款）的宗教信仰上的良知冲突。在该情况下，若行为人并非由于缺乏对法律的信念，而是为了遵守处于更高位阶的宗教信仰诫命，而违反了规范，同时，对他施加的惩罚可能会显得过分，并从而沦为一种伤害其尊严的社会反应，那么，就可以对他考虑免除罪责。[30]

16 **复习与深化**

1. 什么是所谓的罪责原则？（边码 1 及以下几个边码）
2. 关于实质意义的罪责有哪些代表性学说？（边码 6 及以下几个边码）
3. 罪责构成要件都包含哪些要素？（边码 11 及下一边码）
4. 如何理解超法规紧急避险？（边码 14）

---

[30] 参见《联邦宪法法院判例集》，第 32 卷，第 98 页，尤其是第 106 页及以下几页；鲍曼、韦伯、米奇，第 23 节，边码 65；博普（Bopp）：《良知犯和良知自由的基本权利》（Der Gewissenstäter und das Grundrecht der Gewissensfreiheit），1974 年版，第 237 页及以下几页；埃伯特：《新近法律发展中的确信犯》，1975 年版，第 40 页及以下几页、第 58 页及以下几页；米勒—迪茨（Müller-Dietz），载《彼得斯祝贺文集》（Peters-FS），第 91 页及以下几页；《诺莫斯刑法典评注—佩夫根》，第 32 条前言，边码 297；《莱比锡刑法典评注——伦瑙》（LK-Rönnau），第 32 条前言，边码 366 及以下几个边码；鲁道菲，载《韦尔策尔祝贺文集》，第 605 页及以下几页。有所限制的（观点），见耶赛克、魏根特，第 47 节 III；屈尔，第 12 节，边码 120 及以下几个边码；韦尔策尔，第 22 节 IV。认为应做正当化（事由）来处理的，见彼得斯（Peters），载《迈尔祝贺文集》（Mayer-FS），第 257 页，尤其是第 265 页及以下几页。对此加以批判或者反对的观点，却见诸《联邦法院刑事判例集》，第 8 卷，第 162 页，尤其是第 163 页；博克尔曼（Bockelmann），载《韦尔策尔祝贺文集》，第 543 页及以下几页；德雷埃尔（Dreher），《法学综览》，1972 年，第 342 页及以下几页；特伦德勒（Tröndle），《法学综览》，1974 年，第 221 页，尤其是第 225 页。

第 22 节 罪责能力

一、概述

对于**罪责能力的问题**，《刑法典》是从**反面**加以规定的：《刑法典》并不对罪责能力下定义，而是规定了一些能够排除罪责的条件（第 19 条、第 20 条）。① 这样，从原则上讲，成年人在刑罚法规上能够遵守规范，且具备必要的行为能力和动机能力。② 1

按照第 19 条的规定，不满 14 岁的**儿童**，一般没有罪责能力。而对于已满 14 岁、不满 18 岁的③**少年**，刑法上的答责性［刑事责任能力（Strafmündigkeit）］这一罪责要素取决于具体案件中需作出的决定，也就是说，他行事时是否在道德、精神上已经发育成熟，进而能够辨认出行为的不法且按照这种认识行事（《青少年法庭法》第 3 条）。对此，人们将之称为少年的限制罪责能力。④ 已满 18 岁、不满 21 岁的⑤**成长中的青年**＊，则和成年行为人一样，都具有完全罪责能力。 2

按照《刑法典》第 10 条的规定，相比较于《青少年法庭法》而言，《刑法典》是辅助适用的。这意味着，从法律后果的角度看，**《青少年法庭法》**所规定的特别的制裁规范（教育措施、管教手段、少年刑罚）可以排斥《刑法典》中主刑的适用。进一步地，也不适用特定的附随后果（丧失担任公职的能力、公开判决）（《青少年法庭法》第 6 条）。至于矫正措施和保安措施，只能适用《刑法典》第 61 条第 1、2、4、5 项中所规定的措施（《青少年法庭法》第 7 条）。在《青少年法庭法》第 105 条规定的情况下，也可以将《青少年法庭法》的制裁体系例外地适用到正成长中的青年身上。而如果需要适用成年人的刑法于正成长中的青年，那么，就要根据《青少年法庭法》第 106 条加以限制了。 3

如果行为人由于《刑法典》第 20 条列出的原因，在实施行为时，明显没有完全的洞察能力和行动控制能力（Steuerungsfähigkeit），那么，可以按照第 49 条第 1 款的 4

---

① 关于罪责阻却事由和免除罪责事由的区别，参见本书第 6 节，边码 7。
② 弗洛因德，第 4 节，边码 45；《慕尼黑刑法典评注——施特伦》（MK-Streng），第 20 条，边码 2。
③ 《青少年法庭法》第 1 条第 2 款。
④ 参见沙夫斯泰因、博伊尔克，第 62 页及以下几页。
⑤ 《青少年法庭法》第 1 条第 2 款。
＊ Jugendlichen 和 Heranwachsende，本书将之译为"少年"和"成长中的青年"。冯军教授将之译为"少年"和"正在成长者"。参见《德国刑法典》，冯军译，中国政法大学出版社 2000 年版，第 219 页。引出的问题是对 Heranwachsende 如何翻译。本书认为，"少年"可用于指 14—18 岁的人，那么，"青年"算比"少年"大一档的年轻人，同时，"少年"也是处在"成长中"阶段的。因而，本书将 18—21 岁的人译为"成长中的青年"。当然，说明这里各自所指的岁数是关键。——译者注

规定相应减轻刑罚。⑥

二、第 20 条中的无罪责能力

1. 从两个阶层进行要素的确认（Merkmalsanordnung）

5 **（1）前提条件**：按照第 20 条的规定，如果谁在实施行为时，由于病理性的精神障碍、深度的意识障碍、智力低下或者其他严重的精神异常，而无能力为行为的不法负责，或根据这一洞察而行事，那么，他的行为是没有罪责的。因而，需要从两个阶层来确认是否满足无罪责能力这一前提条件：首先，需要考察的是，是否有在**生物学意义上存在**这四种情况（意识障碍等）中的任何一种。如果是，那么，其次就要考察，是否行为人因为这种生物学意义上的原因，而在**心理上没有能力**为行为的不法负责，或根据这一洞察行事。因而，这种无罪责能力是建立在没有能力洞察或者控制行动这种心理因素之上的，而这种心理因素又必须以特定的生物学原因为基础。⑦

6 **（2）生物学意义的标准**：人们从生物学意义上这样来定义无罪责能力的四个标准⑧：

① **病理性精神障碍**是精神疾病⑨，亦即，人们已证实基于身体原因的精神疾病（所谓的外因性精神病，如瘫痪），或者人们推测是以身体原因为前提的精神疾病（所谓内因性精神病，如精神分裂症和狂躁抑郁的精神错乱）。⑩

② **深度的意识障碍**是严重的非病理性意识障碍或者意识受限（Bewusstsein-

---

⑥ 参见《联邦宪法法院判例集》，第 50 卷，第 5 页，尤其是第 11 页；《联邦法院刑事判例集》，第 21 卷，第 27 页；联邦法院，《刑法新杂志》，1990 年，第 333 页及下一页；格平格尔，载《勒费伦茨祝贺文集》（Leferenz-FS），第 441 页，尤其是第 417 页及以下几页；拉施（Rasch），《刑法新杂志》，1982 年，第 177 页及以下几页。

⑦ 关于这种"结合的方法"，见克吕佩尔曼（Krümpelmann），《整体刑法学杂志》，第 88 卷，1976 年，第 6 页，尤其是第 21 页及以下几页；施赖贝（Schreiber），《刑法新杂志》，1981 年，第 46 页及以下几页；亦参见联邦法院，《刑法新杂志——刑事判决和报告》，2006 年，第 265 页；《莱比锡刑法典评注——舍希》（LK-Schöch），第 20 条，边码 74 及以下几个边码。实务中对罪责能力的确定，见托伊内（Theune），《刑法新杂志——刑事判决和报告》，2006 年，第 329 页及以下几页。对于新近判例的概述，见普菲斯特（Pfister），《刑法新杂志—刑事判决和报告》，2011 年，第 193 页及以下几页；2012 年，第 161 页及以下几页。

⑧ 在具体情况下，也可能同时满足若干个标准（才）会导致失去控制能力。参见联邦法院，《刑法新杂志——刑事判决和报告》，2004 年，第 360 页及下一页；2010 年，第 7 页。

⑨ 《联邦法院刑事判例集》，第 14 卷，第 30 页，尤其是第 32 页；克勒，第 389 页；拉克纳、屈尔，第 20 条，边码 3 及以下几个边码。

⑩ 克赖、埃塞尔，边码 696；奥托，第 13 节，边码 7。关于综合症的临界，见联邦法院，《刑法新杂志——刑事判决和报告》，2008 年，第 334 页及下一页。关于恋童癖，见联邦法院，《刑法新杂志——刑事判决和报告》，2010 年，第 304 页。

strübungen oder -einengungen),这种障碍可以导致时空方向感的丧失[11];高度的情绪冲动就是其例。[12]

③ **智力低下**是指先天性的或由于精神发展缺陷导致的严重的智能低下,而没有可证实的器质性原因。[13]

④ **严重的精神异常**是指严重精神病症、神经官能症和欲求紊乱(Triebstörungen)。[14]

(3) **心理学意义的标准**:人们从心理学意义上这样来定义无罪责能力的两个标准: 7

① **没有洞察能力**是指没有能力获得针对行为的相应不法意识[15];

② **没有行动控制能力**是指在具体的行为上,没有能力按照其洞察到的情况采取相应的举止。[16]

2. 恍惚状态(Rauschzustände)

在实务中常见的一种病理性精神障碍是(过度)**饮酒**、**吸毒**或者服用**精神病药** 8
物而引发的恍惚状态(有人也将之归类到深度的意识障碍中[17]),因中毒,这种恍惚状态导致脑工作能力的损害。[18] 特别是在饮酒上,适用如下这一简单的规则:如果血液中酒精浓度[19]大于等于3‰,那么,就可以算作无罪责能力,当然,也还必须考虑案件的具体情况。[20] 当血液酒精浓度越超过2‰时,就越有可能出现第21条意

---

[11] 联邦法院,《德国法月报》(霍尔茨),1983年,第447页及下一页;奥托,第13节,边码8;罗克辛,第1卷,第20节,边码13及以下几个边码。

[12] 参见《联邦法院刑事判例集》,第11卷,第20页,尤其是第24页;联邦法院,《刑法新杂志》,1990年,第231页;1997年,第333页及下一页;弗洛因德,第4节,边码46;克赖、埃塞尔,边码698;奥托,第13节,边码9。针对判例对情绪冲动的认定,批判性的意见,有哈斯,载《克赖祝贺文集》,第117页;关于癫痫所致的欠缺罪责能力,参见联邦法院,《刑法新杂志——刑事判决和报告》,2009年,第136页;2010年,第105页。关于杀害新生儿时"精神上的例外状态"而可能导致的罪责能力减轻的情况,参见联邦法院,《刑法新杂志——刑事判决和报告》,2009年,第229页及下一页;进一步见联邦法院,《刑法新杂志——刑事判决和报告》,2009年,第337页。

[13] 《(舍恩克、施罗德)刑法典评注——佩龙》,第20条,边码18。

[14] 《联邦法院刑事判例集》,第34卷,第22页,尤其是第28页;第37卷,第397页,尤其是第399页及下一页;联邦法院,《刑法新杂志》,2007年,第6页,尤其是第7页;2007年,第518页及以下几页;拉施,《刑事辩护人杂志》,1991年,第126页及以下几页。

[15] 奥托,第13节,边码4。

[16] 《联邦法院刑事判例集》,第14卷,第30页,尤其是第32页;第23卷,第176页,尤其是第190页。

[17] 拉克纳、屈尔,第20条,边码4、18。

[18] 《联邦法院刑事判例集》,第43卷,第66页,尤其是第69页及下一页;《莱比锡刑法典评注——舍希》,第20条,边码59、95及以下几个边码。

[19] 关于交通犯罪中由酒精原因的不安全驾驶,参见金德霍伊泽尔:《刑法分论》,第1卷,第67节,边码10及以下几个边码,有进一步的文献。

[20] 联邦法院,《刑法新杂志》,1982年,第243页;1996年,第592页及以下几页;2005年,第683页及下一页;《刑法新杂志——刑事判决和报告》,2008年,第70页;2010年,第73页;《新法学周刊》,2012年,第2672页,尤其是第2673页及下一页及席曼(Schiemann)的赞同性评论。

义上的罪责能力的减弱。[21] 反之,若血液酒精浓度低于2‰,那么,就不能排除有罪责能力了。质言之,不管在什么情况下,总是需要对情况做出**整体评价**,在这种评价中,血液酒精浓度是一个重要的证据指标。[22]

三、限制

9 　　按照判例和部分学术文献中的观点,如果行为人在情绪冲动地实施行为时,事先预见到他会陷入该种情绪冲动,却没有采取预防措施以免自己陷入这种状况,那么这时,就完全成立刑法上的答责性,而第 20 条及下一条便不再适用。[23]

　　只要这种限制是针对第 20 条的[24],那么,该限制就违背了条文中"行为时"这一表述。如果基本上认可"原因自由行为"(*actio libera in causa*)的原理[25],那么,在可以预见到会陷入情绪冲动的情况下,而仍然陷入该种情况并实施违法的举止,其实更应按照这一原理来处理。[26]

四、适用

10 　　在**专业鉴定**中,只有案件事实情况中明确出现了相应情况,才需要按照第 20 条的规定来对行为人可能没有罪责能力加以论述。进一步需要注意的是,罪责能力是以行为能力为前提的。因此,如果一个无意志(nicht willensgetragen)的举止(如反射)促成了构成要件的实现[27],那么,行为便已经不成立,这样就根本更谈不

---

[21] 《联邦法院刑事判例集》,第 35 卷,第 308 页,尤其是第 312 页;第 37 卷,第 231 页,尤其是第 233 页及下一页;参见联邦法院,《刑法新杂志》,2002 年,第 532 页,尤其是第 533 页。

[22] 《联邦法院刑事判例集》,第 34 卷,第 29 页,尤其是第 34 页;第 36 卷,第 286 页,尤其是第 291 页及以下几页;第 37 卷,第 231 页,尤其是第 241 页及以下几页;联邦法院,《刑法新杂志》,2005 年,第 329 页及以下几页;哈姆州高等法院,《刑法新杂志——刑事判决和报告》,2007 年,第 194 页。

[23] 《联邦法院刑事判例集》,第 35 卷,第 143 页;限制性地,联邦法院,《新法学周刊》,2009 年,第 305 页;弗里施,《刑法新杂志》,1989 年,第 263 页及以下几页;盖伦,载《毛拉赫祝贺文集》,第 173 页,尤其是第 188 页及以下几页;克吕佩尔曼,载《韦尔策尔祝贺文集》,第 327 页,尤其是第 340 页及下一页;鲁道菲,载《亨克尔祝贺文集》(Henkel-FS),第 199 页,尤其是第 206 页及以下几页;关于第 21 条,见联邦法院,《刑法新杂志》,2003 年,第 480 页,尤其是第 481 页及下一页和诺伊曼的评释,见《刑事辩护人杂志》,2003 年,第 527 页及以下几页。

[24] 由于第 21 条只是减轻刑罚事由,而并没有取消罪责归属,这样,该条就并不与判例的意见相冲突;以饮酒为例的,亦参见联邦法院,《刑法新杂志》,2003 年,第 480 页及以下几页及福特的评释,见《刑法新杂志》,2003 年,第 597 页及以下几页。

[25] 对此,详见本书第 23 节。

[26] 占据支配地位的观点便这样认为,请代表性地参见贝伦特:《情绪冲动和在先的罪过》(Affekt und Vorverschulden),1983 年版,第 64 页及以下几页;赫鲁斯卡,《法学教学》,1968 年,第 554 页,尤其是第 558 页及下一页;耶赛克·魏根特,第 40 节 VI、2;《(舍恩克·施罗德)刑法典评注—佩龙》,第 20 节,边码 15a;毛拉赫·齐普夫,第 36 节,边码 38;奥托,《法学》,1992 年,第 329 页及下一页。

[27] 关于行为能力,参见本书第 5 节,边码 5、8 及下一边码。

第 22 节 罪责能力

上罪责能力的问题了。㉘

如果我们不考虑具体问题中可能产生的特殊的例外情况的话,那么,在专业鉴定中是不需要对第 21 条进行论述的,因为专业鉴定基本上并不深入探讨具体量刑方面的问题。㉙

11

复习与深化

1. 刑法对于成年人、儿童、少年和成长中的青年的罪责能力做了怎样的规定?(边码 1 及以下几个边码)

2. 罪责能力有哪些要素?如何根据第 20 条审查这些要素?(边码 5 及以下几个边码)

㉘ 亦参见联邦法院,《德国法月报》(霍尔茨),1994 年,第 127 页。
㉙ 不管怎样,总是有必要对情况做一整体评价,对此,请代表性地参见联邦法院,《刑法新杂志——刑事判决和报告》,2005 年,第 137 页,尤其是第 138 页。

第 23 节 原因自由行为

一、概述

> **案例 1**
>
> A 蓄意枪杀 B。为了壮胆,他事先喝了许多酒,这样,在他实施枪击犯罪的时候正好处于第 20 条意义上的无罪责能力。

1. 基本原理

1 　　谁对某个阻却归属的状态负有责任,谁就不得再以这一状态为理由,以阻却归属。这是一个普遍承认的基本原理。① 因此,按照第 35 条第 1 款第 2 句,若行为人对危险负有责任,那么,紧急避险就无法为其免除罪责②;根据第 17 条,若谁陷入了不可避免的禁止错误,那么,则阻却罪责。③ 基于第 20 条④,如果谁对自己的无罪责能力负有责任,那么这时,人们采用"原因自由行为"的概念来解释罪责的归属。该概念起源于 18 世纪的实用哲学思想。⑤

2 　　如果行为人(像案例 1 中的 A)直接实施行为时没有罪责能力,但对他的无罪责能力负有责任(也就是说,是预先地喝了酒),那么,若能满足"原因自由行为"的前提条件,构成要件的实现也就是可归属的,进而可以成立罪责。⑥

3 　　若行为人是在**开始力图**(Versuchsbeginn)*⑦后,才陷入无罪责能力的状态的,那么,就不需要用"原因自由行为"这个概念来证立可罚性。在这种情形下,已经有

---

①　过失责任尤其建立在该原理之上,参见本书第 33 节,边码 2 及以下几个边码;对过失和原因自由行为的对照分析,参见金德霍伊泽尔:《作为犯罪的危险》,1989 年版,第 62 页及以下几页、第 81 页及以下几页、第 120 页及以下几页;施特尔贝格—利本,载《施吕希特纪念文集》,第 217 页,尤其是第 219 页及以下几页,均有进一步的文献。

②　对此,详见本书第 24 节,边码 12 及以下几个边码。

③　对此,详见本书第 28 节,边码 14 及以下几个边码。

④　关于在第 21 条中是否可以适用"原因自由行为"的问题,参见《联邦法院刑事判例集》,第 49 卷,第 45 页及以下几页;联邦法院,《法学家报》,2003 年,第 1016 页,尤其是第 1017 页及下一页和弗里斯特的评释;《刑法典体系性评注——鲁道菲》,第 20 条,边码 29;施特伦,《法学教学》,2001 年,第 540 页,尤其是第 541 页及以下几页;施特伦,《新法学周刊》,2003 年,第 2963 页及以下几页。

⑤　关于该概念的演变史,见赫鲁斯卡,第 343 页及以下几页;赫鲁斯卡,《整体刑法学杂志》,第 96 卷,1984 年,第 661 页,尤其是第 665 页及以下几页。

⑥　概述,见伦瑙,《法学教学》,2010 年,第 300 页及以下几页。

*　按照我国刑法语境,则对应"着手未遂"。——译者注

⑦　对此,详见本书第 31 节,边码 10 及以下几个边码;《联邦法院刑事判例集》,第 7 卷,第 325 页,尤其是第 328 页及下一页;第 23 卷,第 133 页,尤其是第 135 页及下一页;联邦法院,《刑法新杂志》,2003 年,第 535 页,尤其是第 536 页。

了力图的可罚性,如果故意创设的风险进一步实现于结果,那么,这种既遂是可以归属于他的。⑧

2. 同时原则(Koinzidenzprinzip)

"原因自由行为"的问题在于,其是否符合"同时原则"。按照该原则,所有使得刑罚成立的犯罪要素,无论如何,都必须在实施行为时(第 20 条中的"行为时")一次性地共同具备。⑨ 因为案例 1 中的 A 从直接着手实施构成要件直到用枪射出致命的子弹,都处于因前面饮酒而导致的无罪责状态,因此,在整个犯罪实施过程中,都没有罪责能力,进而也就缺乏具有决定性的犯罪要素。 4

关于"原因自由行为"和"同时原则"二者是否兼容的问题,人们提出了两派明显不一致的模式:所谓的"例外模式"和所谓"构成要件模式"。不过,这两种模式均有一**最基本的前提条件**,即,在行为人促成其无罪责能力的状态时,他至少要预见到,他会在其后的无罪责状态下实现构成要件。⑩ 5

二、例外模式

1. 论证

按照例外模式⑪的解释,"原因自由行为"意味着,若行为人**认可罪责能力的失去**,那么,他就**不得于**行为时再**援引**他**欠缺罪责能力**来抗辩;如果行为人已经预见到,或者本来能够或必须预见到,他其后会在该种状态下实施犯罪,而仍然促成罪责能力的失去,那么,成立"原因自由行为"。 6

将这种学说称为例外模式,主要原因在于,"同时原则"例外地允许"原因自由行为"的成立:在案例 1 中,A 在实现构成要件时虽然没有罪责(等同于没有同时性),但由于 A 具有基于和其后行为有关的先行举止[所谓的"先行行为"(actio 7

---

⑧ 参见本书第 27 节,边码 43 及以下几个边码。
⑨ 参见本书第 6 节,边码 3。
⑩ 参见《联邦法院刑事判例集》,第 17 卷,第 333 页,尤其是第 335 页;第 21 卷,第 381 页;第 23 卷,第 356 页,尤其是第 358 页。
⑪ 参见韦塞尔斯、博伊尔克,边码 415;赫鲁斯卡,第 335 页及以下几页;赫鲁斯卡,《法学教学》,1968 年,第 554 页及以下几页;赫鲁斯卡,《法学家报》,1989 年,第 310 页及以下几页;耶赛克、魏根特,第 40 节 VI,2;约尔登:《刑法上答责性概念的构造:关系和相互联系》(Strukturen des strafrechtlichen Verantwortlichkeitsbegriffs: Relationen und Verkettungen),1988 年版,第 30 页及以下几页、第 46 页及以下几页;金德霍伊泽尔:《作为犯罪的危险》,1989 年版,第 120 页及以下几页;克赖、埃塞尔,边码 705 及以下几个边码、边码 710;屈尔,第 11 节,边码 9 及以下几个边码;屈佩尔,载《勒费伦茨祝贺文集》,第 573 页及以下几页;马特,第 4 章,第 2 节,边码 12;《(舍恩克、施罗德)刑法典评注—佩龙》,第 20 条,边码 35a。援引权利滥用的思路加以论证的,参见诺伊曼,载《A. 考夫曼祝贺文集》(Kaufmann, Arth. -FS),第 581 页,尤其是第 589 页及以下几页;奥托,《法学》,1986 年,第 426 页,尤其是第 429 页及以下几页。

praecedens)〕,进而需要为他陷入失去罪责能力的状态负责,那么,人们就要按照他在行为时是有罪责能力的情况那样来处理他。在这种构造中,"原因自由行为"相当于〔以接受过失(Übernahmefahrlässigkeit)为形式的〕过失责任⑫;只是它是放在罪责阶层加以讨论的,而非放在构成要件阶层。就像在过失犯中,如果行为人需要为其不谨慎而失去认识(即无能力)负责的话,那么,他就不可以抗辩说:他是因为缺乏认识(即无能力),而不能够及时地避免构成要件的实现。同样地,如果行为人需要为他不谨慎的先行举止(对欠缺(相应能力的)状态的促成)而失去依照规范控制行为的能力负责的话,那么,他也不能援引他在行为时不具备罪责能力来推卸。

2. 异议

8　　(1) **例外规则**:对于例外模式从根本上给"同时原则"开了个例外的做法,是没有办法加以反对的。因为这符合一普遍通行的基本原理:若自己必须为某事负责,那么,他就不得再援引这个前提来为自己开脱。适用这个基本原理的例子,还有:如果某人引发了"紧急避险"中的危险,那么,不可以再对他适用免除罪责的规定(第 35 条第 1 款第 2 句)⑬;这样的例子还有可避免的禁止错误(第 17 条)。⑭ 因此,如果谁创设了"紧急避险"中的危险,那么,他就处于一个他本来可以行为时免责的情形之下。但由于他之前创设了"紧急避险"的危险,而且能够预见到,他若再对该危险采取紧急避险,就将肯定成为违法的行为,那么,这时就不应对其免除罪责。

9　　(2) **缺乏法律的根据**:但是,可能可以这样来批评例外模式:例外模式所拟定的例外缺乏实定法的根据。因为,除了第 35 条第 1 款第 2 句以外,法律并没有规定行为时可以不要罪责能力的任何其他例外。对于这种批判性观点,还是可以再做出反批判的:谁若对犯罪要素的缺失负有责任,那么,他就不可以再以缺失这种要素作为抗辩的理由。这乃是个普遍适用的归属原则;它并不需要特别地加以提及,而且在明确的例外规则中,也只是将之模范性地(beispielhaft)提一下。⑮ 此外,立法者在对第 20 条的最新解释中,是认为没有必要再明确地规定已得到普遍承认的"原因自由行为"这一归属标准,可不是想将之排除出去。⑯

10　　在这里有疑问的是,是否可以将这种异议清除出去。由于"同时原则"乃是法治国家中犯罪论的基本原则之一,因而,要承认该原则的任何例外,必须有法定的规范才行。⑰ 而第 20 条没有对此加以规定,因此,人们有很好的理由认为,按照"原

---

⑫ 详见本书第 33 节,边码 19、48、55。
⑬ 对此,参见本书第 24 节,边码 12 及以下几个边码。
⑭ 对此,参见本书第 28 节,边码 14 及以下几个边码。
⑮ 奥托,第 13 节,边码 24 及以下几个边码。
⑯ 韦塞尔斯、博伊尔克,边码 415。
⑰ 就像 2004 年《土耳其刑法典》第 34 条第 2 款所规定的那样。

因自由行为"进行的归属违反了《基本法》第 103 条第 2 款的规定,是**违宪的**。⑱

三、构成要件模式

1. 论证

根据构成要件模式,**促成欠缺(相应能力的)状态**本身就已经**是犯罪**。依照这种观点,在案例 1 中,在 A 为壮胆喝酒的时候,就实现了故意杀人的构成要件。基于这种理解,"原因自由行为"就不违反"同时原则",因为行为人通过饮酒就已经着手实施犯罪,而这个时候,他还是有罪责能力的。 11

为了将促成欠缺(相应能力的)状态纳入到实施犯罪的时间范围内,人们提出了三种解释方案: 12

有人认为,可以将第 20 条的**行为概念**(Begriff der Tat)进一步理解成构成要件之实现本身:这种意义上的行为也就包括了和罪责有关的、以实现构成要件为导向的先行举止。⑲ 13

有人认为,可以借助于**间接正犯**⑳的概念:通过促成欠缺(相应能力的)状态,行为人把自己变成了无罪责的工具,并且利用这种工具实施后面的犯罪。㉑ 14

占主导地位的观点将构成要件之实现的开始前置到促成欠缺(相应能力的)状态的时点上(所谓的"**前置理论**")。㉒ 按照该观点,案例 1 中的行为人在饮酒时就已经着手故意杀人了。 15

---

⑱ 这样的观点,见《联邦法院刑事判例集》,第 42 卷,第 235 页,尤其是第 241 页;赞同的观点,见布林格瓦特,边码 514 页及下一边码;埃伯特,第 100 页及下一页;哈德通,《交通法新杂志》(NZV),1997 年,第 97 页,尤其是第 98 页及下一页;海因里希,边码 606;赫鲁斯卡,《法学家报》,1997 年,第 22 页,尤其是第 24 页;沃尔夫,《新法学周刊》,1997 年,第 2032 页及下一页。

⑲ 参见弗里施,《整体刑法学杂志》,第 101 卷,1989 年,第 538 页及以下几页;斯特拉滕韦特、库伦,第 10 节,边码 47;施特伦,《整体刑法学杂志》,第 101 卷,1989 年,第 273 页,尤其是第 310 页及以下几页;施特伦,《法学家报》,1994 年,第 709 页及以下几页。

⑳ 对此,详见本书第 39 节,边码 7 及以下几个边码。

㉑ 鲍曼、韦伯、米奇,第 19 节,边码 31 及以下几个边码;贝伦特,《情绪冲动和在先的罪过》,1983 年版,第 64 页及以下几页;耶格尔,边码 177;雅科布斯,第 17 节,边码 64 及以下几个边码;普珀,《法学教学》,1980 年,第 346 页及以下几页;罗克辛,载《拉克纳祝贺文集》,第 307 页,尤其是第 311 页及以下几页;《刑法典体系性评注—鲁道菲》,第 20 条,边码 28 及以下几个边码;《刑法典体系性评注—沃尔特斯》,第 323 条 a,边码 28 及以下几个边码;进一步见多尔德(Dold),《戈尔特达默刑法档案》,2008 年,第 427 页及以下几页;希尔施,载《格佩尔特祝贺文集》,第 233 页,尤其是第 236 页及以下几页。

㉒ 请代表性地参见《帝国法院刑事判例集》,第 22 卷,第 413 页,尤其是第 415 页及下一页;《联邦法院刑事判例集》,第 2 卷,第 14 页,尤其是第 17 页;第 17 卷,第 333 页,尤其是第 334 页及下一页;第 21 卷,第 381 页及以下几页;博内特,《法学》,1996 年,第 38 页及下一页;菲舍尔,第 20 条,边码 52;赫茨贝格,载《施彭德尔祝贺文集》,第 203 页,尤其是第 207 页及以下几页;克劳泽,《法学》,1980 年,第 169 页及以下几页;毛拉赫,《法学教学》,1961 年,第 373 页及以下几页;《刑法典体系性评注——鲁道菲》,第 20 条,边码 28c;沃尔特,载《勒弗伦茨祝贺文集》(Leferenz-FS),第 545 页及以下几页;进一步见霍伊尔,《戈尔特达默刑法档案》,2008 年,第 711 页及以下几页。

2. 异议

16　针对构成要件模式的三种不同的解释方案，人们都提出了有力的异议，这使得构成要件模式几乎无法成立了：

17　首先，将第 20 条的行为概念扩张到原来的构成要件之实现的开始之前，是不符合"同时原则"的。因为这个原则就是要保证，犯罪的组成要素（构成要件的实现、违法性和罪责）在行为时真正地同时具备。

18　其次，借用间接正犯的方式，也存在多个角度的问题。[23] 第一，第 25 条第 1 款第 2 种可能性中规定"通过他人"来使得构成要件实现，这样，就产生了两个前提条件：① 不同的人；② 工具。进一步地，在间接正犯的场合，犯罪工具的行为必须能够归属于某个完全答责的主体，而这个主体具备犯罪行为支配。但是，在这里讨论的情况中无法满足这种条件，因为，当无罪责的"工具"实施犯罪时，他的身后根本没有站着一个对此答责的正犯。此外，这种观点还会导致这样的后果：在所谓亲手犯（如第 153 条及以下几条、第 316 条）（在亲手犯的场合，正好就排除了成立间接正犯的可能性）以及部分的单纯作为犯（reine Tätigkeitsdelikte）或者"必须有举止的犯罪"（verhaltensgebundene Delikte）的场合，没有办法按照"原因自由行为"的标准进行归属。

19　最后，前置理论和第 22 条的规定之间产生了严重的冲突。第 22 条规定，行为人开始实现构成要件必须"按照其对犯罪的设想，直接着手实现构成要件"。如果某行为人为了壮胆而饮酒，是为了后来在其他地方杀害某人，那么，明显不符合这里的规定。因此，前置理论弄混了（不可罚的）预备和力图之间的界限。此外，倘若行为人因为过度饮酒而失去了进一步实施他所计划的犯罪的能力，那么，他的行为就也许必须以力图论处了。这个思路，迄今人们尚未认真地考虑过。

四、结论

1. 违宪性？

20　基于以上的探讨，可以得知：在对"原因自由行为"的解释方案中，例外模式虽然具有说服力，而且在学说史上也站住了脚，但是，不同于"同时原则"的其他例外的是，例外模式缺乏必要的法律规则根据，因而，反对的观点认为，它违反了《基本法》第 103 条第 2 款。而构成要件模式虽然也许符合了宪法，但却又违反了法律对开始实现构成要件的规定，因而在犯罪论体系上不能成立。

---

[23]　从基本原理上的批评，见赫鲁斯卡，载《格塞尔祝贺文集》，第 145 页及以下几页；米奇，载《屈佩尔祝贺文集》，第 347 页及以下几页。

由于这种发现,在文献中出现了已广为流传且支持者日众的一种观点,即"原 21
因自由行为"在整体上是违反宪法的:它没有办法与"同时原则"之间实现较好的
协调,因而,违反了以合宪为导向的(verfassungsmäßig verankert)罪责原则和明确性
原则。㉔ 这就给立法者提出了应然法上的要求,即需要从法律上再拟定一个例外
模式,作为第20条的补充,就像第35条第1款第2句那样。

2. 区别对待的思路

出于宪法上的考虑,新近的判例㉕拒绝采用例外模式。但是,其也认为构成要 22
件模式至少对于亲手犯是不适合的,因而,特别地将在实务上有重要意义的道路交
通犯罪(特别是《刑法典》第315条c、第316条、《道路交通法》第21条)从"原因
自由行为"的适用范围中排除了出去。人们不能(在构成要件模式的意义上)将这些
构成要件理解成为是对某种独立于犯罪行为的结果的促成。例如,"驾驶"一辆汽
车并不等于就是引起一个动作,而是直到(汽车)开动才算开始("驾驶")。与此不
同地,在纯粹结果犯上,联邦法院认为,仍可以在构成要件模式的意义上适用"原因
自由行为"的规则。㉖

3. 依靠第323条a

若人们认为"原因自由行为"完全不可采或者无法适用于某些犯罪种类,或 23
者,行为人在促成欠缺(相应能力的)状态是没有办法预见到后来的构成要件之实
现,那么,这时,就不适用"原因自由行为"的规则。在这种情况下,由于缺乏罪责责
难,行为人进而就不因其实现的构成要件而受处罚。

不过,在这种情形下,也许可以考虑适用第323条a。该条款处罚的不是昏醉 24
状态下实施的犯罪,而是处罚陷入昏醉状态。按照主流见解,昏醉时的犯罪仅仅是

㉔ 请代表性地参见布林格瓦特,边码514及下一边码;赫廷格尔(*Hettinger*):《"原因自由行为"》(*Die „actio libera in causa"*),1989年版,第436页及以下几页、第460页及以下几页;赫廷格尔,《戈尔特达默刑法档案》,1989年,第1页及以下几页;赫廷格尔,载《格尔茨祝贺文集》,第623页及以下几页;赫鲁斯卡,《法学家报》,1996年,第64页,尤其是第67页及以下几页;赫鲁斯卡,《法学家报》,1997年,第22页;佩夫根,《整体刑法学杂志》,第97卷,1985年,第513页,尤其是第522页及以下几页;《诺莫斯刑法典评注——佩夫根》,第323条a前言,边码29;萨尔格尔、姆茨鲍尔(*Salger/Mutzbauer*),《刑法新杂志》,1993年,第561页及以下几页。关于亲手犯,见施特尔贝格—利特尔,载《施吕希特纪念文集》,第217页,尤其是第238页及以下几页。

㉕ 《联邦法院刑事判例集》,第42卷,第235页及以下几页。

㉖ 这样的观点见,联邦法院《法学综览》,1997年,第391页;关于判例的立场,亦参见安博斯(*Ambos*),《新法学周刊》,1997年,第2296页及以下几页;霍恩,《刑事辩护人杂志》,1997年,第264页及以下几页;耶洛塞克(*Jerouscheck*),《法学教学》,1997年,第385页及以下几页;诺伊曼,《刑事辩护人杂志》,1997年,第23页及以下几页;伦瑙,《法学工作》,1997年,第599页、707页及以下几页。

客观处罚条件,而不需要进行主观归属。㉗

五、专业鉴定

1. 构造的问题

25　　在刑法的专业鉴定中,对"原因自由行为"的规则的探讨是很困难的。这不仅仅是由于其法律问题本身就很困难,更因为这个规则还给(犯罪)构造的逻辑提出了特别的难题。("原因自由行为"的)**两个模式的前提条件**,也是完全从两个**互相独立**的角度来**适用**的:

26　　一方面,在这两个模式中,构成要件之实现的开始时点是不同的。在例外模式中,实施犯罪的开始点(正常地)是在第 22 条意义上的直接着手;而构成要件模式则(不寻常地)要求促成欠缺(相应能力的)状态就算作犯罪的开始。这样,**需要涵摄的案件事实情况就不相同了**。

27　　另一方面,这两种模式**对于故意也都提出了不同的要求**。由于例外模式(正常地)认为直接着手实现构成要件时算是犯罪开始,那么,行为人只有到了这个时间点才需要具备故意;至于促成欠缺(相应能力的)状态的时候,只需要行为人能够和必须预见后来的犯罪就可以了。㉘ 与此不同地,构成要件模式则在促成欠缺(相应能力的)状态之时就算开始犯罪,这样使得(在故意犯的场合)行为人在这个时点就必须对后来的犯罪具备故意了。此外,在实现本来意义的构成要件的时候,也还需要该故意。㉙ 这样,根据构成要件模式,故意的"原因自由行为"就要求双重故意。㉚ 如果行为人在促成欠缺(相应能力的)状态之时尚无故意,而后来在实现原来意义的构成要件时又具备故意,那么,按照构成要件模式本身的说法,这时至少可以成立过失的㉛"原因自由行为"。

㉗ 详见金德霍伊泽尔:《刑法分论》,第 1 卷,第 71 节,边码 1 及以下几个边码,有进一步的文献;亦参见联邦法院,《刑法新杂志——刑事判决和报告》,2007 年,第 368 页。

㉘ 赫鲁斯卡,《法学家报》,1997 年,第 22 页及以下几页;金德霍伊泽尔:《作为犯罪的危险》,1989 年版,第 127 页及下一页。

㉙ 特别地,如果行为人是为了更容易地实施犯罪,而采取饮酒的手段(为壮胆而饮酒),则并不必要有故意。见联邦法院,《刑法新杂志》,2002 年,第 28 页。

㉚ 参见《帝国法院刑事判例集》,第 73 卷,第 177 页,尤其是第 182 页;《联邦法院刑事判例集》,第 2 卷,第 14 页,尤其第 17 节;第 17 卷,第 259 页,第 21 卷,第 381 页,尤其是第 382 页;联邦法院,《刑法新杂志》,1995 年,第 329 页,尤其是第 330 页;约克斯,第 323 条 a,边码 37;《莱比锡刑法典评注——舍希》,第 20 条,边码 202;在例外模式的情况,也要求双重故意,见韦塞尔斯、博伊尔克,边码 417;奥托,第 13 节,边码 28。

㉛ 参见本书本节下文边码 29 及以下几个边码。

2. 专业鉴定的框架

例外模式能够顺利地和流行的犯罪构造相适应,而构成要件模式则需要对犯罪作不寻常的构造(即前置),因而,在考察相应的犯罪时,**按照通行的模式来开始论述**,是更值得推荐的:

(1) 客观、主观的构成要件符合性(如果具备,则下一步)。

(2) 违法性(如果成立,则下一步)。

(3) 罪责:在直接着手实现构成要件时,行为人由于先前的饮酒,已经处于第 20 条意义上的无罪责能力状态。

但是,尽管没有罪责能力,能否按照"原因自由行为"来认定行为具有罪责?如果满足如下的条件,那么,就可以基于例外模式做出肯定的回答:行为人尽管已经预计到或者本来能够或必须预计到,他会在无罪责能力的状态下为相应的犯罪,却仍促成这种无罪责能力的状态(边码 6 及下一边码)。

如果这个问题得到了肯定的回答,那么,就需要回答例外模式的合宪性问题(边码 9 及下一边码)。

如果谁认为这个模式是合宪的,那么,行为人的罪责就确立了,犯罪审查也就**此结束**。

而如果未能满足例外模式的前提条件,或者人们认为这个模式是违宪的,那么,从前面到现在为止的犯罪审查也仍然需要结束,但**要再重新开始**。

(4) 构成要件符合性。

首先,客观构成要件:

其中,第一,基于构成要件模式,行为人的举止是否符合客观的构成要件,需要重新加以考察;这时,犯罪的开始乃是以促成欠缺(相应能力的)状态的时间点为准。这意味着,已经需要将饮酒解释成为第 22 条意义上的直接着手,或许类比适用间接正犯的规则(边码 11 及以下几个边码)。

第二,由于这种行动偏离了专业鉴定的常见框架,那么,在大前提中就必须先确定,相应的犯罪需要按照(构成要件模式的)"原因自由行为"来加以考察。

第三,如果谁认为构成要件模式无法和力图开始的基本原理相兼容,或者案件中涉及的是对亲手犯的处理,而按照新近的判例,对于亲手犯又不得适用"原因自由行为"这个原则(边码 22),那么,犯罪审查就需要**结束**,并考察是否可能按照第 323 条 a 来处罚行为人。

如果认为可以适用构成要件模式(而且客观的构成要件符合性也成立了),那么,则进行下一步。

其次,主观构成要件:

其中,第一,在故意犯的场合,需要**双重的故意**,即故意必须针对促成欠缺(相

28

应能力的)状态,也必须针对后来的犯罪实施(边码27)。

第二,如果对于欠缺(相应能力的)状态没有故意,那么,这一对故意犯的审查就**结束了**。这时,可能要**重新**开启对于是否成立相应的过失犯罪的审查。[32]

倘若双重故意皆成立,则进行下一步。

(5)违法性(如果成立,则进行下一步)。

(6)罪责。

在罪责阶层,需要确定行为人是否需要对违法的构成要件之实现负有罪责。这时,欠缺(相应能力的)状态是构成要件之实现的原因,而由于行为人在设置这种原因时,具备罪责能力,那么,就不需要适用第20条。

六、过失犯中的"原因自由行为"

29　仅当相应的犯罪在根本上可以过失地实施的时候,才有可能出现过失的"原因自由行为"。在这种前提下,若行为人过失地为相应犯罪,而不管他是故意还是过失地陷入昏醉状态,且本能够预见到后来的构成要件之实现,那么,都成立过失的"原因自由行为"。而倘若人们认为,故意的"原因自由行为"需要双重故意(边码27)*,那么,进一步地,若行为人故意地实现构成要件,但只是过失地陷入欠缺(相应能力的)状态,且这时本来能够预见到后来的构成要件之实现,则成立过失的"原因自由行为"。

30　仅有在例外模式的基础上成立的过失"原因自由行为",才是前后一致、符合逻辑。** 因为,只有在这种情况下,通过借助"原因自由行为"这一归属形式才可以给行为时须有罪责能力这个原则创设出例外,这样不管是过失还是故意,都可以实现构成要件。[33]

31　但是,如果人们从**构成要件模式**出发,并将实施犯罪的开始时间点设定在饮酒

---

[32] 对此,参见本书第33节,以及本书本节下文边码29及以下几个边码。

* 也就是说,如果人们采用构成要件模式的话,需要双重故意,那么,按照这种模式,"过失+故意"成立的是过失"原因自由行为"。——译者注

** 在采取例外模式的时候,不需要双重故意,那么,只需要在陷入欠缺(相应能力)时对后来的构成要件实现有所预见,而不管后来是故意还是过失地实现构成要件,都可以成立"原因自由行为"。而若后来的构成要件只能是故意地实施,那么,就只能成立故意的"原因自由行为",而不是过失的"原因自由行为"。正如下一段所指出的,讨论的关键点是,过失的"原因自由行为"中,决定性的是过失地实现本来的构成要件,还是过失陷入无罪责能力的状态。构成要件模式认为是后者,但是,这时并不发生罪责上的问题,为何要用过失的"原因自由行为"来解释?例外模式认为是前者,这时,成立过失犯罪,并用"原因自由行为"加以解释,是为过失的"原因自由行为"。——译者注

[33] 参见赫鲁斯卡,《法学家报》,1997年,第22页,尤其是第24页及以下几页,有进一步的文献。

的时候,那么,过失的"原因自由行为"这一构造就是**多余的**。㉞ 在这种情况下,人们可以发现,行为人促成失去罪责能力的状态,是违反了对实现过失的构成要件而言必要的谨慎义务。而因为行为人不谨慎地开始实现构成要件(即开始饮酒)时,仍然具备罪责能力,所以,不会再发生罪责上的疑问。

32

> **复习与深化**

1. "原因自由行为"在哪些方面和"同时原则"不协调?(边码4及以下几个边码)
2. 何谓例外模式?对这一模式有什么异议?(边码6及以下几边码)
3. 何谓构成要件模式?对这一模式有什么异议?(边码11及以下几个边码)
4. 如果认为"原因自由行为"完全或者部分地违反了宪法,那么,会有什么结果?(边码20及以下几个边码)

㉞ 《联邦法院刑事判例集》,第42卷,第235页,尤其是第236页及下一页;弗里施,《整体刑法学杂志》,第101卷,1989年,第538页,尤其是第608页及以下几页;耶格尔,边码182;奥托,第13节,边码31及以下几个边码;佩夫根,《整体刑法学杂志》,第97卷,1985年,第513页,尤其是第524页;普珀,《法学教学》,1980年,第346页,尤其是第350页;批判性的观点,见霍恩,《刑事辩护人杂志》,1997年,第264页,尤其是第265页及下一页。

第24节 免除罪责的紧急避险

一、概述

> **案例1**
>
> A和B遇到海难。为了活命,他俩同时抓住了一块厚木板。但这块厚木板仅能承受一个人的重量。为了自己能活下来,A将B撞下木板。B溺死。

1　　第35条规定了免除罪责的紧急避险,这种紧急避险是建立在无法期待为合法举止的思想之上的。① 行为人的行为虽然是违法的②,但是考虑其所处的特殊的形势所逼,人们无法期待他遵守规范。不过,罪责本身并没有消失,它只是被一般地排除出去了,因为在特定的条件下,尽管存在形势紧迫,罪责责难还是能够保留的。假若行为人自己引发了这种紧急避险的情形(第35条第1款第2句),那么,就需要进行罪责责难。第35条之所以只能免除罪责,而不能起到正当化的作用,乃是因为该条并没有要求被危及的利益**实质上高于**为防止危险而侵害的利益。但是,第35条的紧急避险情形明确规定了必须是危及所提到的现实利益。

2　　案例1乃是免除罪责的紧急避险的经典案例;这个案例据说是希腊哲学家卡内阿德斯(*Karneades*)所讲的。

二、前提条件

3　　免除罪责的紧急避险需要具备如下前提条件:(1) 紧急避险的情形;(2) 紧急避险的行为;(3) 救济的意思(这是免除罪责的主观方面);(4) 无期待可能性。

1. 紧急避险的情形

4　　如果行为人、第11条第1款第1项中的亲属或者与之关系密切的人的生命、身体、自由遭遇了正在发生的危险,那么,就出现了紧急避险的情形。

5　　**(1) 正在发生的危险**:正在发生的危险的确定方法和正当化的紧急避险时(危险的)确定方法一样。③ 案例1中的A陷入了这种危险。

---

① 有人认为,这里也是通过行为不法的减轻(附加地)来阻却刑罚。参见韦塞尔斯、博伊尔克,边码433;海因里希,边码563;耶赛克、魏根特,第43节Ⅲ;克赖、埃塞尔,边码749。
② 亦参见第17节,边码9。
③ 对此,参见本书第17节,边码15及下一边码、边码18及以下几个边码;亦参见《帝国法院刑事判例集》,第60卷,第318页,尤其是第319页及以下几页;第66卷,第222页,尤其是第225页及以下几页;《联邦法院刑事判例集》,第5卷,第371页,尤其是第373页;联邦法院,《新法学周刊》,2003年,第2464页,尤其是第2466页。

（2）是否能够紧急避险：能够加以紧急避险的只能是明确提到的利益：生命（案例1）、身体和自由；如果是为了保护其他利益，是不可以类比适用该条款的。④ 按照主流意见，尚未出生的生命，也不是这类利益，亦即，不能为了保护这种生命而采取这种紧急避险。⑤ 这里的自由应该理解成行动自由（Fortbewegungsfreiheit）（而非一般的行为自由）。⑥

（3）亲属和关系密切者：亲属是指第11条第1项所提到的人。所谓关系密切者，是指和行为人一起生活的人，或者和他有亲属一般的人身联系的人，比如伴侣。⑦

2. 紧急避险的行为

仅当引起紧急避险的危险无法通过其他措施防止的时候，紧急避险的行为才可以免除罪责。

所谓"无法通过其他措施防止"的危险仅仅是指，**在客观上**，为了消除危险，紧急避险行为已经**必要**的最后手段，因此，紧急避险行为必须是**适当**的而且是**所能采取的相对最缓和的手段**。⑧ 为了防止危险，如果行为人面临多种可能性，那么他必须选择更为不可能导致严重后果的手段。⑨ 特别地，如果可以请求国家的帮助，那么，这个危险就不是"无法通过其他措施防止"的危险。真实情况是否如此，讨论时需要小心谨慎。尤其要注意，由于在过去的冲突性的场合下，国家机构等并没有干预或者并没有有效地介入，所以，根据具体案件的具体情况，需要从一开始就考虑可能的替代性措施到底是否有效。⑩ 在案例1中，A只有将B撞下木板，自己才能活命。

---

④ 主流意见，请代表性地参见法兰克福州高等法院，《刑事辩护人杂志》，1989年，第107页，尤其是第108页；鲍曼、韦伯、米奇，第23节，边码20；耶赛克、魏根特，第44节 I、1；屈尔，第12节，边码26；《刑法典体系性评注——罗加尔》，第35节，边码4、15；毛拉赫、齐普夫，第34节，边码13；其他观点，关于能和人格权利相匹配的物的利益，见廷佩（Timpe），《法学教学》，1984年，第859页，尤其是第863页及下一页。

⑤ 参见拉克纳、屈尔，第35节，边码3；《慕尼黑刑法典评注—明西希》（MK-Müssig），第35条，边码13；《诺莫斯刑法典评注—诺伊曼》，第35条，边码14；罗克辛，《法学工作》，1990年，第97页，尤其是第101页；斯特拉滕韦特、库伦，第10节，边码105；《莱比锡刑法典评注——齐祥》，第35节，边码12；其他观点，见《整体刑法评注便携本——杜特格》，第35条，边码4；《（舍恩克、施罗德）刑法典评注—佩龙》，第35节，边码5；《刑法典体系性评注——罗加尔》，第35节，边码15。

⑥ 屈尔，第12节，边码30；《（舍恩克、施罗德）刑法典评注—佩龙》，第35条，边码8。

⑦ 弗洛因德，第4节，边码48；克赖、埃塞尔，边码750；《慕尼黑刑法典评注——明西希》，第35条，边码19。

⑧ 埃伯特，第107页；屈尔，第12节，边码47及下一边码；《慕尼黑刑法典评注——明西希》，第35条，边码27及下一边码。

⑨ 伦克纳，载《伦克纳祝贺文集》，第95页，尤其是第111页。

⑩ 《联邦法院刑事判例集》，第48卷，第225页，尤其是第260页及以下几页和奥托的评释，《刑法新杂志》，2004年，第142页；关于杀死家里的暴君（Haustyrannen），详见伦吉尔，《刑法新杂志》，2004年，第233页及以下几页。

10　　此外,受保护法益和受侵害法益之间必须存在某种**比例性**。⑪ 例如,如果仅仅是遇到不严重的身体侵害,就不可侵犯到他人的利益,侵犯则不可免除罪责。⑫

3. 救济的意思

11　　在主观上,免除罪责的紧急避险要求行为人除了需要对险情有认识之外,还必须在行事时具有防止危险的目标("为了免受……")。在案例1中,A 就有这种目的。这种目的是必要的,因为免除罪责针对的是行为人的动机⑬,这点是和第34条的正当化不同的。⑭ 此外,在判例中,如果通过紧急避险给他人的利益带来的侵害越大,就要求当事人越加谨慎地考虑有没有其他的救济可能性。⑮

4. 没有期待可能性

> **案例 2**
>
> 在百货大楼纵火案中,恐怖分子 K 只有通过将 X 和 Y 致命地撞下楼梯,自己才能够得救;此前,K 本来是要制造爆炸案,但炸弹提前爆炸,结果酿成大火。

> **案例 3**
>
> 只有通过伤及无辜的 B,A 才能将他的妻子 Q 从陷入火海中的房屋中救出;而之前是 Q 自己纵的火。

12　　根据相应的(案件)情况,若可以期待行为人接受危险,特别是当行为人自己造成了紧急避险的情形或者处于一种具有更高的危险承受义务的特定法律关系中,那么,就不能按照第35条第1款第2句取消罪责责难。⑯

---

⑪ 屈尔,第12节,边码53;《慕尼黑刑法典评注——明西希》,第35条,边码34。

⑫ 参见《帝国法院刑事判例集》,第66卷,第397页,尤其是第399页及下一页;赫恩勒,《法学教学》,2009年,第873页,尤其是第878页。

⑬ 主流观点,请代表性地参见《联邦法院刑事判例集》,第3卷,第271页,尤其是第273页及以下几页;韦塞尔斯、博伊尔克,边码438;菲舍尔,第35条,边码8;屈尔,第12节,边码56及下一边码;《慕尼黑刑法典评注—明西希》,第35条,边码37;奥托,第14节,边码10;《(舍恩克、施罗德)刑法典评注——佩龙》,第35条,边码16;罗克辛,《法学工作》,1990年,第97页,尤其是第102页;毛拉赫、齐普夫,第34节,边码15;其他观点,见雅科布斯,第20节,边码10及下一边码;廷佩,《法学教学》,1984年,第859页,尤其是第860页。

⑭ 参见本书第17节,边码41。

⑮ 《联邦法院刑事判例集》,第18卷,第311页,尤其是第312页;联邦法院,《刑法新杂志》,1992年,第487页;韦塞尔斯、博伊尔克,边码439;哈夫特,第142页及下一页;奥托,第14节,边码8;其他观点,伯恩斯曼,《紧急避险的"免除罪责"》,1989年版,第73、107页;《慕尼黑刑法典评注——明西希》,第35条,边码38。

⑯ 对此,详细的叙述,见罗克辛,《法学工作》,1990年,第137页及以下几页;廷佩,《法学教学》,1985年,第35页及以下几页。

(1)造成危险:仅仅纯粹是造成了危险尚不足以否定免除罪责。更确切地说,当行为人(至少在客观上)没有可靠的理由就引发了可以预见会产生险情的情势,我们才可以对其肯定罪责的成立(即取消罪责的免除)。⑰ 在案例 2 中,由于 K 有责任地引起了险情,这样,他自己就不能免责。

(2)更高的承受危险的义务:人们可以对之期待更高的承受危险之义务的法律关系,如警察、士兵、海员以及消防员和山难救援服务人员(Bergrettungsdienst)的亲属。⑱ 通常而言,从这种法律关系中需要能产生针对公众的特定义务地位(Pflichtenstellung),因此,例如,只对自己的孩子有保护义务的父母,就不在此之列。⑲

(3)对身处危境者的期待可能性:按照学术文献中出现的少数见解,如果行为人为了亲属或者与之关系密切者的利益而行事,而人们又可以期待其为了**这位**亲属或关系密切者忍受相应危险,那么,这时就不应免除罪责。⑳ 然而,反对这种限制的观点认为,除非是法条中明确规定的"他自己"*(引发危险)的情况,免除罪责的紧急避险(均只)取决于行为人的动机状况,这样,至于受救济的人是否对危险负责,则并不重要。㉑ 所以,在案例 3 中,可以对 A 免除罪责:人们是否可以期待 A 接受 Q 死亡的结果这个问题,与 Q 是否放了火没有任何关系。

三、适用

在**专业鉴定**中,可以考虑对免除罪责的紧急避险的条件,以如下的步骤加以审查:

(1)构成要件符合性。
(2)违法性(特别是未能根据第 34 条成立紧急避险)。
(3)罪责。
① 紧急避险的情形:
其中,第一,存在危险(第 17 条,边码 15 及下一边码);
第二,危及身体、生命或者(行动)自由(边码 6);
第三,危险正在发生(边码 17、边码 18 及以下几个边码)。

---

⑰ 耶赛克、魏根特,第 44 节 III、2a;《(萨茨格尔、施米特、维德迈尔)刑法典评注——罗泽瑙》,第 35 条,边码 14;罗克辛,第 1 卷,第 22 节,边码 44 及以下几个边码;偏离的观点,见《刑法典体系性评注——罗加尔》,第 35 条,边码 29 及以下几个边码:故意或过失地促成;深入的论述,见《莱比锡刑法典评注——齐祥》,第 35 条,边码 49:单单是违反义务的先行举止就已经足够了。

⑱ 参见联邦法院,《新法学周刊》,1964 年,第 730 页,尤其是第 731 页;弗洛因德,第 4 节,边码 49;克赖、埃塞尔,边码 759;《诺莫斯刑法典评注——诺伊曼》,第 35 条,边码 41 及以下几个边码。

⑲ 屈尔,第 12 节,边码 70;其他观点,见齐祥,《法学工作》,2007 年,第 679 页,尤其是第 684 页。

⑳ 奥托,第 14 节,边码 14;廷佩,《法学教学》,1985 年,第 35 页,尤其是第 38 页及下一页。

* 即第 35 条第 1 款第 2 句中的规定。——译者注

㉑ 菲舍尔,第 35 条,边码 12;《(舍恩克、施罗德)刑法典评注——佩龙》,第 35 条,边码 20a;毛拉赫、齐普夫,第 34 节,边码 6。

② 紧急避险的行为:没有其他方法以防止危险(边码 8 及以下几个边码)。

其中,第一,必要性:适当的和最缓和的手段(边码 9);

第二,比例性(边码 10)。

③ 主观的免除罪责(救济的意思):

其中,第一,对紧急避险情形和紧急避险行为的认识(边码 11);

第二,救济目的(边码 11)。

④ 没有期待可能性:

其中,第一,仅当(有争议地,边码 15)行为人对危险负有责任(边码 13);

第二,特定的法律地位(边码 14)。

如果成立紧急避险,行为人可以免除罪责;否则,可能还有进一步的免除罪责事由或罪责阻却事由。

第 35 条第 1 款只是规定了免除罪责的紧急避险事由,因而,对于处在免除罪责的紧急避险情况中行事的人,原则上是可以采取**紧急防卫**的。但是,这种紧急防卫需要受到一些限制。㉒

由于免除罪责的紧急避险并不影响行为的违法性,因此,对于这种行为,可以成立可罚的参加。㉓

复习与深化

1. 免除罪责的紧急避险需要满足哪些条件?(边码 3 及以下几个边码)
2. 在第 35 条的意义上,可以为了保护哪些利益而采取紧急避险?(边码 6)
3. 在何种条件下,可以期待(行为人)接受危险?(边码 12 及以下几个边码)

㉒ 参见本书第 16 节,边码 46。
㉓ 参见本书第 38 节,边码 17 及下一边码。

第25节　防卫过当

一、概述

按照《刑法典》第33条的规定,防卫人因为慌乱①、恐惧或者惊吓而超越紧急防卫的界限*的,不受处罚。人们将该条理解成为是免除罪责的紧急避险。② 针对该规则需要考虑两种情况:一方面,受违法攻击者(或者他的紧急救助者)③由于这里提到的这些精神上的原因而过度地实施了防卫,以至于人们不能再将这种特殊情况认定为紧急防卫,因而,他自己也就成了违法的攻击者,当然,可以得到宽大处理。另一方面,如果原先的攻击者不仅需要对原先的紧急防卫状况负责,而且还需要对这种状况而导致的原先受攻击者(亦即现在所说的防卫过限的行为人)的(过分)反应负责,则可能使得防卫过限不具有应罚性。④

1

二、质的紧急防卫过当(Der intensive Notwehrexzess)**

案例1

B体格不及A强壮,却侵犯了A,而A本来可以轻易地用拳头防止攻击;但是A因为这一突然袭击受到惊吓,于是抓起一把刀,刺进了B的胸膛。

案例2

案情如案例1一样。只是A在受B攻击之前,侮辱了B(侮辱已结束),以致引起B随后的攻击是可以预见的,因为B以好战闻名。不过,A当时并非蓄意引发这种情势。

首先,没有争议地,第33条所描述的便是案例1中这种情况:违法攻击的受害

2

---

① 对此,见联邦法院,《刑事辩护人杂志》,2006年,第688页。
* 该处不直接翻译作"防卫过当"(参见《德国刑法典》,徐久生、庄敬华译,中国方正出版社2004年版,第13页),而采取"紧急防卫的界限"的译法,也是为了和后文"量的防卫过当"相对应,请参见本书本节下文边码12。相似的译法,参见《德国刑法典》,冯军译,中国政法大学出版社2000年版,第14页。——译者注
② 今日完全占据主流的观点,请代表性地参见《帝国法院刑事判例集》,第56卷,第33页,尤其是第34页;《联邦法院刑事判例集》,第3卷,第194页,尤其第197页及下一页;第39卷,第133页;《(舍恩克-施罗德)刑法典评注——佩龙》,第33卷,边码2;《刑法典体系性评注—罗加尔》,第33条,边码1;概念上不一致的,见《诺莫斯刑法典评注——金德霍伊泽尔》,第33条,边码2及下一边码。
③ 关于紧急救助,参见本书第16节,边码2。
④ 亦参见韦塞尔斯、博伊尔克,边码446;雅科布斯,第20节,边码28。
** "质的紧急防卫过当"及"量的紧急防卫过当"的译法参见[德]耶赛克、魏根特:《德国刑法教科书》,徐久生译,中国法制出版社2001年版,第587—588页。——译者注

人(或他的紧急救助人)出于慌乱、恐惧、惊吓而**超越了**紧急防卫(第32条)的**必要防卫限度**。人们将这种情况称为"质的防卫过当",因为从防卫的强度(Intensität)上看,A超越了必要的界限;对于他而言,是可以用拳头防卫的,也就是说,他有办法采取一种和用刀防卫具有同等效果但却更缓和的手段来防卫。⑤ "质的防卫过当"还有可能同样地发生在侵犯虽还在进行,但强度已经降低的时候。⑥

3   对于"质的防卫过当",可以采取如下的图解*:

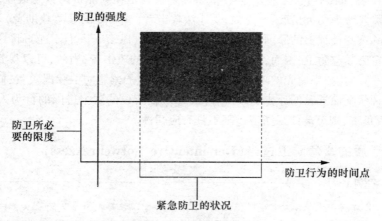

4   要成立"质的防卫过当",需要如下**前提条件**:
5   第一,必须**客观上存在紧急防卫的情形**。⑦
6   第二,(原来的)受攻击者必须**超越了防卫所必要的限度**。也就是说,采取了一个强度上(比如,未向大腿射击,却朝胸膛射击)超过了防卫之必要的手段,或者说,这时有办法采取更为缓和但同样有效的手段,而他却没有采取。
7   第三,(原来的)受攻击者必须是**出于慌乱、恐惧、惊吓**而行事。只有这种低度的情绪冲动(Schwächeaffeckte)[所谓"微弱"(asthenisch)的情绪冲动]⑧才可以产生免除罪责的效果,而愤怒、不满或者仇恨[所谓"强大"(sthenisch)的情绪冲动]或者其他理由,则不可以。如果发生这种"微弱"的情绪冲动时,还伴随其他的动机,那么,这种情绪冲动虽然不必是主导性的,但必须起着共同的决定性作用,才能够

---

⑤ 详见本书第16节,边码27及以下几个边码。
⑥ 联邦法院,《刑法新杂志——刑事判决和报告》,2004年,第10页。
* 图解中"阴影部分"即为"质的防卫过当"。"紧急防卫的状况"即指成立紧急防卫的情形。——译者注
⑦ 关于其要素,参见本书第16节,边码5及以下几个边码。
⑧ 详见《诺莫斯刑法典评注——金德霍伊泽尔》,第33条,边码21及以下几个边码;《莱比锡刑法典评注——齐祥》,第33条,边码53及以下几个边码。

起到免除罪责的效果。⑨

如果防卫过当的行为人自己**有责任地促成了紧急防卫的情形**,依照主流学说的理解,这不妨碍第 33 条的适用。在这种情况下,人们通常认为,在第 35 条第 1 款第 2 句(免除罪责的紧急避险)的法律条文中并没有明确将这种情况排除出去。⑩ 但是,在蓄意挑拨的案件中,应当做例外处理⑪,倘使人们认为这种蓄意挑拨能够排除紧急防卫的话。因为没有紧急防卫权作为基础,就不可能成立免除罪责的防卫过当。⑫ 此外,判例也在很大程度上认为,当防卫过当行为人自己有计划地促成了防卫情形时,不得援引第 33 条。⑬ 因此,在案例 2 中,A 尽管不谨慎地促成了紧急防卫的情形,但仍然可以适用第 33 条来免除罪责,因为他既没有蓄意引起 B 的攻击,也没有有计划地激起这种反应。

三、量的防卫过当(Der extensive Notwehrexzess)

> **案例 3**
>
> C 得知,D 打算入室盗窃 C 家。当他看到 D 还在街上来回走动以侦察地形时,就朝他开枪射击了。

> **案例 4**
>
> E 冲向 F,要痛打 F。但 F 拿出一把枪,E 赶紧转身逃跑。在惊慌和害怕之中,F 仍然朝 E 背部射击,E 重伤。

如果防卫过当的行为人**没有遵守紧急防卫的时间上的限制**,那么,也就从外延上(extensiv)逾越了紧急防卫的界限。"量的防卫过当"是指攻击尚未开始,或者攻击已经结束时,行为人对对方实施防卫。因而,防卫(或者紧急救助)就不是针对正在实施的攻击,也就是防卫得太早或者太迟了。⑭

---

⑨ 《联邦法院刑事判例集》,第 3 卷,第 195 页,尤其是第 198 页;联邦法院,《刑事辩护人杂志》,1999 年,第 148 页,尤其是第 149 页;《刑法新杂志》,2001 年,第 591 页,尤其是第 593 页;《诺莫斯刑法典评注——金德霍伊泽尔》,第 33 条,边码 25;奥托,《法学》,1987 年,第 604 页,尤其是第 606 页及下一页;《刑法典体系性评注——罗加尔》,第 33 条,边码 9;其他观点,见《(舍恩克·施罗德)刑法典评注——佩龙》,第 33 条,边码 5;罗克辛,载《沙夫斯泰因祝贺文集》,第 105 页,尤其是第 121 页及下一页。

⑩ 《诺莫斯刑法典评注——金德霍伊泽尔》,第 33 条,边码 28;罗克辛,载《沙夫斯泰因祝贺文集》,第 105 页,尤其是第 123 页;对此,参见本书第 24 节,边码 13。

⑪ 参见本书第 16 节,边码 48 及以下几个边码。

⑫ 霍夫曼—霍兰特,边码 406,有进一步的文献。

⑬ 详见《联邦法院刑事判例集》,第 39 卷,第 133 页,尤其是第 139 页及下一页及罗克辛批判性的评释,见《刑法新杂志》,1996 年,第 335 页及下一页。

⑭ 详见《诺莫斯刑法典评注——佩夫根》,第 32 条前言,边码 279 及以下几个边码。

10　　对于"量的防卫过当",可以作如下的图解:

11　　在案例3中,D尚未着手实施所计划的犯罪,因而,攻击也就不是正在发生(所谓过早的"量的防卫过当")。不同地,案例4中E的攻击在射击时已经结束,所以,攻击也不再具有现时性(所谓过迟的"量的防卫过当")。对于这两种情形,是否可以适用第33条来处理,乃是有争议的:

12　　首先,按照主流观点,对于"量的防卫过当"都不得适用第33条。[15] 这样的结果是,在这两种情况中都不能对防卫过当行为人免除罪责。理由是:如果攻击尚未开始,或者攻击已经结束,在客观上就不存在紧急防卫的情形,这样,在这两种情况中,也都不得出于"微弱"的情绪冲动而逾越紧急防卫的许可范围。

13　　其次,有个广为流传的反对观点认为,这两种情况都必须对防卫过当行为人适用第33条。[16] 条款中"紧急防卫的界限"也可以理解成为时间上的界限。此外,由于在动机情况上没有什么区别,因而其实没有什么理由将之和"质的紧急防卫"区别对待。

14　　最后,有人试图调停这种争论,并认为,第33条仅仅适用于过迟的"量的防卫过当"。[17] 在这种情况下,已经存在一个对紧急防卫的许可,只是行为人从时间上超越了该许可的界限。不过,这时必须存在时间上直接联系,根据这种联系,人们可以将防卫行为及其后续部分自然地看成一个整体的事实发生过程,就像案例4中那样。这种区别是合理的:在过早的"量的防卫过当"的情形下,尚没有紧急防卫的情形,因此,也就不存在进行紧急防卫的许可,进而,被认为是攻击者的人由于尚未实施攻击,也就根本上不应对(可以解释防卫过当行为人的反应且攻击者要因自

---

[15]《帝国法院刑事判例集》,第54卷,第36页,尤其是第37页;第62卷,第76页,尤其是第77页;联邦法院,《刑法新杂志》,1987年,第20页;2002年,第141页及下一页;埃伯特,第109页;盖伦,《法学》,1981年,第370页,尤其是第379页;耶赛克、魏根特,第45节II、4;克赖、埃塞尔,边码765;《刑法典体系性评注——罗加尔》,第33条,边码4。

[16] 雅科布斯,第20节,边码31;米勒—克里斯特曼(Müller-Christmann),《法学教学》,1989年,第717页,尤其是第718页及下一页;《(舍恩克、施罗德)刑法典评注—佩龙》,第33条,边码7;罗克辛,载《沙夫斯泰因祝贺文集》,第105页,尤其是第111页及以下几页;不一致的观点,关于直接适用和(不考虑时间先后顺序的)类比适用,见《莱比锡刑法典评注——齐祥》,第33条,边码6、10及下一边码。

[17] 韦塞尔斯、博伊尔克,边码447;海因里希,边码587;奥托,《法学》,1987年,第604页,尤其是第606页;廷佩,《法学教学》,1985年,第117页,尤其是第120页及下一页。

危而负责的)紧急防卫的情形承担任何责任。不同地,过迟的"量的防卫过当"的情况下,已经存在过(可以解释受攻击者也就是其后的防卫过当行为人的反应的)紧急防卫情形,只是这种紧急防卫情形在时间上"过时"了。

四、行为的主观方面

> **案例 5**
>
> 虽然 G 认识到,朝攻击者 H 的大腿打一枪就可以使之丧失斗争能力,他还是由于害怕瞄准了(对方的)胸口。

按照第 33 条规定的条件,免除防卫者的防卫过当的罪责,和防卫者有意识还是无意识地超越紧急防卫的界限没有任何关系[18];所以,即便认识到案件中相应情况,其实施的防卫过当仍然是没有罪责的,就如案例 5。按照少数人的意见,应当将第 33 条理解成:防卫过限必须正好就处于防卫过当行为人的"微弱"的情绪冲动之中,亦即,为该种情绪冲动所覆盖。[19] 这样,案例 5 中的 G 就不可以被免除罪责。但是,这种限制在法条的表述中找不到什么根据。

15

五、误想防卫过当

> **案例 6**
>
> J 随身带有手枪,由于误解了没有恶意的路人 L 的举止,她以为 L 要强奸她。出于惊慌害怕,她朝 L 脑门(而非手臂或大腿)开了枪。

误想防卫*是一种容许构成要件认识错误。[20] 这种认识错误是指,行为人错误地以为,具备了紧急防卫的情形的事实前提。而误想防卫过当是指,在该种情形下,行为人对被以为的攻击者实施防卫,而即便具有相应的紧急防卫的情形,行为人实施的这种防卫也超越了第 33 条意义的防卫许可。

16

按照学术文献中的少数观点,如果该认识错误本来就不可避免[21],或者假想防

17

---

[18] 主流学说,请代表性地参见《帝国法院刑事判例集》,第 56 卷,第 33 页,尤其是第 34 页;《联邦法院刑事判例集》,第 39 卷,第 133 页,尤其是第 139 页;联邦法院,《刑法新杂志》,1989 年,第 474 页,尤其是第 475 页;鲍曼・韦伯・米奇,第 23 节,边码 46;菲金尔,第 33 条,边码 8;耶赛克・魏根特,第 45 节 II、3;屈尔,第 12 节,边码 148;马特,第 4 章,第 5 节,边码 2;罗克辛,载《沙夫斯泰因祝贺文集》,第 105 页,尤其是第 107 页及以下几页;泰勒(Theile),《法学教学》,2006 年,第 965 页,尤其是第 967 页。

[19] 韦尔策尔,第 14 节 II、5。

* 误想防卫(Putativnotwehr),国内也多使用"假想防卫"一词。之所以采"误想防卫"的译法,乃是为了突出这是基于认识错误而做出的防卫,但这并不代表采用"假想防卫"就是错的。——译者注

[20] 对此,详见本书第 29 节,边码 11 及以下几个边码。

[21] 《(舍恩克、施罗德)刑法典评注——佩龙》,第 33 条,边码 8;《刑法典体系性评注——罗加尔》,第 33 条,边码 6。

卫所涉及者(即假想防卫受害人)对防卫人的认识错误负有明显的责任,那么,就可以类比适用第 33 条。㉒ 还有人则认为,第 33 条所讨论的是罪责,故行为人的动机情况起着决定性作用,进而,类比适用第 33 条。㉓

18　　但是,主流观点拒绝将第 33 条适用到误想防卫过当的案件中。㉔ 理由是:第 33 条是和第 32 条联系在一起的,因此,第 33 条就要求在客观上必须具备紧急防卫情形。同样地,如果行为人的紧急防卫已经不成立,那么,就不得再对其免除罪责。此外,还要考虑到,如果谁负有责任地引发了相应情形,那么,他就更是不得采取过度的防卫。㉕

19　　最后,还有一些人试图将**第 35 条第 2 款的规则**相应地适用到误想防卫过当中。理由在于:若行为人对免除罪责的案件事实情况是否存在发生了(可避免或不可避免)认识错误,那么,该条款规定了立法者认为合适的解决方案。㉖

六、适用

20　　在专业鉴定中,按照如下的步骤来考察是否满足免除罪责的紧急避险的条件,是比较合适的:

(1)构成要件符合性。

(2)违法性:不存在第 32 条的紧急防卫许可。

(3)按照第 33 条的规定,分为两种情况的免除罪责:

① 第一种情况:由于具体的抵御(手段)**缺乏必要性**,故排除紧急防卫(所谓"质的防卫过当")。

其中,第一,客观上存在紧急防卫的情形(第 16 节,边码 48 及以下几个边码);

第二,防卫超过了必要的抵御限度(边码 6);

第三,防卫过当行为人(防卫者)(也)是出于慌乱、恐惧或者惊吓而行事(边码 7)。

② 第二种情况:由于攻击**缺乏现时性**,故排除紧急防卫(所谓"量的防卫过当")。

其中,第一,在紧急防卫情形还未开始或者已经结束,是否也可以适用第 33 条,是存在争议的(边码 9 及以下几个边码);如果可以适用该条,那么,继续下一步

㉒ 哈德通,《整体刑法学杂志》,第 108 卷,1996 年,第 26 页,尤其是第 55 页及以下几页、第 60 页;奥托,第 16 节,边码 8 及以下几个边码;罗克辛,第 1 卷,第 22 节,边码 96;齐祥,第 94 页。

㉓ 施米德霍伊泽尔:《刑法总论》(教学用书)(StuB),第 8 节,边码 33。

㉔ 联邦法院,《新法学周刊》,1962 年,第 308 页,尤其是第 309 页;《刑法新杂志》,1987 年,第 20 页;《刑法新杂志——刑事判决和报告》,2002 年,第 203 页,尤其是第 204 页;《刑法新杂志》,2003 年,第 599 页,尤其是第 600 页;韦塞尔斯、博伊尔克,边码 448;耶赛克、魏根特,第 45 节 II、4;拉克纳、屈尔,第 33 条,边码 2;毛拉赫、齐普夫,第 38 节,边码 19。

㉕ 恩伦德,《法学教学》,2012 年,第 408 页,尤其是第 411 页;雅科布斯,第 20 节,边码 33。

㉖ 巴赫曼(*Bachmann*),《法学工作》,2009 年,第 510 页,尤其是第 512 页;伦吉尔,第 27 节,边码 29;绍伦(*Sauren*),《法学》,1988 年,第 567 页,尤其是第 573 页及下一页。

的考察；

第二，防卫过当行为人(也)是出于慌乱、恐惧或者惊吓而行事。

如果防卫过当成立，那么，可以对行为人免除罪责；否则，继续考察还可能有的其他免除罪责事由和罪责阻却事由。

在**"质的防卫过当"**的情形下，超越紧急防卫的界限乃是违法的，因而本身就是违法攻击。所以，现在，原先的攻击者本人就对防卫过当的行为人原则上拥有了**紧急防卫权**。然而，需要注意的是，原先的攻击者的这一紧急防卫权可能受到两个角度的限制：其一，如果符合第33条规定的条件，防卫过限的行为人的行事是没有罪责的㉗；其二，可能受到防卫挑拨这一基本原理的限制。㉘

21

是否关于**"量的防卫过当"**的争论会对具体案件产生影响，在本质上取决于人们如何定义攻击的现时性。这一时间范围可以不限于形式上的既遂的时间点，从而扩展到实质的终了或者最终排除攻击危险的时间点上。㉙

22

如果**超过时间上的界限**，比如行为人采取了过宽的防卫也伤及了无辜的第三人，则需要根据紧急避险的规则(第34、35条)来评判。倘若行为人在采取防卫时，出于恐惧等原因未认识到他竟伤害到了第三者(黑暗里，行为人厮打中伤害到了也要控制攻击者的第三人㉚)，那么，至少也就成立阻却故意的构成要件错误。在处罚上，只要符合相应的前提条件，则可能按照过失侵害论处。㉛

23

24

> **复习与深化**

1. "质的防卫过当"指的是哪种情况？(边码2及以下几个边码)
2. 第33条意义上的"量的防卫过当"是指什么？(边码9及以下几个边码)
3. 第33条意义上的误想防卫过当是指什么？(边码16及以下几个边码)

㉗ 参见本书第16节，边码46。
㉘ 参见本书第16节，边码48及以下几个边码。
㉙ 参见本书第16节，边码19；进一步见《帝国法院刑事判例集》，第62卷，第76页，尤其是第77页；联邦法院，《新法学周刊》，1992年，第516页及下一页。
㉚ 例见《帝国法院刑事判例集》，第58卷，第27页，尤其是第30页。
㉛ 参见《帝国法院刑事判例集》，第54卷，第36页，尤其是第37页；联邦法院(民事庭)，《新法学周刊》，1978年，第2028页，尤其是第2029页；《莱比锡刑法典评注——齐祥》，第33条，边码16。

第八章 错 误 论

第26节 基本原理

一、概述

1 在故意犯的归属过程中,行为人的认识不仅在不法阶层,而且在罪责阶层都起着作用。这样,主观的构成要件要求,行为人至少需要认为客观的构成要件之实现在具体情况上是可能的。① 在正当化事由和免除罪责事由的场合,相应事由的主观构成要件也要求相应的认识。最后,罪责中现实的不法意识则要求行为人认识到其行动的违法性。②

2 针对所有的归属步骤,行为人都有可能在必要的认识上产生错误认识或者缺乏相应认识。错误论*所处理的就是这种认知性缺陷的表现形式、参照点(Bezugspunkte)和法律后果。③ 错误论的体系性发展,对于实务而言,也具有重要的意义。这样说的理由在于:《刑法典》第 16、17 条和第 35 条第 2 款中所规定的在归属过程中出现的各种错误,在法律后果上是存在立法漏洞的。人们必须通过诉诸法定的规则中包含的各种原则,才能填补这些漏洞。

1. 错误的各种形式

> **案例 1a**
>
> A 并不知晓,他所开的枪,竟射杀了另一人。

> **案例 1b**
>
> A 以为他所开的枪,只是毁坏了一尊雕像。

---

① 关于故意的这种必要的(基本)认识要素,参见第 14 节,边码 14 及以下几个边码。
② 由于不法意识乃是罪责要素,只是(鉴于是否罪责要素可能不具备)消极地考察,因此,不像确认是否存在故意那样,确认具备不法意识并不是必要的审查步骤。参见本书第 6 节,边码 11 及下一边码。
* 所谓错误,即认识错误。此处注明,不再赘述。——译者注
③ 相应概述,见亨恩(*Henn*),《法学工作》,2008 年,第 854 页及以下几页;克诺布洛赫(*Knobloch*),《法学教学》,2010 年,第 864 页及以下几页。

总则中关于错误的规定所采取的是广义的错误概念:**错误乃是缺乏认识**。④ 一方面,没有认识可以指当事人对于所涉对象根本就没有任何印象[没有认识(Unkenntnis, *ignorantia*)]。另一种没有认识的情况则是,当事人从案情中得出的认识,并不符合所涉对象的情况[错误认识(Fehlvorstellung, *error*)]。

① **没有认识**乃是一种消极的错误:当事人对于真实存在的对象,根本就没有认识,或者没有完全地认识到。这方面的例子是就是案例 1a 中对案件事实情况的描述:错误者不知道,存在某个确定的情况。

② **错误认识**乃是一种积极的错误:当事人将其实不存在的对象当做存在。这方面的例子是案例 1b:行为人不正确地认为存在某个特定的情况。

错误者的认识缺陷是没有认识还是错误认识,这**取决于**所涉的**对象到底存在还是不存在**。结合案例 1a 和案例 1b 加以解释:A 朝一个人射击,却以为是在朝雕像射击,这时,对于真实的目标(人)而言,A 处于没有认识的状况;对于不存在的目标(雕像)而言,A 是错误认识。

2. 认识错误的对象

> **案例 2**
>
> X 把别人的文书撕掉了,因为他以为这不过是张没用的草稿纸。

> **案例 3**
>
> "黑客"H 侵入并搞到一些他无权看到的受保护的数据信息,佀他不知道,这种行为是违法的。

认识错误的对象可以**是犯罪的所有客观要素**。对于错误论而言,具有特别重要意义的是,需要区分两方面的内容,一方面是:犯罪的构成要件、正当化构成要件和免除罪责事由构成要件这些不同构成要件的前提条件(行为情状),另一方面则是:将行为评价为不法。⑤ 例如,倘若行为人(如案例 2 中的 X)不知道,他撕掉的是第 274 条第 1 款第 1 项意义上的他人文书,那么,他处于对行为情状发生了认识错误,这种认识错误是构成要件错误。相应地,案例 3 中的 H 则是对自己的行为是否是不法产生了认识错误;他知道他在干什么,但是他不知道,他干的事情违反了第 202 条 a 的规定。

图解:

---

④ 鲍曼、韦伯、米奇,第 21 节,边码 2。
⑤ 关于"规则"和"案情"的归类,见诺伊曼,载《普珀祝贺文集》,第 171 页及以下几页。

243

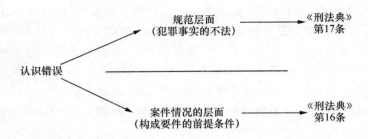

3. 认识错误的法律后果

案例 4

C 用致命的安眠药毒死了 D,却没有认识到 D 本来就是想让人杀死他的。

案例 5

E 通奸的时候以为这种举止是要被判刑的。

案例 6

F 想气气他的邻居 G,于是,他就朝花园里面竖着的邻居的希腊仿真雕像射击。在渐行昏暗的光线下,F 却误将他花园中站着的 G 当成雕像,结果一枪要了 G 的命。

9　　**(1) 课加负担和免除负担的行为情状**(Be- und entlastende Tatumstände):从原则上讲,错误地认识了能课加负担的行为情状,起到的是课加负担的效果;而没有认识到免除负担的行为情状,也不能起到免除负担的作用。因而,错误地以为实现了某个犯罪构成要件,则成立力图(第 22 条及以下几条)。或者:没有认识到减轻的情状,那么,就要以基本犯对行为人进行处罚。⑥ 因而,在案例 4 中,由于 C 没有认识到 D 的想死,这样,就不可以按照第 216 条,而必须按照第 212 条来施加处罚。

10　　与此不同的是,如果对某行为的不法[禁令的存在(Verbotensein)]产生错误认识,则根本不会产生课加负担的效果。这样,在案例 5 中,E 自己设想的规范(禁止通奸),(实际上)是不存在的。⑦ 一个不存在的规范,也就不可以用刑罚加以保障了。进一步说,这样的犯罪只是不可处罚的"幻想犯"。⑧

---

⑥ 屈尔,第 13 节,边码 416;毛拉赫、齐普夫,第 23 节,边码 20;不同的观点,鲍曼、韦伯、米奇,第 21 节,边码 25 及下一边码。

⑦ 但是,请参见以前的第 172 条。

⑧ 《联邦法院刑事判例集》,第 8 卷,第 263 页,尤其是第 268 页;雅科布斯,第 25 节,边码 37;克勒,第 456 页;奥托,第 18 节,边码 65。

对于免除负担的情状⑨或者容许规范发生错误认识,以及对课加负担的情状或禁止规范没有认识,都可以产生免除负担的效果。但是,这种负担的免除不是必须的,如果行为人对其认识错误的产生负有责任,那么,人们又经常可以取消这种负担的免除。这样,对犯罪的构成要件之实现没有认识,虽然可以取消故意(第16条第1款第1句),但若因为行为人缺乏谨慎而导致了这种没有认识,而只要法律上可以预见这种构成要件的实现(第15条),那么,他可能需要为其实现构成要件承担过失责任。⑩ 相应地,如果他有责任地没有认识到规范(第17条第2句)⑪,或者错误地以为存在免除罪责的紧急避险的情形⑫,那么,不能对行为人(完全)免除负担。

（2）没有认识和错误认识:刑法上相关的对象是否存在,决定了没有认识和错误认识二者的区别,因此,对具体的行为客体的事实特征没有认识,纵然可以免除相应负担,亦即不成立该罪,但是,错误以为行为客体有其他特征,则会课加相应负担,亦即成立其他犯罪。在案例6中(如果不考虑第222条中可能的过失的可罚性),F对事实上的行为客体没有认识,这使得他不成立杀人的故意(第212条)。但是,基于他错误以为损害他人财物的错误认识,使得人们可以以损坏财物未遂对F加以处罚(第303条第1款、第3款)。

二、对其他可罚性条件的认识错误

从原则上讲,错误论讨论的只是对罪责责难有意义的这类认识错误,因而,也就是在不法和罪责的归属层面上有作用的认识错误。客观处罚条件和对行为人的罪责责难二者之间并没有什么关系,所以,对客观处罚条件认识错误,自然就无关紧要。

（1）这样,对于**程序性条件**⑬(如时效或者刑事告诉的告诉人地位)的认识错误,并不会有什么影响。

（2）进而,对**客观处罚条件**的认识错误,也同样是没有什么影响的,因为客观处罚条件并非主观归属的对象。⑭ 行为人对客观处罚条件是否存在发生认识错误,既不会导致适用第16条第1款第1句,也不会因错以为有客观处罚条件反而导致成立力图,并具备可罚性。这种客观处罚条件方面的例子有:第283条第4款

---

⑨ 参见第16条第2款。
⑩ 对此,参见本书第33节。
⑪ 对此,参见本书第28节,边码14及以下几个边码。
⑫ 对此,参见本书第28节,边码18。
⑬ 参见《联邦法院刑事判例集》,第18卷,第123页;尤其是第125页;韦塞尔斯、博伊尔克,边码502;罗克辛,第1卷,第12节,边码150;《莱比锡刑法典评注——福格尔》,第16条,边码137及以下几个边码。
⑭ 鲍曼、韦伯、米奇,第25节,边码4;海因里希,边码133;罗克辛,第1卷,第12节,边码149;第23节,边码30;不一致的观点,见《慕尼黑刑法典评注——约克斯》,第16条,边码142。

11

12

13

14

15

中提到的因破产而出现的那些处罚条件⑮,或者(按照主流见解),第186条中某人提出诽谤性的事实情况是否能被证明是真实的。⑯

16　　(3)按照主流见解,在**人身性的刑罚阻却事由或者刑罚取消事由这些条件**上发生认识错误,也是没有关系的⑰,因为在不法和罪责的归属上并不需要考虑这些情状。

17　　然而,在这种情况下,反对的见解显得更为合理:在具备刑罚阻却事由或刑罚取消事由的场合,也就意味着行为人的不法或特定动机都是减轻了的,这时可以类比适用第16条第2款。⑱ 在此并不取决于该认识错误可避免还是不可避免。⑲ 这方面的例子有阻挠刑罚罪(第258条第6款)中行为人对受益人是否是亲属产生了认识错误。这样,如果行为人错误地以为阻挠刑罚的受益人是自己的亲属,那么,就不受处罚。相反,若他并不知道其阻挠刑罚的受益人是自己亲属的,则要按照第258条加以处罚。⑳

三、图解

18

对象	错误的形式	后果	是否可罚
基本的构成要件中的行为情状	没有认识	阻却故意(第16条第1款第1句)	发生认识错误时,违反了谨慎,可能成立过失犯罪(第16条第1款第2句)
	错误认识	力图	因力图,故而可罚(第23条)
加重(的构成要件)之中的行为情状	没有认识	阻却故意(第16条第1款第1句)	依照基本的构成要件处罚
	错误认识	力图	因力图实现(构成要件的)加重,可罚(第23条),也有可能成立一罪,即对基本构成要件的既遂(第52条)

---

⑮ 详见金德霍伊泽尔:《刑法分论》,第2卷,第38节,边码25及以下几个边码,有进一步的文献。

⑯ 详见金德霍伊泽尔:《刑法分论》,第1卷,第23节,边码17及以下几个边码,有进一步的文献,以及反对的观点。

⑰ 请代表性地参见《帝国法院刑事判例集》,第61卷,第270页,尤其是第271页;《联邦法院刑事判例集》,第23卷,第281页及以下几页;鲍曼、韦伯、米奇,第24节,边码6;奥托,第20节,边码4;罗克辛,第1卷,第23节,边码30;不同的意见,见韦塞尔斯、博伊尔克,边码499及下一边码。

⑱ 耶赛克、魏根特,第42节Ⅲ、1,《慕尼黑刑法典评注——约克斯》,第16条,边码140及下一边码;《(舍恩克、施罗德)刑法典评注——施特尔贝格—利本》,第16条,边码34;施特雷,《法学教学》,1976年,第137页,尤其是第141页。

⑲ 《(舍恩克、施罗德)刑法典评注——施特雷、黑克尔》,第258条,边码37。

⑳ 韦塞尔斯、博伊尔克,边码501;亦参见金德霍伊泽尔:《刑法分论》,第1卷,第51节,边码26。

(续表)

对象	错误的形式	后果	是否可罚
(也能)减轻罪责的减轻(的构成要件)之中的行为情状(如第216条)㉑	没有认识	不能减轻罪责	依照基本的构成要件处罚
	错误认识	第16条第2款	成立(构成要件的)减轻,并按之处罚
正当化事由的行为情状	没有认识	力图(主流见解)	因力图,故而可罚(类比适用第23条)
	错误认识	阻却故意(类比适用第16条第1款第1句)(主流见解)	发生认识错误时,违反了谨慎,可能成立过失犯罪(第16条第1款第2句)
构成要件之实现的不法	没有认识	禁止错误	若不可避免,则不可罚(第17条第1句);若发生认识错误时,违反了谨慎,则可以减轻刑罚(第17条第2句)
	错误认识	幻想犯	不可罚
正当化而导致的不法阻却	没有认识	幻想犯	若在客观和主观上都满足了正当化构成要件,则不可罚
	错误认识	禁止错误	若不可避免,则不可罚(第17条第1句);若发生认识错误时,违反了谨慎,则可以减轻刑罚(第17条第2句)
免除罪责事由的行为情状	没有认识	不能免除罪责	成立完全具有罪责责难的犯罪
	错误认识	第35条第2款(如果是第35条第1款的情况,则直接适用第2款;若是其他免除罪责事由,则类比适用该第2款)	若不可避免,则不可罚;若发生认识错误时,违反了谨慎,则可以减轻刑罚(第35条第2款第1、2句)

㉑ 针对纯粹的减轻不法的减轻(的构成要件)没有认识,参见本书第27节,边码4。

（续表）

对象	错误的形式	后果	是否可罚
人身性的刑罚阻却事由或者刑罚取消事由的前提条件	没有认识	没有影响（主流见解）[22]	按照客观的法律情形（Rechtslage）加以处罚（主流见解）
	错误认识	没有影响（主流见解）[23]	按照客观的法律情形加以处罚（主流见解）
客观处罚条件之前提条件	任意一种认识错误	没有影响	按照客观的法律情形加以处罚
程序性条件	任意一种认识错误	没有影响	按照客观的法律情形加以处罚

四、专业鉴定

19   将各种错误按照其表现形式、对象和法律后果加以归类，是有利于错误论的体系性发展的。通过这种体系性的发展，人们可以解释法律上的各种规定（Vorgaben）、填补各种实际存在的漏洞。但在撰写刑法上的专业鉴定时需要特别注意如下两点：

20   第一，**各种错误**根本不是犯罪的要素。因此，不可以把任何认识错误当做这种要素来加以考察。确切地说，总是需要加以考察的（只）是：是否满足了犯罪的各个主观要素（故意、对正当化情形的认识等）？这样，在考察需要特定认识的犯罪的主观要素时，认识错误则是作为消极的结果而出现的。

21   第二，行为人的特定的某个错误还有可能引发进一步的错误。例如，谁若错误地以为自己损坏了自己的财物，那么，他就对第303条意义上行为客体是否属于他人产生了构成要件错误。同时，他还可能处在禁止错误之中，因为他对财物属于他人缺乏认识，这样他就意识不到他犯下了不法。不过，在专业鉴定中根本不会发生不同种错误之间的竞合，原因是：若发生了构成要件错误，也就取消了故意（第16条第1款第1句），这时针对相应的故意犯的考察也就结束了，根本不需要再讨论禁止错误了。

22
> **复习与深化**
>
> 1. 可以将错误区分为哪些形式？（边码3及以下几个边码）
>
> 2. 原则上，对于课加负担和免除负担的情状发生错误认识和没有认识，会产生何种影响？（边码9及以下几个边码）
>
> 3. 若对不依赖于罪责的可罚性条件发生认识错误，会产生何种影响？（边码13及以下几个边码）

---

[22] 反对的观点，参见本书本节边码17。
[23] 同上。

第27节 构成要件错误

一、法律规定

1. 第16条第1款

按照第16条第1款第1句的规定,"谁在行为时没有认识到法定的构成要件所规定的情状",那么,就不成立故意。① 这并不取决于该认识错误是否可以避免。这点是不同于第17条的。同样地,如果行为人对构成要件之情状发生了认识错误,而该认识错误对他而言本来是可以轻易避免的,那么,这时也不成立故意。但是,第16条第1款第2句提示到:"对过失犯罪仍然要予以处罚。"依此观点,若行为人的阻却故意的认识错误是出自于过失,而且法律中对该过失规定了相应的刑罚,例如,第222条、第229条,那么,行为人就要因其过失而受罚。

2. 第16条第2款

> **案例1a**
>
> 护理员 H 给了 B 剂量过大以致致命的某种药物。H 错误地以为,B 就是明确、严肃地要这么多这种药物。

> **案例1b**
>
> 护理员 H 给了 B 剂量过大以致致命的某种药物。但他没有认识到,B 就是正想让人杀死他的。

根据第16条第2款,某个行为人若"在行为时错误地以为只会实现法律上较轻的构成要件","则对其故意犯罪只能按照较轻的法规"加以处罚。因此,若某行为人错误地以为,他只是实现了减轻的构成要件,那么,则适用该条的刑罚规定,案例1a中的 H 就是这种情况。在这里,虽然客观上没有出现受请杀人这一(相对于第212条基本构成要件的)减轻情状,但仍然要按照第216条加以处罚。②

针对行为人错认加重要素或者减轻要素的情况,并没有**任何法律规定**。若其针对加重要素(以及范例中的要素)③没有认识,那么,只能按照基本的构成要件对

---

① 构成要件错误的概览,见亨(Henn),《法学工作》,2008 年,第 854 页;施特尔贝格—利本、施特尔贝格—利本,《法学教学》,2012 年,第 289 页及以下几页。
② 关于第212条和第216条二者之间的关系,参见金德霍伊泽尔:《刑法分论》,第1卷,第1节,边码2;屈佩尔,《法学》,2007年,第260页及以下几页,均有进一步的文献。
③ 请代表性地参见格罗普,第13节,边码60;《莱比锡刑法典评注——福格尔》,第16条,边码94。

其施以惩罚。④ 若对减轻要素没有认识，主流见解也基于不同的减轻理由而有不同的主张⑤：

4 　　其一，若减轻的行为情状能够减轻行为的不法，那么，行为人在客观上实现的就是较轻的不法，但在主观上则是基本构成要件的不法。依此观点，行为人成立基本构成要件的未遂，同时也成立该减轻，按一罪处罚。

5 　　其二，与前者不同地，若减轻(要素)(也)能相应地减轻罪责，那么，仅当行为人认识到相应的事实情状时，才成立刑罚的减轻。因为没有认识到的情状(也)并不能构成减轻罪责的犯罪动机。⑥

6 　　下面结合案例 1b 加以阐述：之所以第 216 条规定了较轻的刑罚幅度，除了不法得到减轻(厌世者放弃法益)之外，还有一个原因便是同情的动机也减轻了罪责。⑦ 因而，减轻(要素)之中也包含了部分的减轻罪责事由，这样，H 在不知道 B 想死的情况下，杀害了 B，则需要按照第 212 条(或第 211 条)加以处罚。⑧

二、认识错误的对象

1. 行为情状的概念

案例 2

猎人 L 是近视眼。在朦胧中，他开枪射杀了采蘑菇女 C，他以为她是一头鹿。

7 　　第 16 条中规定的阻却故意的认识错误，乃是针对事实性前提条件而言的。如果符合了这种事实上的条件，人们就将相应行为及其后果认定为符合构成要件，换言之，能在法定的构成要件的字词中相应地加以描述的内容皆属此类。因而，所谓"法定的构成要件的情状"(第 1 句)并不是指法律条文中的字词，而是指犯罪的构成要件的字词相应描述的现实的事实发生，也就是指**实现法定的构成要件的各种情状**。这在第 16 条第 2 款中也得到了清晰的表述。

　　在案例 2 中，L 便处于第 16 条第 1 款中的构成要件错误。理由是，他的举止正是第 212 条"杀人"所描述的事实性前提条件，而他对该前提条件发生了认识错误。

---

④ 有争议地，请代表性地参见菲舍尔，第 16 条，边码 11；《慕尼黑刑法典评注——约克斯》，第 16 条，边码 107；不过，需要注意的是第 18 条。

⑤ 菲舍尔，第 16 条，边码 11；耶赛克、魏根特，第 29 节 V、5b；《(舍恩克、施罗德)刑法典评注——施特尔贝格—利本》，第 16 条，边码 28；《莱比锡刑法典评注——福格尔》，第 16 条，边码 106 及下一边码，均有进一步的文献；其他观点，见海因里希，边码 1113；按照拉克纳、屈尔，第 16 条，边码 7 的观点，无论如何，都不能减轻，而只能按照基本犯加以处罚。

⑥ 关于免除罪责的紧急避险的犯罪主观方面，亦参见本书第 24 节，边码 11。

⑦ 金德霍伊泽尔：《刑法分论》，第 1 卷，第 3 节，边码 8，有进一步的文献。

⑧ 罗克辛，第 1 卷，第 12 节，边码 139。

至于 L 到底知道还是不知道"人"和"杀"这两个词在德文中的一般含义,并不影响成立第 16 条的阻却故意的认识错误。因此,如果他认识到他对采蘑菇女开了致命一枪,但却不知道德文中"杀人"的表达(比如,没有相应语言知识的外国人),他同样是有故意的。

依照主流观点,如果行为人针对第 3 条及以下几条所规定的、**适用德国刑法**的前提条件发生认识错误,则不适用第 16 条,因而,也就不能否定行为人的故意。⑨ 8

2. 和涵摄错误的区分

案例 3

A 拔了 B 的汽车轮胎的气门芯,给轮胎放了气。对此,A 以为:
(a)他(A)损坏了他人的汽车;
(b)该汽车是他(A)自己的(同样牌号的)汽车;他(A)想阻止他(A)的妻子开走汽车,但在昏暗中搞错了具体是哪辆汽车;
(c)他(A)没有损坏汽车,因为"损坏"必须是对物质(Substanz)的损坏。

案例 4

由于欠缺语言知识,外国人 F 弄混了"巨人"和"侏儒"两个词的语义。故而,他在赞美诺贝尔奖获得者 N 时,称对方为"精神侏儒"。

---

(1) 涵摄的步骤:因为错误地理解了法规中相应表达的含义的人也会对他自己的行动发生错误的判断,所以,对于行为人是对法律上的概念还是对第 16 条意义上的行为情状发生认识错误这个问题的回答,其实不像乍一看来那么简单。借助于将案件事实情况涵摄到法定的构成要件这一步骤,可以更清晰地回答该问题。在这里,人们可以先利用该法定的构成要件在概念上的要素的定义来抽象地确定该法定构成要件的适用范围。然后,人们可以考察,是否某个特定的案件事实情况正好符合了这种对应特征的要素。若是,该具体的案件事实情况就归入这一抽象的法定构成要件之下,或者说,人们可以将该案件事实情况涵摄到法定构成要件之下。 9

案例 3 中的涵摄步骤: 10
大前提:法定的构成要件的概念性要素。
(例如,若他人财物的存续或功能遭到了破坏,那么,成立第 303 条第 1 款意义

---

⑨ 仅请参见菲舍尔,第 3—7 条前言,边码 30,有进一步的文献;像其他的,还有《帝国法院刑事判例集》,第 3 卷,第 316 页,尤其是第 318 页;第 19 卷,第 147 页,尤其是第 150 页;不同的意见,伯泽,载《迈瓦尔德祝贺文集》,第 61 页及以下几页。

上的损坏。)⑩

小前提:具体案件事实情况的特征。
(A 放走了 B 的汽车轮胎里的气,因而,A 破坏了汽车的功能。)
相应的结论:具体案件事实情况与相应的法定构成要件相吻合。
(A 损坏了第 303 条第 1 款中的他人财物。)

11　　**(2) 行为的主观方面**:现在,我们可以观察行为的主观方面,A 可能自己在描述事实发生时,所认定的事实发生的含义就与客观上法律适用之含义相吻合,就像案例 3(a)中的情况。但是,A 也有可能得出错误的结论,以为其放走汽车轮胎的空气的行为不属于损坏他人财物。

12　　在案例 3(b)中就产生了这种错误结论:A 没有正确地搞清楚具体的案件事实情况(对应于小前提)。在昏暗中,A 以为他在处理他自己的汽车。在这种情况下,**A 弄错了具体行为客体的特征**,也就是说,弄错了行为客体是否属于他人。

13　　案例 3(c)中的错误结论在于:A 错误地定义了"损坏"这个词(对应于大前提)。他以为"损坏"必须是对物质的损坏。就此而言,A 便处于**对某一构成要件性概念的抽象意义的认识错误**之中,这种错误的结果是,(从刑法上看)他也就错误地描述了具体的事实发生。

14　　最后,错误结论还有可能由同时发生如上两个层面上的认识错误而导致。例如,A 可以以为"损坏"一词仅指物质的损坏(对应于大前提),也可以同时以为,他在放自己汽车轮胎的空气(对应于小前提)。

15　　**(3) 与构成要件错误的区分**:第 16 条意义上的构成要件错误仅仅是针对具体的案件事实情况之特征的认识错误,也就是案例 3(b)中的那种情况。这是因为,只有这种特征才是故意的认识对象。反之,倘若行为人正确地把握了具体的案件事实情况的特征[像案例 3(c)中那样],而却搞错了某个构成要件性的概念的抽象意义,进而(从刑法上看)错误地描述了具体的事实发生,那么,他就处于所谓的涵摄错误之中。这种认识错误并不会影响故意的成立。⑪ 更确切地说,行为人是否正确地认识了构成要件的概念性内容,只是和如下问题有关:(作为禁止素材的⑫)构成要件明确规定了他的行为之不法,而他是否可能对这种不法发生了认识错误?在这种情形下,他处于第 17 条规定的禁止错误之中。

16　　这里的**难处**仅是在于,行为人既处于对构成要件的概念性要素的认识错误(涵摄错误)之中,又处于对具体的案件事实情况的特征的认识错误(构成要件错误)

---

⑩ 参见金德霍伊泽尔:《刑法分论》,第 2 卷,第 20 节,边码 9 及以下几个边码,有进一步的文献。
⑪ 亦参见《联邦法院刑事判例集》,第 13 卷,第 207 页;格罗普,第 13 节,边码 44;克赖、埃塞尔,边码 419;《莱比锡刑法典评注——福格尔》,第 16 条,边码 108;毛拉赫、齐普夫,第 22 条,边码 49。
⑫ 参见本书第 8 节,边码 2。

之中,这两种错误(从刑法上看)都未能正确地描述案件事实情况。在案例3(a)和案例3(c)中,A都以为他放汽车轮胎空气并未损坏第303条意义上的他人财物。[13]但是,由于第16、17条分别规定了不同的法律后果,因而,清楚地说明行为人在概念上错误地认识了行为客体的认识错误,是出于对行为情状的认识错误,还是出于概念的错误理解上的认识错误,就有着实际的意义。

(4) 简易规则:我们可以按照如下简单的规则来区分阻却故意的构成要件错误和错误理解了概念运用的涵摄错误: 17

当某个案件事实情况事实上存在时,若行为人却错误地以为不存在能(作为小前提)客观地涵摄到构成要件之下的案件事实情况,那么,他便处于阻却故意的构成要件错误。 18

相反,若行为人(在大前提上)错误地理解了构成要件上的字词的客观含义,那么,他就不能(完全或部分地)符合语言规则地正确理解这一概念,这样,(鉴于他得出的结论,)他便处于一涵摄错误。

可以结合案例3对此加以解释:正如案例3(b)中,若A以为,他是在处理他自己的汽车(行为客体),那么,按照他对具体的案件事实情况的认识,若他认识没有错误,则在客观上确实没有损坏财物。但是,他错了,这时他处于阻却故意的构成要件错误之中。 19

反之,像案例3(c)那样,若A以为给轮胎放气虽然(暂时地)使轮胎不能用了(取消了其功能),但是,对汽车本身并没有任何损伤,因为所谓的损坏必须造成物体物质上的破坏,所以,他所认为的具体的案件事实情况,在客观上却是一种损坏财物。他只是在将(大前提中的)法定的概念具体适用到相应的认识到的案件事实情况的时候,发生了认识错误,这样,他也就处于不影响故意成立的涵摄错误。[14]

行为人为了不致陷入认识错误之中,必须做什么?如果能够回答这个问题,也将有助于将构成要件错误和涵摄错误区分开来。为了不致陷入构成要件错误中,行为人必须经常地仔细观察具体的行为所涉的情况。例如,他必须仔细核查汽车的牌号对不对。与此不同,涵摄错误乃是抽象的语义上的误解,这种误解可能发生在任意一种情况中。若行为人以为刑法上的损坏财物必须是物质的损害,那么,他便误解了"损坏"一词的含义,因此,在所有可能的相关情况下,他都是错误使用这个词。 20

---

[13] 在这个意义上讲,针对涵摄的下位的前提条件发生构成要件错误也就成了涵摄错误。由于人们通常违反事物本质地将涵摄错误限制在对大前提的认识错误之上,因而,为了避免这一术语上的误解,在这里也就不采取于通常见解不一致的看法。

[14] 《慕尼黑刑法典评注——弗洛因德》,第13条前言,边码251及以下几个边码;克赖、埃塞尔,边码419;屈尔,第13节,边码10;斯特拉滕韦特、库伦,第8节,边码72;亦参见金德霍伊泽尔,《戈尔特达默刑法档案》,1990年,第407页,尤其是第411页及下一页。在此层面上,一致的观点,见赫茨贝格,载《施吕希特纪念文集》,第189页,尤其是第205页。

为了不致陷入这种错误中,行为人必须学习(在刑法上)正确的语言。

21　　　**(5) 形式上的区分标准**:涵摄错误所针对的是法规中的概念,构成要件错误则是针对具体的案件事实情况的特征,人们对这两种错误之间的区分是形式上的:涵摄错误只是以构成要件上的概念性要素(涵摄的大前提)作为对象来加以定义的;构成要件错误则只是以具体的行为情状(涵摄的小前提)作为对象,对该情状的描述,属于实现构成要件的内容。与此相反,涵摄错误和构成要件错误这两种错误的区分,却没说构成要件要素的性质和概念性要素所指称的具体行为情状的特征这二者有什么不同。

22　　　在区分这两种错误的时候,为了避免出错,一定要**注意**这种区分具有形式的特点。例如,当某特定的概念的意义属于某个具体的案件事实情况的相应特征时,那么,构成要件错误也就在于语言上的误解。这样,在案例 4 中,F 虽然发生了语言上的误解,但并不是涵摄错误,而是个构成要件错误。这样说的理由在于,他所错误使用的"精神侏儒"这个表达,并非侮辱构成要件的概念性要素,而就是具体的行为情状(相当于以语言做犯罪手段),通过将之表达出来,便在客观上实现了第 185 条的构成要件。而对于 F 而言,他却是完全知道"侮辱"在构成要件的概念性含义中代表着什么的。因此,这一认识错误乃是针对小前提中描述的案件事实情况而发生的,图解如下:

大前提:第 185 条意义上的侮辱乃是表达出自己的不敬和蔑视。⑮

小前提:"精神侏儒"这一表达可以理解成(客观上)表达出了自己的蔑视。

结论:因而,"精神侏儒"的表达(在客观上)构成第 185 条意义上的侮辱。

3. 规范的行为情状

案例 5a
T 撕毁了 O 的一张发票,T 以为,这张纸不过是私人的便笺。

案例 5b
T 撕毁了 O 的一张纸。T 虽然正确地知道这张纸具有充当发票的作用,但是他以为这个尚不成为文书,因为他以为,文书是指盖有印章的那种纸。

23　　　**(1) 前提条件**:要成立故意,行为人必须对构成要件中以概念性的要素的方式所指称的那些具体的案件事实情况的特征有相应的认识。⑯ 如果涉及的是**描述性**

---

⑮ 详见金德霍伊泽尔:《刑法分论》,第 1 卷,第 25 节,边码 2 及以下几页,有进一步的文献。

⑯ 确切地说,对于各种不同的故意形式,也各自需要相应认识强度。参见本书第 14 节,边码 7、9、11 及以下几个边码。

构成要件要素(如"可活动的""人")⑰的事实性前提条件,那么,他必须已经认识到相应的自然特征的存在。这些特征可以通过测算和感官感知(比如,看和听)加以确定。在案例 2 中,近视眼猎人 L 在辨认一个人的时候发生了相应的感知错误:他在朦胧中以为采蘑菇女是头鹿,便开枪将她射杀了。

但是,像"他人的""文书"或者"已婚的"这类**规范性构成要件要素**的事实性前提条件,是无法通过感官感知加以辨认的。例如,花瓶是否属于他人(他人性),根本不是该事物对象本身的特征,因而也就是不能通过进一步的观察或者实验来加以验证的。毋宁说,规范的构成要件要素的特征是按照社会和法律规则来确定的,这种特征涉及的是法律关系或者该客体在社会生活中所承担的功能。所以,若要认识到规范性构成要件要素的特征,必须还要**理解**该要素的**法律或社会之功能**。因而,在具有规范性构成要件要素时,行为人必须认识到所涉客体的所承担的相关实际用途,才能成立故意。⑱ 24

例如,第 267 条意义上的"文书"能够和应当具有的功能是:充当法律交往中关于某一特定的行为事实(Tatsache)的固定化的思想表达。若行为人了解到某张纸具有这种功能,那么,他就以成立故意所必要的方式正确地认识到了行为客体的具体特征。至于他是否将这张纸称为"文书",则并不重要。为此,可以结合案例 5a 和案例 5b 来分析。 25

在案例 5a 中,T 对第 274 条第 1 款第 1 项相关内容发生了构成要件错误。因为 T 没有认识到文书的本质性的规范性特征——在法律交往中的特定的证据,其认识错误进而也就是针对**具体行为客体的规范性特征**而发生的。 26

在案例 5b 中,T(只是)陷入了涵摄错误:他误解了第 274 条第 1 款第 1 项中所使用的**"文书"一词的意思**,因而,不能在语义上正确地将该概念运用到他确实地认识到的其他案件事实情况中去。⑲ 27

(2) 外行人的价值观(Parallelwertung in der Laiensphäre):为了认识某一规范性构成要件的要素的特征,需要对相关的行为客体的社会和法律功能有必要的了解。按照主流见解,人们将这种必要的了解称为外行人的价值观。⑳ 特别地,针对法律 28

---

⑰ 关于这些要素,亦见本书第 9 节,边码 10。
⑱ 亦参见韦塞尔斯、博伊尔克,边码 243;克赖、埃塞尔,边码 422;屈尔,第 5 节,边码 93。
⑲ 亦参见格罗普,第 13 节,边码 51 及以下几个边码;屈尔,第 5 节,边码 94 及以下几个边码;奥托,第 7 节,边码 15。
⑳ 请代表性地参见《联邦法院刑事判例集》,第 3 卷,第 248 页,尤其是第 255 页;第 4 节,第 347 页,尤其是第 352 页;第 8 卷,第 321 页,尤其是第 323 页;雅科布斯,第 8 节,边码 49;耶赛克、魏根特,第 29 节 II、3a;《慕尼黑刑法典评注——约克斯》,第 16 条,边码 69 及以下几个边码。考夫曼:《外行人的价值观》(Parallelwertung in der Laiensphäre),1982 年版,第 36 页及以下几页;屈尔,第 5 节,边码 93;奥托,第 7 节,边码 14;施罗斯:《故意和认识错误》(Vorsatz und Irrtum),1998 年版,第 50 页及以下几页。批判性的意见,见《刑法典体系性评注——鲁道菲、施泰因》,第 16 条,边码 15a。

255

规则所调整的规范性构成要件要素的特征,尤其适用这种外行人的价值观。因为人们不可以期待外行人拥有精确的法律知识,这样,只要行为人理解了相关规则的本质性的目标,那么,就足以成立故意。然而,这种所谓的外行人的价值观是很容易导致误解的。[21]

29　　首先,在基于法律关系的规范性构成要件要素的场合,像对导致相应法律关系产生的规则和事实性前提条件的(外行的)认识就属于故意。更确切地说,对于成立故意而言,起决定性作用的只是：行为人对事实上的后果,进而也便是对**具体案件中的法律关系的存在**具备了足够的认识。[22] 例如,第242条或第303条意义上的财物属于他人的特性,乃是一种对对象的随意支配和排除他人影响的权力。[23] 因此,针对财物的他人性,行为人若要成立故意,则只需要认识到他人(完全或部分地)拥有决定财物之状态的权力。反过来说,要成立故意,并不需要行为人对财产流转和财产权的民法规则具有认识,只需要行为人在结论上将某财物的支配权认定为属于他人,即便他的考虑在法律上是完全错误的,也不会影响故意的成立。

30　　其次,如果规范性构成要件要素针对的是某个特定的法律关系,那么,要成立故意,也必须具备**对这种法律关系**从行为相关角度**的准确理解**。例如,若行为人认为他只是同意让第三人使用其财物,那么,这也就同时意味着,他并不认为,第三人获得了针对该财物的完全支配权意义上的所有权。以第170条为例,在该条中,行为人也是必须知道他有义务进行扶养。只有行为人能不能用准确的法律概念来描述其正确认识到的相应法律关系之情状这个问题才是不重要的。[24] 但只要他能"外行地"认识相应的案件事实情况,也就够了。

31　　　**(3) 法规的规定**：在法律条文的规定中,"违法的(地)"(或"未经许可地""违反法律地")这个字眼有时是构成要件要素,有时是对违法性这一普通犯罪要素的多余的提示。[25] 仅当像第263条中的蓄意非法获益这样的表述成为构成要件要素之时,对具体行为情状的违法性的认识错误才产生阻却故意的构成要件错误[26];而像第324条中的认识错误,则是对行为之不法的第17条意义上的认识错误。

---

[21] 对于具有误解性的术语的批判,见赫茨贝格、哈德通,《法学教学》,1999年,第1073页,尤其是第1074页;金德霍伊泽尔,《戈尔特达默刑法档案》,1990年,第407页,尤其是417页及以下几页;《诺莫斯刑法典评注——普珀》,第16条,边码45及以下几个边码;舒尔茨,载《伯恩曼祝贺文集》(Bemmann-FS),第246页及以下几页;斯特拉滕韦特、库伦,第8节,边码71及下一边码。

[22] 主流观点,请代表性地参见《诺莫斯刑法典评注——普珀》,第16条,边码46;罗克辛,第1卷,第12节,边码100;《(舍恩克、施罗德)刑法典评注——施特尔贝格—利本》,第15条,边码43a。

[23] 参见《民法典》第903条。

[24] 屈尔,第5节,边码93;奥托,第7节,边码14及下一边码;斯特拉滕韦特、库伦,第8节,边码72。

[25] 参见本书第9节,边码4。

[26] 参见联邦法院,《新法学周刊》,2003年,第3283页,尤其是第3285页;《刑法新杂志》,2003年,第663页;库德利希,《法学教学》,2003年,第243页及以下几页。

（4）空白要素：附属刑法的许多法规，都通过所谓的空白要素使构成要件援用其他的法律规则。这种构成要件中有空白要素的情况，在核心刑法里也有。例如，第184条e要求的(屡次)违背"法律条例"所颁布的"禁止……从事卖淫"的禁令；第283条b第1款第1项第1种情况中涉及的以商业账簿之记载为内容的规定；第292条第1款第2项中的行为客体是"处在狩猎权之下的物"；第315条c第1款第2项中，行为人须"严重违反交通规则"。 32

在以上所有这些场合中，法定的构成要件本身在内容上是不完整的，其必须借助于空白要素所指引的法律规则来加以填充。因而，真正的规范则是法定构成要件和分别援引到的法律规则(如第184条e中的卖淫禁令)这两者的联合。在这些情况下，故意的对象则是"整体构成要件"的事实性前提条件。㉗ 33

4. 构成要件选择要素（Tatbestandsalternativen）

> **案例6**
>
> 小偷T侵入了某家住宅，他原以为这是一家商店。

若行为人针对构成要件的选择要素发生了认识错误，而认识错误所涉及的要素只是某一上位概念之下的次级情况(Unterfälle)，那么，该认识错误就不值得加以考虑。㉘ 因此，案例6中的T的认识错误就根本没有任何影响：第123条的构成要件的叙述所覆盖到的只是受保护的空间领域，而没有给列举出来的这些领域分别赋予独立的意义。毋宁说，这些领域只是统一的保护对象的具体例子而已。但若行为客体在性质上各不相同(如第274条第1款中的文书和技术图样)，那么，情况便有所不同。在该种情况下，根据第274条，错误地混淆了某一技术图样，对于事实上的客体而言，则导致阻却故意，对于设想中的客体而言，则成立力图。㉙ 34

㉗ 耶赛克、魏根特，第29条 V、3；金德霍伊泽尔，《戈尔特达默刑法档案》，1990年，第407页，尤其是第420页及以下几页；《诺莫斯刑法典评注——普珀》，第16条，边码20；《刑法典体系性评注——鲁道菲》，第1条，边码12；《(舍恩克、施罗德)刑法典评注——施特尔贝格—利本》，第15条，边码100及下一边码；关于空白要素和规范性构成要件要素的区分，见《诺莫斯刑法典评注——普珀》，第16条，边码21及以下几个边码，有进一步的文献；针对规范要素和空白要素的认识错误的定位，见戈麦斯(*Gómez*)，《戈尔特达默刑法档案》，2010年，第259页及以下几页。

㉘ 对此，详细参见韦塞尔斯、博伊尔克，边码246，该处列出了不同的解决方案；拉克纳、屈尔，第16条，边码4；《刑法典体系性评注——鲁道菲、施泰因》，第16条，边码35；《(舍恩克、施罗德)刑法典评注——施特尔贝格—利本》，第16条，边码11；不一致的观点，见库伦：《区分阻却故意和不阻却故意的认识错误》(Die Unterscheidung von vorsatzausschließendem und nichtvorsatzausschließendem Irrtum)，1987年版，第512页。

㉙ 屈尔，第13节，边码16a；罗克辛，第1卷，第12节，边码136。

5. 专业鉴定中的构成要件错误和禁止错误

35 **(1) 关于案例**：由于法规中的构成要件同时就是规范的内容，若谁根本不知晓法定构成要件之要素的语义或者更为狭窄地理解了刑法上的概念适用范围，这种情况的结果便是，他也会对其举止的不法产生认识错误。例如，第 303 条的规范是（通过破坏（财物的）存续或者功能的方式）损坏他人的财物是禁止的。案例 3（c）中的 A 基于语义上的误解认为：只有物质的侵害之意义上的损坏才是禁止的，所以，纯粹是损坏其功能是容许的。这样，针对法定构成要件的概念性要素的意义发生认识错误也就导致了禁止错误。

36 同样地，若对具体的案件事实情况之情状发生认识错误（构成要件错误），也会导致禁止错误。因为若行为人陷入对某一构成要件的事实性前提条件的认识错误之中，那么，他也就必定针对相应的构成要件之实现的不法产生认识错误。在案例 3（b）中，A 错误地将他人的汽车当做自己的，因而，他也就相应不可避免地缺乏违法地损坏他人财物的不法意识。[30]

37 **(2) 专业鉴定的框架**：构成要件错误针对的是故意，禁止错误针对的是罪责，因而，人们从不需要在同一个犯罪阶层上互相区分这两种认识错误。更确切地说，如果案件中给出了相应的线索，那么，我们在考察主观构成要件的时候，只会出现这样一个问题：是否行为人发生了针对具体的案件事实情况之特征的阻却故意的认识错误，还是纯粹处于与故意无关的涵摄错误的状态？[31]

38 若行为人（仅）发生了涵摄错误，就需要否定成立阻却故意的构成要件错误。这时，便需在**罪责阶层**上考察，**由涵摄错误而引起的禁止错误**当时是否可以避免（第 17 条）。[32]

39 反之，若成功地阻却了故意，就要停止故意犯的审查。同时，因构成要件错误而引发的禁止错误（第 36 条）也就不再需要探讨。但是，若相应犯罪的**过失之作为**（fahrlässige Begehung）是可罚的，那么，在审查这一作为时，**这两种认识错误都应得到讨论**。我们需要先问，是否即便具备可期待的谨慎，当时也无法避免这一阻却故意的构成要件错误？若得到肯定的回答（即可以避免），那么，就还要在罪责层面上进一步讨论，由构成要件错误引起的对（过失）构成要件之实现的不法的认识错误当时（在第 17 条意义上）是否可以避免？[33]

---

[30] 当然，也有可能出现行为人由于另一个原因而具备不法意识的情况。例如，A 可能会以为，阻止他的妻子使用汽车是受禁止的；参见哈夫特，第 265 页及以下几页。
[31] 亦参见格罗普，第 13 节，边码 18—20；哈夫特，第 265 页及以下几页。
[32] 对此，见本书第 28 节，边码 14 及以下几个边码。
[33] 同上。

三、个别的问题

1. 针对人或者客体的认识错误

> **案例 7**
>
> A 将 B 误当作 C,以杀人故意枪杀了 B。

> **案例 8**
>
> 由于天气昏暗,D 误以为公园里休息着的行人 X 是个雕像。D 心中突发毁坏艺术文物的欲望,想用石头砸坏该"雕像"。结果,X 被 D 的石头严重砸伤。

针对人或者客体的认识错误(Irrtum über die Person oder das Objekt,*error in persona vel objecto*)乃是指,行为人对行为客体本身发生了认识错误(换言之,没有弄清具体是哪个行为客体),但是,针对他所要实现的构成要件的种类,则没有发生认识错误。㉞ **40**

这种认识错误并不能阻却针对客观构成要件之实现的故意的成立。行为人只是对不影响构成要件的个别具体客体发生了认识错误。㉟ 由于目标在具体化时发生错误,且侵害这一目标乃是当时的犯罪动机,因而,在针对人或者客体的认识错误的场合,也就仅仅发生了**不重要的动机错误**(Motivirrtum)。㊱ 依照这一见解,案例 7 中的 A 对于具体的受害人是有杀人故意的,并且认识到行为客体是构成要件的相应叙述中的"人"了。所以,他所瞄准的客体(攻击客体)是和击中的客体(侵害客体)相吻合的,在身体上是同一个人。行为人只是混淆了攻击客体的**与构成要件无关的特征**。图解如下: **41**

㉞ 请代表性地参见《诺莫斯刑法典评注——普珀》,第 16 条,边码 93 及下一边码,有进一步的文献。

㉟ 《联邦法院刑事判例集》,第 11 卷,第 268 页;第 37 卷,第 214 页,尤其是第 216 页;阿尔瓦特(*Alwart*)、《法学教学》,1979 年,第 351 页,尤其是第 352 页及下一页;伯恩曼、《德国法月报》,1958 年,第 817 页及以下几页;韦塞尔斯、博伊尔克,边码 249;克勒,第 151 页及下一页;卢比希(*Lubig*)、《法学》,2006 年,第 655 页,尤其是第 656 页;拉特:《论针对人或者客体的认识错误的不重要性》(Zur Unerheblichkeit des error in persona vel in objecto),1996 年版,第 25 页及以下页;罗克辛,第 1 卷,第 12 节,边码 193 及以下几个边码;毛拉赫、齐普夫,第 23 节,边码 25。

㊱ 布林格瓦特,边码 610;雅科布斯,第 8 节,边码 82;屈尔,第 13 节,边码 24 及下一边码;奥托,第 7 节,边码 99;《莱比锡刑法典评注——福格尔》,第 16 条,边码 74 及下一边码。当行为人偷到的箱包容器中,所装的并非他所预料的内容时,关于对人或客体的认识错误的深入论述,见伯泽,《戈尔特达默刑法档案》,2010 年,第 249 页及以下几页。

创设风险	事实上的因果流程	具体的行为客体
已为行为人所认识	已为行为人所预见	行为人已经认识到其种类（人），但是没有正确认识具体的客体（将人 B 误认为人 C）
不成立构成要件错误，而是不重要的动机错误		

42　　若行为人与构成要件有关地未能对行为客体做出**正确的归类**，这时，他的认识错误就是**有影响的**，且能导致阻却故意。㊲ 因而，案例 8 中的 D 在侵害身体上就没有故意，而无论如何具有过失（第 229 条）；至于损坏财物则只成立力图（第 303 条、第 22 条及下一条）。㊳

2. 针对因果流程的认识错误

> **案例 9**
> T 怀有蓄意杀人的目的，提供给 O 有毒的水果蛋糕，但谁也不知，蛋糕中还有一只蜜蜂；O 被蛰伤，并死于过敏的休克反应。

> **案例 10a**
> F 将 G 撞下大桥，F 以为，G 不会游泳，必将溺死。但事实上 G 乃是因撞击在桥墩上导致颈部折断而死。

> **案例 10b**
> H 在桥上（没有任何杀人故意）要揍 J。J 突然回身躲避，跌入河中，溺死。

43　　（1）**前提条件**：在结果犯的场合，要成立故意，需要对举止和结果之间的**事实上的因果流程**具有认识。由于这是一种预测，也就多半没有办法考虑到每个细节，所以，按照主流见解，如果事实上的事实发生大致和行为人的设想相符合，那么就可以成立故意。只有发生本质性的偏差，才可以导致故意的阻却。㊴ 从这个意义上讲，真实的因果流程与设想的因果流程发生**本质性**的偏离，乃是指这种偏离不再

㊲ 为了避免误解，在这种情况下，根本就不涉及针对人或者客体的认识错误；参见罗克辛，第 1 卷，第 12 节，边码 201。

㊳ 这两个犯罪均可成立，进而构成一罪。

㊴《联邦法院刑事判例集》，第 7 卷，第 325 页，尤其是第 329 页；第 38 卷，第 32 页及格劳尔的评释，见《法学综览》，1992 年，第 114 页及以下几页；联邦法院，《新法学周刊》，2011 年，第 2065 页，尤其是第 2066 页及下一页。对此的批判性观点，见鲍曼·韦伯·米奇，第 20 节，边码 24；菲舍尔，第 16 条，边码 7；海因里希，边码 1098；《慕尼黑刑法典评注——约克斯》，第 16 条，边码 86 及以下几个边码；普珀，《戈尔特达默刑法档案》，2008 年，第 569 页及以下几页；罗克辛，第 1 卷，第 12 节，边码 153 及下一边码。

处于能按照普通的生活经验可以预见的范围内,已经可以根据另外一种评价来正当化地评价相应的行为了。特别是像案例 9 的情况,当行为人事实上设置的风险,完全迥异于他想创设的风险时,那么,人们就可以接受按照另外的一种评价来正当化地评价其行为。

主流观点认为,如果因果流程不再处于普通的生活经验的界限内,以至于可对之做另一种评价,那么,则可以将针对因果流程的认识错误认定为阻却故意。这种见解虽然本质上正确,但表述却是不精确的。按照主流见解的方案,案例 10a 中,便不成立阻却故意的认识错误,因为某个人是被撞下桥而溺死还是在桥墩磕死,按照生活经验和法律上评价似乎都没有任何的区别。但是,若故意以行为人对因果流程的设想为内容,那么就不可以随意地将他根本没有想到过的或者可能甚至想避免的东西归属于他,并认定他是对此有意识的。因为可能发生这种情况:案例 10a 中的行为人想让被害人溺死,乃是希望这个行为看上去像是游泳溺死一样。此外,诉诸评价性的观察角度也是非常不精确的,因为这种评价性的观察角度并没有给事实上的因果流程和设想中的因果流程二者的比较提供准确的尺度。

假若故意归属针对的是行为人创设的符合构成要件的风险⁴⁰和具体的结果发生这二者之间的因果联系,那么,我们便能得到学理上精确而合理的论证。换言之,行为人必须**认识到其行为和相应结果之间的符合构成要件的风险联系**,这样才能够合理地将结果归属于他,并成立故意。也就是说,若作为行为人有意识地创设的符合构成要件的风险之基础的情状,对于从因果上解释具体的结果也是不可或缺的,便可以像前面那样进行故意归属。⁴¹

45 结合案例 10a,这意味着:若行为人把他人从很高的桥上撞下,这就代表着他已促成了一种可能以多种方式致人死亡的情况。受害人可能溺死,可能猛然入水致使意识丧失,可能休克,可能撞到岩石或者桥墩基座上,等等。所有这些都是撞下桥而可能导致的因果流程。至于行为人想着这些可能的因果流程中的哪一种,并且认为其具体有多大的可能性,则并不重要。因为鉴于撞下桥会导致**结果上的风险**,他清楚地知道,为了避免结果,必须不将受害人撞下桥。为了从因果上解释案例 10a 中具体发生的死亡(撞在桥墩基座上导致折颈),人们必须认识到,G 被撞下桥,在结果上就已经实现了 F 有意识地创设的风险,因而,便可以认定 F 对 G 的死具有故意。⁴²

G 撞上桥墩,便已经实现了 F 所认识到的风险,从这里,我们还可以看出,从**事**

---

⑩ 对此,见本书第 11 节,边码 6 及以下几个边码。

㊶ 关于过失方面的相应见解,参见本书第 33 节,边码 22 及下一边码。

㊷ 亦参见普珀,第 1 卷,第 19 节,边码 9 及以下几个边码;进一步见克勒,第 152 页及以下几页;奥托,第 7 节,边码 84 及以下几个边码。

后的角度来看,发生这一具体的死亡结果,并不是对 F 有意识地启动的事实发生流程的出乎意料的、意外的偏离。从这点来看,案例 10b 便不相同了。案例 10b 中的事实发生流程,就不再是 H 有意识地创设的风险的实现。

46　　**(2) 专业鉴定的框架**:在专业鉴定中,需要注意:只要事实上的因果流程从本质上偏离了事先设想的因果流程,那么,就不能认定行为人对这一构成要件之实现具有故意。对此,也许可以得出两个结论:其一,由于行为人事先设想了相应的因果流程,但在客观上却没有实现,这样,他就要因为力图而受罚。㊸ 其二,基于事实上造成了结果,行为人可能成立过失犯罪。㊹

　　3. 针对既遂时点的认识错误

> **案例 11**
> 　　K 想麻醉 L,以便随后将 L 上吊起来致其于死地,并造成 L 自杀的假象;当麻醉的时候,L 就已经死了。

> **案例 12**
> 　　M 以为用一铁棒就已将 N 打死。为了造成事故的假象,M 随后从高楼的窗户上将 N 抛出;N 事实上是坠楼而死的。

47　　**(1) 提前既遂**:所谓提前既遂是指,通过一个在行为人看来与结果无关的动作就已经实现了构成要件,而其本来的引发结果的流程尚在其后。案例 11 中的 K 就是这种情况:

48　　① 按照主流观点的见解,若像案例 11 中的行为人通过第一个动作就已经进入了力图阶段,则成立故意行为既遂。在这种情形下,力图行为具有(概括的)杀人故意,因而若他没有认识到其行动在某具体的时间点就已经促成了结果,也就不重要了。㊺

49　　② 然而,仅当按照行为人的设想,第一个动作已经是对创设与结果有关的风险的贡献,这一主流方案才值得赞同。但若像案例 11 中那样,按照行为人的设想,第一个动作尚不是对创设所计划的结果风险(上吊)的贡献,而是和前者(上吊)不同的风险(麻醉),且他自己也没有意识到他设置了该(麻醉)风险,这样,对于这第

㊸ 雅科布斯,第 8 节,边码 65 及以下几个边码;伦吉尔,第 15 节,边码 16。
㊹ 如果二者都成立,那么,便竞合成立一罪。对此,参见本书第 47 节。
㊺ 联邦法院,《戈尔特达默刑法档案》,1955 年,第 123 页及以下几页;《刑法新杂志》,2002 年,第 309 页;2002 年,第 475 页;《法学综览》,2002 年,第 381 页,尤其是第 382 页及耶格尔的评释;屈尔,第 13 节,边码 48a;索瓦达,《法学》,2004 年,第 814 页,尤其是第 817 页及以下几页;《(舍恩克、施罗德)刑法典评注——施特尔贝格—利本》,第 15 条,边码 58;毛拉赫、齐普夫,第 23 节,边码 36。

一个风险(麻醉)与结果之间的联系,行为人就缺乏必要的故意。就这点而言,K 无论如何是在过失地行事。相反,K 自己认为第二个风险才和结果有关,而该风险却并没有得到实现,这样,对于采取上吊致 L 于死地而言,K 仅成立力图。⁴⁶⁴⁷

(2)概括故意:概括故意⁴⁸还反过来用于指称这样一种情况:行为人错误地以为已经促成了结果,但是,在事实上,该结果却不为其所知地是由后的举止所造成的。案例 12 中的 M 便是此类。 50

① (迄今为止,)在判例中的观点是,只要事实上的整体事实发生过程处在可以预见的框架内,都承认成立故意犯既遂。⁴⁹ 案例 12 中便应肯定由前一行为导致既遂。 51

② 同样,仅当后来的犯罪举止(Nachtatverhalten)也处在行为人所认识到的第一个风险的框架内,这种观点才是站得住脚的。就案例 12 中的 M 来说,若行为人没有意识到他独立地新设置了一个风险,那么,第二个因果流程就超越了第一个因果流程。⁵⁰ M 所认识到的第一个风险(铁棒击打)并没有实现在结果中,因而,M 对于因果流程发生了认识错误,对此他只成立力图。针对其没有意识地设置的第二个风险(抛出窗户),则只成立过失犯。⁵¹⁵² 52

4. 打击错误

> **案例 13**
>
> P 以杀人故意朝 Q 开枪,但是出乎其意料地打在 Q 的狗身上。

---

⁴⁶ 赫鲁斯卡,《法学教学》,1982 年,第 317 页,尤其是第 320 页及下一页;雅科布斯,第 8 节,边码 76;考夫曼,载《耶赛克祝贺文集》,第 251 页,尤其是第 264 页及下一页;《诺莫斯刑法典评注——普珀》,第 16 条,边码 86 及以下几个边码;亦参见耶格尔,载《施洛德祝贺文集》,第 241 页及以下几页,他针对第 25 条提出了一个方案。

⁴⁷ 如果同时实现了力图和过失犯罪,那么,两罪彼此之间成立一罪。

⁴⁸ 参见本书第 14 节,边码 37。

⁴⁹ 《联邦法院刑事判例集》,第 7 卷,第 325 页及以下几页;第 14 卷,第 193 页及以下几页;赞同的观点,有韦塞尔斯·博伊尔克,边码 265;布林格瓦特,边码 613;埃伯特,第 150 页及下一页;结论上,亦见海因里希,边码 1098;耶赛克·魏根特,第 29 节 V、6d;《(舍恩克、施罗德)刑法典评注——施特尔贝格—利本》,第 15 条,边码 58;斯特拉滕韦特·库伦,第 8 节,边码 93;《莱比锡刑法评注——福格尔》,第 16 条,边码 73。

⁵⁰ 参见本书第 10 节,边码 24 及以下几个边码。

⁵¹ 这种过失犯和前面的力图,二者之间乃是数罪的关系(见本书第 47 节,边码 34)。

⁵² 参见弗洛因德,第 7 节,边码 143;格罗普,第 5 节,边码 71;赫廷格尔,载《施彭德尔祝贺文集》,第 237 页,尤其是第 253 页及下一页;赫鲁斯卡,第 26 节及下一页;屈尔,第 13 节,边码 48;迈瓦尔德,《整体刑法学杂志》,第 78 卷,1966 年,第 30 页,尤其是第 54 页;奥托,第 7 节,边码 91;《诺莫斯刑法典评注——普珀》,第 16 条,边码 81 及以下几个边码;施莱霍弗,《故意和行为偏离》(Vorsatz und Tatabweichung),1996 年版,第 177 页;毛拉赫·齐普夫,第 23 节,边码 35;不同的见解,亦见奥格拉哲欧格鲁(Oglakcioglu),《法学综览》,2011 年,第 103 页,尤其是第 106 页。

> **案例 14**
>
> R 端起来复枪,以杀人故意瞄准 Z;但是由于 R 轻微颤抖了一下,子弹打在了 Z 附近站着的 U 身上,并致其死亡。

> **案例 15**
>
> V 以杀人故意朝 W 开枪,但 V 轻微颤抖了一下,子弹打中 X。其实,X 当时正想杀 V,只是 V 没有注意到。

> **案例 16**
>
> 在举行选举活动时,恐怖分子 K 将一定时炸弹放在演讲台附近。结果爆炸时,上来演讲的人是 D,而不是 K 所以为的 F。D 被炸死。

53 所谓的打击错误(Fehlgehen des Schlages, aberratio ictus)是指,行为人故意地打击某个确定的行为客体(**攻击客体**),但由于发生了行为人未预见的因果流程,另外一个客体(**侵害客体**)承受了攻击。㊿ 与针对人的认识错误不同的是,(打击错误的)行为人不仅发生了侵害客体的同一性错误(Identitätsirrtum,即弄错了具体哪个侵害客体),而且预测到与另一侵害客体有关的另外一个因果流程上去了。不同于针对人的错误,打击错误乃是一种**针对因果流程的认识错误**,这样,始终成立第 16 条第 1 款意义上的构成要件错误。(根据主流见解)行为人对事实上的因果流程认识错误,致使其处于构成要件错误之中,这样,无论如何,对于具体的结果发生,也便要对他依过失加以处罚;而对于没有打中的侵害客体,则成立力图(若具备相应的可罚性的话)。图解如下:

创设风险	事实上的因果流程	具体的行为客体
行为人设想了针对攻击体的风险创设,但没有认识到侵害客体的风险创设	行为人没有预见到	侵害客体和攻击客体(在形体上)不同,行为人并未认识到
针对侵害客体,成立构成要件错误;一般亦为过失。 针对攻击客体,成立力图。		

54 **(1) 打击错误中没有争议的情况**:像案例 13 那样,若侵害客体(狗)**在构成要件上**乃是和攻击客体(Q)分属不同的种类,那么,针对事实上侵害到的行为客体,成立阻却故意的构成要件错误(第 16 条第 1 款第 1 句),至少在这点上是没有争议

㊿ 对此,全面的论述,见特佩尔(Teopel),《法学工作》,1996 年,第 886 页及以下几页;1997 年,第 248 页及以下几页;1997 年,第 344 页及以下几页。

的。之所以这样说,是因为:在这种情况下,从事实上因果流程的风险创设直到侵害客体的形体上和种类上的同一性,针对这构成要件实现过程中的每个相关要点,行为人都发生了认识错误。* 因而,在案例13中,针对Q,也就成立杀人力图(第212条、第22条及下一条)。而对于狗的侵害,所成立的过失损坏财物,则是不可罚的。㊴

(2) 有争议的情况:像案例14中那样,若侵害客体和攻击客体**在构成要件上** 55
属于同一种类,主流观点也认为,行为人针对引发事实上的结果的因果流程发生了本质性的㊵,因而也就阻却故意的构成要件错误(第16条第1款第1句)。㊶ 在这个场合下,行为人的故意已经具体化到了对他所瞄准的客体(Z)的因果性的侵害之上。这样,在案例14中,R对Z成立杀人力图(第212条、第22条及下一条),对U则可能成立过失致人死亡(第222条)。

但是,根据学术文献中少数人的观点,在像案例14中这样的攻击客体和侵害 56
客体从相关的任何法律角度而言都等同的情况下,**打击错误**不应当和**针对人或者客体的认识错误**区别对待㊷:R有杀害一个人的故意,也确实杀了一个人。但是,他们却认为,当行为客体出现法律上相关的不对等性时,例如,案例15中的W和X便不能在法律上等同对待[因为X才是紧急防卫条款(第32条)意义上的攻击者],这时,则成立针对因果关系的认识错误,而这种认识错误是有实际影响的。

正如我们对打击错误(边码53)和针对人或者客体的认识错误(边码41)这两 57

---

* 换言之,行为人既没有正确地为事实上的因果关系创设风险,也搞错了侵害客体到底是哪一个,亦即到底属于哪一种类。而这些被弄错的要点,都是构成要件之实现过程中的相关要点。——译者注

㊴ 若P射击狗,却不小心地侵害到了Q,那么,则出现力图损坏财物(第303条第3款)和过失的身体侵害(第229条),成立一罪(第52条)。

㊵ 参见本书本节上文边码43及以下几个边码。

㊶ 《帝国法院刑事判例集》,第3卷,第384页;第58卷,第27页及以下几页;《联邦法院刑事判例集》,第9卷,第240页及以下几页。对此,见米奇,载《普珀祝贺文集》,第729页及以下几页;《联邦法院刑事判例集》,第34卷,第53页,尤其是第55页;联邦法院,《德国法月报》(霍尔茨),1981年,第630页及下一页;阿尔瓦特,《法学教学》,1979年,第351页,尤其是第355页;鲍曼、韦伯、米奇,第21节,边码13;伯恩曼,《德国法月报》,1958年,第817页,尤其是第818页及下一页;格罗普,第5节,边码77及下一边码;赫廷格尔,《戈尔特达默刑法档案》,1990年,第531页,第554页;赫鲁斯卡,《法学家报》,1991年,第488页,尤其是第491页及下一页;屈尔,第13节,边码32及以下几个边码;卢比希,《法学》,2006年,第655页,尤其是第657页及下一页;斯特拉滕韦特、库伦,第8节,边码95及下一边码。

㊷ 库伦:《区分阻却故意和不阻却故意的认识错误》,1987年版,第479页及以下几页;勒文海姆(Loewenheim),《法学教学》,1966年,第310页及以下几页;普珀,《法学家报》,1989年,第728页及以下几页;韦尔策尔,第13节 I,3d;进一步见霍伊赫默尔(Heuchemer),《法学工作》,2005年,第275页,尤其是第277页及以下几页。反对他的观点,见拉599,《法学工作》,2005年,第709页及以下几页;另一种论证过程,见徐(Hsu),《"双重具体化"和错误》("Doppelindividualisierung" und Irrtum)(该书为我国台湾学者徐育安的博士论文——译者注),2007年版,第210页及下一页、第224页。而按照普珀的观点(《诺莫斯刑法典评注——普珀》,第16条,边码95),若行为人也给侵害客体故意地创设了危险(参见本书第14节,边码18及以下几边码),才可以将打击错误认定为(不产生影响的)针对人或者客体的认识错误的子类别;因此,在结论上,就和主流学说所认为的对侵害客体只是过失地创设了危险不再具有区别了。

种错误所做的图解中显示的那样,这两者在所有本质性要点上都存在区别。因此,少数人所主张的,由于行为人想杀一个人,而且在结果上也杀了一个人,进而只成立针对人的认识错误的这种观点,虽然表面上看来令人感到有所启发,但是,却违反了通行的归属原理:行为人并不因为他想促成某种结果,就要为这类结果中的任何一个承担责任。更确切地说,行为人必须认识到他所创设的风险,并且已经预见到**通过事实上的因果流程会在结果中实现这一风险**。这种认识至少适用于行为人针对他所具体化地认识了的行为客体已经做出了行为决意的场合。㊿ 否则,他就可能也要为他完全没有预见到的结果的发生承担责任了。进一步说,在针对人或者客体的认识错误的场合,行为人仅仅产生了和构成要件没有关系的动机错误;而在打击错误的场合,则在此外出现了对因果流程的认识错误。在针对人的认识错误的情况下,如果行为人正确地确认清楚了攻击客体,就不会再开枪了,也就是说,在正确确认的场合,他并没有做出相应行为的动机。相反,在打击错误的场合,行为人在动机上正好就没有出现动机错误。他所瞄准的攻击客体,就正是他在事实上想要射杀的客体;他只是(由于没有正确地预计因果流程)(从而)在事实上未击中他的目标。

58   有人出来提出调停性的方案:只有在高度人身性的法益的时候,不法之实现才取决于受侵害者的具体化(Individualität),这样,打击错误仅**在面对高度人身性法益的时候**才是本质性的构成要件错误,在像所有权和财产这些可转让的法益的场合,则不是本质性的构成要件错误。㊾ 然而,一般的归属规则,是应当同等地适用于所有法益的。对于客观上和主观上均可以进行归属的结果,责任总是成立的。如果谁仅仅是想撞翻某个廉价的玻璃瓶,但却滑倒在地,因而打碎了昂贵的中国瓷器,那么,仅仅考虑一下这个东西的价值,就很难说他是故意促成了这一构成要件性的损害。此外,在这种情况下,行为人也并不像针对人或客体的认识错误那样,只是存在动机错误。㊿

   (3) 不成立打击错误:

59   首先,如果行为人的故意既包含所瞄准的行为客体,也包含事实上侵害的行为客体,那么就不成立打击错误。在这种情形下,行为并没有发生错误。更确切地

㊿ 韦塞尔斯、博伊尔克,边码 253;克赖、埃塞尔,边码 437;屈尔,第 13 节,边码 35。
㊾ 希伦坎普:《偏离性因果流程中故意的具体化之意义》(Die Bedeutung von Vorsatzkonkretisierungen bei abweichendem Kausalverlauf),1971 年版,第 108 页及以下几页、第 127 页及以下几页;拒绝的观点,见拉特:《论行为人的打击错误和针对客体的认识错误在刑法上的处理》(Zur strafrechtlichen Behandlung der aberratio ictus und des error in objecto des Täter),1993 年版,第 166 页及以下几页;施赖贝,《法学教学》,1985 年,第 873 页,尤其是第 875 页;关于其他折中性方案,参见赫茨贝格,《法学工作》,1981 年,第 369 页及以下几页、第 373 页、第 470 页及以下几页、第 472 页及以下几页;罗克辛,载《维滕贝格尔祝贺文集》,第 109 页,尤其是第 123 页。
㊿ 亦参见屈尔,第 13 节,边码 37;斯特拉滕韦特、库伦,第 8 节,边码 96。

说,行为人成立**择一故意**。[61]

进而,倘若(像案例 16 中的 K 那样)行为人**只是**让行为客体通过行为的具体过程(Gestaltung)来**一般地**(或直接地)**加以确定**,那么,也不成立打击错误。因为 K 所想准确地杀掉的人,就是炸弹爆炸时其杀伤范围内停留着的人,因此,这时攻击客体和侵害客体在身体上是对应的、是同一个人;而且,导致构成要件性的结果的事实上的因果流程也准确地和预期的因果流程相符合。至于不是 F,而是 D 出现在了预见到的攻击位置上,则仅仅是个同一性错误。因此,它只单单是个针对人的认识错误,并没有实际影响。[62]

5. 针对"原因自由行为"的认识错误

案例 17

A 计划强奸 B。但是,由于陷入无罪责能力的状态,进而搞错了对象,强奸了 C。

由于"原因自由行为"的例外模式不会针对犯罪构造提出特殊的要求,以及在实施行为的时候,故意犯只要求成立一个故意即可[63],而所谓的构成要件模式则将构成要件之实现的开始(开端)前置到了促成欠缺(相应能力的)状态的时点上。这种模式要求在故意犯的时候,需要有双重的故意[64]:一方面,行为人必须在考虑到其后的行为时,故意地促成缺乏罪责能力的状态;另一方面,他自己必须故意地为其后的行为。这样,在像案例 17 中的情况下,就会产生行为计划和行为的执行必须在多大程度上相吻合的问题:

判例的观点是,将这种认识错误作为针对人或客体的认识错误(不产生实际影响)加以处理。其理由是:事实上的事实发生并没有和清醒状态时所确定的故意本

---

[61] 对此,详见本书第 14 节,边码 33 及以下几个边码;亦参见《联邦法院刑事判例集》,第 24 卷,第 53 页,尤其是第 55 页;联邦法院,《刑法新杂志》,2009 年,第 210 页及下一页;行为人用斧子砍杀他所对准的人时,对站在目标身后的另一人也有间接故意;对此,批判的观点,见徐:《"双重具体化"和错误》,2007 年版,第 210 页及下一页、第 224 页;普珀,《最高法院刑法判例在线杂志》,2009 年,第 91 页及以下几页;《莱比锡刑法典评注—福格尔》,边码 82 及以下几个边码。

[62] 参见格佩尔特,《法学》,1992 年,第 163 页;格罗普,载《伦克纳祝贺文集》,第 55 页,尤其是第 65 页;雅科布斯,第 8 节,边码 81;卢比希,《法学》,2006 年,第 655 页,尤其是第 658 页;普里特维茨,《戈尔特达默刑法档案》,1983 年,第 110 页,尤其是第 127 页及以下几页;罗克辛,第 1 卷,第 12 节,边码 197;斯特拉滕韦特,载《鲍曼祝贺文集》(Baumann-FS),第 57 页,尤其是第 60 页及下一页;施特伦,《法学教学》,1991 年,第 910 页,尤其是第 913 页及以下几页;特佩尔,《法学工作》,1996 年,第 886 页,尤其是第 892 页;1997 年,第 556 页,尤其是第 557 页及下一页,第 948 页及下一页;亦参见联邦法院,《刑法新杂志》,1998 年,第 294 页;其他观点,见弗洛因德,载《迈瓦尔德祝贺文集》,第 211 页,尤其是第 228 页;赫茨贝格,《刑法新杂志》,1999 年,第 217 页及下几页。

[63] 详见本书第 23 节,边码 6 及以下几个边码、边码 27 及下一边码。

[64] 详见本书第 23 节,边码 11 及以下几个边码、边码 27 及下一边码。

质性地产生偏离。⑥⁵ 然而，这种观点却是令人疑惑的，因为 A 是在已经陷入无罪责能力的状态后才发生这种认识错误的，因此，行为的计划和行为的执行之间的联系被打断了。

63 　　与该观点不同，有些构成要件模式的学者在学术文献中赞同成立打击错误，则是合乎道理的：A 在实施行为时，把自己作为犯罪工具，但却疏忽地偏离了他在具备罪责能力状态时所设置的目标。⑥⁶ 根据这种见解，进入无罪责能力的状态后，行为人发生故意上的转变（Vorsatzwechsel）时所实际实施的行为，就只能按照第 323 条 a 加以处罚。⑥⁷ 至于其没有实施的那个行为，有人认为应算是不可罚的预备⑥⁸，也有人认为应成立力图。⑥⁹ 而这后一种成立力图的观点，具有内在的说服力。

64
复习与深化

　　1. 第 16 条第 1 款规定了什么？（边码 1）

　　2. 如何理解涵摄错误？如何将之与构成要件错误区分开来？（边码 9 及以下几个边码）

　　3. 如果对规范性构成要件要素的特征发生认识错误，会产生哪些问题？（边码 23 及以下几个边码）

　　4. 要符合哪些前提条件，针对因果关系的认识错误才能算是本质性（因而能阻却故意）的？（边码 43 及以下几个边码）

　　5. 在针对既遂时点的认识错误上，需要区分哪两种情况？（边码 47 及以下几个边码）

　　6. 如何理解打击错误？需要在多大范围上区分（或不区分）打击错误和针对人或者客体的认识错误这两者？（边码 53 及以下几个边码）

---

　　⑥⁵ 《联邦法院刑事判例集》，第 21 卷，第 381 页，尤其是第 384 页；赞同的观点，见《慕尼黑刑法典评注——施特伦》，第 20 条，边码 144。

　　⑥⁶ 《刑法典体系性评注——鲁道菲》，第 20 条，边码 31；《莱比锡刑法典评注——舍希》，第 20 条，边码 203；《（舍恩克、施罗德）刑法典评注——施特尔贝格—利本》，第 15 条，边码 57。

　　⑥⁷ 韦塞尔斯、博伊尔克，边码 418。

　　⑥⁸ 参见韦塞尔斯、博伊尔克，边码 419 和耶赛克、魏根特，第 40 节 Ⅵ、2，这两个文献在这个问题上接受了例外模式，但却同时要求双重故意。

　　⑥⁹ 鲍曼、韦伯、米奇，第 19 节，边码 51；雅科布斯，第 17 节，边码 68；罗克辛，第 1 卷，第 20 节，边码 73 及下一边码；沃尔特，载《勒弗伦茨祝贺文集》，第 545 页，尤其是第 551 页及下一页。

第28节　禁止错误和针对免除罪责事由的认识错误

一、禁止错误

1. 罪责说和故意说

(1) 规则："若行为人实施行为时,未能认识到行为的不法",那么,按照第17条第1句"若该认识错误无法避免,则不成立罪责"。"若行为人可以避免该认识错误",则可以根据第49条第1款减轻处罚(第17条第2句)。 **1**

(2) 罪责说:这条关于禁止错误的法律规定,是建立在所谓罪责说的基础上的。① 这种学说将行为的主观方面**分割成故意和不法意识两个方面**,具体而言,故意乃是主观的不法要素,而不法意识乃是独立的罪责要素。② 因而,根据罪责说,一方面,需要在不考虑可能的不法意识的情况下,单独确定故意;另一方面,即便没有不法意识,也不影响故意的成立。在行动具有故意,但缺乏罪责的情况下,《刑法典》中的参加理论③和判处矫正、保安处分的规定(第61条及以下几条)仍然适用。 **2**

联邦法院早就承认了罪责说④,因而也就推翻了帝国法院所认为的罪责责难原则上不需要不法意识的主张。帝国法院仅仅是通过类比适用(旧《刑法典》)第59条,将刑法之外的法律错误(Rechtsirrtum)和阻却故意的行为错误(Tatirrtum)等同对待。⑤ **3**

(3) 故意说:没有贯彻下去的是所谓故意说。按照故意说,故意乃是罪责要素,故意除需认识法定构成要件的各种情状之外,还包括不法意识[所谓的"恶意"(*dolus malus*)]。⑥ 反对这种学说的人认为,这种学说会使得法情感淡漠的行为人 **4**

---

① 鲍曼、韦伯、米奇,第21节,边码39;《慕尼黑刑法典评注——约克斯》,第17条,边码1;《诺莫斯刑法典评注——诺伊曼》,第17条,边码1;罗克辛,第1卷,第21节,边码7;《刑法典体系性评注——鲁道菲》,第17条,边码1;毛拉赫、齐普夫,第37节,边码32及以下几个边码;其他观点,见朗格尔,《戈尔特达默刑法档案》,1976年,第193页,尤其是第213页及以下几页;施米德霍伊泽尔,《法学家报》,1979年,第361页,尤其是第368页及下一页。
② 详见普珀,载《施特雷、韦塞尔斯祝贺文集》,第183页,鲁道菲,载《毛拉赫祝贺文集》,第51页,尤其是第57页。
③ 对此,见本书第38节,边码17及下一边码。
④ 《联邦法院刑事判例集》,第2卷,第194页,尤其是第200页;亦参见《联邦法院刑事判例集》,第41卷,第121页,尤其是第125页。
⑤ 《帝国法院刑事判例集》,第1卷,第368页,第10卷,第234页;第34卷,第418页;第57卷,第235页;第72卷,第305页,尤其是第309页。关于帝国法院的罪责理论的详细论述,见阿图尔·考夫曼(*Arthur Kaufmann*):《刑法之罪责论中的不法意识》(Das Unrechtsbewusstsein in der Schuldlehre des Strafrechts),1949年版,第46页及以下几页,库伦:《区分阻却故意和不阻却故意的认识错误》,1987年版,第161页及以下几页;施罗斯:《故意和认识错误》,1998年版,第15页及以下几页。
⑥ 关于概念演变史,见赫鲁斯卡,载《罗克辛祝贺文集》,2001年版,第441页及以下几页。

5　　　获益,因为这种人若欠缺不法意识,就也不成立故意了。⑦
　　　在文献中还可以见到持所谓**修正故意说**的零星见解。⑧ 这种学说虽然区分故意和不法意识这两者,但是却对故意做了扩展,即在故意中加入了对举止的社会损害性(Sozialschädlichkeit)的认识。这种认识是指,行为人意识到侵害了法秩序的社会伦理原则。因而,故意不仅是行为能力的认识因素,而且是"思想非价"的载体。与之相对应,不法意识则是对于违法性的认识;这种认识乃是指,意识到自己违反了《基本法》第103条第2款意义上的法律规定。

6　　　然而,刑法上的罪责针对的只是违反法定的法规。为了遵守相应的法律规范,行为人应当避免实现构成要件,因此,除了对违法举止事实上的前提条件的认识之外,故意不应再有其他内容。同样,将对举止的社会损害性的意识塞入故意之中,不仅是不精确的,也是多余的。

2. 不法意识

7　　　**(1) 前提条件**:若行为人意识到其举止侵犯了法秩序之中保护相应法益的规范,那么他就是"具有不法意识"地行事。⑨

8　　　这里的(在行为人的设想里)规范不必是**刑法的具体规定**。⑩ 若行为人仅仅是将其举止视为(比如说)违反秩序的,便足以成立此处的不法意识。⑪ 但若行为人仅是认为其行动不道德或者会受到社会伦理的责难,则尚不具备不法意识。⑫

---

　　⑦ 参见雅科布斯,第19节,边码14;科里亚特,《法学》,1996年,第113页,尤其是第114页及以下几页。

　　⑧ 参见格尔茨,《法学》,1990年,第421页及以下几页;赫茨贝格,《法学教学》,2008年,第385页,尤其是第388页及以下几页;朗格尔,《戈尔特达默刑法档案》,1976年,第193页及以下几页;奥托,《刑法总论》,第7节,边码76;第13节,边码39及以下几个边码;施米德霍伊泽尔,载《迈尔祝贺文集》,第317页及以下几页;施米德霍伊泽尔,《法学家报》,1979年,第361页及以下几页。

　　⑨ 《帝国法院刑事判例集》,第70卷,第141页,尤其是第142页;《联邦法院刑事判例集》,第2卷,第194页,尤其是第202页;第11卷,第263页,尤其是第266页;第15卷,第377页,尤其是第383页;耶赛克、魏根特,第41节I、3a;屈佩尔,《法学家报》,1989年,第617页,尤其是第621页;莱施,《法学工作》,1996年,第346页,尤其是第504页;罗克辛,第1卷,第21节,边码12及下一边码;鲁道菲,《不法意识、禁止错误和禁止错误的可避免性》(Unrechtsbewusstsein, Verbotsirrtum und Vermeidbarkeit des Verbotsirrtums),1969年版,第44页及以下几页。限制在用制裁以保卫的规范(sanktionsbewehrte Normen)之上的观点,见诺伊曼,《法学教学》,1993年,第793页,尤其是第795页;奥托,《法学》,1990年,第645页,尤其是第647页。

　　⑩ 《联邦法院刑事判例集》,第2卷,第194页,尤其是第202页;第15卷,第377页,尤其是第383页;第45卷,第97页,尤其是第100页及下一页;拉克纳、屈尔,第17条,边码2;毛拉赫、齐普夫,第38节,边码11;其他观点,《莱比锡刑法典评注——福格尔》,第17条,边码19。

　　⑪ 策勒州高等法院,《新法学周刊》,1987年,第78页;斯图加特州高等法院,《刑法新杂志》,1993年,第344页,尤其是第345页;《诺莫斯刑法典评注——诺伊曼》,第17条,边码20。

　　⑫ 鲍曼、韦伯、米奇,第21节,边码50;《慕尼黑刑法典评注——约克斯》,第17条,边码10及下一边码;罗克辛,第1卷,第21节,边码12。

不法意识并不要求对规范的内容有准确的认识。但是,行为人必须认识到**所实现犯罪的特定不法内容**。[13] 如果有好几个犯罪的构成要件共同成立一罪,那么,不法意识就是可分的,人们可以将不法意识分配到每个犯罪上面去。[14] 在"保护(柏林)墙的案件"(Mauerschützenentscheidung)中,联邦法院认为,只要对实质违法性有认识就够了,因此,即便行动在形式上是容许的,也不排除具备不法意识;这种情况指的是,若我们所面对的容许规范"由于公然、不可忍受地违背了正义的基本命令和违反了国际法上对人之尊严的保护而无效化",则形式上合乎该容许规范、却又认识到实质违法性的行动,是具备不法意识的。[15]

(2)对不法的洞察(Unrechtseinsicht):若行为人清楚地(至少也要有"实事角度的伴随意识"[16])认识到构成要件之实现的违法性,那么,就可以说行为人在行为时**现实地**具备对不法的洞察。[17] 根据主流见解,若纯粹只是设想到了具体的可能性(正如间接故意时所要求的那样)[18],则尚不足以成立现实的不法意识。[19]

但是,行为人没有不法意识时,仅当该不法意识是可以避免的[20],才成立罪责。如果行为人发挥其认识能力和对价值加以设想,人们可以期待他本来能够认识到行为的不法,而他却发生了认识错误,那么,我们就说他具有"**潜在的不法意识**"。[21] 在过失犯的场合,行为人经常只具有潜在的不法意识,因为在这种情形下,行为人(违反了谨慎)没有认识到实现构成要件的风险,这样,他对其举止会实现构成要件性的不法,也就不存在现实的意识。

(3)缺乏不法意识:直接的禁止错误意义上不法意识的缺乏,乃是指由于对禁止规范没有认识或者认识错误,以至于以为其举止是容许的。[22] 而所谓**间接的禁止错误**或者容许错误(Erlaubnisirrtum)则是指,行为人错误地以为,其符合构成要

---

[13] 《联邦法院刑事判例集》,第 42 卷,第 123 页。
[14] 《联邦法院刑事判例集》,第 10 卷,第 35 页。
[15] 《联邦法院刑事判例集》,第 40 卷,第 241 页,尤其是第 244 页;进一步见《联邦法院刑事判例集》,第 39 卷,第 1 页,尤其是第 15 页及以下几页;第 39 卷,第 168 页,尤其是第 183 页及以下几页。
[16] 对此,参见本书第 13 节,边码 2。
[17] 《联邦法院刑事判例集》,第 15 卷,第 377 页。
[18] 对此,见本书第 14 节,边码 15 及以下几个边码。
[19] 参见联邦法院,《新法学周刊》,1996 年,第 1605 页;佩夫根,《法学工作》,1978 年,第 738 页,尤其是第 745 页;赛尔,《法学教学》,1986 年,第 217 页,尤其是第 220 页;廷佩:《〈刑法典〉总则中的减轻刑罚事由和禁止双重利用》(Strafmilderungen des Allgemeinen Teils des StGB und das Doppelverwertungsverbot),1983 年版,第 253 页及以下几页;其他观点,见莱特(Leite),《戈尔特达默刑法档案》,2012 年,第 688 页及以下几页;奥托,第 13 节,边码 47。
[20] 详见本书本节下文边码 14 及以下几个边码。
[21] 《联邦法院刑事判例集》,第 21 卷,第 18 页,尤其是第 20 页。
[22] 《慕尼黑刑法典评注——约克斯》,第 17 条,边码 30;克赖、埃塞尔,边码 714。

件的举止乃是正当的,因而也就是为容许规范所容许的。㉓

13 **(4)专业鉴定的框架**:由于禁止错误乃是阻却罪责事由,这样,在专业鉴定中,人们在讨论可能存在的免除罪责事由之前讨论禁止错误。但若未出现欠缺不法意识的特别线索,人们则认为行为人具备不法意识。若出现了这种线索,则需要先审查是否存在禁止错误;若存在,则考察是否可以避免这种认识错误。

二、禁止错误的可避免性

> **案例1**
> 在保险公司工作的B常常以很重的耳光打他五岁的儿子E,只要E没有准时地出现在晚饭桌上。B以为,作为父亲,有权采取这种教育措施。

14 行为人没有不法意识的时候,若欠缺这种认识是可以避免的,那么,其行动就是有罪责的:

如果行为人本来可以认识到不法的,也就是说,考虑到其能力和知识,其举止必定已能够让他对举止的违法性有所考虑,或者开始审查是否有违法性,进而他就也许可以依此而获得对不法的洞察,那么这时,该禁止错误便是可避免的。㉔

15 在考虑具体的行为人在其角色中相应的法律义务的前提下,其个人能力和知识便是**判断可避免性的标准**。㉕ 首先需要加以考虑的是行为人的教育背景以及特定的生活情况和职业情况。同时还要考察的是,是否有足够的机会和可能,以(及时地)获取法律方面的信息。㉖ 在案例1中,B明显逾越了(可能的)父母责打权的界限。鉴于他的职业状况和一般人都明白的教育知识,只要B仔细地反思一下,就肯定可以清楚地知道,他的举止是被禁止的。

㉓ 联邦法院,《刑法新杂志》,2003年,第596页及下一页;不要把容许错误和容许构成要件错误相混淆,容许构成要件错误乃是指,行为人对于正当化事由的事实上的前提条件是否存在发生认识错误。对此,参见本书第29节,边码11及以下几个边码;亦参见《联邦法院刑事判例集》,第45卷,第219页,尤其是第225页。

㉔ 《联邦法院刑事判例集》,第3卷,第357页;第4卷,第1页及以下几页;第5卷,第111页及以下几页;第21卷,第18页及以下几页;巴伐利亚州高等法院,《法学综览》,1989年,第386页及下一页和鲁道菲的评释,见《法学综览》,1989年,第387页;莱施,《法学工作》,1996年,第607页;关于可避免性的标准,见莱比锡刑法典评注——福格尔》,第17条,边码35;附属刑法方面,见奥尔登堡州高等法院(OLG Oldenburg),《刑法新杂志——刑事判决和报告》,1999年,第122页;关于外国人的认识错误,见《联邦法院刑事判例集》,第45卷,第97页;劳本塔尔、巴伊尔(Laubenthal/Baier),《戈尔特达默刑法档案》,2000年,第205页及以下几页;扎贝尔(Zabel),《戈尔特达默刑法档案》,2008年,第33页,尤其是第54页。

㉕ 这个标准和确定过失犯中所需要的(内在的)谨慎的标准,在本质上是互相吻合的。参见本书第33节,边码20及以下几个边码、边码51及以下几个边码;亦参见奥托,第13节,边码48。

㉖ 《慕尼黑刑法典评注——约克斯》,第17条,边码42及以下几个边码;马特,第4章,第4节,边码13及以下几个边码。

如果发生了不可避免的认识错误,那么,行为人就**不必**再为该错误**承担责任**。**16**
例如,若行为人即便符合义务地进行了询问,但仍得不到可靠的资讯,那就不应将
该认识错误归咎于他,进而,人们也就应将该错误认定为是不可避免的。[27] 一般而
言,只有从主管的、内行的和没有成见的人员或岗位上得到信息,人们才可以期待
其信息的可信性,这些人员或岗位也能担保信息的客观性,并能为此担负责任。[28]
但若行为人在智力和良心上已经有了一定的紧张,从而轻微地认识到他的举止可
能是不容许的,那么,即便他得到辩护人的(错误)信息,也不足以认定该错误是不
可避免的。[29]

三、针对免除罪责事由的认识错误

> **案例 2a**
>
> 商场爆发火灾,A 将 B 撞下楼梯,因为 A 认为,只有这样做才可以挽救处在生
> 命危险中的一个人,而这个人他以为是他的妻子。因摔下楼梯,B 遭到了致命的
> 伤害。

> **案例 2b**
>
> 商场爆发火灾,A 将 B 撞下楼梯,因为 A 认为,只有这样做才可以挽救处在生
> 命危险中的一个人,而这个人他以为是他的熟人 C。因摔下楼梯,B 遭到了致命
> 的伤害。

针对免除罪责事由的认识错误可以**类比**其他免除罪责事由来适用。一直都需 **17**
要区分的是:(1)针对免除罪责事由的事实性前提条件的认识错误;(2)针对免除
罪责事由的成立(Existenz)界限或法律界限的认识错误。

第一,像案例 2a 中,若行为人错误地以为,已经满足了免除罪责的紧急避险的 **18**
事实性前提条件,那么,他就只可以根据第 35 条第 2 款第 1 句,凭借错误的不可
避免,来免除罪责。[30] 但是,若该认识错误可以避免,则可以减轻刑罚(第 2 款第
1 句)。

---

[27] 策勒州高等法院,《新法学周刊》,1977 年,第 1644 页;诺伊曼,《法学教学》,1993 年,第 793 页,
尤其是第 797 页及下一页;《莱比锡刑法典评注——福格尔》,第 17 条,边码 46;关于曼内斯曼一案(Fall
Mannesmann)中的禁止错误,一方面,参见杜塞尔多夫州高等法院,《新法学周刊》,2004 年,第 3275 页,
另一方面,见联邦法院,《法学家报》,2006 年,第 560 页及以下几页。

[28] 《联邦法院刑事判例集》,第 40 卷,第 257 页,尤其是第 264 页;联邦法院,《刑法新杂志——刑
事判决和报告》,2003 年,第 263 页;巴伐利亚州高等法院,《法学综览》,1989 年,第 386 页;斯图加特州
高等法院,《法学教学》,2006 年,第 1032 页及雅恩的评释;沃尔特,《法学教学》,1979 年,第 482 页及以
下几页;察克奇克,《法学教学》,1990 年,第 889 页,尤其是第 892 页及以下几页。

[29] 联邦法院,《刑法新杂志——刑事判决和报告》,2003 年,第 263 页。

[30] 参见哈姆州高等法院,《新法学周刊》,1958 年,第 271 页。

19 第二，不管行为人针对法律上并不承认的免除罪责事由是否存在发生认识错误，还是针对法律上承认的免除罪责事由的界限发生认识错误，都不需加以考虑。㉛ 案例2b中就是这种不会产生实际影响的界限错误（Grenzirrtum）。在该案中，A错误地以为，即便为了救助随意的第三人，也可以按照第35条第1款第1句免除罪责。㉜

20

> **复习与深化**
>
> 1. 所谓的罪责说是指什么？（边码2及下一边码）
>
> 2. 如何理解潜在的不法意识？如何理解间接的禁止错误？（边码11及以下几个边码）
>
> 3. 什么时候才可认定禁止错误是可以避免的？（边码14及以下几个边码）
>
> 4. 针对免除罪责事由的认识错误，可以区分为哪两种情况？（边码17及以下几个边码）

㉛ 韦塞尔斯、博伊尔克，边码490；屈尔，第13节，边码85。
㉜ 关于免除罪责和罪责阻却事由这两个领域中的认识错误，概括性的论述，见巴赫曼，《法学工作》，2009年，第510页及以下几页。

第29节 针对正当化前提条件的认识错误

一、各种认识错误

案例1
A将B打倒,但A没有认识到,其实B当时正准备用刀捅A。

案例2
在玫瑰星期一(狂欢节)那天,C想逗D开心,于是用橡胶锤击打D的头;D以为锤子是真的,便用拳击C。

案例3
E用刀攻击F。为抵抗攻击,F用棍子狠砸E的手臂,这样E松手,刀掉下。F以为他自己本来可以以逃跑的方式轻易躲开攻击,因而他没有办法援引紧急防卫加以正当化。

案例4
G逮住正在实施行为的小偷H。H手头并无赃物且正在逃跑。G将之杀死,并错误地以为,为了阻止逃跑(根据《刑事诉讼法》第127条第1款),他有权力杀死H。

在正当化事由上,(行为人)有**可能发生四种认识错误**: 1
(1)没有认识到,当时其实存在正当化构成要件的事实性前提条件(案例1);
(2)错误地以为,当时存在正当化构成要件的事实性前提条件(案例2);
(3)虽然正确地认识到了案件事实情况,但是未能认识到相关的正当化事由,或者不利于自己地限制了正当化事由的适用范围,因而以为他的客观上正当的举止是被禁止的(案例3);
(4)错误地认为法律上不承认的正当化事由是成立的,或者将有效的正当化事由的适用范围以有利于自己的方式扩展到了自己的情况上(案例4)。

在犯罪构造中,正当化构成要件具有和犯罪的构成要件所不同的功能:正当化 2
构成要件能免除负担。与此相对应,针对正当化发生的认识错误具有和针对犯罪的构成要件的认识错误相反的效用。这在具体上意味着:

针对(1),假若行为人没有认识到事实上存在正当化构成要件的事实性前提条 3
件,那么他就没有认识到在客观上可以为他免除负担的情状。因此,他虽然客观上不符合违法举止的前提条件,但在主观上却符合。

4 针对(2),倘若行为人错误地以为,当时存在正当化构成要件的事实性前提条件,那么他设想的是使他可以免除负担的情状。在这种情形下,他只在客观上符合违法举止的前提条件,但在主观上却不符合。

5 针对(3),假如行为人虽正确地认识到了相关的行为情状,但未认识到相应的容许其举止的正当化事由,这样,因没有认识到法律情况,他就错误地以为其举止是禁止的。这种认识错误构成**幻想犯**,在刑法上不需加以处置,不需处罚之。① 同样地,若行为人不利于自己地限制了相关正当化事由的适用范围,也是如此。因而,案例 3 中的 F 按照第 32 条的规定对 E 采用正当的攻击防卫进行还击,但却因未认识到紧急防卫的前提条件,错误地以为这种还击是不许可的。故 F 只成立不可罚的幻想犯。

6 针对(4),如果行为人错误地认为法律上不承认的正当化事由是成立的[所谓的"**成立错误**"(Bestandsirrtum)],或者将有效的正当化事由的适用范围有利于自己地扩展到了自己的情况上[所谓"**界限错误**"(Grenzirrtum)],这样,尽管他正确地认识到了案件的情形,但仍然会得出错误的结论:以为自己的举止是容许的。在案例 4 中,G 就处于这种所谓的"间接的禁止错误"或者容许错误之中,针对这种认识错误,可以(直接)适用第 17 条。② 即便当 G 同时陷入两个错误[亦即所谓"**双重错误**"(Doppelirrtum)],即① 对事实性的内容(Gegebenheiten)的认识错误和② 针对这些事实性内容是否适用某个相关的容许规范发生认识错误,结论也许也毋需改变。例如,在案例 4 中,若被枪杀的 H 不是小偷,而是无辜的行人,G 因为混淆了具体的人,也仍然适用第 17 条。在这种情况下,仍然采用禁止错误的规则,这意味着:行为人是否可罚仅取决于是否(第 17 条意义上)可以避免这种认识错误,因为,即便事实上存在行为人所设想的情状,行为人的举止也不是正当的。③

7 从此处对各种认识错误的概述中,我们可以得知,在第(3)种情况下的认识错误是刑法上不予考虑的,而第(4)种情况下的认识错误则是法律上有规定的。不同地,针对第(1)和(2)种认识错误,并没有明确的法律规则加以规定。如何处理这两种认识错误是有争议的,下面就将对此加以讨论。

二、没有认识到正当化情形

8 如果行为人没有认识到存在正当化情形的事实性前提条件,那么,就不能对其

---

① 对此,参见本书第 30 节,边码 21 及以下几个边码。
② 参见本书第 28 节,边码 12;联邦法院,《刑法新杂志》,2003 年,第 596 页及下一页;详见《诺莫斯刑法典评注——佩夫根》,第 32 条前言,边码 130。
③ 亦参见弗里斯特,第 14 节,边码 36;详见舒斯特尔(Schuster),《法学教学》,2007 年,第 617 页及以下几页。

在主观上加以正当化。④ 在案例 1 中，A 针对正在发生的违法攻击,依照紧急防卫所需要的方式进行了防卫:对对方实施了身体侵害。但是,这种情形他并没有认识到,因而,他并不具备主观的正当化所必要的防卫意思。⑤ 不过,他的行为**在客观上是容许的**,因而**根本没有实现结果不法**。⑥

首先,因为这种仅在主观上符合了不法之事实性前提条件的情形是和(不能犯)**力图**的前提条件相对应的,故而,根据主流见解⑦,将第 22 条及下一条(相应地)适用到这种情形中,便是合理的。⑧

其次,按照早先的判例之见解⑨和部分学术文献中的主张⑩,要成立正当化,也必须具备主观的正当化要素。这样,由于行为人不成立主观的正当化,也就使其为在整体上是违法的,故而,就需要按照既遂的违法行为对其加以处罚。但是,人们可以反对这种观点,因为让行为人对客观上并不存在的不法承当责任是没有道理的。

三、容许构成要件错误

1. 概念

若行为人错误地以为存在正当化的案件事实情况,那么,在客观上就(因为在客观上不存在正当化情形)成立了不法。虽然如此,但行为人仍然认为其行为是被容许的。案例 2 中的 D 就错误地以为其处在紧急防卫的情况下。

---

④ 参见本书第 15 节,边码 9。
⑤ 参见本书第 16 节,边码 37 及下一边码。
⑥ 关于结果不法的概念,见本书第 6 节,边码 6。
⑦ 柏林高等法院,《戈尔特达默刑法档案》,1975 年,第 213 页,尤其是第 215 页;鲍曼·韦伯·米奇,第 16 节,边码 68;韦塞尔斯·博伊尔克,边码 279;弗里施,载《拉克纳祝贺文集》,第 113 页,尤其是第 138 页及以下几页;弗里斯特,第 14 节,边码 27 及下一边码;格罗普,第 13 节,边码 95;赫鲁斯卡,《戈尔特达默刑法档案》,1980 年,第 1 页,尤其是第 16 页及下一页;雅科布斯,第 11 节,边码 23;耶赛克·魏根特,第 31 节 IV、2;金德霍伊泽尔:《作为犯罪的危险》,1989 年,第 111 页;克雷奇默尔,《法学》,1998 年,第 244 页,尤其是第 248 页;屈尔,第 6 节,边码 16;《(舍恩克·施罗德)刑法典评注——伦克纳·施特尔贝格—利本》,第 32 条前言,边码 15;《莱比锡刑法典评注——伦瑙》,第 32 条前言,边码 90;罗克辛,第 1 卷,第 14 节,边码 97、边码 102;《刑法典体系性评注——鲁道菲》,第 22 节,边码 29;毛拉赫·齐普夫,第 25 节,边码 34;同样的观点,见《联邦法院刑事判例集》,第 38 卷,第 144 页,尤其是第 155 页,关于第 218 条 a 第 2 款。
⑧ 参见本书第 30 节,边码 14。
⑨ 《帝国法院刑事判例集》,第 62 卷,第 137 页,尤其是第 138 页;《联邦法院刑事判例集》,第 2 卷,第 111 页,尤其是第 114 页;第 3 卷,第 194 页。
⑩ 阿尔瓦特,《戈尔特达默刑法档案》,1983 年,第 433 页,尤其是第 454 页及下一页;加拉斯,载《博克尔曼祝贺文集》,第 155 页,尤其是第 177 页;格塞尔,载《特里夫特尔祝贺文集》,第 93 页,尤其是第 99 页;克勒,第 323 页;施米德霍伊泽尔,第 9 节,边码 106;韦尔策尔,第 14 节 IV;不同的见解,见《诺莫斯刑法典评注——察克奇克》,第 22 条,边码 57。

12　　和构成要件错误一样,这种所谓的容许构成要件错误乃是对正当化事由的**事实性前提条件**发生认识错误,只是针对的是案件中相反的征表(Vorzeichen)。当像案例 2 中的 D 这样的行为人设想的是实际不存在的情状,那么,便成立这种容许构成要件错误。不过,若行为人针对(用以判断)防卫举止之必要性的事实性前提条件发生认识错误,也成立容许构成要件错误。例如,在紧急防卫的时候,行为人没有认识到他还可以采取更不危险的防卫手段。⑪

2. 犯罪论体系上的地位

13　　容许构成要件错误在犯罪论体系中的地位是特别有争议的。⑫ 主流见解是将这种错误(直接或者比照)构成要件错误处理。但有人认为这种错误也是一种禁止错误,或者是一种只排除故意之罪责的认识错误。这种争议实际有意义的地方,仅在于是否这种认识错误会导致(第 16 条第 1 款第 1 句)阻却故意还是应当认定为是(第 17 条意义上的)禁止错误。

14　　**(1) 故意说**:所谓的故意说认为,故意不仅包括对法定构成要件的情状的认识,而且包括不法意识。⑬ 根据这种学说,任何错误地以为自己的行为合法的设想,都可以**阻却故意**。若这种认识错误是因为违反了谨慎(义务),那么,可能还可以按照过失加以处罚(如果具备相应的刑罚处罚的话)。但是,现行法律条文中是区分故意(第 16 条)和不法意识(第 17 条)的,故意说并不符合法律上的这种规定。⑭ 在**专业鉴定**中,可以根本不讨论故意说。按照故意说的思路,案例 2 中的 D 就没有故意。

15　　所谓的**修正的故意说**虽然区分故意和不法意识,但是,它将故意扩大到对举止的社会损害性的认识之上。⑮ 根据这种学说,容许构成要件错误**阻却故意**。⑯ 因为若发生了这种认识错误,行为人也就未能认识到其举止的社会损害性。这样只有可能按照过失加以处罚。若只考虑这一点⑰,这种学说至少存在的问题是:抹去了容许错误和容许构成要件错误之间的清晰界限。这样说的理由是,错误地轻微逾越已经存在的正当化事由之界限的那些人,几乎根本就不会意识到其举止的社会

---

⑪ 联邦法院,《刑法新杂志》,2001 年,第 530 页;关于在采取防卫的同时实现的过失犯罪的容许构成要件错误的问题,见伯尔纳(Börner),《戈尔特达默刑法档案》,2002 年,第 276 页及以下几页;《慕尼黑刑法典评注——约克斯》,第 16 条,边码 135。

⑫ 对争议的详细阐述,见《诺莫斯刑法典评注——佩夫根》,第 32 条前言,边码 102 及以下几个边码;亦参见赫茨贝格、沙因费尔德(Scheinfeld),《法学教学》,2002 年,第 649 页及以下几页。

⑬ 参见本书第 28 节,边码 4。

⑭ 亦参见鲍曼、韦伯、米奇,第 21 节,边码 40。

⑮ 参见本书第 28 节,边码 5。

⑯ 奥托,第 15 节,边码 6。

⑰ 其他方面的问题,见本书第 28 节,边码 6。

损害性,这样,也就成立阻却故意的构成要件错误,而不是容许错误。[18] 按照修正的故意说,案例 2 中的 D 不成立故意。

(2) 严格罪责说:所谓严格罪责说区分故意和不法意识[19],这样,该学说认为,故意只需要对犯罪的客观构成要件的行为情状具有认识就可以。至于犯罪的其他所有主观要素,则属于罪责。依照这种观点,针对犯罪的构成要件的事实性前提条件的认识错误就只能根据第 16 条第 1 款第 1 句的规定导致故意的阻却,而对于正当化构成要件的事实性前提条件的认识错误则应按照第 17 条意义上的**禁止错误**来处理。[20] 根据严格罪责说,案例 2 中的 D 就是有故意的,他成立的是(也许可以避免)禁止错误。

严格罪责说将构成要件错误限制在犯罪的构成要件的事实性前提条件上,理由是:任何知道自己在实现某犯罪的构成要件的人,都完全有理由再准确核查他自己的举止在事实上是否也是正当的。如果谁根本就没有认识到他的行为符合构成要件,那么,也就没有动力再考虑行为的违法性。[21] 该学说还运用这样一个例子来启发论述:紧急防卫杀人(实现了构成要件,但被正当化了)和杀死一只蚊子(与构成要件没有关系的举止)是不能相提并论的。[22]

但是,反对严格罪责论的观点认为,法秩序所容许的举止就**不是不法**,而不管是因为什么理由容许它。因此,正如针对正当化的案件事实情况的认识错误那样,行为人针对犯罪的构成要件的前提条件的认识错误,也是使得行为欠缺违法性。因为将某个行为判断成是违法的,需要同时具备两个条件:① 满足犯罪的构成要件;② 没有出现正当化事由。若出现了正当化事由,就像缺少了符合(犯罪的)构成要件的行为情状一样,在客观上便未完全实现不法。换言之,在构建不法上,禁止规范和容许规范在逻辑上是同等重要的。此外,严格罪责说将行为事实的归属劈开,进而将其中(有关正当化情形的)一部分作为评价问题来处理,也就抹去了不法的事实性前提条件的归属和对这种前提条件的评价的归属这两者之间的界限。[23]

(3) 限制罪责说:主流观点主张的是所谓的限制罪责说。限制罪责说认为,行为要成立不法,一方面,需实现犯罪的构成要件,另一方面,不能有正当化的案件事实情况。按照这种观点,不管行为人是没有认识到犯罪的构成要件之实现,还是错误地以为有正当化的案件事实情况,同样地,两者都是对违法举止的事实性前提条

16

17

18

19

---

[18] 见本书本节上文边码 11 及下一边码。
[19] 关于罪责说,参见本书第 28 节,边码 2 及下一边码。
[20] 毛拉赫、格塞尔、齐普夫,第 42 节,边码 36;第 44 节,边码 61;霍伊歇默(*Heuchemer*),《法学教学》,2012 年,第 795 页,尤其是第 799 页;考夫曼,《法学家报》,1955 年,第 37 页及以下几页;佩夫根,载《A. 考夫曼纪念文集》,第 399 页及以下几页、第 412 页;韦尔策尔,第 22 节 III。
[21] 韦尔策尔,第 22 节 III、1f。
[22] 韦尔策尔,《整体刑法学杂志》,第 67 卷,1955 年,第 196 页,尤其是第 210 页及下一页。
[23] 亦参见格罗普,第 13 节,边码 111;《慕尼黑刑法典评注——约克斯》,第 16 条,边码 131。

件没有认识。[24]因而，即便在容许构成要件错误的场合，行为人也**不成立故意**。[25]但是，限制罪责说并不是直接将第16条第1款第1句适用到容许构成要件错误中，而**只是**类比适用之。这样做的理由是，这个法律规定在字词表述上只是针对法定的构成要件(等同于犯罪的构成要件)。假如行为人因为违反谨慎，进而必须为其阻却故意的认识错误负责，那么，还可能因过失而受罚。按照限制罪责说，案例2中的D没有故意。

20　　**(4)整体不法构成要件说**：在整体不法构成要件说看来，区分犯罪的构成要件和正当化事由纯粹是个立法技术上的问题。[26]例如，如果行为人针对他人的某财物拥有到期的转让请求权(Übereignungsanspruch)，这时，他以占有的目的拿走了这个财物，那么，按照这一学说，行为人在客观上不成立盗窃，而不管是将不存在转让请求权视为犯罪的构成要件的要素[27]，还是将存在这样的请求权当做正当化事由。按照这种见解，不法构成要件便是由犯罪的构成要件的积极要素和容许构成要件的消极要素二者的组合；积极要素证立不法，而消极要素则相反。在这个意义上讲，(含有容许构成要件的)整体不法构成要件说也被人们称为**消极的构成要件要素理论**。从这个学说中还可以得出，若行为人错以为存在正当化情形，则可以**直接适用第16条第1款第1句**。按照这种见解，案例2中的D不成立故意。

21　　反对消极的构成要件要素学说的观点认为，若承认这个学说，要成立故意，就必须对欠缺正当化的情形具有积极的认识了。[28]然而，这种异议却是不成立的：故

---

[24]　虽然"严格"和"限制"罪责论的术语上做出了常见的区分(因而，也是需要加以注意的)，但是，这种区分是不幸运的，因为两个学说在区分故意和不法意识上都属于纯正的罪责说，它们只是在具体区分上有所不同。人们也可以将"严格"罪责说称为"扩张的"罪责说，因为这个理论将禁止错误加以扩张，因而给阻却故意造成了困难。

[25]　《联邦法院刑事判例集》，第2卷，第194页及以下几页；第17节，第87页，尤其是第91页；第45卷，第219页，尤其是第224页及下一页；第45卷，第378页，尤其是第384页；联邦法院，《刑法新杂志》，1996年，第34页，尤其是第35页；鲍曼、韦伯、米奇，第21节，边码43；弗里斯特，第14节，边码30；克勒，第326页；屈尔，第13节，边码73；《诺莫斯刑法典评注──普珀》，第16条，边码137及以下几个边码；《莱比锡刑法典评注──伦瑙》，第32条前言，边码96；罗克辛，第14节，边码62及以下几个边码；《刑法典体系性评注──鲁道菲、施泰因》，第16条，边码11；舍夫勒(Scheffler)，《法学》，1993年，第617页，尤其是第621页及以下几页；《(舍恩克、施罗德)刑法典评注──施特尔贝格─利本》，第16条，边码16及下一边码；斯特拉滕韦特、库伦，第10节，边码79；《莱比锡刑法评注──福格尔》，第16条，边码116。

[26]　恩吉施，《整体刑法学杂志》，第70卷，1958年，第566页，尤其是第600页；《慕尼黑刑法典评注──弗洛因德》，第13条前言，边码216、边码301及以下几个边码；考夫曼，《法学家报》，1954年，第653页及以下几页；考夫曼，载《拉克纳祝贺文集》，第185页，尤其是第194页及以下几页；罗克辛，《开放的构成要件和法律义务要素》(Offene Tatbestände und Rechtspflichtmerkmale)，第2版，1970年版，第111页及以下几页；沙夫斯泰因，载《策勒州高等法院祝贺文集》(OLG Celle-FS)，第175页，尤其是第182页及以下几页；许内曼，《戈尔特达默刑法档案》，1985年，第341页，尤其是第348页及以下几页；相似地，赫鲁斯卡，第195页及以下几页；赫鲁斯卡，载《罗克辛祝贺文集》，2001年版，第441页，尤其是第451页及以下几页；金德霍伊泽尔：《作为犯罪的危险》，1989年版，第111页及下一页。

[27]　主流学说便这样认为，参见金德霍伊泽尔：《刑法分论》，第2卷，第2节，边码73，有进一步的文献。

[28]　请代表性地参见耶赛克、魏根特，第41节 IV、1a，有进一步的文献。

意的内容乃是对情况的一种估计(eine Situationseinschätzung),借助于这种估计,使得行为人有足够理由来避免实现构成要件。㉙ 因而,就这种为了避免实现构成要件而做出的情况估计来说,只有对该情况估计有意义的情状,才是需要故意认识的对象。而这种情状,总是犯罪的构成要件的事实性前提条件。相反,如果存在容许构成要件的前提条件的情状,就不再有避免实现构成要件的必要了。仅当行为人积极地认识到了这种情状的存在,这种情状才会发生作用,因为只有在这时,他才不需要避免构成要件的实现;反之,要求行为人认定该种情状的不存在,对于故意的归属而言,是没有任何功能的。

(5)法律后果援用之罪责说:所谓的法律后果援用之罪责说,一方面(像严格罪责说那样)认为故意只需要认识属于犯罪的构成要件的各种情状,但另一方面又求诸于第16条的法律后果,以将之适用于容许构成要件错误中。按照这种观点,在容许构成要件错误的场合,行为人虽然处于故意的状态,但却**不成立故意的罪责**,这样,也就不能按照故意犯加以处罚。㉚ 如果他因为不谨慎而造成了他自己的认识错误,那么可能要按照过失加以处罚。在案例2中,按照法律后果援用之罪责说,D成立故意,但是没有故意的罪责;对他顶多按照第229条加以处罚。 22

从学理上看,法律后果援用之罪责说并不协调,因为肯定了故意,却又要否定故意之罪责,是很困难的。只有由于容许构成要件错误已导致欠缺行为不法㉛的时候,才可以否定故意的罪责。㉜ 之所以要设计出法律后果援用之罪责说,乃是出于参加理论的考虑:在正犯发生容许构成要件错误的情况下,未发生认识错误的参与者也需承担责任。如果容许构成要件错误阻却了故意,那么,由于缺少了故意,也就不能针对主行为成立参与了(第26、27条)。不过,这个(人们不愿意看到的)结果其实并不像乍一眼看起来那么严重,因为操纵认识错误者的参加者,也许正好符合间接正犯的条件。㉝ 23

㉙ 参见本书第5节,边码5。
㉚ 联邦法院,《法学综览》,2012年,第204页,尤其是第206页及耶格尔的评释,《法学工作》,2012年,第227页,尤其是第229页和门德拉(Mandla),《刑事辩护人杂志》,2012年,第334页,尤其是第336页及下一页;哈姆州高等法院,《新法学周刊》,1987年,第1034页及下一页;韦塞尔斯·博伊尔克,边码478及下一边码;德雷埃尔,载《海尼茨祝贺文集》,第207页,尤其是第233页及以下几页;加拉斯,载《博克尔曼祝贺文集》,第155页,尤其是第169页及以下几页;耶赛克·魏根特,第41节Ⅳ、1d;克赖、埃塞尔,边码742及以下几个边码;伦吉尔,第30节,边码20;施吕希特:《刑法中针对规范性构成要件要素的认识错误》(Irrtum über normative Tatbestandsmerkmale im Strafrecht),1983年版,第171页及以下几页。
㉛ 关于行为不法的概念,见本书第6节,边码6。
㉜ 亦参见奥托,第15节,边码30。
㉝ 对此,见本书第39节,边码5及以下几个边码、边码11;亦参见《慕尼黑刑法典评注——约克斯》,第16条,边码132。

3. 结论

24 综上所述，根据今日的法律规定情况，在容许构成要件错误上，只有主流学说所坚持的限制罪责说和整体不法构成要件说这两个学说可以分别得出阻却故意的合理结论。但是，这两个学说都不能和第 16 条第 1 款第 1 句中的"法定构成要件"的字眼相吻合，因而，显得并不能直接适合于容许构成要件错误的处理。

25 整体不法构成要件说是这样解释第 16 条第 1 款第 1 句的：故意无论如何（至少）必须认识到属于犯罪的构成要件的那些情状。因而，并不排除人们再对故意的对象作出更为详尽的定义。㉞ 因为这种解释是有利于行为人的，故不违反明确性原则。㉟ 但是，整体不法构成要件说要求的是**两阶层的犯罪构造**，在这种犯罪构造中，最先加以考察的犯罪的客观构成要件和客观的正当化构成要件，都成为了故意所认识的对象。

26 与此不同的是，限制罪责说能够继续维持禁止规范和容许规范的区分（这点是有优势的），因而，具体某一举止的客观、主观的构成要件符合性和违法性都可以分别在特定的阶层加以讨论。而且，对第 16 条第 1 款第 1 句进行类比（这种类比是有利于行为人的，故没有问题）适用不需要对该条款进行（令人生疑的）扩张的解释。不过，需要注意的是，在容许构成要件错误的场合，必须避免做出**自相矛盾的论述**。不得在犯罪的主观构成要件的范围中确认成立故意之后，又在主观的正当化的框架内阻却故意。与其这样还不如说，在考察犯罪的主观构成要件时，必须选定一种清晰地说明故意先只是针对犯罪的客观构成要件的得以成立的表述。例如，"鉴于犯罪的客观构成要件，故意行为的前提条件得以满足了"。如果在考察主观的正当化构成要件的时候，发现行为人陷入了容许构成要件错误，那么，可以这样讨论：通过类比适用第 16 条第 1 款第 1 句，行为人欠缺以不法的所有事实性的前提条件为认识对象的故意。

4. 专业鉴定

27 在讨论案例的时候，需要按照讨论案例者所选择的理论，在该理论能起到具体作用的地方，对容许构成要件错误的犯罪论体系之地位上的观点分歧加以讨论：

（1）如果支持**消极的构成要件要素说**，那就必须在确定已实现了整体不法构成要件之后，再对故意加以考察。采取这种方案，需要以深入讨论该理论和其他学说之间的争论作为基础。

㉞ 参见格尔茨，《法学》，1990 年，第 421 页，尤其是第 427 页及下一页；格林瓦尔德，载《诺尔祝贺文集》（Noll-FS），第 183 页及以下几页。

㉟ 参见本书第 3 节，边码 5。

（2）假使选择目前占支配地位的**限制罪责说**，则在主观的正当化构成要件的框架内，（在避免针对犯罪的主观构成要件做出自相矛盾的表述的前提下）考察各种观点分歧（边码26）。

（3）倘若遵循**严格罪责说或者法律后果援用之罪责说**的思路，争论问题直到罪责阶层才出现。

5. 针对规范性容许构成要件要素的特征的认识错误

若人们依照主流见解的看法，将正当化事由的事实性前提条件的认识错误当 28
作是阻却故意（或者阻却故意之罪责）的，那还会出现一个问题：如何处理行为人针对规范性容许构成要件要素的特征发生的认识错误？

有人认为，需要将阻却故意的容许构成要件错误限制在案件事实情况的认识 29
错误之上。[36] 按照该种见解，针对第32条意义上的攻击的违法性发生认识错误并不会导致阻却故意，而是第17条意义上的容许错误。

不过，倘使故意需要认识不法的所有事实性前提条件，那么，针对该前提条件 30
的任何一种认识错误都可以导致故意的阻却。所以，主流观点认为，针对规范性容许构成要件要素的认识错误，可以与针对（犯罪的）构成要件的规范性要素发生的认识错误，做出同样的处理。这种观点是合理的。因而，若行为人根据他自己不正确的价值观，错误地以为依照第32条实施的某个攻击是违法的，那么，便阻却故意（或阻却故意之罪责）。[37] 仅当行为人对案件事实情况做出了正确判断，却又针对所谓对整体行为的评价性要素[38]（比如，第34条中的手段是否适当）的前提条件发生了错误的价值评价，才可以当作是容许错误。[39]

31

复习与深化

1. 人们将针对正当化前提条件的认识错误体系性地区分为哪几种？（边码1）

2. 行为人未能认识到正当化情形会导致哪些法律后果？（边码8及以下几个边码）

3. 如何理解容许构成要件错误？（边码11及以下几个边码）

4. 容许构成要件错误在犯罪论体系中的地位如何？（边码13及以下几个边码）

---

[36] 沙夫斯泰因，载《策勒州高等法院祝贺文集》，第175页，尤其是第193页；毛拉赫、齐普夫，第38节，边码17及下一边码。

[37] 德雷埃尔，载《海尼茨祝贺文集》，第207页，尤其是第226页；恩吉施，《整体刑法学杂志》，第70卷，1958年，第566页，尤其是第584页及下一页；赫德根（*Herdegen*），载《联邦法院祝贺文集》，第195年，尤其是第207页；耶赛克、魏根特，第41节Ⅳ、1；施吕希特，《法学教学》，1985年，第617页及下一页。

[38] 对此，见本书第8节，边码3。

[39] 韦塞尔斯、博伊尔克，边码484；《（舍恩克、施罗德）刑法典评注——施特尔贝格—利本》，第16条，边码21。

第九章 力 图

第30节 基本原理

一、概述

1. 概念

1 根据《刑法典》第22条的规定,"谁根据其对行为的设想,直接着手实现构成要件的",是"力图"犯罪。因而,力图要求行为人具有(无条件的)**行为决意**,这种行为决意必须通过**直接着手**实现构成要件来体现。当构成要件之实现在客观上未能既遂或者结果在客观上不可归属,而且可以对该犯罪的力图进行处罚的时候,力图才取得其独立的意义。最后,在所犯为重罪(第12条第1款)时,其力图一律可罚,但轻罪是仅有相关法规明文规定者才可罚(第23条第1款)。

2 (未能达到既遂阶段的)力图乃是一种认识错误。对应于第16条第1款第1句,人们将这种错误称之为**相反的构成要件错误**(umgekehrter Tatbestandsirrtum)。① 这样说的理由在于,行为人错误地以为,可以(客观地)实现犯罪的构成要件中所描述的事实。然而,有悖于其预期地,达致既遂所需最低限度的构成要件之事实性前提条件都没能满足。依照主流学说,这种"通常情况下"(Normalfall)的力图,和行为人没有认识到实际存在正当化案件事实情况的情形,是可以等同对待的。② 同样地,在后面这种情形下,行为人在客观上也未实现任何不法,但却主观上以为他的举止是违法的。

2. 专业鉴定的框架

3 要成立力图,需要同时满足两个前提条件:没有(客观上可以归属的)既遂和该力图具有可罚性。这样,在专业鉴定中就需要先简要地进行分两部分的"预审查"(Vorprüfung)。③ 此外,需要进一步地考察,倘若行为人的设想是正确的,是否

---

① 《联邦法院刑事判例集》,第42卷,第268页,尤其是第272页及下一页和阿茨特的评释,见《法学综览》,1997年,第469页及以下几页;库德利希,《刑法新杂志》,1997年,第432页及以下几页;《诺莫斯刑法典评注——察克奇克》,第22节,边码42及以下几个边码。
② 对此,见本书第29节,边码8及以下几个边码。
③ 哈夫特,第229页,屈尔,第15节,边码7及以下几个边码;马特,第2章,第1节,边码3。

行为会实现某个犯罪的构成要件？因此，由于客观构成要件的不完整，就需要**从主观构成要件开始审查**，这样，需要问的是，行为人是否按照其决意已经直接着手实现构成要件？至于违法性、罪责上，则没有什么特别的地方。④ 特别地，总需加以考虑的是，是否可能成立免除刑罚的中止⑤？

就此而言，按照如下的步骤来审查力图，是比较合适的。 4

第一，预审查：
① 没有既遂；
② 力图具有可罚性（第 23 条第 1 款）。
第二，构成要件（第 22 条）：
① 针对构成要件所有要素的行为决意；
② 直接着手实现构成要件。
第三，违法性。
第四，罪责。
第五，也许还要讨论力图中的中止（第 24 条）。

3. 应罚性

对于为什么应当处罚力图，有人从客观角度加以论证，有人从主观角度，也有人同时考虑客观和主观角度来论证。⑥ 5

(1) 客观说：根据客观说，之所以应当处罚力图，乃是在于其针对构成要件所保护的法益造成了危险。⑦ 依照这种见解，这种人们从事后看来认为（同样）是危险的行为，才是需加以处罚的力图。然而，若这样说，就没法说明为什么还要对第 23 条第 3 款中规定的不能犯力图（即不能未遂）施以处罚。而所谓的危险说则大大克服了这种论证弱点。按照危险说的见解，人们之所以应当处罚力图，关键的是：若从客观的观察者（objektiver Beobachter）的角度事前地加以判断，力图创设了既遂的风险。这样，即便某些力图事后看来根本不可能成功，也具有应罚性。⑧ 6

---

④ 对于考察流程的详述，见普茨克（Putzke），《法学教学》，2009 年，第 894 页及以下几页、第 985 页及以下几页、第 1083 页及以下几页。

⑤ 对此，见本书第 32 节。

⑥ 对此，详见《莱比锡刑法典评注——希伦坎普》（LK-Hillenkamp），第 22 条前言，边码 55 及以下几个边码。

⑦ 基础性的论述，见冯·海波尔（Hippel）：《德国刑法》（Deutsches Strafrecht），第 2 卷，1930 年版，第 30 节；亦参见《慕尼黑刑法典评注——赫茨贝格·霍夫曼—霍兰特》，第 22 条，边码 12 及以下几个边码；施彭德尔，《新法学周刊》，1965 年，第 1881 页，尤其是第 1888 页。

⑧ 马利茨（Malitz）：《不纯正不作为犯中的不能力图》（Der untaugliche Versuch beim unechten Unterlassungsdelikt），1998 年版，第 179 页及以下几页、第 198 页及下一页；齐祥：《危险犯》（Die Gefährdungsdelikte），1998 年版，第 137 页及以下几页、第 148 页。

7　　　**(2) 主观说**：(最初的)主观说认为，力图之所以应受处罚，乃是因为其已经具备了危及法秩序的法敌对意思，这种法敌对意思，在着手实现构成要件的时候得到了落实(betätigen)。⑨

8　　　**(3) 二元角度的论证**：也有人从二元的角度加以论证：之所以处罚力图的理由，在于客观的危险性("危险非价"*)，或者在于行为人针对构成要件之实现的目的("目标非价")。⑩ 因为第22条至少是考虑了行为人的设想，所以，认为力图的应罚性有时并不取决于主观要素，就显得没有什么说服力。

9　　　**(4) 印象说**：因而，折中的学说便显得更为合理。在折中的各种学说中，占据支配性地位的是所谓的印象说。根据印象说，仅当已落实的法敌对意思在客观上动摇了对法秩序的效力的信任和动摇了法安全性的感觉之时，力图才是应罚的。⑪

10　　　准确而言，印象说是建立在**积极的一般预防**理论基础之上的。该理论⑫认为，刑罚的目标在于强化对法秩序的忠诚和信任；刑罚应当维护相互遵守制裁化了(sanktioniert)的举止规范的期待。根据这种见解，仅当力图已经恶化了规范的效力(亦即使得遵守规范的信任落空)之时，才应当处罚力图。⑬ 具体而言，当行为人以其举止(明确地)表达他不想遵守规范的时候，指的就是这种情况。在这种意义上，人们也能将不能犯力图视为对规范的违反。例如，行为人以杀人意图扣动步枪的扳机，他错以为该步枪是实弹的。

---

　　⑨ 《帝国法院刑事判例集》，第1卷，第439页，尤其是第441页及以下几页；第34卷，第217页，尤其是第219页及下一页；《联邦法院刑事判例集》，第1卷，第13页，尤其是第16页；第2卷，第74页，尤其是第76页；第4卷，第199页，尤其是第200页；第11卷，第324页，尤其是第327页及下一页；第15节，第210页，尤其是第214页；屈儿，第15节，边码39；韦尔策尔，第24节 IV，1b。

　　* 危险非价(Gefährdungsunwert)，也可以译为"危险无价值"，下文的"目标非价"(Zielunwert)亦然，但考虑到准确性，此处和行为非价、结果非价一样，并不采用"无价值"的译法。——译者注

　　⑩ 阿尔瓦特，《应罚的力图》(Strafwürdiges Versuchen)，1982年版，第158页及以下几页、第172页及以下几页；施米德霍伊泽尔：《刑法总论》(教学用书)，第11节，边码27。

　　⑪ 各种分别有所侧重的见解，参见韦塞尔斯、博伊尔克，边码594；埃伯特，第124页；《(舍恩克、施罗德)刑法典评注——埃泽尔》，第22条前言，边码22；毛拉赫、格塞尔、齐普夫，第40节，边码41；耶赛克、魏根特，第49节 II，3；奥托，第18节，边码3；罗克辛，载《西原春夫祝贺文集》(Nishihara-FS)，第157页，尤其是第158页及以下几页；《刑法典体系性评注——鲁道菲》，第22条前言，边码14；许内曼，《戈尔特达默刑法档案》，1986年，第293页，尤其是第310页及以下几页；福格勒(Vogler)，《整体刑法学杂志》，第98卷，1986年，第331页，尤其是第332页及下一页；亦参见弗里斯特，第23节，边码4；不同的观点，见察克奇克：《力图行为的不法》(Das Unrecht der versuchten Tat)，1989年版，第126页及以下几页、第229页及以下几页。

　　⑫ 参见本书第2节，边码14及下一边码。

　　⑬ 雅科布斯，第25节，边码21；金德霍伊泽尔：《作为犯罪的危险》，1989年版，第132页及以下几页。

二、力图的形式

1. 能犯力图和不能犯力图

> **案例 1**
> A 荷枪实弹朝 B 射击,但因枪法略逊未能打中。

> **案例 2**
> C 想用手枪射杀 D,但枪膛中其实无弹。

> **案例 3**
> E 以为只要给 F 服下葡萄糖,就能置健康的 F 于死地。

(1) **区别**:(从客观上讲,)力图有更适合实现构成要件和更不适合实现构成要件之分。这样,人们就可以大致区分开能犯力图和不能犯力图了: 11

① 如果从了解相应情状的观察者的视角来看,行为人的行为显得适合于实现构成要件,那该力图是**能犯的**。在这个意义上,案例 1 中的 A 的杀人力图是能犯的。 12

② 反之,倘若从知悉相应情状的观察者角度而言,某个力图显得并不适合于构成要件之实现,那么,该力图是**不能犯的**。不能犯的原因可以是行为人不具备相应的主体性质*⑭、行为客体不适格("客体不能犯的力图")或者所选择的手段不适格("手段不能犯的力图")。⑮ 手段不能犯的例子,便是上文案例 2 中的案件事实情况。 13

(2) **专业鉴定中的框架**:由于力图的不能犯的性质(Untauglichkeit)对力图的可罚性而言基本没有什么意义⑯,因而,在专业鉴定中一般不需要深入讨论这个力图是能犯的还是不能犯的。但是,第 23 条第 3 款规定,行为人由于**严重无知**而未能认识到他所采取的力图根本不能达致既遂,则可以对之免除刑罚或者减轻刑罚。 14

---

* 即主体不能犯。——译者注

⑭ 有争议,参见本书本节下文边码 31 及以下几个边码。

⑮ 参见《帝国法院刑事判例集》,第 1 卷,第 451 页及下一页;第 34 卷,第 217 页及以下几页;《联邦法院刑事判例集》,第 41 卷,第 94 页及以下几页;鲍曼、韦伯、米奇,第 26 节,边码 28 及下一边码;埃伯特,第 124 页;格罗普,第 9 节,边码 22。

⑯ 完全占据主流的观点,请代表性地参见布洛伊(Bloy),《整体刑法学杂志》,第 113 卷,2001 年,第 76 页,尤其是第 79 页及以下几页;《(舍恩克·施罗德)刑法典评注——埃泽尔》,第 22 条,边码 60 及下一边码;罗克辛,载《容祝贺文集》,第 829 页,均有进一步的文献;其他观点,见克勒,第 458、463 页;以及进一步地,见科隆比·恰基(Colombi Ciacchi),载《萨姆松祝贺文集》,第 3 页及以下几页。

之所以有这样的规定,乃是考虑到,明显未认识到因果联系的行为人对于相应法益或者规范效力根本造不成任何危险。

15   所谓力图乃是出于重大无知,是指行为人对于原因联系的设想**完全违背了人们日常生活的经验**。⑰ 案例 3 中的 E 便是这种情况。

16   **(3) 不成立力图**:如果行为人利用不现实的、不在人的支配能力范围内的手段(比如,试图给受害人施魔法)来追求目标实现,那么,就不具备对于力图而言必要的行为故意。⑱ 如果某个事情仅存在于想象中,那么人们也就不能希望实现它。⑲ 在这种情况下,人们虽然称之为"**迷信的力图**"*,但是却根本不对之适用力图的规则。

2. 结果加重犯中的力图

> **案例 4**
> R 实现了第 249 条的抢劫构成要件,并进而认为,受害人已经因暴力侵犯而死;但其实受害人没有死。

> **案例 5**
> T 为了顺利夺走 S 的贵重财产,而痛打 S。S 被打死。T 逃走,却没有拿走任何东西。

17   按照第 11 条第 2 款的规定,结果加重犯⑳属于故意犯,在力图上,可以分为两种形式:

18   第一,若行为人力图实现故意的基本犯,或者(故意的)基本犯已经既遂,进而又故意实施该犯罪的特别的结果,但却未能导致这种结果发生,那么,就成立**结果

---

⑰ 《联邦法院刑事判例集》,第 41 卷,第 94 页;布洛伊,《整体刑法学杂志》,第 113 卷,2001 年,第 76 页,尤其是第 98 页及以下几页;海因里希,边码 675;拉特克,《法学教学》,1996 年,第 878 页及以下几页;赛尔、高德(Gaude),《法学教学》,1999 年,第 456 页,尤其是第 458 页及下一页。

⑱ 《帝国法院刑事判例集》,第 33 卷,第 321 页,尤其是第 323 页;鲍曼·韦伯·米奇,第 26 节,边码 36;雅科布斯,第 25 节,边码 22 及下一边码;罗克辛,《法学教学》,1973 年,第 329 页,尤其是第 331 页;《刑法典体系性评注——鲁道菲》,第 22 条,边码 34 及下一边码;不一致的观点,见奥托,第 18 节,边码 63:适用第 23 条第 3 款时,其中的不可罚带有强制性;进一步见希尔根多夫,《法学家报》,2009 年,第 139 页,尤其是第 142 页及下一页。罗克辛,第 2 卷,第 29 节,边码 373。

⑲ 韦塞尔斯、博伊尔克,边码 620;克雷奇默尔,《法学综览》,2004 年,第 444 页,尤其是第 445 页。

* 迷信的力图(abergläubischer Versuch),即所谓"迷信犯"。——译者注

⑳ 参见本书第 8 节,边码 19。

加重的力图(Versuch der Erfolgsqualifikation)*。㉑ 案例 4 中的 R 便是这种情况。在这种情况下,R 因为力图实施造成死亡结果的抢劫而可罚(第 251 条、第 22 条及下一条)。

第二,若行为人在力图实施故意的基本犯时,(已经)过失(第 18 条)促成了特 19 定的结果,那么,该种情形便是**力图的结果加重**(erfolgsqualifizierter Versuch)。㉒ 案例 5 中的 T 便是这种情况。在这种情况下,T 同样因为力图实施造成死亡结果的抢劫而可罚(第 251 条、第 22 条及下一条)。不过,若人们正好要求从基本犯的结果中再引起特定的结果(如第 227 条)㉓,那么,就不能再构成力图的结果加重。

3. 过失的力图

在过失犯罪中,因行为人没有认识到实现构成要件的风险,那么,他也就不能 20 按照其设想直接着手实现构成要件。这样,也就**不构成**过失的力图。㉔ 尽管如此,在过失犯中,将某些情形评判为"中止"却是可以想见的。㉕

三、力图和幻想犯

1. 区分

(1)标准:就像区分构成要件错误和禁止错误㉖一样,也需要将力图和幻想犯 21

---

* "结果加重的力图",亦可表达为"力图结果加重",但要注意其和"力图的结果加重"的本质性区别。同样的道理,还可以见诸"教唆的力图"[等于力图教唆(versuchte Anstiftung)]不同于"力图的教唆"[即教唆力图(Anstiftung zum Versuch)]等。林东茂教授亦正确指出,在德语文献里,"教唆的未遂"与"未遂教唆"的意义相同,参见林东茂:《刑法综览》(修订五版),中国人民大学出版社 2009 年版,第 177 页;正确的理解,还有[德]普珀:《法学思维小学堂》,蔡圣伟译,台湾元照出版公司 2010 年版,第 148 页及译注;偏离的理解,见陈子平:《刑法总论》(2008 年增修版),中国人民大学出版社 2009 年版,第 388—389 页。——译者注

㉑ 《联邦法院刑事判例集》,第 21 卷,第 194 页及下一页;联邦法院,《刑法新杂志》,2001 年,第 534 页;赫茨贝格,载《阿梅隆祝贺文集》,第 159 页,尤其是第 159 页及下一页;屈尔,《法学》,2003 年,第 19 页及下一页;索瓦达,《法学》,1995 年,第 644 页,尤其是第 650 页。

㉒ 《帝国法院刑事判例集》,第 62 卷,第 422 页,尤其是第 423 页及下一页;第 69 卷,第 332 页;《联邦法院刑事判例集》,第 7 卷,第 37 页,尤其是第 39 页;第 20 卷,第 230 页,尤其是第 231 页;第 42 卷,第 158 页,尤其是第 159 页;第 48 卷,第 34 页,尤其是第 37 页及下一页;联邦法院,《新法学周刊》,2003 年,第 150 页,尤其是第 153 页;屈尔,《法学》,2003 年,第 19 页,尤其是第 20 页及以下几页;屈佩尔,载《赫茨贝格祝贺文集》,第 323 页及以下几页;沃尔特,《戈尔特达默刑法档案》,1984 年,第 443 页,尤其是第 445 页及下一页;反对的观点,见毛拉赫、格塞尔、齐普夫,第 43 节,边码 117。

㉓ 关于这一极具争议的问题,见金德霍伊泽尔:《刑法分论》,第 1 卷,第 10 节,边码 4 及以下几个边码。

㉔ 《诺莫斯刑法典评注——察克奇克》,第 22 条,边码 21;但是,第 315 条 c 第 3 款第 2 项和第 315 条 c 第 1 款第 2f 项似乎规定了过失力图的可能性。

㉕ 吕德森,载《萨姆松祝贺文集》,第 93 页及以下几页。

㉖ 对此,见本书第 27 节,边码 9 及以下几个边码,边码 35 及以下几个边码。

区分开来㉗：

22　　所谓的力图是指，行为人以为实现了相应的情状，也就将实现构成要件。㉘

23　　而在所谓幻想犯的场合，行为人虽然在事实上正确地认识了他的举止，但是错误地以为，他的举止违反了禁止规范。可是，这个禁止规范是不存在的，或者因为他不利于自己的错误解释，他过度扩张了该禁止规范的适用范围。㉙因而，幻想犯是相反的禁止错误、涵摄错误和可罚性认识错误。

24　　所以，如果行为人以为：

① 通奸在刑法上是受禁止的（等同于相反的禁止错误）；

② 他实际上成立紧急防卫的用刀具实施防卫的行为是受禁止的，因为人们不允许使用危险的工具来防卫攻击者（等同于相反的容许错误）；

③ 拭去用以实施行为的武器上的血污乃是伪造文书（等同于相反的涵摄错误）㉚；

④ 藏匿证据以阻碍对自己儿子的刑事追诉是可罚的，因为（违反了第 258 条第 4 款）顶多是阻挠对配偶的刑罚算不可罚（等同于相反的可罚性认识错误）；

那么，成立幻想犯。

25　　**(2) 幻想犯**：不同于力图，幻想犯基本上是**不可罚**的。㉛ 在力图的场合，行为人相信实现了禁止规范之效力的前提条件，从而否定了事实上存在的禁止规范的效力，但在幻想犯的情形下，他则是以为存在某个事实上并不存在的规范。实际上不存在的规范，或者刑法不加以制裁的规范，是没有办法以可罚的方式加以违反的。㉜

2. 规范性构成要件要素

> **案例 6**
>
> H 错误地以为，他在第 265 条意义上所隐匿的财物是"上了保险的"。

㉗ 关于不能犯力图和幻想犯的界分，见伦吉尔，第 35 节，边码 15 及下一边码；瓦勒留斯（Valerius），《法学工作》，2010 年，第 113 页及以下几页。

㉘ 参见《联邦法院刑事判例集》，第 42 卷，第 268 页，尤其是第 272 页及下一页和阿茨特、库德利希的评释，分别见《法学综览》，1997 年，第 469 页及以下几页和《刑法新杂志》，1997 年，第 432 页及以下几页。

㉙ 参见《联邦法院刑事判例集》，第 14 卷，第 345 页，尤其是第 350 页；联邦法院，《法学综览》，1994 年，第 510 页，尤其是第 511 页及洛斯的评释；布克哈特，《法学家报》，1981 年，第 681 页及以下几页；恩吉施，载《海尼茨祝贺文集》，第 185 页及以下几页；金德霍伊泽尔，《戈尔特达默刑法档案》，1990 年，第 407 页，尤其是第 419 页及下一页；《诺莫斯刑法典评注——佩夫根》，第 32 条前言，边码 250 及以下几个边码；普珀，《戈尔特达默刑法档案》，1990 年，第 145 页及以下几页；普珀，载《拉克纳祝贺文集》，第 199 页及以下几页；罗克辛，《法学家报》，1996 年，第 981 页及以下几页。

㉚ 参见《联邦法院刑事判例集》，第 13 卷，第 235 页，尤其是第 240、241 页。

㉛ 参见本书第 26 节，边码 10。

㉜ 亦参见斯特拉滕韦特、库伦，第 11 节，边码 25。

> **案例 7**
>
> X 和 15 岁的 J 发生性行为（第 176 条），但 X 错以为 J 尚不足 14 岁。

要在力图和幻想犯之间划清界限，会在某些局部遇到困难。这种困难尤其出现在针对以特定法律关系的存在[比如，"他人的"（第 242 条）或者"主管的"（第 154 条）]为内容的规范性构成要件要素发生认识错误的时候。案例 6 中的案件事实情况便是这方面的例子。 26

（1）**限制说**：按照广泛流传的见解，若行为人因为法律上的错误认识从而扩张了规范的适用范围，则成立幻想犯。[33] 因为法律上的错误评价不得使行为人承担负担。[34] 根据这种观点，案例 6 中的 H 错以为他所藏匿的财物上签有保险合同，便是一种幻想犯。 27

然而，这种学说是存在问题的：在任意一个力图之中，客观的事实情形都不利于行为人地偏离了他的主观设想，并给他带来了负担。因而，将阻却故意的构成要件错误，区分为针对描述性构成要件要素的特征的认识错误还是针对规范性构成要件要素的特征的认识错误，是没有任何意义的。由于错误的判断，行为人也可以针对描述性构成要件要素的前提条件发生认识错误。案例 7 中便是如此。 28

此外，相应的规范性构成要件要素代表的是相应的法律关系，仅当证立这种法律关系的法律上的规则，也属于客观的构成要件，并进一步属于故意的认识内容时，这时，对之发生法律上的错误判断，才成立幻想犯。然而，这显然不能成立，否则，就会发生如下情况：若行为人错误地以为被盗者已经取得行为客体的所有权，就应否定其盗窃故意。[35] 若能说明规范性构成要件要素中的法律关系的法律规则并不属于客观的构成要件，则针对这些规则发生的认识错误就不会产生什么影响，这样也就并不会导致力图，也不会导致成立幻想犯。 29

（2）**相反原则**（Umkehrprinzip）：在区别力图和幻想犯时，主流观点并不在描述性和规范性构成要件要素上作区分，而是采用相反原则，这是更为合理的：任何在第 16 条第 1 款第 1 句的范围内可以给行为人免除负担的认识错误，那么，在相反的场合，就可以给他课加负担，并导致力图的成立。因而，若行为人没有认识到存 30

---

[33] 巴伐利亚州高等法院，《法学家报》，1981 年，第 715 页及下一页和布克哈特的评释，见《法学家报》，1981 年，第 681 页及以下几页；杜塞尔多夫州高等法院，《刑法新杂志》，1989 年，第 370 页，尤其是第 372 页；布克哈特，《经济刑法和税收刑法杂志》，1982 年，第 178 页及以下几页；登克尔，《刑法新杂志》，1982 年，第 458 页，尤其是第 459 页；《（舍恩克、施罗德）刑法典评注——埃泽尔》，第 22 条，边码 89 及以下几个边码；雅科布斯，第 25 节，边码 38 及以下几个边码；屈尔，《法学教学》，1981 年，第 193 页；奥托，第 18 节，边码 73；赖斯（Reiß），《经济刑法和税收刑法杂志》，1986 年，第 193 页，尤其是第 199 页。

[34] 布克哈特，《法学家报》，1981 年，第 681 页，尤其是第 686 页。

[35] 对此，见本书第 27 节，边码 29；进一步见施米茨（Schmitz），《法学》，2003 年，第 593 页，尤其是第 597 页。

在构成要件上所必要的那些法律关系,那么,人们就可以按照第16条第1款第1句以阻却其故意。㊱ 所以,按照这种逻辑,若行为人认识到了这些法律关系的存在,就必须承认力图。㊲ 这样,若行为人以为他所藏匿的财物并没有上保险,那么,他也就没有故意,当然,如果他由于缺乏专业知识,得出了错误的判断,那么也没有故意。但是,就像案例6中的H一样,若他以为行为客体是保了险的,那么,只要满足犯罪的其他要素,就成立保险诈骗的力图(第265条第1款、第2款)。

3. 身份犯

案例8
P针对无辜者进行了第344条第1款意义上的刑事追诉。但他不知道他得到的任命是无效的,还自以为是警方官员。

案例9
W是国防军中的文职人员,他以为军事刑法也适用于自己。由于他离开岗位一周,他认为自己的擅自离职(《军事刑法》第15条)是有罪的。

31 如果行为人(就像案例8中的P一样)错误地以为,他满足身份犯的人身性要素(如公务员、士兵、债务人),那么,是对他按照力图加以处罚,还是仅仅成立幻想犯? 对于这个问题的回答,存在不一致的看法。㊳

32 有人认为应当成立幻想犯:充当身份义务的基础的那些要素限制了规范接收者的具体范围。这个范围不会因为一个不具备该要素的人的认识错误就得到扩张。㊴

㊱ 这是完全占据主导的学说,参见本书第27节,边码29;关于空白要素的特殊性,见施米茨,《法学》,2003年,第593页,尤其是第599页及以下几页。

㊲ 《帝国法院刑事判例集》,第72卷,第109页,尤其是第112页;《联邦法院刑事判例集》,第10卷,第272页,尤其是第275页及下一页;第13卷,第235页,尤其是第239页及下一页;第14卷,第345页,尤其是第350页;柏林高等法院,《经济刑法和税收刑法杂志》,1982年,第196页,尤其是第197页及下一页;韦塞尔斯·博伊克,边码621;赫茨贝格,载《施吕希特纪念文集》,第189页,尤其是第198页及下一页;《莱比锡刑法典评注——希伦坎普》,第22条,边码180及以下几个边码;耶赛克·魏根特,第50节 II;尼尔韦特贝尔(Nierwetberg),《法学》,1985年,第238页及以下几页;《刑法典体系性评注——鲁道菲》,第22条,边码32a及下一边码;施吕希特,《法学教学》,1985年,第527页;亦参见《诺莫斯刑法典评注——普珀》,第16条,边码144。针对相反原则的批判性观点,见施特伦,《戈尔特达默刑法档案》,2009年,第529页及以下几页;折中的观点,见海丁斯费尔德(Heidingsfelder):《相反的涵摄错误》(Der umgekehrte Subsumtionsirrtum),1992年版,第146页及以下几页;罗克辛,《法学家报》,1996年,第981页,尤其是第986页。

㊳ 针对问题的基础性分析,见普珀,载《拉克纳祝贺文集》,第209页,尤其是第215页及以下几页。

㊴ 福特,《法学综览》,1965年,第366页,尤其是第371页;哈德维希(Hardwig),《戈尔特达默刑法档案》,1957年,第170页,尤其是第174页及以下几页;雅科布斯,第25节,边码43;考夫曼,载《克卢格祝贺文集》,第277页,尤其是第283页及以下几页;朗格尔:《身份犯罪》(Das Sonderverbrechen),1972年版,第497页及下一页;奥托,第18节,边码75;施米德霍伊尔,第15节,边码59;斯特拉滕韦特,载《布伦斯祝贺文集》(Bruns-FS),第59页,尤其是第68页及下一页;韦尔策尔,第24节,V、2。

而且，由于行为人并没有危及到受保护的法益，也就没有需罚性。⁴⁰ 这样，案例8中的P便是不可罚的。

针对这种情况，主流观点认为，还是应当适用相反原则，从而成立可罚的（不能犯）力图⁴¹：针对某个特定的义务地位的事实性前提条件的认识错误，可以按照第16条第1款第1句以阻却故意，这样，谁若在实现（或着手实现）身份犯的构成要件的同时，错误地以为存在真的能证立他的身份义务（"主体性质"）的情状，则均构成力图。因此，案例8中的P就要因第344条第1款、第12条第1款和第22条及下一条而受到处罚。这种学说的问题在于，虽然行为人本身根本就不能够达到犯罪既遂，但仍然肯定了力图。在概念上，只有存在能够犯罪既遂的可能性的时候，才能够成立力图。

不过，如果行为人所认识到的情状即便存在也不足以使其具有相应的身份义务，而他根据这种情状以为自己有这种身份义务，对此，主流观点认为仅成立幻想犯。在案例9中，由于W知道自己是文职人员，但是却不知道哪些事实性情状可以使自己负有相应的身份义务，因而也就需否定其身份义务。文职人员实现不了《军事刑法》第15条（的构成要件），这样，按照主流见解，就不得处罚W。

复习与深化

1. 为何力图具有应罚性？（边码5及以下几个边码）

2. 行为人针对规范性构成要件要素的特征发生认识错误时，如何区分力图和幻想犯？（边码26及以下几个边码）

3. 如果行为人不利于自己地以为，他实现了身份犯的前提条件，是否成立力图？（边码31及以下几个边码）

---

⁴⁰ 克赖、埃塞尔，边码1250。
⁴¹ 《帝国法院刑事判例集》，第47卷，第189页，尤其是第190页及下一页；第72卷，第109页，尤其是第110页；鲍曼、韦伯、米奇，第26节，边码30；韦塞尔斯、博伊尔克，边码619；《（舍恩克、施罗德）刑法典评注——埃泽尔》，第22条，边码76；菲舍尔，第22条，边码55；毛拉赫、格塞尔、齐普夫，第40节，边码175；赫茨贝格，《戈尔特达默刑法档案》，2001年，第257页，尤其是第269页及以下几页；耶赛克、魏根特，第50节Ⅲ,2c；《诺莫斯刑法典评注——金德霍伊泽尔》，第283条，边码101；屈尔，第15节，边码105；《诺莫斯刑法典评注——库伦》，第331条，边码101；《刑法典体系性评注——鲁道菲》，第22条，边码28。

第 31 节 预备和力图

一、概述

1   一个(有计划的)故意犯罪,从计划直到终了,需要一个或长或短的时间过程。该时间过程可以分为好几个阶段:

(1) **计划**阶段乃是对事实发生的思路预想阶段,按照行为人的设想,这种事实发生可以实现某个犯罪的构成要件。该阶段始终是不可罚的。

(2) 在**预备**阶段,行为人为了实施行为,而做一些必要的准备。这个阶段基本上也不受刑罚干预。不过,《刑法典》有一系列将预备侵害法益规定为独立犯罪的规定。这类被独立化地入罪的预备犯有:第 83 条、第 98 条、第 149 条、第 234 条 a 第 3 款、第 265 条、第 316 条 c 第 4 款等。

(3) 在**力图**阶段,基于无条件的行为决意,行为人按照其对行为的设想开始着手直接实现构成要件(第 22 条);若符合第 23 条的前提条件,该力图是可罚的。

(4) 如果(客观上可以归属地、而且客观上没有出现正当化事由地)实现了构成要件,那么,犯罪**既遂**。

(5) 若可罚的不法最终结束了,那么,行为也就**终了**了。①

2   按照这种犯罪阶段的划分,力图是处于预备和既遂之间的阶段。从消极方面看,要将力图和既遂区分开来并不难:如果力图已经导致(客观上可归属且客观上未出现正当化事由地)②实现构成要件了,那么力图就没有任何独立的意义了。反之,为了区分力图和预备这二者,则需要在不可罚的预先举止和可罚的行为之间积极地划分出一条界线。

3   力图具有**三个前提条件**,它要求:(无条件的)行为决意,必须着手直接实现构成要件,及尚未客观地导致(可归属的)既遂。

二、行为决意

1. 概念

4   所谓行为决意,包括针对构成要件之实现的故意,以及其他主观构成要件要素。

5   其他的主观构成要件要素,如第 253 条、第 263 条中的非法获益的目的、第 267 条的欺骗意图等。虽然第 22 条中不再(像旧刑法第 43 条那样)明确规定行为决意的要

---

① 对此,见本书第 9 节,边码 16。
② 对此,见本书第 29 节,边码 8 及下一边码,第 30 节,边码 3。

素,但是,其实,它概念性地包含在着手直接实现构成要件这一规则之中。③

2. 无条件

> **案例 1**
> F 想离开 A,若 F 不听 A 的劝告,不想呆在原地的话,A 将杀掉 F。

> **案例 2**
> B 想纵火焚烧邻居 L 的仓库,当 L 提前注意到 B 的时候,B 赶紧弄灭火源。

(1) **无条件的行为决意**:当行为人做出实施相应行为的决定不取决于外界条件时,那么,该行为决意是无条件的。④   6

这种(内在的)无条件的决定,也可以**源于不确定的行为事实基础**。行为人还可以将其他情状(F 的决定)是否发生设置为自己实施相应行为的前提,或者如果出现了某些特定的案件事实情况(比如,天气情况、某个证人在场等)的条件,便又不再实施其计划。⑤ 同样,即便在事实发生流程中出现不利的发展状况时,行为人相应地**有条件地中止**(Rücktrittsvorbehalt,中止保留)也不妨碍无条件的行为决意的成立。案例 2 中便是其例。   7

(2) **专业鉴定的框架**:就像"在通常情况下"那样,若行为人已经直接着手实施构成要件,那么就没有必要在专业鉴定中再详细讨论行为决意是否是无条件的了。因为行为人的这种举动就正好已经代表了其决意是无条件的。但是,如果在行为之前,行为人有可能受到了教唆,那么,就有必要讨论一下其行为决意是否是无条件的。因为对一个已经无条件地决意要实施行为的人(所谓的"已决意实施某一行为的人"(omnimodo facturus))而言,该行为是有他自己确定的,而不是由他人确定的。⑥   8

---

③ 《联邦法院刑事判例集》,第 37 卷,第 294 页,尤其是第 296 页;格罗普,第 9 节,边码 14;屈尔,第 15 节,边码 24。

④ 联邦法院,《刑事辩护人杂志》,1987 年,第 528 页及下一页;罗克辛,载《施洛德纪念文集》,第 145 页及以下几页。

⑤ 《联邦法院刑事判例集》,第 12 卷,第 306 页,尤其是第 309 页;联邦法院,《法学家报》,1967 年,第 608 页;布林格瓦特,边码 555;《(舍恩克、施罗德)刑法典评注——埃泽尔》,第 22 条,边码 18;格罗普,第 9 节,边码 20;耶格尔,边码 287;克赖、埃塞尔,边码 1208 及以下几个边码;奥托,第 18 节,边码 20 及下一边码;《刑法典体系性评注——鲁道菲》,第 22 条,边码 5;一个相反的例子,见联邦法院,《德国法月报》(霍尔茨),1980 年,第 271 页及下一页。

⑥ 对此,详见本书第 41 节,边码 11。

3. 故意的形式

9 　　如果犯罪既遂只需要间接故意的话,那么,行为决意也只需要间接故意就够了。⑦ 因为任何一个故意的犯罪既遂,都已经经历了力图阶段,而且,力图和既遂二者的主观构成要件方面是重合的,这样,力图所要求的故意形式就(仅仅)是犯罪既遂所需要的故意形式。

三、直接着手

1. 前提条件

10 　　按照第 22 条的规定,若行为人"按照其对行为的设想着手直接实现构成要件"之时,行为人也就跨出预备的界限,进入力图阶段了。为了确定何时算力图的开始,法规的表述中同时考虑了主观和客观的要素。因而,在专业鉴定中,需要从**两个步骤**来考察是否成立力图⑧:

　　首先,需要从**行为人角度**来确定**行为情况**是怎样的(个别的视角)。

　　其次,需要从客观的角度判断:(基于这里确定的行为情况)是否已经可以将行为人的举止认定为**直接着手**实施构成要件。

11 　　按照这种**个别—客观的标准**,现行法规中力图之开始点,既不是(从行为人的设想中得知的⑨)纯粹主观上的一个开端,也不是形式—客观说所主张的开始实现构成要件时⑩才算力图的开始。⑪ 同样靠不住的还有客观危险说,按照这种学说,只要相关构成要件所保护的法益陷入了行为人的举止所引发的危险之中,力图就

---

⑦ 主流学说,请代表性地参见《帝国法院刑事判例集》,第 61 卷,第 159 页;《联邦法院刑事判例集》,第 22 卷,第 330 页,尤其是第 332 页及以下几页;第 31 卷,第 374 页,尤其是第 378 页;布林格瓦特,边码 554;《(舍恩克、施罗德)刑法典评注——埃泽尔》,第 22 条,边码 17;格罗普,第 9 节,边码 17;《慕尼黑刑法典评注——赫茨贝格、霍夫曼—霍兰特》,第 22 条,边码 43 及以下几个边码;赫茨贝格,《刑法新杂志》,1990 年,第 311 页,尤其是第 315 页;雅科布斯,第 25 节,边码 24;耶赛克、魏根特,第 49 节 III、1;屈尔,第 15 节,边码 25;罗克辛,载《施罗德纪念文集》,第 145 页,尤其是第 151 页及下一页;《刑法典体系性评注——鲁道菲》,第 22 节,边码 2。其他观点,见鲍尔(Bauer),《经济刑法和税收刑法杂志》,1991 年,第 168 页及以下几页;兰珀,《新法学周刊》,1958 年,第 332 页及下一页;普珀,《刑法新杂志》,1984 年,第 488 页,尤其是第 491 页。在正当化情形不确定时,行为人间接故意地行事,对这种情况的论述,参见佩夫根,《法学家报》,1978 年,第 738 页,尤其是第 743 页及以下几页。

⑧ 关于专业鉴定中的直接着手,详见博施,《法学》,2012 年,第 909 页及以下几页。

⑨ 参见《帝国法院刑事判例集》,第 72 卷,第 66 页;《联邦法院刑事判例集》,第 6 卷,第 302 页。

⑩ 亦参见《帝国法院刑事判例集》,第 70 卷,第 151 页,尤其是第 157 页;按照所谓的"部分实现的规则"(Teilverwirklichungsregel),当行为人已经实施某一构成要件上的实行行为时,他就至少已经力图了,参见屈尔,载《屈佩尔祝贺文集》,第 289 页,尤其是第 301 页及以下几页。

⑪ 布林格瓦特,边码 558;屈尔,第 15 节,边码 38;奥托,第 18 节,边码 22 及下一边码。

已经开始了。⑫ 这种观点没有办法解释不能犯力图。

一方面,根据个别—客观的标准,所有只是为了有可能和更容易实施计划中的其后犯行的行为,都应清楚地归入预备阶段。例如,搞到武器、侦察地形、装备行为工具或者配第二把钥匙,均为预备行为。⑬ 另一方面,若行为人出于杀人目的给枪上子弹并开始瞄准,则显然已经开始力图了。⑭ 但若行为人为了入室实施抢劫而摁下他人门铃,则需要区别对待:如果他摁下的是住着多户人家的房子的大门门铃,必须进入房子后才可以到达受害人的住处,那么,他就尚处于预备阶段。⑮ 而当行为人已站在住处的门口,并想受害人一开房门便马上用准备好的武器实施攻击,则力图已经开始。⑯

2. 区分

在显然成立预备行为的场合和力图已明显开始的场合这二者中间还存在着一些模糊地带,为了弄清这里面的问题,各种不同的学说都采用个别和客观视角相结合的方法,以进行这方面的努力。⑰ 这些学说之间的区别仅仅在于侧重点各有不同,并多半都得出相同的结论。⑱ 联邦法院常常将这些学说综合在一起使用。⑲

(1) 领域论(Sphärentheorie):根据所谓"领域论"的观点,只要行为人侵入了受害人的保护领域,并且犯罪行为和其追求的结果发生二者之间具有了时间上的紧密联系,那么,力图算是开始了。⑳ 可是,当犯罪行为发生在大街、公园这样的公共

---

⑫ 参见《帝国法院刑事判例集》,第53卷,第217页;第54卷,第182页;第59卷,第386页;《联邦法院刑事判例集》,第2卷,第380页;第20卷,第150页;第22卷,第80页,尤其是第81页。
⑬ 参见《联邦法院刑事判例集》,第28卷,第162页;第40卷,第208页,尤其是第210页;联邦法院,《新法学周刊》,1979年,第378页;《刑法新杂志》,1976年,第38页。
⑭ 参见联邦法院,《刑法新杂志》,1993年,第133页。
⑮ 参见联邦法院,《刑事辩护人杂志》,1984年,第420页;哈姆州高等法院,《刑事辩护人杂志》,1997年,第242页。
⑯ 参见《联邦法院刑事判例集》,第26卷,第201页及以下几页;联邦法院,《刑法新杂志》,1984年,第506页。
⑰ 在不作为犯中,需采用特别的方法来判断力图的开始点,对此,参见本书第36节,边码40及以下几个边码。
⑱ 因而,同样对抽象地定义力图的做法持批判意见的,见弗里斯特,第23节,边码38。
⑲ 比如将"领域论"和"中间动作论""考验论"结合起来(请代表性地参见《联邦法院刑事判例集》,第48卷,第34页,尤其是第35页及下一页;联邦法院,《新法学周刊》,1993年,第2125页;《刑法新杂志》,1996年,第38页;2004年,第38页及下一页;《刑法新杂志——刑事判决和报告》,2011年,第367页,尤其是第368页;《刑事辩护人杂志》,2012年,第526页及下一页,关于伪造支付卡)或者,将"中间动作论"和"危险论"结合起来(联邦法院,《刑法新杂志》,2002年,第309页及下一页);亦参见格德(Gaede),《法学教学》,2002年,第1058页,尤其是第1060页及下一页;海因里希,边码727及以下几个边码。
⑳ 参见《联邦法院刑事判例集》,第28卷,第162页,尤其是第163页;联邦法院,《刑事辩护人杂志》,1992年,第62页;美茵河畔法兰克福州高等法院,《新法学周刊》,1984年,第812页;罗克辛,《法学教学》,1979年,第1页,尤其是第5页;罗克辛,载《赫茨贝格祝贺文集》,第341页及以下几页。

场所时,这种区分方法几乎不能起到什么作用。而且,仅当犯罪所保护的是拥有一个固定外圈(mit einem festen Kreis)的个人法益,这种方法才比较适合。如果遇到针对公共法益的犯罪,这种方法就不适合了。

15　　　(2) **考验论**(Theorie der Feuerprobe):如果从行为人自己的角度看,行为人已经跨过了相应界限,认为"现在已经可以开始了",那么,针对这一临界的情况,"考验论"认为力图已经开始。㉑ 由于行为人开始实现其行为决意的时刻可能比实际的构成要件实现的时刻(比如,潜在的证人都离场时)更早,因而,这一学说过分强调了主观上的内容。所以,这里的考验必须针对的是实现构成要件之本身。

16　　　(3) **举止的外在意义**(Äußerer Verhaltenssinn):有人建议,将判断的标准放在举止的外在意义上,这使得判断标准在很大程度上客观化了。若在外人看来,行为人的举止已经可以被理解成为是决意违背规范了㉒,也就是说,外部的情状已经**表征**了实现构成要件的开端,那么,也就出现力图了。这种学说的一个变体是,当行为人以一个不符合其角色的举止创设了不被容许的风险之时㉓,力图算是开始了。但是,这一理论变体没有认识到行为的主观方面对于力图的决定性意义。否则,当某个猎人只是为了恐吓某个人,而针对某个人(不符合其角色地)给枪装上了子弹的时候,那他也要因杀人力图而受处罚了。反之,按照这种理论,若行为人将某个财物据为己有,却不知道物主对于该(财物)管理的转让是合意的,也不能成立力图。因为在这种情况下,就(财物)管理状态的变化而言,行为人在客观上并没有创设任何不被容许的风险。

17　　　(4) **危险论**(Gefährdungstheorie):所谓(实质的)"危险论"认为,如果对法益造成了具体的危险,那么,力图算是开始。具体而言:在不受干扰地行事的前提下,若行为人实施了某个行为,便直接使得(符合其犯罪行为计划地)不中断地进入实现构成要件的过程,这样,依照他的设想,已经具体地危及了受保护的法益,那么,这时,力图成立。㉔ 在行为人的该行为和实际的实现构成要件二者之间,必须存在直接的空间和时间上的联系。但该学说的问题在于,这个理论只是将"着手"这一概念替换成了并不更有说服力的"危及"。而且,这种具体危险的标准几乎没有办法

㉑ 参见《联邦法院刑事判例集》,第26卷,第201页,尤其是第203页;联邦法院,《新法学周刊》,1980年,第1759页;《刑事辩护人杂志》,1987年,第529页;《刑法新杂志》,1997年,第83页;博克尔曼,《法学家报》,1954年,第468页,尤其是第473页。

㉒ 雅科布斯,第25节,边码61及以下几个边码。

㉓ 费林(*Vehling*):《预备和力图的区分》(Abgrenzung von Vorbereitung und Versuch),1991年版,第141页及以下几页。

㉔ 参见《联邦法院刑事判例集》,第30卷,第363页,尤其是第364页及以下几页;第43卷,第177页,尤其是第179页;联邦法院,《刑法新杂志》,1987年,第20页;《刑事辩护人杂志》,1994年,第240页;巴伐利亚州高等法院,《新法学周刊》,1990年,第781页及下一页;《(舍恩克、施罗德)刑法典评注——埃泽尔》,第22条,边码42;屈佩尔,《法学家报》,1992年,第338页,尤其是第340页及以下一页;奥托,第18节,边码28及以下几边码;察克奇克:《力图行为的不法》,1989年版,第306页及以下几页。

适用于行为犯和其他的抽象危险犯。抽象危险犯并不要求具有对法益的这种(具体)危险。

(5) 中间动作论(Zwischenaktstheorie):倘若按照行为计划,在行为人的举止和 **18** 实际的构成要件之实现二者之间不再存在进一步的实质性的中间步骤,这使得外人可以将这个事实发生过程统一起来把握,那么,根据所谓的"中间动作论",也就具有力图了。㉕ 基于这种理论,力图的开始点便是(依照行为人的设想)直接处于实际的构成要件行为之前的举止方式。例如,在第 244 条第 1 款第 3 项的入室盗窃中,行为人为了紧接地直接从屋里拿走贵重的东西,而将院里的狗干掉时,他便开始了力图。相反,如果行为人首先丢给狗一根有毒的香肠,同时想几个小时之后再返回来,以不受影响地实施盗窃,那么,丢香肠时就不算力图。㉖ 相比较于与之在它方面有密切关系的"危险论","中间动作论"的优势在于可以适用到一切犯罪类型中。

四、"原因自由行为"中力图的开始

在"原因自由行为"的情况下,什么时候算力图的开始?这取决于具体所选择 **19** 的模式:

1. 例外模式

如果遵循的是不触动行为的构成要件符合性和违法性的例外模式㉗,则可以 **20** 按照个体—客观理论来确定力图的开始点,而没有任何障碍。若没有罪责能力者依其设想直接着手实施构成要件时,力图也就开始了。

2. 构成要件模式

在构成要件模式中,还要取决于人们是采取前置理论㉘还是采取间接正 **21**

㉕ 在细节上有所不同地,请参见《联邦法院刑事判例集》,第 26 卷,第 201 页,尤其是第 202 页及下一页及格塞尔和奥托的评释,分别见《法学综览》,1979 年,第 249 页和《新法学周刊》,1976 年,第 578 页;《联邦法院刑事判例集》,第 35 卷,第 6 页,尤其是第 8 页及下一页;第 36 卷,第 249 页,尤其是第 250 页;第 37 卷,第 294 页,尤其是第 296 页及以下几页;联邦法院,《刑法新杂志》,2002 年,第 309 页及下一页;巴伐利亚州高等法院,《新法学周刊》,1991 年,第 855 页及下一页;鲍曼•韦伯•米奇,第 26 节,边码 54;贝尔茨(Berz),《法学》,1984 年,第 511 页,尤其是第 514 页;韦塞尔斯•博伊尔克,边码 601;《莱比锡刑法典评注——希伦坎普》,第 22 条,边码 77;屈尔,《法学教学》,1980 年,第 650 页及下一页;《刑法典体系性评注——鲁道菲》,第 22 条,边码 13;亦参见弗兰克,第 43 节,注释 II、2b。

㉖ 参见《帝国法院刑事判例集》,第 53 卷,第 218 页;《刑法典体系性评注——鲁道菲》,第 22 条,边码 17。

㉗ 对此,见本书第 23 节,边码 6 及以下几个边码。

㉘ 对此,见本书第 23 节,边码 15。

犯说。㉙

22 　　如果将构成要件实现的开端前置到促成欠缺(相应能力的)状态的时候,那么,力图也就开始于这个时间点。

23 　　倘若采取间接正犯说,那么,间接正犯的标准对于力图的开始点也是至关重要的。㉚ 但是占支配性地位的单人方案(Einzellösung)*在这种情况下并不是没有问题。因为根据这种方案,一方面,当幕后操纵者放手使事实发生时,力图便已开始;在这里,也就是当进入欠缺(相应能力的)状态时,力图算开始。㉛ 另一方面,第 22 条中没有要求需要有罪责能力,这样就没有理由为单独正犯而偏离第 22 条规定的通行规则。所以,对于没有罪责能力的行为人而言,力图也必须到直接着手实现构成要件时才算开始,即便他在预备阶段有意地饮酒以促成无罪责能力的状态。

24
复习与深化

1. 从计划直到终了,犯罪需要经历哪些阶段?(边码 1)
2. 力图需要满足哪些前提条件?(边码 3 及以下几个边码)
3. 采用什么办法可以将力图和预备区分开来?(边码 13 及以下几个边码)

㉙ 对此,见本书第 23 节,边码 14。
㉚ 对此,见本书第 39 节,边码 53 及以下几个边码。
* 单人方案是相对于整体方案(Gesamtlösung)而言的,后者将幕后操纵者和实际执行者视为一个整体,当实际执行者直接着手实现构成要件时,力图开始,而前者将实际执行者完全看成幕后操纵者纯粹的工具,当幕后操纵者采取相应举止时,力图算开始。参见本书第 39 节,边码 48—50。——译者注
㉛ 参见本书第 39 节,边码 56。

第32节　力图中的中止

一、概述

1. 基本原理

(1) 法律规则：如果行为人在符合构成要件、违法且有罪责的力图的前提条件之后，便不再进一步实施行为，那么，可能成立不需处罚的中止（第24条）。按照《刑法典》第24条第1款第1句的规定，若某个单独正犯自愿地"放弃进一步实施行为"（所谓"未终了的力图"），或者"阻止行为的既遂"（所谓"终了的力图"），那么，便不再需要对之加以处罚。在此之外，第24条第1款第2句规定，在即便力图行为人没有努力的情况下，行为也无法既遂，但他"主动认真努力""阻止行为既遂"，也是不可罚的。

第24条第2款规定了**数人**（共同正犯、教唆犯和帮助犯）**参加**行为时的中止。若行为参加者自愿阻止行为的既遂，那么，也不予处罚（第24条第2款第1句）。但按照第24条第2款第2句的规定，"当行为即便没有中止犯的努力也不会既遂，或者没有他之前对行为的贡献，行为也会实施之时，只要他自愿、认真努力阻止行为既遂了"，就可以不予刑罚。

(2) 刑罚取消事由：在犯罪论体系上，中止乃是一种人身性的刑罚取消事由。① 这样，在**专业鉴定**中，需要在罪责之后紧接着对之加以考虑。② 在有数个参加者的场合，只有采取了回撤行动者，才可以成立中止犯。

2. 规范的目标

为什么要排除中止犯的刑罚？这是有争议的③：

(1) 按照**褒奖理论**（亦称恩惠理论）的观点，行为人主动返回到社会角度上正

1

2

3

---

① 鲍曼、韦伯、米奇，第27节，边码5；菲舍尔，第24节，边码2；海因里希，边码763；拉克纳、屈尔，第24条，边码1；《莱比锡刑法典评注——利利、阿尔布雷希特》（*LK-Lilie/Albrecht*），第24条，边码50；奥托，第19节，边码5；不一致的观点，见《刑法典体系性评注——鲁道菲》，第24条，边码6；免除罪责事由；施特伦，《整体刑法学杂志》，第101卷，1989年，第273页，尤其是第322页及以下几页；《诺莫斯刑法典评注——察克奇克》，第24条，边码5及下一边码：罪责取消事由；历史角度的考察，见洛斯，载《雅科布斯祝贺文集》，第347页及以下几页。

② 主流观点，请代表性地参见《联邦法院刑事判例集》，第7卷，第296页，尤其是第299页；联邦法院，《刑事辩护人杂志》，1982年，第1页；鲍曼、韦伯、米奇，第27节，边码5；韦塞尔斯、博伊尔克，边码626、874；屈尔，第16节，边码8。

③ 对于争议状况的详细讨论，见《莱比锡刑法典评注——利利、阿尔布雷希特》，第24条，边码5及以下几个边码。

确举止的轨道上来，应当予以褒奖。由于行为人的这一返回，不再需要对其行为不法和该不法对法秩序效力之公共信任的损害施以刑罚。④

（2）**金桥理论**强调法益的保护：鉴于可以预见到相应的不予刑罚，行为人应当返回，并避免结果的发生，以不被处罚。*⑤

（3）目前占据主流的是**刑罚目标理论**，该理论认为，针对主动的中止的行为人，没有必要再加以处罚，才能实现刑法所承担的任务。⑥ 从积极的一般预防的角度看，这意味着：行为人通过其中止已经表示出，他想认可规范，因而没有使得公众对规范效力的信任落空，也就不需要加以处罚。⑦

3. 主动悔罪

4 第 24 条中针对中止不予刑罚的规定是适用于所有犯罪类型的，而特别是某些抽象危险犯⑧**在既遂之后**仍还可能**附加地**出现犯罪的放弃，这样也就不受处罚；对此，人们称之为主动悔罪，以区别于中止。有别于第 24 条地，主动悔罪的规则并不总是规定不予处罚，有的时候，它也只规定可以减轻。⑨

二、与中止有关的诸种力图

1. 失败的力图

案例 1

A 想纵火焚烧 B 的房屋，但当他试图点火时，发现他的打火机坏了。

---

④ 博克尔曼，《新法学周刊》，1955 年，第 1417 页，尤其是第 1420 页；海尼茨，《法学综览》，1956 年，第 248 页，尤其是第 249 页；耶赛克、魏根特，第 51 节 I，3；施罗德，《法学教学》，1962 年，第 81 页；亦参见联邦法院，《刑法新杂志》，1986 年，第 264 页及下一页；《德国法月报》，1988 年，第 244 页；批判性的观点，见《莱比锡刑法典评注——利利、阿尔布雷希特》，第 24 条，边码 13。

* 也就是说，给行为人返回社会的正常轨道架设一座金桥。——译者注

⑤ 《帝国法院刑事判例集》，第 63 卷，第 158 页，尤其是第 159 页；第 72 卷，第 349 页，尤其是第 350 页；第 73 卷，第 52 页，尤其是第 60 页；亦参见普珀，《刑法新杂志》，1984 年，第 488 页，尤其是第 490 页。

⑥ 《联邦法院刑事判例集》，第 9 卷，第 48 页，尤其是第 52 页；第 14 卷，第 75 页，尤其是第 80 页；《整体刑法评注便携本——安博斯》，第 24 条，边码 1；鲍曼、韦伯、米奇，第 27 节，边码 8；《（舍恩克、施罗德）刑法典评注——埃泽尔》，第 24 条，边码 2b；格罗普，第 9 节，边码 86；兰夫特（*Ranft*），《法学》，1987 年，第 527 页，尤其是第 532 页；罗克辛，第 2 卷，第 30 节，边码 4 及以下几个边码；《刑法典体系性评注——鲁道菲》，第 24 条，边码 4；亦参见（强调没有刑罚需罚性地），布克哈特：《作为法律后果之规定的"中止"》（Der »Rücktritt« als Rechtsfolgenbestimmung），1975 年版，第 195 页及以下几页；屈尔，第 16 节，边码 5 及下一边码。

⑦ 在这点上，刑罚目标理论是和所谓的印象说相吻合的，参见本书第 30 节，边码 9 下一边码。

⑧ 例如，参见第 139 条第 4 款、第 314 条 a 第 3 款。

⑨ 例如，参见第 83 条 a、第 98 条第 2 款、第 306 条 e。

> **案例 2**
>
> C 给枪上子弹,以枪杀 D。在开枪的最后一刻,他却发现,瞄准器中的是陌生人 M,而不是 D。

> **案例 3**
>
> E 打开一保险柜,他期待里面会有大量金钱和首饰,但是一看只有几个银币躺在里面,E 失望而走。

> **案例 4**
>
> F 拔出一把枪,以朝 G 射击。他以为枪已上膛。扣动扳机的瞬间,他惊讶地发现,枪中根本无弹。

（1）**中止的审查**:仅当行为人的力图尚未失败时,才可能成立第 24 条的中止。[10] 仅当行为人根本上还认为犯罪还有可能既遂的时候,才可能在概念上出现"进一步实施行为的任务""对既遂的阻止"或者认真努力"阻止既遂"这些情状。[11] 如果依照行为人对事实情形的估计,都已不再可能成功了,那么也就不能从他的力图中回撤(即中止)了。因而,在审查是否成立中止时,需要先弄明白是否力图尚未失败。如果确已失败,那么,就没有必要再进一步讨论第 24 条了;需要讨论的只是是否可以处罚力图。若力图尚未失败,那么,需要进一步探问,力图是尚未终了还是已经终了,因为第 24 条针对这两个力图阶段中不予处罚的中止的成立提出了不同的要求。

5

（2）（**以上**）**诸案例**:如果按照行为人的设想,构成要件的实现不(再)可能[12],或者行为客体不符合(犯罪)行为计划中的行为客体,特别是行为客体的价值不如所预期的价值的时候[13],则该力图是**失败的**。

6

结合具体案件分析:案例 1 中,A 以为没办法点火了,因而是失败了;案例 2

---

[10] 联邦法院,《刑法新杂志》,2002 年,第 311 页;克赖、埃塞尔,边码 1271;屈尔,第 16 节,边码 9;罗克辛,第 2 卷,第 30 节,边码 36、边码 77 及以下几个边码。

[11] 在部分文献中,人们认为失败的力图这个概念不具有独立的意义,甚至完全拒绝承认这一概念:格塞尔,《戈尔特达默刑法档案》,2012 年,第 65 页及以下几页;施洛德,《刑法新杂志》,2009 年,第 9 页及以下几页;韦尔纳(Wörner),《刑法新杂志》,2010 年,第 66 页及以下几页;相反的观点,见罗克辛,《刑法新杂志》,2009 年,第 319 页及以下几页。

[12] 《联邦法院刑事判例集》,第 39 卷,第 221 页,尤其是第 228 页;联邦法院,《刑法新杂志》,2002 年,第 311 页;耶赛克、魏根特,第 51 节 II、6;奥托,《法学》,1992 年,第 423 页及下一页;罗克辛,《法学教学》,1981 年,第 1 页及以下几页;《刑法典体系性评注——鲁道菲》,第 24 条,边码 8 及以下几个边码。

[13] 联邦法院,《刑法新杂志》,2004 年,第 333 页;鲍尔,《经济刑法和税收刑法杂志》,1992 年,第 201 页,尤其是第 204 页及以下几页;哈夫特,第 232 页;屈尔,第 16 节,边码 15;奥托,第 19 节,边码 24;其他观点,见费尔特斯(Feltes),《戈尔特达默刑法档案》,1992 年,第 395 页,尤其是第 407 页及以下几页。

中,因为行为客体不符合(犯罪)行为计划,力图也失败了;案例3中,赃物的价值明显低于预期,也就不能实现实施行为的目标,因而,力图也失败了。⑭

7　　**(3) 与不能犯的区分**:力图是否失败这个问题,乃是不同于力图是否是不能犯这个问题的。某个力图之不能犯,是从客观的**事前**角度加以确定的,而力图失败这个问题**只取决于行为人的设想**。⑮ 所以,只要不能犯力图尚未失败,正如行为人所相信的那样,尚可以促成结果,这时就可以出现不需处罚的中止。⑯ 但是,一旦(像案例4中的F)行为人认识到力图已经不能犯了,那么,该力图也随之失败。相反地,即便行为人认为力图已经失败,该力图在客观上仍然有可能是能犯的。

2. 未终了和已终了的力图

8　　对于区分力图是否终了而言,行为人角度的认识是决定性的⑰:

若行为人认为,他还没有做完可能促成构成要件之实现的所必要的所有事情,那么,该力图**尚未终了**。⑱

若行为人以为,已经做完可能促成构成要件之实现的所必要的所有事情,那么,该力图**已经终了**。⑲ 当行为人基于其已做的行为认为可能导致结果发生,或者当他对进一步的事实发生已经没有任何更详细的设想了,那么,也便足以认定力图已经终了。⑳

3. 概览

9　　(在单独正犯的场合,)与中止有关的各种力图可以用下图表示:

---

⑭ 亦参见《联邦法院刑事判例集》,第4卷,第56页。

⑮ 联邦法院,《刑法新杂志》,2004年,第324页,尤其是第325页;屈尔,第16节,边码11;《诺莫斯刑法典评注——察克奇克》,第24条,边码20。

⑯ 参见《帝国法院刑事判例集》,第68节,边码82;联邦法院,《刑法新杂志》,2008年,第275页及下一页和冯·海因契尔—海内格的评论,见《法学工作》,2008年,第545页;亦参见联邦法院,《法学综览》,2008年,第250页及以下几页和施洛德的评释;不一致的观点,见斯泰因贝格,《戈尔特达默刑法档案》,2008年,第517页及以下几页,他将力图的危险性作为区分的要素。

⑰ 《联邦法院刑事判例集》,第31卷,第170页,尤其是第171页;第33卷,第295页,尤其是第297页;第35卷,第90页;关于作为犯和不作为犯的(结构上一致的)界分,见施泰因,《戈尔特达默刑法档案》,2010年,第129页及以下几页。

⑱ 参见联邦法院,《刑法新杂志——刑事判决和报告》,2012年,第105页及下一页;伦吉尔,第37节,边码31。

⑲ 《(舍恩克·施罗德)刑法典评注——埃泽尔》,第24条,边码6;格罗普,第9节,边码52;耶赛克·魏根特,第51节II、1;克赖·埃塞尔,边码1285;《刑法典体系性评注——鲁道菲》,第24条,边码15。

⑳ 《联邦法院刑事判例集》,第31卷,第170页,尤其是第177页;第33卷,第295页,尤其是第297页;第40卷,第304页及以下几页和穆尔曼和普珀的评释,分别见《法学教学》,1996年,第590页及以下几页和《刑法新杂志》,1995年,第403页及以下几页;联邦法院,《刑法新杂志》,2004年,第324页,尤其是第325页;《刑法新杂志——刑事判决和报告》,2006年,第6页;《刑法新杂志》,2011年,第209页。

第32节　力图中的中止

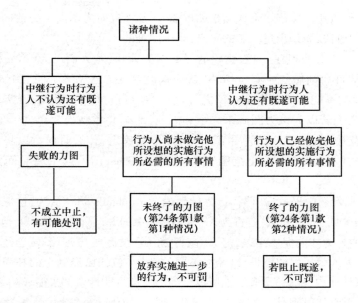

三、未终了的力图中的中止

根据第24条第1款第1句第1种情况，只有满足如下三个条件：　　10
(1) 力图尚未终了，且尚未失败；
(2) 行为人放弃进一步实施行为；
(3) 行为人乃是自愿放弃；
才能成立不予处罚的中止。

1. 关于未终了的力图

(1) 尚未终了的力图的时间界限

案例 5

K 向 O 射击，但出乎 K 的意料，K 的第一枪未能导致 O 的死亡；但是，他认为，他还可以开第二枪或接着继续开枪，进而成功。

案例 6

L 给了 M 一刀，L 以为这刀足以置其于死地；但 M 却试图挣扎地逃走，L 发现他的第一刀没有成功，必须再给 M 一刀，才能干掉他。

行为人只要单纯地(主动)放弃进一步的行为，进而成立不予处罚的中止的阶　　11
段，是所谓未终了的力图。倘若行为人(像案例 5 中的 K)虽然第一个行动没有成

305

功,但仍然还有进一步得以促成结果的可能性,那么针对力图尚未失败同时也没有终了的这一阶段,要做出进一步的定义,是很困难的。

在这里,K 对 O 开了一枪,但没有导致对方死亡,若人们以为,这一枪是 K 为实现构成要件所须做的所有事情,并认为这时 K 的(已经终了的)力图失败了,那么,对 K 就不能再成立中止。反之,由于 K 还可以进一步射击,以实现他的目标,这样,人们若以为该力图尚未终了和失败,那么 K 单纯地放弃进一步射击,也许就能成立中止。所以,要适用第 24 条,就需要确定,什么时候可以将力图视为已终了的失败[所谓的"**中止范围**"(Rücktrittshorizont)]? 这里的时间点具有决定性的意义。

12　① 早期判例中采取的所谓"**行为计划说**"(Tatplantheorie)认为,这取决于行为决意(计划区域)的时间点:若行为人(像案例 5 中的 K)在计划时认为,他只想通过一个特定的行为才能促成结果,那么,该行为一旦没有成功,力图便已经失败。反之,如果行为人为了促成结果,已经将不同的动作(包括已经确定的和尚未确定的动作)都算计在内,那么,只有当他所设想到的所有可能性全部未能成功之后,力图才算失败,至于他以为具体的某个动作具有多大的成功可能性,则并没有关系。㉑ 这种理论受到的批评是,行为人在行为开始时所做的设想或多或少具有偶然性,而这些设想几乎很难决定结果;真正起决定作用的只能是具体行为事实的发生。此外,这种理论还会不当地给行为盲目、毫无顾忌的行为人的带来好处*,这种行为人采取任何手段、任何方式以追求其目标。㉒

13　② 今日判例中的观点采取的是学术文献中占据主流的"**整体观察说**"(Gesamtbetrachtungslehre),按照这种学说,力图是否失败,则按照行为**实施范围**(Ausführungshorizont)上的标准来确定㉓:若行为人认为,**以当时具体情况中所具备的手段和条件**,还能够促成结果,那么,力图就尚未终了。如果行为人(像案例 5 中的 K)认为,还能够进一步采取适当的措施,即便在他看来已有一个或数个动作失败,也不妨碍

㉑ 《联邦法院刑事判例集》,第 10 卷,第 129 页;第 14 卷,第 75 页,尤其是第 79 页;第 22 卷,第 176 页,尤其是第 177 页;第 22 卷,第 330 页,尤其是第 331 页及下一页;联邦法院,《新法学周刊》,1980 年,第 195 页;《刑法新杂志》,1981 年,第 342 页;1984 年,第 116 页。

＊ 具体的好处是,会使得中止范围特别宽广。——译者注

㉒ 格罗普,第 9 节,边码 58。

㉓ 《联邦法院刑事判例集》,第 31 卷,第 170 页,尤其是第 176 页及屈佩尔的评释,见《法学家报》,1983 年,第 264 页及以下几页;《联邦法院刑事判例集》,第 33 卷,第 295 页,尤其是第 299 页及普珀和罗克辛的评释,分别见《刑法新杂志》,1986 年,第 14 页,尤其是第 15 页及以下几页和《法学综览》,1986 年,第 424 页及以下几页;《联邦法院刑事判例集》,第 39 卷,第 221 页,尤其是第 227 页及下一页;第 40 卷,第 75 页,尤其是第 76 页及以下几页;联邦法院,《法学家报》,1991 年,第 524 页及下一页和鲁道菲的评释;联邦法院,《新法学周刊》,2003 年,第 1057 页,尤其是第 1058 页;联邦法院,《刑法新杂志》,2009 年,第 688 页及下一页;耶赛克·魏根特,第 51 节 Ⅱ、4、6;屈尔,第 16 节,边码 35;奥托,《法学》,1992 年,第 423 页,尤其是第 425、429 页;《刑法典体系性评注——鲁道菲》,第 24 条,边码 14。

力图尚未终了。不过,在这里,人们必须能够将在先的动作和行为人认为其后还可能促成结果的行为,从整体上视为自然的行为单数(Handlungseinheit)意义上一个行为。具体而言便是:具体的各个动作必须存在空间上和时间上的紧密联系,并受一个单一的动机情形所控制。㉔ 所以,若行为人在实施一些实行行为之后,认为根据既有可用的手段和条件,不可能再实现其目标,不管他的这种"认为"是正确还是错误,都应当认定力图失败了。㉕ 在案例5中,可能成立的是自然的行为单数,这样,力图就尚未终了了,K仍然可以成立中止,并不受处罚。

根据整体观察说,判例的观点甚至还承认**对中止范围的修正**,这样,对于已经终了的力图,还可以将之视为尚未终了。㉖ 案例6中便是这种情况。但是,始终必须具备的是自然的行为单数;也就是说,第一个动作必须和其后进一步可能实施的行为,(如果行为人实施这些行为的话)共同成为具体情况下的统一的行为。㉗ 在案例6中,可以认定符合这种条件。

③ 学术文献中有部分人认为,可以采取所谓"**个别动作说**"(Einzelaktstheorie):依照这种学说,行为人认为他还没有做完促成结果所必须做的所有事情,那么,力图就算尚未终了了。因而,如果行为人认为,他先前认为的足以促成结果的措施已经失败,不管他的这种行为是正确还是错误,这时,力图均算终了了,并已经失败。㉘ 至于他是否还认识到,利用他所面临的采取相应行为的可能性,还有可能促成结果,则不再具有任何意义。

14

这样,在案例5中,根据个别行动说,若K虽以为第一枪本来可以奏效,但却认

㉔ 关于自然的行为单数这一标准,详见本书第45节,边码6及以下几个边码。
㉕ 《联邦法院刑事判例集》,第39卷,第221页,尤其是第227页及下一页;联邦法院,《刑法新杂志》,2002年,第427页,尤其是第428页;《刑法新杂志——刑事判决和报告》,2002年,第168页、第169页;亦参联邦法院,《刑事辩护人杂志》,2008年,第246页及以下几页;联邦法院,《刑事辩护人论坛》,2009年,第78页及下一页;《刑法新杂志——刑事判决和报告》,2012年,第239页,尤其是第240页。
㉖ 《联邦法院刑事判例集》,第36卷,第224页;联邦法院,《新法学周刊》,1993年,第2125页,尤其是第2126页;《刑法新杂志——刑事判决和报告》,2002年,第73页,尤其是第74页;2003年,第40页及下一页;联邦法院,《刑事辩护人论坛》,2008年,第476页;屈尔,第16节,边码32;奥托,《法学》,1992年,第423页,尤其是第429页及下一页;详细的论述,见克讷尔策尔(Knörzer):《〈刑法典〉第24条第1款之力图中的中止的行为人的错误设想及其"修正"》(Fehlvorstellungen des Täters und deren „Korrektur" beim Rücktritt vom Versuch nach § 24 Abs. 1 StGB),2008年版,第282页及以下几页;但是,关于中止范围的"相反方向"的修正,并因而导致认定力图已经终了的观点,见联邦法院,《刑事辩护人论坛》,2008年,第212页及下一页;《刑事辩护人论坛》,2010年,第36页及下一页。
㉗ 联邦法院,《刑法新杂志》,2012年,第688页,尤其是第689页。
㉘ 《(舍恩克、施罗德)刑法典评注——埃泽尔》,第24条,边码20及下一边码;弗里斯特,第24节,边码17;盖伦,《法学家报》,1972年,第335页,尤其是第339页;雅科布斯,第26节,边码15及下一边码;雅科布斯,《法学教学》,1980年,第714页及以下几页;佩夫根,载《普珀祝贺文集》,第791页,尤其是第792页;乌尔森海默尔:《理论和实务中力图中的中止之基本问题》(Grundfragen des Rücktritts vom Versuch in Theorie und Praxis),1976年版,第131页及以下几页、第240页;这方面的折衷说,见赫茨贝格,《新法学周刊》,1991年,第1633页,尤其是第1635页及下一页、第1642页。

为再度打击算是失败,那么,这时力图本身便已经失败了。

(2) 尚未终了的能犯力图

> **案例7**
> P麻醉了Q,以便随后将Q吊起来致其于死地,并造成Q自杀的假象;由于良心发现,他放弃了他的杀人计划,并离开了行为地。他在离开的时候以为,Q会再次苏醒。但是,这一麻醉却导致了Q的死亡。

15 若行为人(像案例7中的P)没有认识到其先前的行动已经导致了结果,那么,成立所谓尚未终了的能犯力图。在这种力图中,是否行为人纯粹只要放弃实施他以为的必要的进一步的步骤,便可成立不予处罚的中止,是存在争议的。问题在于,在提前既遂的情况下,是否可以将结果归属到故意的认识范围内?㉙ 这样,问题的答案就取决于,在不考虑行为人可能放弃行为的条件下,若要成立故意,该结果在根本上是否可以归属。*

16 ① 当某个力图行为导致了该结果,而行为人以为该力图行为尚不足以促成结果,这时,人们若认定该结果也可以归属给故意,那么,如果行为人又事实上阻止了既遂,则可以成立该力图中的中止,进而不予处罚。因此,若人们认定,由于故意已经既遂,行为人对于其自始的作为是否与结果有关的设想,并不会影响到他的责任,那么,顺理成章地,只是纯粹地放弃实施进一步的行为,并错误地以为这一放弃能够避免结果的发生,就无法起到免予处罚的效果。㉚

结合案例7,这意味着:P在麻醉Q的时候,就已经进入故意杀人的力图阶段了。㉛ 如果人们认为,只要行为人力图阶段的任一行为已引发了死亡结果,即便P并不认为该行为能够导致结果,该死亡结果也要归属于故意,那这样,案例7中的P便满足了故意杀人既遂的所有前提条件。进而,若他只是纯粹抛弃第一部分的动作,便不能成立不予处罚的中止。

17 ② 相反,当某部分动作导致了该结果,而行为人以为这部分动作尚不足以引发结果,这时,人们若不认为该结果可以归属给故意,那么,就行为人自始以来的行

㉙ 对此,见本书第27节,边码47及以下几个边码;亦参见赫鲁斯卡,《法学教学》,1982年,第317页,尤其是第321页;特佩尔,《法学工作》,1996年,第886页,尤其是第888页;《莱比锡刑法典评注——福格尔》,第16条,边码59。

* 也就是说,对于故意的成立而言,是否需要认识到该结果。——译者注

㉚ 韦塞尔斯、博伊尔克,边码627;耶赛克、魏根特,第51节III,3;克讷尔策尔:《刑法典》第24条第1款之力图中的中止的行为人的错误设想及其"修正",2008年版,第281页,尤其是第382页及下一页;拉克纳、屈尔,第24条,边码20;《刑法典体系性评注——鲁道菲》,第24条,边码16;萨尔(Saal),《法学工作》,1998年,第563页,尤其是第566页。

㉛ 至少按照实质危险说和中间动作说是这样,参见本书第31节,边码17及下一边码。

为而言,行为人便不因既遂,而要因力图而受罚。针对这种力图,当行为人放弃实施依其设想为促成结果所必要的进一步行为,而且在他放弃的时点,结果尚未发生,那么,他自然就可以成立第24条第1款第1句第1种情况中的中止。㉜ 这样说的理由在于,区分尚未终了的力图和已经终了的力图,完全取决于行为人的设想。就结果的发生而言,行为人顶多负有过失的责任。

结合案例7,这意味着:P虽然在麻醉Q的时候就已经进入故意杀人的力图阶段了,但他以为这部分动作尚不足以促成结果,这样,因麻醉而致的死亡也就不能作为故意的内容归属于他。依据P的设想,在实施麻醉时,杀人的力图尚未终了,而只有到将Q吊起来的时候才终了。因此,P在实施麻醉后,若只是纯粹放弃实施进一步的行为(将Q吊起),也可以成立杀人力图之中的中止。就麻醉致死的结果而言,可以成立具有死亡结果的身体侵害(第227条)或者过失致人死亡(第222条)。

(3) 实现构成要件之外的目标

案例8

R想通过开枪射击的方式吓阻S,R也算计到可能发生致人死亡的结果。R只开了一枪,S就陷入恐慌中,见S被吓住了,R便认为目标已实现,不再继续开枪。

有争议的是,若行为人(像案例8中的R)认为已经实现了(构成要件以外的目标),是否还能够成立力图实现某一构成要件之中的中止。

① 根据"个别动作说"㉝,在案例8中,由于第一次射击的力图已经终了,且没有导致结果的发生,也就不成立中止。

② 若行为人(像案例8中的R)实施行为乃是出于构成要件之外的目标,同时,他认为他已实现了该目标,那么,根据少数人基于整体观察说的原理而得出的见解,此处不可能成立中止。㉞ 在这种情况下,对于行为人而言,进一步实施行为是没有意义的,这样,力图也就未导致结果。行为人这时放弃实施构成要件的举动根本就不值得褒奖。

18

㉜ 《(舍恩克、施罗德)刑法典评注——埃泽尔》,第24条,边码23及下一边码;格罗普,第9节,边码66;雅科布斯,第8节,边码76。

㉝ 参见本书本节边码14。

㉞ 鲍曼、韦伯、米奇,第27节,边码25;《(舍恩克、施罗德)刑法典评注——埃泽尔》,第24条,边码17b;奥托,《法学》,1992年,第423页,尤其是第430页;普珀,《法学家报》,1993年,第361页;罗克辛,《法学家报》,1993年,第896页;《刑法典体系性评注——鲁道菲》,第24条,边码14b。

③ 与此不同,主流观点主张在该种情况下,有可能成立中止。㉟ 这显得更为合理。若案例中的 8 本来是想杀 S,那按照整体观察说,通过放弃进一步的射击而成立中止,进而不受处罚是没有什么问题的。但是,让人不解的是,若行为人仅仅只有间接故意,为什么就不能适用这个规则?若不适用这个规则,就会使得:实施构成要件之前具备相应犯罪目的的行为人,反而要比实现了更轻微不法的那些人更受优待。㊱ 同样地,还有人认为该方案会影响到受害人的保护。㊲

不过,若间接故意的行为人认为其构成要件之外的目标已经实现,那么,只有当可能的后续行为和最初的力图组成一个行为单数之时,才可以根据整体观察法成立中止,并不予处罚。㊳ 如果行为人后来进一步着手实施构成要件(的举止)乃是一个独立的全新行为,那么,不管采取什么见解,最初的力图都应评价为失败。因为若放弃实施该全新的行为,就根本不再是针对最初的力图的中止。㊴

2. 行为的放弃

案例 9

D 想锯开窗格,从而进入一栋别墅中偷东西,由于强暴风雨,他不得不停止锯窗格。但他打算第二天接着实施计划。

19　　**(1) 放弃**:放弃行为意味着不再采取(行为人以为尚现实可能的)进一步的措施以实现构成要件[而不是单纯的"中断"(innehalten)㊵]。至于这种放弃必须是终局的,或者可以只是具体的行为事实发生之中的临时措施,则存在着争议:

① 主流观点采用的是**具体观察法**(konkrete Betrachtungsweise):放弃的对象必

㉟ 联邦法院,《刑事辩护人杂志》,2009 年,第 467 页及下一页;大刑事审判庭在其决定中对之前不统一的判例的观点做了清晰叙述,见《联邦法院刑事判例集》,第 39 卷,第 221 页,尤其是第 230 页及以下几页;同样地,联邦法院,《刑法新杂志》,2011 年,第 90 页;赞同的观点,见博特(Bott),《法学》,2008 年,第 753 页;菲舍尔,第 24 条,边码 9;克赖、埃塞尔,边码 1293;库德利希,第 227 页;帕尔克(Pahlke),《戈尔特达默刑法档案》,1995 年,第 72 页及以下几页;施罗斯,《戈尔特达默刑法档案》,1997 年,第 151 页及以下几页;亦参见普珀,《刑法学理国际杂志》,2011 年,第 524 页及以下几页。

㊱ 参见《(萨茨格尔、施米特、维德迈尔)刑法典评注——库德利希、舒尔(Schuhr)》,第 24 条,边码 8,有进一步的文献。

㊲ 关于这种观点,详见《慕尼黑刑法典评注——赫茨贝格、霍夫曼—霍兰特》,第 24 条,边码 26;怀疑的观点,见《联邦法院刑事判例集》,第 9 卷,第 48 页,尤其是第 52 页;雅科布斯,第 26 节,边码 5;亦参见联邦法院,《刑事辩护人杂志》,2008 年,第 245 页及下一页;普珀,《刑法新杂志》,2003 年,第 309 页,尤其是第 310 页。

㊳ 《联邦法院刑事判例集》,第 39 卷,第 221 页,尤其是第 232 页。

㊴ 《联邦法院刑事判例集》,第 40 卷,第 75 页,尤其是第 76 页及以下几页;联邦法院,《刑法新杂志》,1994 年,第 493 页;屈尔,第 16 节,边码 39;普珀,《刑法新杂志》,1986 年,第 17 页;但不一致的观点,见联邦法院,《德国法月报》(霍尔茨),1995 年,第 442 页。

㊵ 联邦法院,《刑法新杂志》,2009 年,第 501 页;2010 年,第 384 页及下一页;只是放弃加速实现行为人所期待的结果,不足以成立行为的放弃;联邦法院,《刑法新杂志》,2011 年,第 688 页。

须是:针对某特定构成要件的实现,能够组成一个(自然的)**行为单数**的**所有后续动作**。㊶ 依照这种观点,如果案例9中的D将(实施)某一(已经具体化的)新的行为保留到随后的某个时间点上实行,那么,并不妨碍成立中止。㊷ 该观点是站得住脚的,因为行为人的停止足以表明他现在想认可规范。* 至少这个时候,他尚未以需要受罚的方式使得公众对规范效力的信任落空。这时他的各种计划尚都是不可罚的,因而也不能妨碍不受处罚的中止的成立。

② 反之,根据早期判例和部分学说中所持的所谓**抽象观察法**(abstrakte Betrachtungsweise),行为的放弃必须是针对整个(犯罪)行为计划后续部分的终局性的不再实施。㊸ 这样,案例9中的D就尚未放弃其行为。

③ 依照**折中的学说**,要认定行为人放弃了行为,需要行为人针对同一行为客体放弃一切在性质上等价的、利用已造成之情势的(相对于先前措施的)继续攻击。㊹ 根据这种观点,假如行为人有目的地试图在一(尚未确定的)更为合适的时机重新采取行为,或者在该时机再为另一犯罪,则不会妨碍中止的成立。但若行为人(像案例9中的D)只是打算将已开始的行为推迟到后面的一个时间点上继续实施的话,则根本不成立不受处罚的中止。

(2) 行为:行为人所必须放弃的**行为**,必须是故意、违法地实现某一特定的实体—法律上犯罪的构成要件。㊺ 因此,在成立一罪的意义上,着手谋杀并抢劫(抢劫谋杀)的行为人,可以单独在谋杀之中中止,纵然他仍实施抢劫。 20

(3) 部分中止:根据主流学说,即便行为人满足了基本构成要件,他仍然可以通过放弃实施加重构成要件,从而成立中止。之所以允许成立这种部分中止,乃是为了保护相关的法益。例如,在着手实施抢劫之后,行为人卸除了自己随时携带的枪支,这样,他便成立第250条第1款第1项a中的中止,而不受他实现了第249条 21

㊶ 对此,详见本书第45节,边码6及以下几个边码。
㊷ 《联邦法院刑事判例集》,第35卷,第184页,尤其是第186页及下一页;联邦法院,《刑法新杂志》,1992年,第537页;布洛伊,《法学教学》,1986年,第986页,尤其是第987页;菲舍尔,第24条,边码26;毛拉赫、格塞尔、齐普夫,第41节,边码54;赫茨贝格,载《H.考夫曼纪念文集》,第709页,尤其是第723页及以下几页;雅科布斯,第26节,边码10;克勒,第474页及下一页;伦克纳,载《加拉斯祝贺文集》,第281页,尤其是第303页;罗克辛,第2卷,第30节,边码160。
* 换言之,行为人停止其行为,就用行动明确表明了,他现在有承认规范的效力的意思,至少现在不想否定规范的效力。——译者注
㊸ 《帝国法院刑事判例集》,第72卷,第349页,尤其是第350页及下一页;《联邦法院刑事判例集》,第7卷,第296页,尤其是第297页;第21卷,第319页,尤其是第321页;联邦法院,《新法学周刊》,1980年,第602页;韦尔策尔,第25节Ⅰ、1。
㊹ 韦塞尔斯、博伊尔克,边码641;《(舍恩克、施罗德)刑法典评注—埃泽尔》,第24条,边码39、40;屈尔,第16节,边码45;屈佩尔,《法学家报》,1979年,第775页,尤其是第779页及下一页;奥托,第19节,边码21。
㊺ 《联邦法院刑事判例集》,第33卷,第142页,尤其是第144页;第39卷,第221页,尤其是第230页;京特,载《A.考夫曼纪念文集》,第541页,尤其是第543页。

这一情状的影响。⁴⁶

3. 自愿性

> **案例 10**
> 当 X 正给手枪上子弹以射杀 Y 的时候,他注意到,他可能受到了潜在的目击者的注意,因而,放弃了行为。

22 **(1) 定义**:要认定放弃是否是自愿的,便需要考虑其自愿性。这种自愿性的要素,部分是心理性的要素,部分要规范性地加以确定。

① 判例采取心理学上的标准来判断自愿性:当行为人**还自我控制着其决意**的时候,他放弃行为算是自愿的;而当他是出于强制性的理由,而不得不放弃行为的时候,则不是自愿的。⁴⁷ 至于中止的动机,既没有必要是值得人们认可的,也根本不需要在伦理上很高尚。⁴⁸ 根据这种理解,不管行为人的中止是出于对受害人的羞愧、同情,还是出于畏惧刑罚或者是由于第三人的劝告,都可以认为是自愿的。⁴⁹ 相反,若行为人(像案例 10 中的 X)是因为被发现的危险性增高进而停止了行为,则不是自愿的。⁵⁰

主流学说也是采用心理学上的标准来判断自愿性,和判例的见解实际上是相同的,但在术语上有所不同。按照主流学说的观点,如果中止是基于**自主动机**而产

---

⁴⁶ 雅科布斯,第 26 节,边码 13a;金德霍伊泽尔:《刑法分论》,第 2 卷,第 4 节,边码 45;拉克纳、屈尔,第 24 条,边码 13;《刑法典体系性评注——辛》(SK-Sinn),第 250 条,边码 15;施特伦,《法学家报》,1984 年,第 652 页,尤其是第 653 页及以下几页;问题尚留待解决的,见《联邦法院刑事判例集》,第 33 卷,第 142 页,尤其是第 145 页;不同的见解,还有联邦法院,《法学家报》,1984 年,第 580 页。

⁴⁷ 《联邦法院刑事判例集》,第 35 卷,第 184 页,尤其是第 186 页及雅科布斯、拉克纳、兰珀的评释,分别见《法学家报》,1988 年,第 519 页及下一页,《刑法新杂志》,1988 年,第 405 页和《法学教学》,1989 年,第 610 页,尤其是第 611 页及以下几页;联邦法院,《刑法新杂志——刑事判决和报告》,2009 年,第 366 页。

⁴⁸ 《联邦法院刑事判例集》,第 35 卷,第 184 页,尤其是第 186 页;联邦法院,《刑事辩护人杂志》,2003 年,第 615 页及下一页。

⁴⁹ 参见《联邦法院刑事判例集》,第 21 卷,第 319 页,尤其是第 321 页;第 39 卷,第 244 页,尤其是第 247 页;联邦法院,《德国法月报》(达林格),1952 年,第 530 页及下一页;《刑法新杂志》,1988 年,第 69 页,尤其是第 70 页;《刑法新杂志》,2008 年,第 215 页;杜塞尔多夫州高等法院,《新法学周刊》,1983 年,第 767 页。

⁵⁰ 参见《联邦法院刑事判例集》,第 9 卷,第 48 页,尤其是第 50 页;联邦法院,《刑法新杂志》,1993 年,第 76 页,1993 年,第 279 页;2007 年,第 136 页及下一页;限制性地,联邦法院,《刑法新杂志》,2011 年,第 454 页及下一页;仅当行为人需要保持其犯罪行为的秘密性时,或者他考虑到外部情势变化而觉得犯罪行为被发现的风险显著升高了。关于被受害人发现的事例,参见《联邦法院刑事判例集》,第 24 卷,第 48 页;亦可以参见联邦法院,《刑事辩护人杂志》,1982 年,第 219 页。

生的,那么,算是自愿的;而假若其中止乃是基于**非自主动机**而发生,则不算自愿。[51] 若某个决意乃是自由的自主权的表现,那么,该决意是自主的。相反,若行为人是因为受到不由他影响的情况的压制,从而形成了某个决意,那该决意是不自主的。例如,在行为人(就像案例 10 中的 X)看来,鉴于已知的消极因素,继续实施相应的行为显得并不理智,那么,他的决意便不是自主的。

② 根据学术文献中广为传播的见解,对自愿性需要做规范的判定[52]:如果根据行为人的中止,可以判定行为人不具有危险性,那么,可以认定中止是自愿的。在这方面,又出现了各种不同的见解:

第一,有的人认为,如果中止并不是基于"**犯罪人理性**"(Verbrechervernunft)相应规则**的需要**,那么中止便是自愿的。[53] 根据这种理解,在案例 10 中,因为 X 担心被注视到,所以放弃的行为就不是自愿的。

第二,根据刑罚目标导向的方案,若可以将中止评价成为**向法忠诚之举止的返回**,则可以将中止认定为是自愿的。[54] 基于这种见解,案例 10 中的放弃行为便不是自愿的。

第三,有零星的观点认为,若行为人因以为**已经实现过多(不法)**,进而停止了行为,则认定行为具有自愿性。相反,若行为人只是为了不犯下更多的不法、不承担更多的罪责而中止,则行为不具有自愿性。[55] 在案例 10 中,由于 X 并不是因为已经实现过多而停止,这样,他的放弃就是不自愿的。进一步地,若实施盗窃的行为人认识到,他只能采用他不想使用的暴力手段才能实现目标,进而放弃了力图,那么他的放弃就不具有自愿性。

③ 按照**弗兰克公式**的说法,若行为人"能达目标而不欲",则行为是自愿的,而

---

[51] 布林格瓦特,边码 595 及以下几个边码;《(舍恩克、施罗德)刑法典评注——埃泽尔》,第 24 条,边码 42 及以下几个边码;毛拉赫、格塞尔、齐普夫,第 41 节,边码 109;格罗普,第 9 节,边码 73;耶赛克、魏根特,第 51 节 III、2;《(萨茨格尔、施米特、维德迈尔)刑法典评注——库德利希、舒尔》,第 24 条,边码 63 及以下几个边码;屈尔,第 16 节,边码 55 及以下几个边码;《莱比锡刑法典评注——利利、阿尔布雷希特》,第 24 条,边码 243 及以下几个边码;奥托,第 19 节,边码 37;深入的论述,见阿梅隆,《整体刑法学杂志》,第 120 卷,2008 年,第 205 页及以下几页。

[52] 对此,亦参见弗里斯特,第 24 节,边码 29 及以下几个边码。

[53] 罗克辛,《整体刑法学杂志》,第 77 卷,1965 年,第 60 页,尤其是第 97 页及以下页;罗克辛,载《海尼茨祝贺文集》,第 251 页,尤其第 255 页及以下几页;《刑法典体系性评注——鲁道菲》,第 24 条,边码 25;批判性的观点,见斯特拉滕韦特、库伦,第 11 节,边码 87。

[54] 博特克,《法学综览》,1980 年,第 441 页,尤其是第 442 页及以下几页;相似的观点,见弗洛因德,第 9 节,边码 57 及下一边码;弗里斯特,第 24 节,边码 30;克劳斯,《法学教学》,1981 年,第 883 页,尤其是第 886 页及以下几页;乌尔森海默尔,《理论和实务中力图中的中止之基本问题》,1976 年版,第 103 页,尤其是第 314 页及以下几页;瓦尔特,《戈尔特达默刑法档案》,1981 年,第 403 页,尤其是第 406 页及以下几页。

[55] 雅科布斯,第 26 节,边码 35 及以下几个边码、边码 40。

"欲达目标而不能",行为则不是自愿。⑯ 这个公式在今天已经不能用了,因为若按照这个公式的话,非自愿性就和失败的力图相等同了。⑰ 案例10中X放弃行为至少也有可能是自愿的,因为X还能够杀掉Y,只要他想杀。

23　　　**(2) 中止和罪责**:中止的自愿性**并不以行为人须具有罪责能力为前提**。仅当需要向行为人归属课加负担的、会导致刑罚的情状的时候,才需要行为人具有罪责能力。由于行为人返回法律的轨道只要不是强制的就可以,而不需要具备值得认可的动机(以成立中止),所以,就没有理由要求中止必须具备法忠诚动机的相应能力。⑱ 这样,"原因自由行为"⑲状态下实施的力图之中,也有可能成立中止。

24　　　**(3) 有疑问的情况**:倘若在自愿性上发生了疑问,判例的见解是,按照有利于行为人的原则来处理。⑳

四、已终了的力图中的中止

25　　根据第24条第1款第1句第2种情况,要成立不予处罚的中止,需要满足以下条件:
　　(1) 力图没有失败,但已经终了,
　　(2) 行为人阻止行为的既遂,且
　　(3) 行为人自愿为之。

　　1. 已终了和未失败的力图

26　　若要成立已终了但未失败的力图,前提条件是:行为人根据其已为之行为认为还有实现构成要件的具体可能性。㉑ 他在中止的时候必须正好阻止这一行为的既遂。

---

　　⑯ 弗兰克,第46节,注释Ⅱ。
　　⑰ 耶赛克、魏根特,第51节Ⅲ、2和脚注33;奥托,第19节,边码36;罗克辛,载《海尼茨祝贺文集》,第251页,尤其是第254页。
　　⑱ 参见《联邦法院刑事判例集》,第23卷,第356页,尤其是第359页;联邦法院,《刑法新杂志》,2004年,第324页,尤其是第325页;《(舍恩克、施罗德)刑法典评注——埃泽尔》,第24条,边码46;《莱比锡刑法典评注——利利、阿尔布雷希特》,第24条,边码254;施特伦,《整体刑法学杂志》,第101卷,第1989年,第273页,尤其是第322页及以下几页;其他观点,见赫茨贝格,载《拉克纳祝贺文集》,第325页,尤其是第352页及以下几页;雅科布斯,第26节,边码42。
　　⑲ 对此,见本书第23节、第31节,边码19及以下几个边码。
　　⑳ 参见联邦法院,《刑事辩护人杂志》,1984年,第329页;1986年,第149页;《刑法新杂志》,1999年,第300页,尤其是第301页;《刑法新杂志——刑事判决和报告》,2003年,第199页。
　　㉑ 格罗普,第9节,边码52;克赖、埃塞尔,边码1283、1285及下一边码。

2. 阻止既遂

案例 11

A 给她的丈夫 Z 投了毒，剂量达到威胁生命的地步。当毒药开始发作并麻痹 Z 的呼吸中枢时，A 叫了急诊医生 Y。她没有告诉医生 Y 案件事实情况，而是谎称，Z 在喝咖啡的时候，服下了一种蓝色的药。尽管如此，Y 还是救活了 Z。[62]

（1）判例：根据判例的见解，只要行为人启动**一个新的因果流程**，并**成功阻止**既遂，同时他**也追求**这种阻止的实现，那么，就可以认定阻止既遂。[63] 这并不要求行为人用尽一切能见到的机会来阻止既遂。进而，也不需要行为人在多种可能性中选择出最为稳妥的方式来阻止之。当行为人成功地叫来第三人，也可以认定为阻止既遂，只要他不是为了装装样子，而是出于救助的意思把别人叫来。[64] 27

（2）主流学说：若人们遵循主流观点的见解，即对行为人阻止既遂**类比适用参加规则**（Beteiligungsregeln）来认定，就显得更为容易且易为人所赞同。[65] 依据这种见解，要认定成立该种类型的中止，中止犯必须像"正犯"那样（若有第三人，则要像"共同正犯""间接正犯"或者"教唆犯"）阻止既遂。进而，从该处法条的字面意思看，这里并不需要第 24 条第 1 款第 2 句中的那种认真的努力[66]，才能成立阻止（既遂）。[67] 28

在案例 11 中，若人们认为，要成立阻止既遂，只需要因果的贡献即可，那么，A 就成立中止。同样地，倘若人们采取主流观点，要求 A 参加（如该案中可以将 A 认定为"教唆"救助者）进来，那么 A 也成立中止。但假如人们将阻止（既遂）定义为认真的努力的话，则 A 不能成立中止，因为她没有说明毒药的名字，因而，显然并没

---

[62] 参见联邦法院,《新法学周刊》,1989 年, 第 2068 页。

[63] 针对之前不统一的判例的清理，见《联邦法院刑事判例集》，第 48 卷，第 147 页，尤其是第 149 页及以下几页及恩伦德、诺伊巴赫（Neubacher）、茨维霍夫（Zwiehoff）的评释和雅科布斯的批判性评释，分别见《法学教学》,2003 年, 第 641 页及以下几页；《刑法新杂志》,2003 年, 第 576 页及以下几页；《刑事辩护人杂志》,2003 年, 第 631 页及以下几页和《法学家报》,2003 年, 第 743 页及以下几页；联邦法院,《法学家报》,2005 年, 第 204 页及下一页和罗奇、萨汉（Rotsch/Sahan）评释。在该种意义上的，亦见韦塞尔斯、博伊尔克，边码 644；《（舍恩克、施罗德）刑法典评注——埃泽尔》，第 24 条，边码 59；菲舍尔，第 24 条，边码 35；耶赛克、魏根特，第 51 节 IV, 2。

[64] 《联邦法院刑事判例集》，第 48 卷，第 147 页，尤其是第 149 页及下一页；联邦法院,《刑法新杂志——刑事判决和报告》,2010 年, 第 276 页。

[65] 布洛伊,《法学教学》,1987 年, 第 528 页, 尤其是第 534 页及下一页；屈尔，第 16 节，边码 75；鲁道菲,《刑法新杂志》,1989 年, 第 508 页, 尤其是第 513 页；亦参见格罗普，第 9 节, 边码 50；耶格尔，边码 320；联邦法院,《刑事辩护人杂志》,1994 年, 第 304 页。

[66] 对此，见本书本节下文边码 28。

[67] 这种观点，见鲍曼、韦伯、米奇，第 27 节, 边码 28；赫茨贝格,《法学综览》,1989 年, 第 449 页及以下几页；赫茨贝格，载《科尔曼祝贺文集》（Kohlmann-FS），第 37 页, 尤其是第 48 页；谨慎的努力；罗克辛,《法学综览》,1986 年, 第 424 页, 尤其是第 427 页。

有将救助的机会最大化。

3. 个别动作说

29 根据个别动作说[68]，如果行为人虽已做完依照其设想为促成结果所必要的所有事情，但仍然认为，依然能够以相反的动作重新使得其措施不能促成结果（所谓"尚未独立化的力图"），那么，也可以成立已终了的力图中的中止。例如，行为人安装了一定时炸弹，但在爆炸前，他又将炸弹雷管拆掉了。相反，如果行为人认为，他一手操纵的事实发生流程已经无法引发结果（所谓"独立化了的力图"），那不管他的这种认识正确还是错误，根据个别动作说，这一已终了的力图便失败了。[69]

五、认真努力情形下的中止

30 按照第 24 条第 1 款第 2 句的规定，若行为即便没有行为人的所为也无法既遂（例如，犯罪行为手段的不适合或者第三人的救助），只要行为人自愿、认真努力阻止既遂的，则亦可成立不受处罚的中止。要在这种**毫无希望的**(aussichtslos)（或者误以为可既遂的）**力图**中成立中止，前提条件是：(1) 力图已经终了，但尚未失败；(2) 不可能既遂；(3) 行为人认真、自愿地努力，以阻止既遂。

如果行为人深信，其行为（以他人亦理解的方式）[70]能阻止结果的发生，那他的努力算是**认真的**。[71] 新近在判例中出现了合理的见解：行为人真正地实践他所认识到的所有的救助可能性。[72] 特别地，当人的生命面临危险时，对行为人的努力将提出更高要求。[73]

---

[68] 参见本书本节上文边码 14。

[69] 对此，见布克哈特：《作为法律后果之规定的"中止"》，1975 年版，第 43 页及以下几页；《(舍恩克、施罗德)刑法典评注——埃泽尔》，第 24 节，边码 21；盖伦，《法学家报》，1972 年，第 335 页，尤其是第 337 页及下一页；雅科布斯，《整体刑法学杂志》，第 104 卷，1992 年，第 82 页，尤其是第 99 页及以下几页。

[70] 例如，行为人祈祷宗教人物发挥重要作用，则是不够的。

[71] 请代表性地参见《(舍恩克、施罗德)刑法典评注——埃泽尔》，第 24 条，边码 71；奥托，第 19 节，边码 52；详细地，诺尔滕斯迈尔-亨（Noltensmeier/Henn），《法学工作》，2010 年，第 269 页。

[72] 参见联邦法院，《法学家报》，1986 年，第 303 页；联邦法院，《德国法月报》（霍尔茨），1992 年，第 15 页，尤其是第 16 页；《刑法新杂志——刑事判决和报告》，2010 年，第 276 页；"以最佳的措施加以努力"；不那么苛刻的，见《联邦法院刑事判例集》，第 31 卷，第 46 页，尤其是第 49 页。

[73] 联邦法院，《刑法新杂志》，2008 年，第 329 页及下一页、第 508 页及以下几页。

六、数个参加者时的中止

1. 各种情况

若某个人乃是某个数人实施的(犯罪)行为的参加者[74]，按照第 24 条第 2 款的规定，可能成立三种情况的中止，并不予处罚。这三种情况是：

(1) 由于该参加者自愿的中止努力，(犯罪)行为有可能不致既遂(第 2 款第 1 句)；

(2) 虽然没有该参加者的努力，行为也不致既遂，但他自愿、认真努力地阻止行为的既遂(第 2 款第 2 句第 1 种情况)；

(3) 即便没有该参加者的贡献，行为也会既遂，但是，他自愿、认真努力地阻止行为的既遂(第 2 款第 2 句第 2 种情况)。

作为一种**人身性的刑罚取消事由**，中止总是只能适用于本人符合了中止的条件的参加者。不言而喻，若数个或所有参加者形成了共同决意，在符合第 24 条的前提条件下实施了中止，自然也是要不予处罚的。

2. 前提条件

案例 12
恐怖分子 X、Y 和 Z 在军用兵营附近安装了一个定时炸弹。少许，他们良心发现，开始担心起可能的被害人来。他们最终形成决意：拆除炸弹。X 单独完成了拆除工作。

案例 13
恐怖分子 M、N 在军用兵营附近安装了一炸弹。O 负责为炸弹配置必要的雷管。可是，由于良心发现，O 没有搞到雷管。整个计划失败。

案例 14
U、V 和 W 打算侵入 E 的别墅。由于良心发现，望风的 U 告诉 V，他"不干了"。U 认为，V 和 W 自己会再继续干下去。事实也确实如此。

案例 15
F、G 和 H 打算侵入 V 的别墅。当保险柜能手 F 想"不干"的时候，G 和 H 也(由于没什么成功的希望)住手了。但他们在回家的路上，又共同决定撬开 W 的花园之屋。

---

[74] 排除同时正犯的情形，对此，参见联邦法院，《刑法新杂志》，2010 年，第 690 页以及雅恩的评论，《法学教学》，2011 年，第 78 页：第 1 款的应用。

32   在第 24 条第 2 款中的所有种类的中止中，也可以按照第 1 款中相应情况的方法，来认定何种情况算是阻止，何种情况算是自愿、认真的努力。除此之外，在第 2 款之中需要注意的是：

（1）**所有参加者**：如果力图尚未终了，只要所有的参加者一致决意且均自愿地**共同地简单放弃行为**，那么，都可以成立中止。在某种程度上，这些参加者可以参照第 24 条第 1 款第 1 种情况来处理。⑦ 如果力图已经终了，根据（偏向于中止的）判例见解，只要两个（或数个）参加者之中，一人同意另一人阻止结果发生，则已足以成立中止。⑦ 基于这种见解，在案例 12 中，虽然仅仅只有 X 拆除炸弹，但 Y 和 Z 也成立中止。

（2）**某个参加者**：如果力图尚未终了，且某个参加者也恰好没有给行为的成功做出必要的贡献⑦（或者所有共同正犯一致地不再继续行事），那么，他也可以按照第 2 款第 1 句中的规定，**通过简单地放弃**（不作为），即可成立中止。这样，在案例 13 中，由于 O 没有提供（引爆炸弹）所必要的雷管，仅因为这个，便导致了攻击失败。

（3）**谋求**（Hinwirken）：第 2 款第 2 种情况中规定了两种类型的中止。如果参加者只是把自己的贡献无效化或者与行为相脱离，尽管他已认识到，在没有他的贡献的情况下，其他参加者仍将继续实施相应行为，尚不足以成立这两种类型的中止。更确切地说，参加者必须**谋求既遂的不发生**，才算得上中止。⑦ 因而，案例 14 中的 U 仅仅是停止了参加，他仍然知道，其他人还会实施行为，这样，他就不能算入室盗窃的中止。毋宁说，他必须力图阻止盗窃的成功实行。

但是，若中止犯没有做出进一步的阻止努力，而只是打消了自己的（对行为

---

⑦ 参见《联邦法院刑事判例集》，第 4 卷，第 172 页，尤其是第 179 页；《（舍恩克、施罗德）刑法典评注——埃泽尔》，第 24 条，边码 73；克赖、埃塞尔，边码 1330。

⑦ 联邦法院，《法学综览》，1999 年，第 295 页及施洛德的评释；亦参见《帝国法院刑事判例集》，第 47 卷，第 358 页，尤其是第 360 页及下一页；《联邦法院刑事判例集》，第 42 卷，第 158 页，尤其是第 162 页；联邦法院，《刑法新杂志》，1989 年，第 317 页；《莱比锡刑法典评注——利利、阿尔布雷希特》，第 24 条，边码 402；奥托，《法学》，1992 年，第 423 页，尤其是第 430 页及下一页；反对的观点，见罗奇，《戈尔特达默刑法档案》，2002 年，第 165 页及以下几页。

⑦ 联邦法院，《新法学周刊》，1992 年，第 989 页，尤其是第 990 页；《（舍恩克、施罗德）刑法典评注——埃泽尔》，第 24 条，边码 89；格雷斯（Gores）：《（犯罪）行为参加者的中止》（Der Rücktritt des Tatbeteiligten），1982 年版，第 165 页及以下几页；格罗普，第 9 节，边码 89；雅科布斯，第 26 节，边码 27；伦克纳，载《加拉斯祝贺文集》，第 281 页，尤其是第 295 页及下一页；《莱比锡刑法典评注——利利、阿尔布雷希特》，第 24 条，边码 400。

⑦ 《联邦法院刑事判例集》，第 42 卷，第 158 页，尤其是第 162 页；联邦法院，《刑法新杂志——刑事判决和报告》，2010 年，第 335 页；依照联邦法院，《刑法新杂志——刑事判决和报告》，2012 年，第 167 页及下一页的观点，这也适用于帮助犯的情况，否则当主行为人有效中止时，他就没有中止的任何可能性了。

⑦ 参见《联邦法院刑事判例集》，第 28 卷，第 346 页，尤其是第 348 页；罗克辛，载《伦克纳祝贺文集》，第 267 页，尤其是第 272 页。

的)贡献,这时,出现了不同于原计划的新行为,情况则不同了,中止者可就原行为成立中止。⑧⁰ 所以,案例 15 中,F 就侵入别墅成立中止,不予处罚;至于(他没有计划和没有预见到的)入侵花园之屋的行为,则不可归属于他。

七、具体的问题

1. 客观上不可归属的结果中的中止

> **案例 16**
> A 给 B 下了毒,A 想救 B。但 B 却想死,因而拒绝了医事救助。

> **案例 17**
> C 和 D、E 预备实施一恐怖袭击,但其后,C 想报警以阻止该袭击;当 D、E 得知此事后,他们将 C 拘禁起来。

如果不考虑第 24 条第 2 款第 2 句第 2 种情况中规定的例外情况的话,要成立中止总是需要的一个前提条件是:(犯罪)行为没有既遂。对此,一种情况是,若行为人的举止根本就没有引发任何结果,便不成立既遂;另一种情况是,如果促成的结果没有办法客观地归属于行为人(例如,出现了受害人自我答责的自危)⑧¹,那么,也不能成立既遂。在这种情况下,**仿佛没有行为人的所为,行为也没既遂**,那么,这样的结果是:行为人若自愿、主动地阻止既遂,即可成立中止。⑧² 所以,案例 16 中 A 根据第 24 条第 1 款第 2 句成立不予处罚的中止;案例 17 中 C 按照第 24 条第 2 款第 2 句第 1 种情况成立中止。

2. 力图的加重中的中止

> **案例 18**
> F 以杀人故意重伤 G,G 陷入生命危险中。但出于同情,F 马上迅速将 G 送进医院,这样,G 的生命得以保住。

所谓力图的加重是指,力图实现某个特定的构成要件的时候,该力图已包含了

---

⑧⁰ 联邦法院,《刑法新杂志》,1992 年,第 537 页;屈佩尔,《法学家报》,1979 年,第 775 页,尤其是第 778 页;伦克纳,载《加拉斯祝贺文集》,第 281 页,尤其是第 303 页;奥托,《法学工作》,1980 年,第 707 页,尤其是第 710 页;施特伦,《法学家报》,1984 年,第 652 页,尤其是第 656 页。

⑧¹ 参见本书第 11 节,边码 23 及以下几个边码。

⑧² 《(舍恩克、施罗德)刑法典评注——埃泽尔》,第 24 条,边码 62;屈尔,第 16 节,边码 82;《莱比锡刑法典评注——利利、阿尔布雷希特》,第 24 条,边码 329;奥托,第 19 节,边码 78;《刑法典体系性评注——鲁道菲》,第 24 条,边码 28。

既遂的另一犯罪。在这种情形下,行为人虽然可以在力图中成立中止,但却**不能在已经既遂的犯罪之中**成立中止。[83] 这样,在案例 18 中,F 虽然针对故意杀人的力图采取了中止,进而可以就此不受处罚;但是,他仍然要受到第 223 条、第 224 条的处罚。

针对该基本原则,可以得出**两个例外**:第一个例外是,当力图之中所包含的已既遂的犯罪**行为是正当的或者免除罪责的**,那么,很自然,针对该已既遂之犯罪,就没有可罚性。[84]

另一个例外是,若该既遂的行为实质上**仅仅是**行为人所实施的力图的**预备行为**,那么,中止也就延伸适用到该既遂的行为之上。例如,如果共同的行为人中止了共同的杀人力图,那么,他们按照第 30 条第 2 款的约定实施故意杀人便也失去了可罚性。[85] 不过,前提是预备的行为不能(明显)严重于力图的行为。[86]

3. 结果加重犯

> **案例 19**
>
> H 为取得 J 的手表,将 J 击倒在地。当 H 发现 J 因其所伤而陷入生命危险中,他不再实行其盗窃计划,并叫来急诊医生。然而,J 医治无效而死。

35 在结果加重犯的场合,力图的两种可能[87]之中,都可以成立中止:

(1)**结果加重的力图**:在结果加重的力图的情况下,行为人对于严重的结果也具有故意,若满足第 24 条中各相关条件,均可成立中止。[88]

(2)**力图的结果加重**:在力图的结果加重中,行为人在力图实现基本犯时,就已经产生了严重的结果,这时,有争议的是,行为人针对基本犯所实施的不受处罚的中止,是否也能导致(已经发生的)严重结果不受处罚?对此,可以结合案例 19 来分析:

① 少数观点认为,行为人在力图实现基本犯时的中止有可能不受处罚,这点并无争议,但是,该中止并不能使结果加重犯也不受处罚。这样说的理由在于,该

---

[83] 参见《联邦法院刑事判例集》,第 17 卷,第 1 页,尤其是第 2 页;第 41 卷,第 10 页,尤其是第 14 页;联邦法院,《刑法新杂志》,1996 年,第 491 页;罗克辛,第 2 卷,第 33 节,边码 229;关于具体的危险犯,见《联邦法院刑事判例集》,第 39 卷,第 128 页,尤其是第 129 页及以下几页。

[84] 参见《联邦法院刑事判例集》,第 41 卷,第 10 页,尤其是第 14 页及下一页。

[85] 参见《联邦法院刑事判例集》,第 14 卷,第 378 页,尤其是第 380 页。

[86] 拉克纳、屈尔,第 31 条,边码 7;罗克辛,《法学工作》,1979 年,第 169 页,尤其是第 175 页;福格尔,载《博克尔曼祝贺文集》,第 715 页,尤其是第 728 页;其他观点,见奥托,第 22 节,边码 95。

[87] 对此,见本书第 30 节,边码 17 及以下几个边码。

[88] 屈尔,《法学》,2003 年,第 19 页,尤其是第 22 页;如果基本犯已经既遂,则适用力图的加重的规则,参见本书本节边码 34。

严重的结果已经实现了基本犯的危险。⑧⑨所以,H 只能针对抢劫(第 249 条)成立不受处罚的中止,对于抢劫致人死亡(第 251 条、第 22 条及下一条)的力图,则不能成立中止。

② 根据主流观点,若行为人针对基本犯成立不受处罚的中止,那么,其结果加重犯也变得不可罚。⑨⓪ 这种观点值得赞同的理由在于,结果的加重应以基本犯的实施为前提。至于该严重的结果所涉及的第 224 条、第 227 条和第 212 条等条款,则仍然适用,行为人无疑仍可能因为这些条款而受处罚。

4. 企行犯

(纯正的)企行犯在形式上将力图和既遂同等对待(第 11 条第 1 款第 6 项),因而在这种情况下基本就无法成立中止。⑨① 不过,有的企行构成要件和有实质意义的(materiell)预备犯规定了特定的中止规则⑨②,这样,可以考虑将这些规则也适用到其他企行犯的构成要件或者其他预备犯中去。⑨③

36

37

> 复习与深化

1. 什么时候可以将力图认定为已失败?(边码 5 及以下几个边码)
2. 如果行为人的某个动作失败了,但是他认为还有继续的可能性,那么,可以将该力图认定为尚未终了吗?(边码 11 及以下几个边码)
3. 可以在追求实现构成要件之外的目标时,成立中止吗?(边码 18)

---

⑧⑨ 《莱比锡刑法典评注——赫德根》(LK-Herdegen),第 251 条,边码 16;罗克辛,第 2 卷,第 30 节,边码 289 页及以下几个;施特伦,载《屈佩尔祝贺文集》,第 629 页及以下几个,尤其是第 643 页及下一页;乌尔森海默尔,载《博克尔曼祝贺文集》,第 405 页,尤其是第 414 页及下一页;沃尔特,《法学教学》,1981 年,第 168 页,尤其是第 178 页。

⑨⓪ 《联邦法院刑事判例集》,第 42 卷,第 158 页,尤其是第 159 页及以下几个;安德斯(Anders),《戈尔特达默刑法档案》,2000 年,第 64 页及以下几页;《(舍恩克、施罗德)刑法典评注——埃泽尔》,第 24 条,边码 26;菲舍尔,第 18 条,边码 10;《慕尼黑刑法典评注——赫茨贝格、霍夫曼—霍兰特》,第 24 条,边码 100;金德霍伊泽尔,《刑法分论》,第 2 卷,第 15 节,边码 9;屈尔,《法学》,2003 年,第 19 页,尤其是第 22 页及下一页;屈佩尔,《法学家报》,1997 年,第 229 页;《刑法典体系性评注——鲁道菲》,第 18 条,边码 8a;《莱比锡刑法典评注—福格尔》,第 18 条,边码 85。

⑨① 《联邦法院刑事判例集》,第 15 卷,第 198 页,尤其是第 199 页;《(舍恩克、施罗德)刑法典评注——埃泽尔》,第 11 条,边码 51;毛拉赫、格塞尔、齐普夫,第 41 条,边码 126;拉克纳、屈尔,第 24 条,边码 29;《刑法典体系性评注—鲁道菲、斯泰因》,第 11 条,边码 40。

⑨② 例如,第 83 条 a、第 316 条 c 第 4 款及第 320 条第 3 款第 2 项。

⑨③ 参见《(舍恩克、施罗德)刑法典评注——埃泽尔》,第 24 条,边码 116;第 11 条,边码 51;希伦坎普,《法学教学》,1997 年,第 821 页,尤其是第 829 页;耶赛克、魏根特,第 49 节 VIII,2;第 51 节 V,3;克勒,第 483 页及下一页;奥托,第 19 节,边码 80 及下一边码。反对的观点,见《联邦法院刑事判例集》,第 15 卷,第 198 页,尤其是第 199 页;布克哈特,《法学家报》,1971 年,第 352 页,尤其是第 357 页及下一页;《刑法典体系性评注——鲁道菲、斯泰因》,第 11 条,边码 43。

4. 在已终了的力图的情况下,要认定(行为人)阻止既遂,需要满足哪些要求?(边码27及以下几个边码)

5. 在数人参加时,中止有哪几种情况?(边码31)

6. 如果理解力图的加重之中的中止?(边码34)

第四编

过失的作为犯

第33节 过　　失

一、概述

1. 可罚性

仅当法规中明确规定过失需要处罚,才可以处罚过失的举止(第15条)。同样地,按照第18条,结果加重会导致更重的刑罚,也(至少)需要有过失,才能成立结果加重。

2. 过失责任的机能

故意行为乃是一种规范违反①,在故意的情况下,行为人对于他所"欲"实施的行为的结果(即可能具体地实现构成要件,或者实现构成要件的具体危险)是有认识的。因而,行为人在创设实现构成要件的条件时,清楚地了解其行为可能引起的具体结果,并且能够进一步避免该具体结果,只要他"欲"遵守相应的规范的话。反之,若行为人没有认识到这种危险,或者错误地以为,这种危险并不明显(并不值得注意),那么,他在促成构成要件之实现时,便不会出于遵守规范的考虑而采取(不同于其实际所为的)另一种举止。

其实,行为人缺乏相应认识以及错误认识,本来可以使其免除负担。但是,如果人们可以合理地期待行为人具备避免实现构成要件的必要认识和能力,那行为人就不能援引缺乏相应认识和错误认识来抗辩。要成为一个法忠诚的市民,不仅需要他不为清楚认识到其危险性的相应行为,而且需要他能够认识到他的行动所附带的各种危险,并加以避免。人们期待行为人对危险具备足够的认识并对之加以预防,若行为人违背这种期待,则成立过失。

针对过失的规范接收者,人们期待他避免实现构成要件。但是,这种期待不是无限制的,因为无限制的期待不仅完全是对行为人的一种苛求,同时也将阻止他合理地追求其他目标。这样,对于这种期待的成本和收益必须合理地加以权衡。基于这个理由,人们只能期待法忠诚的规范接收者在各方面的社会生活(如家政、道路交通、货物生产)中,具有通常的、人们认为必要的注意,并预防危险。换言之,人们期待他**保持交往中所必要的谨慎**。

因此,过失责任的机能便是:确保对于普遍期待的(保障可辨认性和屏蔽风险的)安全标准的遵守。这种机能的发生机制是,行为人实现构成要件虽然不是故意

---

① 关于其概念,参见本书第5节,边码3及以下几个边码。

的,但是他若保持交往中所必要的且对他而言可能的谨慎,本来是能够避免实现构成要件的,则要因过失而对结果的发生承担责任。根据这样的理解,之所以要有过失责任,是为了解决这一问题:如果行为人具备了相应行为情况之中人们客观地期待行为人具有的谨慎,是否就可能避免实现构成要件? 在过失犯的情形下,对谨慎的违反也就取代了故意犯;通过将行为人的失误认定为可责难的,这种违反使得在行为人没有故意的情况也能受到处罚。② 除了这点外,过失犯其余所有基本条件大体上都和故意犯相对应。

3. 概念和历史演变

6　　**(1) 定义**:德国《刑法典》中并没有对过失的概念作出定义。③ 在其演变史上,过失(*culpa*)乃是和故意(*dolus*)相并列的一种**罪责形式**。④ 故意针对的是(行为人)所欲的行为的结果的认识,而若行为人没有认识到保持必要的谨慎本来能够预见到的其行为的结果,则成立过失。⑤ 这样的话,过失便是针对构成要件之实现的一种认识错误,如果行为人因缺乏谨慎而导致该认识错误,则该错误不能使之免除负担。帝国法院就将过失称之为"**针对行为的因果关系的有责任的认识错误**"⑥。基于这种认识,1913—1927年的《刑法典草案》⑦将过失认定为无视根据相应情状人们期待行为人应具有的谨慎,这种对谨慎的漠视,导致行为人未能预见到构成要件的实现,或者导致其没有理由地去相信不会实现构成要件。⑧

7　　怎样的举止才是合乎谨慎的? 这包含两个方面:其一,实现构成要件的可认识性;其二,与这种认识相对应的行为。所以,如果没有采取为避免实现构成要件所

---

② 请代表性地参见布克哈特,载沃尔特、弗洛因德主编:《整体刑法体系口的犯罪、量刑和刑事程序》,1996年版,第99页,尤其是第120、130页;赫鲁斯卡,第188页、第325页及以下几页;金德霍伊泽尔:《作为犯罪的危险》,1989年版,第129页及下一页;伦茨考斯基:《限制正犯概念和过失参加》,1997年版,第229页;特佩尔:《过失结果犯领域的因果关系和义务违反性之间的联系》,1992年版,第31页及以下几页、第213页。

③ 施米茨,载《萨姆松祝贺文集》,第181页及以下几页中认为,应当在《刑法典》中对过失加以正面的规定,以维护明确性原则。

④ 关于过失学理的历史演变,见施吕希特:《可罚之过失的界限》(Grenzen strafbarer Fahrlässigkeit),1996年版,第28页及以下几页。

⑤ 参见保罗(*Paulus*):"尽管本来基于谨慎能采取预防措施,但却并未对此采取任何预防措施,则有罪责"(Culpam autem esse, quod cum a diligenti provideri potuerit non est provisum),见《学说汇纂》第9卷(Digesten 9.2.31)。

⑥《帝国法院刑事判例集》,第9卷,第422页,尤其是第424页;亦参见《帝国法院刑事判例集》,第56卷,第343页,尤其是第349页及下一页;第61卷,第318页,尤其是第320页;第67卷,第12页,尤其是第18页;弗兰克,第59节,注释VIII.4;梅茨格尔(*Mezger*):《刑法》(Strafrecht),第3版,1949年版,第46节III。

⑦ 同样见之于1962年草案第18条第1款。

⑧ 相似的条款,还可以见之于《奥地利刑法典》第6条第1款;亦参见《瑞士刑法典》(1937年)第18条第3款。

需要的措施,则违反了谨慎。正因为此,帝国法院在其早期判例⑨中认为,成立过失所需的违反谨慎的行为,必须是**外在的错误举止**(äußeres Fehlverhalten)。

(2)演变:过失乃是实现构成要件的可认识到和可避免的危险。若人们要将某个举止认定为符合规范,则**在构成要件层面上**,该举止需要客观地具备过失的这两个要素(即认识且避免危险)⑩;至于具体行为人可期待地认识、避免危险的个人能力,在因果行为论⑪的框架下,则属于罪责要素。⑫ 随着现代公共交通和其他技术性风险领域的出现,也就要求行为人在构成要件层面上客观地违反谨慎。由于这里的各种行为*本身或多或少具有危险性,因而就需要发展出界分容许的风险和不被容许的风险的区分标准,若风险造成结果,而该结果是受容许的,便将这种风险作为刑法上无关的内容,在构成要件阶层加以排除。在这个意义上,按照联邦法院的表述,若行为人"根据其主观认识和能力可以不违反义务,而且违反该义务造成了结果,而这种结果无论是客观上还是主观上均都是可以预见的,行为人却仍客观地违反了义务"⑬,则成立过失。

8

除了合乎逻辑地继续研究既已公认的各种前提条件(Prämissen)之外,在今天的学术讨论中重点讨论的是:① 与故意相对应,过失是否不只是从行为人的个人角度(对于实现构成要件)的可避免性? ② 是否在构成要件阶层就要对具体行为人(认识、避免结果的)相应能力加以讨论?(边码13、49及以下几个边码)

9

二、过失行为的要素

1. 概览

> **案例1**
>
> A 用枪瞄准 B,扣动扳机;枪开火,B 中弹身亡。

---

⑨ 参见《帝国法院刑事判例集》,第8卷,第66页,尤其是第67页。
⑩ 关于这种新的学理,基础性的论述,见恩吉施:《故意和过失之研究》,1930年版,第266页及以下几页、第365页及以下几页;关于过失构造的全面阐述以及过失构造的演变,见杜特格:《论过失犯之行为非价的确定性》(Zur Bestimmtheit des Handlungsunwerts von Fahrlässigkeitsdelikten),2001年版,第41页及以下几页;一个有启发的概览,见劳厄(Laue),《法学工作》,2000年,第666页及以下几页;对过失犯的概述,见贝克(Beck),《法学工作》,2009年,第121页及以下几页、第268页及以下几页。
⑪ 对此,见本书第5节,边码15及下一边码。
⑫ 亦参见《联邦法院刑事判例集》,第20卷,第315页,尤其是第320页及以下几页;布尔格施塔勒:《刑法中的过失犯》,1974年版,第26页及下一页;《(舍恩克、施罗德)刑法典评注——施特尔贝格—利本》,第15条,边码111及以下几个边码;耶赛克、魏根特,第54节I、3、4。
* 指前面提到的现代公共交通和其他技术风险领域等之中的各种行为。其实,所有行为本身都或多或少具有一定的危险性。——译者注
⑬ 《联邦法院刑事判例集》,第49卷,第1页,尤其是第5页;第49卷,第166页,尤其是第174页。

10   过失犯和故意犯的区别仅仅在于,过失犯将故意犯中故意的地方,替换成了特定的过失要素。因此,在故意犯中必须满足的所有客观构成要件要素,在过失犯中也要相应地予以满足。对于故意杀人这一结果犯而言,这意味着,(像案例 1 中的)行为人必须将其举止设定为是他人死亡的一个原因。在这点上,适用**客观归属规则**,是完全没有问题的;受害人并未以自我答责的方式**自担风险地行事**,所以也就不需接受死亡的风险。⑭ 此外,在过失犯的场合,也可以像故意犯那样,采取与故意犯中相同的事由,对构成要件的客观实现加以正当化。最后,在一般的罪责要素上,过失犯和故意犯也没有什么原则性的区别。

11   在案例 1 中,A 枪击所创设的(通常)不受容许的致命危险,实现于 B 的死亡之中了。因而,A 的举止是故意的、过失的还是与刑法无关的,仅仅取决于他对风险有何种认识(或者说,他行动时可能采取了哪种意志态度)。⑮ 如果 A 原来知道枪中装有实弹,而仍然开枪射击,那么,他行动时就是认识到能因果地导致 B 死亡的风险因素了;这样,针对实现构成要件之既遂而言,他便具有故意。而若 A 以为,枪中无弹,但他在当时给定的情状下,本来能够和必须知道枪中有弹,因而也能够和必须避免打出致人死亡的一枪,那么,针对这一构成要件的实现,他便是过失地违反了义务。但假如 A 原来既不知道也不必须知道枪中有弹,则 A 的举止便不受刑法关注了(与刑法无关)。例如,他原来确切地、可靠地知道,枪中已卸除了子弹,或者已经不能用了。

12   过失的特别之处在于,一方面,行为人本来能够和必须认识到构成要件上的风险,另一方面,行为人基于这种认识本来能够和必须避免创造该风险。这种可认识性和可避免性上的"**必须**",便是**谨慎义务**的标志。而为了满足该义务所必要的"**能够**",则是**行为能力**这一过失责任的前提条件的体现。

    2. 划分

13   根据主流观点,谨慎义务和行为能力这两个过失要素是分成两个步骤加以考察的。在构成要件阶层,针对过失要素,需要考察的是:**在相应的生活领域中,认真且有洞察力的相关人员**,在该行为情况下,本来是否能够和必须认识到该风险。而直到罪责阶层,才考察:按照标准人格(Maßstabsfigur)的相应要求,具体的行为人当时是否有能力认识到该风险,并对之加以避免。故而,这样的判断过程推出了**两阶层的过失模式**:在这一两阶层模式中,在构成要件的框架上判断是否成立客观的过失,而在罪责框架内考察是否具备主观的过失。

    目前流行的**个别的可避免性说**(Lehre von der individuellen Vermeidbarkeit)认

---

⑭ 对此,见第 11 节,边码 23 及以下几个边码,案例 8。
⑮ 关于故意犯领域中的这一有争议的要求,参见本书第 14 节,边码 14 及以下几个边码。

为这种两阶层模式显得有些多余,并认为谨慎义务只取决于具体行为人的能力。因此,根据这种学说,也就形成了**一阶层的过失模式**:与故意犯相对应,将谨慎所要求的风险的可认识性、可避免性都只放在构成要件阶层加以考察。

正如所表现的那样,这两个学说在实际效果上几乎找不到什么区别,但是,为了使论述的条理更为清晰,接下来先对两阶层的过失模式加以阐述。然后,再用一个特别的小节讨论,若人们采取了一阶层的模式,会产生哪些不一致的地方。然后,再讨论同样适用于两个模式的违法性、罪责和过失的形式等内容。

三、两阶层的过失模式

1. 构成要件要素

> **案例 2**
> 涂漆工 T 身子向后一退,结果撞到涂料桶上,桶从脚手架上落下,砸到了行人 X 身上,造成了伤害。

(1) **结果、行为和因果关系**:考察是否成立过失的结果犯,首先需要讨论的问题是,行为人的举止是否已引发了结果。必须具备这个要素,才可以讨论过失的问题,因为在过失犯中根本不存在力图的问题。在案例 2 中,这个前提条件已经满足,因为若 T 没有撞下涂料桶,就无法因果地说明为什么 X 会受到伤害。

(2) **违反谨慎义务**:进一步地,引发结果的同时必须违反了谨慎义务,也就是说,若行为人在交往中保持必要的谨慎[16]就可以认识并避免造成结果。[17] 这也就是在问:对于一个法忠诚的规范接收者而言,**为了避免构成要件上的结果**发生,在法律上他**需要具备什么样的能力**。[18] 如果谁应当遵守规范,那么,他也应当具有遵守规范的相应能力;他必须努力认识和避免那些可能会使其举止促发构成要件之实现的前提条件。交往中通常的谨慎便是衡量这一努力的**一般标准**。

在这里,我们就不具体叙述各种特定的交往领域中的事实性努力了。否则,就又成为片面、肤浅的应付了。更确切地说,起决定性作用的是**相应的生活领域中**,

---

[16] 针对这里所需要的必要的谨慎,在术语上,赫鲁斯卡(第 415 页及以下几页)认为不必将之(谨慎)称为义务(Pflicht),而将之称为责任(Obliegenheit),这种新的术语可惜也没有真正使用下去。

[17] 亦参见《民法典》第 276 条第 2 款。

[18] 关于谨慎义务在规范理论中的地位,详见金德霍伊泽尔:《作为犯罪的危险》,1989 年版,第 62 页及以下几页;伦茨考斯基:《限制正犯概念和过失参加》,1997 年版,第 226 页及以下几页;特佩尔:《过失结果犯领域的因果关系和义务违反性之间的联系》,1992 年版,第 31 页及以下几页;福格尔:《不纯正不作为犯中的规范和义务》(Norm und Pflicht bei den unechten Unterlassungsdelikten),1993 年版,第 74 页及以下几页;亦参见延克,载《施吕希特纪念文集》,第 99 页,尤其是第 105 页及下一页;奥托,载《施吕希特纪念文集》,第 77 页,尤其是第 91 页。

认真且有洞察力的相关人员在具体的行为情况中**规范性指导形象**（das normative Leitbild）是怎么样的。⑲ 在这里，需要以风险为标准来划定各个生活领域：人们所期待的是，规范接收者需要具备人们所认为必要的相应认识和相应能力，以能控制住出现的各种风险。这样，起决定作用的生活领域可能很宽广，也可能很狭窄。例如，道路交通的参与者，必须有能力按照人们所期待的具备平均能力的汽车驾驶者那样来处理相应的交通问题。相反，如果谁以试车者、研究人员和工程师等身份进入要求专业能力和知识的风险领域之中，也许还要求高度专业的知识和能力，那就必须满足这些特定的要求。

18　　　　（3）**内在的谨慎和外在的谨慎**：可期待的谨慎还有内在和外在之分。内在的谨慎是指要注意到举止所附带的风险，外在的谨慎是指通过采取必要的预防措施来避免这种风险或者将这种风险限制在一般容许的范围之内。内在谨慎和外在谨慎的相互作用可以通过这个公式表现出来：**认出危险**（内在谨慎）、**驱除危险**（外在谨慎）。⑳

　　　在案例2中，人们可以期待在脚手架上从事手工劳作的人认识到东西倒下的可能性，因而，劳作者必须将东西固定好，或者采取其他方式确保它不砸下来。由于T没有履行这个要求，没有认识到并避免使X受到伤害，因而，便应当将他的举止认定为在客观上违反了谨慎义务。

19　　　　（4）**典型的谨慎义务**：在过失犯的领域，需要特别注意下列违反可期待之谨慎的情况㉑：

　　　①　在接受有风险的工作时，违反**审查义务**［所谓**接受过失**（Übernahmefahrlässigkeit）］。㉒ 例如，汽车司机S过度疲劳了，但仍然坐到汽车的方向盘前。

　　　②　违反**控制和监督义务**。例如，在实施手术时，外科医生W没有足够清楚地

---

⑲ 参见联邦宪法法院，《戈尔特达默刑法档案》，1969年，第246页，尤其是第247页及以下几页；《联邦法院刑事判例集》，第7卷，第307页，尤其是第309页；第20卷，第315页，尤其是第321页；联邦法院，《刑法新杂志》，1991年，第30页，尤其是第31页；韦塞尔斯、博伊尔克，边码669；布林格瓦特，边码645；埃伯特，第165页；毛拉赫、格塞尔、齐普夫，第43节，边码34；耶格尔，边码374；耶赛克、魏根特，第55节 I、2b；批判性的观点，见《慕尼黑刑法典评注——杜特格》，第15条，边码117及下一边码；杜特格，载《科尔曼祝贺文集》，第13页，尤其是第29页及以下几页。

⑳ 参见布克哈特，载沃尔特、弗洛因德主编：《整体刑法体系中的犯罪、量刑和刑事程序》，1996年版，第99页，尤其是第127页。

㉑ 为了确定谨慎义务，也有可能涉及刑法之外的特定的法律规定。例如，《道路交通条例》第14条第2款第2句、《武器法》第42条第1句的规定，不遵守这些规定，在客观上也便是违反谨慎的表现。参见《联邦法院刑事判例集》，第4卷，第182页，尤其是第185页；第12卷，第75页，尤其是第78页；亦参见库德利希，载《奥托祝贺文集》，第373页及以下几页。

㉒ 参见《帝国法院刑事判例集》，第59卷，第355页及下一页；《联邦法院刑事判例集》，第10卷，第133页，尤其是第134页；联邦法院，《新法学周刊》，1984年，第655页，尤其是第656页及下一页；1998年，第1802页，尤其是第1803页及下一页；哈姆州高等法院，《新法学周刊》，1972年，第1531页，尤其是第1532页；韦塞尔斯、博伊尔克，边码668；屈尔，第17节，边码35；斯特拉滕韦特、库伦，第15节，边码22。

告知没有经验的护士 H,她(H)应当在手术过程中做哪些事情。[23]

③ 违反**询问义务**。例如,牙医 Y 给了病人一种麻醉剂,并没有询问病人,并提示他这种麻醉剂不适合于有心脏病的人。[24]

④ 违反**特别的照料义务**(防止事故的规定、执业规则等)。[25]

2. 合乎谨慎的可预见性

> **案例 3**
>
> 医生 Y 借助于他对病人 B 的检查(尽管在当时给定的情况下,这种检查并非医事规则所要求),发现 B 患有一极罕见的过敏症状。但是,在其后的治疗中,Y 把这个发现抛到了脑后,并给 B 注射了普通的药剂,结果导致 B 死亡。

> **案例 4**
>
> 由于开车速度过快,X 造成一交通事故,伤及 Y。当夜,Y 住院治疗,遭遇医院火灾,窒息而死。

(1) 认识基础:可期待的谨慎的"内在"方面,乃是指行为人举止到结果之间的因果流程在本质上的可认识性。[26] 这样就提出了一个问题:行为时的这一预见是建立在何种认识基础上?对于该问题,主流见解[27]认为,应当以(医生、汽车司机、税务顾问等)相应的交往圈中具有洞察力者的相应标准人格**通常所具有的**认识,或者他们通过**可期待的询问**或者具有**可期待的注意力**时,**可以获得的**认识为准。在案例 2 中,显然可以认识到会给行人带来风险,因而,按照平均的认识水准,(当时的)结果是可以预见到的。 20

但是,案例 3 就不同了。即便按照医事规则进行检查,也未必能够发现该案中极罕见的过敏这一风险因素。如果人们想一以贯之采用主流学说的见解,那么,在该案中也许就要否定成立过失行为了,虽然 Y 当时(仅仅是偶然地)知道相关的风险因素。在这类情况下,行为人基于其认识能够顺手容易地避免相应结果,为了不至于免除行为人的负担,主流观点在认识基础这方面又提出了行为人可能具备**特** 21

---

[23] 参见联邦法院,《新法学周刊》,1955 年,第 1487 页及下一页。

[24] 参见《联邦法院刑事判例集》,第 21 卷,第 59 页,尤其是第 61 页。

[25] 在考察具体个案中的谨慎要求时,总是需要将法场上规范化的规则考虑进去,就此而言,这种规则只具备可反驳的象征性作用(Indizwirkung)。亦参见库德利希,载《奥托祝贺文集》,第 373 页及以下几页。

[26] 关于谨慎义务相应的保护目标,参见布林格瓦特,边码 649;毛拉赫、格塞尔、齐普夫,第 42 节,边码 92 及以下几个边码;屈尔,第 4 节,边码 74;《刑法典体系性评注——鲁道菲》,第 1 条前言,边码 64;斯特拉滕韦特、库伦,第 15 节,边码 17。

[27] 请代表性地参见罗克辛,第 1 卷,第 24 节,边码 54、58 及以下几个边码,有进一步的文献。

别认识这一标准:如果行为人拥有超过平均水准的认识,那么就要求他依照其相应的认识谨慎地行事。[28] 这种在构成要件阶层考虑(行为人的)特别认识的做法,即便显然合乎实情,但是,却违反了体系原理,如果人们还想到罪责阶层再来讨论行为人的认识和能力的话。

22 **(2)因果的相当性**(Kausale Adäquanz):能够精确地预测到某个事实的发生流程,是非常罕见的,这样就产生了一个问题:在什么时候可以认定行为人的举止和结果之间的因果联系在本质上是可以预见到的?针对该问题,有一个既简单又足够精确的方法:由于导致结果发生的风险总是客观地处在结果之前,因而,在确定某个结果的原因时可以**事后地**明白,到底是哪些风险因素引发了结果。当然,在行为人根据具体的行为情况实施行为时,只有一部分事实上的风险因素是能够**事前地**知道或者辨认出的。如果有足够的因素是能够被知道或者辨认出的,那么,基于这种情状,就已经能在某种程度上确切地预见到结果的发生,这时,结果便是可预见的。或者还可以这么说:其后**在结果中相当地实现了可认识的风险**。但是,如果**事前**根本认识不到能让人以为存在风险的任何情状,那么,该因果流程也就是不可预见的。同样地,倘若根据特定的诸情状虽然可以**事前地**得知风险存在,但是,这些情状只有一部分可以用于因果地解释结果(的发生),而**从事前来看**,这一部分有解释力的情状之本身尚不足以让人们预见到风险(可能发生)。这时,因果流程也是不可预见的。

23 后面提到的这种情况便清楚地体现在案例4中。在行为时[29],基于超速行驶和后来的具体行为情状,能够合理地得出判断:行为人创设了交通事故的风险,并有可能因此致人死亡。但是,这种情况事先只是导致将Y送到医院,并住院,因而在行为时也仅仅只能预见到这里。而至于这种住院也(或重新)具有危及生命的危险性,根据行为时的情状,并看不出什么苗头。因此,因驾车速度过快而引发的在具体行为情况时可认识到的死亡风险,并没有实现。如果要因果地解释Y事实上为什么死亡,则必须考虑到X导致其住院,而住院时他窒息而死,这样,X的行为完全是Y的死亡原因中的一个。但是,这个原因在行为时并没有办法识别成为窒息死亡的一个风险因素,因为该原因演变成为了一种背景性风险因素,而这种背景性风险因素乃是后来那尚不可预知的纵火案的各种条件中的一种。所以,案例4中

---

[28] 杜塞尔多夫州高等法院,《新法学周刊》,1991年,第1123页及下一页;韦塞尔斯、博伊尔克,边码670;布林格瓦特,边码646;耶赛克、魏根特,第55节I、2b;克勒,第184页;克赖、埃塞尔,边码1349;屈尔,第17节,边码31;穆尔曼,载《赫茨贝格祝贺文集》,第123页及以下几页;《诺莫斯刑法典评注——普珀》,第13条前言,边码157及以下几个边码;罗克辛,第1卷,第11节,边码35、50;《(舍恩克、施罗德)刑法典评注——施特尔贝格—利本》,第15条,边码138及以下几个边码;其他观点,见雅科布斯,第7节,边码49及下一边码。

[29] 详见《诺莫斯刑法典评注——福格尔》,第15条,边码57。

的因果流程,即便是在保持必要的谨慎的情况下,也是无法预见的,尽管 X 引起了 Y 的死亡而且给 Y 创设了一个致命的风险(但该风险却没有在结果中实现)。在行为人的举止和结果之间缺乏因果上的相当性[30]。[31]

3. 合乎谨慎的可避免性

> **案例 5**
>
> 婴孩 Y 在伸手可及的范围内,抓到随便乱放着的药片,于是将之塞入嘴中,结果中毒而死。

可期待的谨慎的"外在"方面,乃是指行为人根据具备谨慎时风险所具有的可 24
认识性,而采取相应举止,以避免设置能引发结果的原因。[32] 合乎谨慎的可避免性可以通过针对有风险的举止的单纯不作为的形式来实现。例如,在案例 1 中,在他人在场时,行为人不使用实弹的枪支;或者,在案例 2 中,行为人在脚手架上不撞到涂料桶。同样也适用于案例 5:按照日常的生活经验,很容易知道,婴孩可能会把东西塞到嘴里并吞下,因而,就应该保管好药物,不将之放在小孩能拿到的地方。

但是,如果从法律上考虑,行为人还有可能采取替代举止,而这种替代性举 25
止即便程度上更为轻微、缓和,但其中同样隐藏着导致结果的风险,这样,在确定是否可以合乎谨慎地避免结果发生(即确定可避免性)时,就可能出现严重的问题。在如下两个部分中,就要先阐述容许的有风险的举止需满足哪些前提条件(边码 26 及以下几个边码),然后讨论在容许的风险性替代举止的场合,如何审查所谓的"义务违反性的关联"(Pflichtwidrigkeitszusammenhang)。若具有义务违反性之联系,那么,也就可因此认定,结果是因为违反了谨慎义务而产生的(边码 34 及以下几个边码)。

---

[30] 这是在归属的范围内,针对早前的相当说的一种准确措辞的表达。而早前的相当说想在讨论因果关系的时候就进行责任的诸种限制。参见本书第 10 节,边码 5、7;亦参见豪克(*Hauck*),《戈尔特达默刑法档案》,2009 年,第 280 页及以下几页;雅科布斯,第 7 节,边码 30 及下一边码;克勒,第 192 页及下一页。

[31] 另外地,至少已经存在"显著的"必要联系,见策勒州高等法院,《新法学周刊》,1958 年,第 271 页及下一页;对此,参见豪克,《戈尔特达默刑法档案》,2009 年,第 280 页及以下几页。

[32] 参见《联邦法院刑事判例集》,第 21 卷,第 59 页,尤其是第 61 页;第 33 卷,第 61 页,尤其是第 64 页及普珀的评注,见《法学家报》,1985 年,第 295 页及以下几页;《联邦法院刑事判例集》,第 37 卷,第 106 页,尤其是第 115 页及下一页;联邦法院,《新法学周刊》,1966 年,第 1871 页及下一页;屈尔,第 17 节,边码 62;屈佩尔,载《拉克纳祝贺文集》,第 247 页及以下几页;迈瓦尔德,《法学教学》,1989 年,第 186 页,尤其是第 187 页;奥托,第 10 节,边码 17 及以下几个边码;沙茨(*Schatz*),《刑法新杂志》,2003 年,第 581 页及以下几页;施吕希特,《法学工作》,1984 年,第 673 页及以下几页。

4. 容许的风险和信赖原则

> **案例 6**
>
> A 按照规定的速度驾驶着汽车。突然间,行人 X(违反交通规则地)走近街道。由于 A 刹车、躲避不及,X 受伤。

> **案例 7**
>
> C 符合秩序地驾驶着汽车,不断逼近(他认识不到的)街上玩耍的小孩,行将碾压过去。D 见状,不得不在最后几秒钟用自己的车侧撞 C 的汽车,以阻止碾压事故发生。

26　　**(1) 容许的风险**:在交往中遵守所需要的谨慎,并不代表着,行为人总是必须对任何一个会限制避免实现构成要件之相应能力的举止都采取不作为的方案。毋宁说,现代社会的方方面面都是建立在对风险的认可之上的,从道路交通到医疗研究、供给,再到资本市场的价值体系(Wertanlagen),无一不是如此。[33] 另一方面,人们都按照社会容忍度对这些风险施加了限制。[34] 在这种情况下,人们选择的折中道路是所谓容许的风险:只要遵守了相关交往圈之中的谨慎规范(安全规则),那么,在一般的意义上,并不将实施风险性的行为视为对谨慎的违反。[35]

27　　① 根据这种见解,如果行为人参加机动化的道路交通,但是却没有驾驶许可、却身体处于不适合驾驶的状态、却驾驶不符合技术要求的汽车、却不遵守交通关系之中的合理限速等,都算违反了谨慎。若行为人(毫无例外地!)遵守了所有的安全规则,那么,其相应的举止就是合乎谨慎的。如果行为者尽管履行了所需要的各种措施,但仍然不能避免结果,行为者也就并不需要为该结果负责,因而,这便是容许的风险。所以,在案例 6 中,由于 A 没有违反谨慎义务,人们就不能将伤害结果归属于 A,而至于 A 自己是如何看待其举止和结果之间的关联的,则并不重要。

28　　② 因此,容许的风险阻止了违反谨慎义务而导致的归属的成立,但是,虽然被称之为"容许的"(这可能会产生误解),该容许的风险**根本不是正当化事由**。只有

---

[33] 关于技术进步、社会变化与容许的风险之间的关联,见霍伊尔,《整体刑法学杂志》,第 121 卷,2009 年,第 860 页及以下几页。

[34] 关于将这些风险领域正当化的困难,参见雅科布斯,第 7 节,边码 35 及以下几个边码;金德霍伊泽尔,《戈尔特达默刑法档案》,1994 年,第 197 页,尤其是第 215 页及以下几页;罗克辛,第 1 卷,第 11 节,边码 65 及以下几个边码,有进一步的文献。

[35] 深入的探讨,见金德霍伊泽尔,载《迈瓦尔德祝贺文集》,第 397 页及以下几页;关于容许的风险这一概念的多层含义,以及其学理上的地位,参见《整体刑法评注便携本——杜特格》,第 15 条,边码 37 及以下几个边码;杜特格,载《迈瓦尔德祝贺文集》,第 133 页及以下几页;《诺莫斯刑法典评注——佩夫根》,第 32 条及以下条前言,边码 23 及以下几个边码;特别针对道路交通的叙述,见屈尔,第 4 节,边码 48。

允许整体地实现构成要件并进而特别地允许促成结果的容许规范,才是正当化事由。这还意味着,遭受正当举止之侵害的人,有义务接受这种侵害;若他对此加以反抗,那么他的行为就可能成立违反的攻击,对于这种攻击,人们有权按照第32条实施紧急防卫。㊱

与此相反,容许的风险**只是**在过失责任的框架内**排除对违反谨慎义务的认定**,而不代表着容许促成结果的发生。因此,在法律上,因容许的风险性举止而促成的紧急避险情形,并不需要对之加以容忍。在案例7中,D实施的对C不利的损坏财物行为,可以通过紧急避险救助(第34条)加以正当化,因为C根本没有权利对小孩实施可能致命的伤害。基于这种判断,则可以认为:由于驾驶汽车能带来各种各样的好处,故而只要遵守相应的安全规则,人们就一般地允许驾驶汽车,但是,在正当化时的具体的利益衡量情况之下,汽车驾驶根本无权获得一种优位的待遇。 29

(2)信赖原则:人们之所以认可容许的风险的成立,并不仅仅是因为行为者自己要采取必要的预防措施,而且只有相应交往圈的其他参加者依其调整自己的举止,它才为社会所容忍。例如,汽车司机S能够在绿灯时没有危险地安全通过,乃是本质性地取决于等候的行人会注意到红灯并将之适用于自己。至于行人是否真是这样做的,S虽然并不知道,但他可以基本相信行人会这样做,并基于这种信赖从事对他而言容许的风险行为。能够期待某一危险领域中的参加者互相保持其有责任保持的谨慎,便是所谓的信赖原则。这一原则在使人们可以认定容许的风险的同时,也防卫了这种风险。㊲ 30

这一原则意味着:在过失归属的框架下,基于行为人最初可以信赖的不会发生的情状(尤其是他人举止),行为人实施的行为导致了结果的发生,就要因没有违反谨慎义务,而不能归属给行为人。㊳ 31

①信赖原则在道路交通领域特别重要。㊴ 该原则的另一个重要的适用领域 32

㊱ 亦参见齐普夫,《整体刑法学杂志》,第82卷,1970年,第633页,尤其是第641页及以下几页。

㊲ 参见雅科布斯,第7节,边码51;屈尔,第4节,边码49;《(舍恩克、施罗德)刑法典评注——施特尔贝格—利本》,第15条,边码148及下一边码;将信赖原则部分地也从自我答责原则之中导出的见解,参见毛拉赫、格塞尔、齐普夫,第43节,边码70及以下几个边码;罗克辛,第1卷,第24节,边码11、22。

㊳ 毛拉赫、格塞尔、齐普夫,第43节,边码70及以下几个边码;克赖、埃塞尔,边码1351;拉克纳、屈尔,第15条,边码39;《刑法典体系性评注——鲁道菲》,第1条前言,边码72;批判性的观点,见普珀,第1卷,第5节,边码1及以下几个边码;概览,见艾达姆(*Eidam*),《法学工作》,2011年,第912页及以下几页。当对他人的故意行为进行过失的加功时,是否可以将结果客观地归属给过失行为人的问题,参见本书第11节,边码40及以下几个边码。

㊴ 参见《联邦法院刑事判例集》,第7卷,第118页,尤其是第121页及下一页;菲舍尔,第222条,边码14及以下几个边码;《(舍恩克、施罗德)刑法典评注——施特尔贝格—利本》,第15条,边码149。

是，数人共同实施（容许的）风险性的措施（Unternehmen）。⑩ 在这种情况下，只要相应的期待是正当合理的，每个参加者都有权利信任其他参加者在做出他们的贡献时会有足够的谨慎。例如，倘若由某一互相熟悉且均接受过足够的专业训练的手术团队来实施某一外科手术，主医师 Y 有权利相信，他的助手们会符合秩序地完成他们各自的任务。如果某个护士在她的某个操作之中犯下了疏忽，而 Y 并没有注意到这个疏忽，那么 Y 就不必为结果承担责任。

33　　② 由于信赖原则适用于风险领域中数人集合到一起或者互相协作的通常的情况，因而，如果根据具体的情状没有办法预料到符合秩序的举止，那么，**就不适用信赖原则**。⑪ 在这种情形下，行为人所认可的风险就不再是容许的了，由此带来的后果是，行为人的行为也不再是合乎谨慎的了。特别地，信任并不适用于如下情况⑫：

第一种情况是，他人显然没有遵守相关的规则，例如，行人明显在试图抢红灯横穿马路；

第二种情况是，他人明显没有能力洞察清楚风险（儿童）或者控制风险（醉汉）；

第三种情况是，行为者自己的举止违反了交往规则；若谁自己创设了一个受人责难的风险，就不能指望别人来克服**该**风险。⑬

5. 容许的风险性替代举止

> **案例 8**
>
> 　　汽车司机 S 以每小时 90 公里的速度行驶在限速每小时 60 公里的马路上。突然间，行人 X 违反交通规则，进入车道中，S 刹车、躲避不及，直接撞上；X 遭受致命重伤。但即便 S 遵守限速也无法避免该事故。

> **案例 9**
>
> 　　载重汽车司机 Z 因为超速行驶，在到内城的拐弯处时，由于离心力，车辆打滑，撞到正不小心地横穿马路的行人 R 身上，R 死亡。即便 R 站在马路旁的人行道上，汽车也会撞上 R。

---

⑩ 参见联邦法院，《新法学周刊》，1980 年，第 649 页及下一页；《刑事辩护人杂志》，1988 年，第 251 页及下一页；《新法学周刊》，1988 年，第 1802 页及以下几页。

⑪ 屈尔，第 4 节，边码 49、51。

⑫ 参见《联邦法院刑事判例集》，第 7 卷，第 118 页及以下几页；第 13 卷，第 169 页及以下几页；联邦法院，《交通法汇编》，第 33 卷，第 368 页，尤其是第 370 页；第 62 卷，第 166 页，尤其是第 167 页；迈瓦尔德，《法学教学》，1989 年，第 186 页，尤其是第 187 页及下一页；罗克辛，第 1 卷，第 24 节，边码 23；《刑法典体系性评注——鲁道菲》，第 1 条前言，边码 73 及下一边码，各有进一步的文献；批判性的观点，见普珀，《法学》，1998 年，第 21 页及以下几页。

⑬ 对此，见《联邦法院刑事判例集》，第 17 卷，第 299 页，尤其是第 302 页；美茵河畔法兰克福州高等法院，《法学综览》，1994 年，第 77 页，尤其是第 78 页；屈尔，第 17 节，边码 39；斯特拉滕韦特、库伦，第 15 节，边码 64，均有进一步的文献。

> **案例 10**
>
> 两辆公交车相撞于一狭窄的山路上；多个旅客受伤。仅当两个司机都符合交通规则地极其靠右行驶，才能够避免这次事故。可惜他们都没有这样做。㊹

（1）义务违反性的关联：如果在造成某个结果的时候，行为人的举止是不谨慎的，而且，若他保持可期待的谨慎，本来可以认识并避免结果发生的风险，那么，结果便是基于义务违反而发生的。在这种情况下，违反谨慎义务和促成结果二者之间具有所谓"义务违反性的关联"。

然而，当行为人只是逾越了**容许的风险的限度**时，在确定是否具备"义务违反性的关联"上便会出现困难。在这种情形下，行为人的举止虽然不谨慎，但还是允许较轻程度的相应风险的。在这里，若行为人即便采取了容许的风险性替代举止，也不能避免结果发生，换言之，纵使保持所需要的谨慎也不能避免该结果，这个结果便因其不可避免性而无法归属给行为人。这样，对于结果归属而言，也就不具备必要的"义务违反性的关联"。㊺

在案例 8 中，即便 S 原来遵守限速，也无法避免事故的发生。所以，该结果就不得追算到超速行驶之上，换言之，便是不得追溯到能说明行为人的举止违反了谨慎的那一情状上去。由于缺少"义务违反性的关联"，结果不能归属给行为人。

① 如果事后也**无法查清**，是否遵守了容许的风险，也无法避免结果的发生，那么，这种情况处理起来就有争议了：

首先，按照学术文献中出现的一种见解（亦即**风险增高说**），当行为人举止和结果之间存在因果关系时，只要行为人的不谨慎的举止并非不显著地增高了发生结果的可能性，就足以将结果归属于他。㊻ 而绝不能因为即便行为人合乎谨慎地采取替代性举止，也已经完全可能发生某个不可避免的结果了，就阻却结果的可归属性。因而，在案例 8 中，如果存在有说服力的线索，说明 S 遵守限速本来能够避免事故，结果进而就是可归属的；而这种可避免性则并不需要肯定地加以证实。这种观点的首要立足点在于，没有理由给逾越可容忍的风险的行为人免除他对他的举止所带来的结果所应承担的负担。㊼

㊹ 韦塞尔斯、博伊尔克，边码 690；毛拉赫、格塞尔、齐普夫，第 43 节，边码 109；奥托，第 10 节，边码 26；相似的观点，见屈尔，第 17 节，边码 66 及下一边码。

㊺ 完全占据主流的观点，请代表性地参见鲍曼、韦伯、米奇，第 14 节，边码 83 及下一边码；韦塞尔斯、博伊尔克，边码 197；屈尔，第 4 节，边码 59、73。

㊻ 克勒，第 197 页及以下几页；罗克辛，《整体刑法学杂志》，第 74 卷，1962 年，第 411 页及以下几页、第 430 页及以下几页；《刑法典体系性评注——鲁道菲》，第 1 条前言，边码 65 及以下几个边码；斯特拉滕韦特、库伦，第 8 节，边码 36 及下一边码；相似的观点，见《诺莫斯刑法典评注——普珀》，第 13 条前言，边码 204 及下一边码。

㊼ 罗克辛，第 11 节，边码 89 及以下几个边码。

38 其次，主流观点持有不同的见解：如果**事后不能够以近乎肯定的高度可能性确定**，行为人合乎谨慎地采取替代的举止本来能够避免结果（的发生），那么，就**不存在"义务违反性的关联"**，也就**不能**进行归属。⑱ 这种见解是值得赞同的，因为危险增高说不符合疑罪从无(in dubio pro reo)的基本原则。⑲ 如果案件事实情况的说明上存在疑义，则不得给被告人课加负担。行为人因超过限速而实施的不被容许的举止，可以作为违反秩序（的行为）加以处罚。而只能在能够没有疑义地确定死亡结果确实是出于行为人违反谨慎义务，换言之，出现该死亡结果，肯定没有办法用行为人合乎谨慎的举止来解释之时，才可以采用比违反秩序更进一步的刑事责难，同时，刑事责难才具有正当性。

39 ② 如果受害人即便采取正确的举止，也会促成结果的发生，则**受害人的错误举止**是不需予以考虑的，案例 9 便是该种情况。⑳

40 **（2）数个违反谨慎的行为人**：如果数个不谨慎的行为人的行为造成了某一结果，且仅当他们所有人本来都保持谨慎才能避免结果，也就是说，即便其中有一人采取的是合乎谨慎的举止也仍会造成结果，则他们中无人能够免除负担。这是出于保护被害人的考虑㉑：倘若受害人遭到的伤害不只是一个违反谨慎的行为人所为，而是数个违反谨慎的行为人所为，而这时若这数个行为人都可以抗辩说，自己的行为是合乎谨慎的，因而当时没有避免结果的发生，那么，受害人的境地就糟糕得不能再糟糕了。㉒ 在具体构造上可以参考替代的因果关系的规则。㉓

41 在案例 10 中，任何一个行为人都不能说，即便自己采取谨慎的举止也不能避免事故的发生，从而免除自己的负担。更确切地说，**仅当所有的同时正犯都采取合乎谨慎的举止时**，事故仍会发生，才能够否定"义务违反性的关联"。

42 **（3）因饮酒而引起的事故**：有争议的是，如何确定因饮酒而引发事故的司机的

---

⑱ 《联邦法院刑事判例集》，第 11 节，第 1 页，尤其是第 7 页；第 21 卷，第 59 页，尤其是第 61 页；第 24 卷，第 31 页，尤其是第 34 页及以下几页；第 37 卷，第 106 页，尤其是第 127 页；联邦法院，《刑法新杂志》，1987 年，第 505 页；鲍曼•韦伯•米奇，第 14 节，边码 86 及下一边码；弗洛因德，第 2 节，边码 49 及下一边码；弗里施，《法学教学》，2011 年，第 205 页，尤其是第 208 页；格罗普，第 12 节，边码 54；雅科布斯，第 7 节，边码 98 及以下几个边码；《（舍恩克•施罗德）刑法典评注——施特尔贝格—利本》，第 15 条，边码 177。进一步，论述参见登克尔，《法学教学》，1980 年，第 210 页，尤其是第 212 页；克林佩尔曼，《戈尔特达默刑法档案》，1984 年，第 491 页；《莱比锡刑法典评注——福格尔》，第 16 条，边码 182 及以下几个边码；《莱比锡刑法典评注—瓦尔特》，第 13 条前言，边码 99。

⑲ 鲍曼•韦伯•米奇，第 14 节，边码 86；毛拉赫•格塞尔•齐普夫，第 43 节，边码 104；雅科布斯，第 7 节，边码 203。

⑳ 韦塞尔斯•博伊尔克，边码 685 及下一边码。

㉑ 出于这方面考虑的还有替代的因果关系（参见本书第 10 节，边码 31 及以下几个边码）和信赖原则（参见本书本节上文边码 30 及以下几个边码）。

㉒ 参见《联邦法院刑事判例集》，第 30 卷，第 228 页，尤其是第 232 页及普珀的评释，见《法学教学》，1982 年，第 660 页；《联邦法院刑事判例集》，第 37 卷，第 106 页，尤其是第 131 页；详见普珀，第 4 节，边码 17 及以下几个边码。

㉓ 参见本书第 10 节，边码 31 及以下几个边码。

"义务违反性的关联"?

① 不同于其他确定"义务违反性的关联"的做法,判例认为,判断的标准是:是否司机当时在从事交通时已经考虑到了其因饮酒而导致的不适合驾驶的状态,事故仍然还会发生。⑭

② 与此不同地,占支配性的学说则将判断是否成立"义务违反性的关联"取决于如下问题:是否在行为人当时的相应情况下,一个冷静的司机本来是能够避免事故发生的。⑮

这种意见分歧的实际作用突出地体现在超速驾驶的案例中,例如:

案例 11

S 以每小时 160 公里的速度行驶于高速公路上,血液中酒精浓度为 1.4‰。由于另一汽车司机 Q 的驾驶失误,发生了致 Q 死亡的事故。⑯

① 根据判例的见解,首先要确定的是,尽管处在饮酒的情况下,S 在处于哪一驾驶速度时尚能控制事态的发生。然后,在第二步需要审查的是,是否在这一速度时,可以避免事故的发生。在满足这种条件的前提下,案例 11 中的 S 便要因过失致人死亡而受罚。

② 反之,主流学说认为,即使是冷静的司机当时在 S 所保持的速度下也无法避免事故,故 S 没有责任。

判例的见解是存在问题的,因为该见解不合理地将违反义务的举止(在饮酒而致不适合驾驶时,保持的车速 x)通过另一个违反义务的举止(在饮酒而致不适合驾驶时,保持的车速 y)加以代替了;而在饮酒而致不适合驾驶的状态下,是根本不容许参与机动化的道路交通的。所以,顺理成章地,在考察事故是否正好是因义务违反所导致的时候,只能将违反谨慎的举止(饮酒者以 160km/h 驾驶)和同样情况下的合乎谨慎的举止(清醒者以 160km/h 驾驶)加以对比。

6. 过失的主观行为要素

案例 12

父亲 F 将药片放在餐桌上;3 岁小孩 X 将一些药片塞入嘴中,致使身体健康遭损(第 229 条)。

---

⑭ 请代表性地参见《联邦法院刑事判例集》,第 24 卷,第 31 页;巴伐利亚州高等法院,《刑法新杂志》,1997 年,第 388 页及普珀的反对性评释;亦参见《慕尼黑刑法典评注——杜特格》,第 15 条,边码 175;许内曼,《法学工作》,1975 年,第 715 页,尤其是第 718 页。

⑮ 弗洛因德,《法学教学》,1990 年,第 213 页,尤其是第 214 页及下一页;屈尔,第 17 节,边码 63;奥托,第 10 节,边码 21 及下一边码;奥托,载《施吕希特纪念文集》,第 77 页,尤其是第 86 页。

⑯ 参见巴伐利亚州高等法院,《交通法汇编》,第 87 卷,第 121 页。

45 　　主流观点认可两阶层的过失模式。根据这种见解,要根据相应生活领域中的一个认真且有洞察力的相关人员这一标准人格来确定符合构成要件的谨慎义务。如果遵从这种见解,那按照目前的审查步骤,则应先确定,对于这样一个客观化的规范接收者而言,当时是可以认识和避免实现构成要件的。显然,因而还要进一步考察的是,是否具体的行为人当时在保持所期待的谨慎的情况下有能力认识到会导致结果发生的危险以及采取合乎谨慎的举止以避免这种危险。根据两阶层的过失模式,针对具体行为人的这个问题是到罪责阶层才提出来并加以回答的。

46 　　如果行为人基于其智力和学识,特别是他可获得的因果法则方面的知识、他的技能和资质、他的生活经验和社会岗位[57],当时有能力像客观的标准人格那样,认识到其举止与结果的关系,并通过合乎谨慎的行为避免结果(或者减低到可容许的风险的范围内),那么,便可以认定行为人具有采取合乎谨慎的举止的个别能力。

47 　　结合案例 12 加以分析:首先在客观的过失责任的框架内,我们可以确定,一个认真的父亲是不会随便将药片乱放在小孩能够到的地方,因为根据普遍的生活经验,我们都知道,小孩很喜欢把小东西塞到嘴里,还会将之吞下。在这一步骤之后,就要在主观的过失责任的框架内考察,考虑到 F 所知晓的生活经验,F 是否本来自己就可以认识到其举止的危险性,并能够谨慎地将药片锁起来以避免结果的发生。

48 　　需要注意的是,假如行为人在接受某个风险时,知道或者能够知道,他自己欠缺相应的知识和能力而不能有把握地控制住风险,则也应当认定行为人具有个人的过失。这样的例子有**接受过失**。例如,从事某项职业性的工作却缺乏足够的资格(或资质)。[58]

四、一阶层的过失模式

1. 对两阶层模式的批评

49 　　两阶层的过失构造是建立在因果行为论基础上的。根据因果行为论,整个主观方面(故意和过失)都属于罪责。随着目的行为论的兴起,并主张行为能力的认定是构成要件的内容,而只有动机能力的认定属于罪责,这样,因果行为论的犯罪构造就失去其意义了。之所以变得没有意义,是因为:将意识到能够避免(=故意)实现构成要件,却仍实现构成要件,认定为(犯罪)行为的主观方面,而将保持谨慎

---

[57] 毛拉赫、格塞尔、齐普夫,第 43 节,边码 126 及以下几个边码;耶赛克、魏根特,第 54 节 I、3;针对超过平均水平的知识和能力的论述,见《莱比锡刑法典评注——福格尔》,第 15 条,边码 156 及以下几个边码。

[58] 克赖、埃塞尔,边码 1366;屈尔,第 17 节,边码 91。

便能够认识到可以避免实现构成要件,却仍实现构成要件,认定为罪责的要素,是互相矛盾的。更确切地说,实施相应行为以避免结果的能力的所有主观要素,均属于主观的构成要件,而将具备合乎规范的动机的能力的主观要素则判给罪责。因此,在韦尔策尔关于目的犯罪构造的早期设想之中,就已经在"贯彻目标的(zwecktätig)可避免性"之中找到了"过失的符合行为的决定性要素"(das entscheidende handlungsmäßige Moment der Fahrlässigkeit),并将这种要素放到构成要件里。[59]

如果人们认为过失之中具有和故意相对应的要素(亦即针对结果的可认识性和可避免性这一要素),那么,人们就必须将这种在谨慎之下进行预见和避免的能力,(与故意犯相对应地)放到构成要件之中。[60] 这样,人们就得到了一阶层的过失模式。在这个阶层里,过失行为的所有特别性要素都放到构成要件阶层中了。这样,在(与动机有关的)罪责阶层顶多还需要再问:是否可能期待行为人保持可期待的谨慎?(边码63)

2. 个别的可避免性

> **案例13a**
> 在一乡村公路上,卡车司机K超过了骑自行车的Z,K在超车时保持了2米的安全距离。然而,Z却处于严重酗酒状态(这点并不为K所知),他在被超车时由于严重惊恐,向左打了车把,最终被卡车碰住,导致死亡。

> **案例13b**
> 也如案例13a中那样,只是:K认出了Z就是他那开店的邻居。一刻钟前,K看到他的这个邻居严重醉酒后摇摇摆摆地离开了啤酒馆。

> **案例14**
> 夜间,一只貂进入汽车修理师X的汽车里,并损坏了刹车软管。次日清晨X驾车上班,途中刹车失灵,并导致了致人伤害的事故。

(1)基本原理:从故意和过失二者对应的功能之中,人们得出了所谓"个别的

---

[59] 韦尔策尔,第1版,第20节III。韦尔策尔的过失概念曾数次更改;他的早期论述由他的学生雅科布斯在《过失结果犯研究》(Studien zum fahrlässigen Erfolgsdelikt)(1972年版)之中体系性地进行了阐述和发展。

[60] 详见金德霍伊泽尔,《戈尔特达默刑法档案》,2007年,第447页,尤其是第456页及以下几页;施特林泽,载《萨姆松祝贺文集》,第199页及以下几页。

可避免性说"（或者个别过失）。⁶¹ 根据这一学说，在确定是否违反了谨慎之时，就不需要求助于具备平均认识（或知识）水平的虚拟的标准人格了。在对必要的谨慎加以认定之时，正如故意犯中的那样，只考虑具体行为人的个别能力，因为行为人只能根据他能力范围内可能具有的谨慎而承担责任。

52　　根据这种见解，在确定行为人应有何种谨慎的时候，总是需要考虑行为人事实上的认识和能力。案例 13a 和案例 13b 这两个案例就清楚地说明了这种见解的说服力：在案例 13a 中，K 按照他相应情况下的认识而行事，就是合乎谨慎的。他为了避免伤及 Z，保持了"正常"交通情况下完全足够宽的安全车距。在案例 13b 中，K 却知道 Z 喝醉酒了⁶²，也就知道（或者可能知道），保持通常的安全车距尚不能保证超车没有危险。在这时，就可以期待 K，要么保持一个特别宽的安全距离，要么在马路不够宽的时候，干脆放弃超车的想法。相反，在案例 13b 中，如果人们根据一虚拟的卡车司机的平均认识水平来确定对 K 应当期待其保持怎样的谨慎，那么，也就必须在该案中认定 K 没有违反谨慎。而这显然不合事理了。当然，主流观点的支持者也不想造成这种结论，因此，他们在确定谨慎义务的时候，也同样考虑行为人的特殊认识，而这又违反了他们认定的前提（边码 21）。

53　　**（2）标准**：在确定谨慎义务的时候，需要以行为人具有的事实上的认识为基础。但是，这绝不意味着，在这里，任何标准都成为不必要的了。因为，还是需要确定，行为人在具体认识和能力上到底还必须保持多大程度的谨慎？在案例 14 中，作为一个汽车修理师，若 X 在开车前全面检查了汽车，无疑可以很容易发现刹车软管损坏了。但这里的问题是，在法律上，是否期待 X 做这种全面的检查？由于在这种情况下，通过考察 X 的个人（或个别）能力和认识，无助于回答这个问题，这样，为了确定这里的谨慎义务，就又需要相应生活领域之中认真且有洞察力的参加者这一个标准人格了。只是这一标准人格具有的并非虚拟的平均认识，他具备的而是该个别行为人在具体行为情况之下的认识和能力。

---

⑥¹ 参见（细节上不同地）布克哈特，载沃尔特、弗洛因德主编：《整体刑法体系中的犯罪、量刑和刑事程序》，1996 年版，第 99 页，尤其是第 114 页及以下几页；《慕尼黑刑法典评注——杜特格》，第 15 条，边码 121；弗洛因德，第 5 节，边码 18、边码 22 及下一边码、边码 29 及以下几个边码；毛拉赫、格塞尔、齐普夫，第 43 节，边码 112；格罗普，第 12 节，边码 82 及以下几个边码；赫鲁斯卡，第 182 页及以下几页、第 327 页；雅科布斯，第 9 节，边码 1 及以下几个边码；金德霍伊泽尔，《戈尔特达默刑法档案》，1994 年，第 204 页及以下几页；金德霍伊泽尔，《戈尔特达默刑法档案》，2007 年，第 457 页，尤其是第 458 页及以下几页；奥托，第 10 节，边码 5、边码 14 及下一边码；施米德霍伊泽尔，载《沙夫施泰因祝贺文集》，第 129 页，尤其是第 145 页；舍内（Schöne），载《H. 考夫曼纪念文集》，第 649 页，尤其是第 668 页；《莱比锡刑法典评注——施洛德》，第 11 版，第 16 条，边码 127 及以下几个边码；斯特拉滕韦特，载《耶赛克祝贺文集》，第 285 页及以下几页；斯特拉滕韦特、库伦，第 15 节，边码 10 及以下几个边码；施特林泽，《戈尔特达默刑法档案》，1987 年，第 97 页；施特林泽，《法学家报》，1987 年，第 58 页及以下几页；韦尔策尔，第 1 版，第 20 节 III。

⑥² 这样，也就不适合信赖原则了，参见本书本节上文边码 30 及以下几个边码。

因而,对于(行为人的)谨慎的具体要求,取决于:当相应生活领域之中认真且有洞察力的相关人员在相应的具体情况之中(当时)具备了行为人的认识和能力之时,必须采取怎样的举止。在案例 14 中,如果 X 发现不了貂在夜间活动留下的任何痕迹,那么,人们也就不能期待他像一个谨慎的交通参加者那样,在开车之前检查刹车装置;这样,他的不知情也就不代表他不谨慎了。 54

需要注意的是,不知情并不是总能在过失的情况下给行为人带来免除负担的效果。一方面,对于认真且有洞察力的规范接收者而言,如果没有相应的认识,他可能根本就不会选择(可能有)危险地实施行为(例如,若他不明白某个化学药品,他就不会将该药品放在小孩能够得着的地方)。另一方面,他也可能清楚地知道,只有保持人们期待他所应有谨慎,才能认识到,他对他的某项特定的计划了解的并不够,进而需要获取进一步的信息或者必须采取一定的预防措施,从而才可以没有危险地行事(例如,只有在全面了解了某个机器的工作方式之后,才开始使用它)。 55

(3) 过失的其他要素:在两阶层模式中论述的过失责任的其他所有规则,也都相应地适用于一阶层模式。这些规则主要有:因果的相当性(边码 22 及下一边码)、容许的风险(边码 26 及以下几个边码)、信赖原则(边码 30 及以下几个边码)以及"义务违反性的关联"(边码 34 及以下几个边码)。 56

(4) 比较:通过比较两阶层过失模式和一阶层过失模式,可以发现:如果在构成要件阶层就考虑行为人可能具有的特殊认识,那么,两种模式在本质的要点上就没有任何有实际意义的区别了。原因是:由于根据平均认识水平无法认识到风险,这样在构成要件阶层就已经要否定过失行为的成立了,因而,就不可能出现能促使可罚性成立的情况,尽管行为人(行为时)有足够的线索以认识到可能导致风险的结果。反过来说,如果具体行为人因为身体和精神能力不足以达到虚拟的标准人格的谨慎水准,也同样不会影响到结论:一阶层模式在这种情况下否定的是构成要件符合性,而两阶层模式否定的是罪责。不管怎样,行为人都是不可罚的。[63] 57

在犯罪的其他要素上,两种模式也都没有实质的区别。因而,本书其后的论述也都同样适用于这两种模式。

五、违法性

> **案例 15**
>
> V 只想通过警告性鸣枪以吓走攻击者 Z,但却一枪打在 Z 的手臂上;在客观上,为了有效阻止攻击,这一防卫也是必要的。

---

[63] 这两种模式的影响只有可能发生在课处矫正和保安处分(对此,见本书第 1 节,边码 17)的场合,因为这种处分不需要以罪责为前提,因而也就不以罪责阶层上才讨论的过失要素为前提。

58　　在过失行为时，正当化的成立基本上并没有什么特别之处：

59　　首先，如果**在客观上存在正当化情形**，则行为人所创设的风险（如案例15中的V）并不是不被容许的。相应地，当行为人采取防卫行为时所不欲造成的效果属于法律所认可的防卫手段的结果时，这种效果也为紧急防卫所认可。[64]

60　　其次，在过失行为的时候，**根本不需要任何主观的正当化要素**：在这种情况下，行为的主观方面并不以认识为必要，它需要的只是实现构成要件的可认识性，因此，也就不需要通过对正当化情状的认识来抵消行为不法。[65] 所以，只要防卫者（像案例15中的V）客观上是在紧急防卫许可的防卫内活动，便是合法的。[66]

61　　不过，有人认为，即便在过失犯的场合，也需要行为人具有对正当化情形的认识[67]或者至少要有为合法行为的一般意思。[68] 根据这种见解，如果谁处在正当化情形下（如案例15中的V），想照顾他的（正实施攻击的）对方，却以客观上正当化的方式不小心地伤害了对方，则至少成立正当化。[69]

62　　假如人们认为，在客观地具备正当化情形时，不成立结果不法，换言之，也就是只能因力图而受罚[70]，那么，这时争论就没有意义了。之所以这么说，是因为根本就不存在过失力图。过失犯要求的前提始终都是构成要件之实现的客观不法。故而，在客观上存在正当化情形的前提下，就不需要再处罚过失犯了，这也使得主观方面变得没有影响了。[71] 但倘若在过失犯情形下，也对之像故意犯那样，要求正当化的成立必须以同时兼备客观和主观正当化要素为前提，情况就不同了。[72]

---

[64] 参见《联邦法院刑事判例集》，第25卷，第229页；第27卷，第313页，尤其是第314页；联邦法院，《刑法新杂志》，1988年，第408页及下一页；2001年，第591页及下一页和奥托的评释；泽尔曼，《法学综览》，2002年，第249页及以下几页。

[65] 参见弗里施，载《拉克纳祝贺文集》，第113页，尤其是第130页及下一页；克雷奇默尔，《法学》，2002年，第114页，尤其是第117页；屈尔，第17节，边码80；奥托，第10节，边码29；沙夫斯泰因，载《韦尔策尔祝贺文集》，第557页，尤其是第576页及下一页；斯特拉滕韦特、库伦，第15节，边码38及以下几个边码。

[66] 参见《联邦法院刑事判例集》，第25卷，第229页，尤其是第231页及下一页。

[67] 罗克辛，第1卷，第24节，边码95、98。

[68] 格佩尔特，《整体刑法学杂志》，第83卷，1971年，第947页，尤其是第979页；毛拉赫、格塞尔、齐普夫，第44节，边码17及下一边码；按照犯罪类型进行区别处理的观点，见耶赛克、魏根特，第56节 I、3。

[69] 联邦法院，《新法学周刊》，2001年，第3200页；克雷奇默尔，《法学》，2002年，第114页。

[70] 对此，见本书第29节，边码8及下一边码；所以，合理的见解，见克雷奇默尔，《法学》，2002年，第114页，尤其是第117页：学术争论。

[71] 埃伯特，第168页；雅科布斯，第11节，边码30；金德霍伊泽尔：《作为犯罪的危险》，1989年版，第115页；《(舍恩克、施罗德)刑法典评注——伦克纳、施特尔贝格—利本》，第32条前言，边码99；奥托，载《施吕希纪念文集》，第77页，尤其是第96页；斯特拉滕韦特、库伦，第15节，边码42。

[72] 参见本书第29节，边码10。

六、罪责

> **案例 16**
> 当母亲 M 得知,她的孩子在街上遭遇车祸。她急忙向事故地点跑去,而却没有想到,她的电熨斗尚没有关掉;结果导致房中发生火灾。

1. 期待可能性

对于行为人而言,要求他保持谨慎地采取相应举止必须具有期待可能性。这里涉及一种罪责上的标准,因为期待可能性针对的是:是否有能力具有合乎规范的动机和实行操纵。基于这种见解,若不可期待行为人采取谨慎的举止,也就不能对其实施罪责责难。这一规则也适用于案例 16 中的那种情况,若未能满足第 35 条第 1 款中的(主要是为故意的行为犯设计的)前提条件,但是出于"可以理解的理由"导致当事人失去了谨慎地行为的动机,则也不得进行罪责责难。[73]

63

2. 罪责的一般要求

此外,在罪责的一般要求上,过失犯和故意犯没有什么区别。[74] 因此,过失行为人必须具有罪责能力[75],而且行为人须有不法意识(至少也要有潜在的不法意识);不得有免除罪责事由出现。

64

3. 防卫过当

第 33 条中免除罪责的防卫过当的规则[76]在过失地实现犯罪时也是具有意义的:在紧急防卫情形的前提下,假如行为人采取了他误以为必要的防卫措施,那么,他就处于容许构成要件错误之中。[77] 例如,行为人没有认识到,单采用拳头就足以有效防止对方,因而使用了枪支。在这种情况下,若人们认定阻却故意(或排除故意之罪责),那么,对攻击者的伤害而言,则需要考察是否有可能根据过失加以处罚。如果行为人是在"微弱"的情绪冲动下行事的,则适用第 33 条:因为和情绪冲动中有意识地逾越紧急防卫界限的人相比,人们不能让因"微弱"的情绪冲动而误

65

---

[73] 这样的例子,参见所谓的"癖马案",见《帝国法院刑事判例集》,第 30 卷,第 25 页及以下几页;亦参见埃伯特,第 170 页;批判性地,见《整体刑法评注便携本——杜特格》,第 15 条,边码 51;克勒,第 340 页。

[74] 参见本书第 21 节,边码 11 及下一边码。

[75] 关于过失犯时的"原因自由行为",参见本书第 23 节,边码 29 及以下几个边码。

[76] 对此,见本书第 25 节。

[77] 对此,见本书第 29 节,边码 11 及以下几个边码。

以为有必要使用枪支的人处于更糟糕的境地。⑱

66　这样也就有了这一原则：倘若行为人在相应的故意行为中，可因"微弱的"情绪冲动而免除罪责，则在过失时，也总能适用第 33 条。

七、过失的形式

> **案例 17a**
> 　　司机 S 只顾着和他车上同乘者投入地聊天，而不小心漏看了一提示拐弯险情的交通指示牌，从而没有按照要求减速。

> **案例 17b**
> 　　司机 S 虽然看到了一提示拐弯险情的交通指示牌，但没有减速。因为他当时相信他的驾车技术和汽车的性能。

1. 有认识和没有认识的过失

67　不同于故意，成立过失的前提条件是消极的，而非积极的：它要求行为人没有预料到他所欲为的行为会实现某构成要件的具体可能性（危险）。换言之，行为人没有预计到发生这种结果的危险。⑲ 根据（行为人）对事实上情况的估计，应当区分两种过失的形式：

68　（1）如果行为人根本没有认识到，他的举止是可能导致结果的，进而也没有采取为避免结果所必须采取的措施，则他便成立**没有认识的过失**（neglegentia）。⑳ 所以，当行为人处于无认识过失的状态时，他根本就没有认识到，他违反了谨慎。案例 17a 中的 S 便是如此。

69　（2）假若行为人虽然认识到，他没有保持必要的（足够）谨慎，但不合理地相信，他有能力避免结果的发生，这样，他便成立**有认识的过失**（luxuria）。㉑ 当行为人处于有认识的过失之下时，尽管他认识到了他的行为违反了谨慎，但是没有认识到他的该行为导致结果发生的具体可能性。案例 17b 中的 S 就是这种情况。

---

⑱　参见联邦法院，《刑法新杂志》，2011 年，第 630 页及黑克尔的评释，见《法学教学》，2012 年，第 465 页；韦塞尔斯、博伊尔克，边码 449；耶赛克、魏根特，第 45 节 II、3；克勒，第 425 页；罗克辛，第 1 卷，第 22 节，边码 84。

⑲　关于这一区分，详见本书第 14 节，边码 11 及以下几个边码。

⑳　鲍曼、韦伯、米奇，第 22 节，边码 63；布林格瓦特，边码 636；埃伯特，第 163 页；屈尔，第 17 节，边码 42。

㉑　韦塞尔斯、博伊尔克，边码 661；埃伯特，第 163 页；毛拉赫、格赛尔、齐普夫，第 43 节，边码 119。

2. 轻率（Leichtfertigkeit）

在过失归属的框架内，区分有认识的过失和无认识的过失[82]没有什么意义，因为若法律中规定了过失，则只要有无认识的过失就足够了。这种区分顶多是在量刑的时候加以考虑。但是，假若法律将轻率作为责任的前提加以规定，那么，只具有过失（不管是有认识的还是没有认识的）则是不够的。[83] 因为，轻率乃是（并不必须是有认识的）过失的提高形式。

轻率可以表述为**严重违反交往中的必要谨慎**[84]，大致可以对应于民法中的重大过失[85]。这种情况主要是指，对行为人而言，当时很容易辨认出其举止的危险性，也就是说，行为人只要对避免结果发生有一点点的兴趣，就能辨认出这种危险性，因为他心里已经想到了发生这种情况的可能性。[86] 在这种情况下，人们也需要考虑所涉利益的大小和风险的高低。

八、专业鉴定：过失犯的构造

在撰写**专业鉴定**时，根据人们选择的是两阶层还是一阶层的过失模式，在审查行为人保持谨慎时是否能够认识（可认识性）和加以避免（可避免性）这一特定的过失要素时，会产生具体的不一致。下面就再次简要地将这两种审查方式分别加以列举。在撰写专业鉴定时，只需要选择其中一种特定的构造，而并不需要说明理由（就像各种构造问题那样，都不需要作此说明）。

---

[82] 对此，亦参见《帝国法院刑事判例集》，第56卷，第343页，尤其是第349页；第58卷，第130页，尤其是第134页；耶赛克·魏根特，第54节 II，1；奥托，第10节，边码6及下一边码；《莱比锡刑法典评注——福格尔》，第15条，边码149及下一边码。

[83] 例如，参见第138条第3款、第178条、第251条、第264条第4款、第306条c、第308条第3款；对于轻率这一概念的批判，见拉特克，载《容祝贺文集》，第737页，尤其是第741页及以下几页，他将标准放在对是否能认识结果发生的特别的操纵之上。

[84] 《联邦法院刑事判例集》，第14卷，第240页，尤其是第255页；第20卷，第315页，尤其是第323页及下一页；第33卷，第66页及下一页；纽伦堡州高等法院，《刑法新杂志》，1986年，第556页；阿茨特，载《施罗德纪念文集》(Schröder-GS)，第119页及以下几页；迈瓦尔德，《戈尔特达默刑法档案》，1974年，第257页及以下几页；腾克霍夫(Tenckhoff)，《整体刑法学杂志》，第88卷，1976年，第897页及以下几页；韦格施奈德(Wegschneider)，《整体刑法学杂志》，第98卷，1986年，第624页及以下几页；批判性的观点，见拉特克，载《容祝贺文集》，第737页，尤其是第741页及以下几页，他将标准放在对是否能认识结果发生的特别的操纵之上。

[85] 参见《民法典》第277条、第680页。

[86] 参见《联邦法院刑事判例集》，第33卷，第66页，尤其是第67页；雅科布斯，第9节，边码24；奥托，第10节，边码10；《莱比锡刑法典评注——福格尔》，第16条，边码297；但与完全主流的观点相反地，杜特格尔（《过失犯之行为非价的确定》(Zur Bestimmtheit des Handlungsunwert von Fahrlässigkeitsdelikten)，2001年版，第386页及以下几页）试图将这种不谨慎的形式和过失区分开来；对这种做法的批判，见赫茨贝格，《戈尔特达默刑法档案》，2001年，第568页及以下几页。

1. 两阶层的过失模式

73　根据两阶层的过失构造,从客观上认定谨慎,是在构成要件中讨论的,而从主观上认定谨慎,则放在罪责中考察。⑰ 根据这种见解,需要采取如下步骤来考察过失行为。

74　第一,构成要件:
① 结果、行为、因果关系;
② 违反谨慎义务;
③ 保持谨慎时,促成结果的因果流程在客观上的可预见性(因果的相当性);
④ 保持谨慎时,促成结果在客观上的可避免性(义务违反性的关联);
⑤ 也许还有:客观归属的其他标准(例如,受害人自担危险)。
第二,违法性。
第三,罪责:
① 行为人个人是否能够预见促成结果的因果流程(即个别的可预见性);
② 合乎谨慎地避免结果的个人能力;
③ 采取谨慎举止的期待可能性;
④ 其他罪责要素(罪责能力、免除罪责事由等)。

2. 一阶层的过失模式

75　若采取一阶层模式,则按照具体行为人的认识和能力,来确定保持谨慎时对结果的可预见性和可避免性。根据这种见解,需要采取如下步骤来考察过失行为。

76　第一,构成要件:
① 结果、行为、因果关系;
② 违反谨慎义务;
③ 保持谨慎时,促成结果的因果流程的个别可预见性(因果的相当性);
④ 保持谨慎时,促成结果的个别可避免性(义务违反性的关联);
⑤ 也许还有:客观归属的其他标准(例如,受害人自担危险)。
第二,违法性。
第三,罪责:
① 采取谨慎举止的期待可能性;

---

⑰ 参见布林格瓦特:《刑法中的过失犯》,1974 年版,第 16 页及以下几页;耶赛克、魏根特,第 54 节 I;卡明斯基(*Kaminski*):《过失犯构成要件的客观标准》(Der objektive Maßstab im Tatbestand des Fahrlässigkeitsdelikts),1992 年版,第 135 页及以下几页;考夫曼,载《韦尔策尔祝贺文集》,第 393 页,尤其是第 404 页及以下几页;拉克纳、屈尔,第 15 条,边码 35 及以下几个边码;迈瓦尔德,《法学教学》,1989 年,第 186 页;许内曼,载《沙夫斯泰因祝贺文集》,第 159 页及以下几页。

② 其他罪责要素(罪责能力、免除罪责事由等)。

复习与深化

1. 过失责任是建立在什么原则上的？（边码2及以下几个边码）

2. 根据主流观点，成立过失需要满足哪些客观的前提条件？（边码15及以下几个边码）

3. 如何理解容许的风险？如何理解信任原则？（边码26及以下几个边码，边码30及以下几个边码）

4. 在采取容许的风险性替代举止之时，如何确定"义务违反性的关联"？（边码34及以下几个边码）

5. 过失有哪几种形式？（边码67及以下几个边码）

第 34 节　故意—过失结合体

一、概述

1. 各种形式

1　除了纯正的故意犯和纯正的过失犯之外，《刑法典》中还规定了针对犯罪行为需要故意、而对特定的行为后果只需要过失的混合构成要件。根据第 11 条第 2 款的规定，这种故意—过失结合体属于**故意犯**的范畴。特别地，基于这种属性，其在成立力图、参与时均是可罚的。

2　故意—过失结合体可以区分为两种形式：非加重的构成要件和结果加重犯。

3　（1）在非加重的故意—过失结合体的场合，构成要件的故意部分之本身并不独立加以处罚。更确切地说，在这种情况下，**处罚的依据**在于（至少是）**过失**而促成**的行为后果**。例如，第 308 条第 5 款、第 315 条第 5 款、第 315 条 a 第 3 款第 1 项、第 315 条 b 第 4 款、第 315 条 c 第 3 款第 1 项的规定。这些构成要件中有些也是可以全部以故意犯或过失犯的方式实现的，如第 315 条 c 第 1 款和第 3 款第 2 项。此外，还有一些构成要件，对于犯罪行为基本上需要故意，但在构成要件的个别要素上，有过失即可，如第 138 条第 3 款。

4　（2）所谓结果加重犯，是指法规要求行为人实现某一独立为刑罚所处罚的基本犯是**故意**的，而若他"至少过失地"（第 18 条）引发了一**特别的后果**，则其行为得到**加重**。① 例如，第 221 条第 3 款、第 226 条、第 227 条、第 239 条第 3 款、第 4 款。而有些结果加重犯的要求超过了第 18 条的标准，即要求行为人针对严重结果的造成（至少）须有轻率。② 例如，第 178 条、第 251 条。

2. 具体的危险

5　具体的危险**并不是结果的加重**。③ 因而，对此不得适用第 18 条的一般性规定。更确切地说，若相应法规中本身没有规定过失责任，针对危险结果则必须始终具有故意。④ 这种结论是没有异议的，其理由在于这样一种体系性的思考：法规在引发危险结果只需要过失的地方，均明确地做出了规定，例如，第 307 条第 2 款、第 308

---

① 问题分析，见伦吉尔，载《格佩尔特祝贺文集》，第 479 页及以下几页。
② 对此，见本书第 33 节，边码 70 及下一边码。
③ 鲍曼、韦伯、米奇，第 8 节，边码 78；《慕尼黑刑法典评注——哈德通》，第 18 条，边码 12。
④ 《联邦法院刑事判例集》，第 26 卷，第 176 页，尤其是第 180 页；第 26 卷，第 244 页，尤其是第 245 页；联邦法院，《刑事辩护人杂志》，1991 年，第 262 页；鲍曼、韦伯、米奇，第 8 节，边码 78；《诺莫斯刑法典评注——佩夫根》，第 18 条，边码 7 及以下几个边码，有进一步的文献。

条第 5 款、第 315 条 a 第 3 款第 1 项、第 315 条 b 第 4 款、315 条 c 第 3 款第 1 项。这样,就没有必要再适用第 18 条。⑤

二、结果加重犯

> **案例 1**
>
> A 以伤害故意地一铁棍敲打在 B 的脑门上。可一棍敲得比原计划重了许多,结果 B 死了。A 没有预见到 B 会死,但是他本来可以预见到,这会把颅骨敲破的。

1. 问题

结果加重犯所针对的特定问题是,将实现故意的基本犯和过失促成结果这二者经常而明确地认定为一罪,并加以**刑罚威胁**。例如,第 227 条规定的最低自由刑便是 3 年,而第 222 条和第 223 条均只规定了 5 年以下的自由刑。⑥ 由此得知,对应于相对更高的刑罚幅度,结果加重犯的不法也更为严重(不法的增高)。

6

2. 限制解释

若(行为人)在实施基本犯的同时,也通过某一严重结果相当地实现了某一增高的风险,那么,可以认定出现了这种不法的增高。⑦ 基于这种见解,例如,要成立第 227 条的犯罪,(行为人)便必定是在已实现了第 223 条的基本犯(身体侵害)之后,还进一步创设了后来致人死亡的危及生命的风险。所以,若行为人只是在故意地实现基本犯的同时,过失地设定了可能造成严重后果的原因,则尚不足以认定结果加重犯。更确切地说,必须已经在实现基本犯的时候,便已制造了导致加重后果的风险。⑧ 在该种意义上,A 在故意地实施身体侵害行为时,也便已客观地创设了

7

---

⑤ 参见盖伦,《法学》,1979 年,第 445 页,尤其是第 446 页;《慕尼黑刑法典评注——哈德通》,第 18 条,边码 12;《莱比锡刑法典评注——福格尔》,第 250 条,边码 25;屈佩尔,《新法学周刊》,1976 年,第 543 页,尤其是第 546 页;伦吉尔:《结果加重犯》(Erfolgsqualifizierte Delikte),1986 年版,第 87 页及下一页、第 281 页及下一页。

⑥ 对此,见《诺莫斯刑法典评注——佩夫根》,第 227 条,边码 2、7,第 18 条,边码 22 及以下几个边码,有进一步的文献;进一步见盖伦,载《韦尔策尔祝贺文集》,第 655 页及以下几页;屈珀尔(Küpper),载《希尔施祝贺文集》,第 615 页及以下几页;洛伦策(Lorenzen):《论结果加重犯的法律性质》(Zur Rechtsnatur der erfolgsqualifizierten Delikte),1981 年版,第 107 页及以下几页、第 143 页及以下几页;伦吉尔:《结果加重犯》,1986 年版,第 130 页及以下几页;索瓦达,《法学》,1994 年,第 643 页,尤其是第 644 页。

⑦ 盖伦,载《韦尔策尔祝贺文集》,第 655 页及以下几页;雅科布斯,第 9 节,边码 33;屈尔,《法学》,2002 年,第 810 页,尤其是第 812 页及以下几页;劳厄,《法学教学》,2003 年,第 743 页及以下几页;奥托,第 11 节,边码 1;索瓦达,《法学》,1994 年,第 644 页;《莱比锡刑法典评注——福格尔》,第 18 条,边码 24。不一致的观点,见《诺莫斯刑法典评注——佩夫根》,第 18 条,边码 44 及以下几个边码,他(佩夫根)认为,要认定行为不法的增高,行为人必须要针对特定的行为后果具有轻率。

⑧ 对于第 226 条和第 227 条中的有实务意义的事例,详见金德霍伊泽尔:《刑法分论》,第 1 卷,第 10 节。

一造成受害人死亡的危及生命的风险。

8 　　因此，在每一个结果加重犯的场合，都必须能通过解释的方法得出**基本犯的特定风险**。⑨ 例如，第227条中侵害身体的行为、第239条第4款中剥夺他人人身自由以及第251条中抢劫的强制行为都具有这种危及生命的性质。倘若受害人或第三人的针对危险的反应处于行为人的风险管辖范围之内，则前者的行为也不能排除这种风险联系。例如，当被拘禁起来的受害人在力图实施有风险的挣脱（或逃脱）时丢了性命，由于（受害人）力图重新恢复自由，乃是剥夺他人自由的典型反应，这时，便符合了第239条第4款。相反，如果行为人对受害人实施了（轻微的）身体侵害，而受害人却以危及自己生命的方式寻求逃脱，那么，受害人的这种反应就不属于针对行为人的身体侵害的典型反应。正如这后面的这种情况，若主要是由受害人或实施干预的第三人的举止，而不是由基本犯的风险决定性地引起了严重的后果，那么，犯罪行为和特定的行为后果之间就没有**直接的关联**。⑩

9 　　根据主流观点，创设特定风险的行为，必须完成从力图至既遂阶段整个过程。⑪ 然而，特别针对第227条，有一广泛流传的少数说（即所谓"致命说"）认为，仅当故意促成的基本犯的结果正好产生了这种死亡结果，才适用该条。⑫ 由于基本犯的特定危险性体现在其结果中，因而基本犯的结果必须造成加重的结果。同样地，根据这种限制性的学说，在案例1中，故意造成侵害性结果（身体侵害）成为了后来的（非故意地造成的）死亡结果的原因，因而，该案适用第227条。

3. 参加

10 　　在数人参加基本犯的场合，需要审查结果的加重是否可以分别归属给每一个人。据此，有可能出现主犯仅因基本犯而受罚，而帮助则可能因结果加重而遭到惩处。⑬

---

⑨ 联邦法院，《新法学周刊》，1998年，第3361页，尤其是第3362页。

⑩ 参见《帝国法院刑事判例集》，第44卷，第137页，尤其是第139页；《联邦法院刑事判例集》，第14卷，第110页，尤其是第112页；第19卷，第382页，尤其是第387页；第24卷，第213页；联邦法院，《新法学周刊》，1971年，第152页；《德国法月报》，1982年，第1034页。

⑪ 《联邦法院刑事判例集》，第31卷，第96页，尤其是第98页；第32卷，第25页，尤其是第27页及下一页；联邦法院，《新法学周刊》，1986年，第438页；1992年，第1708页；《刑法新杂志》，1992年，第333页及下一页；布尔格施塔勒，载《耶赛克祝贺文集》，第357页及以下几页；盖伦，载《韦尔策尔祝贺文集》，第655页，尤其是第681页；格塞尔，载《朗格祝贺文集》（Lange-FS），第219页，尤其是第232页；格劳尔，《法学综览》，1992年，第344页，尤其是第345页；沃尔特，《戈尔特达默刑法档案》，1984年，第443页及以下几页。

⑫ 迈瓦尔德，《法学教学》，1984年，第439页，尤其是第443页及下一页；米奇，《法学》，1993年，第18页，尤其是第19页及下一页；罗克辛，第1卷，第10节，边码115；乌尔森海默尔，《戈尔特达默刑法档案》，1966年，第257页，尤其是第272页；精确的表述，见普珀，《刑法新杂志》，1983年，第22页，尤其是第24页；亦参见索瓦达，《法学》，2003年，第549页，尤其是第554页及以下几页。

⑬ 参见本书第38节，边码21。

在共同正犯的情况下,数个参加者中的任意一人至少都可能成立过失⑭;否则参加者就只可能成立基本犯,并受处罚。

三、专业鉴定的构造

在专业鉴定中,若出现结果加重犯的情况,则需要先完整地阐述故意且既遂的基本犯,然后再讨论过失是否造成严重结果以及同时是否实现了特定风险。这种特定的风险实现也是成立结果加重犯所必要的。具体如下:

第一,故意部分(基本犯的构成要件、违法性、罪责)。

第二,过失部分(也有可能以轻率的形式):

① 引起加重的结果;

② 风险关联;

③ 违反谨慎义务(通常而言,在犯基本犯时,就已经违反了这种谨慎)⑮;

④ 在合乎谨慎时,客观上能预见到存在造成结果的因果流程;

⑤ 在合乎谨慎时,客观上能够避免促成结果(义务违反使得基本犯和结果之间产生关联);

⑥ 对于结果所存在的违法性;

⑦ 对于结果所存在的罪责(在造成结果的因果流程上,个体的可预见性和合乎谨慎时以避免结果的个体能力)。

如果根据案件事实情况,很容易判定结果加重和基本犯之间的联系,可以出于简便起见,将对基本犯的违法性、罪责与加重结果的违法性、罪责合并起来审查,具体如下:

第一,故意部分(基本犯的客观和主观构成要件);

第二,过失部分(过失地实现结果加重的构成要件);

第三,(针对第一和第二部分的)违法性和罪责。

复习与深化

1. 如何理解非加重的故意—过失结合体和结果加重犯?(边码3及下一边码)
2. 可以将具体的危险结果认定为第18条意义上的结果加重吗?(边码5)
3. 结果加重犯针对的是什么特定的问题?(边码6及以下几个边码)

---

⑭ 参见联邦法院,《刑法新杂志》,1997年,第82页;《慕尼黑刑法典评注——哈德通》,第18条,边码57及下一边码。

⑮ 参见《联邦法院刑事判例集》,第24卷,第213页,尤其是第215页;联邦法院,《刑法新杂志》,1982年,第27页,

第五编

不作为犯

第35节 基本原理

一、纯正不作为犯和不纯正不作为犯

行为人没有为法律所要求的行为,则成立不作为犯。如果各法规中已对不作为符合构成要件的条件进行了最终规定,人们则称之为**纯正不作为犯**。在这种情形下,不实施法规中明确提到的行为,则意味着实现了犯罪的客观构成要件。① 例如,第323条c中提到的前提条件便是:针对提供救助的符合构成要件的不作为。② 1

与此不同地,若在第13条第1款的前提条件下,就实现某一(任意)犯罪的构成要件而言,采取和作为相等价的不作为,则成立所谓的不纯正不作为犯。③ 例如,第212条的构成要件是按照积极的作为方式加以设计的,因而,可以从中直接得出以作为方式实施的故意杀人的可罚性;而是否可以处罚通过不作为的方式实施的故意杀人,则需要同时适用第212条和第13条才能得知。只有行为人"依法必须保证结果不发生"(第13条),换言之,仅当其具有一个所谓"**保证人地位**"时,才成立不纯正不作为犯。 2

二、作为和不作为的区分

1. 作为和不作为的关系

> **案例 1**
> 司机S严重酗酒,当他开着车进入一孤寂的乡村公路时,车辆打滑,撞到行人X,危及生命;他当时尚有可能救助X,但S有意识地没有救助。

> **案例 2**
> A在某处设置定时炸弹。

---

① 参见《联邦法院刑事判例集》,第14卷,第280页,尤其是第281页;美茵河畔法兰克福州高等法院,《刑法新杂志——刑事判决和报告》,2001年,第57页,尤其是第58页;耶赛克、魏根特,第58节 III、2;拉克纳、屈尔,第13条,边码4。

② 进一步的例子,还有:第123条第1款第2种情况、第138条以及第225条第1款中对义务的疏忽。

③ 参见《联邦法院刑事判例集》,第14卷,第280页,尤其是第281页;对不纯正不作为犯问题的详细整理,见兰西克,《法学教学》,2010年,第490页及以下几页、第585页及以下几页、第678页及以下几页;关于等价条款,另外参见萨茨格尔,《法学》,2011年,第769页及以下几页。

> **案例3**
>
> B以杀人故意打C,之后扬长而去,C因流血过多而死。

> **案例4**
>
> D在E的干邑白兰地酒中下毒,以毒死他。当客人K也喝这杯酒时,D为免于计划泄露,便一动不动。

3　　（1）**区分**：作为和不作为的区分不是绝对的,这二者只能根据某一特定的结果是积极的还是消极的,从而做出相对的区分。即便是某个积极地实施的行为,也可以消极地针对某个可能的替代行为。例如,若谁慢慢地走,也便是不跑,反之亦然。因此,在刑法上,只能**就所涉构成要件之实现相对地加以互相区分**：从事前来看,行为人若采取某种举止则可以避免实现构成要件,而针对该举止的积极的替代举止便是作为,消极的替代举止便是不作为。因此,为避免实现构成要件,应当不为某种举止,而作为便是实施了这种举止;对应地,为防止实现构成要件,应当实施某种举止,而不作为便是不为该种举止。

4　　（2）**标准**：就实现构成要件的某一**特定的行为方式**而言,作为和不作为是互相排除对方的。④ 只要行为已既遂,则采用因果地（或者具体社会意义地）做功（Energieeinsatz）的标准区分作为和不作为。这样,采用积极的举止因果地造成结果,便是作为。⑤ 而在力图的场合,则取决于按照行为人的设想如何引发结果。与此对应,还有一种很有影响力的针对作为和不作为的规范化区分：在区分作为和不作为时,决定性的标准是行为人举止的可责难性或者社会意义的侧重点在哪里。⑥ 根

---

④ 关于重症医疗中的停止维持生命的医疗器具的相关问题,参见格罗普,载《施吕希特纪念文集》,第173页及以下几页,有进一步的文献。

⑤ 参见布拉姆森,《戈尔特达默刑法档案》,2002年,第193页,尤其是第205页及以下几页;恩吉施,载《加拉斯祝贺文集》,第163页,尤其是第170页及下一页;耶赛克、魏根特,第58节II、2;奥托、布拉姆森,《法学》,1985年,第530页,尤其是第531页;罗克辛,《整体刑法学杂志》,第74卷,1962年,第411页,尤其是第413页及以下几页、第415页;《刑法典体系性评注——鲁道菲》,第13条前言,边码7;萨姆松（Samson）,载《韦尔策尔祝贺文集》,第579页、第595页;施托弗斯（Stoffers）,《戈尔特达默刑法档案》,1993年,第262页及以下几页;施特林泽,载《施特雷、韦塞尔斯祝贺文集》,第133页,尤其是第143页及以下几页;不同的意见,库伦,载《普珀祝贺文集》,第669页及以下几页。

⑥ 参见《联邦法院刑事判例集》,第6卷,第46页,尤其是第59页;第40卷,第257页,尤其是第265页及下一页;联邦法院,《刑法新杂志》,2003年,第657页;卡尔鲁厄州高等法院,《戈尔特达默刑法档案》,1980年,第429页,尤其是第431页及下一页;韦塞尔斯、博伊尔克,边码700;盖伦,《法学家报》,1968年,第145页,尤其是第151页;克勒,第215页;克赖、埃塞尔,边码1107;施密特（Schmidt）,载《恩吉施祝贺文集》,第339页,尤其是第348页及以下几页;《(舍恩克、施罗德）刑法典评注——施特雷、博施》,第13条前言,边码158;亦参见联邦法院,《刑事辩护人杂志》,2007年,第76页及乌尔森海默尔的评释。

据这种见解,正如可以从第13条第2款减轻刑罚的规定中得知的那样⑦,不管怎样,积极的作为都属于更严重的行为方式,而其他观点则通常不合理地求助于其他犯罪要素(如故意或过失),才能做出判断。可见,这种见解是在没有足够基础根据时就预先得出结论。⑧

(3)专业鉴定的构造:如果某一特定的结果可能由数个作为或者不作为独立地促成,则每个针对这一结果的构成要件之实现,均需要分别加以审查。这个问题基本上属于竞合论上的讨论的问题,而不需要在构成要件层面就排除与结果相关联的举止方式。所以,在专业鉴定中,需要先问的是,是否均分别符合了某一作为犯和某一不作为犯的所有前提条件。如果确实都符合⑨,那么,则需要在竞合论的框架内讨论:这种实现构成要件是成立一罪还是成立数罪,或者是否因法规竞合需要排除某个构成要件。⑩

因此,在案例1中(除了交通犯罪之外)就具有两个犯罪:过失致人死亡(第222条)和不作为故意杀人(第212条、第13条)。这里所涉及的问题,并非区分作为和不作为,而是**实现了不同的构成要件**,而这数个构成要件实现之间的关系,是在竞合层面才讨论的事情。⑪ 同样要需要考察的情况是:如果S因误以为他只是撞伤了野兽,这样,他对事故以及其后的不为救助并继续驾车离开就只有过失了。

(4)对不作为不加以认定:然而,倘若纯粹只是没有阻止会导致某一特定结果的因果流程,这种不作为就没有任何意义。这首先适用于:在作为犯的场合,也是仅当行为人创设了一不被容许的风险,同时,基于该风险创造的先行行为使得行为人处于保证人的地位,构成要件之实现才是可归属的⑫,因此,原则上,每一个作为都意味着同时有一个避免结果的不作为。所以,案例2中的A在爆炸的时点,负有

5

6

7

---

⑦ 其根据在于,"要求不作为者为所要求的行为,比单纯地保持法忠诚的意志要更为苛刻",参见联邦法院,《法学综览》,1982年,第464页,尤其是第465页;《刑事辩护人杂志》,1987年,第527页,尤其是第528页;弗洛因德,载《赫茨贝格祝贺文集》,第225页,尤其是第244页及下一页;莱尔曼(Lermann),《戈尔特达默刑法档案》,2008年,第78页及以下几页;洛斯,载《萨姆松祝贺文集》,第81页,尤其是第90页及下一页;批判性的观点,见佩尔多默—托雷斯(Perdomo-Torres),载《雅科布斯祝贺文集》,第497页,尤其是第511页及以下几页,他认为,既然作为和不作为是等价的,再对不作为实施刑罚减轻就不符合等价性原则。

⑧ 《慕尼黑刑法典评注——弗洛因德》,第13条,边码5及以下几个边码;屈尔,第18节,边码14;奥托,第9节,边码2;奥托,《法学》,2003年,第100页,尤其是第101页;斯特拉滕韦特·库伦,第13节,边码2。

⑨ 否则,不管怎样,只能按照各自分别实现的犯罪,相应地加以处罚。

⑩ 亦参见鲍曼·韦伯·米奇,第15节,边码27;毛拉赫·格塞尔·齐普夫,第45节,边码33;瓦尔特,《整体刑法学杂志》,第116卷,2004年,第555页,尤其是第567页。

⑪ 为了澄清不法,在(因为客观上不救助受害人的)不作为以力图故意杀人和过失致人死亡的场合,《联邦法院刑事判例集》,第7卷,第287页,尤其是第288页及下一页认定成立数罪。而在不作为故意杀人既遂和过失致人死亡二者之间,过失犯则应由故意犯所吸收,详见本书第46节,边码8及以下几个边码。

⑫ 对此,见本书第36节,边码63及以下几个边码。

359

再度卸除炸弹的义务。

8　　　可是,在大多情况下,由于行为人不再能够重新排除他主动设置的危险,这样,在**事实上**就并不成立不作为。例如,A 射击 B,因 A 不能够重新把射出的子弹抓住,这就不能成立不作为。但即便案情中出现了可能可以施加干预的时间差,也不需要讨论不作为。因为即便此时,不作为也**显然只是补充性(subsidiär)的**⑬,其仅仅是说:行为人没有撤回(revozieren)其因作为而引发的因果流程。因而,在案例 3 中,若在第 212 条之外还同时讨论第 212 条和第 13 条,就是(完全)多余的。

9　　　**(5) 不同的结果**:如果作为和不作为针对的是不同的结果,则不管怎样,都需要分别论述构成要件上的所有行为方式。在这种情况下,由于实现了若干个相互独立的不法,所以根本不需要讨论作为和不作为的区分的问题。在案例 4 中,D 除了以作为的方式故意杀害 E 之外,也以不作为的方式针对 K 实现了故意杀人的构成要件。

　　2. 具体问题

> **案例 5**
>
> 　　工厂主 G 把没有清洗的受感染的山羊毛交给生产商生产毛笔;女工因此感染上炭疽。

> **案例 6**
>
> 　　J 想将溺水者 N 从水中拉出,但 A 将 J 打倒在地。

> **案例 7a**
>
> 　　O 行将溺死,B 赶紧去拿附近放着的一个救生圈。当他正要将救生圈抛向 O 时,发现 O 是他的私人仇敌。这样,B 便不救助 O。O 溺死。

> **案例 7b**
>
> 　　O 行将溺死,B 赶紧去拿附近放着的一个救生圈并抛向他。这时,他认出 O 是他的私人仇敌。于是,在 O 马上要抓到救生圈之时,B 将救生圈又从水中拖了回来。O 溺死。⑭

> **案例 8**
>
> 　　救生员 J 尽情喝酒,以至于后来没有能力救助溺水者 N。

10　　　**(1) 没有采取安全措施**:成立**过失犯**的标志是,行为人违反谨慎地行事,而这种不谨慎又表现在行为人不采取相应的安全措施。例如,案例 5 便是帝国法院的

---

⑬ 对此,参见本书第 46 节,边码 10。
⑭ 奥托,第 9 节,边码 10。

"山羊毛案"。⑮ 只有采取了特定的安全措施之后,才可以实施某种有风险的行为,因而,保持必要的谨慎只是为了遵守容许的风险。所以,没有采取安全措施的行为人的(积极)行为便具有不被容许的风险。⑯ 这样,在案例5中,将尚未清除感染的羊毛交给他人,就(主动地)创设了不被容许的风险。⑰

(2) **中断救助性因果流程**:应当将中断救助性因果流程⑱(案例6)认定为作为,因为行为人没有实施为避免构成要件实现而应实施的相应行为。⑲

(3) **自己的救助努力**:如果行为人(像案例7a中的B)在救助陷入危境的客体之前中断了自己有义务实施的救助努力,则整体上成立不作为。⑳

但是,如果行为人(像案例7b中的B)已经开始救助处于危境中客体,换言之,后者具有了受救助的现实可能性,而行为人却又消除了这种救助可能性,情况就不同了。㉑ 在这种情况下,行为人通过积极作为的方式,主动地改变了处于危境者本已存在的更为有利的情形。㉒

(4) **"原因自由不作为"**(*omissio libera in causa*):假如行为人(像案例8中的J)使自己没有可能履行命令规范中的义务,则可以认定成立"原因自由不作为"。在该情况下,因行为人没有实施所应为的行为,故认定成立不作为。㉓ 若行为人之

11

12

13

14

---

⑮ 《帝国法院刑事判例集》,第63卷,第211页及以下几页;对此,见恩吉施,载《加拉斯祝贺文集》,第163页,尤其是第184页及以下几页;进一步见《慕尼黑刑法典评注——弗洛因德》,第13条,边码11、278及下一边码。

⑯ 亦参见联邦法院,《刑法新杂志》,2003年,第657页,尤其是第658页,有进一步的文献。

⑰ 该结论为主流见解,请代表性地参见《帝国法院刑事判例集》,第63卷,第392页及下一页;鲍曼、韦伯、米奇,第15节,边码27;韦塞尔斯、博伊尔克,边码700;格罗普,第11节,边码63;耶赛克、魏根特,第58节II、2。

⑱ 参见本书第10节,边码37。

⑲ 主流观点,请代表性地参见耶赛克、魏根特,第58节II、2;罗克辛,载《恩吉施祝贺文集》,第380页,尤其是第387页及以下几页;《(舍恩克、施罗德)刑法典评注——施特雷、博施》,第13条前言,边码159。

⑳ 韦塞尔斯、博伊尔克,边码720;屈尔,第18节,边码21;奥托,第9节,边码11;其他观点,见《慕尼黑刑法典评注——弗洛因德》,第13条,边码9。

㉑ 针对关掉医疗器具的相关特定问题,参见《联邦法院刑事判例集》,第40卷,第257页;拉文斯堡州法院(LG Ravensburg),《刑法新杂志》,1987年,第229页;恩吉施,载《加拉斯祝贺文集》,第177页及以下几页;弗里斯特,载《萨姆松祝贺文集》,第19页及以下几页;雅科布斯,第7节,边码64;屈佩尔,《法学教学》,1971年,第474页,尤其是第476页及下一页;奥托,《第56次法学家大会的专业鉴定》(Gutachten zum 56. Dt. Juristentag),1986年版,D1,尤其是第43页及以下几页;罗克辛,《刑法新杂志》,1987年,第345页,尤其是第348页及以下几页,均有进一步的文献。

㉒ 韦塞尔斯、博伊尔克,边码702;格罗普,第11节,边码67;罗克辛,载《恩吉施祝贺文集》,第380页,尤其是第386页及以下几页;《(舍恩克、施罗德)刑法典评注——施特雷、博施》,第13条前言,边码160。

㉓ 美茵河畔法兰克福州高等法院,《刑法新杂志——刑事判决和报告》,2001年,第57页,尤其是第59页;赫鲁斯卡,第304页及以下几页、第314页;考夫曼,《不作为犯的学理》(Die Dogmatik der Unterlassungsdelikte),1959年版,第76页及以下几页、第280页及以下几页;拉克纳、屈尔,第13条,边码3;罗克辛,载《恩吉施祝贺文集》,第380页,尤其是第380页及下一页;施特林泽,载《施特雷、韦塞尔斯祝贺文集》,第133页,尤其是第146页及以下几页;关于纯正的不作为犯中的"原因自由不作为",见德内—尼曼(Dehne-Niemann),《戈尔特达默刑法档案》,2009年,第150页及以下几页。

前是故意地或过失地㉔促成自己无能力为所应为的行为,则这种无能力并不会影响到不作为的认定。

复习与深化

1. 如何理解纯正的不作为犯?如何理解不纯正的不作为犯?(边码1及下一边码)

2. 就某一特定构成要件上的行为方式而言,如何区分作为和不作为?(边码3及下一边码)

3. 在中断自己的救助努力之时,如何区分作为和不作为?(边码12及以下几个边码)

㉔ 在这种情况下,存在一种接受过失,参见本书第33节,边码19、48、55。

第36节　不纯正的不作为犯

一、概述

1. 等价性

根据第13条第1款的规定,仅当不作为者"依法必须保证结果不发生,且不作为与因作为而实现法定构成要件二者相等价时",不阻止符合构成要件的结果的这一不作为才是可罚的。就此而言,不作为必须在两个方面和作为相等价,亦即对实现构成要件的管辖[所谓行为等价(Handlungsäquivalenz)]与作为和不作为二者相对应[所谓形态等价(Modalitätenäquivalenz)]。

行为等价是指,作为保证人,行为人依法必须保证结果不发生,而且客观上可归属地违反了该义务。如果行为人具备了一种能称为保证人地位的结果避免义务,也就具备了以不作为的方式实现某一作为犯的必要的前提条件。

形态等价是指,具体的不作为和以作为方式实现法定构成要件相等价。在第212条、第223条这样纯粹的结果犯的场合,该等价性直接源于违反义务地不阻止结果的发生这一特定的行为不法;这种情况下,没有必要进一步论证具备等价性。而在像第142条、第180条、第211条第2款第2组情况*、第240条、第263条这类将特定的作为方式明确规定为不法的与行为相联系的(verhaltensgebunden)犯罪中,则有必要讨论等价性问题。在这种情况下,不作为必须具有与主动的作为的可比性。① 具体的细节可以通过解释相关犯罪而得知,而这是分论中讨论的问题。

2. 犯罪构造(概览)

不作为犯乃是按照和作为犯一样的基本原理而构建的。不同点仅仅在于,行为人所要加以负责的,不是因创造一符合构成要件的风险而引发结果,而是通过清除业已存在的(或正在产生的)风险以避免结果的发生。因此有必要特别加以论证的是:一方面需要说明,为何行为人需作为保证人对清除风险负责;另一方面需证明,行为人当时有能力符合义务地避免结果的发生。

---

* 是指"以阴险、残暴或危害公共安全的方法,或意图实现或掩盖其他犯罪行为而杀人"。——译者注

① 参见雅科布斯,第29节,边码7;罗克辛,《法学教学》,1973年,第197页,尤其是第198页及下一页;《(舍恩克·施罗德)刑法典评注——施特雷、博施》,第13条,边码4;《莱比锡刑法典评注——魏根特》,第13条,边码77;《诺莫斯刑法典评注——沃勒尔斯、格德》(NK-Wohlers/Gaede),第13条,边码19;批判性的观点,见克赖·埃塞尔,边码1129;亦参见邦,《整体刑法学杂志》,第120卷,2008年,第527页及以下几页。

5　　**(1) 专业鉴定的构造**：进而，可以按照如下的审查框架来考察既遂且故意的(不纯正)不作为犯。

第一，构成要件。其中，首先，客观的构成要件：

① 发生符合构成要件的结果(边码 8)；

② 为(有效地)阻止结果，不为客观上合适且行为人有能力采取的行为(边码 9 及以下几边码)；

③ 因果关系(边码 12 及以下几个边码)；

④ 保证人地位(边码 23 及以下几个边码、边码 49 及以下几个边码)；

⑤ 客观归属(边码 27 及以下几个边码)；

⑥ 可能还有与行为相联系的犯罪中的形态等价问题(边码 3)。

其次，主观的构成要件：故意(边码 30)。

第二，违法性。

第三，罪责：命令错误(Gebotsirrtum)(参见第 28 节)、期待可能性(边码 37 及以下几个边码)等。

6　　不要一成不变地套用这一审查步骤，而要针对各个案件具体地对之加以适用。例如，在行为人显然不处于保证人地位的时候，就没有必要开始这一避免实施相应行为的审查。

7　　**(2) 特别的处理**：特别地，(不纯正)不作为犯中也要讨论结果避免义务，这使得有必要在过失犯(边码 36)、确定力图的开始(边码 40 及以下几个边码)以及如何认定不予处罚的中止(边码 45 及以下几边码)这些方面针对不作为犯做特定的讨论。

二、犯罪要素

1. 结果的发生

8　　正如作为犯那样，不作为犯要既遂，也需实现所有客观的构成要件要素；如果遇到结果犯，则必须已经发生符合构成要件的结果。

2. 不作为

> **案例 1**
>
> 在人烟罕至的海滩上，因为父亲 F 没有采取任何举动，他的小孩 X 溺死于海里。

> **案例 2**
>
> 在火灾中，A 不敢冒险冲进房子中救他的孩子(未得救则必烧死)，如果 A 冲进去救，便只能从窗户将孩子丢出，这样也很有可能导致孩子死亡。

> **案例 3**
>
> 在一个化学工厂发生了一起造成人员受伤的爆炸事故。这个事故的一个原因是,工程师 G 当时没关掉某个气体的开关。而按照相应安全规定,G 仅需将气体降低到某一特定的比率即可。

要成立作为犯,必须具有作为,如果行为人当时不作为,则可以避免结果(的发生);与此相对应,不作为的成立以不采取某一本来能够阻止结果发生的行为为前提。而需要行为人实施的是:那些在事前看来在给定情状下能尽量有效地避免符合构成要件的结果发生的行为。假如对于可能的救助者而言,当时具有采取数种同样有效的替代行为的可能性,他就必须根据自己的选择实施其中一个行为。② 也有可能地,行为人有必要求助于第三人(如医生)的(有效)帮助。至于具体行为人所无法实施的求助可能性,则不需加以讨论。在案例 1 中,如果 F 不会游泳,而且也找不到其他救助措施,那么,他没有把 X 从水中拉出的"不作为"就不是不避免符合构成要件的结果。③ 9

在专业鉴定中,可将为避免结果所需的行为作为客观构成要件的要素,采用**两个步骤**加以确定: 10

(1)首先需要问的是,**在客观上有多大可能可以有效地避免结果?**(案例 1:"有多大可能可以游到 X 处,并及时将他从水里拖出来?")

(2)然后需要审查,是否**具体行为人**当时事实上(在体力上)**能够**实施这种行为?(案例 1:"F 到底能不能游到 X 处,并将之及时从水中拖出?")④

行为人当时是否知道有实施救助行为的可能性,则是关于故意的问题,这个问题在认定主观的构成要件时才需加以深入探讨。⑤

行为人所需要实施的行为并不必定就必须清除风险。也有可能的情况是,行为人只有义务将发生结果的危险控制在某一特定(容许的)范围之内。 11

3. 因果关系

(1)因果联系:像作为犯一样,不作为犯也要求行为人的举止和结果之间具有因果联系。这个因果联系是基于所有可获得的认识事后地加以确定的。若行为人采取了他所不作为的行为,则肯定不会发生相应的结果,那么,就可以确定不作为 12

---

② 格罗普,第 11 节,边码 58;雅科布斯,第 29 节,边码 12。
③ 亦参见豪夫,第 67 页;赫鲁斯卡,第 429 页及以下几页;屈尔,第 18 节,边码 30。
④ 参见联邦法院,《刑法新杂志》,1997 年,第 545 页。
⑤ 主流观点,亦参见埃伯特,第 181 页;毛拉赫、格塞尔、齐普夫,第 46 节,边码 113;《刑法典体系性评注——鲁道菲、施泰芬》,第 13 条前言,边码 5;《(舍恩克、施罗德)刑法典评注——施特雷、博施》,第 13 条前言,边码 141;其他观点,见考夫曼,《不作为犯的学理》,1959 年版,第 100 页及以下几页。

和结果之间存在因果联系。⑥

13　　有一少数说认为,不作为犯并不以因果联系为必要。如果可能的救助者有义务防止或避免的危险都在结果中实现了,而他当时事实上具有防止或避免该危险的可能性,则便足以认定不作为犯成立。所以,根据这种见解,在实施所应为的行为之时,必须存在阻止结果的现实可能性。⑦ 但是,这种学说和第 13 条所要求的作为和不作为之间须有等价性并不兼容。如果构成要件上作为形式的行为以不作为则肯定排除结果为前提,反过来,构成要件上不作为形式的行为的前提则是:采取所应为的作为就肯定排除结果。这样,二者才会等价。

14　　（2）**因果关系的证明**:如果是因为没有实施所应为的行为,而使得结果肯定地具体实现了,那么,根据等价说,就可以证明二者之间具有不作为的因果关系。⑧ 在案例 1 中,如果 F 将 X 从海里拉出,X 就不会溺死,那么 F 的不作为便是 X 死亡的一个原因。由于该案中的行为仅是(在假设上)设想中的,因而,也可以经常将不作为时的因果联系称为只是准因果关系或者假设的因果关系。⑨

15　　同样地,在不作为的场合,适用"若无前者,即无后者"公式时也须以对相关因果法则的认识为前提。在案例 1 中,由于可以借用确定的生活经验,也就没有什么问题。但是,若某医生本来能够通过给病人某种药物从而阻止病情发展的,这时人们要责难医生的话,必须知道相应的药物对于因果流程具有因果上的相关性。因此,在不作为的场合,"若无前者,即无后者"公式只能有助于确定结果,而没有办法证明因果关系。所以,在不作为领域,也需要按照"合乎法则的条件说"对"若无前者,即无后者"公式加以修正。

16　　在作为犯的场合,通过考虑(行为人的)某一特定的举止,便可以解释某一实

---

⑥ 主流观点,请代表性地参见《帝国法院刑事判例集》,第 75 卷,第 372 页,尤其是第 374 页;《联邦法院刑事判例集》,第 7 卷,第 211 页,尤其是第 214 页;联邦法院,《刑法新杂志》,1985 年,第 26 页,尤其是第 27 页;《刑法新杂志——刑事判决和报告》,2002 年,第 303 页;鲍曼、韦伯、米奇,第 15 节,边码 24;弗洛因德,第 6 节,边码 103;屈尔,第 18 节,边码 36;《(舍恩克·施罗德)刑法典评注——施特雷、博施》,第 13 条,边码 61。批判性的观点,见罗克辛,《戈尔特达默刑法档案》,2009 年,第 73 页,尤其是第 75 页及以下几页:"危险源失控"肯定导致结果发生;关于力图,参见《联邦法院刑事判例集》,第 14 卷,第 284 页;联邦法院,《刑事辩护人杂志》,1985 年,第 229 页。

⑦ 参见科隆州高等法院,《新法学周刊》,1991 年,第 764 页;布拉姆森,《德国法月报》,1989 年,第 123 页及以下几页;毛拉赫、格塞尔、齐普夫,第 46 节,边码 23;赫鲁斯卡,第 430 页;奥托,第 9 节,边码 98 及以下几页;斯特拉滕韦特,载《加拉斯祝贺文集》,第 227 页及以下几页;不一致的观点,见罗克辛,第 2 卷,第 31 节,边码 54 及以下几个边码。

⑧ 参见《帝国法院刑事判例集》,第 75 卷,第 372 页,尤其是第 374 页;《联邦法院刑事判例集》,第 6 卷,第 1 页,尤其是第 2 页;第 37 卷,第 106 页,尤其是第 126 页;联邦法院,《刑法新杂志》,1987 年,第 505 页;《刑法新杂志——刑事判决和报告》,2002 年,第 303 页;格罗普,第 11 节,边码 71;耶赛克、魏根特,第 59 节 III,4;克赖、埃塞尔,边码 1123;屈尔,第 18 节,边码 38;《(舍恩克·施罗德)刑法典评注——施特雷、博施》,第 13 条,边码 61。

⑨ 联邦法院,《新法学周刊》,2003 年,第 522 页,尤其是第 526 页;斯特拉滕韦特、库伦,第 13 节,边码 53,有进一步的文献。

际的事实发生流程；而在不作为犯的时候，却需要有一个凭借相关的经验认识（特别是自然法则）可以排除合理怀疑地加以确证的**预测**（Prognose）。⑩ 若行为人实施了相应的行为，按照当时的事实情形加以预测，结果就不会发生。由此得知，"若无前者，即无后者"公式在不作为的情况下需要做出如下修正：

如果行为人没有为所应为的行为，按照相应的因果法则，便可以肯定地预测到结果会具体地发生，那么，便可以将该不作为认定为结果的（假设）原因。 17

(3) 假设的因果流程：就像作为犯那样，在不作为犯的场合，是否有"后备原因"（Reserveursachen）意义上的假设因果流程并不会对不作为犯的成立产生影响。这特别体现在数个保证人都没有满足其救助义务的情况。如果案例 1 中，X 的母亲 M 也在场，也没有采取任何行动，则 F 不能说，因为 M 没有救助，所以发生了结果。 18

(4) 结果：在不作为犯的场合，是否因果判断也取决于结果的**具体实现**⑪，也存在一定的争议；更确切地说，有人认为，结果应是抽象地实现构成要件。⑫ 在案例 2 中，如果认为结果需具体地实现，则要肯定因果关系成立。相反，若认为要抽象地认定结果，且将小孩从窗户抛出去也肯定会致其死亡，则要否定因果关系成立。 19

由此得知，抽象的结果确定将举止与结果之间的因果关系和避免结果的义务相混淆了。在确定因果关系时，只有结果发生的具体形式和方式才是关键，至于后备原因则应加以排除。而第 13 条上的义务针对的是符合构成要件的任一结果。根据这种见解，在案例 2 中，因火灾而导致的具体死亡和没有将孩子从窗户抛出二者之间便存在因果关系。虽然如此，但若无法得知是否抛出窗户就意味着造成结果的风险更小，抛出窗户就不是法律所要求实施的行为，这样，由于缺乏法律上要求的避免义务，便不得将具体结果归属给行为人。 20

(5) 控制在容许的风险范围内：如果无法完全消除某一特定风险，而只能将之控制在容许的范围之内，则也只能借助于若保持在容许的风险范围内便不会发生结果这一判断，来证明存在因果关系。例如，在案例 3 中，如果没有办法否定，即便合乎义务地减轻气体量也会发生爆炸，在不作为和结果之间就缺乏必要的"义务违反性的关联"。 21

(6) 集体决策：在不作为犯领域，针对集体决策中的投票也会产生因果关系的问题。⑬ 具体而言，特别是当集体的诸成员都不阻止某一有害的因果流程（比如， 22

---

⑩ 参见耶赛克、魏根特，第 59 节 III，3；亦参见普珀，《整体刑法学杂志》，第 92 卷，1980 年，第 863 页，尤其是第 899 页及以下几页；普珀，《法学综览》，1992 年，第 30 页及下一页。

⑪ 这样的观点，见韦塞尔斯、博伊尔克，边码 712；布林格瓦特，边码 416 及下一边码；施彭德尔，《法学家报》，1973 年，第 137 页，尤其是第 140 页。

⑫ 格罗普，第 11 节，边码 75；施吕希特，《法学教学》，1976 年，第 793 页，尤其是第 794 页；亦参见联邦法院，《法学家报》，1973 年，第 173 页。

⑬ 对此，见本书第 10 节，边码 39 及以下几个边码。

撤回损害健康的产品)时,便会出现疑问。在这种情形下,可以相应地采用**替代的因果关系的规则**⑭:在给定的情状之下,倘若数个不作为中的每一不作为都是替代性而非累积性地发挥作用,而且若没有这种不作为的话,根据公认的因果法则,结果便不会具体发生,那么,均可以将这每一不作为认定为是造成结果的原因。⑮ 这时,虽然单独的一票不足以改变决议的情形,即,不能认为,没有这一票就不会有结果;但是,若我们同时考虑必须实施所应为的行为和委员会其他成员的赞成票,那么,就可以认定,没有这些票,结果就不会发生。这里的问题是,是否即便采取了所应为的行为,当时还是会通过决议?因此,集体的个别成员当时实际上是否可能履行其义务,也就根本影响不到因果关系的成立。⑯

4. 保证人地位

> **案例 4**
> 当某个小孩要溺死时,在场的小孩父亲 F 和澡堂救生员 J 都没有采取任何行动。

23   仅当行为人有依法保证结果不发生的义务(第 13 条第 1 款),才成立(不纯正的)不作为犯。人们将这种保证(或管辖)称之为保证人地位⑰,其具有两种不同形式的任务内容:

24   一种是针对某一特定危险的保证。这种保证人义务的内容乃是监督这一危险,避免其造成结果[所谓**监督者保证人地位**(Überwachergarantenstellung)]。

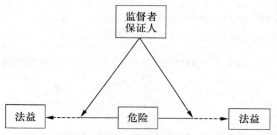

25   另一种是保证某一特定利益或数个特定利益不遭受任意的危险[所谓**保护者保证人地位**(Beschützergarantenstellung)]。

---

⑭ 亦参见《联邦法院刑事判例集》,第 48 卷,第 77 页,尤其是第 93 页及以下几页和德雷埃尔的评论,见《法学教学》,2004 年,第 17 页及下一页。
⑮ 参见本书第 10 节,边码 34、41。
⑯ 亦参见雅科布斯,载《宫泽浩一祝贺文集》,第 419 页,尤其是第 432 页及下一页;《诺莫斯刑法典评注——普珀》,第 13 条前言,边码 122。
⑰ 关于认定保证人地位的具体细节,见本书本节下文边码 49 及以下几个边码;概括性论述,见屈尔,《法学教学》,2007 年,第 497 页及以下几页。

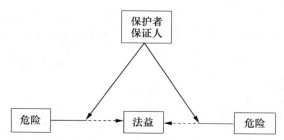

在案例 4 中,针对溺水危险,J 是监督者保证人,F 则是其小孩的保护者保 26
证人。

5. 客观归属

案例 5

E 没有阻止他的妻子 Q 去游泳,当时 Q 清楚地知道因暴风雨海面波涛汹涌,
却仍然要去游泳;Q 溺死。

在不纯正不作为犯的场合,可以相应地适用客观归属的规则。但若自我答责 27
原则发挥作用(如案例 5),则不可以将结果归属给行为人。[18]

因此,在考察行为人是否有责任防止结果发生的风险,保证人地位虽然是必要 28
条件,但尚不是充分条件。所以,配偶之间(或者其他保证人之间)也没有义务阻止
他们中的另一人自我答责地实施自杀。[19]

由于所应为的行为在证明因果关系的时候已加以讨论,因而,在不作为犯时, 29
便不需要特别针对"义务违反性的关联"(再)加以讨论。[20]

6. 故意和认识错误

案例 6

A 没有发现他没有搭救的落水者正是他的妻子 Q。

案例 7

B 之所以不救落水的 C,是因为 B 错以为 C 是他的妻子 F。

---

[18] 参见本书第 11 节,边码 23 及以下几个边码。
[19] 参见联邦法院,《刑法新杂志》,1983 年,第 117 页;《德国法月报》(霍尔茨),1987 年,第 797 页;
屈尔,第 18 节,边码 60;对此,详见金德霍伊泽尔:《刑法分论》,第 1 卷,第 4 节,边码 19 及以下几个边
码。
[20] 参见本书本节上文边码 10 及下一边码、21。

> **案例 8**
>
> D 没有搭救他落水的妻子,因为他以为,由于过去的争吵,他没有义务救助她。

> **案例 9**
>
> X 没有救助 Y,尽管 X 认为,作为好朋友有一种特别的义务救助 Y。

30　　（1）**故意**：正如作为犯一样,故意必须针对所有与构成要件相关的情状（有认识）。除此之外,行为人还必须知晓使他负有保证人义务的事实性前提条件,因为这些条件属于不纯正不作为犯的不成文的构成要件要素。[21]

31　　（2）**认识错误**：就保证人地位而言,会发生**四种认识错误的情况**[22]：

32　　① 如果行为人（像案例 6 中 A 那样）没有认识到有**使其处于保证人地位的事实性情状**,他就处于阻却故意的**构成要件错误**之中（第 16 条第 1 款第 1 句）。所以,在案例 6 中,由于没有故意,便不适用第 212 条、第 13 条;但是有可能适用第 222 条、第 13 条,或单独适用第 323 条 c。

33　　② 倘若行为人（像案例 7 中的 B）错误地以为存在使自己处于保证人地位的情状,则可以认定**力图**。因而,B 应当根据第 212 条、第 13 条、第 22 条及下一条加以处罚。[23]

34　　③ 假如行为人（像案例 8 中的 D）虽然认识到使其处于保证人地位的情状,但是错以为他没有依法保证结果不发生的义务,那么他则处于**命令错误**（第 17 条）状态中。[24]

35　　④ 假若行为人（像案例 9 中的 X）基于法律上并不使之处于保证人地位的情状中错误地认为,自己没有履行保证人义务,则只是不可罚的**幻想犯**。鉴于第 212 条、第 13 条,X 不处于保证人地位,故不可以适用这两个条款,但是,这并不妨碍他按照适用于每个人的第 323 条 c 中的帮助义务承担责任。

7. 过失

36　　对于过失的（不纯正）不作为犯,则按照通行基本原理加以处理。需要注意的只是,对于实施所应为的行为,也适用可期待的谨慎。因此,如果保证人当时有办

㉑ 参见《联邦法院刑事判例集》,第 16 卷,第 155 页,尤其是第 158 页;雅科布斯,第 29 节,边码 89 及下一边码,有进一步的文献。

㉒ 对此,详细的阐述,见萨茨格尔,《法学》,2011 年,第 432 页,尤其是第 433 页及以下几页。

㉓ 同时实现的第 323 条 c,则因为补充关系,不再适用。

㉔ 参见《联邦法院刑事判例集》,第 16 卷,第 155 页,尤其是第 158 页;豪夫,第 72 页;屈尔,第 18 节,边码 129。

法合理地行动,却没有成功防止结果,则要因过失而承担责任。进一步地,不管是客观地还是个别地,都须能够认识到存在相应的保证人地位。㉕ 这样,(对保证人施以过失刑罚的)必要前提就是:若保证人保持合乎谨慎的注意力,则本能够和必须认识到,当时存在使其有义务避免结果发生的(相应的)事实性情状。例如,若 A 保持必要的谨慎,则在看到儿童落水时,本来能够认出,这个他没有搭救的落水的儿童正是他自己的儿子 E。

8. 罪责

> **案例 10**
>
> 在火烧房子时,J 没有搭救他病重的父亲 F,而是把他深爱并想与之结婚的女朋友 N 救出了。

> **案例 11**
>
> 由于明显醉酒,汽车司机 Q 引发了一起交通事故,使在孤寂的街道上行走的 X 陷入生命危险。

不纯正不作为犯的可罚性受到了**为合乎规范的举止的期待可能性**这一条件的**苛刻的限制**。由于期待不可能针对的是动机能力,因而属于免除罪责事由。㉖ 但还是有人认为它可以阻却构成要件㉗,或者作为正当化事由。㉘ 37

在案例 10 中,针对 J 的行为,在权衡救助 F 的保证人义务和一般救助义务二者时,前一义务更为重要,这使得 J 的行为并不正当。㉙ 同样,第 35 条也不能适用,因为 N 不在该条款中提到的人员范围之列。虽然如此,但这里可以考虑适用期待不可能,从而不对 J 科以处罚,因为 J 一方面救了人命,另一方面又追求人们认可的利益。㉚ 38

反之,(行为人自己)**追求某种刑法上的风险**,那么,在需要阻止重要损害时,基本不得对他适用期待不可能,因为当事人自己必须为该风险负责,这样,便需优先 39

㉕ 《莱比锡刑法典评注——福格尔》,第 15 条,边码 62。
㉖ 主流观点,请代表性地参见《联邦法院刑事判例集》,第 6 卷,第 46 页,尤其是第 57 页;联邦法院,《刑法新杂志》,1994 年,第 29 页;鲍曼、韦伯、米奇,第 15 节,边码 19;屈尔,第 18 节,边码 140;《莱比锡刑法典评注——伦瑙》,第 32 条前言,边码 327、334;拒绝这种免除罪责事由的观点,见《刑法典体系性评注——鲁道菲、施泰因》,第 13 条前言,边码 51。
㉗ 布林格瓦特,边码 452;哈夫特,《法学工作》,1982 年,第 473 页,尤其是第 475 页;克赖、埃塞尔,边码 1172 及以下几个边码;施特雷,载《伦克纳祝贺文集》,第 393 页,尤其是第 401 页;《诺莫斯刑法典评注——沃勒尔斯、格德》,第 13 条,边码 17。
㉘ 格罗普,第 11 节,边码 55;克勒,第 297 页。
㉙ 参见本书第 18 节,边码 7。
㉚ 亦参见屈尔,第 18 节,边码 140。

保护该风险危及的利益。㉛ 因此,在案例 11 中,人们就可以期待 Q 实施救助,即便 Q 因此卷入因危害道路交通安全而被起诉的风险,也是如此。

三、力图和中止

1. 力图的开始

> **案例 12**
> 母亲 M 决定让她两个月的孩子 H 饿死。

40　　第 22 条"直接着手"的概念乃是按照作为犯来设计的,也就必须加以解释,才可以相应适用于不作为犯。

41　　(1) 今天(完全占据)主流的观点是从行为人角度,根据危险程度加以区分的㉜:若已经存在结果发生的直接危险,只要保证人一决定放弃阻止结果的最初机会,便成立力图;若危险尚不直接,则当保证人尽管面临严重危险而保持无所作为,或者放弃实施救助干预或听任事情发生之时,力图算是开始。

42　　根据这一见解,案例 12 中力图开始的时间点是,根据 M 的估算,H 已经有缺食迹象了。这一方案是基于如下合理的考虑:保证人并不是只有防止结果的义务,其还负有减少危险存在的义务。

43　　(2) 与此不同地,过时的(因针对的是旧法的情形)观点认为,直到错过了最后的救助机会,才算力图的开始。㉝ 这样,在案例 12 中,当 M 认为,还能够将行将死亡的 H 送往医院抢救从而得救之时,则**根本**不能算力图的开始。

44　　(3) 同样陈旧的观点还有,当行为人错过实施所应为的阻止结果的首个机会时,力图便已开始。㉞ 在案例 12 中,第一次不让 H 用餐时,力图便开始了。可是,在这一如此靠前的阶段,尚不需要行为人做出任何实施不作为的决定,更确切地说,特别是当再等一会也尚不会恶化救助机会,因此,对于行为人而言,根本没有必要采取任何干预。

㉛ 屈尔,第 18 节,边码 141。
㉜ 韦塞尔斯、博伊尔克,边码 741 及下一边码;《(舍恩克、施罗德)刑法典评注——埃泽尔》,第 22 条,边码 50 及下一边码;埃克斯纳(Exner),《法学》,2010 年,第 276 页,尤其是第 278 页;《慕尼黑刑法典评注——赫茨贝格、霍夫曼—霍兰特》,第 22 条,边码 123 及下一边码;耶赛克、魏根特,第 60 节 II、2;拉克纳、屈尔,第 22 节,边码 17;罗克辛,载《毛拉赫祝贺文集》,第 213 页及以下几页;《刑法典体系性评注——鲁道菲、施泰因》,第 13 条前言,边码 66 及以下几个边码;福格勒,《德国法月报》,1995 年,第 337 页,尤其是第 339 页及下一页;《诺莫斯刑法典评注——察克奇克》,第 22 条,边码 64;亦参见《联邦法院刑事判例集》,第 40 卷,第 257 页,尤其是第 268 页及以下几页。
㉝ 考夫曼:《不作为犯的学理》,1959 年版,第 210 页及以下几页;韦尔策尔,第 28 节 IV。
㉞ 赫茨贝格,《德国法月报》,1973 年,第 89 页及以下几页;迈霍弗,《戈尔特达默刑法档案》,1958 年,第 289 页,尤其是第 297 页及下一页;施罗德,《法学教学》,1962 年,第 81 页及以下几页。

2. 中止

（1）失败时不成立中止：针对不纯正不作为犯的力图，可以在符合相应前提条件㉟下，成立不受处罚的中止，亦即，通过采取主动的作为自愿地阻止结果的发生。㊱ 在这种情况下，判例的见解㊲也只要求，行为人因果地防止结果即可，而并没有必要做出最大的救助努力。㊳ 倘若行为人在开始力图后，认为出现了第三人干预或者其他中断危险情形等原因而不再可能促成结果，换言之，不再有办法通过不实施救助作为的方式促成结果，则可以认定已经失败了。㊴ 45

（2）已终了和未终了的力图：要在不纯正不作为犯的力图中成立中止，始终需要的是一主动的行动，这样，主流观点认为，区分未终了和已终了的力图的做法在这里就变得不重要了。㊵ 更确切地说，这里需加以适用的均是已终了的力图之中的中止规则。㊶ 46

与此不同地，鉴于防止结果的风险，有一种广为流传的少数说认为在这里有必要区分已终了和未终了的力图：在已经终了的力图的情况下，若结果发生，则保证人总是需要承担责任；而在未终了的力图时，尽管存在反对的行动，但结果依然发生时，仍有可能成立中止。㊷ 47

如果行为人认为，尚能够通过简单地补做本应为的行为来阻止结果的发生，则 48

㉟ 关于中止的前提条件，详见本书第 32 节，边码 9 及以下几个边码。
㊱ 联邦法院，《新法学周刊》，2003 年，第 1057 页，尤其是第 1058 页；《(舍恩克、施罗德)刑法典评注——埃泽尔》，第 24 条，边码 30；耶赛克、魏根特，第 60 节 II、3；屈尔，第 18 节，边码 152；《莱比锡刑法典评注——利利、阿尔布雷希特》，第 24 条，边码 471；其他观点，恩伦德，《法学家报》，2012 年，第 130 页及以下几页；《诺莫斯刑法典评注——赫茨贝格、霍夫曼—霍兰特》，第 24 条，边码 83：有时也可能通过单纯保持不动而形成中止。
㊲ 关于作为，参见本书第 32 节，边码 27。
㊳ 联邦法院，《刑法新杂志》，2003 年，第 308 页及下一页和普珀的反对性评释；反对的观点，亦见阿梅德（Ahmed）:《不纯正不作为犯的力图中的中止》(Rücktritt vom versuchten unechten Unterlassungsdelikt)，2007 年版，第 134 页及以下几页，第 150 页及以下几页。
㊴ 关于数动作犯的不作为犯的情形，参见联邦法院，《新法学周刊》，2003 年，第 1057 页，尤其是第 1058 页和库德利希的评释，见《法学综览》，2003 年，第 380 页及以下几页；进一步地，见埃克斯纳，《法学》，2010 年，第 276 页，尤其是第 279 页及以下几页。
㊵ 主流观点，请代表性地参见联邦法院，《刑事辩护人杂志》，1998 年，第 369 页；《慕尼黑刑法典评注——弗洛德恩》，第 13 条，边码 244；赫茨贝格，《德国法月报》，1973 年，第 89 页，尤其是第 93 页；克勒，第 482 页；罗克辛，第 2 卷，第 30 节，边码 139；《诺莫斯刑法典评注——察克奇克》，第 24 条，边码 47；其他观点，《刑法典体系性评注——鲁道菲、施泰因》，第 13 条前言，边码 66 及下一边码。
㊶ 《联邦法院刑事判例集》，第 48 卷，第 147 页，尤其是第 149 页及以下几页；联邦法院，《新法学周刊》，2000 年，第 1730 页，尤其是第 1732 页；《刑法新杂志》，2003 年，第 252 页，尤其是第 253 页。
㊷ 《(舍恩克、施罗德)刑法典评注——埃泽尔》，第 24 条，边码 30；埃克斯纳，《法学》，2010 年，第 276 页，尤其是第 280 页及下一页；格罗普，第 9 节，边码 72；海因里希，边码 815 及以下几个边码；耶赛克、魏根特，第 60 节 II、2；屈尔，第 18 节，边码 153 及以下几个边码；斯特拉滕韦特、库伦，第 14 节，边码 6；反对的观点，见屈佩尔，《整体刑法学杂志》，第 112 卷，2000 年，第 1 页，尤其是第 30 页及以下几页。

可以认定力图未终了。㊸ 反之,倘若行为人认为,只能再通过采取有风险的措施才有办法阻止结果的发生,则力图已经终了。㊹

四、保证人地位的成立

1. 义务基础

49　　**(1) 没有法定规则**:第13条第1款虽然将行为人"依法保证结果不发生"的义务作为责任的前提("行为等价")㊺,但是却未规定何时可以将行为人认定为这种保证人。毫无疑问,从像第138条、第323条c这样的纯正不作为犯中的符合构成要件的情况之中,**根本不能**推出保证人义务,因为这种条款中规定的只是一般的法律义务,而不是特殊的身份义务。㊻ 同样地,从纯粹的伦理义务中,也得不出任何结果避免义务。㊼

50　　**(2) 形式的法律义务说**:根据形式的法律义务说,可以从法规、合约、自愿的接受、紧密的共同生活和(不容许的)危险创设之中得出保证人地位。㊽ 但这只是在法律渊源的范围上有不同的区分,而没有提及成立保证人地位的理由,这样,采用这种形式的标准并不足以判定,究竟哪些法定义务能够成为保证人义务。

51　　**(3) 实质的法律义务说**:因而,就有必要实质地论证这里的法律义务,并从基本的各种责任原则之中导出法律义务。有人试图通过一个全面的原则来论证一切保证人义务,比如,借助所谓"信赖原则"㊾、"针对所担负的保护机能的答责原理"㊿、"对于结果之原因的支配"[51]或者"卷入原则"[52](通过创设危险和撤销防御戒备)。

㊸ 布林格瓦特,边码599;埃伯特,第184页;格罗普,第9节,边码72;豪夫,第163页。

㊹ 韦塞尔斯、博伊尔克,边码744;屈尔,第18节,边码154。

㊺ 关于"依法"("法律上")这一要素的深入论述,见屈尔,载《赫茨贝格祝贺文集》,第177页,尤其是第184页及以下几页;亦参见伯姆(Böhm):《家庭关系中的保证人义务》(Garantenpflichten aus familiären Beziehungen),2006年版,第170页及以下几页;冯·克尔恩(von Coelln):《不纯正不作为犯中的"依法必须保证"》(Das „rechtliche Einstehenmüssen" beim unechten Unterlassungsdelikt),2008年版,第233页及以下几页;许内曼,载《阿梅隆祝贺文集》,第303页及以下几页。

㊻ 仅请参见《联邦法院刑事判例集》,第3卷,第65页,尤其是第66页及下一页。

㊼ 参见《帝国法院刑事判例集》,第66卷,第71页,尤其是第73页及下一页;《联邦法院刑事判例集》,第7卷,第268页,尤其是第271页;第30卷,第391页,尤其是第395页。

㊽ 参见《帝国法院刑事判例集》,第63卷,第392页,尤其是第394页;《联邦法院刑事判例集》,第2卷,第150页,尤其是第153页;第19卷,第167页,尤其是第168页;鲍曼、韦伯、米奇,第15节,边码51及以下几个边码。

㊾ 沃而夫:《作为和不作为的因果关系》(Kausalität von Tun und Unterlassen),1965年版,第36页及以下几页;从社会学角度进行论证的作为一种基本期待的期待(Erwartungserwartung)的变量(Variante),见奥托,第9节,边码42及以下几个边码。

㊿ 鲁道菲,《刑法新杂志》,1984年,第149页及以下几页。

[51] 许内曼,《整体刑法学杂志》,第96卷,1984年,第287页,尤其是第293页及以下几页。

[52] 泽尔曼,《戈尔特达默刑法档案》,1989年,第241页,尤其是第251页及以下几页。

(4) 机能说：然而，这些统一化的努力却并不能和今天公认的见解（即认为保 52
证人义务可以具有两种不同的机能）相兼容。今天的机能说认为[53]：保证人义务的
一种机能是**监督特定的风险**（危险源），另一种机能是**保护特定利益**免受任意的危
险。这两个机能是从诸种不同的原理中得出来的，而这些不同的原理也许能以一
个完全抽象的原则加以概括，但却会因而导致该原则本身的内容空洞化。因而，更
为合适的办法是，自始便对保证人地位做二元的、以机能为导向的理解。

  一个人格体之所以有责任去防止结果，可以出于两种本质上不同的原因：根据 53
对风险的支配（Risikoherrschaft）和根据制度性的照料（institutionele Fürsorge）。

  基于风险支配的管辖的理论基础是：任何针对某一事实发生实施支配的人，都 54
必须为此答责，以保证他人不因此受到损害；支配的另一面就是答责。这意味着：
任何人都必须管理好自己的行为范围，以保证不向他人输出（受法律指责的）风
险。[54] 如果创设或接管了这种风险，他就必须保证不实现这种风险。这样，每一个
创设或接管风险都意味着一个保证人义务[55]，违反该保证人义务则可能导致因不
作为犯而受罚。如果谁创设或接管了某一风险，他也就原则上需要因为他的支配
而为该风险以及由其（相当地）产生的后果负责。因此，在责任的原理上，这种基于
风险支配的保证人义务就也和作为犯相当了。

  基于制度性照料的管辖是指这样一种思路：个体之所以能够享受到法律所 55
保障的自由，其前提在于法律承认的诸种社会关系、制度的持续性存在。[56] 而属
于这类提供和保障个体自由的制度包括：父母和子女的关系、配偶及同等意义的
同居关系、国家的权力关系、安全和秩序的保障以及由法律所保障的司法和行
政。制度管辖是指因当事人的制度性团结（Verbundenheit）而生的照料和合作。
制度的存在并不受个体的支配；个体也许不想结婚，但是，他没办法废除婚姻制
度。制度性照料只约束那些合法地进入这个机制中的人，也就是说，谁结婚了或
者养育有孩子，便需要受到婚姻家庭制度的约束。因此，因制度性照料而生的保
证人义务的基础也就是：针对受保护的利益做出相应积极努力，并为此特别地
答责。

---

  [53] 基础性的论述，见考夫曼：《不作为犯的学理》，1959年版，第283页及以下几页；亦参见奥托、布
拉姆森，《法学》，1985年，第530页，尤其是第533页、第537页及以下几页；第592页及以下几页；第646
页及以下几页；《刑法典体系性评注——鲁道菲、施泰因》，第13条，边码23及下一边码。

  [54] 雅科布斯：《作为和不作为的刑法归属》（Die strafrechtliche Zurechnung von Tun und Unterlas-
sen），1996年版，第19页及以下几页；雅科布斯：《刑法总论》，第29节，边码57及以下几个边码，将之称
为组织管辖。

  [55] 关于因交往安全义务（Verkehrsicherungspflichten）或者先行举止的义务（Ingerenz），详见本书本
节下文边码59及以下几个边码、边码64及以下几个边码。

  [56] 对此，详见雅科布斯：《作为和不作为的刑法归属》，1996年版，第30页及以下几页。

56　　**(5) 机能说的结论**:对于保证人地位,可以进行以上这两种有区别的解释。进而,从这两种解释之中,可以分别推出相应的义务:

① **基于风险支配的保证人乃是监督者保证人**;他必须保证他所答责的危险源不得输出对他人的损害。

② **基于制度照料的保证人乃是保护者保证人**;他必须保护他所负责的利益的完整性不受到(任何人任何方式的)损害。

57　　基于风险支配的管辖和基于制度照料的管辖并不互相排斥,相反,它们**可能同时出现**。在专业鉴定中,原则上需要针对每个可能的保证人地位加以考察,这样做的原因是:它们的事实性前提条件乃是故意所认识的对象。若行为人针对(自己的)一个保证人地位发生认识错误,而他对(自己的)另一保证人地位是清楚知晓的,那么,他就还有可能因这后一保证人地位而成立故意的不作为实现构成要件,并遭受刑罚。同样地,还有一种情况是,例如在程序中就某一保证人地位出现了证明上的疑难,但可能符合另一保证人地位的条件。

2. 基于风险支配的监督者保证人地位

58　　(若行为人处于)基于风险支配的保证人地位,(则)主要有如下两种义务:基于**对危险源的支配**而产生的义务(所谓的交往安全义务)和基于**有危险性的先行举止**而产生的义务(所谓的先行行为义务)。

59　　**(1) 交往安全义务**:如果自己的支配领域内存在危险源(像经营危险设施、驾驶机动车或者豢养猛兽),则必须加以控制,并保证这种危险源不会向外输出伤害性的影响。⑤⑦

60　　危险源的持有人便是保证人。除了危险源的持有人外,如果谁自愿地**在事实上接管了对危险源的控制和安全维护**,则也可以成为保证人。⑤⑧ 如果危险源的持有者认识到,接管者只是不完全地遵守控制和保障义务,那么,他(持有者)自己仍

---

⑤⑦ 参见《联邦法院刑事判例集》,第 19 卷,第 286 页,尤其是第 288 页及下一页;联邦法院,《新法学周刊》,1975 年,第 108 页;菲舍尔,第 13 条,边码 9;耶赛克、魏根特,第 59 节 IV、4b;屈尔,第 18 节,边码 106;《诺莫斯刑法典评注——沃勒尔斯、格德》,第 13 条,边码 46 及以下几个边码;关于对危险物质的管理以及通过自我答责原则的相应限制,见联邦法院,《刑法新杂志》,2012 年,第 319 页及下一页及穆尔曼的评释,387 页及以下几页,以及布吕宁(Brüning)、《法学学习杂志》,2012 年,第 691 页及以下几页的批判性评论。

⑤⑧ 关于在冰雪天撒沙子,参见策勒州高等法院,《新法学周刊》,1961 年,第 1939 页及以下几页;在汽车车间里,职员控制下的某个汽车出现了技术缺陷并造成了危险,职员对于该危险的保证人地位,见《联邦法院刑事判例集》,第 52 卷,第 159 页,尤其是第 163 页及以下几页和博施的评论,见《法学工作》,2008 年,第 737 页;关于"审查工程师"或其他(在建筑施工中的)参加者的交往安全义务及其在建筑倒塌案件中的刑事答责性,见联邦法院,《新法学周刊》,2010 年,第 1087 页(巴特赖兴哈尔的冰上运动馆)及屈尔的评释;格勒斯(Gless),载《普珀祝贺文集》,第 467 页及以下几页;卡尔斯(Kahrs),《刑法新杂志》,2011 年,第 14 页及以下几页;普珀,《法学综览》,2010 年,第 353 页及以下几页。

(继续)负有交往安全义务。

房主并不负有基于风险支配的保证人义务,因为住房基本上不能被认定为危险源。[59] 但是,判例的见解肯定**旅店老板**对于其处置权下的房间负有维护秩序的义务,主要是有义务使房客免受其他房客的骚扰。[60] 但是,不能将旅店老板的这种保证人义务适用到酒类销售上,并认定他对卖酒而产生的各种危险也具有该保证人义务。[61] 此外,需要注意的是,房主和旅店老板如果将需要帮助的人接到房内,那么也可以基于对保护功能的接管[62]而成为保证人。[63]

61

危险源也可以是人,有监督义务者必须对他们的举止加以控制。父母需为他们尚未成年的子女的行为承担责任。[64] 又如:精神疗养机构的医生有责任确保病人们彼此不互相伤害。[65] 同样的情况,还有教师或者军事上司(参见《军事刑法典》第41条)。相反,就工头及其隶属的工人而言,工头并无阻止下属工人从事犯罪的保证人义务。[66] 同样地,在指挥建筑的建筑师和工人之间,就工人是否遵守事故防止的规定而言,建筑师也没有保证人的义务。[67]

62

有争议的是,**企业负责人**对于阻止其职员的犯罪是否有保证人义务(所谓的雇主责任)[68]? 有人认为,根据雇佣关系,企业负责人只有指示权,而无对于人员的支配权,因而没有保证人义务[69];另有人认为,负责人具有阻止这种可罚行为的可能

63

---

[59] 主流观点,请代表性地参见《联邦法院刑事判例集》,第30卷,第391页,尤其是第396页;联邦法院,《新法学周刊》,1993年,第76页;进一步地,联邦法院,《法学工作》,2010年,第306页;房东对同住者的毒品交易没有保证人义务;伦吉尔,第50节,边码54及以下几个边码。而特殊的情况,亦参见联邦法院,《戈尔特达默刑法档案》,1967年,第115页;屈尔,第18节,边码112;罗克辛,第2卷,第32节,边码115。

[60] 联邦法院,《新法学周刊》,1966年,第1763页;亦参见《帝国法院刑事判例集》,第58卷,第299页及下一页。

[61] 关于相应的先行行为的责任,见本书本节下文边码64及以下几个边码。

[62] 见本书本节下文边码79及以下几个边码。

[63] 参见《联邦法院刑事判例集》,第27卷,第10页,尤其第12页及下一页;奥托、布拉姆森,《法学》,1985年,第646页及以下几页;批判性的观点,见《(舍恩克、施罗德)刑法典评注——施特雷、博施》,第13条,边码54。

[64] 联邦法院,《整体家庭法杂志》,(FamRZ),1958年,第211页,尤其是第212页。

[65] 韦塞尔斯、博伊尔克,边码724。

[66] 卡尔斯鲁厄州高等法院,《戈尔特达默刑法档案》,1971年,第281页,尤其是第282页及下一页。

[67] 斯图加特州高等法院,《新法学周刊》,1984年,第2897页及下一页。

[68] 详见罗克辛,第2卷,第32节,边码134及以下几个边码;沙而(*Schall*),载《鲁道菲祝贺文集》,第267页及以下几页。

[69] 参见海内(*Heine*):《企业的刑事答责》(Die strafrechtliche Verantwortlichkeit von Unternehmen),1995年版,第116页及以下几页;许(*Hsü*):《企业所有人有阻止其职员实施可罚行为的保证人义务?》(Garantenstellung des Betriebsinhabers zur Verhinderung strafbarer Handlungen seiner Angestellten?),1986年版,第241页及以下几页。不同的观点,见兰西克(*Ransiek*):《企业刑法》(Unternehmensstrafrecht),1996年版,第33页及下一页、第36页、第38页、第40页及下一页;施吕希特,载《萨尔格尔祝贺文集》(Salger-FS),第139页,尤其是第158页及以下几页。

性,因而具有保证人义务。⁷⁰ 按照联邦法院的观点,厂长或者上司只对职员与经营有关的(利用经营活动的间隙所做的事情不算)犯罪具有保证人义务。⁷¹ 这种观点值得赞同,因为基于交往安全义务的思想,至少就企业(所有)者所安排的或者可以其他方式归属的、危险的举止指示,以及法律关系的解释上,他对助手和代理人们负有保证人义务。

就企业领导层中诸成员的答责而言,他们中任何具体个人的保证人义务起止于何处,则需要根据社会法律规则的标准来划定**界限**。⁷²

最近,人们越来越多地提出一个问题,即如何给企业中所谓"受委托进行合规者"(Compliance Beauftragte)加以定位。受委托进行合规者典型地司职监督企业是否遵守了法律或企业内部的规定,以及在必要时告知企业领导层,以防止企业的损失。⁷³ 因此,通常而言,合规者无论如何在防止自己企业损失问题上是有内部的保证人地位的。此外,人们大量讨论的是,受委托合规者是否以及在多大程度上也在外部关系上具有防止职员犯罪以危及他人的保证人义务。⁷⁴

(2)基于危险的先行举止的义务:如果行为人自己创设了一个风险,那么,对该风险的责任便使其处于基于**危险的先行举止**的保证人地位。⁷⁵ 如果数个**共同正**

---

⁷⁰ 参见格勒尔,载《德雷埃尔祝贺文集》,第611页,尤其是第620页及下一页;罗加尔,《整体刑法学杂志》,第98卷,1986年,第573页,尤其是第617页及下一页;许内曼,载《经济刑法和税收刑法杂志》,1982年,第41页,尤其是第43页及以下几页。

⁷¹ 《联邦法院刑事判例集》,第57卷,第42页及比尔特的评释,见《新经济刑法、税收刑法和企业刑法杂志》(NZWiSt),2012年,第176页及以下几页;耶格尔,《法学工作》,2012年,第392页及以下几页;罗克辛,《法学综览》,2012年,第305页及以下几页;批判性地,见屈恩(Kuhn),《经济刑法和税收刑法杂志》,2012年,第297页和施拉姆,《法学家报》,2012年,第969页。

⁷² 对此,见伯泽,载《经济刑法和税收刑法杂志》,2005年,第41页,尤其是第44页,有进一步的文献。

⁷³ 关于合规领域的基本情况,见克劳瑟(Krause),《刑事辩护人论坛》,2011年,第437页及以下几页;克雷奇默尔,《刑事辩护人论坛》,2012年,第259页;莫姆森,载《普珀祝贺文集》,第751页及以下几页;罗奇,载《萨姆松祝贺文集》,第141页及以下几页;关于经营代理人的保证人地位,见伯泽,《刑法新杂志》,2003年,第636页及以下几页;公法机构的内部审计处负责人的保证人地位,见《联邦法院刑事判例集》,第54卷,第44页及以下几页及克雷奇默尔的批判性意见,《法学综览》,2009年,第474页及以下几页。

⁷⁴ [在附带注意(obiter dictum)的范围内]肯定的意见,见《联邦法院刑事判例集》,第54卷,第44页及以下几页及丹内克尔、丹内克尔赞同性的评论,见《法学家报》,2010年,第981页及以下几页;克拉夫特(Kraft),《经济刑法和税收刑法杂志》,2010年,第81页;批判性地,博伊尔克,载《格佩特祝贺文集》,第23页及以下几页;施瓦茨,《经济刑法和税收刑法杂志》,2012年,第13页及以下几页;施普林(Spring),载《戈尔特达默刑法档案》,2010年,第222页及以下几页;瓦内克(Warneke),《刑法新杂志》,2010年,第312页及以下几页。

⁷⁵ 主流观点,请代表性地参见《联邦法院刑事判例集》,第38卷,第356页,尤其是第358页;联邦法院,《刑法新杂志》,1998年,第83页,尤其是第84页;阿茨特,《法学工作》,1980年,第712页,尤其是第713页及以下几页;施特雷,载《克卢格祝贺文集》,第395页;关于判例,见雅科布斯,载《联邦法院祝贺文集》,第4卷,第29页及以下几页;反对的观点,见朗格尔,《身份犯罪》,1972年版,第504页及下一页;许内曼,《戈尔特达默刑法档案》,1974年,第231页及以下几页;关于故意作为的(犯罪)行为是否会产生一个阻止相应的结果发生的保证人义务,(否定的观点)参见联邦法院,《刑法新杂志——刑事判决和报告》,1996年,第131页;希伦坎普,载《奥托祝贺文集》,第287页及以下几页,有进一步的文献。

犯共同创设了一风险,则他们中的每个人由于先行举止都需要为防止结果负责。[76]例如:

> **案例 13**
>
> A 持刀攻击 B,以图占有 B 的贵重物品。B 拾起一石头成功砸倒 A。然后,B 离开,而不理睬正流血的 A;A 死了。如果 B 当时叫急救医生的话,是能够救活 A 的。

> **案例 14**
>
> 在乡村公路上,汽车司机 Q 撞到了骑车人 Z。由于严重受伤,Z 从自行车上摔了出去;Q 虽然超速行驶,但那时他即便遵守限速规定也无法避免事故发生。Z 死了。可是如果 Q 当时叫了急救医生,本来是可以救活他的。

① 基于危险的先行行为的保证人义务中所讨论的危险,也需要按照客观归属理论中创设某一风险的标准来确定。[77]但是,是否使当事人处于保证人地位的风险也必须是为法律所指责(不容许)的,则存在争议。这个争议点的实际意义主要体现在,如果危险的创设乃是源于紧急防卫(像案例 13 中那样),应当如何处理?

首先,根据主流观点,**只有创设某一不容许的风险才可以使当事人具有基于危险的先行行为的保证人义务**。[78] 只有先行举止违反了义务,才需要为危险承担责任。[79] 因此,案例 13 中的 B 就不处于保证人地位,也就不能根据第 212 条、第 13 条加以处罚,而只能根据第 323 条 c 这一适用于每个人的条款处罚。进一步的例子是:只要旅店老板没有卖酒给一显然已经喝醉的人(《餐饮旅店经营法》第 20 条第 2 项),他就不需要对卖酒的后果负责。[80]

---

[76] 参见联邦法院,《刑法新杂志》,1985 年,第 24 页;2009 年,第 381 页及下一页;赞同的观点,见奥托,第 9 节,边码 83 及下一边码。

[77] 详见本书第 11 节,边码 4 及以下几个边码;亦参见奥托,第 9 节,边码 78;索瓦达,《法学》,2003 年,第 236 页及以下几页;《莱比锡刑法典评注——魏根特》,第 13 条,边码 42 及下一边码、边码 47;关于有害健康的产品的流通,参见《联邦法院刑事判例集》,第 37 卷,第 106 页(皮革喷雾);布拉姆森,《戈尔特达默刑法档案》,1993 年,第 97 页及以下几页;登克尔,载《施特雷、韦塞尔斯祝贺文集》,第 159 页,尤其是第 164 页及下一页;希尔根多夫,《刑法新杂志》,1994 年,第 561 页及以下几页;库伦,《法学家报》,1994 年,第 1142 页及以下几页;普珀,《法学家报》,1994 年,第 1147 页及以下几页;针对违反居留法规定的情况,表示反对的观点,见联邦法院,《刑事辩护人杂志》,2008 年,第 182 页及以下几页。

[78] 《联邦法院刑事判例集》,第 23 卷,第 327 页及下一页;第 43 卷,第 381 页,尤其是第 396 页及下一页;联邦法院,《刑法新杂志》,2000 年,第 414 页及下一页;鲍曼、韦伯、米奇,第 15 节,边码 66 及以下几个边码;埃伯特,第 179 页及下一页;格罗普,第 11 节,边码 37;罗克辛,第 2 卷,第 32 节,边码 160 及以下几个边码;鲁道菲,《法学综览》,1987 年,第 162 页及以下几页;《(舍恩克、施罗德)刑法典评注——施特雷、博施》,第 13 条,边码 34 及以下几个边码。

[79] 参见《联邦法院刑事判例集》,第 34 卷,第 82 页,尤其是第 84 页。

[80] 参见《联邦法院刑事判例集》,第 19 卷,第 152 页,尤其是第 154 页及以下几页;第 26 卷,第 35 页,尤其是第 37 页及下一页。

67　　其次,有一种少数说认为,一个容许的风险性举止基本上也可以起到这种作用。⑧¹ 这样才符合一般的责任感(Verantwortungsgefühl):对于自己举止的有害影响需承担责任,而不取决于这种举止的违法性。因而,案例 13 中的 B 就要按照第 212 条、第 13 条受到处罚。

68　　但是,合理的做法,应该是**区别情况加以处理**⑧²:即便是合法地打开能够以特定方式影响到任意他人的某一危险源,也可以产生安全义务。这方面的例子是(容许地)经营某一危险设备。与此不同,若行为人是在针对**具体的受害人**实施干预权(尤其是紧急防卫),则他不负责任,否则,以紧急防卫保护自己的人就要遭到比第 323 条 c 中的任意第三人更为严重的处罚了。所以,在案例 13 中,B 不处于保证人地位,故不能按照第 212 条、第 13 条受罚,而只能根据第 323 条 c 受罚。

69　　倘若由于正当化情形(紧急避险)而有权创设危险,则根据通行的观点,当这种情况消失之后,在当事人身上,可能又形成一个义务:将尚存在的危险重新清除。⑧³

70　　② 根据联邦法院的见解,当行为人的举止从任何角度看都履行了义务且是一种合理的交往,(尤其在道路交通中,)则不成立基于危险的先行行为的责任。⑧⁴ 反过来说,若行为人(像案例 14 中的 Q)的行为违反了交往规则,则需要成立该种责任。而且,即便危险不是源于行为人违反交往规则的举止,**也**应成立该种责任。

71　　对于案例 14,可以先这样分析:由于没有"义务违反性的关联",不得按照第 222 条处罚 Q 的(作为);因为即便他采取遵守义务的替代举止,也会发生事故。但无论如何,因 Q 对受伤的 Z 不理不睬,可以按照第 323 条 c(或者有可能根据第 142 条第 1 款第 1 项)来处罚 Q。

72　　然后,我们再按照联邦法院的观点来分析:如果行为人的举止超过了容许的最高限速,则应认定成为是有(一般)危险的先行举止,基于这种先行举止,行为人便具有了保证人地位。这样,就可以按照第 212 条和第 13 条肯定不作为故意杀人的成立。⑧⁵ 可是,如果危险正巧并非源自于超越了容许的风险,则根本不具有保证人地位。此外,不将该危险视为作为的责任根据,而将之视为该结果的不作为的责任

---

⑧¹ 弗洛因德,《法学教学》,1990 年,第 213 页,尤其是第 216 页;毛拉赫、格塞尔、齐普夫,第 46 节,边码 98 及以下几个边码;赫茨贝格,《法学家报》,1986 年,第 986 页及以下几个;泽尔曼,《戈尔特达默刑法档案》,1989 年,第 241 页,尤其是第 255 页。

⑧² 参见韦塞尔斯、博伊尔克,边码 726 及下一边码;霍夫曼—霍尔特,边码 767 及下一边码;雅科布斯,第 29 节,边码 39 及以下几个边码;拉克纳、屈尔,第 13 条,边码 11;迈瓦尔德,《法学教学》,1981 年,第 473 页,尤其是第 482 页及下一页;奥托,《新法学周刊》,1974 年,第 528 页及以下几个。

⑧³ 参见联邦法院,《刑法新杂志》,1987 年,第 171 页,尤其是第 172 页;屈尔,第 18 节,边码 97;泽尔曼,《戈尔特达默刑法档案》,1989 年,第 241 页,尤其是第 255 页。

⑧⁴ 《联邦法院刑事判例集》,第 25 卷,第 218 页,尤其是第 221 页及下一页。

⑧⁵ 《联邦法院刑事判例集》,第 34 卷,第 82 页,尤其是第 84 页。

根据,并没什么说服力。*

③ 根据判例的见解,如果因为行为人的举止而使得**受害人无法(适当地)抵抗** 73
第三人的违法攻击,则也成立基于危险的先行举止的保证人义务。⑧ 然而,依照判例,在像共同正犯这种情形,如果行为人中的某一位没有遵守之前明确的约定,则应当否定保证人义务的成立。这样,由最先计划(和实施)的行为所造成的危险,便不能使得针对过限成立保证人地位,因为这种过限是之前所明确排除的。⑧

3. 基于制度照料的保护者保证人地位

基于制度管辖的保证人义务,主要是指如下几类义务:① 基于**家庭团结****⑧和 74
紧密的共同体关系的义务⑧;② 基于对(根据特定信任的)保护功能的接管而产生的义务;③ 基于(特定)公职而产生的义务。

(1) 家庭团结:首先,基于家庭团结(或者自然的紧密关系)⑩的义务的法律根 75
据有:父母和家庭中生活着的子女的关系。⑪ 因此,(妊娠的)母亲,就有义务想办法养活新生的小孩,同样,维持分娩场合的安全,也属于其义务。⑫ 反过来,成年子女对于父母也有保证人义务。⑬ 其次,文献中有部分观点认为,只有父母和子女之间存在依附关系才能算。⑭ 也有人认为,应将成年子女对父母以及父母对成年子

---

* 这是针对联邦法院的见解的批判,法院认为,只要符合(交通)交往规则,则不成立基于危险的先行举止的保证人义务。反过来说,如果违反交往规则,则有保证人义务,即便该违反义务与结果并没有关联,也要成立保证人地位上的责任。法院将该危险认定为案件中结果的不作为的责任来源,是没有考虑到这个结果到底是不是由这个危险造成的。因而,没有什么说服力。——译者注

⑧ 参见《联邦法院刑事判例集》,第 38 卷,第 356 页,尤其是第 358 页;联邦法院,《刑事辩护人杂志》,1986 年,第 59 页;《刑法新杂志》,1992 年,第 31 页;赫茨贝格:《刑法中的不作为和保证人原则》(Die Unterlassung im Strafrecht und das Garantenprinzip),1972 年版,第 361 页及下一页;泽尔曼,《戈尔特达默刑法档案》,1989 年,第 241 页,尤其是第 253 页;施特雷,载《克卢格祝贺文集》,第 395 页,尤其是第 403 页及下一页。关于共同正犯之一所实施的力图谋杀时的保证人义务,见联邦法院,《刑法新杂志》,2009 年,第 381 页及下一页;针对其整体,详见奥托,载《格佩尔特祝贺文集》,第 441 页及以下几页。

⑧ 联邦法院,《法学工作》,2010 年,第 151 页及库德利希的评释。

** 或译为家庭的紧密关系。——译者注

⑧ 详见伯姆:《家庭关系中的保证人义务》,2006 年版,第 193 页及以下几页。

⑧ 详见奥托,载《赫茨贝格祝贺文集》,第 255 页及以下几页。

⑩ 例如,参见《民法典》第 1626 条、第 1627 条、第 1631 条。

⑪ 《帝国法院刑事判例集》,第 66 卷,第 71 页,尤其是第 74 页;《联邦法院刑事判例集》,第 7 卷,第 268 页,尤其是第 272 页及下一页;屈尔,第 18 节,边码 48;伦吉尔,第 50 节,边码 13;罗克辛,第 2 卷,第 32 节,边码 33。

⑫ 齐根(Siegen——德国地名,译者注)的杀害小孩案,见联邦法院,《法学教学》,2010 年,第 453 页。

⑬ 《联邦法院刑事判例集》,第 19 卷,第 167 页及以下几页;屈尔,第 18 节,边码 54 及下一边码;奥托,第 9 节,边码 50;鲁道菲,《刑法新杂志》,1984 年,第 149 页,尤其是第 152 页及下一页。

⑭ 耶赛克、魏根特,第 59 节 IV、3a;《刑法典体系性评注——鲁道菲、施泰因》,第 13 条,边码 49,有进一步的文献。

女的保护义务限制在对身体、生命和人身自由这类严重的人身危险上。[95] 进一步地，在(外)祖父母和(外)孙子女之间[96]以及兄弟姐妹之间[97]也存在保证人义务。判例的观点将保证人责任扩张到姻亲关系[98]和婚约关系[99]上，则在学术文献上大多遭到了拒绝。[100] 毫无疑问的是，纯粹的朋友关系、情人关系或者邻居关系并不能算在内。[101]

76　　所谓**紧密的共同体关系**主要是指婚姻。[102] 至于婚姻关系是否正常，原则上并没有影响。[103] 但若配偶双方只是尚缺离婚的形式，在人们看来已经婚姻失败，且没有理由再相信另一方还会帮助他保护他的法益，则不能再将该婚姻视为具有使当事人处于保证人地位的效力。[104] 这也同样适用于第11条第1款第1项a中的同居关系。[105] 此外，监护人对于被监护人而言，也是保证人。[106] 按照大多数人的观点，近似婚姻的同居关系也属此类。[107] 但是，针对这种关系，也有可能成立对保护功能的接管。[108]

需要注意的是，根据一广为流传的见解，只是形式上的规范性的共同体关系尚不足认定为紧密的共同体关系，需要的是照顾关系的事实上的存在。[109]

---

[95] 克雷奇默尔，《法学》，2006年，第898页，尤其是第900页。
[96] 《帝国法院刑事判例集》，第39卷，第397页，尤其是第398页。
[97] 弗洛因德，第6节，边码91；耶赛克、魏根特，第59节 IV、3a；其他观点，见基尔州法院(LG Kiel)，《刑法新杂志》，2004年，第157页，尤其是第159页；雅科布斯，第29节，边码62。
[98] 《联邦法院刑事判例集》，第13卷，第162页，尤其是第166页。
[99] 联邦法院，《法学综览》，1955年，第104页，尤其是第105页。
[100] 《(舍恩克、施罗德)刑法典评注——施特雷、博施》，第13条，边码18，有进一步的文献；其他观点，见利利，《法学家报》，1991年，第541页，尤其是第545页及下一页；第35条和第241条中所包含的所有人员。
[101] 《(舍恩克、施罗德)刑法典评注——施特雷、博施》，第13条，边码17；其他观点，见《莱比锡刑法典评注—魏根特》，第13条，边码38。
[102] 参见《民法典》第1353条；进一步见《帝国法院刑事判例集》，第71卷，第187页，尤其是第189页；《联邦法院刑事判例集》，第2卷，第150页，尤其是第153页及下一页；克赖、埃塞尔，边码1131。
[103] 利利，《法学家报》，1991年，第541页，尤其是第543页；罗克辛，第2卷，第32节，第50页；《(舍恩克、施罗德)刑法典评注——施特雷、博施》，第13条，边码19、20。
[104] 联邦法院，《新法学周刊》，2003年，第3212页，尤其是第3214页及伦瑙的评释，《法学综览》，2004年，第158页和英格尔芬格(Ingelfinger)的评论，见《刑法新杂志》，2004年，第409页；关于观点分歧，进一步参见克雷奇默尔，《法学》，2006年，第898页，尤其是第901页。
[105] 金德霍伊泽尔，《刑法典理论与实务评注》，第11条，边码6。
[106] 参见《民法典》第1793条、第1800条；弗里斯特，第22节，边码39。
[107] 韦塞尔斯、博伊尔克，边码719；耶赛克、魏根特，第59节 IV、3b；《刑法典体系性评注——鲁道菲、施泰因》，第13条，边码51；不同的说理，见克雷奇默尔，《法学综览》，2008年，第51页，尤其是第52页；其他观点，见雅科布斯，第29节，边码66；关于长年同居的同性恋者的保证人地位，亦参见杜伊斯堡初级法院(AG Duisburg)，《德国法月报》，1971年，第1027页以及反对性的评释，见德尔林(Doering)，《德国法月报》，1972年，第664页及下一页。
[108] 见本书本节下文边码79及以下几个边码。
[109] 详见克雷奇默尔，《法学》，2006年，第898页，尤其是第901页，有进一步的文献。

第 36 节　不纯正的不作为犯

没有争议的是，行为人履行基于家庭团结和紧密的共同体关系的义务，就需要防止身体、生命和贵重财产所遭受的危险。但是，这并不意味着，在更轻微的法益面对威胁时，就不需要防止危险。⑩ **77**

保证人义务所涉及的只是（家庭、共同体）关系的内部关系，所以，仅从制度照料之中尚不能产生其配偶或者亲属**针对第三人实施犯罪**的保证人义务。⑪ **78**

（2）对保护功能的接管：如果行为人**自愿地接管了**（根据特定信任的）保护功能，也就具有了针对遇险者本人（如毒品成瘾者）或者针对（有利于遇险者的）第三人的保证人义务。⑫ 而这一接手（协议）是否合法有效，则并不重要。⑬ 若行为人纯粹只是和遇险者共同居住在一幢楼里，并不足以认定接管了这种保护功能。⑭ 毋宁说，必须是对保护功能的事实上的（建立特别信任的⑮）接管。所以，保证人义务可能在协议失效后仍然存在，或者形式上的协议开始之前就已经存在了。⑯ 不过，义务的具体范围还是必须以协议的方式确定。 **79**

属于这类人的有：泳池救生员、助产婆⑰以及正医治病人的医生。⑱ 进一步地，法律上承认的**各种危险共同体**，如像登山旅行这样的依其性质应当互相帮助和协作的共同体⑲，也属该类。一旦加入这样的共同体，至少也就默示地表示了其愿意 **80**

---

⑩ 毛拉赫、格塞尔、齐普夫，第 46 节，边码 77；将之限制在现实财产利益之上的，见奥托，第 9 节，边码 55；关于该问题，详见尼科劳斯（*Nikolaus*），《法学工作》，2005 年，第 605 页及以下几页；《莱比锡刑法典评注——魏根特》，第 13 条，边码 28。

⑪ 斯图加特州高等法院，《新法学周刊》，1986 年，第 1767 页，尤其是第 1768 页及下一页；罗克辛，第 2 卷，第 32 节，边码 49；《刑法典体系性评注——鲁道菲、施泰因》，第 13 条，边码 36b；其他观点，见《联邦法院刑事判例集》，第 6 卷，第 322 页，尤其是第 323 页及下一页。

⑫ 《联邦法院刑事判例集》，第 47 卷，第 224 页，尤其是第 229 页、第 232 页及弗洛因德、库德利希的评释，分别见《刑法新杂志》，2002 年，第 424 页及下一页和《法学综览》，2002 年，第 468 页及以下几页：武珀塔尔悬浮列车；诈骗罪中利用特别的相信和出于忠诚和信任的情况，参见金德霍伊泽尔：《刑法分论》，第 2 卷，第 27 节，边码 29，有进一步的文献；针对是否可能接管基于危险的先行举止而产生的保护功能，表示怀疑的观点，见联邦法院，《刑法新杂志》，2003 年，第 259 页，尤其是第 260 页及耶施（*Jasch*），《刑法新杂志》，2005 年，第 8 页及以下几页。

⑬ 参见迈瓦尔德，《法学教学》，1981 年，第 473 页，尤其是第 481 页；《（舍恩克、施罗德）刑法典评注——施特雷、博施》，第 13 条，边码 28。

⑭ 参见联邦法院，《刑法新杂志》，1984 年，第 163 页；《新法学周刊》，1987 年，第 850 页；毛拉赫、格塞尔、齐普夫，第 46 节，边码 89 及下一边码；耶赛克、魏根特，第 59 节 IV、3b。

⑮ 雅科布斯，第 29 节，边码 67 及以下几个边码。

⑯ 参见奥托、布拉姆森，《法学》，1985 年，第 592 页，尤其是第 594 页及以下几页；《莱比锡刑法典评注——魏根特》，第 13 条，边码 35（最早可以从允诺开始）。

⑰ 杜塞尔多夫州高等法院，《刑法新杂志》，1991 年，第 531 页。

⑱ 联邦法院，《新法学周刊》，1979 年，第 1258 页及下一页；屈尔，第 18 节，边码 74；《诺莫斯刑法典评注——沃勒尔斯、格德》，第 13 条，边码 39；关于值班医生，见《联邦法院刑事判例集》，第 7 卷，第 211 页，尤其是第 212 页；限制性的观点，见《刑法典体系性评注——鲁道菲、施泰因》，第 13 条，边码 61。

⑲ 雅科布斯，第 29 节，边码 71；屈尔，第 18 节，边码 67；迈瓦尔德，《法学教学》，1981 年，第 473 页，尤其是第 481 页；《诺莫斯刑法典评注——沃勒尔斯、格德》，第 13 条，边码 40。

共同防止危险。⑩但像吸毒者㉑或者酒徒㉒组成的临时性共同体,则不属此类。

81 　　如果谁答应某个遇难者去寻求帮助,在原则上并不意味着他就有防止可能产生的损害的保证人义务,因为他对紧急情况并不负有责任。但是,若遇难者本人或者第三人相信了其会提供救助,并进而放弃了自己的救济措施,那么,许诺者便需要对由新危险而产生的局势恶化而负责。㉓

82 　　**(3) 公职义务**:基于公职能产生哪些保证人地位,是一个在很大程度上还没有搞清的问题。在该问题上,人们认为决定性的(因素)主要是公职人员的工作任务领域。每一义务的内容至少是保护所涉法益免受各种损害。例如,即便某一刑罚执行公职人员没向刑罚执行机构告发另一公职人员可罚的错误举止,他也并不能因利用职务阻挠刑罚(第258条a、第13条)而受处罚,因为他并没有相应的监督义务。㉔但是,如果囚犯被狱友虐待,则刑罚执行公职人员负有责任。㉕

　　在刑事程序中,尽管有义务陈述的证人不具备原本意义上的"公职义务",但在判例中,鉴于其特殊的程序性义务地位,他也被部分地视为"刑事司法的保证人"。㉖这样带来的结果便是,当证人无理拒绝作证,则可能成立不作为的阻挠刑罚。㉗

83 　　**保安警察职务人员**在其地域管辖和事务管辖范围内具有保护个人或公共法益以及阻止犯罪的保证人义务。㉘ 按照判例的见解,根据《餐饮旅店经营法》的规定,

---

⑩ 关于"(儿童)避险岛"(Notinsel)项目参加者的保证人地位,见赫特尔(Hertel),《最高法院刑法判例在线杂志》,2009年,第555页及以下几页。

㉑ 斯图加特州高等法院,《新法学周刊》,1981年,第182页及下一页;屈尔,第18节,边码66;罗克辛,第2卷,第32节,边码60;《(舍恩克、施罗德)刑法典评注——施特雷、博施》,第13条,边码41。

㉒ 联邦法院,《新法学周刊》,1954年,第1047页及下一页;屈尔,第18节,边码66。

㉓ 参见《联邦法院刑事判例集》,第26卷,第35页,尤其是第39页;联邦法院,《刑法新杂志》,1994年,第84页,尤其是第85页;米奇,《法学教学》,1994年,第555页及下一页;施特雷,载《迈尔祝贺文集》,第155页及以下几页;部分不同的观点,见鲍曼、韦伯、米奇,第15节,边码60及下一边码。

㉔ 参见《联邦法院刑事判例集》,第43卷,第82页,尤其是第84页及以下几页及鲁道菲的评释,见《刑法新杂志》,1997年,第599页及以下几页;克雷列夫斯基(Klesczewski),《法学家报》,1998年,第313页及以下几页;泽博德,《法学综览》,1998年,第338页及以下几页。

㉕ 对此,见汉堡汉萨同盟地区高等法院(Hamburg HansOLG),《刑法新杂志》,1996年,第102页及下一页;亦参见《帝国法院刑事判例集》,第53卷,第292页及下一页;克雷列夫斯基,《刑法新杂志》,1996年,第103页及下一页。

㉖ 参见科隆州高等法院,2009年12月11日,申诉程序2009年第588号(2 Ws 588/09)及赖希林、德琳(Döring)的拒绝性评释,见《刑事辩护人论坛》,2011年,第82页,尤其是第83页及以下几页,有进一步的文献;拉文斯堡州法院(LG Ravensburg),《刑法新杂志——刑事判决和报告》,2008年,第177页,尤其是第179页。

㉗ 亦参见金德霍伊泽尔,《刑法分论》,第1卷,第51节,边码11。

㉘ 联邦宪法法院,《新法学周刊》,2003年,第1030页,尤其是第1031页及泽博德的评释,《法学家报》,2004年,第305页;《联邦法院刑事判例集》,第38卷,第388页,尤其是第389页及以下几页和劳本塔尔、米奇、鲁道菲的评释,分别见《法学教学》,1993年,第907页及以下几页、《刑法新杂志》,1993年,第384页及下一页和《法学综览》,1995年,第167页及下一页。

第36节 不纯正的不作为犯

就经营妓院而对妓女产生的危险,秩序(管理)局的负责人则是负有监督义务的保证人。[129] 最后,在环境刑法中,人们广泛地认同公职人员具有相应的保证人地位,这点在实务中是很有意义的。[130]

84

复习与深化

1. 如何理解行为等价?它的理论基础是什么?(边码1及下一边码)
2. 如何确定不作为犯的因果关系?(边码12及下一边码)
3. 针对保证人地位,可能出现哪些认识错误?(边码31及以下几个边码)
4. 在不作为犯时,什么时候算力图的开始?(边码40及以下几个边码)
5. 哪些基于风险支配的保证人地位在实践中尤其重要?(边码58及以下几个边码、边码63及以下几个边码)
6. 基于制度照料的保证人地位是建立在哪些关系之上的?(边码74及以下几个边码)

---

[129] 联邦法院,《新法学周刊》,1987年,第199页及温克尔鲍尔(*Winkelbauer*)(部分反对的)评释,见《法学家报》,1986年,第1119页及以下几页;兰夫特,《法学家报》,1987年,第908页,尤其是第914页及下一页;鲁道菲,《法学综览》,1987年,第336页及以下几页。

[130] 对此,见金德霍伊尔:《刑法分论》,第1卷,第74节,边码13及以下几个边码;进一步参见美茵河畔法兰克福州高等法院,《法学综览》,1988年,第168页及以下几页;弗洛因德:《结果犯和不作为》(Erfolgsdelikt und Unterlassen),1992年版,第305页及以下几页;奥托、布拉姆森,《法学》,1985年,第592页,尤其是第597页;桑根斯特德(*Sangenstedt*):《公职人员的保证人地位和保证人义务》(Garantenstellung und Garantenpflicht von Amtsträgern),1989年版,第669页及以下几页;韦尼克、梅因贝格(*Wernicke/Meinberg*),《刑法新杂志》,1986年,第224页及下一页。

第 37 节　纯正的不作为犯

一、概述

> **案例 1**
> 父亲 F 在尚有办法救助时没救助他溺死的孩子。

1　　若各法规中已经明确规定不作为符合构成要件的前提条件,则成立所谓纯正的不作为犯。由于构成要件上已经充分地描述了不法,这样就不需要再适用第 13 条了;对于纯正不作为犯,并不存在对应的作为犯。① 这样,在纯正不作为犯的情况下,既不需要考察行为等价(保证人地位),也不需要审查形态等价。

2　　通常而言,纯正不作为犯要比与作为等价的不纯正不作为犯处罚更轻,所以,**如果二者针对的是同一客体**,则前者相对于后者而言,只是**补充性的**。②③ 所以,在案例 1 中,由于第 323 条 c 只是更轻微的不法,也就不能优先于第 212 条和第 13 条得到适用。因只是没有履行人人均需遵守的一般的最低团结义务,第 323 条 c 处罚的也只是更轻的不法,而根据第 13 条的规定,相应的行为需与基于父亲的特定照料义务的作为犯基本相等价。

3　　在纯正的不作为犯的场合,**力图**只是例外地加以处罚。例如,第 283 条第 3 款及该条第 1 款第 5 项第 1 种情况和第 7 项的规定。

二、犯罪要素

1. 客观的构成要件

4　　在纯正不作为犯的情况下,客观构成要件的内容包括:① 不实施客观上应为的行为;② 对于行为人而言,实施该行为事实上(不仅)是可能的;③ 而且是可期待的。

> **案例 2**
> A 将肇事车辆下重伤的 B 拖出来,将他放在草地上,然后跑到最近的紧急救援电话处;而这期间 B 窒息而死,因为 A 没有把他侧放。

---

① 罗克辛,第 2 卷,第 31 节,边码 16、19。
② 关于补充关系,详见本书第 46 节,边码 8 及以下几个边码。
③ 参见《联邦法院刑事判例集》,第 3 卷,第 65 页,尤其是第 67 页及下一页;第 14 卷,第 282 页,尤其是第 285 页。

（1）需要性：根据他人客观的事前判断，如果某一行为能够有效（快速而可靠）地阻止实现构成要件，那么，该行为便是客观上需要实施的行为。

起决定性作用的是各犯罪的目标及具体案件情况的情状。如果可能面临数个等价的攻击，负有义务者应当有权利对此进行选择。在大多数犯罪中，只是要求行为具有**履行命令的倾向**（Gebotserfüllungstendenz），而并不要求他**必须成功**。案例 2 中 A 已实行了具有履行命令倾向的行为，这样，在客观上就没有实现第 323 条 c 的构成要件。

（2）可能性：只要行为人想实施相应行为，而基于其现实的个人能力又能够实施之，实行该行为对他而言才是实际上可能的。

在给定的情状下，若行为人无能力实行应为的行为，则该不作为不可归属于他。同样地，假如行为人并不具备必要的技巧、眼力、身体状态等，那么，实行相应行为对他而言也是不可能的。

（3）期待可能性：根据主流观点，在纯正不作为犯时，执行所应为的行为的期待可能性就提前成为**构成要件要素**了。④ 借助期待可能性这一标准，应将救助义务的范围控制在所应履行的最低限度团结义务之要求的相应限度内，这样，像第 323 条 c 就只包含社会伦理所无法容忍的那种不作为了。⑤ 这便要求在构成要件阶层进行利益衡量。

有时，也可以**从法规中推导出**期待可能性：例如，第 139 条第 3 款之中特定范围内的亲属是不予处罚的，这样就可以得知，如果（只）是行为人的"好朋友"，则可期待其告发。又如，从第 323 条 c 可以推出，若（明显）会危及自己或导致违反其他重要义务（如保证人义务），则实施相应行为是期待不可能的。⑥

2. 其他犯罪要素

在违法性、罪责等这些犯罪的其他要素上，纯正的不作为犯没有任何特别的地方。

> **复习与深化**

1. 相对于不纯正的不作为犯，对于纯正的不作为犯通常处刑更轻，这如何解释？（边码 2）

---

④ 请代表性地参见鲍曼、韦伯、米奇，第 23 节，边码 60；韦塞尔斯、博伊尔克，边码 746；拉克纳、屈尔，第 323 条 c，边码 7；奥托，第 9 节，边码 103；帕夫尼克，《戈尔特达默刑法档案》，1995 年，第 360 页，尤其是第 372 页；《诺莫斯刑法典评注——沃勒尔斯、格德》，第 323 条 c，边码 11；其他观点，见格罗普，第 11 节，边码 96（违法性）；斯特拉滕韦特、库伦，第 13 节，边码 82（罪责问题）。

⑤ 参见《诺莫斯刑法典评注——沃勒尔斯、格德》，第 323 条 c，边码 11，有进一步的文献。

⑥ 参见金德霍伊泽尔：《刑法分论》，第 1 卷，第 72 节，边码 17 及以下几个边码，有进一步的文献。

2. 在纯正不作为犯的情况下,如何确定所应为(需要的)的行为?(边码5及下一边码)

3. 在纯正不作为犯时,期待可能性在犯罪论体系上处于何种地位?(边码9及下一边码)

第六编

参　加

第 38 节　基 本 原 理

一、概述

1. 概念

(1) 构造：**参加**这一上位概念包括正犯和参与。①   1

图解：   2

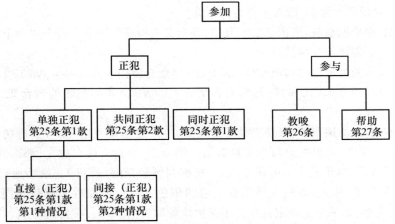

(2) 区分：《刑法典》**只在故意犯的情况下**区分正犯和参与。这也是为了在定   3
罪中从形式上权衡具体个人的行为贡献(Tatbeträge)的强度，并且分别对其适用相
应不同的刑罚幅度。② 与此不同，在**过失犯**和违反秩序法③中，(按照形式)只承认
单一正犯(Einheitstäter)。所谓单一正犯的概念，是指任何可归属地引发(或共同
引发)了构成要件之实现的人，都论作正犯。行为贡献的强度仅仅在制裁之裁量
(Sanktionsbemessung)上加以考虑。④

(3) 参与的形式：参与的形式有教唆(第 26 条)和帮助(第 27 条)。若要按照   4

---

① 例如，见第 28 条第 2 款、第 29 条、第 30 条、第 31 条。
② 参见第 27 条第 2 款、第 28 条、第 29 条。
③ 《违法秩序法》第 14 条，对此，亦参见不伦瑞克州高等法院(OLG Braunschweig)，《刑法新杂志》，1998 年，第 44 页；米奇，《法学工作》，2008 年，第 241 页，尤其是第 243 页及下一页；舒曼：《论〈违反秩序法〉第 14 条的单一正犯体系》(Zum Einheitstätersystem des § 14 OWiG)，1979 年版。
④ 参见《莱比锡刑法典评注—许内曼》，第 25 条前言，边码 5 及以下几个边码；关于单一正犯的概念，见罗奇(Rotsch)：《用"单一的各种正犯"取代犯罪行为支配》("Einheitstäterschaft" statt Tatherrschaft)，2009 年版。

第 26 条及下一条加以处罚,至少需要主行为(Haupttat)*已经达到力图阶段。然而,在进行(行为)贡献时,参与者的故意必须指向主行为的既遂。⑤

(4)连锁参加(Kettenbeteiligung):参加不仅可以直接针对主行为,而且可以针对参与行为而成立。这样的连锁参加可以以任何形式存在,例如,对帮助的教唆或者对教唆的帮助。⑥ 不过,从不法上讲,需要归属给参加者的仅仅是**连锁环节中最弱的那一犯罪环节**:

① 对教唆的教唆,即对主行为的教唆;
② 对帮助的教唆,即对主行为的帮助;
③ 对教唆的帮助,即对主行为的帮助;
④ 对帮助的帮助,即对主行为的帮助。

(5)必要的参与:所谓必要的参与,是指实现构成要件须以两个或两个以上的人为必要。需要区分的是:

由联合的力量以图构成要件(的实现)的**众合犯**(Konvergenzdelikte)⑦,以及由不同人以不同方式(比如,以行为人和受害人的方式)参加犯罪的**对合犯**(Begegnungsdelikte)⑧。

在**对合犯**的情形下,只要不是必要的参加者"逾越角色地"配合了可罚的参加者的行为,那么,必要的参与是**不可罚**的。例如,某个犯人被人放走,那么,按照第 120 条的规定,这个犯人不可罚。但是,根据判例的见解,若犯人(成功地)策动行为人来释放他,那么,该犯人就逾越了他的角色,因而,可因教唆而受处罚(第 26 条)。⑨ 当然,如果条文规定就是为了保护该参加者的,那么,必要的参加者即便逾越了其角色,也仍然不可罚。⑩ 例如,一中小学女生教唆其老师为第 174 条第 1 款

---

* "Haupttat"是指正犯的(犯罪)行为,常见的译法为"主行为"。参见[德]普珀:《法学思维小课堂》,蔡圣伟译,台湾元照出版公司 2010 年版,第 148 页,主行为人(Haupttäter);[德]罗克辛:《正犯与犯罪事实支配理论》,劳东燕译,载陈兴良主编:《刑事法评论》(第 25 卷),北京大学出版社 2009 年版,第 12 页,本书亦从之。但因我国《刑法》第 26 条规定了"主犯",因此,需要特别注意该"主犯"和德国刑法中的"主行为"之不同。——译者注

⑤ 布林格瓦特,边码 703、759;克勒,第 527 页;屈尔,第 20 节,边码 201、241。

⑥ 参见联邦法院,《刑法新杂志》,1996 年,第 562 页及下一页;班贝克州高等法院(OLG Bamberg),《新法学周刊》,2006 年,第 2935 页,尤其是第 2937 页及黑克尔的评释,见《法学学习杂志》,2012 年,第 485 页及以下几页;关于连锁教唆,尤其参见克雷尔(Krell),《法学》,2011 年,第 499 页及以下几页。

⑦ 例如,第 121、124、173 条和第 244 条第 1 款第 2 项;参见毛拉赫、格塞尔、齐普夫,第 50 节,边码 7;罗克辛,第 2 卷,第 26 节,边码 41。

⑧ 例如,第 120、174 条及以下几条,第 181 条 a、第 235 条及下一条、第 258 条、第 291 条、第 331 条;毛拉赫、格塞尔、齐普夫,第 50 节,边码 7;罗克辛,第 2 卷,第 26 节,边码 42。

⑨ 《联邦法院刑事判例集》,第 17 卷,第 369 页,尤其是第 373 页及以下几页;与此不同地,主流学说请参见金德霍伊泽尔:《刑法分论》,第 1 卷,第 37 节,边码 17,有进一步的文献。

⑩ 参见《联邦法院刑事判例集》,第 10 卷,第 386 页,尤其是第 387 页;海因里希,第 2 卷,边码 1375 及以下几个边码;耶赛克、魏根特,第 64 节 V、2;沃尔特,《法学教学》,1982 年,第 343 页及以下几页。

第 1 项的性行为,该女生亦不可罚。⑪

2. 参与的可罚根据

(1) **正犯概念**:要确定为什么可以对参与实施惩罚,需要先回答一决定性的问题,即参加论中采取哪种正犯概念。⑫

① 根据所谓**限制的正犯概念**,只有那些自己符合了构成要件要素的人,才是正犯。依此见解,教唆和帮助则是**刑罚扩张事由**。

② 基于所谓**扩张的正犯概念**,任何对引发或者共同引发构成要件之实现具有贡献的人,都是正犯。依此见解,将特定的参加形式认定为参与而非正犯的第 26、27 条,则是**刑罚限制事由**。

但是,若正犯只能是纯正的身份犯时,那么,就需要有相应的正犯要素,这时,就和扩张的正犯概念相抵触了。如果某个参加者不具备这种要素,那么,这时要再将之作为参与者加以处罚,就只能理解成为是刑罚的扩张了。

(2) **惹起说**(Verursachungstheorie)*:(纯粹的)惹起说是建立在扩张的正犯概念基础之上的。按照这一学说,参与的(应罚的)不法在于参与者惹起了结果。⑬只要**纯粹地引发了结果**(erfolgsbezogen),就说明参与具有了不法。因此,要归属给参与者的,不是由正犯所实现的不法,而是参与者自己对结果的(间接)引发。正犯性(täterschaftlich)地实现构成要件,也就成立了不法,而这时,假若参与者不具备特定的正犯要素(特别是在身份犯的场合),那么,如何处罚该参与者? 如果另存在不取决于正犯之不法的独立的"参与犯"(Teilnahmedelikt),才可以对参与者进行处罚。**

但是,反对惹起说的论者认为,惹起说没有解释为什么在法律上必须还要有主行为,因为按照这种学说,主行为仅仅只是一种能有效地引进(vermitteln)参与者的贡献的举止。⑭

(3) **罪责或不法卷入说**(Schuld- bzw Unrechtsverstrickungstheorie)***:罪责或不法卷入说建立于限制正犯概念之上。该学说认为,参与的(应罚的)不法在于使正犯卷入了罪责或者不法之中;参与者使正犯堕落了。基于这种理解,参与的不法是

---

⑪ 参见《莱比锡刑法典评注——许内曼》,第 26 条前言,边码 26。

⑫ 对此,参见布洛伊:《刑法中作为归属类型的参加形式》(Die Beteiligungsformen als Zurechnungstypus im Strafrecht),1985 年版,第 115 页及以下几页;《莱比锡刑法典评注——许内曼》,第 25 条前言,边码 11 及以下几个边码。

* 又译为"引起说""原因说""因果参与(共犯)说""促进说"。——译者注

⑬ 科里亚特,载《迈瓦尔德祝贺文集》,第 417 页,尤其是第 425 页及以下几页;屈尔,第 20 节,边码 132;朗格尔:《身份犯》(Das Sonderverbrechen),1972 年版,第 462 页及以下几页;吕德森:《论参与的刑罚根据》(Zum Strafgrund der Teilnahme),1967 年版,第 119 页及以下几页。

** 换言之,如果参与者不具备特定正犯要素,那么,除非单独地另构成它罪,不得对参与者进行处罚。——译者注

⑭ 《刑法典体系性评注——霍伊尔》,第 26 条前言,边码 13 及下一边码。

*** 国内译法还有"堕落说",至于"罪责共犯论",和这里表述有异。——译者注

取决于正犯的。⑮

反对者认为,该学说过分超越了第26、27、29条这些关于参与者的犯罪贡献的规定所要求的前提条件。而且,该学说几乎没法和自我答责原则⑯相兼容。

(4) 不法参与说(Unrechtsteilnahmetheorie):目前占据支配地位的是不法参与说。不法参与说也是建立在限制正犯概念之上的。对于不法参与说而言,因参与者和主行为人共同行事,则参与的(应罚的)不法在于共同引发或者促成了主行为,由此,主行为也就成了参与者的"作品"。⑰ 因而,参与的不法的内容便是经由正犯的中介而攻击了受保护的法益。所以,由于参与者引起或促进了主行为,进而参加进入了正犯的义务侵害之中,便需要承担责任。⑱

二、从属性

1. 参加的罪责独立性

根据第29条的规定,任何一种参加者(共同正犯、教唆犯、帮助犯)均"不需考虑他人的罪责,而依照自己的罪责"加以处罚。因而,针对一般的免除罪责事由、罪责阻却事由和减轻罪责事由,该条款规定了**罪责独立性的基本原则**(Grundsatz der Schuldunabhängigkeit):其他参加者只需要有故意、违法的行为时,就可以讨论参加者的归属问题。而将这样的一个行为归属给参加者,并认定其个人的罪责,并不取决于其他参加者有没有罪责。

这也就意味着,当某人实施参与时,主行为人(或者共同正犯时的共同行为人)没有罪责能力(第20条)或者陷入了不可避免的禁止错误(第17条)中时,犯罪仍然可以归属给该参加者,并认定罪责。⑲ 而只有当这些减免或阻却罪责的事由发生在符合相应的前提条件的参加者身上时,这些事由才能发挥作用。同样的

---

⑮ 作为"针对正犯的犯罪"的参与,参见弗里斯特,第25节,边码27;对该学说,详见迈尔(*Mayer*),载《里特勒祝贺文集》(Rittler-FS),第243页及以下几页;特雷希泽尔(*Trechsel*):《参与的刑罚根据》,1967年版,第54页及下一页。

⑯ 参见本书第11节,边码23及以下几个边码。

⑰ (有细节上不一致地,)参见《联邦法院刑事判例集》,第37卷,第214页,尤其是第217页;鲍曼、韦伯、米奇,第30节,边码3及以下几个边码;黑格曼斯(*Heghmanns*),《戈尔特达默刑法档案》,2000年,第433页及以下几页;《(舍恩克、施罗德)刑法典评注——海内》(S/S-*Heine*),第25条前言,边码17及下一边码;格罗普,第10节,边码102;耶赛克、魏根特,第64节Ⅰ、2;罗克辛,载《施特雷、韦塞尔斯祝贺文集》,第365页,尤其是第369页及以下几页;鲁道菲,《戈尔特达默刑法档案》,1970年,第353页,尤其是第365页;斯特拉滕韦特、库伦,第12节,边码121。

⑱ 相对于各种正犯而言,参与的不法是一种量上的减轻还是一种(与正犯)不同的其他东西(aliud),则尚未得到解答。但是,如果考虑一下身份犯罪,便容易知道,应将参与视为与正犯不同的东西才更合理,因为在身份犯中,参与者并不需要也具有身份义务,参见本书本节下文边码50;详见金德霍伊泽尔,载《霍勒巴赫祝贺文集》,第647页及以下几页、第650页及以下几页,有进一步的文献。

⑲ 联邦法院,《刑法新杂志——刑事判决和报告》,2004年,第342页;菲舍尔,第29条,边码3;《(舍恩克、施罗德)刑法典评注——海内》,第25条前言,边码36;《莱比锡刑法典评注——许内曼》,第29条,边码2、7;不一致的观点,见雅科布斯,《戈尔特达默刑法档案》,1996年,第253页,尤其是第268页。

情况也适用于减轻罪责事由（如第 21 条）以及人身性的刑罚阻却事由（如第 24 条）。除了第 29 条的规定以外，罪责独立性还适用于后行犯（Anschlussdelikte）以及和参加者类似的关系，在这些犯罪关系中，法规都规定需要他人的违法行为（如第 111 条、第 138 条、第 257 条、第 259 条和第 357 条）。[20]

2. 参与的从属性

（1）限制从属性：要成立第 26、27 条中的参与，需要的一个前提是（至少是力图的）（他人作为）正犯故意且违法地实现构成要件。因此，相对于实施所谓的主行为而言，参与是依附（从属）的。但是，针对参与是可以适用参加的罪责独立性（第 29 条）的，因而主行为并不必须具有罪责。从这个角度上讲，参与的从属性又是有限的（**限制从属性**）。[21]

（2）参与的不成立：针对不符合构成要件（如自杀）或者正当行为，是不能成立参与的。如果谁错误地以为行为人正实施故意的行为，并参与其行为，则顶多只能按照第 30 条加以处罚。不同地，若只是针对免除罪责的行为实施参与，则是可以成立的，即便主行为中出现了第 35 条的情况。[22]

（3）结果加重犯：根据第 11 条第 2 款的规定，如果行为人只是故意实施了行为，但过失引起了特别的后果（第 18 条），则也可以认定为故意实现了行为，因而，针对结果加重犯以及具有故意—过失结合体[23]的其他犯罪，也可以成立参与。[24] 在这种情况下，需要针对**每个参加者特别地**加以确定，是否他对严重后果也需承担过失责任。[25]

3. 从属性的松动

（1）第 28 条：第 28 条部分地突破了参与的（限制）从属性原理；人们将之称为"从属性的松动"（Akzessorietätslockerung）[26]：

19

20

21

22

---

[20] 菲舍尔，第 29 条，边码 5；拉克纳、屈尔，第 29 条，边码 2；《莱比锡刑法典评注——许内曼》，第 29 条，边码 8。

[21] 完全占据主流的观点，亦参见韦塞尔斯、博伊尔克，边码 553；奥托，第 22 节，边码 1；《莱比锡刑法典评注——许内曼》，第 26 条前言，边码 19。

[22] 《(舍恩克、施罗德)刑法典评注——海内》，第 25 条前言，边码 36；《莱比锡刑法典评注——许内曼》，第 29 条，边码 3；不一致的观点，见鲁道菲，《整体刑法学杂志》，第 78 卷，1966 年，第 67 页，尤其是第 98 页及下一页。

[23] 对此，见本书第 34 节，边码 1 及以下几个边码。

[24] 参见联邦法院，《新法学周刊》，1987 年，第 77 页及下一页；《莱比锡刑法典评注——许内曼》，第 26 条，边码 92 及下一边码。

[25] 《联邦法院刑事判例集》，第 19 卷，第 339 页，尤其是第 341 页及下一页；联邦法院，《刑法新杂志》，1994 年，第 339 页；耶赛克、魏根特，第 54 节 III、2，第 64 节 III、4；库德利希，《法学工作》，2000 年，第 511 页，尤其是第 514 页及下几页；《诺莫斯刑法典评注——佩夫根》，第 18 条，边码 132；《刑法典体系性评注——鲁道菲》，第 18 条，边码 6；《(舍恩克、施罗德)刑法典评注——施特尔贝格——利本》，第 18 条，边码 7。

[26] 埃伯特，第 207 页；哈夫特，第 211 页；克赖、埃塞尔，边码 1011 及以下几个边码。

23　① 根据第1款的规定,若**正犯的刑罚取决于**特定的人身性要素,而参与者缺乏这些特定的人身性要素,则要减轻其刑罚。这里对从属性的突破,是通过**刑罚幅度的挪动**(Strafrahmenverschiebung)来实现的。例如,普通人教唆某一法官枉法裁判,虽然对这个普通人要适用第339条、第26条,但他的刑罚幅度则应依第49条第1款降低。

24　② 按照第2款的规定,能导致刑罚的**严厉化***、**减轻和排除**的特定人身性要素只能适用于具有该要素的参加者(正犯或参与者)。依照主流观点,规定使刑罚严厉化或轻缓化的诸要素的这一条文应当理解为,此处对从属性的突破已经在构成要件阶层发生了,也就是说,通过**构成要件上的挪动**实现。㉗ 例如,某个普通人教唆警察利用职务实施身体侵害,这个普通人也不依教唆为第340条之罪受罚,而只是依照教唆基本犯(第223条第1款)受罚;至于警察,则完完整整地适用第340条,包括其加重的构成要件。

25　**(2) 特定的人身性要素**:在特定的人身性要素上,第28条援引了第14条的内容。但这条(第14条)没有详细规定具体的要素,而只是将之叙述成"特定的人身性特征、关系或者情状"。毫无争议地,人们认为**身份义务的要素**(例如,公职人员的特征)便属此类。至于还有哪些其他要素,则是有争议的。

26　① 目前占据支配地位的见解是合理的。根据这种见解,"特定的人身性要素"乃是(高度人身性的)**行为人的特征**,而不是行为的特征,这二者区分如下:

27　首先,**行为的特征仅仅是客观实现了的或将要实现的不法反映在主观上的要素**㉘,例如,故意、像非法占有、获益的目的㉙或者谋杀中的恶意这类针对结果的蓄意。

28　其次,**行为人特征并不是针对行为的客观不法**的要素,具体而言,这类特征尤其是指身份义务要素,也包括(像谋杀罪中的贪财这类)不指向侵害为构成要件所保护的法益的动机。㉚

---

* 之所以将《德国刑法典》第28条第2款中的"schärfen"译为"严厉化",主要是考虑到其与"qualifizieren"(加重)的区别。不同的译法,参见徐久生教授译《德国刑法典》,中国法制出版社2004年版,即译为"加重";冯军教授译《德国刑法典》,中国政法大学出版社2000年版,译为"重处"。应该说,"重处"这一译法也能显示这个区别。——译者注

㉗《联邦法院刑事判例集》,第55卷,第229页及以下几页;《(舍恩克、施罗德)刑法典评注——海内》,第28条,边码28;《慕尼黑刑法典评注——约克斯》,第28条,边码10;偏离的观点,科特斯·罗莎(Cortes Rosa),《整体刑法学杂志》,第90卷,第413页及以下几页;《刑法典体系性评注——霍伊尔》,第28条,边码45。

㉘ 参见《联邦法院刑事判例集》,第23卷,第103页,尤其是第105页;奥托,第22节,边码15。

㉙ 例如,第242条、第253条、第263条。

㉚ 参见《联邦法院刑事判例集》,第17卷,第215页,尤其是第217页及下一页;第39卷,第326页及以下几页;第41卷,第1页及以下几页;鲍曼、韦伯、米奇,第32节,边码9及以下几个边码;格佩尔特,《整体刑法学杂志》,第82卷,1970年,第40页,尤其是第50页;《(舍恩克、施罗德)刑法典评注——海内》,第28条,边码15及以下几个边码;耶赛克、魏根特,第61节VII、4;屈尔,第20节,边码154;奥托,第22节,边码15;批判性的观点,见《莱比锡刑法典评注——许内曼》,第28条,边码33。

② 与此不同地,学术文献中一流传开来的见解认为,第28条的机能在于区分 29
参加者可能负有的不同义务。根据这种见解,"特定的人身性要素"和身份义务要
素是一回事,而其他特别的罪责要素则属于第29条中的具体参加者的罪责要素。㉛
这种观点的问题是,现行《刑法典》中未规定任何减轻刑罚或者排除刑罚的身份义
务,因而第2款中的规定就变成空洞的了。

③ 最后,对于不能通过间接正犯的方式加以实现的要素,人们也将之视为"特 30
定的人身性要素"。㉜

(3) 不存在区别:需要注意的是,第28条第1款和第2款中的要素并没有实质 31
的区别。因而,公职这一要素在纯正身份犯(例如,第339条)中起到的是使刑罚成
立的作用,而在不纯正身份犯(例如,第258条a、第340条)中则使得刑罚更为严
厉。这样,适用第28条第1款还是第2款,并不取决于各个要素的性质,而取决于
该要素在各种犯罪的构成要件之中的机能。㉝

(4) 框架:如果我们采用图解的方式,行为人的(特定人身性)特征可以在犯 32
罪要素中处于如下的位置:

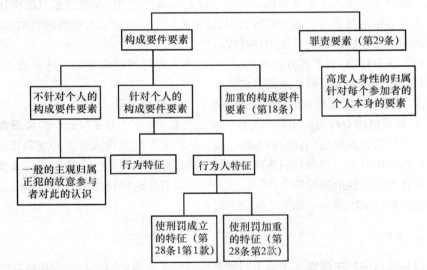

(5) 案例处理:在专业鉴定中,是否适用第28条第1款及适用的效果,需在确定 33
具有罪责之后特别地加以考察,因为该条款只属于应适用的刑罚幅度的问题,而不是

㉛ 布拉姆森:《保证人义务的产生前提》(Die Entstehungsvoraussetzungen der Garantenpflichten),
1986年版,第103页及以下几页;朗格尔,《法学综览》,1993年,第133页,尤其是第137页;奥托,《法
学》,2004年,第469页,尤其是第472页及下一页。

㉜ 《莱比锡刑法典评注——许内曼》,第28条,边码10及以下几个边码、边码45;许内曼,载《屈佩
尔祝贺文集》,第561页及以下几页。

㉝ 不一致的观点,见普珀,《整体刑法学杂志》,第120卷,2008年,第504页,尤其是第525页。

宣告行为人具有罪责的问题。至于第 28 条第 2 款的适用情况，则有所不同。依照主流观点，该款能导致在构成要件上发生挪动。因此，该规范要么（分别依照该特定的人身性要素具有客观特性还是主观特性）在客观或主观构成要件的框架内考察，要么作为特殊的"归属过滤器"，在主观构成要件之后以独立的方式加以讨论。㉞

三、正犯和参与的区分

1. 概览

34　　**（1）概念上的区分**：从概念上，可以对正犯和参与做这样的区分：若谁犯了罪，而该犯罪要作为他本人的犯罪归属于他的，他便是正犯；而对他人故意且违法的（主行为）进行参加的，则是参与者。从原则上说，如果谁自己直接实现了构成要件（第 25 条第 1 款第 1 种情况），亦即符合了所有的客观、主观构成要件要素，则要将该行为作为他本人的行为归属于他。㉟

35　　然而，在数人参加的场合，只要当事人实行了若干个部分性动作，便可能成立正犯。是否实行了若干个部分性动作就已经足以成立正犯，或者是否只能将这些动作认定为帮助犯意义上的支持行为，乃是正犯和参与之区分上很难回答的问题。相应的问题还会出现在间接正犯和教唆的区分上。

36　　**（2）区分标准**：为了区分正犯和参与，出现了大量的理论学说。从本质上看，可以将这些理论划分为**两个主要方向**㊱：

37　　① **主观说**按照意志方向和参加行为的内在态度来区分。

38　　② **客观说**将对行为事实的支配作为决定性标准：今日占支配地位的**实质客观说**或者**犯罪行为支配说**（Tatherrschaftslehre）认为，对于实现构成要件的决策和形态的支配乃是区分正犯和参与的标准。而早先的**形式客观说**则将直接实现构成要件的要素作为决定性的判断标准；可是，这种学说没有办法解释法律上明确加以规定的间接正犯（第 25 条第 1 款第 2 种情况）。㊲

2. 主观说

39　　**（1）判例中的主观说**：（主要由判例之见解所支持的）主观说，一方面将判断标准放在支配性的意志定位（故意说）上，另一方面也将针对行为结果的利益（利益

㉞ 认为应当这样处理的，例见伦吉尔，第 45 节，边码 12。

㉟ 《联邦法院刑事判例集》，第 38 卷，第 315 页及以下几页；《莱比锡刑法典评注——许内曼》，第 25 条，边码 53。

㊱ 将两种方向加以联系的整体说，参见施米德霍伊泽尔，载《施特雷·韦塞尔斯祝贺文集》，第 343 页及以下几页；亦参见格尔茨，《法学》，1990 年，第 173 页及以下几页。

㊲ 但可以参见弗洛因德，第 10 节，边码 35 及以下几个边码。

说)作为判断标准㊳:若谁以行为人意志(Täterwillen, animus auctoris)对实现构成要件做出客观的贡献,且(根据对于结果的利益)想将行为视为自己的行为,则是正犯。不同地,若谁以参与者意志(Teilnehmerwillen, animus socii)行事,同时将行为视为他人的行为,并加以操纵、促进,则是参与者。

主观说将自己视为因果关系的等价理论㊴的自然结果:如果所有导致结果的条件在客观上皆等价,那么,就只能在主观领域区分正犯和参与了。㊵ 可是,根据今天的理解,因果关系只是客观不法的一个要素,而客观不法则需借助客观归属这一标准来确定。具体而言,也就是要借助于风险管辖和具体个罪的行为方面的各种要素以从本质上共同地加以确定。因此,在区分正犯和参与时,也需对具体各个行为贡献(例如,风险支配)的客观上的犯罪意义内容加以重点考虑。不管怎样,若将主观说作为进行区分的必要标准,则只有它也要求正犯必须对具体地实现构成要件发挥影响,才能够解释第25条第1款第1种的情况。㊶ 此外,主观说还拒绝在所有犯罪(像第216条、第242条、第246条、第263条)中处罚(也)具有利他性(fremdnützig)的行为;因为在这些情况下,正犯针对行为结果并没有自己的利益,这使得其连构成要件性的前提条件都没有满足。

(2)新近的判例:判例中众说纷纭,根本没有形成一个统一的意见。㊷ 由于有些案件中出现了一些基本上没法普遍化的、特殊的行为情状,因而在司法判决中,有人放弃了犯罪行为支配的任何要素,从而得出了极端主观的见解㊸;有人只强调犯罪行为支配的客观方面。㊹ 也有人试图将主观的标准建立在客观基础上,即对于正犯而言,"本质性的依据"是:参加者在多大程度上"共同操纵着事实发生的流程,从而能够使得该行为的进行、结果根本性取决于他的意志"。㊺

40

41

㊳ 详见奥托,《法学》,1987年,第246页,尤其是第247页及以下几页;《莱比锡刑法典评注—许内曼》,第25条,边码3及下一边码。
㊴ 对此,参见本书第10节,边码8及以下几个边码。
㊵ 《帝国法院刑事判例集》,第74卷,第84页,尤其是第85页。
㊶ 亦参见《联邦法院刑事判例集》,第38卷,第315页及以下几个;布林格瓦特,边码671;弗洛因德,第10节,边码40;格罗普,第10节,边码32;屈尔,第20节,边码23。
㊷ 详见罗克辛,载《联邦法院祝贺文集》,第4卷,第177页及以下几页。
㊸ 尤其见《帝国法院刑事判例集》,第74卷,第84页及以下几页:浴缸案;《联邦法院刑事判例集》,第18卷,第87页,尤其是第89页及以下几页:斯塔斯钦斯基案(Staschynskij-Fall);联邦法院,《新法学周刊》,1954年,第1374页及下一页。
㊹ 参见《联邦法院刑事判例集》,第19卷,第135页,尤其是第138页及以下几页。
㊺ 《联邦法院刑事判例集》,第8卷,第393页,尤其是第396页;亦参见《帝国法院刑事判例集》,第15卷,第295页,尤其是第303页;第71卷,第364页及下一页;《联邦法院刑事判例集》,第2卷,第150页,尤其是第156页;第51卷,第219页及以下几页;联邦法院,《法学综览》,1955年,第304页,尤其是第305页;《刑法新杂志——刑事判决和报告》,2010年,第236页;《经济刑法和税收刑法杂志》,2012年,第303页。

42　　新近的判例采取的是后一种办法(即所谓的"**限制主观说**"):在考虑行为人自己对于结果的利益的同时,再对行为参加的范围、犯罪行为支配或者(至少需要的)对犯罪行为支配的意志加以考虑,从而进行整体的评判。㊻

　　3. 实质客观说

43　　在实质客观说看来,正犯的根本性标准在于具有犯罪行为支配,具体而言,也就是**将符合构成要件的事实发生流程掌握在手中**。因而,这个理论也被称为**犯罪行为支配说**。根据犯罪行为支配的指导原则,那些在事实发生流程中充当"中心人物"或者"关键角色",并凭借其决策驾驭事实的发生和按照其意志共同操纵事实的发生的人(也就是说,它能够阻止或者结束(犯罪)行为的实施),便是正犯。所以,犯罪行为支配的标志是**针对是否(决策支配)以及如何(形态支配)实施犯罪行为进行支配**。㊼

44　　这主要意味着:**在**间接正犯**的场合,犯罪行为支配在于借助更优越的意志或者认识对实际实行人(工具)的操纵**可能性。㊽ 在共同正犯的场合,犯罪行为支配则在于**互相协作的行为方式**,借助于这种行为方式,每个人的贡献都共同决定着(犯罪)行为的成功。

45　　而如果谁策动或者促成构成要件的实现,且就他对事实发生的影响来看,只能算作"边缘人物",则是**参与者**。

　　㊻ 请代表性地参见《联邦法院刑事判例集》,第 35 卷,第 347 页,尤其是第 353 页及下一页;第 38 卷,第 315 页及以下几页;第 51 卷,第 219 页及以下几页和普珀的评释,见《法学综览》,2007 年,第 299 页;联邦法院,《刑法新杂志》,2006 年,第 94 页;2007 年,第 530 页;《刑法新杂志——刑事判决和报告》,2010 年,第 236 页;亦参见鲍曼、韦伯、米奇,第 29 节,边码 59 及以下几个边码;格尔茨,《法学》,1990 年,第 173 页及以下几页。

　　㊼ 关于实质的犯罪行为支配理论的基础论述,见罗克辛:《正犯与犯罪行为支配》(TuT),第 25 页及下一页、第 105 页及以下几页;有细节上差异地,进一步参见博特克:《正犯和形态支配》(Täterschaft und Gestaltungsherrschaft),1992 年版,第 35 页及以下几页;加拉斯:《犯罪论文集》(Beiträge zur Verbrechenslehre),1968 年版,第 78 页及以下几页;赫茨贝格:《正犯和参与》(Täterschaft und Teilnahme),1977 年版,第 7 页及下一页;雅科布斯,第 21 节,边码 35 及下一边码;耶赛克、魏根特,第 61 节 V、1;穆尔曼:《刑法中的同时正犯》(Die Nebentäterschaft im Strafrecht),1993 年版,第 180 页及以下几页;奥托,第 21 节,边码 23 及以下几个边码;席尔德:《作为犯罪行为支配的正犯》(Täterschaft als Tatherrschaft),1994 年版,第 6 页及以下几页;《莱比锡刑法典评注——许内曼》,第 25 条,边码 36 及以下几个边码;强调主观方面的,见金德霍伊泽尔,载《霍勒巴赫祝贺文集》,第 627 页,尤其是第 650 页及以下几页;韦尔策尔,第 15 节 I、1;批判性的观点,见哈斯:《犯罪行为支配理论及其理论基础》(Die Theorie der Tatherrschaft und ihre Grundlagen),2008 年版,第 21 页及以下几页;对此,再一次地,见许内曼,载《罗克辛祝贺文集》,2011 年版,第 799 页,尤其是第 807 页及以下几页。

　　㊽ 亦参见《联邦法院刑事判例集》,第 32 卷,第 38 页,尤其是第 41 页及以下几页;第 35 卷,第 347 页,尤其是第 351 页及以下几页。

4. 在场（在行为地）

案例 1

T 是一盗窃团伙的头子，他制订了一侵入 B 的别墅的详细计划。该计划由其"同事"G 实施。为了不使自己惹上嫌疑，在行为时，他和熟人去了剧院。

如果团伙头领（Bandenchef）*（如案例 1 中的 T）制订、组织了犯罪计划，但是在实施该计划时，他并没有亲自在场共同实行，那么，是否足以认定共同正犯？对此，存在争议。 46

（1）根据主观说以及限制主观说，若已满足正犯的其他标准[例如，对行为结果的利益、行为人意志、对（犯罪）行为形态的决定性影响]，团伙头领并不必须在场。[49] 47

（2）同样地，按照实质客观说的观点，若行为按照团伙头领在预备阶段计划和组织的方式加以实施了，换言之，某一贡献对于各步骤间互相协作的设计，深刻影响了（prägen）该行为，则应当尽可能地将之认定为共同正犯（所谓**机能的犯罪行为支配说**）。虽然这时在决策支配上有所欠缺，但是，这可以通过过度的形态支配实现补偿。[50] 这样，案例 1 中的 T 应当认定为共同正犯。 48

（3）与此不同地，另一种更为狭义的犯罪行为支配说认为，要成立正犯，还需要以对直接实现构成要件施加影响这一条件。具体而言，也就是在实施（犯罪行为）的现场同时发挥作用[51]，或者至少需要保持（像电话之类的）联系。[52] 根据这一学说，案例 1 中的 T 便不是共同正犯，而只能认定为教唆犯。 49

---

* 大体对应于我国刑法中的"首要分子"。——译者注

[49] 参见《联邦法院刑事判例集》，第 32 卷，第 165 页，尤其是第 178 页及以下几页；第 37 卷，第 289 页，尤其是第 291 页及以下几页；联邦法院，《刑事辩护人杂志》，2007 年，第 187 页，尤其是第 188 页和舒尔的评释；策勒州高等法院，《新法学周刊》，1994 年，第 142 页。

[50] 博伊尔克，《法学综览》，1980 年，第 423 页，尤其是第 424 页；格罗普，第 10 节，边码 85；《（舍恩克、施罗德）刑法典评注——海内》，第 25 条前言，边码 74；海因里希，边码 1228；雅科布斯，第 21 节，边码 47 及下一边码、边码 52；耶赛克、魏根特，第 63 节 III、1；屈尔，第 20 节，边码 111；屈珀尔，《戈尔特达默刑法档案》，1986 年，第 437 页，尤其是第 444 页及以下几页；泽赫尔（Seher），《法学教学》，2009 年，第 304 页，尤其是第 308 页；关于预备阶段的（行为）贡献，亦参见格塞尔，《法学》，2004 年，第 696 页，尤其是第 697 页及下一页。

[51] 这样的观点，见鲁道菲，载《博克尔曼祝贺文集》，第 369 页及以下几页。

[52] 《莱比锡刑法典评注——许内曼》，第 25 条，边码 182 及以下几个边码；亦参见布洛伊，《戈尔特达默刑法档案》，1996 年，第 424 页，尤其是第 432 页及以下几页；克勒，第 518 页及下一页；普珀，载《施皮内利斯祝贺文集》（Spinellis-FS），第 915 页及以下几页，尤其是第 931 页及以下几页；罗克辛，《法学工作》，1979 年，第 519 页，尤其是第 522 页及下一页；齐祥，《整体刑法学杂志》，第 107 卷，1995 年，第 361 页及以下几页。

5. 身份犯和亲手犯

> **案例 2**
>
> 在一次滥饮无度之后，A 和 B(酒精浓度均超过 1.8‰)开车到处兜风；在整个驾驶过程中，A 始终操控着方向盘。

50 主观说和实质客观说的区分标准并**不适用**于身份犯和亲手犯：

51 只有主体适格的行为人，才可以成立**身份犯**[53]。[54] 例如，枉法裁判的，只能是法官或者第 339 条的构成要件中提到的人员。而若相应判决乃是由局外人做出的，即便(他做出的该判决)具体到了每个细节，也不能将他认定为正犯。在这种情况下，犯罪行为支配标准要让位于身份义务。[55]

52 **亲手犯**[56]的正犯只能是亲自直接实现构成要件的人。[57] 因而，亲手犯既不能以共同正犯，也不能以间接正犯的方式实现，同样，也不能由幕后"操纵者"实现。

53 (局外的)第三人对于身份犯和亲手犯只能成立参与。因而，在案例 2 中，只有 A 是酒后驾驶(第 316 条)的亲手犯；而 B 作为同乘者，只能是单纯的帮助，即便他持续怂恿 A 为有风险的驾驶，也只能如此。

6. 证明问题

54 具体的各种参加形式，在不法的程度上，是有重有轻的：正犯最重，教唆次之，帮助最轻。根据这种阶段关系，并不能进行不同的参加形式之间的选择确定(Wahlfeststellung)[58]。更确切地说，通过适用"疑罪从无"的基本原理，如果可能成立若干种参加形式，则认定不法最轻的那一种。[59]

四、过失的参加

1. 对故意行为的过失参加

55 正如从第 26 条及以下几条的规范中可以直接得出的那样，只有**故意地**加功于他

---

[53] 例如第 266 条、第 283 条、第 339 条及以下几条；需要注意的，可能还有第 14 条，参见本书第 7 节。

[54] 这是没有争议的，请代表性地参见罗克辛：《正犯与犯罪行为支配》，第 352 页及以下几页；赫茨贝格：《正犯和参与》，1977 年版，第 32 页及以下几页；斯特拉滕韦特、库伦，第 12 节，边码 22。

[55] 参见《(舍恩克、施罗德)刑法典评注——海内》，第 25 条前言，边码 84 及下一边码；《莱比锡刑法典评注——许内曼》，第 25 条，边码 42 及以下几个边码、边码 162；批判性的观点，见奥托，第 21 节，边码 37。

[56] 例如，第 153 条及下一条、第 316 条。

[57] 参见《莱比锡刑法典评注——许内曼》，第 25 条，边码 45 及以下几个边码。

[58] 对此，见本书第 48 节，边码 7 及以下几个边码。

[59] 参加《联邦法院刑事判例集》，第 31 卷，第 136 页；耶赛克、魏根特，第 16 节 II、2。

人的行为,才能成立参与。与此相对应,若是过失地参加他人的故意行为,则只能认定其正犯性地犯了罪。这样,如果谁成为某一掌控事态的幕后操纵者⑩的无恶意地行事的工具,进而错误地侵害了他人,他也仍可能遭受过失身体侵害的责难(第16条第1款第2句)。但是,如果不是过失行为人,而是故意参加者最后促成了构成要件性的结果,则应依照客观归属的观点,有利于过失行为人地限制其刑罚的成立。⑪

2. 故意地参加过失的行为

同样地,对某一过失行为故意地参与,也是不可能的,因为第26、27条都要求以故意实施的主行为为前提。⑫ 因此,就故意地加功于过失犯而言,只能成立**同时正犯**或者在符合相应前提条件时,成立**间接正犯**。

56

3. 对过失行为的过失参加

正如参与规则那样,依主流观点,在像第25条第1款第2种情形(间接正犯)或者第25条第2款(共同正犯)这些正犯的特殊形式那里,也需以故意行为为前提。因此,依照流行的观点,过失地对过失行为予以加功,只可能成立直接(同时)正犯(第25条第1条第1种情形)。

57

文献中部分观点主张的所谓**过失的间接正犯**⑬,其实基本上没有必要。因为这种情形,通常可以(直接)单独正犯的方式处理。⑭ 这时实际执行者只有充当因果因素的功能。

58

相比之下,**过失的共同正犯**这种构造则更受实务界欢迎,因为承认过失的共同正犯,就可以将过失所产生的行为贡献相互地进行归属,而不必分别证明其中具体某个行为的因果关系。⑮ 例如,两个行为人互相约定,各自分别将一块石头推下山坡,结果因此砸死了山脚下的一个人,而此时无法确定,究竟是哪个具体行为人推下的石头砸死了他。这样,依照第25条第2款的规定,在行为能相互归属的场合,这种(死亡)结果就可能不利于这两个行为人地归属给他们。⑯ 认为可能成立过失共同正犯的学者,还经常这样陈述其观点:第25条第2款中虽然规定需要具备共

59

---

⑩ 参见本书第39节,边码11。
⑪ 详见本书第11节,边码35及以下几个边码。
⑫ 批判性地,弗里斯特,第25节,边码26。
⑬ 参见《刑法典体系性评注——霍伊尔》,第25条,边码153;《莱比锡刑法典评注——许内曼》,第25条,边码218。
⑭ 合理的观点,见《(舍恩克、施罗德)刑法典评注——海内》,第25条前言,边码114。
⑮ 《(萨茨格尔、施米特、维德迈尔)刑法典评注——穆尔曼》,第25条,边码33;普法伊弗尔(*Pfeiffer*),《法学》,2004年,第519页,尤其是第522页。
⑯ 瑞士联邦法院所谓的"滚石案",见奥托的阐述,《法学》,1990年,第47页;关于其他可能的解决方案,见格佩尔特,《法学》,2011年,第30页,尤其是第33页。

同的"知"和"欲"的共同行为，但是这并不必定是针对实现犯罪结果而言，确切地说，在过失行为时，也可能出现违反义务地共同创设风险的情况（"共同的行为计划"）。⑰

五、不作为犯的参加

1. 主动参与不作为犯

> **案例 3**
>
> V 和他的女朋友 N 以及他 4 岁的儿子 S 待在一个孤寂的海滩上。当 S 落水行将溺死时，N(成功地)劝阻 V 说："不要去救 S，S 太烦人了，要甩掉他，这样可以省下吃饭钱。"

60　按照一般的参加规则，是可以主动地参与不作为犯的。⑱ 而根据（早先的）反对观点，是不可能针对不作为认定成立帮助，而"教唆"不作为的人，也必须被认定为正犯⑲；而这是和第 8 条、第 9 条第 2 款的规定不相协调的。主动参与者并不需要处于**保证人地位**。⑳ 这样，在案例 3 中，N 便需因教唆 V 不作为而受罚。

61　若某人主动参与不作为犯，但又不是保证人（像案例 3 中的 N），那么就会出现这样一个问题：是否需要将**正犯的保证人地位**认定为第 28 条意义上的**特定人身性要素**？

62　（1）占支配地位的观点认为，保证人义务属于第 28 条第 1 款中证立可罚性的特定人身性要素。㉑

63　（2）而另一种流传开来的少数说认为，保证人地位根本不是特定人身性要素。㉒

---

⑰ 例如，参见普法伊弗尔，《法学》，2004 年，第 519 页，尤其是第 522 页及下一页；伦茨考斯基：《限制正犯概念和过失参加》，1997 年版，第 288 页及下一页；反对的观点，见普珀，《戈尔特达默刑法档案》，2004 年，第 124 页及以下几页；再一次地，见霍伊尔，载《普珀祝贺文集》，第 515 页及以下几页；案件处理，见伯斯（Böß）《法学工作》，2012 年，第 348 页，尤其是第 350 页及下一页。

⑱ 主流观点，请代表性地参见《联邦法院刑事判例集》，第 14 卷，第 280 页及以下几页；联邦法院，《刑法新杂志》，1998 年，第 83 页及下一页；《（舍恩克、施罗德）刑法典评注——海内》，第 25 条前言，边码 85、99 及下一边码。

⑲ 考夫曼：《不作为犯的学理》，1959 年版，第 190 页及以下几页、第 317 页；韦尔策尔，第 27 节 A、V2。

⑳ 在这种情况下，帮助大多为精神上的帮助，但也可以是体力上的帮助，参见巴伐利亚州高等法院，《新法学周刊》，1990 年，第 1861 页。

㉑ 鲍曼、韦伯、米奇，第 32 节，边码 18；韦塞尔斯、博伊尔克，边码 558、773；哈克（Hake），《法学综览》，1996 年，第 162 页，尤其是第 164 页及下一页；《刑法典体系性评注——霍伊尔》，第 28 条，边码 35；奥托，第 22 节，边码 22；福格勒，载《朗格祝贺文集》，第 265 页及以下几页。

㉒ 格佩尔特，《整体刑法学杂志》，第 82 卷，1970 年，第 40 页及以下几页；《（舍恩克、施罗德）刑法典评注—海内》，第 28 条，边码 19；赫茨贝格，《整体刑法学杂志》，第 88 卷，1976 年，第 68 页，尤其是第 108 页及下一页；耶赛克、魏根特，第 61 节 VI、4a；拉克纳、屈尔，第 28 条，边码 6；兰夫特，《法学家报》，1995 年，第 1186 页及下一页；施吕希特，载《萨尔格尔祝贺文集》，第 139 页，尤其是第 143 页。

保证人地位的机能仅仅在于:确定正犯的范围,并使不作为的较轻不法和作为的不法二者相对应。

（3）不过,合理的观点是区分说⑬:风险创设或者风险接受相当于作为,在基于风险支配的监督者保证人地位的场合,结果避免义务只是这种作为的反面。这种保证人地位纯粹只是行为特征,而根本不是什么特定的人身性要素。而基于制度照料的保护者保证人地位则不同。这种保证人地位是专门给具体行为人设计的,因而属于特定的人身性要素。这样,在案例 3 中,V 是保护者保证人,而 N 的刑罚则需按照第 28 条第 1 款进行减轻。 64

2. 不作为式的参加

案例 4

　　A 用棍棒打 B,使其受重伤,并危及生命;而 B 的妻子 Q 手中拥有手枪,她本来能够阻止 A 的行为,但却一动不动。

案例 5

　　警察 J 没有恶意地将其公务手枪放置在某个地方。当他发现 X 想拿这把手枪射击 Y 时,却没有阻止 X。当时他是尚有办法阻止 X 的。

案例 6

　　出于被解职的愤怒,化学工人 H 想在厂区制造一起爆炸,就在一易爆煤气罐的出口处点了火。而负责煤气活塞运作的 I 也同样被解职了,他看到了这一切,但他并不关掉活塞,因为他很希望看到工厂爆炸的样子。

（1）**数个保证人**:关于不作为的参加,**数个保证人既可以成立共同正犯**⑭,也可以成立同时正犯。⑮ 65

（2）**没有阻止故意作为犯的成立**:若某一保证人没有阻止某一本来能够阻止故意作为犯的行为(如案例 4、案例 5、案例 6),那么,则可以将该不作为认定为对故意作为的帮助或者认定为(同时)正犯的(独立的)不作为。至于可以成立哪种参加形式,则存在争议。基本上可以有以下几种观点: 66

① 判例在区分不作为的正犯和参与时,基本也是以参加者对整体的事实发生采取的**内心态度**为准。而对此的主要衡量标准是参加者意志(行为人意志或者参 67

---

⑬ 亦参见雅科布斯,第 23 节,边码 24 及下一边码。
⑭ 参见《联邦法院刑事判例集》,第 37 卷,第 106 页,尤其是第 129 页;联邦法院,《新法学周刊》,1966 年,第 1763 页。
⑮ 联邦法院,《新法学周刊》,2003 年,第 522 页,尤其是第 526 页及下一页。

与者意志)和对行为结果的利益。⑯ 这样,案例4和案例6中便应是正犯,而案例5中应认定帮助。

68 ② 在学术文献中,也有部分观点认为,在确定不作为的参加的方式上,也可以采用**犯罪行为支配**的标准。⑰ 然而,正如犯罪行为支配的具体表述"掌握在手中"所显示的那样,"犯罪行为支配"这一标准主要是适用于作为犯的,因而,在确定不作为的参加方式上,采用犯罪行为支配这一标准就显得可疑。因此,在以单纯"放任"结果实现得以"发生"为特性的不作为的情形时,不存在满足这一标准的法律根据。基于这样的理解,那些主张采取犯罪行为支配标准的观点,就可能在主动作为的正犯(Begehungstäter)*实施加功时得出不一致的结论:例如,在存在实施干预的可能性时,部分观点认为,不作为者通常具有犯罪行为支配。⑱ 而占据优势的反对观点认为,至少在某一故意行为的作为正犯支配着事实发生(如案例4、5、6中的情况)的时候,从原则上讲,不作为者只是"边缘人物",故(只能)成立帮助。⑲

69 ③ 根据另一种观点,不作为者只能成立正犯,因为保证人对受害人具有特定的**保护义务**。对此只有三种例外:亲手犯、欠缺特定的构成要件因素或者保证人义务在于阻止第三人的帮助。⑳ 因而,从案例4到案例6,均应认定不作为者为正犯。然而,人们可以这样批驳该观点:认为不作为者通常具有正犯性,不符合第13条规定的作为和不作为的同等地位。因为这样会使得保证人所实现的事件(异于作为犯地)通常情况下无法成立单纯的参与不法,并加以处罚。较之于主动行事的参加者而言,保证人的处境就更为恶劣了。

70 ④ 新近有文献提出,保证人在参加犯行时,究竟是行为人还是参与者,应取决于其所要防止的事件的性质。㉑ 依照这种观点,第13条第1款应当理解为这样一种**归属规范**:将不阻止应当阻止的结果当作保证人自己主动促成结果来处理。若监督者保证人地位(正如案例5和案例6中那样)的内容在于监督某一危险物品,

---

⑯ 参见《联邦法院刑事判例集》,第38卷,第356页,尤其是第360页及下一页;联邦法院,《新法学周刊》,1966年,第1763页;《刑事辩护人杂志》,1986年,第59页及下一页和阿茨特的评释,见《刑事辩护人杂志》,1986年,第337页及下一页;联邦法院,《刑法新杂志》,1992年,第31页及下一页;进一步参见鲍曼、韦伯、米奇,第29节,边码71。

⑰ 韦塞尔斯、博伊尔克,边码734;毛拉赫、格塞尔、齐普夫,第49节,边码87;《慕尼黑刑法典评注——约克斯》,第25条,边码269及下一边码。

* 或译为实施作为的行为人。——译者注

⑱ 海因里希,边码1214。

⑲ 耶赛克、魏根特,第64节Ⅲ、5;屈尔,第20节,边码230;亦参见兰夫特,《整体刑法学杂志》,第94卷,第815页,尤其是第828页及以下几页、第845页及以下一页;《刑法典体系性评注——鲁道菲、施泰因》,第13条前言,边码61。

⑳ 布洛伊,《刑法中作为归属类型的参加形式》,1985年版,第216页及以下几页;弗里斯特,第26节,边码40;米奇,《法学》,1989年,第193页,尤其是第197页;《莱比锡刑法典评注——许内曼》,第25条,边码210;第27条,边码43。

㉑ 哈斯,《刑法学理国际杂志》,2011年,第392页,尤其是第396页及下一页。

那么当他人将手伸向该物品时,保证人只能成立不作为式的帮助,因为他的行为贡献仅在于不阻止主动行为人使用该物品。不同地,如果监督义务乃是针对主动的行为人本身,或者存在保护者保证人地位,则应当依照作为者的角色(正犯、教唆或者帮助)确定保证人的参加形式。这样,在案例 4 中,Q 针对被杀者 B 拥有保护者保证人地位,因而她(也)是保证人正犯。

⑤ 由于作为犯中的标准不完全适用于不作为犯,因而,合理的做法应该是,按照保证人地位的种类来区分正犯和参与[82]: 71

首先,因其与受保护利益的特别密切的关系和独立于作为的管辖,原则上可以将基于制度照料的**保护者保证人**认定为**正犯**。这样,案例 4 中的 A 和 Q 均成立故意杀人的同时正犯,对 A 适用第 212 条,对 Q 适用第 212 条和第 13 条。只有当保护者保证人欠缺某个特定的构成要件要素(比如,特定的蓄意),或者他所涉及的犯罪乃是亲手犯的时候,才可以不将他认定为正犯。 72

其次,与前者不同,基于风险支配的**监督者保证人**则可以像作为犯中那样来区分正犯和参与。也就是说,需要问的是:保证人没有消除的那部分事实发生,如果当事人主动地加以实施的话,是可以认定为正犯性的贡献,还是仅可以认定为支持? 73

通常而言,若不作为者未对风险加以监督,而这只是使得作为正犯所塑造和支配的某一事实发生得以可能或者促进了该事实的发生,则可以认定参与的成立。因而,在案例 5 中,J 的不作为应当认定为故意杀人的帮助(第 212 条、第 13 条、第 27 条)。理由在于,当 J 让 X 有可能用枪射击 Y 的时候,仅仅是一种支持。

但若保证人采取某一不作为时,自己在根本上塑造和支配了结果的发生,则应(例外地)成立正犯。这样,案例 6 中的 I 应当独立于 H 单独地被认定为正犯(第 308 条第 1 款、第 13 条),原因是:如果 I 主动打开活塞,便是自己直接地促成了结果。

(3) 帮助和共同正犯的区分:按照区分帮助和同时正犯的标准,也可以区分帮助和共同正犯。但在共同正犯[83]的场合,对于保证人而言,作为正犯对(犯罪)行为的贡献也便应算作保证人自己的贡献,并将之归属于保证人,这样该行为在总体上就表现为作为犯了。如果案例 6 中的 I 和 H 共同约定实施计划,H 负责点火,I 保持活塞开着的状态,那么,就不可以根据第 13 条进行刑罚的减轻了。确切地说,H 74

---

[82] 《(舍恩克·施罗德)刑法典评注——海内》,第 25 条前言,边码 103 及以下几个边码;赫茨贝格:《正犯和参与》,1977 年版,第 82 页及以下几页;金德霍伊泽尔,载《霍勒巴赫祝贺文集》,第 627 页,尤其是第 651 页;相似的见解,见霍夫曼—霍兰特,《整体刑法学杂志》,第 118 卷,2006 年,第 620 页,尤其是第 636 页及下一页;雅科布斯,第 29 节,边码 101 及以下几个边码;关于区分,亦见克吕格尔(Krüger),《刑法学理国际杂志》,2011 年,第 1 页,尤其是第 5 页及以下几页,但他得出了完全相反的结果。

[83] 对此,详见本书第 40 节。

的主动举止就应作为 I 自己的行为而归属于 I，这样，他就要根据第 308 条第 1 款、第 25 条第 2 款而受罚。

75

> **复习与深化**

1. 如何理解连锁参加？如何理解必要的参与？（边码 5、6 及下一边码）
2. 如何理解限制的正犯概念和扩张的正犯概念？（边码 8 及以下几个边码）
3. 如何理解参与的限制从属性？（边码 19 及以下几个边码）
4. 如何理解第 28 条意义上的特定人身性要素？（边码 25 及以下几个边码）
5. 在区分正犯和参与上，有哪些学说？（边码 34 及以下几个边码）
6. 亲手犯和身份犯有什么特殊性？（边码 50 及以下几个边码）
7. 当保证人不阻止本来能阻止的某一故意的作为正犯行为时，应如何处理？（边码 66 及以下几个边码）

第39节 单独正犯

一、概念

1. 直接正犯

"自己实施"犯罪（第25条第1款第1种情况）的人，是直接正犯。具体而言，便是符合了客观、主观的所有构成要件要素，进而亲自实现了构成要件的人。①

2. 间接正犯

"通过他人实施"犯罪（第25条第1款第2种情况）的人，是间接正犯。间接正犯利用他人以实现某一构成要件。如直接正犯那样，人们将之也认定为单独正犯。

3. 同时正犯

> **案例1**
> A知道，B要在次日夜晚于C回家途中设埋伏枪杀C。A诱使他的敌人D，在相应的时间点抵达B的埋伏地。昏暗中，B以为D是C，便将之枪杀。

对于数人实施犯罪但却并不共同行事的情况，在《刑法典》中并没有明确地加以规定。这样，谁独立于他人地实现了某一构成要件，或者和他人同时实施行为但却没有形成共同的行为决意，即为同时正犯。人们将同时正犯也作为单独正犯加以处理。② 例如，A和B各自独立地朝C射击，两颗子弹均射中，C负伤死亡。③

按照占支配性的观点，利用他人的行为决意以实现自己的目标的，也成立同时正犯。④ 案例1就是这方面的例子。在该案中，无论是身处针对人的认识错误（因而不会产生影响）的B，还是依此观点凭借其影响也共同掌控事件的A，都要对D承担故意杀人的责任。

不过，有人认为，在这种场合也要认定幕后操纵者的间接正犯，因为A虽然没

---

① 《联邦法院刑事判例集》，第38卷，第315页；《莱比锡刑法典评注——许内曼》，第25条，边码45。
② 完全占据主流的观点，请代表性地参见《联邦法院刑事判例集》，第4卷，第20页，尤其是第21页；联邦法院，《刑法新杂志》，1996年，第227页，尤其是第228页；格罗普，第10节，边码5、45；耶赛克、魏根特，第63节Ⅱ、3；穆尔曼：《刑法中的同时正犯》，1993年版，第183页及以下几页；奥托，第21节，边码54。
③ 在这种情况下的累积的因果关系，参见本书第10节，边码29及下一边码。
④ 韦塞尔斯、博伊尔克，边码525；海因里希，边码1188；赫茨贝格，《法学教学》，1974年，第576页及下一页；耶赛克、魏根特，第62节Ⅱ、2；施彭德尔，载《朗格祝贺文集》，第147页，尤其是第167页及以下几页；韦尔策尔，第15节Ⅴ。

有提高犯罪行为的不法或罪责的程度,但仍应对杀害具体的个人承担责任。⑤

6　　最后,还有人认为,由于直接执行者具有完全的刑事答责性,故幕后操纵者**只能成立参与**。因此,案例1的A要么成立单纯的帮助⑥,(如果人们将调换受害人视为足以确定他人为另一犯罪行为的话)要么认定为教唆。⑦

二、间接正犯

1. 归属原则

7　　在间接正犯的场合下,需要将某甲(称为**实际执行者***)对构成要件的实现作为某乙**自己**的正犯性举止归属于某乙(称为**幕后操纵者**),因为幕后操纵者利用了他要依法承担责任的一种情状以实施行为,由于该情状的存在,实际执行者的行为并不具有完整的犯罪性。因而,人们也将实际执行者称为**行为媒介**(Tatmittler)或者**犯罪工具**。

8　　幕后操纵者对于实际执行者的具体操控的情况,需要**规范性**地加以解释:在这种情况下,实际执行者在法律上不能相应地进行答责,而对此,幕后操纵者需要从法律上进行答责。而实际执行者不能进行答责,并非是出于精神上的(团体动力学的**)依赖性或者其他依赖性(比如,经济上的依赖性)。⑧

9　　仅当**自己满足了所有的行为人要素**和犯罪的主观条件,才可以是间接正犯。因而,在亲手犯的情形下,没有办法成立间接正犯。⑨

10　　**在犯罪构造上**,实际执行者**出现不能答责的任何情况**,都可以作为幕后操纵者的责任根据。因而,若实际执行者的行为(在主观领域或客观领域相应地)不符合构成要件、是正当的或者没有罪责,则可以考虑将之认定为行为媒介。

---

⑤ 所谓针对具体行为意义的认识错误,参见《莱比锡刑法典评注——许内曼》,第28条,边码104及下一边码;罗克辛,第2卷,第25节,边码102及下一边码;详见本书本节边码12及以下几个边码。

⑥ 参见布洛伊:《刑法中作为归属类型的参加形式》,1985年版,第362页及以下几页。

⑦ 参见奥托,《刑法总论》,第21节,边码91;针对该问题,详见本书第41节,边码6及以下几个边码、12。

* "Vordermann"也可以直译为"幕前人",参见[德]耶赛克、魏根特:《德国刑法教科书》,徐久生译,中国法制出版社2001年版,第804、807页。这种译法也是合理的。——译者注

** 研究诸如团体气氛、团体成员间的关系、领导作风对团体性质的影响等团体生活的动力方面的社会心理学分支。——译者注

⑧ 关于幕后操纵者的管辖理由,详见雅科布斯,《戈尔特达默刑法档案》,1997年,第553页及以下几页;与此不同地,具有强烈主观性的色彩的观点,见哈斯,《整体刑法学杂志》,第119卷,2007年,第519页,尤其是第537页及以下几页。

⑨ 这是没有争议的,请代表性地参见哈夫特,《法学工作》,1979年,第651页及以下几页;赫茨贝格,《整体刑法学杂志》,第82卷,1970年,第896页及以下几页;斯特拉滕韦特、库伦,第12节,边码24、73。

2. 行为媒介的过限（Exzess）

如果行为媒介进一步实施了不为幕后操纵者的故意所覆盖的犯罪，则成立行为媒介的过限。幕后操纵者的故意对这种过限没有认识，不得将该过限归属给幕后操纵者。⑩ 但是，有可能成立过失责任。

11

3. 专业鉴定

在专业鉴定中，首先需要讨论的是实际执行者（幕前人）。如果确认他缺乏可罚性，那么就需要审查幕后操纵者的可罚性：幕后操纵者是否需要为实际执行者缺乏可罚性负责，以及他是否符合犯罪的其他前提条件。

12

三、间接正犯的若干重要类型（Fallgruppen）

1. 构成要件阶层上的欠缺

> **案例 2**
>
> A 给 B 一把手枪，并说手枪中没有子弹，可以用它吓唬 C。而该枪实际上已经上膛，B 照做，C 中弹身亡。

> **案例 3**
>
> D 对 E 说，F 有个既不值钱又拙劣的花瓶，并策动 E 将该花瓶毁掉。而实际上，该行为客体乃是一个极为贵重的中国瓷器。

> **案例 4**
>
> 有相应职责的公务员 G 策动非公务员 F（有意识地）在地籍簿中作虚假记载（第 348 条）。

> **案例 5**
>
> X 策动 Y 掀翻公园中立着的"脚手架"；而 Y（不同于 X 地）不知道，这其实是用于公园装饰的艺术家 K 的造型艺术（第 304 条）。

（1）犯罪工具的构成要件错误：如果幕后操纵者（A）需要为实际执行者（如案例 2 中的 B）的阻却故意的构成要件错误（第 16 条第 1 款第 1 句）答责，即便实际执行者实现了某一犯罪的构成要件，也可以成立间接正犯。这几乎是间接正犯"基

13

---

⑩ 毛拉赫、格塞尔、齐普夫，第 48 节，边码 45（缺乏犯罪行为支配）；罗克辛，第 2 卷，第 25 节，边码 168（缺乏犯罪行为支配和故意）。

14　　（2）**动机错误（有争议）**：有争议的是，是否可以将这种类型等价于处于动机错误中的行为（如案例3）？

15　　① 有人认为，如果实际执行者针对"具体的行为意义"，尤其是造成损害的方式和程度发生了动机错误，则足以认定幕后操纵者成立间接正犯。⑪ 在案例3中，由于设想的损害和事实上的损害二者之间出现了严重偏离，可以认定 D 成立间接正犯。

16　　② 但是，另有人认为，如果完全处于动机错误中的实际执行者完全以刑法上答责的方式行事，则不能认定幕后操纵者成立间接正犯。⑫ 在这种情况下，实际执行者在犯罪构造上并无欠缺，因而幕后操纵者也就不需对之承担责任并进而对事实的发生负全责。

17　　（3）**故意（dolos）但没资格（qualifikationslos）*的犯罪工具（有争议）**：有争议的情况还有，是否在身份犯的场合，也可能成立间接正犯。例如，具有相应资格身份的幕后操纵者（如案例4中的G）策动一个没相应身份的局外人（F）（作为犯罪工具）故意地实施构成要件上的行为。意见分歧如下：

18　　① 有人认为，只具有身份义务，尚不足以成立对虽无资格但却完全答责的行为者的犯罪行为支配。**⑬

19　　② 反对的观点认为，如果具有身份义务者（G）违反了其相应的义务，则足以成立间接正犯。⑭ 也就是说，如果负有身份义务者没有对无此身份义务者的行为进行干预，则前者的不作为便（以单独正犯的方式）实现了构成要件。然而，这种观点不无问题：毋宁说，仅当负有身份义务者利用无身份义务者以主动实现构成要件之

---

⑪　弗里斯特，第 27 条，边码 14 及下一边码；《（舍恩克、施罗德）刑法典评注——海内》，第 25 条，边码 22 及下一边码；屈尔，第 20 节，边码 75；罗克辛，载《朗格祝贺文集》，第 173 页，尤其是第 184 页及以下几页；《莱比锡刑法典评注——许内曼》，第 25 条，边码 97 及以下几个边码。

⑫　布洛伊：《刑法中作为归属类型的参加形式》，1985 年版，第 358 页及以下几页；博特克：《正犯和形态支配》，1992 年版，第 71 页；赫茨贝格：《正犯和参与》，1977 年版，第 23 页及以下几页；雅科布斯，第 21 节，边码 10；耶赛克、魏根特，第 62 节 II、2；斯特拉滕韦特、库伦，第 12 节，边码 59 及以下几个边码。

*　需要说明的是，对于该处的"Qualifikation"，本书通常译为"加重"，此处是根据身份犯的情况（例外地）译为"资格"。这也是该词的不同种含义。——译者注

**　也就是说，若"实际执行者"答责地行事，则"幕后操纵者"不能成立间接正犯。——译者注

⑬　毛拉赫、格塞尔、齐普夫，第 48 节，边码 54 及以下几个边码；耶赛克、魏根特，第 21 节，边码 104；克勒，第 511 页；奥托，第 21 节，边码 94；施洛德：《行为人背后的正犯》（Der Täter hinter dem Täter），1965 年版，第 164 页及以下几页；斯特拉滕韦特、库伦，第 12 节，边码 40。

⑭　在论证上有所不同地，参见克拉默，载《博克尔曼祝贺文集》，第 389 页，尤其是第 399 页；赫茨贝格：《正犯和参与》，1977 年版，第 31 页及以下几页；胡纳费尔德（Hünerfeld），《整体刑法学杂志》，第 99 卷，1987 年，第 228 页，尤其是第 240 页；耶赛克、魏根特，第 62 节 II、7；拉克纳、屈尔，第 25 条，边码 4；《莱比锡刑法典评注——许内曼》，第 25 条，边码 133 及以下几个边码；韦尔策尔，第 15 节 II、3。

时,才可以将他认定为正犯。⑮

(4) 没蓄意但故意的犯罪工具(有争议):同样有争议的还有,间接正犯是否可以通过没有蓄意但故意的犯罪工具来实现。这里所谓"没有蓄意但故意"是指某个行为者有意识地实现了某一犯罪的所有客观构成要件要素,但是却不具备该犯罪(如第242条、第253条、第263条)所必需的特定的目的。

① 有人认为,若幕后操纵者以相应蓄意策动某一没蓄意的行为者以实现构成要件,则可以将该幕后操纵者认定为间接正犯⑯;同样地,具有实施目的犯所必须的蓄意的人也便拥有了行为事实发生中的支配性地位("规范的犯罪行为支配")。

② 反对的观点认为,从原则上讲,仅仅具有蓄意(这不同于身份义务,边码17)尚不能说明其对避免结果负有责任。同样地,仅有蓄意也尚不能代表对没蓄意但完全答责的行为者具有犯罪行为支配。⑰ 这里的犯罪行为支配不外乎于教唆犯的犯罪行为支配。⑱

需要注意的是,在实务中已经不会再争论这一问题了,因为今天在所有相关的财产和所有权犯罪中,只要使第三人占有或第三人获益,便足以成立相应犯罪了。⑲ 因而,在**专业鉴定**中,总需要最先加以考察的是,实际执行者行事时是否具备这种蓄意。如果具备,他便是正犯;而策动他实施行为的幕后操纵者则分别根据情况成立教唆犯或帮助犯。

(5) 针对加重构成要件的认识错误(有争议):另一种有争议的情况是,当实际执行者(如案例5中的Y)针对实现加重构成要件发生了认识错误,这时,(幕后操纵者)是否能够成立间接正犯?

① 部分观点认为,可以成立间接正犯,因为实际执行者错误地认识了不法的严重程度,而幕后操纵者对此拥有更为充分的行为认识。⑳ 案例5便是如此。

---

⑮ 就此点而言,在有些场合,也可以成立直接的作为正犯,而不成立间接正犯;参见洛茨(*Lotz*):《"无蓄意、没有资格但故意的犯罪工具"》(Das „absichtslos/qualifikationslos-dolose Werkzeug"),2009年版,第597页及下一页;相似的观点,亦见桑切斯·文拉(*Sánchez Vera*):《义务犯和参与》(Pflichtdelikt und Beteiligung),1999年版,第163页。

⑯ 鲍曼·韦伯·米奇,第29节,边码129;韦塞尔斯·博伊尔克,边码537;《(舍恩克·施罗德)刑法典评注——海内》,第25条,边码18;耶赛克·魏根特,第62节Ⅱ/7;韦尔策尔,第15节Ⅱ.3。

⑰ 毛拉赫·格塞尔·齐普夫,第48节,边码64;克赖·埃塞尔,边码920及下一边码;奥托,第21节,边码197。

⑱ 雅科布斯,第21节,边码104;《莱比锡刑法典评注——许内曼》,第25条,边码138;斯特拉滕韦特·库伦,第12节,边码37。

⑲ 对此,详见金德霍伊泽尔:《刑法分论》,第2卷,第2节,边码109及以下几个边码;第27节,边码76及以下几个边码,有进一步的文献;关于实际执行者缺乏蓄意的情况,见克赖·埃塞尔,边码920;相关的问题,亦参见法尔,《法学工作》,2004年,第287页及以下几页;克雷默(*Krämer*)《法学》,2005年,第833页及以下几页。

⑳ 《(舍恩克·施罗德)刑法典评注——海内》,第25条,边码24;《莱比锡刑法典评注——许内曼》,第25条,边码101及下一边码。

26　　② 对此,反对的观点认为,不管怎样,实际执行者的行为对于加重构成要件所包含的基本犯不法完全负有责任。㉑ 若即便实现了加重的行为情状,也不代表着他额外地犯下了可罚的不法,那么,实际执行者就不存在任何犯罪构造上的欠缺,没有这种欠缺,也就不能将幕后操纵者认定为间接正犯。

2. 正当化阶层的欠缺

> **案例6**
> A 不实地告发 B,这样刑事追诉机构根据规定对 B 进行了拘留审查(第 164 条、第 239 条、第 25 条第 1 款第 2 种情况,第 52 条)。

> **案例7**
> C 让 D 错以为,E 要攻击他(D);于是,D 将 E 打倒在地。㉒

27　　① 如果幕后操纵者(如案例6 中的 A)对于行为媒介的正当行为负有责任,则幕后操纵者成立间接正犯。㉓ 但有争议的是,身陷于幕后操纵者所导致的强制性紧急避险(Nötigungsnotstand)的行为媒介,是否也可以按照第 34 条加以正当化,或者只可以按照第 35 条免除罪责。㉔

28　　② 进而,当幕后操纵者(如案例7 中的 C)对实际执行者(D)在实现构成要件时错以为满足了正当化事由的事实性前提条件(亦即处于容许构成要件错误)负有责任,则(幕后操纵者)也有可能成立间接正犯。根据限制罪责说,这种情况下,实际执行者是没有故意的犯罪工具;若采严格罪责说,因行为媒介陷入禁止错误,(幕后操纵者)也可能成立间接正犯。㉕

3. 罪责阶层的欠缺

> **案例8**
> B 辱骂 A,A 受到侮辱。C 建议 A 说:"不要容忍此事,要狠揍 B 一顿,因为这属于你(A)的紧急防卫情形";C 知道他的法律建议是错的。A 不加思考,便认为此为紧急防卫所许可,于是打了 B。

㉑ 耶赛克、魏根特,第 62 节 II,2。
㉒ 参见《莱比锡刑法典评注——许内曼》,第 25 条,边码 85。
㉓ 《联邦法院刑事判例集》,第 3 卷,第 4 页及以下几页;第 10 卷,第 306 页,尤其是第 307 页。
㉔ 对此,详见本书第 17 节,边码 34 及以下几个边码。
㉕ 关于容许构成要件错误,详见本书第 29 节,边码 11 及以下几个边码。

> **案例 9**
>
> X 威胁 Y,若 Y 不损坏 Z 的财物,X 就要损坏 Y 的(在一定程度上同等价值的)财物。

当实际执行者没有罪责地行事时,原则上也可以针对幕后操纵者成立间接正犯。[26] 如果实际执行者的行为是故意且违法的,则根据限制从属的规则[27],幕后操纵者则可能成立**教唆犯**,而不是成立(更为严重的)正犯。在这里,成立间接正犯的情况,特别重要的有如下几种:

(1) **缺乏洞察和行动控制能力**:幕后操纵者利用少年或者精神病人缺乏洞察或行动控制能力的情况实施行为。[28] 同样的情况还有利用没有刑事责任能力的儿童。[29]

(2) **无罪责**:幕后操纵者有责任地促成了实际执行者没有罪责能力的状况。例如,秘密地让对方服下毒品。

(3) **不可避免的禁止错误和免除罪责情况**:实际执行者处于完全由幕后操纵者负责的不可避免的禁止错误(第 17 条)或者第 35 条的免除罪责的紧急避险,只要这里没有出现第 1 款第 2 句的例外规则。同样地,若实际执行者不可避免地错误地以为,存在免除罪责事由的事实性前提条件(第 35 条第 2 款第 1 句),而幕后操纵者对这种认识错误负有责任,那么,也成立间接正犯。

(4) **可避免的禁止错误**:有争议的是,如果实际执行者(如案例 8 中的 A)陷入了因幕后操纵者所导致的可避免的禁止错误或者针对免除罪责事由的事实性前提条件(第 35 条第 2 款)的可避免的认识错误,幕后操纵者是否成立间接正犯?

① 有人认为,若实际执行者(A)的认识错误是可以避免的,则 A 对其行为完全答责,这样,C 不成立间接正犯。[30] 若采此说,案例 8 中,则可以考虑认定 C 成立身体侵害的教唆。

29

30

31

32

33

34

---

[26] 参见赫茨贝格:《正犯和参与》,1977 年版,第 13 页及以下几页;耶赛克、魏根特,第 62 节 II、4 及以下几段;《莱比锡刑法典评注——许内曼》,第 25 条,边码 69、71、89、94、113;斯特拉滕韦特、库伦,第 12 节,边码 46 及以下几个边码。

[27] 参见本书第 38 节,边码 19。

[28] 如果实际执行者具有洞察和行动控制能力,则只成立共同正犯或者参与,参见《(舍恩克、施罗德)刑法典评注——海内》,第 25 条,边码 40 及下一边码;屈尔,第 20 节,边码 68;《莱比锡刑法典评注——许内曼》,第 25 条,边码 117 及下一边码;斯特拉滕韦特、库伦,第 12 节,边码 50 及以下几个边码。

[29] 博特克:《正犯和形态支配》,1992 年版,第 64 页及下一页;赫茨贝格:《正犯和参与》,1977 年版,第 30 页;耶赛克、魏根特,第 62 节 II、4;奥托,第 21 节,边码 73。

[30] 布洛伊:《刑法中作为归属类型的参加形式》,1985 年版,第 347 页及以下几页;雅科布斯,第 21 节,边码 94;雅科布斯:《戈尔特达默刑法档案》,1991 年,第 553 页,尤其是第 570 页及下一页;耶赛克、魏根特,第 62 节 II、5;迈瓦尔德:《整体刑法学杂志》,第 93 卷,1981 年,第 864 页,尤其是第 892 页及下一页;斯特拉滕韦特、库伦,第 12 节,边码 54 及下一边码。

35　　② 然而，更为合理的做法应该是，在案例 8 中认定 C 成立间接正犯。因为该认识错误是否可以避免，并不会对实际执行者处于会影响其对其行为评价的明显的认识错误、且现实上并无不法意识的情况有任何的改变。㉛ 这种情况也就像实际执行者处于阻却故意的构成要件错误那样，但在构成要件错误时，仍然可以成立过失责任。同样，在这一案例中，实际执行者在行为时如果保持必要的谨慎便可以避免认识错误，因而该认识错误并不能完全免除他的责任，虽然如此，但是这个认识错误使得不知情的实际执行者沦为了幕后操纵者的工具。㉜

36　　**(5) 精神强制**：如果实际执行者（如案例 9 中的 Y）虽未陷入免除罪责的紧急避险情形㉝，但可能处于接近于此的精神强制中，由于这种精神强制是可以操纵的，所以在一定程度上也可以将此情况认定为间接正犯的一种。㉞ 但是，反对在这种情况下成立间接正犯的观点认为，在这种情况中，实际执行者在法律上需要承担完全的责任，所以他不具备"犯罪工具的性质"。㉟

4. 组织性的权力机器

37　　利用组织性的权力机器（organisatorische Machtapparate）从事的行为，比如纳粹时代消灭犹太人、民主德国的边界管制或者黑社会类似组织构造下的行为，在多大程度上能成立间接正犯，是存在激烈争议的，但有相当一部分文献认为可以成立间接正犯。㊱ 要成立这种间接正犯，具体前提条件是：(1) 等级制权力机器内部幕后

㉛ 《联邦法院刑事判例集》，第 35 卷，第 347 页及以下几页；第 40 卷，第 257 页，尤其是第 265 页及以下几页；鲍曼、韦伯、米奇，第 29 节，边码 139 及下一边码；韦塞尔斯、博伊尔克，边码 542；《(舍恩克、施罗德) 刑法典评注——海内》，第 25 条，边码 38；海因里希，第 2 卷，边码 1260；赫茨贝格，《法学》，1990 年，第 16 页，尤其是第 22 页及以下几页；屈佩尔，《法学家报》，1989 年，第 935 页及以下几页；拉克纳、屈尔，第 25 条，边码 4；奥托，第 21 节，边码 83 及下一边码；沙夫斯泰因，《刑法新杂志》，1989 年，第 153 页及以下几页；舒曼，《刑法新杂志》，1990 年，第 32 页及以下几页；《莱比锡刑法典评注——许内曼》，第 25 条，边码 89 及以下几个边码。

㉜ 对此，详见金德霍伊泽尔：《伯恩曼祝贺文集》，第 339 页，尤其是第 341 页及以下几页。

㉝ 财物并不是第 35 条意义上的可以通过紧急避险加以保护的利益。

㉞ 屈尔，第 20 节，边码 51；施洛德：《行为人背后的正犯》，1965 年，第 123 页及以下几页。

㉟ 布洛伊：《刑法中作为归属类型的参加形式》，1985 年版，第 345 页及以下几页；赫茨贝格，《法学教学》，1974 年，第 237 页，尤其是第 241 页；雅科布斯，第 21 节，边码 94 及以下几个边码；克勒，第 510 页；梅尔（*Meyer*）：《因认识错误而阻却自治》（Ausschluss der Autonomie durch Irrtum），1984 年版，第 155 页及以下几页；奥托，第 21 节，边码 72；罗克辛，第 2 卷，第 25 节，边码 48。

㊱ 韦塞尔斯、博伊尔克，边码 541；海因里希，边码 1257；《莱比锡刑法典评注——许内曼》，第 25 条，边码 122 及以下几个边码；斯特拉滕韦特、库伦，第 12 节，边码 65 及以下几个边码；亦参见安博斯，《戈尔特达默刑法档案》，1998 年，第 226 页及以下几页；伦茨考斯基，载考夫曼、伦茨考斯基主编：《归属是答责的操作化》（Zurechnung als Operationalisierung von Verantwortung），2004 年版，第 147 页及以下几页；施洛德：《行为人背后的正犯》，1965 年版，第 166 页及以下几页；施洛德，《法学综览》，1995 年，第 177 页及以下几页；批判性的观点，见《慕尼黑刑法典评注——约克斯》，第 25 条，边码 143 及以下几个边码；亦参见拉丁克，《戈尔特达默刑法档案》，2006 年，第 350 页，尤其是第 354 页及以下几页；施勒瑟尔（*Schlösser*），《法学综览》，2006 年，第 102 页，尤其是第 104 页及以下几页。

操纵者的命令指示权力；(2) 不受法秩序约束的等级制权力机器的行为；(3)（特别是）实际执行者的**可替换性**（"任意替代"），亦即，即便某个具体的个人拒绝实施（犯罪）行为，肯定会再出现特定的人来实施该行为。㊲ 这样，实际执行者就变得没有意义了，决定性的只是作为行为真实"支配者"的最高层的指示权力。依照另一种替代性的理解，决定性的要素不在于任意替代，而在于既已存在的**帮手的**（普遍的）**行为决意**，发布指令者只是利用这种决意来犯罪。㊳

判例则同时强调这两者，不仅要考虑可替换性，也要考虑直接行事者无条件满足构成要件的意愿。㊴ 如果处于连续（而未中断的）答责链条之顶端的权力者，没有对下属（护墙士兵）的举止采取干涉，则也有可能成立不作为形式的间接正犯。㊵ **38**

最后，判例也针对**经济企业中的规格化流程**适用组织性的权力机器这一标准了。㊶ 在新近的一个司法判决中，在讨论某一企业集团的领导者是否需为某一特定的诈骗罪承担正犯性责任时，便明确地对是否适用组织性支配的标准进行了权衡，但是，在具体该案之中，由于领导者和直接进行诈骗的实际执行者之间不存在等级性的关系，故没有成立间接正犯。㊷ 部分文献认为，通过考虑经济企业中的基本的法律控制而对成立间接正犯的领域加以扩张，是不合适的；特别地，在这种情况下，并不能认为存在直接实施犯罪的行为媒介上的（随意的）可替换性。㊸ **39**

反对的观点一般性地拒绝了利用组织性的权力机器成立间接正犯，并认为执行者在法律上负有完全的责任。这种拒绝是合理的。这样，幕后操纵者的行动，则 **40**

㊲ 参见科赫，《法学教学》，2008 年，第 496 页，尤其是第 497 页；罗克辛，第 2 卷，第 25 节，边码 105、107；不一致的概念，见拉特克，《戈尔特达默刑法档案》，2006 年，第 350 页，尤其是第 354 页及以下几页；施勒瑟尔，《法学综览》，2006 年，第 102 页，尤其是第 104 页及以下几页。

㊳ 详见施洛德：《行为人背后的正犯》，1965 年版，第 143 页及以下几页、第 168 页；施洛德，《刑法学理国际杂志》，2009 年，第 569 页及以下几页；目前，亦参见罗克辛，载《克赖祝贺文集》，第 449 页，尤其是第 462 页及下一页。

㊴ 《联邦法院刑事判例集》，第 40 卷，第 218 页，尤其是第 236 页；第 45 卷，第 270 页，尤其是第 296 页；对此，批判性的观点，见罗奇，《整体刑法学杂志》，第 112 卷，2000 年，第 518 页，尤其是第 540 页。

㊵ 《联邦法院刑事判例集》，第 48 卷，第 77 页，尤其是第 89 页及以下几页；赞同的观点，见《（萨茨格尔、施米特、维德迈尔）刑法典评注——穆尔曼》，第 25 条，边码 28；关于组织性支配领域作为和不作为在区分上的困难，见施勒瑟尔，《戈尔特达默刑法档案》，2007 年，第 161 页及以下几页。

㊶ 请代表性地参见《联邦法院刑事判例集》，第 40 卷，第 218 页，尤其是第 236 页及以下几页；第 45 卷，第 270 页，尤其是第 296 页及以下几页；联邦法院，《法学综览》，2004 年，第 245 页，尤其是第 246 页；《法学家报》，2004 年，第 737 页，尤其是第 740 页。

㊷ 参见联邦法院，《刑法新杂志》，2008 年，第 89 页，尤其是第 90 页。

㊸ 参见伦吉尔，第 43 节，边码 69；里辛—凡・桑，载《蒂德曼祝贺文集》，第 391 页，尤其是第 401 页及以下几页；罗奇，《刑法新杂志》，2005 年，第 13 页及以下几页；罗克辛，第 2 卷，第 25 节，边码 129 及以下几个边码。相反，持肯定观点的有，黑芬德尔，《戈尔特达默刑法档案》，2004 年，第 575 页及以下几页；纳克（Nack），《戈尔特达默刑法档案》，2006 年，第 342 页，尤其是第 343 页。

要替代性地成立共同正犯㊹,或者(尤其是犯罪行为的预备阶段的犯罪行为支配不成立时㊺)成立教唆㊻了。㊼

5. 不作为

> **案例10**
>
> A 不知情地告知 B 一个他以为正确的信息,但这个信息实际上会错误地导致有利于 C 的损害性财产处理,而 C 当时本来有义务向 A 说明案件事实情况,但是他(C)为了借助于 B 的处分非法获益,于是没有向 A 说明情况。

41　　(1) **支配性观点**:在判例㊽和部分学说㊾中,如果行为媒介的行为的犯罪性并不完全,而幕后操纵者作为保证人有责任消除行为媒介的行为中的这种欠缺,那么,肯定有可能成立基于保证人地位中违反义务的不作为的间接正犯。这样,在案例 10 中,C 由于其违反义务的不作为,从而成立诈骗的间接正犯:不知情的 A 充当犯罪工具,并造成对 B 的损害(第 263 条、第 25 条第 1 款第 2 种情况、第 13 条)。

42　　文献中占据主导的结论以为,由于不存在对实际执行者的犯罪行为支配,因而不能成立基于违反保证人义务的不作为的间接正犯。㊿ 但是,在此等情况下,幕后操纵者是主动地导致实际执行者排除故意的认识错误,还是违反义务地没有消除这种认识错误,在犯罪行为支配问题上都没有任何区别。特别对于诈骗而言,两种欺骗形式都是可以等价处理的。[51]

㊹　鲍曼、韦伯、米奇,第 29 节,边码 147;耶赛克、魏根特,第 62 节 II、8;克赖、努伊斯(Nuys),载《阿梅隆祝贺文集》,第 203 页,尤其是第 218 页、第 220 页及以下几页;奥托,第 21 节,边码 92。

㊺　对此,参见本书第 38 节,边码 49。

㊻　雅科布斯,第 21 节,边码 103;雅科布斯,《刑法新杂志》,1995 年,第 26 页及下一页;克勒,第 509 页及以下几页;克赖,第 2 卷,边码 160;察克奇克,《戈尔特达默刑法档案》,2006 年,第 411 页,尤其是第 414 页。

㊼　对此的反批判,见罗克辛,《戈尔特达默刑法档案》,2012 年,第 395 页,尤其是第 399 页及以下几页。

㊽　参见《联邦法院刑事判例集》,第 40 卷,第 257 页,尤其是第 265 页及以下几页;第 48 卷,第 77 页,尤其是第 89 页及以下几页。

㊾　鲍曼、韦伯、米奇,第 29 节,边码 118 及下一边码;布拉姆森,《刑法新杂志》,2000 年,第 337 页及以下几页;毛拉赫、格塞尔、齐普夫,第 48 节,边码 95;雅科布斯,第 29 节,边码 103;兰夫特,载《奥托祝贺文集》,第 403 页,尤其是第 410 页;施洛德,《行为人背后的正犯》,1965 年版,第 105 页及以下几页。

㊿　博特克,《正犯和形态支配》,1992 年版,第 132 页及下一页;格罗普,第 10 节,边码 68 及下一边码;《(舍恩克、施罗德)刑法典评注——海内》,第 25 条,边码 55;耶赛克、魏根特,第 60 节 III、1;克瑞尔,《新法学周刊》,2003 年,第 3101 页,尤其是第 3102 页;奥托,第 21 节,边码 108;罗克辛,《正犯与犯罪行为支配》,第 471 页及下一页。

[51]　请代表性地参见金德霍伊泽尔,《刑法分论》,第 2 卷,第 27 节,边码 11 及以下几个边码,有进一步的文献。

(2) 联邦法院的新近判例:在联邦法院早先的司法判决中,针对民主德国边界管制的政治局成员的答责问题,联邦法院认定其为不作为的间接正犯的人物(52),理由是利用组织性权力机器的犯罪行为支配(53):政治局这些成员当时违反了他们的义务,没有干预下属的射杀行为,而这种射杀和他们之间存在着一条没有中断的答责链条。但是,这种解决方案是有问题的。问题首先在于,实际执行者的行为已具有完整的犯罪性,这样,针对这些实际执行者,认定在他们上面存在基于组织性权力机器的犯罪行为支配的构造,在学理上是不明晰的。问题还在于,如果该解决方案只是针对其局内的举止的话,则涉及面也过于狭窄了。因为当时政治局成员(至少也是)逃亡的民主德国公民的生命的保护者保证人(54),因此,就需要保证,这些公民不能被违法的举止杀掉或者伤害。(55) 这样就提出一个疑问:由于他们违反义务地没有采取其他措施,这样,是否也可以独立于主动行为的护墙士兵以外,将他们再认定为(直接的)同时正犯(56)? 43

6. 自伤

案例11

B(有意识地谎称)说蘑菇没有毒,A相信之,于是食用了毒蘑菇。

案例12

兽医S的邻居L问他(S),能不能给L的瘦弱的狗提供一点建议。S于是给L一瓶(实际上能致狗于死地)药物,并说这是瓶合成药物。因为S终于找到机会停止邻居家叫个不停的狗吠声了。

(1) 定位:依照主流观点,从原则上讲,当实际执行者(如案例11中的A)损害或毁坏自己的利益时,也可以成立间接正犯。(57) 在案例11中,由于第223条及以下几条规定的是将他人作为行为客体的情况,这样,实际执行者的行为是不符合构成 44

(52) 这是指在颁布"射杀令"(对此,见《联邦法院刑事判例集》,第45卷,第270页及以下几页)之后进入政治局但却没有试图改变既存的状况的被告人。

(53) 《联邦法院刑事判例集》,第48卷,第77页,尤其是第89页及以下几页和兰夫特的批判性评释,《法学家报》,2003年,第582页及以下几页。

(54) 相应的论证,见《联邦法院刑事判例集》,第48卷,第77页,尤其是第91页及下一页。

(55) 亦参见克瑙尔,《新法学周刊》,2003年,第3101页,尤其是第3102页及下一页。

(56) 参见本书第38节,边码67(针对判例的立场)和本书本节下文边码71及以下几个边码(针对本处所采取的观点)。

(57) 关于"间接正犯"中自杀的特殊情况,参见金德霍伊泽尔:《刑法典理论与实务评注》,第211—222条前言,边码35及以下几个边码。

要件的;虽然如此,但是对于幕后操纵者(B)而言,自伤的犯罪工具就是他人。[58]

45　　偏离的观点认为,在这种情况下,不能成立间接正犯,而应成立直接正犯,因为实际执行者之所以不可罚,不是因为需由幕后操纵者负责的欠缺(引发针对行为结果的认识错误),而毋宁是因为不存在构成要件上的重要结果(亦即伤害他人)。而不存在构成要件上的重要结果,并不由幕后操纵者负责。依照这种观点,实际执行者只不过是直接行事的幕后操纵者实现构成要件过程上的一个因果因素罢了。[59]

46　　**(2) 作为间接正犯处理**:若人们将上述情况作为间接正犯处理,则首先需要说明的是,在何种条件之下,才可以认定自伤的实际执行者不再是自我答责的。其次需要确定,在何种前提条件下,才可以将答责转移到幕后操纵者身上,并进而将该行为认定为是他对别人的侵害。

47　　① **如何认定缺乏答责性**:在具体考虑实际执行者是否可以答责时,需要首先考虑,刑法典只规定了他伤(伤害他人)是需要负责任的,因而并没有明确规定针对自伤的答责性(不成立)的规则。所以,(缺乏)自我答责性的原理就只能通过类比来得出。在这方面,具有两种可能性[60]:

48　　首先,可以通过类比他伤的答责性来构造出自伤的答责性。根据这种见解,如果实际执行者当时故意且有罪责地为相应行为,就像侵害别人利益而非自己利益的时候那样,那么,其自伤便是自我答责的。这反过来意味着,若实际执行者(像他伤时)没有故意或者其当时行为符合法定的排除责任(Exkulpation)的规则(《刑法典》第 19 条、第 20 条、第 35 条;《青少年法庭法》第 3 条)(所谓**排除责任**的方案),则不能将其自伤认定为自我答责的。[61] 因此,若法律规定某个人不需对他伤答责,那么,他对自伤的答责性也需加以排除。

49　　其次,自我答责性还可以通过类比承诺的有效性条件加以定义(所谓**承诺**的方案)。[62] 若他人采取伤害行为时,实际执行者符合有效承诺的主观前提条件,那么,

---

[58] 《联邦法院刑事判例集》,第 32 卷,第 38 页及以下几页;埃伯特,第 194 页;雅科布斯,第 21 节,边码 77 及以下几个边码;耶赛克·魏根特,第 62 节 II、1。

[59] 详见舒曼,载《普珀祝贺文集》,第 971 页,尤其是第 975 页及以下几页;亦参见《整体刑法评注便携本——英格尔芬格》(HKGS-Ingelfinger),第 25 条,边码 33;奥托,第 21 节,边码 101 及下一边码。

[60] 亦参见阿亨巴赫,《法学》,2002 年,第 542 页,尤其是第 543 页及下一页;奥托,《法学》,2003 年,第 100 页,尤其是第 101 页及下一页。

[61] 关于自杀的情况,参见博特克:《自杀和刑法》(Suizid und Strafrecht),1982 年版,第 250 页;察克奇克:《刑法上的不法和受害者的自我答责》,1993 年版,第 36 页、第 43 页。

[62] 主流学说,(结合自杀加以讨论地)仅参见《(舍恩克、施罗德)刑法典评注——埃泽尔》,第 211 条前言,边码 36;毛拉赫、格塞尔、齐普夫,第 48 节,边码 91;《莱比锡刑法典评注——延克》(LK-Jähnke),第 211 条前言,边码 25 及下一边码;克赖、埃塞尔,第 363 号;拉贝(Laber):《刑法中的生命保护》(Der Schutz des Lebens im Strafrecht),1997 年版,第 254 页及以下几页;米奇,《法学教学》,1995 年,第 888 页,尤其是第 891 页及下一页;诺伊曼,《法学教学》,1985 年,第 677 页,尤其是第 680 页;奥托,第 21 节,边码 103。

他在自己实施伤害行为时,也就可以针对自伤自我答责。[63] 而假若实际执行者在他人伤害他时,所做出的承诺表示不符合承诺的有效性前提条件,那么,他在自伤时,也就不可以对此自我答责。根据这种见解,特别地,如果实际执行者不具备洞察能力,或者没有足够的判断力和控制力,或者做决定时不够认真,或者形成意志时处于认识错误状态,则不能针对其行为自我答责。这样的结果是,承诺方案比排除责任方案更为严格地限制了自我答责性,进而,按照该承诺方案,就能在更大程度上成立间接正犯。

在这两种方案中,承诺方案更为合理。原因在于,承诺方案考虑到了:在不可罚的自伤时,实际执行者面对的是要做出一个和可罚的他伤在性质上不同的决定。[64] 在可罚的他伤的场合,行为者实现的是可罚的不法,因而,只可以在有限的范围内免除其答责的负担;然而,在自伤的场合,他的行为并不违反法律,法律并不想阻止他做出自伤的决定。所以,从法律上看,幕后操纵者若(只是)策动实际执行者自伤而不是他伤,并不需要克服很大的决策阻力。反过来说也就是,在(实际执行者)自伤的场合,幕后操纵者需要承担较之于(实际执行者)他伤时的更大的责任。 50

② **答责性的转移**:进一步地,当幕后操纵者促成了或利用了实际执行者不能自我答责的缺陷,从而策动其自伤,才可以成立间接正犯。如果采用承诺方案,那么,就应相应地认定,假如有欺骗或强制的情况,则承诺无效。[65] 结合案例12加以分析:L的行为是不符合构成要件的,因为他没有毁坏第303条意义上的他人财物。由于L对于S的相应行为的承诺,存在错认损害后果的意思瑕疵,因而是无效的。因S的欺骗导致了L的意思瑕疵,故S为间接正犯。 51

(3) **作为直接正犯处理**:在受害人自伤的场合,如果人们否定间接正犯,而认定幕后操纵者直接地犯了罪,则上面提出的两个问题也不是多余的。确切地说,它们仍在客观归属的层面上有意义,也就是说,在凭借受害人自我答责的行为以排除将结果归属于行为人这一问题上具有意义。[66] 52

---

[63] 对此,详见本书第12节,边码9及以下几个边码。

[64] 对此,详见赫茨贝格,《法学工作》,1985年,第336页及以下几页;拉克纳、屈尔,第211条前言,边码13a;诺伊曼,《法学工作》,1987年,第244页,尤其是第251页及以下几页。

[65] 对此,参见本书第12节,边码21及以下几个边码;若采用排除责任方案,则相应地适用他伤时的间接正犯规则(本书本节上文边码7及以下几个边码)。

[66] 对此,详见第11节,边码23及以下几个边码;特别地,亦见第11节,边码24的脚注。

四、间接正犯的力图的开始

1. 基本原理

> **案例 13**
> A 给了 B 一把枪,并与 B 说枪中无弹,希望 B 用该枪于次日吓唬吓唬 C;其实枪中有烈弹。但 B 枪法不准,没有打中 C。

> **案例 14**
> X 给 Y 一个包,并嘱其将之放在 Z 处。包中装有雷管,Y 对此并不知情。在去 Z 处的途中,他突然想看看包中有什么东西,于是打开包检查。X 的计划失败了。

53   在间接正犯时,为了确定力图何时开始,主要有两种方案⑥:

54   **(1) 整体性方案**:人们可以将幕后操纵者和实际执行者视为一个整体,这样,力图开始的时间点,便是实际执行者着手直接实现构成要件的时点(所谓整体性方案)。⑧ 在案例 13 中,开始的时间点,乃是 B 用武器瞄准 C,并开枪的时候。这样说的理由还在于,行为媒介的启动,是有别于利用通常的(犯罪)行为工具(Tatmittel)的。* 更确切地说,在这里,由于需将他人的举止规范地归属给幕后操纵者,这样,其(即他人)举止也就对认定构成要件之实现的开始起着决定性作用。

55   **(2) 个别性方案**:但是,人们也可以将实际执行者视为幕后操纵者的一个纯粹的犯罪工具,这样,力图的开始点就只取决于幕后操纵者的举止了(所谓个别性方案)。

56   ① 根据主流学说所主张的**修正的个别性方案**,在幕后操纵者对(不知情或知情的**)行为媒介施加影响后,一旦放手让事实按照他的设想来发生(即随后实现

---

⑥ 另外,还有一种修正性的学说是:将危险说的标准(本书第 31 节,边码 17)套用到间接正犯上,并根据个案的具体情况,若根据幕后操纵者的设想已直接威胁到了法益,则可以认定为力图开始。关于这种修正性的学说,参见《(舍恩克、施罗德)刑法典评注——埃泽尔》,第 22 条,边码 54a;奥托,第 21 节,边码 127;对于相关问题,详见罗克辛,第 2 卷,第 29 节,边码 226 及以下几个边码。

⑧ 毛拉赫、格塞尔、齐普夫,第 48 节,边码 112 及以下几个边码;卡德尔(Kadel),《戈尔特达默刑法档案》,1983 年,第 299 页及以下几页;屈尔,第 20 节,边码 91;屈尔,《法学教学》,1983 年,第 180 页及以下几页;屈佩尔,《法学家报》,1983 年,第 361 页及以下几页;屈珀尔,《戈尔特达默刑法档案》,1986 年,第 437 页,尤其是第 447 页;斯特拉滕韦特、库伦,第 12 节,边码 105。

* 这里的"行为媒介"乃是实际执行者,指的是人,而后面的"(犯罪)行为工具"乃是指普通的工具,并不特指人。"行为媒介"开始工作,和利用普通的工具不可以同等对待。——译者注

** 也可以译为"善意或恶意的"。——译者注

构成要件),则算作幕后操纵者的力图的开始。[69] 这种理解是正确的,因为:在间接正犯的场合,幕后操纵者操纵行为的流程,因而他的举止(也就像投放、使用犯罪工具那样)起着决定性作用。仅当幕后操纵者已对行为媒介施加影响时,对于他而言,才算做完实现构成要件之前的本质性的所有中间步骤。[70] 而且,当正犯放手让事实发生时,他也就做出了为实现构成要件的决定,这个决定对他是有约束力的。据此,案例 13 中的力图起始于 B 和 A 谈话后,B 拿着手枪离开 A 的时候。

② 而按照**严格的个别性方案**[影响说(Einwirkungstheorie)],在(幕后操纵者)对行为媒介施加影响时,力图就已经开始了。[71] 这样,在案例 13 中,当 A 着手劝说 B 使用"没上膛的"手枪射击 C 时,力图便开始了。但是,这种方案前置得太厉害了:在这个时间点上,根据一般的规则,行为尚处于预备阶段;按照幕后操纵者的预料,还有必要实行一些本质性的步骤,而基于正犯的设想,此时尚未危及相应法益。

(3) 折中的方案:根据(早先的)折中说,应当区别处理。(像案例 13 中的 B 那样)若"工具"并不知情,则一旦正犯对其施加影响时,力图便开始;而若行为媒介知情,则须将行为媒介直接着手实现构成要件时认定为决定性的开始点。[72]

(4) 结论:需要注意的是,若实际执行者(像案例 13)已经开始实现构成要件,则这些争议对于结果(即幕后操纵者的可罚性)就不再会有影响了。但是,假如实际执行者(像案例 14)在幕后操纵者(已结束的)施加影响后,又放弃了实行行为,则在他伤的情况下,该争议尤其会影响到是否可以处罚幕后操纵者。根据整体性方案,案例 14 中的行为尚处于预备阶段。而按照严格的个别性方案,则在 X 要安排 Y 转交那个包的时候,力图就已开始。若采用修正的个别性方案,当 X 让 Y 拿着包离开时,X 便(第 22 条意义上)着手实现构成要件了。

57

58

59

---

[69] 论证细节上有区别地,参见《联邦法院刑事判例集》,第 30 卷,第 363 页,尤其是第 365 页;第 40 卷,第 257 页,尤其是第 268 页;联邦法院,《刑法新杂志》,1986 年,第 547 页;慕尼黑州高等法院,《经济刑法和税收刑法杂志》,2006 年,第 436 页,尤其是第 437 页;韦塞尔斯·博伊尔克,边码 613;弗里斯特,第 29 节,边码 5;耶赛克·魏根特,第 62 节 IV、1;《刑法典体系性评注——鲁道菲》,第 22 节,边码 20a。

[70] 参见本书第 31 节,边码 18。

[71] 鲍曼·韦伯·米奇,第 29 节,边码 155;赫茨贝格,《德国法月报》,1973 年,第 89 页,尤其是第 94 页及下一页;席尔林(Schilling):《共同正犯和间接正犯的力图之开始》(Der Verbrechensversuch des Mittäters und des mittelbaren Täters),1975 年版,第 100 页及以下几页;亦参见普珀,《法学教学》,1989 年,第 361 页,尤其是第 363 页及下一页。

[72] 韦尔策尔,第 24 节 III、5。

2. 设置圈套

> **案例 15**
>
> T 在 O 的汽车上安置一炸药包,只要 O 一点火,该炸药包就会爆炸。[73]

> **案例 16**
>
> 药剂师 Y 遭受过入室盗窃后,在家里放了一瓶有毒的烈酒,因为他以为,行为人还会返回,并像之前那样拿一瓶饮料喝。[74]

60　　特别的情况是,若行为人给被害人下了圈套,以使得受害人(成为不知情的工具)自伤,而在行为人的行为和计划的伤害二者之间存在一个或长或短的时间段。[75]

61　　在这种情况下,**判例的见解**将个别性方案和客观危险说联系在一起考虑[76]:力图的开始点是,正犯为了行为计划的成功做了所有必要的努力,且**肯定**被害人(其后)会无意识地促发结果。像案例 15 便是这样的情况。因为可以肯定的是,受害人不久就会想驾驶其汽车。相反,在**不肯定**的情况下,只有当受害人已经进入行为手段(或者圈套)的效用范围时,才可以认为力图开始了。这样,在案例 16 中,按照判例的见解,力图便尚未开始;行为人尚不确定受害人是否会配合(中套),因而,便不能认为,对受害人的损害即刻便会发生。[77]

62　　与此不同地,**整体性方案**认为,在所有案件中,仅当受害人直接到达圈套的附近,才可以认定力图的开始。

63　　**严格的个别性方案**则需要先考察,什么时候算开始施加影响。若安排圈套算是施加影响,则在我们这里的案例中,便始终可以认定力图已经开始;而如果这种影响取决于受害人是否抵达圈套附近[78],则该方案和整体性方案在结论上是一致的。

64　　若采用**修正的个别性方案**,则人们必须认定这样一个标准,即是否行为人已放手,让事实流程进一步发生。至于计划的结果会即刻直接发生,还是过些时候才有

---

[73] 参见联邦法院,《刑法新杂志》,1998 年,第 294 页,尤其是第 295 页;2001 年,第 475 页,尤其是第 476 页。

[74] 参见《联邦法院刑事判例集》,第 43 卷,第 177 页及下一页。

[75] 相关问题,见多尔尼斯(*Dornis*),《法学》,2001 年,第 664 页,尤其是第 665 页及下一页;恩伦德,《法学教学》,2003 年,第 330 页及以下几页。

[76] 对此,参见本书第 31 节,边码 11、17。

[77] 《联邦法院刑事判例集》,第 40 卷,第 257 页,尤其是第 268 页及下一页;第 43 卷,第 177 页,尤其是第 180 页及下一页和格塞尔的评释,见《法学综览》,1998 年,第 293 页;库德利希,《法学教学》,1998 年,第 596 页;奥托,《刑法新杂志》,1998 年,第 243 页;罗克辛,《法学家报》,1998 年,第 211 页;沃尔特斯,《新法学周刊》,1998 年,第 578 页及以下几页。

[78] 这样的观点,见沃尔特斯,《新法学周刊》,1998 年,第 578 页。

可能发生,则没有任何意义。这样,案例 15 中行为人给汽车安置炸药包,便算力图开始了,而案例 16 中放置有毒烈酒(任何时候都可以撤回)则无法认定力图开始。在结论上这是和判例一致的。

五、认识错误的问题

1. 针对犯罪行为支配的认识错误

案例 17
医生 A 给了他误以为无恶意的护士 H 一针有过量药物的针剂,以杀害送进医院的他妻子的男朋友 P;H 看穿了 A 的要求,但是没有声张,并给 P 打下了这致命的一针。

案例 18
U 要求 V 给 W 一枪,以置其于死地。V 虽然开了枪,但是以为 U 要求他开枪只是在开玩笑,因为 V 在昏暗中把 W 当成了稻草人。

案例 19
X 让精神病人 Y 杀害 Z。但 Y 的精神病症状是无法辨认出来的。

(1) 判例:按照主观说,只有主观的标准(行为人意志、针对行为结果的利益、犯罪行为支配的意志)对认定正犯成立才具有决定性意义[79],而至于幕后操纵者对于间接正犯的事实性前提条件的认识错误,则根本起不到任何作用。关键性的是,幕后操纵者自己如何判断当时的情形。因而,若幕后操纵者(如案例 17 中的 A)错误地以为,由于实际执行者(H)会没有故意地实现构成要件,这样自己便操控着实际执行者,即便如此,由于幕后操纵者自己基于犯罪行为支配意志实施行为,仍可以将幕后操纵者认定为间接正犯。反过来,如果幕后操纵者(如案例 18 中的 U)错误地以为实际执行者(V)是知情的,而实际上实际执行者却没有故意,则不应将幕后操纵者认定为间接正犯。毋宁说,在这种情况下,对于幕后操纵者(U),只能根据他对行为的态度,要么认定其成立实现构成要件的共同正犯的力图,要么是教唆的力图(第 30 条第 1 款)[80]。

(2) 主流学说:若人们采目前完全主流的学说,则必须也在**客观上拥有犯罪行为支配**,才可以认定成立正犯[81],这样认识错误问题就会有影响了。根据该种学

65

66

---

[79] 参见本书第 38 节,边码 38 及以下几个边码。
[80] 对此,详见本书第 43 节,边码 1 及以下几个边码。
[81] 参见本书第 38 节,边码 42 及以下几个边码。

说，作为客观的构成要件要素，犯罪行为支配必须能够归属于故意*，这样就有可能发生行为的客观方面和主观方面互不一致的情形。

67 对于间接正犯而言，若幕后操纵者之所以具有犯罪行为支配，乃在于他有责任地导致了实际执行者欠缺某一犯罪构造上的要素。那么，幕后操纵者可能针对犯罪行为支配发生两种认识错误[82]：

第一，幕后操纵者错误地以为，实际执行者并不知情或者没有罪责，因而可以对之实施操纵。也就是说，他错误地以为存在犯罪行为支配，而实际上没有犯罪行为支配。（案例17）

第二，幕后操纵者还有可能错误地以为，实际执行者知情且有罪责。这样，他也就没有认识到事实上他存在犯罪行为支配。（案例18）

68 ① 如果幕后操纵者错误地以为，实际执行者是**不知情或没有罪责**的，他（案例17中的A）操控着实际执行者，那么，他便认为，他正以间接正犯的方式支配着实际执行者，而在事实上他只符合教唆[83]的客观前提条件。

69 如何解决这种情况，存在争议。争议点在于，正犯的犯罪行为支配和参与的犯罪行为支配二者之间，到底是只具有在强度上的量的区别，还是具有质的不同？

70 首先，根据占据主导地位的见解，这二者之间只有量的不同，这样，该案中认定的是教唆既遂：间接正犯的故意只是教唆故意的更高程度的体现，间接正犯故意包含教唆故意。[84] 这种见解的理论基础是不法参与说。[85] 根据不法参与说，处罚参与的根据在于：针对主行为之不法的参加只是在程度上更轻而已。基于这种见解，幕后操纵者所实际实现的不法的量，要少于他所计划的量，故前者的量为后者所包含。顺理成章，案例17中的A则需因**教唆H犯故意杀人（既遂）**而受罚。

71 其次，反对的观点认为，正犯和参与之间具有质的不同。这样，案例17中的A则成立**故意杀人罪间接正犯的力图**。理由在于：根据这种观点，间接正犯和教唆是完全不同的两种东西，所以，间接正犯的故意所要认识的内容和教唆故意所认识的内容不同。[86]

72 还有零星的观点认为，案例17中应当将教唆既遂和间接正犯之力图二者认定

---

* 换言之，故意必须认识犯罪行为支配。——译者注

[82] 对此，详见克雷奇默尔，《法学》，2003年，第535页及以下几页。

[83] 对此，详见本书第41节，边码1及以下几个边码；相关的例子，见库德利希，《法学教学》，2003年，第755页及以下几页。

[84] 韦塞尔斯·博伊尔克，边码549；《（舍恩克·施罗德）刑法典评注——海内》，第25条，边码79；耶赛克·魏根特，第62节Ⅲ·1；屈尔，第20节，边码87。

[85] 参见本书第38节，边码16。

[86] 毛拉赫·格塞尔·齐普夫，第48节，边码39及以下几个边码；格罗普，第10节，边码77；赫茨贝格：《正犯和参与》，1977年版，第45页；克雷奇默尔，《法学》，2003年，第535页，尤其是第536页及以下几页；库德利希，《法学教学》，2003年，第755页，尤其是第758页及练习案例。

为一罪。⑧⑦

最后，还有一种观点认为，此处既不应依照力图处罚，也不应以教唆既遂论处，而应认定幕后操纵者的**过失责任**。⑧⑧

② 而幕后操纵者（案例 18 中的 U）还可能错误地以为，实际执行者（V）具有**故意**且支配着行为事实发生。由于幕后操纵者相信，实际执行者是故意地实现构成要件，这样，他（幕后操纵者）也便是教唆。但是，在客观上却符合了间接正犯的前提条件。

尽管如此，因为第 16 条第 1 款第 1 句中规定，要成立正犯，需对相应的情状具有故意，而幕后操纵者不具备这种相应的故意，这样，便不成立间接正犯。⑧⑨ 而由于缺乏故意且违法的主行为，也不能成立教唆既遂。所以，在案例 18 中至多成立第 30 条第 1 款中**教唆的力图**。⑨⑩

③ 最后，（如案例 19 中的 X）幕后操纵者还可能错以为，实际执行者实现构成要件时不仅具备故意，而且**有罪责**。

在这种情况下，根据主流观点，应认定 X 成立**教唆既遂**（第 26 条）。原因是，根据限制从属的规则⑨①，参与只需以故意、违法的主行为为前提，这样，针对有没有罪责发生认识错误就毫无影响。⑨②

但是，如果人们将教唆视为是与间接正犯完全不同的东西，这样，由于幕后操纵者对于实际执行者缺乏罪责负有间接正犯式的责任，而教唆故意所认识的内容又不同于间接正犯的故意，那么，就和案例 18 中的方案那样，只能成立第 30 条第 1 款中的教唆的力图了。⑨③

2. 实际执行者针对客体发生认识错误

案例 20

医生 A 想杀害被送进医院的他妻子的男朋友 P。他给了无恶意的护士 H 一针有过量药物的针剂，并提示她，将该针剂注射给房间号为 5 号的新病人。可在 5 号病房中也同样躺着刚送进的一个新病人 B；而 P 实际上被送往 8 号病房了，这点 A 当时并不知晓。H 给了 B 一针，B 死了。

---

⑧⑦ 《莱比锡刑法典评注——许内曼》，第 25 条，边码 143。
⑧⑧ 屈佩尔，载《罗克辛祝贺文集》，2011 年版，第 895 页，尤其是第 914 页及下一页。
⑧⑨ 主流学说，请代表性地参见《莱比锡刑法典评注——许内曼》，第 25 条，边码 143。
⑨⑩ 海因里希，边码 1266；克雷奇默尔，《法学》，2003 年，第 535 页，尤其是第 536 页；《莱比锡刑法典评注——许内曼》，第 25 条，边码 144。
⑨① 参见本书第 38 节，边码 19。
⑨② 《（舍恩克、施罗德）刑法典评注——海内》，第 25 条前言，边码 79；耶赛克、魏根特，第 62 节 III，1；屈尔，第 20 节，边码 85；《莱比锡刑法典评注——许内曼》，第 25 条，边码 145。
⑨③ 埃伯特，第 199 页；毛拉赫、格塞尔、齐普夫，第 48 节，边码 28。

79　　　有争议的是,如果实际执行者针对人或者客体发生认识错误[94],会对幕后操纵者产生何种影响？这方面的例子有案例20:

80　　　(1)部分学说认为,若实际执行者(H)针对客体发生认识错误,则应将幕后操纵者(A)作为打击错误[95]处理:幕后操纵者在错过其目标时,使用的是机械性武器还是人作为工具,并没有任何区别。根据该见解,案例20中,A针对瞄准的目标(P)成立力图,而针对侵害到的客体(B)(如果存在相应的可预见性的话)具有过失,二者竞合为一罪。

81　　　(2)反对的意见针对该案根据第16条第1款适用通常的错误规则,并做出区别处理:幕后操纵者要么具有(没有影响的)动机错误(针对人或者客体发生认识错误),要么具有能取消故意的(有影响的)因果关系认识错误(打击错误)。出于这种考虑,这种见解认为,关键在于判断,实际执行者在选择行为客体的时候是遵守幕后操纵者的(或多或少比较清楚的)目标指示却仍然出错,还是偏离了幕后操纵者指示的标准,并进而确定行为客体。[96] 在前一种情况中,幕后操纵者(正犯)负既遂责任,因为实际执行者是按照正犯的行为计划行事的。在后一种情况中,可以适用打击错误的规则,因为事实发生超过了限度,而不能再包含在正犯的故意之中。因此,在案例20中,因H遵守了A的指示,A便处在没影响的动机错误(针对人发生认识错误)中。这种见解的合理性还在于,是A自己造成了对客体发生认识错误的风险,H的举止并非过限,故不能排除A的故意。

82
复习与深化

1. 间接正犯建立在何种归属原则上？(边码7及下一边码)

2. 若实际执行者的行为只是陷入动机错误中,能够认定(幕后操纵者)间接正犯吗？(边码14及以下几个边码)

3. 如果实际执行者的行为处于可避免的禁止错误状态下,能够认定(幕后操纵者)间接正犯吗？(边码33及以下几个边码)

4. 在间接正犯的情况下,什么时候算是力图的开始？(边码53及以下几个边码)

5. 幕后操纵者针对犯罪行为支配发生的认识错误有哪几种情况？针对这些情况,分别有哪些解决方案？(边码65及以下几个边码)

---

[94] 对此,详见本书第27节,边码40及以下几个边码。

[95] 鲍曼·韦伯·米奇,第21节,边码15;海因里希,边码1267;耶赛克·魏根特,第62节Ⅲ、2,《莱比锡刑法典评注——许内曼》,第25条,边码149。

[96] 韦塞尔斯·博伊尔克,边码550,《(舍恩克·施罗德)刑法典评注——海内》,第25条,边码52及下一边码;雅科布斯,第21节,边码106;卢比希,《法学》,2006年,第655页,尤其是第658页;斯特拉滕韦特,载《鲍曼祝贺文集》,第57页,尤其是第65页;斯特拉滕韦特·库伦,第8节,边码99;特佩尔,《法学工作》,1997年,第248页,尤其是第251页及以下几页。认为不需要做这种区别处理,始终认定幕后操纵者成立针对人的认识错误的,见格罗普,第10节,边码79。

第40节 共同正犯

一、概述

1. 概念

"若数人共同地犯罪,则"按照第25条第2款的规定,"每人均作为正犯论处":参加者则为共同正犯。 **1**

2. 归属原则

在实现构成要件之时,针对**互相协作的行为**需要进行同等的答责,这便是共同正犯的归属原则:将各个具体的行为贡献综合成为一个完整的整体(一个共同的犯罪),且每个共同正犯均须**将该整体完全作为自己的行为**,而为之承担责任。① 每个共同正犯采取这种行为时,就像他自己实施了实现构成要件的所有动作一样。② 这样认定的前提是,每个参加者采取相应举止时,既是为自己行事,也是为他人行事。各个参加者之间**是互相代表对方(或他方)**的:他们中每人都亲手或者作为代理人他手地行为,这样,在一定程度上,他们也便均是为自己的"事"也为别人的"事"而忙。所以,在共同正犯的框架内,每个举止都具有**证立管辖(或责任)的双重效用**。③ **2**

二、前提条件

要成立共同正犯,需满足两个条件:第一,在客观上共同地实施行为;第二,主观上具有共同的行为决意。 **3**

1. 共同地实施行为

仅有决定性地影响了构成要件之实现(整体行为)者,才成立共同正犯。依照形式、客观的正犯理论④,要成立共同正犯,需要(共同)实现犯罪所描述的行为。 **4**

---

① 而对于结果加重犯,参见本书第34节,边码10。
② 《联邦法院刑事判例集》,第24卷,第286页,尤其是第288页;第37卷,第289页,尤其是第291页;联邦法院,《新法学周刊》,1998年,第2149页,尤其是第2150页;屈尔,第20节,边码100。
③ 关于具体的论证方案,见弗里斯特,《登克尔祝贺文集》,第119页,尤其是第123页及以下几页;金德霍伊泽尔,载《霍勒巴赫祝贺文集》,第627页,尤其是第643页及以下几页,有进一步的文献;亦参见雅科布斯,载《兰珀祝贺文集》(Lampe-FS),第561页,尤其是第566页及以下几页;批判性的意见,斯泰因:《刑法上的参加形式论》(Die strafrechtliche Beteiligungsformenlehre),1988年版,第69页及以下几页。
④ 对此,见本书第38节,边码38。

但是，这种要求是没有必要的。更确切地说，以其他方式促使犯罪行为成功的举止方式即已足够，例如，抢劫银行时驾驶用于脱逃的汽车、在符合构成要件地侵入相应空间时的"抢劫指导"，只要人们可以将这种方式评价为具体地实现了犯罪。除此以外，依照主流观点，(只在)**预备阶段**施以**加功**，也足以成立共同正犯，只要这对后来流程和行为的成功具有决定性意义。⑤ 而只有根据狭义的犯罪行为支配说，才需要实现构成要件时的直接加功。⑥

5　　此外，共同正犯者对"实现整个行为"的具体的行为贡献也没有必要相互紧密地结合在一起。确切地说，根据主流观点，还有一种**替代的共同正犯**：在若干个行为贡献中，至少从事前的角度看，每个具体贡献都有本质性的意义，但自始却只有一个能够促成结果。⑦ 例如，在一起暗杀行动中，好几个行为人分别把守不同的大门，以守候受害人的出现。同样的道理，也有可能成立**添加的共同正犯**(additive Mittäterschaft)：在这种共同正犯中，针对同一目标的若干个犯罪行为组成了一个整体，从而使得结果必然发生。例如，在一个谋杀小组中，依照约定，所有参加者都同时朝受害人开枪，这时就需要将他们都作为共同正犯处理，因为他们每个人通过开枪都至少使得结果极有可能发生。⑧

2. 共同的行为决意

案例1
　　B实施偷盗时，A(决定性地)阻止了C的干扰。而B对此不知情。

6　　要成立共同的行为决意，各个参加者之间至少对于共同的故意行为要有默示合意。⑨ 也就是说，诸参加者中的任一参加者都必须基于共同行为决意想(互相代

---

⑤ 参见本书第38节，边码46及以下几个边码；但是，后来实施的行为不可以本质性地偏离原计划，见联邦法院，《刑法新杂志》，2009年，第25页，尤其是第26页及罗克辛的评论，见《刑法新杂志》，2009年，第7页及以下几页。
⑥ 参见本书第38节，边码49。
⑦ 《刑法典体系性评注——霍伊尔》，第25条，边码110；泽尔曼，《法学教学》，1980年，第571页，尤其是574页；不一致的观点，见鲁道菲，载《博尔克曼祝贺文集》，第369页，尤其是第379页及下一页。
⑧ 如此地，见《刑法典体系性评注——霍伊尔》，第25条，边码111；罗克辛，第2卷，第25节，边码229及下一边码；结论一致，但说理不同的，见赫茨贝格，《正犯和参与》，1977年版，第56页及以下几页；批判性的观点，见贝克尔(Becker)：《共同作为和所谓添加的共同正犯》(Das gemeinschaftliche Begehen und die sogenannte additive Mittäterschaft)，2009年版，第67页及下一页；克尔克(Kelker)，《戈尔特达默刑法档案》，2009年，第86页，尤其是第91页及以下几页。
⑨ 联邦法院，《刑法新杂志》，2003年，第85页；弗洛因德，第10节，边码158；屈尔，第20节，边码104。

表地)为自己也为他人做出行为贡献。⑩ 至于对诸参加者的各行为的详细认识,则并非成立共同的行为决意所必要。⑪ 因此,依照案例的情状必定可以推算到的共同正犯的行为,也应当认定为其他共同正犯意志的内容,即使其他共同正犯并没有特定地设想到这种行为。⑫ 不过,若仅仅是认可或利用他人创造的情况,则不足以认定有共同的行为决意。⑬ 这样,有的判例在只对"同伙"的行为表示"至少是无所谓"的态度时也认定成立共同正犯⑭,就走得太远了。在这种场合认定共同正犯,也不符合人们对故意的理解。在针对**自己的**、有意实施的行为的结果的故意上,有时人们也将对受侵害法益的无所谓态度认定为故意的内容⑮,而不同于此的是,认定共同正犯时是在对**他人的**举止加以归属,因而,这时理应对故意的成立提出更为严格的要求。

有一少数说认为,只要协作者(即加功者)以参入决意(Einpassungsentschluss)参加行为,就可以认定其为共同正犯。如果他人不知晓这种决意下的协作,那么,共同正犯的举止便不得作为他们自己的举止归属于他们。⑯   7

根据主流观点,案例 1 中 A 没有共同的行为决意,只能成立帮助。而根据少数说,A 则成立"片面的"共同正犯。依该少数说,如果 A 使用了暴力,则 A 按抢劫(第 249 条)论处,B 仅成立盗窃(第 242 条)。 8

3. 身份要素

仅当**自己**满足了犯罪的**所有行为人要素和主观前提条件**,才能成为共同正犯。⑰ 但是,依照文献中的观点,将没满足这些要素的人对犯罪行为的贡献,通过   9

---

⑩ 由此可知:若由于同谋者 A 不再为 B 实现构成要件,而轮到 B 需要为同谋者做出自己的行为时,便(至少默示地)保持相应距离,则 B 便不再是共同正犯。但根据 B 在预备阶段的行为贡献,仍然可以对其按照参与来处罚;对此的清晰阐述,见格劳尔,载《莫伊尔纪念文集》,第 89 页及以下几页。

⑪ 参见联邦法院,《新法学周刊》,2009 年,第 1360 页,尤其是第 1362 页和雅恩的评释,见《法学教学》,2009 年,第 466 页;杜塞尔多夫州高等法院,《新法学周刊》,1987 年,第 268 页,尤其是第 269 页;屈尔,第 20 节,边码 117 及下一边码。

⑫ 联邦法院,《刑法新杂志》,2012 年,第 563 页;另外,在"非本质性地偏离因果流程"的法律概念中,也有类似情形,参见本书第 27 节,边码 43 及以下几个边码。

⑬ 联邦法院,《刑法新杂志》,1985 年,第 70 页及下一页;1996 年,第 227 页及下一页;赫茨贝格,《整体刑法学杂志》,第 99 卷,1987 年,第 49 页,尤其是第 57 页;奥托,第 21 节,边码 58;《莱比锡刑法典评注——许内曼》,边码 173 及以下几个边码。

⑭ 参见联邦法院,《刑法新杂志》,2012 年,第 563 页,有进一步的文献。

⑮ 本书第 14 节,边码 26。

⑯ 德尔克森(Derksen),《戈尔特达默刑法档案》,1993 年,第 163 页及以下页;雅科布斯,第 21 节,边码 43;莱施,《整体刑法学杂志》,第 105 卷,1993 年,第 271 页及以下几页;斯泰因:《刑法上的参加形式论》,1988 年版,第 326 页及下一页;批判性的观点,见金德霍伊泽尔,载《霍勒巴赫祝贺文集》,第 627 页,尤其是第 630 页及下一页。

⑰ 参见联邦法院,《刑事辩护人论坛》,2011 年,第 408 页。

第 25 条第 2 款归属给另一正犯性质的参加者,是可能的。⑱ 理由是,使归属得以成立的是共同正犯的共同行为决意,而这种行为决意反正只针对的是客观的要素(行为贡献),因而,加功者之一欠缺相应的人身性条件,对于事实上满足这些条件的犯罪行为的其他参加者而言,并不能有利于他们(即满足人身性条件的参加者)地产生妨碍归属的作用。⑲

4. 承继的共同正犯

10　　到了**已将行为付诸实施时**,所有人才形成意思一致(比如借助于默示的行为),仍可以成立共同的行为决意⑳,其前提则是,每个参加者都必须意识到自此以后的共同故意行为。㉑ 然而,在归属的**时间界限**上,却不无争议。

11　　占理的是主流学说。根据该学说,成立共同正犯的**可能性**,原则上只存在于形式上**犯罪既遂**之前。㉒ 因为实施构成要件上所叙述的行为只能止于该时间点。只有在既遂阶段需要一时间段的**持续犯**,才有可能在既遂开始之后再行参加。例如,剥夺他人人身自由罪(第 239 条)中,从封锁直到释放这个时间段内都算既遂,这样可以出现有人参加进来以维持这种剥夺自由。㉓ 此外,还需要注意的是,根据主流学说,若有共同正犯在犯罪既遂前承继地参加进来,不得将加入者进入前所实现的升格事由(Erschwerungsgründe)延伸地归属到后来的参加者身上。㉔ 例如,若原来单独行事的入室盗窃(第 242 条、第 244 条)的正犯已经撬掉门锁了,之后他的好朋友才参加进来,仅仅是拿走了东西,那么,对后者便只适用第 242 条、第 25 条第 2 款。

12　　与此相对应,判例和部分文献认为,**直到行为终了之前**,都可以加入共同正犯,这也使得加入者在有相应的"认知和认可"的情况下,需为他加入协作前所实现的升格事由负责。㉕ 然而,在这种场合,加入者也必须无疑地以某种方式促进之前已

---

⑱ 弗里斯特,第 25 节,边码 23;伦吉尔,载《普珀祝贺文集》,第 849 页及以下几页;结论上一致的,亦见联邦法院,《刑事辩护人杂志》,1991 年,第 349 页。

⑲ 详见伦吉尔,载《普珀祝贺文集》,第 849 页,尤其是第 850 页及下一页、858 页,有进一步的文献;其他观点,见德内—尼曼(Dehne-Niemann),《法学教学》,2008 年,第 589 页,尤其是第 590 页及下一页。

⑳ 布林格瓦特,边码 686;埃伯特,第 202 页;《慕尼黑刑法典评注——约克斯》,第 25 条,边码 178;屈尔,第 20 节,边码 104。

㉑ 参见联邦法院,《刑法新杂志》,1985 年,第 70 页及下一页。

㉒ 弗洛因德,第 10 节,边码 160;《(舍恩克、施罗德)刑法典评注——海内》,第 25 条,边码 91;雅科布斯,第 21 节,边码 60;《慕尼黑刑法典评注——约克斯》,第 25 条,边码 208;克勒,第 520 页;屈尔,载《罗克辛祝贺文集》,2001 年版,第 665 页,尤其是第 681 页及下一页;奥托,《法学》,1987 年,第 246 页,尤其是第 253 页。

㉓ 屈尔,载《罗克辛祝贺文集》,第 665 页,尤其是第 681 页。

㉔ 《(舍恩克、施罗德)刑法典评注——海内》,第 25 条,边码 91;雅科布斯,第 21 节,边码 60;克勒,第 520 页;泽赫尔,《法学教学》,2009 年,第 304 页,尤其是第 306 页;瓦尔特,《刑法新杂志》,2008 年,第 548 页,尤其是第 552 页及下一页、第 554 页;《刑法典律师评注——瓦斯默》(AnwK-Waßmer),第 25 条,边码 68。

㉕ 联邦法院,《刑法新杂志》,1996 年,第 227 页及下一页;屈佩尔,《戈尔特达默刑法档案》,1986 年,第 437 页,尤其是第 447 页及下一页;韦尔策尔,第 15 节 IV、1。

开始的犯罪行为。[26] 但完全结束了的行为,则不再具有可归属性。[27]

三、力图的开始

1. 基本原理

在共同正犯的情况下,确定力图的开始,主要有两种方案: 13

(1) 根据少数说所主张的**个别性方案**,需要针对每个共同正犯加以考察,是否 14
他已经直接着手做他的贡献了。[28] 这种观点的理论基础是犯罪行为支配说,根据这种学说,某一力图的共同正犯也必须对此有共同支配。反过来说,只有在预备阶段本人就已共同协作的人,才有可能这样(共同支配)。但是,这种个别性方案几乎不符合行为贡献相互归属的这一共同正犯原则。理由是:若某一共同正犯的每个行为贡献均可以归属给他人,并成为他人自己的贡献,那么,再对每个共同正犯分别特定地确定力图的开始,就没有任何意义。

(2) 所以,主流学说所采取的**整体性方案**是更为合理的。根据整体性方案,只 15
要第一个共同正犯根据共同的行为决意直接着手实现构成要件,对于所有参加者而言,力图就已经开始。[29] 依此见解,若在预备阶段的参加,也能成立共同正犯[30],那么,某一共同正犯就有可能在力图开始点之前已经做出了他的整体的行为贡献,也就像反过来*那样,对于依行为计划应当直到后一阶段才进入实现构成要件的过程中人而言,力图可能已经开始了。[31] 个别性方案批评这种见解违反了犯罪行为支配的思想。但这种批评是不合理的。人们需通过每一个参加者的行为决意,考察他是否认知到他的加功,而这种认知,无论如何必定证立他对犯罪行为的共同

---

[26] 参见联邦法院,《刑法新杂志》,2012年,第379页,尤其是第380页:只是事后完全被动性质地在场,并不成立共同正犯性质的承继谋杀。

[27] 参见联邦法院,《刑法新杂志》,2010年,第146页,尤其是第147页。

[28] 普珀,《刑法学理国际杂志》,2007年,第234页,尤其是第241页及下一页;鲁道菲,载《博尔克曼祝贺文集》,第369页,尤其是第383页及以下几页;席尔林:《共同正犯和间接正犯的力图之开始》,1975年版,第104页;《莱比锡刑法典评注——许内曼》,第25条,边码203及以下几个边码。

[29] 《联邦法院刑事判例集》,第36卷,第249页,尤其是第250页;第39卷,第236页,尤其是第237页及下一页;联邦法院,《刑法新杂志》,1981年,第99页;2001年,第143页,尤其是第144页;《整体刑法评注便携本——安博斯》,第22条,边码34;鲍曼·韦伯·米奇,第29节,边码104;韦塞尔斯·博伊尔克,边码611;布泽尔(Buser):《共同正犯的力图中的归属问题》(Zurechnungsfragen beim mittäterschaftlichen Versuch),1998年版,第83页;格罗普,第10节,边码91;耶赛克·魏根特,第63节Ⅳ、1;《慕尼黑刑法典评注——约克斯》,第25条,边码260及下一边码;屈佩尔:《力图的开始和共同正犯》(Versuchsbeginn und Mittäterschaft),1978年版,第11页及以下几页、第69页及以下几页;奥托,《法学工作》,1980年,第641页,尤其是第646页;斯特拉滕韦特·库伦,第12节,边码107。

[30] 对此,参见本书第38节,边码45及以下几个边码。

* "反过来"指的是,力图已经开始的情况。而前面是指力图还没有开始、仅在预备阶段。——译者注

[31] 雅科布斯,第21节,边码61;亦参见联邦法院,《刑法新杂志》,1999年,第609页及下一页。

支配。出于这一点的考虑,这种见解也便遵守了犯罪行为支配的思想。这种认知或许没有在(至少开始了的)犯罪实施中化为现实,但这只是第25条第2款所允许的工作分工所造成的结果而已。

2. 误想共同正犯

> **案例 2**
>
> A 骗 B 说,钱币商 Q 希望有人假抢劫他,这样他随后便可以骗取保险金了;于是,B 洗劫了 Q 的店。而事实上 Q 并不知道是这么回事,于是将之作为损害案件报给保险公司。[32]

16 所谓误想共同正犯(Schein-Mittäterschaft, vermeintliche Mittäterschaft)是指,参加者错误地以为,(尚)存在着实现构成要件的共同的行为计划。在这种条件下,若错误者独自开始实现构成要件,无疑能成立一力图(单独正犯)。[33] 但案例 2 中这种情况是有争议的,在这种场合下,错误者(B)当时只是(错误地)参加了预备阶段,然后错误地以为,他人(Q)着手实现构成要件了。

17 (1) 有人认为,B 在这里成立诈骗力图的共同正犯(第 263 条、第 22 条、第 25 条第 2 款),这一诈骗力图需通过 Q 的损害报告得以执行。[34] 至于 Q 在事实上根本不是参加者,则丝毫不妨碍将他的举止作为不能犯力图归属于 B。在该种情形下,根据 B 的主观设想,Q 的举止也就是直接着手实现构成要件。

18 (2) 反对的观点认为,在 B 和非参加者 Q 二者之间既没有共同的行为计划,也根本不能将 Q 的举止视为诈骗力图。所以,将 Q 的举止作为 B 本人着手实现犯罪归属于 B,是很难说得过去的。根据主流学说,即便是不能犯力图,也需要着手实现构成要件,而误想共同正犯并不满足这一点,他只是设想别人会做出相应行为。[35]

---

[32] 该案件事实情况,亦参见《联邦法院刑事判例集》,第 39 卷,第 236 页,尤其是第 237 页;有启发性的案例,还见库德利希,《法学教学》,2002 年,第 27 页及以下几页。

[33] 约尔登,《法学家报》,1995 年,第 735 页,尤其是第 736 页。

[34] 《联邦法院刑事判例集》,第 40 卷,第 299 页,尤其是第 300 页及以下几页;豪夫,《刑法新杂志》,1994 年,第 263 页及以下几页。

[35] 《联邦法院刑事判例集》,第 39 卷,第 236 页,尤其是第 238 页;阿伦斯(Ahrens),《法学工作》,1996 年,第 664 页及以下几页;埃尔布,《刑法新杂志》,1995 年,第 424 页及以下几页;《(舍恩克、施罗德)刑法典评注——埃泽尔》,第 22 条,边码 55a;英格尔芬格,《法学家报》,1995 年,第 704 页及以下几页;库德利希,《法学教学》,2002 年,第 27 页,尤其是第 29 页;屈尔,第 20 节,边码 123a;屈内,《新法学周刊》,1995 年,第 934 页;屈珀尔、莫斯巴赫(Mosbacher),《法学教学》,1995 年,第 488 页,尤其是第 490 页及以下几页;奥托,第 21 节,边码 126;里门施奈德(RiemenSchneider),《法学教学》,1997 年,第 627 页,尤其是第 631 页;罗克辛,载《奥德斯基祝贺文集》(Odersky-FS),第 489 页,尤其是第 496 页;施特伦,《整体刑法学杂志》,第 109 卷,1997 年,第 862 页,尤其是第 891 页及以下几页;措普夫斯(Zopfs),《法学》,1996 年,第 19 页,尤其是第 23 页及下一页;不同的观点,见格劳尔,《法学综览》,1995 年,第 427 页及以下几页。

四、过限和认识错误

> **案例 3**
> V 和 W 相约共同为一盗窃。V 携带了一支手枪,而 W 对此毫不知情。

> **案例 4**
> X 和 Y 试图夜间入侵他人别墅,没有成功,于是逃走。在黑暗中,X 错把他身后跟着跑的 Y 当做追击者,于是以杀人故意朝他开枪,但是没有打中。而 X 和 Y 事先约定可以用枪击以开辟逃命之路。

1. 共同正犯的过限

对于共同正犯中的任一参加者而言,只有在共同行为决意范围(即便这只是个大致范围)内的他人的行为贡献,才可以归属于自己。若某个参加者偏离了这个范围,而实施了加重要素或者其他犯罪,那么,这些内容就不能按照第 25 条第 2 款归属给他人。㊱ 人们将此种情况称之为共同正犯的过限。所以,在案例 3 中,W 只需依照第 242 条、第 25 条第 2 款论处。而第 244 条第 1 款第 1 项 a,则只单独适用于 V(过限)。在这个意义上讲,共同的行为决意不仅能使得刑法上的共同答责成立,而且可以给该答责划定边界。㊲

假如参加者们在行为实施过程中,**相互知悉地修改了**他们的计划,则不为过限,而成立共同正犯。例如,B、M、W 三人共同实施敲诈勒索。B 携带了一把刀,而 M 和 W 对此原先并不知情;当 B 开始使用刀时,M 和 W 便利用之,并让 B 一起确保犯罪的成功结束。㊳

2. 针对客体的认识错误

根据主流观点,如果某一正犯发生了没有影响的针对客体的认识错误㊴(针对客体或人的认识错误),则该认识错误对于共同正犯而言,也**不会产生影响**。只有共同正犯的过限才会排除责任。

㊱ 参见《帝国法院刑事判例集》,第 67 卷,第 367 页及以下几页;联邦法院,《刑法新杂志——刑事判决和报告》,2005 年,第 71 页;2005 年,第 93 页;2006 年,第 37 页。

㊲ 屈尔,第 20 节,边码 117;奥托,第 21 节,边码 59;斯特拉滕韦特、库伦,第 12 节,边码 80。

㊳ 参见联邦法院,《刑法新杂志——刑事判决和报告》,2006 年,第 12 页,尤其是第 13 页;进一步的例子,见联邦法院,《刑法新杂志》,2008 年,第 280 页,尤其是第 281 页。

㊴ 对此,详见本书第 27 节,边码 40 及以下几个边码。

3. 针对跟踪者的认识错误

22　依照主流观点，若某一共同正犯（如案例 4 中的 X）在逃跑过程中朝他误以为是跟踪者的同伙开枪射击，只要实现约定可以通过开枪开辟逃命生路，就不存在过限。⑩ 更确切地说，相应的同伙还要因杀人力图受处罚。反对的观点认为这种情况下成立过限，因为他们实现约定的只是对事实上的跟踪者开枪。⑪ 不过，这种观点是站不住脚的。只要任一参加者主观上在共同行为计划的框架内行事，那么，该范围内针对客体的认识错误，则对他根本没有影响，他也是在代表其他共同正犯者而行事，后者必须将他(开枪者)的举止归属于自己。

五、适用

> **案例 5**
> B、M 和 W 共同将某仓库洗劫一空。

> **案例 6**
> 珠宝商 Z 针对首饰品价值准备了一份伪造的鉴定书，A 要拿着这份鉴定书上报给保险公司，说首饰被偷了。若获益，则事后分赃。

> **案例 7**
> G 和 H 想用暴力抢走 O 的钱包。当 G 摁住 O 时，H 拿走其钱包。

> **案例 8**
> 出于贪财，X 计划和 Y 杀害 Z。但是，这起杀人需要 Y 单独去干。

23　当在**专业鉴定**中考察具体的共同正犯时，将共同地实施行为和共同的行为决意分别放在客观构成要件和主观构成要件中加以讨论，是值得推荐的。⑫ 不同参加者的审查顺序，则依照案件事实情况而定，这时可以分出**四种基本类型**：

---

⑩ 《联邦法院刑事判例集》，第 11 卷，第 268 页及以下几页；韦塞尔斯、博伊尔克，边码 533；弗洛因德，第 10 节，边码 176；毛拉赫、格塞尔、齐普夫，第 49 节，边码 60；格罗普，第 10 节，边码 88 及下一边码；雅科布斯，第 21 节，边码 45；耶赛克、魏根特，第 63 节 Ⅰ、2，《慕尼黑刑法典评注——约克斯》，第 25 条，边码 242；屈尔，第 20 节，边码 121 及下一边码；屈佩尔：《力图的开始和共同正犯》，1978 年版，第 37 页及以下几页。

⑪ 赫茨贝格：《正犯和参与》，1977 年，第 63 页及下一页；鲁道菲，载《博尔克曼祝贺文集》，第 369 页，尤其是第 380 页及下一页；《莱比锡刑法典评注——许内曼》，第 25 条，边码 177；泽尔曼，《法学教学》，1980 年，第 571 页，尤其是第 572 页；亦参见舍夫勒，《法学教学》，1992 年，第 920 页及以下几页。

⑫ 关于偏离的方案，详见泽埃尔（Seher），《法学教学》，2009 年，第 1 页及以下几页。

（1）如案例 5 那样，数个参加者在行为中共同协作，这样，**不能将他们的贡献相互划分开来**。在这种情况下，就可以像**只有一人实施行为**一样，来讨论诸参加者的可罚性。

（2）如果两个(或数个)参加者之中，有一人(如案例 6 中的 Z)**只活动于预备阶段**，那么，则需要**提前**研究作为实际执行者的**直接行为者**(A)的可罚性，而不考虑他人的共同协作。然后，再特别地讨论，当时他人在客观上和主观上是以何种形式参加这一行为的。具体而言，他当时是否有某一特别的行为贡献，以至于能以共同正犯方式来归属构成要件的实现；或者，他实现构成要件之时是否在共同的决意范围内行事。

（3）倘若**数个参加者之中没有任何一个参加者完整地实现了所有构成要件要素**(如案例 7)，则需要从整体上讨论，这些参与者共同协作以实现构成要件是否可罚。这时需要对 G 和 H 一起考察是否满足第 249 条：G 使用暴力的举止和 H 的拿走可以涵摄到该规定下，而且可以确定他们具备共同行为决意的主观构成要件。

（4）假使**数个参加者中仅有一参加者直接满足了某一加重构成要件的要素**(如案例 8 中的 X)，则需要首先考察亲手实现基本构成要件者的可罚性(Y)。然后，在第二步上，再确认，可以将共同正犯地实现基本构成要件，也归属于非直接的参加者(X)。之后在第三步上，需要探讨加重构成要件的(也可能是共同的)实现。所以，在案例 8 中，必须先确定 X 也以共同正犯的形式实现了第 212 条的基本构成要件之后，再根据他所具有的谋杀要素，根据第 211 条和第 25 条第 2 款讨论 X 是否在该点上也成立共同正犯。㊸

复习与深化

1. 共同正犯建立在哪一归属原则之上？（边码 2）
2. 要成立共同正犯，要满足哪些前提条件？（边码 3 及以下几个边码）
3. 直到哪个时间点上，还有可能成立承继的共同正犯？（边码 10 及以下几个边码）
4. 在共同正犯的情况下，力图什么时候算开始？（边码 13 及以下几个边码）
5. 若共同正犯中一人发生针对人或客体的认识错误，会对其他共同正犯者有什么影响？（边码 21）

㊸ 参见《联邦法院刑事判例集》，第 36 卷，第 231 页及以下几页和博伊尔克的评释，见《刑法新杂志》，1990 年，第 278 页及下一页；屈珀尔，《法学教学》，1991 年，第 639 页及以下几页。

第41节 教　　唆

一、前提条件

1　根据第26条的规定,"故意确定(bestimmt)他人故意实施违法行为的,是教唆犯。对教唆犯的处罚与正犯相同"。因而,教唆需满足如下前提条件:
(1)他人(至少力图)故意实施违法行为(主行为);
(2)确定主行为人为此行为(教唆行为);
(3)教唆故意。

2　教唆既可共同地、亦可间接地通过(不知情的)他人的行为而成立。①

二、主行为

3　要处罚教唆,必须客观上存在一故意实施的违法行为。这种所谓的主行为至少需要达到力图阶段。

4　若主行为人只是**过失行为**,而策动者认为有故意行为,则只能依第30条第1款成立教唆的力图。② 由于策动者没有认识到使他具有犯罪行为支配的实际执行者身上的欠缺问题,故此处并不成立间接正犯。③ 如果主行为人行事时处于**容许的构成要件错误**之中,该认识错误的法律效果上的争论④,会对是否可针对所实施的主行为成立参与这一问题产生影响。

三、确定

1. 定义

5　第26条中的"确定"是指,使他人萌生为具体违法行为的决意。它至少需要是实行行为的共同原因。

6　有争议的是,需对正犯有何种方式、何种强度的影响,才算"确定":

7　(1)大致占据支配性地位的结论认为,策动者和受影响者之间需有**精神联系**

---

① 参见《联邦法院刑事判例集》,第8节,边码137及以下几个边码;联邦法院,《刑法新杂志》,1995年,第126页。
② 柏林高等法院,《新法学周刊》,1977年,第817页,尤其是第819页;博尔克曼,载《加拉斯祝贺文集》,第261页及以下几页;菲舍尔,第25条前言,边码9;耶赛克·魏根特,第61节 VII、3;《莱比锡刑法典评注——许内曼》,第25条,边码144;其他观点,见鲍曼·韦伯·米奇,第30节,边码27及下一边码。
③ 参见本书第39节,边码66。
④ 对此,见本书第29节,边码13及以下几个边码。

或者**交流动作**,这种交流动作表达出来便是请求、鼓励、答应给予酬劳等。⑤ 仅仅是创造了刺激(犯罪)行为的情况,则算不上。原因是:自我答责原则禁止对答责做这种过度的前置⑥;第 26 条第 1 款中规定教唆犯"与正犯相同"地处罚,根据这种刑罚幅度,需要对确定这一概念作限制性解释。⑦

(2) 法规规定了相同的刑罚幅度,也就认为教唆和正犯具有可相提并论的不法内涵,正因为如此,文献中也就还出现了**各种限制性的见解**。例如,要求教唆者需具有计划支配⑧、教唆者和正犯之间须有不法串通⑨或者教唆犯至少要有导致正犯依赖于自己(教唆者)形成其决意的影响力⑩等。按照这些见解,若只是告知他人实施某一具体行为所必要的知识,即便得知这种知识最终导致了行为决意的形成,也不得将之认定为教唆。⑪ 但是,多数文献认为这种解释过于狭窄了。⑫ **8**

(3) 还有一种明显更宽泛地理解"确定"一词含义的观点:只要导致了行为决意的萌发,**任意一种认识上的影响都可以成为"确定"**。⑬ 这甚至根本不要求,被影响者自己认识到这一点。因此,像准备并摆好犯罪工具这样的创设引诱性情状也可能要算在这种影响之内。 **9**

(4) 最后一种见解是更为合理的,因为教唆者仅仅是策动他人(独立地)实施行为。教唆必须是具有策动实施犯罪这种意义的一种行为,这样才有理由将教唆者作为该行为的参加者,并使之承担责任。尽管如此,却找不到理由必须将"确定"限制成为交流动作或者教唆者更为紧密地卷入主行为。 **10**

---

⑤ 参见阿梅隆,载《施洛德祝贺文集》,第 147 页,尤其是第 176 页及下一页;《(舍恩克、施罗德)刑法典评注——海内》,第 26 条,边码 4 及下一边码;耶赛克、魏根特,第 64 节 II、2a;罗克辛,载《施特雷、韦塞尔斯祝贺文集》,第 365 页,尤其是第 376 页及以下几页;施米德霍伊泽尔:《刑法总论》,第 14 节,边码 104;韦尔策尔,第 16 节 II、1;专门针对教唆性质这个问题,见里克林(*Riklin*),《戈尔特达默刑法档案》,2006 年,第 361 页。

⑥ 克雷奇默尔,《法学》,2008 年,第 265 页,尤其是第 266 页。

⑦ 这样的观点,例如屈尔,第 20 节,边码 171 及下一边码。

⑧ 舒尔茨,《法学教学》,1986 年,第 933 页,尤其是第 937 页及以下几页。

⑨ 普珀,《戈尔特达默刑法档案》,1984 年,第 101 页及以下几页;普珀,《刑法新杂志》,2006 年,第 424 页及以下几页,有进一步的文献。

⑩ 雅科布斯,第 22 节,边码 21 及下一边码;亦参见克勒,第 525 页及以下几页。

⑪ 但是,在这种情况下,可能成立精神上的帮助,对此,参见本书第 42 节,边码 5 及以下几个边码。

⑫ 请代表性地参见《莱比锡刑法典评注——许内曼》,第 26 条,边码 10,有进一步的文献;针对第 30 条进行了体系性探讨的,亦参见克吕格尔,《法学工作》,2008 年,第 492 页,尤其是第 497 页及下一页。

⑬ 联邦法院,《新法学周刊》,1985 年,第 924 页;黑格曼斯,《戈尔特达默刑法档案》,2000 年,第 473 页,尤其是第 487 页;赫茨贝格,《法学教学》,1976 年,第 40 页,尤其是第 41 页;希伦坎普,《法学综览》,1987 年,第 254 页,尤其是第 256 页;拉克纳、屈尔,第 26 条,边码 2;维德迈尔(*Widmaier*),《法学教学》,1970 年,第 241 页,尤其是第 242 页及下一页。

2. 针对已经形成的行为决意的教唆

> **案例 1**
> 职业窃贼 A 还在犹豫，是否要冒风险侵入 O 的别墅。他的妻子 Q 说服他，不要把眼前的可以拿到的赃物错过了。

> **案例 2**
> W 已决意实施抢劫。V 告诉 W，采取行为时带上一危险的工具。

> **案例 3**
> X 想伤害 Y，并想给他几刀教训他（第 224 条第 1 款第 2 项）；Z 劝说 X，给 Y 几个巴掌就够了（第 223 条第 1 款）。

11　　**（1）行为决意已形成**（Omnimodo facturus）：若（如案例 1 中的 A）使得目前只是**倾向于实施行为**或者**犹豫中的人形成确定的决意**，则足以认定（第 26 条中的）"**确定**"。[14] 但若**已经形成确定的决意**实施某一具体行为，则对之不再能认定教唆。[15] 在这种情况下，可以考虑的是第 30 条第 1 款教唆的力图[16]，或者第 27 条的精神上的帮助[17]。

12　　**（2）改变**（Umstiftung）：如果通过说服致使他人实施不同于计划的另一行为，或者导致实现另一构成要件，那么，这种针对已经决意实施原计划的人的说服，也可以成立教唆（所谓"改变"）。[18] 然而，就在是否是被教唆为"另一行为"这个问题上，却很难和纯粹的建议性帮助区分开来。[19] 不管怎样，不能在只发生改变犯罪实现的行为形态（例如，地点和时间）时，就认定教唆，因为这只是对原先行为的修正，而非确定他人为新的犯罪行为。与此不同，若是针对另一法益或至少是另一法益主体，则通常要认定符合构成要件的教唆。[20]

---

[14] 参见联邦法院，《德国法月报》（达林格），1972 年，第 569 页。

[15] 对此，批判性的观点，见普珀，第 2 卷，第 41 节，边码 12 及以下几个边码；沙因费尔德，《戈尔特达默刑法档案》，2007 年，第 695 页，尤其是第 702 页及下一页。

[16] 对此，参见本书第 43 节，边码 1 及以下几个边码。

[17] 对此，参见本书第 42 节，边码 5 及以下几个边码。

[18] 联邦法院，《刑事辩护人杂志》，1996 年，第 2 页；伯恩曼（Bemmann），载《加拉斯祝贺文集》，第 273 页，尤其是第 277 页；海因里希，边码 1296；屈尔，第 20 节，边码 180；屈珀尔，《法学教学》，1996 年，第 23 页；奥托，《法学教学》，1982 年，第 557 页，尤其是第 561 页；不同地，关于法益侵害范围没有改变的情况，见《莱比锡刑法典评注——许内曼》，第 26 节，边码 26 及下一边码。

[19] 详见舒尔茨，《法学教学》，1986 年，第 933 页，尤其是第 934 页及以下几页。

[20] 霍夫曼—霍兰特，边码 570；伦吉尔，第 45 节，边码 42。

(3) 提升(Aufstiftung):根据主流观点,在受教唆者已确定决意实施基本犯时,再确定其去实现加重构成要件,则成立加重构成要件的教唆(所谓的"提升")。此时实现的行为具有更严重的不法内容(且不能从原不法中分割开来)。[21]

而流传开来的少数说认为,在这种情况下只能成立精神上的帮助。[22] 这种观点更为合理。因为纯粹只是策动实施加重的不法,并不会对正犯当时已经确定决意实施本来的行为这一事实有任何的改变,而且对之也不能再进行"确定"。但若这一加重的内容可以独立地加以理解,进而正犯算是基于此实施了另一行为,则可以认定教唆。[23] 这样,按照主流观点,案例 2 中的 V 教唆 W 实施加重的抢劫(第 250 条第 2 款第 1 项),而按照少数说,则(只)成立对第 224 条第 1 款第 2 项的教唆(在可能的情况下,也可以和对第 249 条、第 250 条第 2 款第 1 项的精神性帮助成立一罪)。

(4) 缓解(Abstiftung):若说服已经决意实施加重行为的人,只去实施基本犯(所谓"缓解"),则根本不成立教唆。[24] 案例 3 中便是如此。因为正犯针对基本犯反正已经具有行为决意了。在这种情况下,可以考虑的顶多是将这种影响依照精神上的帮助来处罚,而这种处罚在主流学说看来,通常要依据客观的风险降低[25]原则加以排除。[26]

3. 教唆的时间点

与成立帮助的时间点不同[27],在确定教唆行为的**时间点**上不存在什么难题,因为需要使得行为人萌生行为决意,故教唆通常必须在行为开始**之前**进行。

然而,**承继的教唆**则指的是这样的情况:在行为开始之后,由于他人的说服,行为人的行为出现了改变或者提升,同时并未导致行为的中断,因而,他接下来继续

---

[21] 《联邦法院刑事判例集》,第 19 卷,第 339 页及以下几页;鲍曼、韦伯、米奇,第 30 节,边码 34 及下一边码;菲舍尔,第 26 条,边码 3c;弗里斯特,第 28 节,边码 19;霍夫曼—霍兰特,边码 568;克赖、埃塞尔,边码 1044 及以下几个边码;奥托,《法学教学》,1982 年,第 557 页,尤其是第 561 页;《莱比锡刑法典评注—许内曼》,第 26 条,边码 34 及以下几个边码。

[22] 对此,详见本书第 42 节,边码 5 及以下几个边码。

[23] 伯恩曼,载《加拉斯祝贺文集》,第 273 页及以下几页;《(舍恩克、施罗德)刑法典评注——克拉默、海内》,第 26 条,边码 8;弗洛因德,第 10 节,边码 119;格林瓦尔德,《法学教学》,1965 年,第 311 页,尤其是第 313 页;耶赛克、魏根特,第 64 节 Ⅱ、2c;屈珀尔,《法学教学》,1996 年,第 23 页,尤其是第 24 页;不一致的观点,见哈telephone通,载《赫茨贝格祝贺文集》,第 411 页,尤其是第 432 页。

[24] 海因里希,边码 1297;库德利希,《法学教学》,2005 年,第 592 页及以下几页。

[25] 针对该法律概念及其批判,见本书第 11 节,边码 14 及以下几个边码。

[26] 科赫、维尔特(Wirth),《法学教学》,2010 年,第 203 页,尤其是第 207 页及下一页;其他观点,《(萨茨格尔、施米特、维德迈尔)刑法典评注——穆尔曼》,第 26 条,边码 6。

[27] 对此,参见本书第 42 节,边码 25 及以下几个边码。

实施的行为和他之前已开始的犯罪组成构成要件上的一个行为单数。㉘

4. 不作为式的教唆

> **案例 4**
>
> A 在给 B 的信件中,开玩笑地写道,如果 B 实施某一特定犯罪,则给 B 一笔酬劳;当 A 发现,B 把玩笑当真,并想实施该(犯罪)行为时,A 却没有向 B 说明这只是个玩笑。

17 通过不作为的方式实施的教唆,**有两种类型**:

18 其一,负有监督责任的保证人允许被监督者教唆第三人实施行为。㉙

19 其二,谁若以其举止创设了有可能演化为"确定"(Bestimmtwerden)的风险,但他在尽管负有基于危险的先行举止的相应义务的情况下,却不重新清除这一风险。㉚ 案例 4 中的 A 便是如此。

20 但是,在文献中有种流传开来的见解完全否认不作为可以成立教唆:以不作为的方式根本不可能传递任何与"确定"有关的意义内容。㉛ 可是,正如案例 4 中所表现出来的情况,若当事人负有的行为义务,就是通过采取可能的澄清以阻止一可能的"确定",则这种反对的见解就没什么说服力了。

5. 接收者

21 教唆不一定必须针对某一具体的个人。但是,受教唆者必须处于可以个体化地确定的人员范围内。㉜ 号召不特定范围的接收者从事犯罪,则触犯第 111 条。㉝

㉘ 详见伯尔纳,《法学》,2006 年,第 415 页及以下几页;格拉保(Grabow),《法学》,2009 年,第 408 页及以下几页。

㉙ 巴赫曼、艾兴格(Bachmann/Eichinger),《法学工作》,2011 年,第 509 页,尤其是第 510 页;博克(Bock),《法学工作》,2007 年,第 599 页,尤其是第 601 页;《莱比锡刑法典评注——许内曼》,第 26 条,边码 56。

㉚ 雅科布斯,第 29 节,边码 104;亦参见毛拉赫、格塞尔、齐普夫,第 51 节,边码 17;赫茨贝格:《刑法中的不作为和保证人原则》(Die Unterlassung im Strafrecht und das Garantenprinzip),1972 年版,第 119 页及以下几页。

㉛ 阿梅隆,载《施洛德祝贺文集》,第 147 页,尤其是第 175 页;鲍曼、韦伯、米奇,第 30 节,边码 67;韦塞尔斯、博伊尔克,边码 568;海因里希,边码 1293;耶赛克、魏根特,第 64 节 II、6;考夫曼:《不作为犯的学理》,1955 年版,第 292 页;奥托,第 22 节,边码 39;认为成立帮助的,见《(舍恩克、施罗德)刑法典评注——海内》,第 26 条,边码 5;格罗普,第 10 节,边码 138。

㉜ 参见《联邦法院刑事判例集》,第 6 卷,第 359 页及以下几页。

㉝ 参见《联邦法院刑事判例集》,第 32 卷,第 310 页及以下几页。

四、教唆故意

> **案例 5**
> B 要求 M 和 W 共同殴打竞争对手团伙中的任一成员。

> **案例 6**
> 职业窃贼 D 的行为从未被定罪过。A 劝说 D 入侵 O 的别墅。为了使 D 被定罪,A 随后便告诉了警察。当 D 在击穿一玻璃窗时,警察逮捕了他。

教唆故意只需间接故意即可。教唆故意必须包括:完成一确定的故意且违法的主行为,和使主行为人萌生行为决意(所谓**双重教唆故意**)。 22

教唆者的故意虽然没有必要包含所有细节,但是还是要包含**具体行为的基本内容和本质性要素**。㉞ 可以由正犯决定的内容,主要有:时间、地点和具体实行方式。当教唆者(如案例 5 中的 B)并不认为重要的时候,具体哪(些)个受害人也并不必须确定。但若只是鼓励他人做不特定的行为,或者只有抽象轮廓的行为,则并不足以认定有教唆故意,如让他人"将来从事盗窃"。㉟ 23

倘若实施主行为时明显偏离了教唆故意,则应认定主行为人的**过限**,这种过限不能再归属到教唆者身上。㊱ 但是,剩下的包含在教唆故意中的那部分行为,则是可以归属于他的。例如,主行为人没有犯设想中的盗窃,而是实施了抢劫;这样,教唆者便(只)按照第 242 条、第 26 条论处。 24

教唆故意必须包含主行为之不法的所有前提条件的内容,进而,教唆故意的内容也必须包含主行为的**既遂**。 25

因此,若谁(如案例 6 中的 A)只是为了逮捕的目的,而策动他人实施某个在力图 26

㉞ 《帝国法院刑事判例集》,第 34 卷,第 327 页及下一页;《联邦法院刑事判列集》,第 15 卷,第 276 页,尤其是第 277 页;第 34 卷,第 63 页及以下几页和赫茨贝格、罗克辛的评释,分别见《法学教学》,1987 年,第 617 页及以下几页和《法学家报》,1986 年,第 908 页及下一页;屈尔,第 20 节,边码 188 及以下几个边码;奥托,第 22 节,边码 41;斯特拉滕韦特、库伦,第 12 节,边码 149;不一致的观点,见克雷奇默尔,《法学》,2008 年,第 265 页,尤其是第 266 页及下一页,他将行为的具体化视为客观归属的问题;基本上对此加以否定的,见瓦内克:《参加故意的确定性》(Die Bestimmtheit des Beteiligungsvorsatzes),2007 年版,第 141 页,尤其是第 173 页及下一页。

㉟ 参见联邦法院,《法学综览》,1999 年,第 248 页及下一页和格劳尔的评释。

㊱ 亦参见《联邦法院刑事判例集》,第 2 卷,第 223 页及以下几页;联邦法院,《刑法新杂志》,1998 年,第 511 页,尤其是第 512 页及下一页。

阶段就被制止的行为,则不可罚,这便是"钓鱼侦查"(所谓的"陷害教唆")。㊲ 这点也适用于依第11条第1款第6项将"实质上的"力图等同于既遂的企行犯的场合。㊳

27　但是,若教唆者虽预料到了(形式的)既遂,但是没有算计到行为的**终了**,这时再否定教唆者的可罚性,则有争议。㊴ 在这种情况下,若参与者并不想导致"事实上的法益侵害"的发生,则大多可以认定其不具有可罚性。㊵ 鉴于这种实质的判断标准,终了的时间点是否会产生影响,则取决于具体犯罪的各自性质。例如,可以考虑一下这种情况:教唆者没有管理监督好,结果小偷拿走了财物(已经可以认定其成立犯罪),但还没有稳妥地放好赃物(这才是终极地损害了财产权)。针对实务中极常见的《麻醉品交易法》的相关构成要件,因没有终了而豁免(教唆者),则具有特别的意义,因为在判例中,这些构成要件的既遂时点被提得很靠前。㊶

28　然而,若陷害教唆者针对犯罪行为的既遂和终了,均具有**间接故意**,则总成立符合构成要件的教唆。但可能仍需考察的是,是否该教唆可能排除依照**紧急避险规则正当化**,尤其是在这一教唆乃是为了使其后有办法证实主行为人有罪的场合。不过,这通常至迟也要在必要的利益衡量问题㊷上确定,在证实行为人有罪上,不存在明显高于侵害具体所涉法益的利益。㊸

29　即使人们广为认可使用"钓鱼侦查"的合法性㊹,但有的案例也认为这种引诱式的行为违反了法治国原则。按照判例的见解,这需要在量刑上加以考虑。㊺ 也

㊲ 鲍曼、韦伯、米奇,第30节,边码44及下一边码;戴特尔斯(*Deiters*),《法学教学》,2006年,第302页,尤其是第304页;克勒尔:《犯罪引诱的法律界限》(Rechtliche Grenzen der Provokation von Straftaten),1989年版,第276页;屈尔,第20节,边码205a;屈珀尔,《戈尔特达默刑法档案》,1974年,第321页及以下几页;米奇:《可罚行为的不可罚引诱》(Straflose Provokation strafbarer Taten),1986年版,第102页及以下几页;亦参见弗洛德,第10节,边码123及下一边码:在客观构成要件上就已经不符合。

㊳ 米奇,《法学》,2012年,第526页,尤其是第529页;关于企行犯,详见本书第8节,边码26及以下几个边码。

㊴ 详见希伦坎普:《刑法总论中的32个问题》,第179页及以下几页。

㊵ 参见弗里斯特,第26节,边码12;延森(*Janssen*),《刑法新杂志》,1992年,第237页,尤其是第238页;克赖、埃塞尔,边码1059及以下几个边码;屈尔,第20节,边码205;伦吉尔,第45节,边码71。

㊶ 《联邦法院刑事判例集》,第50卷,第252页及以下几页;批判性的观点,见罗克辛,《刑事辩护人杂志》,1992年,第517页,尤其是第518页。

㊷ 本书第17节,边码27及以下几个边码。

㊸ 详见戴特斯(*Deiters*),《法学教学》,2006年,第302页,尤其是第304页。

㊹ 参见《联邦宪法法院判例集》,第57卷,第250页,尤其是第284页;联邦宪法法院,《刑法新杂志》,1987年,第276页;《联邦法院刑事判例集》,第32卷,第115页,尤其是第121页及下一页;第32卷,第345页,尤其是第346页;第33卷,第356页及以下几页;进一步参见联邦法院,《刑事辩护人杂志》,2000年,第57页,关于欧洲人权法院,见《刑事辩护人杂志》,1999年,第127页及下一页和克姆普夫(*Kempf*)的评释。

㊺ 清晰的阐述,见《联邦法院刑事判例集》,第45卷,第321页,尤其是第324页及以下几页;亦参见《联邦法院刑事判例集》,第32卷,第345页,尤其是第355页;第47卷,第44页,尤其是第49页及以下几页;里斯(*Rieß*),《法学综览》,1985年,第45页及以下几页;泽尔曼,《整体刑法学杂志》,第95卷,1983年,第797页,尤其是第831页。

有人认为,这种引诱是种程序障碍⑯,或是证明禁止(Beweisverbot)⑰。

五、认识错误问题

1. 教唆侵害自己的利益

案例 7

　　A 让 B 到街上偷一辆停在路边的自行车。在黑暗中,他没有注意,这是他自己(A)的车。

　　如果教唆者错误地促使主行为人犯一针对**他自己的行为客体**的犯罪行为,那么就主行为人而言,毫无疑问是故意且违法地实施了犯罪。但有争议的是,如果人们像主流学说那样认为,促成了主行为就应当以教唆论处⑱,而主行为所涉的行为客体对于教唆者而言,客观上又不受保护,那么应当如何处理? 30

　　(1)主流观点认为,在这种情况下,成立**对力图为主行为的教唆既遂**。理由是,行为客体属于教唆者,只能影响到主行为的结果不法,而对教唆行为则毫无影响。⑲ 因此,在案例 7 中,A 应当依照教唆为力图盗窃受罚,因为自行车是他的财产,(从他的角度)不是"他人的财物"。 31

　　(2)与此相对,反对的观点认为,只成立**力图教唆**,因为教唆者的举止在整体上根本没有攻击到要免受攻击的法益。⑳ 这种观点通常使得认识错误者不可罚,因为只在重罪场合,力图教唆才可罚(第 30 条第 1 款)。案例 7 也是如此,因为法律并没有说最低应该给盗窃判处多少年自由刑,盗窃也就纯粹只是轻罪。 32

---

⑯　参见梅尔,《整体刑法学杂志》,第 95 卷,1983 年,第 834 页,尤其是第 853 页;辛纳、克罗伊策尔(Sinner/Kreutzer),《刑事辩护人杂志》,2000 年,第 114 页,尤其是第 117 页;塔施克(Taschke),《刑事辩护人杂志》,1984 年,第 178 页及以下几页。

⑰　参见欧洲人权法院,《新法学周刊》,2012 年,第 3502 页,尤其是第 3503 页;贝尔茨,《法学教学》,1982 年,第 416 页及以下几页;吕德森,载《彼得斯祝贺文集》,第 349 页,尤其是第 363 页;吕德森,《法学》,1985 年,第 113 页及以下几页。

⑱　对此,参见本书第 38 节,边码 16。

⑲　参见米奇,《法学教学》,1999 年,第 372 页,尤其是第 374 页;诺瓦克(Nowak),《法学教学》,2004 年,第 197 页,尤其是第 198 页及下一页,有进一步的文献。

⑳　参见哈克:《参加的可罚性和"特定的人身性要素"》(Beteiligungsstrafbarkeit und "besondere persönliche Merkmale"),1994 年版,第 71 页。

2. 主行为人发生客体混淆

案例 8

罗萨尔(Rosahl)教唆罗斯(Rose),若罗斯杀了木匠施利贝(Schliebe),则可以得到一笔丰厚的报酬;但在埋伏中,罗斯射杀了认识的哈尼施(Harnisch),因为在昏暗中,他将哈尼施混淆成为他通常情况下不会搞错的施利贝了。

33　实际执行者针对客体发生认识错误(针对人或客体的认识错误),会对教唆者造成何种影响?这存在争议。这方面的著名例子是案例8,这是依普鲁士高等法庭的判决所撰拟的案例。[51]

34　(1)(迄今)占据支配地位的观点认为,这是正犯(罗斯)不影响定罪的针对客体的认识错误,同样,对于教唆者(罗萨尔),也适用这一没有影响的针对人或客体的认识错误[52]:教唆者要根据主行为从属地加以认定。反对这种观点者则持所谓"残杀说"(Blutbadargument)[53]:由于错误的认识,正犯再次实施了打击,进而(正确或再次错误)打中;针对这种情况,作为教唆者的幕后操纵者需要因两个(犯罪)行为而受罚,但可以将第二个行为视为过限。[54]

35　对于这种方案,联邦法院[55]却允许出现(极罕见的!)例外,即对于教唆者而言,正犯的认识错误超出了日常生活经验可以预见的界限。* 这样,就可以认定成立阻却故意的认识错误(本质性地偏离了因果流程)[56]。在这里需要注意的是,正犯针对受害人发生的混淆是完全处于生活经验的范围之内的,所以,这种认识错误在通常情况下并不会影响到幕后操纵者的责任。[57]

36　(2)根据文献中传播开来的观点,若在针对高度人身性法益的时候,正犯没有侵害原先指定的行为客体,而侵害了另一行为客体,则可以认定行为明显偏离了教唆者的故意之中的行为。这样,在教唆者看来,正犯针对客体认识错误就导致了行

---

[51]　《戈尔特达默刑法档案》,第7卷,1859年,第322页。

[52]　普鲁士高等法庭(Preußisches Obertribunal),《戈尔特达默刑法档案》,第7卷,1859年,第322页,尤其是第337页;菲舍尔,第26条,边码15;格罗普,第10节,边码134;克赖、埃塞尔,边码434;米奇,《法学》,1991年,第373页,尤其是第375页;《诺莫斯刑法典评注——普珀》,第16条,边码107及以下几个边码,边码113。

[53]　宾丁(Binding):《诸规范》(Normen),第3卷,1918年版,第213页及下一页。

[54]　格佩尔特,《法学》,1992年,第163页,尤其是第167页及下一页;施特伦,《法学教学》,1991年,第910页,尤其是第915页。

[55]　《联邦法院刑事判例集》,第37卷,第214页及以下几页和普珀的评释,《刑法新杂志》,1991年,第124页,尤其是第125页;联邦法院,《刑法新杂志》,1998年,第294页及下一页。

*　则该认识错误就不是没有影响的了,会影响到教唆者的责任。——译者注

[56]　对此,参见本书第27节,边码43及以下几个边码。

[57]　《联邦法院刑事判例集》,第37卷,第214页,尤其是第218页;亦参见鲍曼、韦伯、米奇,第30节,边码89。

为的错误,故应当适用打击错误⁵⁸的规则。⁵⁹ 依此观点,针对案例 8 中的罗萨尔,就只成立教唆的力图(第 30 条),也有可能还有过失行为,进而竞合成一罪。⁶⁰ 还有人认为,因攻击了错误的受害人,同时也是力图对(不在场的)正确的人的攻击,这样也可以成立力图行为的教唆。⁶¹

(3) 依据折中的观点(也是更为合理的观点)⁶²,在这种情况下,亦需根据第 16 条第 1 条第 1 句区分没有影响的动机错误(针对人或客体的认识错误)和有影响的阻却故意的因果关系认识错误(打击错误)。按照这个目标,也便需要进而区分,正犯是遵守了教唆犯具体的指示,还是偏离了这个指示。⁶³ 这意味着: 37

① 如果正犯**遵守了教唆者的指示**,还是侵害了不同于原计划的另一行为客体,则该具体行为可以归属于教唆者,并认定教唆者对此亦成立故意。这样,正犯针对客体发生认识错误,便对教唆者根本不会产生影响,这只是个动机错误(针对人或客体的认识错误)。在这种情形下,教唆者的指示之中本来就已经内涵了这种认识错误风险。所以,至于教唆者对正犯是非常精确还是只是简单地描述了行为客体的特定要素,还是正犯(完全)没有将之个别具体化,则根本没有任何区别。理由在于,在这些不同种的情况中,具体行为都是符合教唆者确定正犯故意实施具体行为的指示的。   38

② 反之,如果正犯**偏离了(教唆者的)指示**,进而按照不再符合教唆者标准的方式具体地确定了受害人,则对于教唆者而言,该具体行为就是过限。该行为不再符合教唆者的行为计划,故也不得将之归属于他,并认定他对此成立故意。毋宁说,这里正犯针对客体发生的认识错误乃是教唆者的打击错误。倘若在教唆者看来,这一具体行为当时可以预见到,则应考虑其过失责任。针对错过的客体,正犯并没有着手实施力图,这样(在重罪的情况下),教唆者便只能按照力图教唆承担   39

---

⑤⁸ 对此,参见本书第 27 节,边码 53 及以下几个边码。
⑤⁹ 伯恩曼,载《施特雷·韦塞尔斯祝贺文集》,第 397 页及以下几页;海因里希,边码 1311;希伦坎普:《偏离的行为流程中故意之具体化的意义》(Die Bedeutung von Vorsatzkonkretisierungen bei abweichendem Tatverlauf),1971 年版,第 63 页及以下几页;耶赛克·魏根特,第 64 节 II、4;克勒,第 528 页及下一页;奥托,第 22 节,边码 46;罗克辛,《法学家报》,1991 年,第 680 页及下一页;施莱霍弗,《戈尔特达默刑法档案》,1992 年,第 307 页及以下几页;施托弗尔斯,《法学教学》,1993 年,第 837 页,尤其是第 839 页。
⑥⁰ 伯恩曼,《德国法月报》,1958 年,第 821 页;勒茨古斯(Letzgus):《参加的前阶段》(Vorstufen der Beteiligung),1972 年,第 54 页及以下几页。
⑥¹ 弗洛因德,第 10 节,边码 132;《刑法典体系性评注——霍伊尔》,第 26 条前言,边码 53。
⑥² 亦参见本书第 39 节,边码 72。
⑥³ 在细节上有所区别地,参见韦塞尔斯、博伊尔克,边码 579;《(舍恩克、施罗德)刑法典评注——海内》,第 26 条,边码 23;雅科布斯,第 21 节,边码 45;第 22 节,边码 29;屈尔,第 20 节,边码 209;卢比希,《法学》,2006 年,第 655 页,尤其是第 659 页;罗克辛,第 2 卷,第 26 节,边码 127 及以下几个边码;斯特拉滕韦特·库伦,第 8 节,边码 98;特佩尔,《法学工作》,1997 年,第 248 页及以下几页。

40 　　由此可见,在案例8中,针对教唆者(罗萨尔)应当适用打击错误的规则。因为罗萨尔当时认为,罗斯认识哈尼斯,再也没有比提出正犯已经认识的人的名字更为准确的描述方法了。这样,错误风险并不在于教唆者的错误或者模糊的描述,而在于正犯错误地认定了被害人。

41
> **复习与深化**
>
> 　　1. 如何理解第26条中的"确定"?(边码5及以下几个边码)
> 　　2. 教唆故意的内容是哪些?(边码22及以下几个边码)
> 　　3. 针对陷害教唆是否可罚的问题,可以区分出哪几种情况?(边码26及以下几个边码)
> 　　4. 当教唆者错误地教唆主行为人去损害属于他自己的行为客体时,应当如何处理?(边码30及以下几个边码)
> 　　5. 实际执行者针对客体发生认识错误,对教唆者会产生怎样的影响?(边码33及以下几个边码)

---

⑭ 罗克辛,第2卷,第26节,边码122;特佩尔,《法学工作》,1997年,第344页,尤其是第348页及以下几页;其他观点,见斯特拉滕韦特·库伦,第8节,边码98,有进一步的文献。

第 42 节　帮　助

一、前提条件

根据第 27 条的规定,"对他人故意实施的违法行为故意提供帮助的,是帮助犯",因而,要认定帮助犯,需满足如下前提条件:(1)存在一个(至少力图)故意且违法的主行为①;(2)对该行为提供帮助(帮助的行为);(3)帮助故意。 1

帮助既可共同地、亦可间接地通过(不知情的)他人的行为而成立。相比较于共同正犯而言,帮助是更弱的参加形式。② 2

二、提供帮助

1. 帮助的形式

> **案例 1**
> A 讲解给 B 听,如何用一新式焊接器打开钢柜;B 便成功地将该方法运用到(犯罪)行为中。

> **案例 2**
> C 向 D 泄露了他侵入 O 别墅的计划,但很害怕地说,可能会再次被"揪住"并受到严厉的刑罚。D 安抚他,期待中的收益很大,足以抵消被抓的风险。

提供的帮助**既可以是主意、也可以是行为**③: 3

(1)**物质性帮助**:物质性帮助乃是积极的帮助,具体形式可以是提供任何物质工具(如武器、工具),以及(犯罪)行为期间的(辅助性的)体力性工作。④ 而主行为人并不必须对他人的帮助有所知情。⑤ 这点不同于共同正犯。⑥ 4

(2)**精神性帮助**:精神性帮助则是提供主意的帮助,具体形式包括对实施行为的技术性提示(如案例 1)或者已经在行为之前便已存在的帮助[所谓**认知性帮助**(kongnitive Beihilfe)]⑦,这是没有什么疑问的。 5

---

① 对此,详见本书第 41 节,边码 3 及下一边码。
② 参见本书第 38 节,边码 33 及以下几个边码;第 46 节,边码 10。
③ 亦参见旧《刑法》第 49 条第 1 款。
④ 克赖、埃塞尔,边码 1071;屈尔,第 20 节,边码 224。
⑤ 雅科布斯,第 22 节,边码 42;《莱比锡刑法典评注—许内曼》,第 27 条,边码 10。
⑥ 参见本书第 40 节,边码 6 及以下几个边码。
⑦ 请代表性地参见《莱比锡刑法典评注——许内曼》,第 27 条,边码 12。

6   但是,有争议的是,纯粹地加强行为决意(如案例2)是否也算是提供精神性帮助[所谓**意志性帮助**(voluntative Beihilfe)]? 具体而言:

7   ① 针对基本已确定要为相应行为的决意者而言,如果(像案例2)帮助清除特定的障碍或者打消对于实施行为的顾虑,则可以认定精神性帮助(主流观点)。⑧ 纯粹对行为表示认可,或者只是简单地在场则算不上帮助。⑨ 即便当事者还取得一部分的赃物,也不会有什么影响。⑩ 这种情况下另有可能的危险是,该事情只需要纯粹的不作为(不离开、不干预)便可,但这需以保证人地位为前提条件。⑪

8   ② 在文献中也出现了反对这样理解帮助的观点,理由是:帮助并不同于教唆。教唆的重点在于影响行为人,而帮助则须针对行为的形态。⑫ 对此,再次有人反驳:要在影响行为人还是影响行为二者之间划出一条明确的界限是几乎不可能的,因为任何对行为人的作用也都直接影响到了行为。⑬

  2. 因果关系

  案例3

  Y计划抢劫银行。X为Y搞到一辆汽车,作为逃生之用。但是,尽管有很高的风险,Y还是使用了自己的汽车。

9   提供(物质性)帮助和主行为的结果二者之间,是否必须具有因果关系,这是存在争议的。若在参与的刑罚根据上采取惹起说,则刑罚的根据便在于参与者自己对于结果的引起⑭,这样,不言自明,就需要帮助和结果间有因果关系了。而案例3中却没有这种因果关系。若采取不法参与说⑮,则参与相较之于正犯而言,只是程度上更轻而已的一种参加,这样,只要是促进主行为之不法,在一定的范围幅度内都可以认定帮助:

---

⑧ 联邦法院,《刑法新杂志》,2002年,第139页;杜塞尔多夫州高等法院,《刑法新杂志——刑事判决和报告》,2005年,第336页;《慕尼黑刑法典评注——约克斯》,第27条,边码12;奥托,第22节,边码56;斯特拉滕韦特、库伦,第12节,边码159。

⑨ 参见联邦法院,《刑事辩护人杂志》,1995年,第363页及下一页;《刑法新杂志》,2002年,第139页;2006年,第695页;屈尔,第20节,边码228;不同的观点,见联邦法院,《刑事辩护人杂志》,1982年,第517页及鲁道菲的评释和西贝尔的评论,分别见《刑事辩护人杂志》,1982年,第518页及以下几页和《法学家报》,1983年,第431页及以下几页。

⑩ 联邦法院,《刑事辩护人杂志》,1993年,第468页。

⑪ 本书本节下文边码23;亦参见菲舍尔,第27条,边码13;弗里斯特,第28节,边码43。

⑫ 赫鲁斯卡,《法学综览》,1983年,第177页及下一页。

⑬ 《莱比锡刑法典评注——许内曼》,第25条,边码14。

⑭ 参见本书第38节,边码12。

⑮ 参见本书第38节,边码16。

第 42 节 帮助

（1）根据主流学说，要成立帮助，则需要有一因果性贡献，以使行为成功（所谓的结果促进说）。但只有结果在具体形态上发生修正、改动，才可以认定有这种因果性贡献；若帮助性贡献**使得更容易实现构成要件、强化了或保障了构成要件的实现**，则能犯的帮助行为便已存在。⑯ 依照该种见解，在案例 3 中，便不成立（物质性）帮助，因为 Y 在行为时并没有使用提供给他的工具。反之，例如，即便某人的把风在事后看来是多余的，只要他修正了（以保障的方式）具体的行为，就应该认定为帮助。⑰ 这种观点是合理的，理由在于，借助于事实上提高了具体结果发生机会的一个行为贡献，可以足够清晰地表明：依据不法参与说的标准，实现构成要件时，帮助者是在和正犯"一起做事"。

（2）有的人将主流学说放在风险增高说⑱的基础上加以进一步的细化：由于提供了帮助，必定**提高了**构成要件实现或结果发生的**风险**。⑲ 而根据这一公式，就他人的贡献而言，正犯自己可能和希望采取该贡献，他人的贡献也就没有提高既已存在的风险，也就是说他的贡献这时便没有意义，进而要排除出去，然而，这违反了假设因果流程无关性的原理。⑳ 在案例 3 中，因 Y 放弃使用 X 提供的车辆，则大概就不存在风险增高。

（3）零星的观点认为，若帮助的贡献在**抽象危险**的意义上提高了法益侵害的风险，便足以认定帮助。㉑ 在案例 3 中，则应认定有这种危险。这种方案遇到的问题是：这种方案可能将对主行为在结果上根本就没有任何影响的（因为只是抽象地看有影响）帮助行为也吸收进来，这样会导致的结论是：若只是力图帮助，反而有可能遭受刑罚。此外，若单纯采取抽象的标准，"提供帮助"这一概念也就显得太没有轮廓了，以致没有办法得出确切的结论。㉒

（4）根据判例中所持的所谓**行为促进说**（Handlungsförderungstheorie），若当时帮助行为**在任一时间点促进了**行为的实施，即便该贡献没有对结果起到作用，也可

---

⑯ 鲍曼、韦伯、米奇，第 31 节，边码 16 及下一边码；《(舍恩克·施罗德)刑法典评注——海内》，第 27 条，边码 10；菲舍尔，第 27 条，边码 14a；格佩尔特，《法学》，2007 年，第 589 页，尤其是第 599 页；海因里希，边码 1326；耶赛克·魏根特，第 64 节 Ⅲ、2c；勒茨古斯，载《福格勒纪念文集》，第 49 页，尤其是第 53 页及下一页。

⑰ 亦参见《莱比锡刑法典评注——许内曼》，第 27 条，边码 9；批判性的观点，见弗里斯特，第 28 节，边码 34。

⑱ 参见本书第 33 节，边码 37。

⑲ 穆尔曼，《法学教学》，1999 年，第 548 页，尤其是第 549 页及以下几页；奥托，第 22 节，边码 53；奥托，《法学教学》，1982 年，第 557 页，尤其是第 562 页及以下几页；沙夫斯泰因，载《霍尼希祝贺文集》，第 169 页及以下几页；斯特拉滕韦特、库伦，第 12 节，边码 158；亦参见克赖、埃塞尔，边码 1078 及以下几个边码。

⑳ 罗克辛，载《宫泽浩一祝贺文集》，第 501 页，尤其是第 510 页。

㉑ 赫茨贝格，《戈尔特达默刑法档案》，1971 年，第 1 页，尤其是第 4 页及以下几页。

㉒ 参见雅科布斯，第 22 节，边码 35；萨姆松，载《彼得斯祝贺文集》，第 121 页，尤其是第 126 页。

以认定成立帮助;至于帮助贡献的因果关系,该学说明确表示不需要。㉓ 但所谓"促进"行为便典型地说明了其(至少)是一种使正犯更容易行事的帮助,这样,它也就和主流学说的见解在结论上几乎没有什么区别了;其实,认为不需要因果关系,其原因更有可能是狭义地理解了因果关系的概念。㉔ 而有时会出现这种例子:当正犯在使用(帮助者)提供的工具未能成功后,独立地以另外一种新方式达到了行为既遂时㉕,若再按照判例中的这种理解,则在某种程度上,也要判定该处成立针对既遂行为的帮助,而此时正确的见解应该是只判定存在对某一力图犯罪的参与。㉖ 同样地,还有一种合理的批判:判例中的"促进说"有可能将帮助行为的纯粹的力图也认定为帮助。㉗ 最后,若正犯(像案例3中的Y)在行为中没有使用供给他使用的工具,也可能肯定帮助的成立。㉘

14 需要**注意**的是,当认定当事人没有在事实上有效促进结果发生,进而否定精神性帮助的时候,总需要考虑的一点是,这种支持性行为,当时有没有在精神性帮助的意义上巩固性地强化了行为决意或为该决意清除了障碍。

3. 日常行为

案例4
　　在铁器店门口发生了一起斗殴;其中一个参加者跑进店里,急匆匆地要一把铁铲。

案例5
　　A请求其邻居L暂时借用一下斧头,因为他想用它杀掉与他有身体冲突的敌手。

案例6
　　按照一个顾客G的要求,银行职员Y为他通过匿名金融转账的方式将资金输往国外,而Y能够辨认出,G的此举是在逃税。

㉓ 《联邦法院刑事判例集》,第2卷,第279页,尤其是第282页;联邦法院,《刑法新杂志》,2004年,第499页及下一页;2012年,第264页;韦塞尔斯·博伊尔克,边码582;布林肯瓦特,边码705;亦参见齐祥,载《屈佩尔祝贺文集》,第733页,尤其是第743页及以下几页。

㉔ 《刑法典体系性评注——霍伊尔》,第27条,边码8。

㉕ 参见《帝国法院刑事判例集》,第6卷,第169页及下一页;相应举例,见廷佩,《法学工作》,2012年,第430页及下一页。

㉖ 另外,雅科布斯,载《吕平祝贺文集》(Rüping-FS),第17页,尤其是第24页及以下几页。

㉗ 例如,罗克辛,第2卷,第26节,边码189。

㉘ 《帝国法院刑事判例集》,第58卷,第113页及以下几页。

> **案例 7**
>
> 零售商 L 给企业家 Q 一批材料，让 Q 进行工业加工；L 知道，Q 在生产中违反环保规定。

> **案例 8**
>
> P 将其汽车借给 Q，这样 Q 可以开车到一遥远地方参加烧烤野炊。这样，P 认为，贪杯的 Q 在返回的路上（很可能）触犯第 316 条。

> **案例 9**
>
> V 向 W 清偿到期债务，他认为，W 会把这笔钱用于非法购置武器。

（1）各种观点：由于日常的举止方式（比如，惯常的出售面包刀或者打出租车去行为地点）也有可能使犯罪可能发生或者促进犯罪，因而，就需要划出一条界限，以确定哪些是刑法上有关的支持帮助行为。㉙ 15

① 通常的观点基本上并不将日常行为排除到潜在的提供帮助的范围之外，而是将判断标准放在**支持者的"知"和"欲"**上。㉚ 对此，新近的判例认为应区别对待：如果提供帮助者（如案例 4、5、6）知道主行为人想实施犯罪，那么，不管怎样，这种支持就不再具有日常（行为）的性质了。㉛ 相反，如果提供帮助者认为自己的贡献有可能被利用于实施犯罪，但并不知道他人将如何犯罪，那么，仅当他所认识到受支持者的犯罪风险达到了一定的程度，以至于该帮助可视为是对有行为倾向的行为人的促进，才可以将他的支持行为认定为可罚的帮助。㉜ 假若受帮助者支持的人既追求可罚的目标也追求合法的目标（如案例 7 和案例 8），那么，只有提供帮助 16

㉙ 全面地阐述相关问题的，见《诺莫斯刑法典评注——佩夫根》，第 32 条前言，边码 37 及以下几个边码；进一步的论述参见哈特曼（Hartmann），《整体刑法学杂志》，2004 年，第 585 页及以下几页；海因里希，边码 1330 及以下几个边码；库德利希，《法学教学》，2002 年，第 751 页，尤其是第 753 页及以下几页；罗奇，《法学》，2004 年，第 14 页及以下几页；施奈德，《刑法新杂志》，2004 年，第 312 页及以下几页；关于向教唆的转变，见库德利希，载《蒂德曼祝贺文集》，第 221 页，尤其是第 230 页及以下几页。

㉚ 联邦法院，《新法学周刊》，2003 年，第 2996 页，尤其是第 2999 页；《经济刑法和税收刑法杂志》，2005 年，第 227 页及下一页；阿茨特，《刑法新杂志》，1990 年，第 1 页，尤其是第 3 页及下一页；贝克肯佩尔（Beckemper），《法学》，2001 年，第 163 页及以下几页；格德（Gaede），《法学工作》，2007 年，第 757 页，尤其是第 760 页；尼德尔迈尔（Niedermair），《整体刑法学杂志》，第 107 卷，1995 年，第 507 页，尤其是第 543 页及下一页；奥托，《经济刑法和税收刑法杂志》，1995 年，第 323 页，尤其是第 327 页；在原则上，亦见克赖·埃塞尔，边码 1082 及以下几个边码。

㉛ 联邦法院，《刑法新杂志》，2001 年，第 364 页，尤其是第 365 页。

㉜ 《联邦法院刑事判例集》，第 46 卷，第 107 页，尤其是第 112 页；批判的观点，见沙而，载《莫伊尔纪念文集》，第 103 页，尤其是第 108 页及以下几页；亦参见阿梅隆，载《格林瓦尔德祝贺文集》，第 9 页，尤其是第 23 页及下一页；奥托，载《伦克纳祝贺文集》，第 193 页及以下几页；关于客观化地确定风险，见拉贝·冯·屈勒魏因（Rabe von Kühlewein），《法学家报》，2002 年，第 1139 页，尤其是第 1143 页及以下几页。

者也有意于促进可罚的行为,进而和受支持者的可罚作为取得了一致,才可以成立帮助。[33] 根据这个标准,至少没有办法清楚地解释案例9。

17 ② 反对的观点试图**仅通过采用客观的标准**将中性的和职业范畴[“职业相当”(professionell adäquat)]的行为从可罚的帮助中排除出去。[34] 特别地,若没有其后正犯的举止,支持的行为仍然是有有意义的,则该支持行为根本不是可罚的帮助。日常生活中通常的交往活动只要没有直接和犯罪相联系(如案例4和案例5),便不应该认定为可罚。

18 ③ 而采取判例路线的折中方案则认为,支持行为应当有犯罪的意义关联,这一意义关联将客观要素和主观要素联系在一起。[35] 犯罪的意义关联是指,通过相应的行为有意识地直接促进犯罪(就如案例4和案例5那样)。[36] 此外,犯罪的意义关联还指,加以直接促进的正犯行为虽然本身是合法的(如案例6),但(支持者可以认出)该行为的唯一目的是实施犯罪。[37] 反之,若是针对合法行为提供支持,而且该合法行为就已有助于正犯,进而,正犯需要再形成一独立的犯罪决意,才可以利用该结果,这样,就不该认定支持行为有犯罪的意义关联。[38] 所以,在案例7中,用提供的材料进行生产产品,便是这样的一种合法行为,这种合法行为和损害环境的生产程序没有任何内在的关联。

19 **(2)批判**:这些观点并不是令人满意的。[39] 一方面,如果人们要将以任何方式能为正犯的计划所利用的任何行为都视为提供帮助的话,那么,那些卖给正犯食品和衣服的人,(至少在客观上)也是帮助犯。另一方面,那种纯粹客观的、不考虑行为的目的设定并在很大程度上孤立看待支持行为的观点也是没什么说服力的,因为这种观点不能说明,为何可以将职业范畴的举止认定为支持性行为。如果谁将

---

[33] 联邦法院,《法学综览》,2002年,第511页,尤其是第512页及下一页和克拉默、胡德(*Hund*)的评释:对采取假合同逃税的帮助。

[34] 哈塞默,《经济刑法和税收刑法杂志》,1995年,第41页及以下几页、第81页及以下几页;雅科布斯,《整体刑法学杂志》,第97卷,1985年,第751页及以下几页;亦参见舒曼:《刑法上的行为不法和他人的自我答责原则》(Strafrechtliches Handlungsunrecht und das Prinzip der Selbstverantwortung der Anderen),1986年版,第54页及以下几页;关于职业范畴的举止方式,参见莱施,《法学工作》,2001年,第986页及以下几页;勒韦—克拉尔(*Löwe-Krahl*),《经济刑法和税收刑法杂志》,1995年,第201页及以下几页;沃而夫—雷斯克(*Wolff-Reske*):《职业举止间接引发结果问题》(Berufsbedingtes Verhalten als Problem mittelbarer Erfolgsverursachung),1995年版。

[35] 库德利希,《法学工作》,2011年,第472页,尤其是第473页及下一页;兰西克,《经济刑法和税收刑法杂志》,1997年,第41页,尤其是第45页及下一页;罗克辛,第2卷,第26节,边码221及下一边码;相似的观点,见拉科(*Rackow*):《作为刑法问题的中性行为》(Neutrale Handlungen als Problem des Strafrechts),2007年版,第526页及以下几页。

[36] 罗克辛,第2卷,第26节,边码222。

[37] 罗克辛,第2卷,第26节,边码223。

[38] 罗克辛,第2卷,第26节,边码224。

[39] 对此,详见金德霍伊泽尔,载《奥托祝贺文集》,第355页,尤其是第360页及以下几页。

银行抢劫犯运送到行为地点,那么,至于他是普通人还是出租车司机,则根本不重要,他还是帮助了强盗。若要把社会角色作为区分容许风险和不容许风险的合适标准,那么,社会角色必须是某一相应容许的法律依据。⑩ 而这显然不合适。折中的观点和新近的判例最终采取了客观和主观犯罪要素兼顾的方案。这些情况基本不需要在**专业鉴定**中阐述。某个举止在客观上是不是帮助,可能并不取决于行为者(der Handelnde)的"知"和"欲"。

如果采用客观标准来区分日常行为是可罚还是不可罚,则不得孤立地考察支持性行为,因为这种行为通常被描述成"日常"行为,这样,看起来它就是有意义(且无害)的。例如,借斧子就可以理解成为是邻里之间的帮助。但是,如果(像案例5)还有附加信息,比如因和他人的肢体冲突需要用斧头,那么,任何日常的行为都可以具备帮助的性质。同样的道理,也适用于案例4和案例6。所以,对于区分可罚还是不可罚,关键点在于,日常行为**如何促进、保障犯罪或者使犯罪可能**。这样,需要问:相应的帮助对于主行为的因果影响只是一种"任意"的影响,还是一种有助于正犯的、(特别是)正犯所需**用来达成主行为的犯罪目标的手段**?⑪ **20**

若在行为**实施时或实施前直接**提供支持行为,并且明显提高了正犯在具体情状下实现构成要件的成功机会,则总可以认定成立第27条的帮助。至于这种帮助是否被称作"中性的",则无关紧要。在这种情形下,行为者自己是否认识到他的帮助符合目的地促进了主行为,也没有影响。⑫ 因而,在案例5中,斧子就是武器,将斧子借给A在客观上就是帮助,而不管L行为时是否具备相应的帮助故意。同样的道理也适合于案例4和案例6。 **21**

相反,在时间上前置的**预备阶段**,基本上不能将提供支持认定为帮助,理由在于,正犯可以**合法地**、很容易地获得这种支持。这种情况主要是指在日常交往的范围内提供物品和信息。除了提供这些东西外,若只是在方式上不为法律所认可,比如打烊后还提供支持,也属于该类不能认定为帮助的情况。销售任何人可以获得的东西,并不是不容许地、有风险地提高正犯实施犯罪能力的提供帮助。这种原理也适用于正犯已可以**基于法律**(作为债权人)**请求**的物品和信息。这样,若有利于正犯地清偿债务(像案例9),便不是可罚地提供帮助,认为这笔钱将作为后来犯罪行为的资金资助,也就可以正当化了。而若该物品、信息不管在任何时间点使用均具有**专供(犯罪)行为的帮助手段**(tatspezifische Hilfsmittel)的特性,则应另当别论; **22**

---

⑩ 亦参见本书第11节,边码38及下一边码;这样,沙而(载《莫伊尔纪念文集》,第103页,尤其是第113页及以下几页)所提出的利益衡量的方案就没有什么帮助了,因为从职业自由和行为自由中得不出任何支持犯罪的权利。

⑪ 亦参见普珀,第2卷,第42节,边码20及以下几个边码;魏根特,载《西原春夫祝贺文集》(Nishihara-FS),第197页,尤其是第205页及以下几页。

⑫ 如果没有认识,可能可以成立过失行为(同时正犯)。

这种手段的例子是，对珠宝价值出具伪鉴定书、万能密钥集或者印假钞用的印版。

23　　　最后，如果支持行为人（如案例 7 或案例 8）以实现本来是**合法的**某一**目标**，则该举止不能认定为帮助。在这种情况下，正犯只是在行为方式上违反了规范，而并没有得到专门针对此行为的帮助。同样的情况是，相应举止原本有着积极效益，而后来却又被正犯破坏。这方面的例子是达成交易，这样就产生了国家税收的构成要件：由于该相应举止，形成了受国家保护的税收请求权（作为需要保护的法益）。若该交易活动已经以逃税的方式开始了，例如，采用不正确的文件等，则自然要另当别论。这时，帮助就不在于创设了税收上的构成要件，而对已产生的税收债务的有意隐瞒的支持。㊸

4. 不作为式的帮助和对不作为的帮助

> **案例 10**
> 单身母亲 M 见到她的 3 岁小孩被她的朋友 P 性虐待，却不闻不问。

> **案例 11**
> B 是某有限责任公司的经理。A 用一伪造的交货凭证帮助 B 向股东掩盖了亏本的事实。㊹

24　　　在实行行为发生时，如果保证人能够采取干预措施，从而阻止、妨碍、减弱实行行为或者使该行为的风险更大，却放弃进行干预，则原则上有可能成立不作为形式的帮助。㊺ 但需要考虑的是，是否不作为者不具有相应的身份义务，从而不能将之认定为正犯。㊻

25　　　对于不作为犯，他人可以提供任何形式的帮助。㊼ 只要帮助者积极行动（像案例 11），其并不需要也是保证人。

㊸ 对此，参见联邦法院，《经济刑法和税收刑法杂志》，1988 年，第 261 页；阿梅隆，载《格林瓦尔德祝贺文集》，第 9 页，尤其是第 22 页；迈耶尔—阿恩特（Mayer-Arndt），《经济刑法和税收刑法杂志》，1989 年，第 281 页，尤其是第 285 页及下一页；尼德尔迈尔，《整体刑法学杂志》，第 107 卷，1995 年，第 507 页，尤其是第 527 页；奥托，载《伦克纳祝贺文集》，第 193 页，尤其是第 223 页及下一页。

㊹ 参见《有限责任公司法》第 84 条第 1 款第 1 项。

㊺ 《联邦法院刑事判例集》，第 14 卷，第 229 页及以下几页；第 30 卷，第 391 页，尤其是第 393 页及下一页；联邦法院，《刑法新杂志》，1985 年，第 24 页；鲍曼·韦伯·米奇，第 31 节，边码 22；《(舍恩克·施罗德)刑法典评注——海内》，第 27 条，边码 15；海因里希，边码 1321；雅科布斯，第 29 节，边码 102；屈尔，第 20 节，边码 229 及以下几个边码。

㊻ 对此，详见本书第 38 节，边码 63 及以下几个边码。

㊼ 《联邦法院刑事判例集》，第 14 卷，第 280 页，尤其是第 282 页；巴伐利亚州高等法院，《新法学周刊》，1990 年，第 1861 页；鲍曼·韦伯·米奇，第 31 节，边码 22 及下一边码；耶赛克·魏根特，第 60 节 Ⅲ、1；罗克辛，《正犯与犯罪行为支配》，第 525 页及下一页；《刑法典体系性评注——鲁道菲》，第 13 条前言，边码 44 及下一边码；其他观点，见韦尔策尔，第 27 节 Ⅴ、3。

5. 承继的帮助

> **案例 12**
>
> H 偶然得知,熟人 R 打昏了他人,并正想将受害者家里的贵重物品运走。由于 R 全身心地投入到搬运赃物的事情中了,H 于是提出帮助 R 看着,看有没有人来。R 欣然接受 H 的帮助。

早在预备阶段,就已经可以认定成立帮助,这并没有争议,而至于到了主行为的哪个阶段,还可以成立帮助,则是有争议的。这就像共同正犯中的那样。[48] **26**

(1) 这个问题首先涉及一个(一般性的)问题:**犯罪行为的一部分是否可以回溯地归属**。案例 12 就是这方面的例子。在该案中,主行为人 R 先是击倒了受害人,并凭借这部分动作因此已实现了构成要件后,帮助者 H 才加入抢劫(第 249 条)。一种观点认为,此处已经实现的强制行为不得归属于 H,因为 H 对此只存在事后故意,对他而言,是不可能促进之前已经实现的那部分犯罪行为的。[49] 这样,结果便是,H 至多只能因为他在随后的运输赃物过程中提供的帮助,而处以帮助盗窃(第 27 条、第 242 条)的刑罚。与此相对应,更占优势的反对观点指出,帮助(不同于共同正犯时的相同问题[50])乃是促进他人的犯罪行为,这时,只要帮助者在个别方面支持了他所正确认识到的整体行为,即已足够。[51] 因此,在案例 12 中,尽管 H 的帮助行为在后,也仍然可以成立针对抢劫的整体构成要件的帮助。 **27**

(2) 然而,针对在**主行为的终了阶段**是否仍然可以成立帮助这一问题,有的人持有不同的观点。判例和部分学说也对此持肯定意见。[52] 与此相对应,文献中的偏离观点认为,(除了持续犯的场合)帮助只能在形式上的犯罪既遂之前成立;之后提供的帮助,适用的则是第 257 条。[53] 支持这种立场的论点尤其指出,在确定犯罪终了的时点上存在不确定性,因此会带来可疑的刑罚扩张;另外,第 257、258 条具有排除作用(Sperrwirkung),不能因为可能(附加地)成立对已既遂犯罪的帮助,而省去第 257、258 条的刑罚。[54] **28**

---

[48] 参见本书第 40 节,边码 10 及以下几个边码。
[49] 克雷切夫斯基(Klescewski),边码 746、641;《刑法典律师评注——瓦斯默》,第 27 条,边码 28。
[50] 参见本书第 40 节,边码 10 及以下几个边码。
[51] 详见格拉博、波尔(Pohl),《法学》,2009 年,第 656 页,尤其是第 660 页;穆尔曼,《法学学习杂志》,2008 年,第 456 页,尤其是第 460 页,有进一步的文献。
[52] 参见《联邦法院刑事判例集》,第 19 卷,第 323 页,尤其是第 325 页;联邦法院,《经济刑法和税收刑法杂志》,2010 年,第 219 页,尤其是第 220 页;鲍曼・韦伯・米奇,第 31 节,边码 25;弗里斯特,第 28 节,边码 50。
[53] 格佩尔特,《法学》,1999 年,第 266 页,尤其是第 272 页;海因里希,边码 1324;屈尔,第 20 节,边码 236。
[54] 详见罗克辛,第 2 卷,第 26 节,边码 259 及以下几个边码。

三、帮助故意

> **案例 12**
>
> 儿子 E 向父亲 F 透露他次日夜间侵入 H 的货物仓库实施盗窃的计划,并请求 F 给他(E)一把合适的万能钥匙。F 试图打消 E 的计划,但是没有成功,之后,F 给了 E 一把不能用的钥匙,以使其行为失败。

29   帮助故意只需间接故意即可。帮助故意必须包括:实施并使一特定的故意且违法的主行为达致既遂,和自己提供帮助(所谓**双重帮助故意**)。

30   帮助者的故意必须包含**主行为之不法**的基本内容和**本质性要素**。⑤ 相比较于教唆故意⑥而言,对于帮助故意的要求一般更少,因为帮助者不像教唆者那样需要预先给出一个具体化的行为,而只需对一已经具体化的行为提供帮助。⑦ 只要事实上所实现的犯罪,在不法内容上没有完全偏离帮助者所设想的构成要件即可,帮助者将主行为具体归到哪种犯罪中则无关紧要;反过来讲,若帮助者只是认识到主行为人可能实现"随便一种"财产犯罪,则是不够的。⑧ 他在提供贡献时,需要认定主行为能够达致既遂。⑨ 这样,就根本不存在对于不能犯力图的有意识地帮助。⑩ 在案例 12 中,F 并不成立可罚的帮助。

四、与教唆的关系

31   参与者可以事先针对某一特定的主行为进行教唆,然后再对此提供帮助。在这种情况下,教唆作为更为严重的参与形式优先得以成立,从而不需要再认定帮助。⑪

---

⑤ 鲍曼、韦伯、米奇,第 31 节,边码 28;韦塞尔斯、博伊尔克,边码 584;《慕尼黑刑法典评注——约克斯》,第 27 条,边码 90。

⑥ 参见本书第 41 节,边码 22 及下一边码。

⑦ 参见《联邦法院刑事判例集》,第 42 卷,第 135 页,尤其是第 138 页;详见萨茨格尔,《法学》,2008 年,第 514 页,尤其是第 520 页。

⑧ 联邦法院,《经济刑法和税收刑法杂志》,2012 年,第 302 页。

⑨ 参见本书第 41 节,边码 25 及以下几个边码;亦参见联邦法院,《德国法月报》(霍尔茨),1981 年,第 808 页;鲍曼、韦伯、米奇,第 31 节,边码 28;韦塞尔斯、博伊尔克,边码 584;《慕尼黑刑法典评注——约克斯》,第 27 条,边码 99;斯特拉滕韦特、库伦,第 12 节,边码 162。

⑩ 《慕尼黑刑法典评注——约克斯》,第 27 条,边码 99;奥托,第 22 节,边码 65;斯特拉滕韦特、库伦,第 12 节,边码 162。

⑪ 关于实质的补充关系,参见本书第 46 节,边码 10;进一步参见《帝国法院刑事判例集》,第 62 卷,第 74 页,尤其是第 75 页;联邦法院,《刑法新杂志》,1994 年,第 29 页,尤其是第 30 页;鲍曼、韦伯、米奇,第 31 节,边码 34。

复习与深化

1. 如何理解物质性的帮助和精神性的帮助？（边码 3 及以下几个边码）
2. 日常行为形式的帮助会产生哪些问题？（边码 15 及以下几个边码）
3. 不作为形式的帮助需要满足什么前提条件？对不作为犯的帮助又需要满足什么前提条件？（边码 24 及下一边码）
4. 帮助故意包含哪些内容？（边码 29 及下一边码）

第43节　参加的力图

一、概述

1　　通过规定参与的先前阶段,第 30 条处罚了预备行为。在这种预备行为中,行为人尚未实施所追求的主行为(也尚未进入力图阶段),同时这种主行为必须限制在重罪(第 12 条第 1 款)上。第 30 条第 1 款规定了**力图教唆**,而第 2 款则涉及**其他可罚的预备行为**。

2　　在单独正犯力图的情形下,通过"直接着手"实现构成要件这一条件,便与各构成要件所保护的法益建立了充足联系。与此不同地,处罚力图参加所遇到的问题是,该规范所涉的情形,只是影响了潜在的其他行为参加者。也就是说,尚未直接危及或者侵害法益。将可罚性如此前置到本属于犯罪预备的领域,一方面的理由是,具体参加者启动因果流程时,该具体参加者放手让事件发生了,因为不同于单独正犯地,这使其不再能单独地任意决定实施还是不实施行为了。① 另一方面,则是出于第 2 款中共谋约束更具有危险性的考虑,这种约束使得各个参加者都更难从实施犯罪行为的约定中撤出。②

二、教唆的力图(第 30 条第 1 款)

3　　"力图确定他人实施或教唆重罪"③,按照第 30 条第 1 款第 1 句的规定,"依重罪力图加以论处"④。因被教唆者没有形成行为决意,未将该行为决意付诸实施,或者之前就已经决意实施行为,则教唆没有成效。⑤ 根据第 30 条第 1 款第 3 句,第 23 条第 3 款中重大无知的力图不可罚的规则亦相应地适用。从第 30 条第 1 款中还可逆向推出一个结论:力图教唆他人帮助某一重罪,是不可罚的。⑥

---

① 《联邦法院刑事判例集》,第 1 卷,第 305 页,尤其是第 309 页;布洛伊,《法学综览》,1992 年,第 493 页,尤其是第 495 页;《刑法典体系性评注——霍伊尔》,第 30 条,边码 11;《刑法典律师评注——瓦斯默》,第 30 条,边码 4。

② 《联邦法院刑事判例集》,第 44 卷,第 91 页,尤其是第 95 页;韦塞尔斯、博伊尔克,边码 564;针对该规范的整体性批判,见贝克尔(*Becker*):《〈刑法典〉第 30 条第 2 款第 3 种情形的重罪约定的刑罚根据》(Der Strafgrund der Verbrechensverabredung gem. § 30 Abs. 2, Alt. 3 StGB),2012 年版,第 182 页及以下几页、第 218 页及以下几页;《诺莫斯刑法典评注——察克奇克》,第 30 条,边码 4 及下一边码,有进一步的文献。

③ 所谓连锁教唆的力图;对此以及对其参加者的中止,详见克罗斯(*Kroß*),《法学》,2003 年,第 250 页及以下几页。

④ 但其刑罚可以按照第 49 条第 1 款强制性地加以减轻。

⑤ 《莱比锡刑法典评注——许内曼》,第 30 条,边码 13,有进一步的文献;针对第一种情况的其他观点,见《整体刑法评注便携本——勒茨古斯》(HKGS-*Letzgus*),第 30 条,边码 8、边码 19。

⑥ 弗洛因德,第 10 节,边码 144;克赖、埃塞尔,边码 1334。

当计划的行为进入力图阶段后,那么,对该力图的参与便是可罚的。就此而言,教唆的力图是补充性的⑦,在专业鉴定中大多不需要详细论述。⑧

1. 力图

> **案例 1**
>
> A 给 B 写信,在信中,A 说,如果 B 在某一特定时点实施抢劫,则给他一笔高额报酬。但是,信件在邮递过程中寄丢了。

(1) 具体的行为:教唆所为的行为(就像在教唆时那样⑨)必须足够地具体:该行为虽然没有必要包含所有细节,但大致还是要具体地包含其基本内容和本质性要素,这样,被教唆者(若想实施之)才能够实施该行为。⑩ 这时,具有决定性的总是所计划的行为:若该行为并不局限于某一特定的受害人(例如,要抢劫公园中的任意一个行人),则对于行为的具体化而言,具体哪个受害人并不重要。但是,如果只是要求他人实施某一类别的多种行为(具有多种行为可能性),比如,叫人家去抢(随便哪一家)银行,则算不上具体。⑪

(2) 与预备的区分:按照通行的基本原理,需要将教唆的力图需要和力图的预备这二者区分开来,即提出要求者必须依其设想直接对被教唆者施加影响,以使其形成行为决意。⑫ 但有争议的是,是否教唆的表示必须抵达被教唆者?

① 根据主流学说,只要提要求者以某种方式一旦表示出其意思,则可以将之视为直接着手对被教唆者施加影响了。⑬ 这方面的例子,如案例 1 中的寄送书信。

---

⑦ 联邦法院司法判决:刑事部分,《刑法典》第 30 条第 1 款第 1 句,竞合,2;关于补充关系,参见第 46 节,边码 8 及以下几个边码。
⑧ 如果出现第 30 条第 2 款的约定实施重罪,亦不再根据第 30 条第 1 款认定行为,参见联邦法院,《刑法新杂志》,1994 年,第 383 页。
⑨ 参见本书第 41 节,边码 22 及下一边码。
⑩ 《联邦法院刑事判例集》,第 34 卷,第 63 页,尤其是第 66 页;英格尔芬格:《教唆故意和行为确定性》(Anstiftungsvorsatz und Tatbestimmtheit),1992 年版,第 42 页及以下几页;拉克纳、屈尔,第 30 条,边码 3;奥托,第 22 节,边码 81;深入的论述,见哈姆州高等法院,《法学综览》,1992 年,第 521 页,尤其是第 522 页;要求具体化的,亦参见联邦法院,《刑法新杂志》,2005 年,第 206 页及屈尔反对性的评释,见《刑法新杂志》,2006 年,第 94 页及下一页;格劳夫,《法学综览》,1999 年,第 249 页及以下几页;克雷奇默尔,《刑法新杂志》,1998 年,第 401 页及以下几页;莫森霍伊尔(Mosenheuer),《刑法学理国际杂志》,2006 年,第 200 页及以下几页。
⑪ 参见《联邦法院刑事判例集》,第 15 卷,第 276 页,尤其是第 277 页;菲舍尔,第 30 条,边码 7 及以下几个边码;《莱比锡刑法典评注——罗克辛》,第 11 版,第 30 条,边码 25。
⑫ 详见本书第 31 节,边码 1 及以下几个边码。
⑬ 《联邦法院刑事判例集》,第 8 卷,第 261 页,尤其是第 262 页;菲舍尔,第 30 节,边码 9a;毛拉赫、格塞尔、齐普夫,第 53 节,边码 15 及下一边码;《(舍恩克、施罗德)刑法典评注——海内》,第 30 条,边码 19;《慕尼黑刑法典评注——约克斯》,第 30 条,边码 36;罗克辛,《法学工作》,1979 年,第 169 页,尤其是第 171 页。

第31条第1款第1项规定了在**未终了**的力图教唆中的中止,这时教唆者尚未完成影响行为人的所有努力,这一款项的存在,说明了力图阶段着手的提前。⑭

8　　②学术文献中流传开来的另一观点认为,教唆意思必须抵达被教唆者。⑮ 只有在这种情况下,才达到可罚性的最低限度,或者说,只在这种情况下,才能充分地说明事件流程受到了持续的不良影响,这种影响,是使第30条第1款的可罚性得以成立的主要原因。⑯ 而在案例1中,教唆意思并未抵达被教唆者。然而,采用这种标准即便可以确证,教唆行为在客观上也获得了一定危险性,但是,从只取决于**行为人**举止的直接着手之中,却很难推导出这种危险性。

2. 主行为的重罪性质

> **案例2**
>
> 　　普通人P试图在侦查程序中教唆正进行侦查的刑警X,以暴力取得被指控者的口供。但没有教唆成功。

9　　(教唆者)所要求实施的主行为必须是第12条第1款规定的重罪。假如计划中的行为乃是个**加重构成要件**,而该加重构成要件之所以成为重罪,是因为具备第28条中的特定人身性要素,那么,就会出现一个问题:适用第30条第1款时,是以提出要求者还是以被教唆者作为判断标准?对此,存在争议,但这种争议没有多少实际意义,因为几乎不存在因特定人身性要素而具备重罪资格(Verbrechensqualifikationen)的例子。* 例如,在案例2中,P要求X实施的犯罪是刑讯逼供(第343条),而对于P而言,只是强制(第240条),因而根本就不是重罪。⑰

10　　(1)根据判例和部分学说,这取决于计划实施行为的**正犯**。⑱ 关键在于,若被教唆者当时实施了(教唆者)所要求实施的行为,是否犯了重罪。对此,人们可以援

---

⑭ 参见欣德尔(*Hinderer*),《法学教学》,2011年,第1072页,尤其是第1074页;《刑法典体系性评注——霍伊尔》,第30条,边码31;《慕尼黑刑法典评注——约克斯》,第30条,边码35。

⑮ 耶赛克、魏根特,第65节Ⅱ、1;施罗德,《法学教学》,1967年,第289页,尤其是第290页;更为严格的,见雅科布斯,第27节,边码4:需要接收者理解这一信息。

⑯ 本书本节边码1。

* 根据作者本人的解释,这里所说的重罪资格,指的是因为特定人身性要素而使得某一轻罪得以加重升级为重罪,也就是前述的加重构成要件。这类因这种原因而加重的例子,在德国刑法中极为少见,案例2中所涉的刑讯逼供便属于这样的极少数例子。——译者注

⑰ 这样说的前提是,(不赞同主流观点地),将第343条认定为不真正的公职犯罪,对于相应的争议性问题,参见金德霍伊泽尔:《刑法典理论与实务评注》,第343条,边码3,有进一步的文献。

⑱ 《联邦法院刑事判例集》,第6卷,第308页,尤其是第309页;联邦法院,《德国法月报》(霍尔茨),1986年,第793页,尤其是第794页;《刑事辩护人杂志》,1987年,第386页;尼泽(*Niese*),《法学家报》,1955年,第320页,尤其是第324页;韦尔策尔,第16节Ⅱ、7;亦参见《慕尼黑刑法典评注——约克斯》,第30条,边码20:正犯和教唆者都要具备要素。

引第30条第1款的表述为证,依照该表述,他人(亦即所瞄准的正犯)"实施"重罪。⑲ 在案例2中,P则应按照第30条第1款、第343条论处,但可以采取第240条的刑罚幅度科处刑罚(第28条第2款)。

(2)大多数学说将判断标准放在**教唆者**身上。⑳ 根据第28条第2款的规定,只在正犯身上升高的不法不得适用于参与者。根据该方案,案例2中的P就不可罚。

(3)依照所谓"累积理论"(kumulative Theorie),在适用第30条第1款时,使得行为成为重罪的特定的人身性要素**既需存在于正犯身上,也应存在于参与者身上**㉑:这种解决方案对这一规定进行了合理的限制,又没有违反第30条的字义。根据这种见解,案例2中的P不可罚。

(4)还有一个观点认为应当区别处理,要看使得行为成为重罪的特定人身性要素是不法中的内容,还是罪责中的内容㉒:若是**不法要素**,则应当以被教唆者作为判断标准;若是**罪责要素**则要视情况而定:假如它使正犯符合重罪的加重构成要件,则应排除教唆的力图的可罚性;倘若它减轻正犯的罪责、排除正犯通常的重罪性质,则应处罚教唆的力图。这种方案的理由还在于,只有存在重罪的时候,教唆的力图才是可罚的,这样,从根本上说,决定性的就不是教唆的不法,而是(教唆者)**所要求实施的严重法益侵害**(亦即关键是行为的危险性,而不是行为者的危险性)。在案例2中,由于公务员特征乃是个提高不法的要素,则P需要按照第30条第1款、第343条加以处罚,但是刑罚幅度则依照第240条论处。这和判例的见解是一致的。

3. 故意

教唆的力图的主观条件和教唆的主观条件一致㉓:提出要求者须具有"双重教唆故意"。在连锁教唆的力图的情况下,并不需要对最终的正犯具有认识。㉔

11

12

13

14

---

⑲ 普茨克,《法学教学》,2009年,第1083页,尤其是第1087页。

⑳ 韦塞尔斯、博伊尔克,边码562;格佩尔特,《法学》,1997年,第546页,尤其是第549页;《(舍恩克、施罗德)刑法典评注——海内》,第30条,边码14;屈尔,第20节,边码247;奥托,第22节,边码80;亦参见《联邦法院刑事判例集》,第3卷,第228页及下一页,第14卷,第353页,尤其是第355页及以下几页。

㉑ 鲍曼、韦伯、米奇,第32节,边码50;《莱比锡刑法典评注——许内曼》,第30条,边码43;《诺莫斯刑法典评注——察克奇克》,第30条,边码29。

㉒ 耶赛克、魏根特,第65节Ⅰ,4;《莱比锡刑法典评注——罗克辛》,第11版,第30条,边码39及以下几个边码;斯特拉滕韦特、库伦,第12节,边码173。

㉓ 对此,参见本书第41节,边码22及以下几个边码。

㉔ 奥托,第22节,边码86;其他观点,见《慕尼黑刑法典评注——约克斯》,第30条,边码41。

三、可罚的预备(第 30 条第 2 款)

1. 概览

15　根据第 30 条第 2 款,就某一重罪而言,可罚的预备行为包括:
(1) 自愿声明(Sich-Bereiterklären)(第 1 种情况);
(2) 接受他人请求(Erbieten)(第 2 种情况);
(3) 约定(Verabredung)(第 3 种情况)。

16　正如第 30 条第 1 款中提到适用第 23 条第 3 款那样,在预备行为时,打算采取的行为手段和客体的**适当性**并**不会**有影响。㉕

2. 自愿声明

> **案例 3**
> 杀人者 S 同意团伙头领 T 的想法,按照 T 的设想,杀掉 O。

> **案例 4**
> 杀人者 M 和团伙头领 C 说,如果 C 想的话,他(M)愿意杀掉 Q。

17　就某一重罪而言,自愿声明有两种情况:其一,接受教唆(他人采取主动)(像案例 3);其二,自我请求(声明者采取主动),具体而言,某人倾向于实施行为,但尚未决定,因为他以为他人有兴趣同意实施一重罪,如果他人想这样的话(像案例 4)。㉖ 至于行为的重罪性质是对于哪个参加者而言的,则是个可以和第 1 款中同样处理的问题。㉗

18　依照联邦法院的观点和部分文献的见解,自愿声明并不必须到达接收人。㉘ 而广为流传的反对观点则认为需要到达接收人㉙,以能将自愿声明和不可罚的力图自愿声明明确地区分开来。而依照该观点,则并不需要事实上了解该自愿声明。

㉕ 《联邦法院刑事判例集》,第 4 卷,第 254 页;联邦法院,《刑法新杂志》,1998 年,第 347 页,尤其是第 348 页;限制性地,米奇,载《迈瓦尔德祝贺文集》,第 539 页及以下几页。

㉖ 《联邦法院刑事判例集》,第 6 卷,第 346 页及下一页;第 10 卷,第 388 页,尤其是第 391 页;罗克辛,《法学工作》,1979 年,第 169 页,尤其是第 172 页。

㉗ 本书本节上文边码 9 及以下几个边码;亦参见《联邦法院刑事判例集》,第 53 卷,第 174 页,尤其是第 176 页及以下几页,及米奇批评性的评释,《法学综览》,2010 年,第 359 页。

㉘ 《(舍恩克·施罗德)刑法典评注——海内》,第 30 条,边码 40;关于接收人的确定,见克罗斯,《法学》,2004 年,第 250 页,尤其是第 252 页。

㉙ 策勒州高等法院,《德国法月报》,1991 年,第 174 页;《刑法典体系性评注——霍伊尔》,第 30 条,边码 40;耶赛克、魏根特,第 65 节 III,3;《慕尼黑刑法典评注——约克斯》,第 30 条,边码 48;奥托,第 22 节,边码 88。

3. 接受请求

> **案例 5**
> 杀人者 S 和团伙头领 T 说，若他（T）想杀 O，他（S）愿意杀 O。之后，T 给 S 安排了这个任务。

接受他人的请求乃是一严肃的声明，即对于他人提议实施重罪或者教唆他人重罪表示合意。[30] 因而，接受请求乃是和自愿声明（声明者采取主动）相对应的。[31] 正如案例 5 中所清晰显示出的那样。 19

4. 约定

> **案例 6**
> 黑社会老大 V 和 W 约定，授权杀人者 B，杀掉竞争对手 J，并许诺给 B 一笔特定的金额报酬。

约定乃是指两人或两人以上之间（明示或默示地）严肃地达成一致，以共同正犯的形式实施某一重罪，或者（像案例 6 中那样）共同教唆他人实施某重罪。这样，约定便是共同正犯或者共同教唆的先前阶段。至于同意帮助为行为贡献，则算不上该种约定。[32] 20

就参加者的**故意**而言，只需要计划实施的行为已具体化到有了本质性的基本内容即可；至于计划的实施的时间、地点或者形式这些细节则可以留待确定。[33] 不过，始终必要的是，已经存在无条件的行为决意，若只是具有单纯的行为倾向，则是不够的。[34] 当潜在参加者只是通过**互联网**进行沟通时，通常会产生特别的问题：在这种情况下，瞄准并要加以实施的行为具体到了何种程度，以及参加者的必要的约束性意志，都需要分别加以严格的考察。[35] 相应地，联邦法院有过这样的判例：两个人只是在网上使用假名约定为针对儿童的性的滥用的犯罪，就这种行为决意是 21

---

[30] 《联邦法院刑事判例集》，第 10 卷，第 388 页及以下几页。
[31] 至于什么时候到达的问题，如本书本节上文边码 16。
[32] 联邦法院，《刑法新杂志》，1982 年，第 244 页；1988 年，第 406 页；德瑟克尔（*Dessecker*），《法学工作》，2005 年，第 549 页，尤其是第 551 页；屈尔，第 20 节，边码 252；亦参见联邦法院，《刑事辩护人杂志》，2002 年，第 421 页，尤其是第 422 页。
[33] 联邦法院，《刑法新杂志》，2007 年，第 697 页及库德利希的评释，《法学工作》，2008 年，第 146 页。
[34] 联邦法院，《刑法新杂志》，2009 年，第 497 页，尤其是第 498 页。
[35] 对此，见海因里希，载《海因茨祝贺文集》（Heinz-FS），第 728 页，尤其是第 732 页及以下几页。

否严肃的问题,法院做了否定的回答。㊱

四、与既遂犯罪的关系

22　如果预计中的犯罪行为达到力图阶段,则成立对力图犯罪的(既遂)参加,这是可罚的。这时,基于第30条第1款、第2款的力图参加则是**补充性**的㊲,且通常毋需在**专业鉴定**中予以详述。如果在第30条第1款的情形下,教唆者自己其后也实施了行为,他的力图教唆则成为**共罚的事前行为**,不再需要处理。㊳

五、参加的力图中的中止(第31条)

1. 概览

23　从第30条的参加的力图(可罚的)之中自愿中止的情形,在第31条中得到了规定。�439 该条款规定,"如果行为人(1)自愿地放弃确定他人达于重罪的力图,且防止可能发生的他人实施犯罪行为之危险,(2)就某一重罪,已经自愿声明后,又自愿地放弃其计划,或者(3)在针对某一重罪进行约定或接受他人请求后,自愿地阻止该犯罪行为",则不依照第30条加以处罚。

24　"倘若没有中止犯的努力(犯罪)行为也会停止,或者没有中止犯以前的举止,行为也会实施",按照第31条第2款的规定,"只要他自愿、认真努力以阻止行为实施,便不予以处罚"。

25　具体的构成要件要素则可以基本按照解释第24条的方法来解释。㊵

26　就第31条第1款第3项和第31条第2款中的**阻止**而言,只需要一个被动的举止就够了。具体而言,参加者不做出依其设想犯罪行为取得计划中的成功所必要

㊱ 联邦法院,《刑法新杂志》,2011年,第570页,尤其是第571页及下一页及罗奇的赞同性评论,《法学学习杂志》,2012年,第680页及以下几页;"聊天室"里的匿名计划;对此,详见拉科、博克、哈伦多夫(Harrendorf),《刑事辩护人杂志》,2012年,第687页及以下几页。

㊲ 参见联邦法院司法判决:刑事部分,《刑法典》第30条第1款第1句,竞合,2;关于补充关系,见本书第46节,边码8及以下几个边码。

㊳ 联邦法院,见库德利希,《法学工作》,2010年,第664页;关于共罚的事前行为,见本书第46节,边码15。

㊴ 关于具体的若干种类型,参见克罗斯,《法学》,2004年,第250页,尤其是第252页。

㊵ 对此,详见本书第32节,边码5及以下几个边码;关于失败,参见联邦法院,《刑法新杂志——刑事判决和报告》,2003年,第137页,尤其是第138页;但就断然放弃而言,有可能产生一些偏离的情况,参见《联邦法院刑事判例集》,第50卷,第142页及以下几页和屈尔、屈特雷尔—朗(Kütterer-Lang)、普珀的拒绝性的评释,分别见《刑法新杂志》,2006年,第94页、《法学教学》,2006年,第206页和《法学综览》,2006年,第75页及下一页、《诺莫斯刑法典评注——察克奇克》,第31条,边码14。

的行为贡献即可。㊹

同第 24 条一样,第 31 条的中止也是**人身性刑罚取消事由**,且只有采取了中止 27
的参加者才可获此益。㊷

2. 与第 24 条的关系

仅当主行为**尚未进入力图阶段**的时候,才可能适用第 31 条;否则便需要适用 28
第 24 条的规定。㊸ 若主行为进入了力图阶段,则根据第 24 条在重罪的力图中采取
中止,也同时使得(第 30 条的)预备阶段的行为不再可罚。也就是说,在这种情况
下,不需要再次适用第 30 条。㊹

29
> 复习与深化

1. 按照第 30 条第 1 款加以教唆的行为需要具体化到什么程度?(边码 5)
2. 第 30 条第 2 款都规定要处罚哪些种类的重罪预备?(边码 15 及以下几个
边码)
3. 要成立第 31 条规定的参加的力图中不予处罚的中止,需要满足什么前提条
件?(边码 23 及以下几个边码)

㊹ 《联邦法院刑事判例集》,第 32 卷,第 133 页,尤其是第 134 页及下一页;联邦法院,《新法学周刊》,1984 年,第 2169 页及屈尔、屈佩尔的评释,分别见《法学报》,1984 年,第 292 页及以下几页和《法学综览》,1984 年,第 265 页,尤其是第 266 页;联邦法院,《刑法新杂志》,1987 年,第 118 页,尤其是第 119 页;《刑法新杂志——刑事判决和报告》,1997 年,第 289 页;博特克:《〈刑法典〉第 31 条中于参加的力图中的中止》(Rücktritt vom Versuch der Beteiligung nach § 31 StGB),1980 年版;福格勒,《整体刑法学杂志》,第 98 卷,1986 年,第 331 页,尤其是第 352 页及以下几页。

㊷ 参见联邦法院,《刑法新杂志》,1992 年,第 537 页;其他观点,见《诺莫斯刑法典评注——察克奇克》,第 31 条,边码 1:不法取消事由。

㊸ 值得考虑一下的例外,见米奇,载《赫茨贝格祝贺文集》,第 443 页及以下几页;特别是当在行为的预备阶段便放手保持距离,但行为仍然既遂时,则很难进行区分,参见《诺莫斯刑法典评注—察克奇克》,第 24 条,边码 122;第 31 条,边码 10。

㊹ 毛拉赫、格塞尔、齐普夫,第 55 节,边码 46;《刑法典体系性评注——霍伊尔》,第 30 条,边码 62;《慕尼黑刑法典评注——约克斯》,第 30 条,边码 76;但有争议的是,当预备行为比力图行为更为严重时,该原理是否仍可以适用,参见毛拉赫、格塞尔、齐普夫,第 55 节,边码 46;《慕尼黑刑法典评注——约克斯》,第 30 条,边码 70,有进一步的文献。

第七编

竞　合

第 44 节　基 本 原 理

一、概述

1. 问题的提出

若在专业鉴定中,遇到行为人①实现了数个犯罪的构成要件,或者将某一犯罪的构成要件实现了数次,那么,就必须在竞合的框架内回答:在这些对法规的违反之中,哪些是在施以处罚时需加以考虑的?如何从需加以适用的法规中确定刑罚的幅度?因此,在竞合的框架内,需要弄清楚的是:在这数个法规之中,是否适用其中一个法规?以及可能如何适用?对该问题的回答,能够影响到定罪、刑罚和程序上的法律救济手段。　　1

不管是在细节上还是在术语上,竞合学说都还有些不够清晰的地方;就算是判例的观点,有时也并不统一。尽管如此,相关的法律概念和架构也都属于需要掌握的基础知识,特别是在各种练习(Übungsarbeiten)中,也常常出现竞合这方面的内容。　　2

2. 审查顺序

考察竞合的时候,按照如下的逻辑步骤加以审查,是比较适合的。　　3

(1) **初查**:若行为人实施了**数个构成要件上的行为**,例如,对受害人进行了数次殴打,或者从保险柜中数次拿走东西,那么,**在审查每个犯罪时**,就已经必须搞清是**实现了一次还是实现了数次**相应的构成要件?换言之,违反法规是违反了一次还是数次?为了回答这一问题,需要**认定**如何才算**实现构成要件的行为单数**(具体而言,也就是自然的行为单数和构成要件上的行为单数)。为此,也就需要相应的规则。②　　4

(2) 如果已经确定行为人已**违反了数个法规或者数次违反某一法规**,那么,就可以正式进入竞合本身的审查了。这时,需要首先考察的问题是,针对法规的这些具体的违反,是否可以成立一罪?为了回答该问题,需要**认定**如何才算**一罪**。为此,也同样需要相应的规则(具体而言,包括相同性、部分相同性(Teilidentität)、夹　　5

---

① 在有数个参加者的情况下,需要针对每个参加者逐个地考虑竞合。参见联邦法院,《刑事辩护人杂志》,2002 年,第 73 页及下一页。

② 对此,见本书第 45 节,边码 6 及以下几个边码。

结作用(Klammerwirkung)*和自然的行为单数的规则)。③

6　　(3) 若某个单一的(犯罪)行为违反了数个法规或者数次违反某一法规,那么,就需要审查,是否需要独立地分别适用各个法规? 为了回答这个问题,就需要运用成立一罪的**法规竞合****规则 [具体而言,有特别关系(Spezilität)、补充关系(Subsidiarität)、吸收关系(Konsumtion)]:

7　　① 针对数次违反法规***,需要剔除掉其中不需加以处罚的那些对法规的违反,在定罪时也不需考虑它们(所谓**不纯正的一罪**)。④

8　　② 如果数次违反法规都可罚,那么,需要根据第 52 条的标准来确定刑罚(所谓**纯正的一罪**或者想象竞合)。⑤

9　　(4) 如果**数个不同的**(犯罪)**行为**(或者数个一罪)违反了数个法规或者数次违反某一法规,而这数个不同的行为(或数个一罪)之间又不能成立一罪,那么,这数次违反法规之间便是**数罪**。需要考察的问题是,是否可以同时适用这数个法规? 针对该数罪的问题,需要考虑法规竞合的规则(如吸收)⑥:

10　　① 针对数次违反法规,需要剔除掉其中不需加以处罚的那些对法规的违反,在定罪时也不需考虑它们(所谓**不纯正的数罪**)。

11　　② 如果数次违反法规都可罚,那么,需要根据第 53 条及下一条的标准来确定一个总和刑(所谓**纯正的数罪**或者实质竞合)。⑦

3. 概览

12　　考察竞合的逻辑步骤可参考下图:

13　　(1) 构成要件阶层的初查:

---

*　该词的译法,有"因括弧作用",参见[德]耶赛克、魏根特:《德国刑法教科书》,徐久生译,中国法制出版社 2001 年版,第 878 页;"添加夹结原则",参见[德]韦塞尔斯:《德国刑法总论》,李昌珂译,法律出版社 2008 年版,第 474 页。因为"Klammer"就是括号、括弧的意思,是为直译。但该括弧发生作用时,则如"夹结"一般。——译者注

③　对此,见本书第 47 节,边码 8 及以下几个边码。

**　国内多采用"法条竞合"这一术语。由于本书将"Gesetz"译为"法规"(不局限于《刑法典》)(参见本书第 1 节最开始时的译法解释),因而,采"法规竞合"的译法。——译者注

***　"数次违反法规"(Gesetzeverletzungen)乃是指违反了数个法规或者数次违反某一法规,也可以表达成"数次(个)违反法规",以下同。——译者注

④　对此,见本书第 46 节,边码 3、5 及以下几个边码。

⑤　对此,见本书第 47 节,边码 1 及以下几个边码。

⑥　对此,见本书第 46 节,边码 14 及以下几个边码。

⑦　对此,见本书第 47 节,边码 34 及以下几个边码。

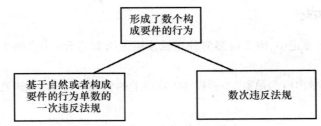

（2）—（4）竞合（针对数次违反法规，确定刑罚）： 14

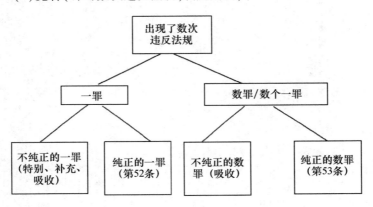

二、概念

"行为单数"（Handlungseinheit）、"一罪"（Tateinheit）和"程序意义上的行为" 15
（Tat im prozessualen Sinne）的概念各有不同的含义（机能），不得互相混淆。

（1）"**行为单数**"（Handlungseinheit）的概念乃是指数个动作部分统一组成一个 16
（犯罪）行为（Tat）。

（2）"**一罪**"（Tateinheit）的概念乃是指数次违反法规共同组成一个（犯罪）行 17
为（Tat），再针对该行为确定一个特定的刑罚（第52条）。

（3）在案件中，刑事起诉权用尽并作出判决时，人们利用（《刑事诉讼法》第 18
155条、第264条、《基本法》第103条第3款中）"**程序上的行为**"这一概念来对充
当判决之基础的事情全过程进行统一的把握。针对该全过程，在刑法上，不能要求
行为人再次（重复）为之答责。⑧

---

⑧ 参见《联邦法院刑事判例集》，第35卷，第60页，尤其是第61页；联邦法院，《刑法新杂志——刑事判决和报告》，2003年，第82页及下一页；详见金德霍伊泽尔：《刑事诉讼法》，第25节，边码1及以下几个边码。

19

> **复习与深化**

1. 在专业鉴定中,需要按照何种逻辑步骤来考察竞合?(边码 3 及以下几个边码)

2. 如何理解"行为单数""一罪"和"程序上的行为"?(边码 15 及以下几个边码)

第45节　行为单数

一、概览

> **案例1**
> A 鞭打了 B 四下。

倘若行为人实施了**数个同一犯罪的构成要件上的动作**,那么,需要考察的问题是,是否这所有的动作或者这些动作中的若干个可以归结为**实现了一个构成要件**。行为单数这一标准也就正是用于判断究竟出现了针对同一法规的一次违反还是数次违反。人们在考察各个犯罪时,在构成要件阶层就会遇到并且需要回答这个问题了。例如,在案例1中,需要弄清楚的是,A 是实施了一个还是四个独立的身体侵害(第223条)? 1

将单一的行为(Handlung)和行为复数区分开来,需要借助于如下四者:(1)自然意义上的行为;(2)自然的行为单数;(3)构成要件上的行为单数;(4)连续行为。 2

如果不成立这四者中的任一者,那么就不成立实现构成要件的行为单数,这样,便是数次(独立地)违反法规。 3

二、"自然"意义上的行为

> **案例2**
> C 给了 D 一耳光。

所谓自然意义的行为,乃是指行为人通过某个特定的身体运动或其相应的不作为,从而满足了某个犯罪的构成要件。① 案例2便是这种情况。人们将这种行为称为"自然的",显得有些不适合,因为在这种情况下,该行为同样可能是个有社会意义的举止。毋宁说,人们是借助于某个特定的描述("身体侵害")将某个举止认定成一个单一的过程。也就是说,这种运动过程需要满足观察者(在数量上)称之为**一个身体侵害**的所有前提条件。 4

若这种意义上的某一"自然的"行为实现了构成要件,那么,就根本不会出现竞合问题。这时只存在行为人要为之承担责任的一次违反法规,如案例2中的第223条。在**专业鉴定**中,只需要考察行为人实施了哪个行为或者哪个针对构成要 5

---

① 参见《联邦法院刑事判例集》,第1卷,第20页;第6卷,第81页。

件的不作为,而不需要进一步加以讨论,因而,自然意义上的行为的概念基本上毋需提及。

三、自然的行为单数

1. 前提条件

> **案例 3**
> A 从保险柜中窃取了一些贵重的东西。这些东西部分是 B 的,部分是 C 的。

> **案例 4**
> V 用一连串脏话侮辱 W。

> **案例 5**
> T 只用了一个词,就同时侮辱了 O 和 P。

6 如果独立起来看均已实现了构成要件的数个(自然的)行为,① 互相之间**具有空间和时间上的直接联系**,② 乃是基于**单一的动机情形**,③ 从"自然"角度看表现为**单一的事实发生**(具有一个特定的目标),④ 引发的是**构成要件性的损害的量的增加**,那么,按照自然的行为单数的标准,可以将之综合理解成为**实现了一次构成要件**(一次违反法规)。②

7 **(1) 单一的动机情形**:按照主流见解,如果行为人:
① 具有一个**单一的意志决意**③;
② 具有一个针对所有行为的**同种类的行为意志**④;
③ **追求单一的目标**⑤;
那么,行为人也就处于单一的动机情形中。这种单一的动机情形能够将数次构成要件之实现综合成为一个自然的行为单数。

---

② 参见《帝国法院刑事判例集》,第 70 卷,第 26 页,尤其是第 29 页;《联邦法院刑事判例集》,第 1 卷,第 168 页,尤其是第 170 页;第 4 卷,第 219 页,尤其是第 220 页;第 43 卷,第 312 页,尤其是第 315 页;第 46 卷,第 6 页,尤其是第 12 页;联邦法院,《刑法新杂志》,1995 年,第 46 页;《新法学周刊》,1996 年,第 936 页,尤其是第 937 页;耶赛克·魏根特,第 66 节 III、1;屈尔,第 21 节,边码 10 及以下几个边码;奥托,第 23 节,边码 8;罗克辛,第 2 卷,第 33 节,边码 31;索瓦达,《法学》,1995 年,第 245 页,尤其是第 252 页及下一页。

③ 参见《联邦法院刑事判例集》,第 1 卷,第 168 页,尤其是第 170 页及下一页;第 22 卷,第 67 页,尤其是第 76 页;联邦法院,《新法学周刊》,1977 年,第 2321 页。

④ 联邦法院,《新法学周刊》,1967 年,第 60 页及下一页。

⑤ 《联邦法院刑事判例集》,第 4 卷,第 219 页,尤其是第 221 页;第 10 卷,第 129 页;联邦法院,《新法学周刊》,1967 年,第 60 页及下一页。

反之，如果出现了由身体侵害转向杀人这种故意的转换，那就不成立单一的动机情形。⑥

（2）损害的量的增加：如果是损害可转让法益，那么，构成要件性的损害的量的增加无疑是有可能的。⑦ 这样，在案例3中，具体财物的价值可以相加。但若损害的是高度人身性的法益，则需要区分对待：

① 如果像案例4中那样，行为人的行为是针对高度人身性法益之同一主体的，那么，也成立自然的行为单数。⑧

② 但若构成要件之实现针对的是数个法益主体的高度人身性法益，则不可以将之综合捆绑成为构成要件的一次实现（或者一次违反法规），因为这种情况下的损害不可以相加。⑨ 这样，在案例5中，T便有两次侮辱而非一次。这样的例子还有：G短时间内连发两发子弹，第一弹打中H，第二弹打中J。⑩

2. 反复的自然行为单数和逐渐的自然行为单数

案例6

A从B的保险柜中一件接一件地将首饰拿出，然后都装到自己携带的口袋里，以占为己有。

（1）反复的自然行为单数（Iterative natürliche Handlungseinheit）*：倘若行为人（像案例6中的A）直接、接续地数次实现同一构成要件，那么，在也满足其他条件的前提下，成立反复的自然行为单数。这些具体的实现构成要件的动作综合形成构成要件上的一个盗窃（第242条）。⑪

（2）逐渐的自然行为单数（Sukzessive natürliche Handlungseinheit）**：假如行为人有步骤地采用数个逐步推进的动作以促成构成要件性结果的发生⑫，或者一再

---

⑥ 联邦法院，《刑事辩护人杂志》，1986年，第293页；亦参见联邦法院，《刑法新杂志——刑事判决和报告》，2002年，第207页及下一页。
⑦ 罗克辛，第2卷，第33节，边码36。
⑧ 鲍曼、韦伯、米奇，第36节，边码16。
⑨ 但这些侮辱之间成立一罪，参见本书第47节，边码21及以下几个边码。
⑩ 雅科布斯，第32节，边码36。
* 基本对应我国刑法中的"接续犯"。——译者注
⑪ 在反复违背《结社法》（VereinsG）第20条第1款第4项的活动禁令的情况下，即便时间上的间隔长达数个月，联邦法院也认可成立"评价上的单数"（Bewertungseinheit），参见《联邦法院刑事判例集》，第46卷，第6页，尤其是第13页及下一页。
** 大致相对应于我国刑法中的"徐行犯"。——译者注
⑫ 参见联邦法院，《刑法新杂志》，1990年，第490页；2000年，第532页，尤其是第533页；屈尔，第21节，边码25；沃尔特，《刑事辩护人杂志》，1986年，第315页，尤其是第319页及下一页；关于动机情形的变化，见联邦法院，《刑法新杂志——刑事判决和报告》，1999年，第101页。

着手实现构成要件(但只是徒劳)以寻求目标的达到⑬,那么,成立逐渐的自然行为单数。在后一种情形下,仅当可以针对行为人的中止可以得出出现了**失败的力图**的结论时,才可以认定统一的行为过程受到中断。⑭

四、构成要件上的行为单数

14   倘若通过构成要件上的不法类型化,可以将数个个别的动作综合理解成为一个行为,那么,成立构成要件上的行为单数。⑮ 这种行为单数有:

(1) 持续犯(例如,第 123 条、第 239 条、第 316 条);

(2) 结合犯(zusammengesetzten Delikten)(如第 177 条、第 249 条);

(3) 数动作犯*(例如,第 277 条)。

15   例如,通过持续犯的方式,第 316 条将醉酒不适合驾车状态下的行为人驾驶汽车的所有动作都归纳成为构成要件上的一个行为。第 239 条中的行为人为剥夺他人人身自由而采取的一系列动作,也属于这方面的例子。

16   进一步地,还存在一系列按其字面表述将相当多的具体动作综合理解成为一个统一体的犯罪,这种犯罪的例子有第 99 条第 1 款第 1 项的秘密职务的谍报活动⑯、第 283 条第 1 款第 6 和第 7 项、第 283 条的违反账簿记载义务⑰或者麻醉品交易⑱。

五、连续行为

17   出于量刑和诉讼经济的考虑,判例中创设了连续行为[亦称为法律上的行为单数或连续犯(Fortsetzungstat)]的概念,长久以来,人们都认可这个概念。承认连续行为带来的结果是,仅成立构成要件的一次实现(一次违反法规),而不存在第 52 条上的一罪。要成立这种行为单数,需要满足如下的条件:

(1) 数个具体的动作必须针对同一法益;

---

⑬ 参见《联邦法院刑事判例集》,第 41 卷,第 368 页及普珀的评释,见《法学综览》,1996 年,第 513 页,尤其是第 514 页;赞同的观点,见博伊尔克、萨茨格尔,《刑法新杂志》,1996 年,第 432 页;《联邦法院刑事判例集》,第 43 卷,第 381 页,尤其是第 386 页及下一页;联邦法院,《刑法新杂志》,1998 年,第 621 页;《刑事辩护人论坛》,2008 年,第 216 页;韦塞尔斯、博伊尔克,边码 673;屈尔,第 21 节,边码 25a。

⑭ 参见联邦法院,《刑事辩护人杂志》,2012 年,第 283 页,尤其是第 284 页;斯泰因贝格、贝格曼,《法学》,2009 年,第 905 页,尤其是 907 页;关于失败的力图的标准,尤其是判例中主导的整体观察说,见本书第 32 节,边码 13。

⑮ 参见弗洛因德,第 11 节,边码 6;格罗普,第 14 节,边码 35;《刑法典体系性评注——耶格尔》,第 52 条前言,边码 11 及以下几个边码;屈尔,第 21 节,边码 23 及下一边码。

* 数动作犯(mehraktigen Delikten),徐久生教授将之译为"多行为犯"。参见[德]耶赛克、魏根特:《德国刑法教科书》,徐久生译,中国法制出版社 2001 年版,第 864 页。由于本书将"Akt"译为"动作",而不译为"行为",故采取"数动作犯"的译法,且"多"在汉语中有三个或三个以上的含义。——译者注

⑯ 参见《联邦法院刑事判例集》,第 42 卷,第 215 页。

⑰ 参见联邦法院,《刑法新杂志》,1998 年,第 192 页。

⑱ 参见《联邦法院刑事判例集》,第 43 卷,第 252 页;联邦法院,《刑法新杂志》,1998 年,第 360 页。

（2）采取的作为方式本质上是同种类的；
（3）具备空间和时间上的联系；
（4）基于统一的故意（整体的故意或者连续的故意）。

由于1994年时大刑事审判庭的决议[19]，连续行为这一法律概念在相当程度上被抛弃了。因而，在专业鉴定中，基本不需要再讨论连续行为了。[20]

18

19

复习与深化

1. 采取什么办法可以区分行为单数和行为复数？（边码2）
2. 要成立所谓自然的行为单数，需满足哪些条件？（边码6及以下几个边码）
3. 如何理解构成要件上的行为单数？（边码14及以下几个边码）

---

[19] 《联邦法院刑事判例集》，第40卷，第138页及阿茨特的评释，见《法学家报》，1994年，第1000页及以下几页；格平格尔，《刑法新杂志》，1996年，第57页及以下几页、第118页及以下几页；茨朔克尔特（Zschockelt），《刑法新杂志》，1994年，第361页及以下几页。

[20] 对于该问题以及相关的可能后果问题，见鲍曼、韦伯、米奇，第36节，边码21及以下几个边码；韦塞尔斯、博伊尔克，边码774；迪特曼、德赖尔（Dittmann/Dreier），《刑法新杂志》，1995年，第105页及以下几页；《诺莫斯刑法典评注——普珀》，第52条，边码11；里辛—凡·桑，载《联邦法院祝贺文集》，第2卷，第475页及以下几页；齐祥，《戈尔特达默刑法档案》，1997年，第457页；茨朔克尔特，《刑法新杂志》，1995年，第109页及下一页；关于程序上的结果以及附属刑法，见阿尔特法特（Altvater），载《联邦法院祝贺文集》，第2卷，第495页及以下几页；金德霍伊泽尔，《法学家报》，1997年，第101页。

第46节 法规竞合

一、概述

1. 概念和形式

1　法规竞合能够排除某些个刑罚法规的适用,虽然行为人触犯了这些个法规,也不能适用之。若违反某一法规,而该违反将使行为人遭受责难,同时,该法规中已经包含了被排除法规的不法内容,那么,便成立法规竞合。①

2　例如,抢劫便是由强制和盗窃二者结合在一起的结合犯。这样,行为人一旦实现第249条的构成要件,也就意味着同时实现了第240条和第242条的构成要件。不过,虽然第249条完全包含了第240、242条中所表述的不法,但行为人并不需于抢劫之外,再受强制和盗窃的处罚。这是出于禁止双重处罚的考虑。更确切地说,第240条和第242条只**似乎**和第249条有所竞合的犯罪,在对行为人施加罪责责难时,是要将这两条剔除出去的。实际上,行为同时满足第249、240、242条的构成要件,只是构成单一的不法,该不法的特征就综合体现在抢劫的要素之中。

3　因而,人们也用**不纯正的竞合**或者**法规单数**(Gesetzseinheit)来替代法规竞合的提法。② 法规竞合遵循法律适用的逻辑,根本不需要特别地在法律上加以规定,这样,也就不需明确规定法规竞合。具体而言,可以区分出三种法规竞合:(1)特别关系;(2)补充关系;(3)吸收关系。

2. 被排除适用的法规的相关性

4　在特别关系等关系之中,某一犯罪规定优先于其他法规而成立。只要优先成立的犯罪之中还没有规定出加重刑罚的所有情状,那么,人们可以**在量刑的时候**考虑适用被排除的法规。同时,也不得判处比被排除适用的法规的最低刑更

---

① 《联邦法院刑事判例集》,第25卷,第373页;第31页,第380页;第41卷,第113页,尤其是第115页;第42卷,第27页;第42卷,第51页,尤其是第53页;法尔,《法学工作》,1995年,第654页及以下几页;格平格尔,《法学》,1982年,第418页,尤其是第421页及以下几页;普珀,《想象竞合和具体犯罪》(Idealkonkurrenz und Einzelverbrechen),1979年,第322页及以下几页;赛尔,《法学》,1983年,第225页及以下几页;福格勒,载《博克尔曼祝贺文集》,第715页。

② 参见《联邦法院刑事判例集》,第11卷,第15页,尤其是第17页;第25卷,第373页;韦塞尔斯、博伊尔克,边码787;《莱比锡刑法典评注——里辛—凡·桑》(LK-Rissing-van Saan),第52条前言,边码2。

低的刑罚③,除非优先适用的法规的内容是减轻的构成要件。④ 此外,如果被排除的法规中规定有优先适用的法规中没有规定的附加刑和附随后果,则这种附加刑和附随后果仍需加以适用。⑤

二、特别关系

如果一个行为(或者行为单数)违反了两个法规,而这两个法规中,其中一个法规除了包含了另一法规的所有要素之外,还至少规定了一些其他要素,那么,这时,法规之间成立特别关系。⑥ 在这种情况下,依照"特别法优于一般法"(lex specialis derogat legi generali)的基本原理,规定了更多要素并因而显得更为"特别"的法规就优于那个更一般的法规。

特别地,特别的法规多是相对于各个基本构成要件的加重构成要件或减轻构成要件。例如,相对于第 223 条而言,第 224 条第 1 款第 1 项属于特别法,其不仅包含了第 223 条身体侵害的所有要素,还规定了投放毒物或者其他有害健康的物质。

当行为人对加重的法规只是力图,对基本犯却已既遂时,加重的法规并不优先适用。此时,为清晰起见,应在力图加重和基本犯既遂二者之间成立一罪。⑦

三、补充关系

若一个行为(或行为单数)违反了两个法规,而在这两个法规中,有一个法规只有在不适用另一法规的时候才可以适用,那么这时成立补充关系。在该种情况下,补充性的法规并不优先适用。

如果法规中明确规定了补充关系,例如,第 145 条第 2 款、第 145 条 d 第 1 款、第 246 条第 1 款、第 265 条 a 第 1 款、第 316 条第 1 款,那么,该补充关系是**形式**上的。

而所谓**实质**上的补充关系是指某个行为的不法可以以不同的形式归属于行为人。在该种情况下,重法优于轻法。⑧ 这种补充关系尤其适用在如下情况中:

(1)帮助对教唆;(2)参与对正犯;(3)过失对故意;(4)不作为对作为;

---

③ 《联邦法院刑事判例集》,第 1 卷,第 152 页及下一页;第 10 卷,第 312 页及下一页;第 15 卷,第 345 页;第 20 卷,第 235 页,尤其是第 238 页;第 30 卷,第 166 页,尤其是第 167 页;反对的观点,见米奇,《法学教学》,1993 年,第 471 页,尤其是第 475 页。

④ 菲舍尔,第 52 条前言,边码 45。

⑤ 《联邦法院刑事判例集》,第 19 卷,第 188 页,尤其是第 189 页。

⑥ 格罗普,第 14 节,边码 12;屈尔,第 21 节,边码 52;罗克辛,第 2 卷,第 33 节,边码 177。

⑦ 《联邦法院刑事判例集》,第 10 卷,第 230 页,尤其是第 232 页及下一页;罗克辛,第 2 卷,第 33 节,边码 183。

⑧ 参见《帝国法院刑事判例集》,第 68 页,尤其是第 407 页及以下几页;《联邦法院刑事判例集》,第 1 卷,第 131 页及以下几页;第 8 卷,第 54 页;第 14 卷,第 378 页及下一页;联邦法院,《刑法新杂志》,1986 年,第 565 页及下一页;罗克辛,第 2 卷,第 33 节,边码 199。

(5)纯正不作为犯对(同一不法的)不纯正不作为犯⑨;(6)在各个保护目标(完全)相同的条件下,抽象危险犯对具体危险犯、具体危险犯对侵害犯;(7)构成要件的预备(如第30条)对正犯的力图或既遂。

四、吸收关系

1. 区分

11　若某个犯罪的不法**通常**都为另一个犯罪的不法所包含,那么,这时的法规竞合是吸收关系。在这种情况下,前一犯罪的不法并没有独立的地位,后一犯罪"吸收"前一犯罪。⑩ 吸收关系和特别关系的区别在于,在吸收关系的情况下,优先适用的法规在概念上并没有已经包含排除适用的法规,行为人通常(也就是说,按照"犯罪逻辑的基本情况")也同时违反排除适用的法规。吸收关系和补充关系的区别在于,在吸收关系的情况下,排除适用的法规和优先适用的法规并不针对相同的不法,而是**一种伴随的不法**(Begleitunrecht),在对更严重的不法施加惩罚之时,该伴随的不法也就一同处理了。

12　在学术文献中,人们有时并不将吸收关系视为法规竞合的一种独立形式,而是仅仅考虑特别关系和补充关系,因为不考虑吸收关系,也并不会给结果带来什么不同。⑪

2. 在不纯正的一罪的情况下

13　在不纯正的一罪⑫的范围下,典型的伴随行为是要被吸收的。属于这类情况的有:入室盗窃(第242条、第243条第1款第2句第1项、第244条第1款第3项)吸收侵入住宅(第123条)和损坏财物(第303条)⑬,未经许可使用交通工具(第248条b)吸收使用汽油(第242条)⑭,等等。

---

⑨ 例如,第323条c和第223条、第212条、第13条的关系。
⑩ 主流观点,请代表性地参见柏林高等法院,《法学综览》,1979年,第249页及下一页;《莱比锡刑法典评注——里辛—凡·桑》,第52条前言,边码144。
⑪ 参见雅科布斯,第31节,边码12;《(舍恩克、施罗德)刑法典评注——施特雷、施特尔贝格—利本》,第52条前言,边码131。
⑫ 参见本书第44节,边码7。
⑬ 这是吸收关系的"经典"事例,联邦法院,《刑法新杂志》,2001年,第642页,尤其是第643页及以下几页和伦吉尔和卡格尔、吕迪格尔(Rüdiger)的评释,分别见《法学教学》,2002年,第850页及以下几页和《刑法新杂志》,2002年,第202页质疑了该事例;对于这种情况,将来判例可能将认可成立一罪(这是完全合理的)。
⑭ 参见《联邦法院刑事判例集》,第14卷,第386页,尤其是第388页;金德霍伊泽尔:《刑法分论》,第2卷,第9节,边码10,有进一步的文献。

3. 在不纯正的数罪的情况下

在不纯正的数罪⑮的范围内,典型的预备行为和销赃、利用行为(Verwertungshandlungen)乃是所谓共罚的事前行为和事后行为(mitbestrafte Vor- und Nachtaten),也是要被吸收的。

如果犯罪整体的不法之重心明显在于事后行为上,那么,**共罚的事前行为**这一犯罪的实施便不再可罚。例如,为了盗窃汽车,事先侵占车钥匙便是此类。⑯

如果犯罪整体的不法之重心明显在于事前行为上,那么,**共罚的事后行为**这一犯罪的实施便不再可罚。相关的这类行为有销赃、利用行为和保全行为。人们可以将它们评价在已经发生的法益侵害的框架内。⑰ 例如,行为人将偷来的香肠吃掉。在该事例中,损坏财物仅仅是个利用行为,该利用行为仍然处在盗窃所强求的取得所有权这一过程的框架内。如果侵害了不同的权利人(Rechtsträger),则根本不成立共罚的事后行为。⑱

4. 不可罚的伴随行为(Begleittat)

如果主行为(由于无罪责能力、没有刑事告诉、失去时效等原因)不可罚,那么,也就没有理由处罚伴随行为。⑲

五、专业鉴定

首先,在专业鉴定中,审查犯罪时需要适当地进行权衡。因而,在(大学里)有人监考的书面考试中,由于时间的原因,通过法规竞合明显地排除掉的犯罪,大多只是较为简单地处理一下,而优先适用的犯罪则不然。⑳

其次,法规竞合的规则大多只是适用于单个特定的行为人实现了若干构成要

---

⑮ 参见本书第44节,边码10。

⑯ 《莱比锡刑法典评注——里辛—凡·桑》,第52条前言,边码134;《(舍恩克、施罗德)刑法典评注——施特雷、施特尔贝格—利本》,第52条前言,边码127及下一边码。

⑰ 参见《联邦法院刑事判例集》,第6卷,第67页;第38卷,第366页;联邦法院,《刑法新杂志》,1987年,第23页。

⑱ 联邦法院,《经济刑法和税收刑法杂志》,2008年,第423页,尤其是第424页及冯·海因契尔—海内格的评释,见《法学工作》,2008年,第899页。

⑲ 主流观点,请代表性地参见《联邦法院刑事判例集》,第38卷,第366页,尤其是第369页及施特雷的评释,《法学家报》,1993年,第476页及下一页;《联邦法院刑事判例集》,第39卷,第233页,尤其是第235页;联邦法院,《新法学周刊》,1968年,第2115页;菲舍尔,第52条前言,边码66;奥托,《法学》,1994年,第276页及下一页;针对销赃、利用行为和保全行为的其他观点,见格佩尔特,《法学》,1982年,第418页,尤其是第429页;耶赛克、魏根特,第69节 II、3a。

⑳ 亦参见阿茨特:《刑法考试》,第7版,2006年版,第223页;冯·海因契尔—海内格,边码736及以下几个边码。

件的情况。因而,只要第三人没有同时犯下优先处理的那些犯罪,那么,他也**有可能成立对排除适用的各构成要件的参加**。尤其是在共罚的事前行为和事后行为的场合,经常出现第三人的独立的参加。

20 最后,需要考虑的是,当行为人针对所谓"力图的加重"成立**中止**时,可能需重新适用原来被排除适用的犯罪。[21]

21
> **复习与深化**
>
> 1. 法规竞合可以区分为哪三种形式?(边码3)
> 2. 被排除适用的法规还会产生哪些效果?(边码4)
> 3. 何时成立形式的补充关系?何时成立实质的补充关系?(边码9及下一边码)

---

[21] 参见本书第32节,边码34。

第 47 节　一罪和数罪

一、成立一罪的基本原理

1. 概念

根据第 52 条第 1 款，如果"同一行为违反了数个刑罚法规或者数次违反同一刑罚法规"，则仅成立一次处罚。假如一个行为数次违反同一刑罚法规，则为**同种一罪**（gleichartige Tateinheit）或者同种想象竞合。不同地，若一个行为同时违反了数个刑罚法规，则为**异种一罪**（ungleichartige Tateinheit）或者异种想象竞合。　　1

所谓"**同一行为**"，可以是自然意义上的一个行为，也可以是一个综合了数个动作的构成要件上的或者自然的行为单数。①　　2

2. 刑罚幅度的确定

在成立一罪的情况下，刑罚的幅度需要依照如下的原则来确定：　　3

（1）在异种一罪的情况下，则根据处刑最重的法规确定单一的刑罚（第 52 条第 2 款第 1 句）。这时，行为人所实现的其他犯罪中的刑罚便不再科处（"**吸收原则**"）。但根据第 52 条第 2 款第 2 句，所判刑罚不得低于其他法规中规定的最低刑 ["**结合原则**"（Kombinationsprinzip）]。若其他法规中规定了附加刑、附随后果或者第 11 条第 1 款第 8 项中的措施，那么也可以或者必须适用到这一制裁之中（第 52 条第 4 款）。　　4

（2）在同种一罪时，适用数次违反的法规中的刑罚幅度。　　5

（3）在满足第 41 条的前提条件下，总是可以在自由刑之外再单独科处罚金刑（第 52 条第 3 款）。　　6

3. 机能

第 52 条中的认定一罪的规则的首要机能是**明示机能**（Klarstellungsfunktion）：（犯罪）行为的全部不法必须明确规定出来。因此，在起诉词和判决主文中，要说明成立一罪时所违反的所有法规。同时，通过适用吸收原则，可以让行为人处于更好的地位。因为，吸收原则的思想是：一行为符合数个构成要件，在不法和罪责内容上，要轻于数个独立行为实现这些构成要件。　　7

---

① 对此，见本书第 45 节，边码 4 及以下几个边码。

二、成立一罪的前提条件

1. 概览

8 如果符合以下任一条件:
(1) 某个特定的行为同时实现了数个构成要件;
(2) 同一行为(或行为单数)部分地实现了数个构成要件(因实行行为的部分相同,而成立的一罪);
(3) 互相独立地实现了数个构成要件,但是,实现其中任一构成要件都和实现另一个构成要件具有部分相同性(夹结作用而形成的一罪);
(4) 数个行为单独犯下了数个犯罪,从自然的角度看,这数个行为构成一个统一体;
那么,便违反了数个刑罚法规或者数次违反了同一刑罚法规,成立一罪。② 其中,第四种情况,按照判例的见解,成立基于自然行为单数的一罪,但是,存在争议。③

2. 由相同或部分相同的数个行为而成立一罪

> **案例 1**
> A 拿刀刺进 B 的身体,同时损坏了 B 的衣服。

> **案例 2**
> C 将 D 打倒在地,并将 D 的钱包占为己有。

> **案例 3a**
> E 痛打 F,以顺利地进入其房屋,并盗取贵重物品。

> **案例 3b**
> G 违法地进入某个屋内,以窃听他人的谈话。

> **案例 3c**
> H 拘禁 J 数日,此间,H 还侮辱性地谈论了 K。

---

② 根据普珀(《想象竞合和具体犯罪》,1979 年,第 302 页及以下几页;《戈尔特达默刑法档案》,1982 年,第 143 页及以下几页)发展起来却不完全偏离主流观点的学说,仅当各个构成要件具有"不法上的联系"(这意味着,至少具有一个互相一致的不法要素)时,才有可能(根据"基于构成要件"的行为概念)成立一罪。

③ 参见本书本节下文边码 21 及以下几个边码。

(1) 相同性：首先，如果(像案例1)某个特定的行为(或行为单数)实现了数个构成要件，则成立一罪。在该案中，A 便因故意杀人和损坏财物而成立一罪(第212条、第303条、第52条)。

(2) 部分相同性：倘若(像案例2)同一行为(或行为单数)部分地实现了数个构成要件，则因实行行为的部分相同，而成立一罪。④ 该案中的 C 实施抢劫时进行了身体侵害，成立一罪(第249条、第223条、第52条)。身体侵害和抢劫中使用暴力这一部分动作是一回事(重合的)。根据主流见解，在每个犯罪的既遂和终了二者之间的阶段，也可以存在这种实行行为的部分重合时的部分相同性。⑤

(3) 持续犯：若所涉犯罪之一为持续犯，则亦可以因实行行为部分相同，而成立一罪⑥：

① 首先，实行行为互相(部分)重合，可成立一罪。⑦ 这样，在案例3a中，凭借抢劫的部分动作(使用暴力)，使得入侵住宅变得可能(第249条、第123条、第52条)。又如，X 打 Y，以将 Y 捆绑起来。这里则是以身体侵害的方式剥夺他人人身自由(第239条、第223条、第52条)。

② 若持续犯乃是为实现其他犯罪所必要，像案例3b，则也可以成立一罪。⑧ 该案中的 G 实现了非法侵入他人住宅和侵害言论秘密，成立一罪(第123条、第201条第2款第1项、第52条)。但主流观点认为这种情况下应当成立数罪，而不是一罪，因为：不能仅仅只是因为数个构成要件同时实现，就将之捆成一罪。⑨

③ 如果持续犯的具体实现和违反其他法规之间不存在任何内部联系，如案例3c，别的犯罪仅仅是发生在持续犯的时候，则不成立一罪。⑩ 因此，H 的剥夺他人人身自由和侮辱就成立数罪(第239条、第185条、第53条)。

---

④ 《联邦法院刑事判例集》，第18卷，第29页；第26卷，第24页；第43卷，第317页，尤其是第319页；联邦法院，《刑法新杂志——刑事判决和报告》，1998年，第103页，尤其是第104页。

⑤ 《联邦法院刑事判例集》，第26卷，第24页，尤其是第27页；联邦法院，《刑法新杂志》，1984年，第262页；1993年，第77页；1995年，第588页及下一页；韦塞尔斯、博伊尔克，边码777；格罗普，第14节，边码38。

⑥ 关于非法侵入他人住宅在实务上的重要案例，亦参见金德霍伊泽尔：《刑法分论》，第1卷，第33节，边码39及以下几个边码。

⑦ 参见《帝国法院刑事判例集》，第32卷，第137页；第54卷，第288页；《联邦法院刑事判例集》，第18卷，第29页，尤其是第33页及下一页；联邦法院，《刑法新杂志》，1999年，第83页；弗洛因德，第11节，边码54。

⑧ 韦塞尔斯、博伊尔克，边码779；金德霍伊泽尔，《法学教学》，1985年，第100页，尤其是第104页及下一页；《(舍恩克、施罗德)刑法典评注——伦克纳、施特尔贝格—利本》，第123条，边码37；斯特拉滕韦特、库伦，第18节，边码32；《(舍恩克、施罗德)刑法典评注——施特雷》，第52条前言，边码88及以下几个边码。

⑨ 《联邦法院刑事判例集》，第18卷，第29页，尤其是第32页及下一页；《刑法典体系性评注——鲁道菲、施泰因》，第123条，边码43。

⑩ 请代表性地参见科布伦茨州高等法院，《新法学周刊》，1978年，第716页；《(舍恩克、施罗德)刑法典评注——伦克纳、施特尔贝格—利本》，第123条，边码36，有进一步的文献。

15　　　**(4) 持续犯的中断**：根据主流见解，若行为人决定犯新罪，则在实体法上导致持续犯的中断。⑪ 所以，特别地，假若行为人酒后驾车在造成交通事故后，决意继续开行，逃离事故地点（这是不容许的），则该酒后驾车中断。在这一场合下，第316条的酒后驾车在事故前后就分属于两个犯罪（数罪）：在事故发生前，相对于第315条c而言，第316条退居其次，作为补充性条款；在事故发生后，同时实现了第142条和第316条，成立一罪（第315条c；第142条、第316条、第52条；第53条）。

3. 夹结作用而形成的一罪

> **案例4**
> 在B的商店里，A打倒B，这样，他就可以顺利地拆开收款台，拿走里面的现金。

> **案例5**
> 骗子P于5月27日犯了一诈骗罪（第263条），6月6日，又犯了一伪造文书罪（第267条）。在这两个场合下，他均谎称自己为法学博士。

16　　　**(1) 基本原理**：行为人独立地违反了法规数次，其中的任意一次违反法规，都意味着同时部分地实现了另一个构成要件，这时基本上可以成立一罪。⑫ 在案例4中，身体侵害和损坏财物便是这样的互相独立的两个犯罪。然而，除此之外还有抢劫。抢劫的使用暴力这部分动作和身体侵害重合，可以成立一罪，而拿走这部分动作又和损坏财物相重合，进而有可能成立一罪。这样，身体侵害和损坏财物就被抢劫夹结起来了，进而成立一罪（第249条、第223条、第303条、第52条）。

17　　　学术文献中有少数观点表示不同意见，有人认为，由于缺乏一个共同的行为，根本不可以通过夹结作用形成一罪⑬，有人则认为，只能有限地赞同夹结作用而形成的一罪。⑭

---

⑪ 请代表性地参见《联邦法院刑事判例集》，第21卷，第203页；联邦法院，《刑法新杂志——刑事判决和报告》，1999年，第8页。

⑫ 菲舍尔，第52条前言，边码30及以下几个边码；格佩尔特，《法学》，1982年，第358页，尤其是第370页及下一页；格罗普，第14节，边码43；耶赛克、魏根特，第67节Ⅱ、3；罗克辛，第2卷，第33节，第101页及以下几页；斯特拉滕韦特·库伦，第18节，边码34；《(舍恩克、施罗德)刑法典评注——施特雷、施特尔贝格—利本》，第52条，边码14及以下几个边码。

⑬ 《刑法典体系性评注——耶格尔》，第52条前言，边码66；雅科布斯，第33节，边码11及下一边码；彼得斯，《法学综览》，1993年，第265页及以下几页；普珀：《想象竞合和具体犯罪》，1979年版，第199页及以下几页、第203页；普珀：《戈尔特达默刑法档案》，1982年，第143页，尤其是第152页；罗克辛，第2卷，第33节，边码108。

⑭ 韦塞尔斯、博伊尔克，边码780；奥托，第23节，边码28；《刑法典体系性评注——萨姆松、京特》，第52条，边码19。

（2）限制：如果（夹结其他罪的）联系性（vermittelnd）犯罪的不法内容之程度要轻于被夹结起来的各犯罪，那么因夹结作用而形成的一罪就是不无疑问的。在案例 5 中，诈骗（第 263 条）和独立于诈骗而为的伪造文书（第 267 条）便是这样均包含有滥用头衔（第 132 条 a 第 1 款第 1 项）之内容的犯罪。这时的（根据第 52 条中已有的）结果就是：若行为人不只是犯两个罪，而是再犯能和其余犯罪部分相交的第三个罪，这样就会使自己处于更好的境地。 18

在这种场合下，判例的观点是，仅当被夹结起来的各犯罪之中的**一个**（而不是两个）犯罪处刑重于联系或中介性的（verbindend）犯罪[15]，才认可夹结作用。[16] 在权衡这里的轻重时，轻罪（Vergehen）和重罪（Verbrechen）这种抽象的分类是起不到任何作用的。更确切地说，具体（犯罪）行为的不法才是决定性意义的，因此，两个重罪也有可能借助于一个轻罪的联系从而成立一罪。[17] 同样地，如果相应的犯罪基于《刑事诉讼法》第 151 条、第 154 条 a 的程序上的限制而被分离出来，也不影响夹结作用的成立。[18] 在案例 5 中，由于诈骗的不法和伪造文书的不法均重于滥用头衔的不法，这样，按照判例的见解，就不能认定夹结作用的成立。 19

需要注意的是，假若认为判定成立一罪时，"程序上的行为"[19]便同时产生[20]，那么，对起夹结作用的犯罪的定罪，便导致针对其他没有受处罚的被夹结起来的各犯罪的**起诉权用尽**。 20

4. 基于自然的行为单数而成立一罪

> **案例 6**
> 父亲 F 轮流地揍他的两个孩子。

（1）针对数个不同的构成要件：若行为人实现了数次同一犯罪的构成要件，则 21

---

[15] 《联邦法院刑事判例集》，第 31 卷，第 29 页；联邦法院，《刑法新杂志》，1989 年，第 20 页；2010 年，第 141 页；鲍曼·韦伯·米奇，第 36 节，边码 30；埃伯特，第 228 页；其他的，还有《联邦法院刑事判例集》，第 3 卷，第 165 页及以下几页。
[16] 《联邦法院刑事判例集》，第 2 卷，第 246 页及以下几页；第 18 卷，第 26 页。
[17] 《联邦法院刑事判例集》，第 33 卷，第 4 页；亦参见联邦法院，《刑法新杂志》，1993 年，第 133 页，尤其是第 134 页。
[18] 联邦法院，《刑事辩护人杂志》，1989 年，第 247 页。
[19] 参见本书第 44 节，边码 16。
[20] 对此，参见哈姆州高等法院，《德国法月报》，1986 年，第 253 页及格林瓦尔德和普珀的评释，分别见《刑事辩护人杂志》，1986 年，第 243 页及以下几页和《法学综览》，1986 年，第 205 页及以下几页；茨魏布吕肯州高等法院，《德国法月报》，1986 年，第 692 页及米奇的评释，见《刑法新杂志》，1987 年，第 457 页及下一页；克劳斯，载《克莱因克内希特祝贺文集》(*Kleinknecht*-FS)，第 215 页及以下几页；米奇，《德国法月报》，1988 年，第 1005 页及以下几页；关于第 129 条、第 129 条 a 中的例外，参见《联邦宪法法院判例集》，第 56 卷，第 22 页及以下几页；《联邦法院刑事判例集》，第 29 卷，第 288 页；关于违反武器法的情况，见《联邦法院刑事判例集》，第 36 卷，第 151 页及以下几页。

按照自然的行为单数的标准,只认定一次违反法规,这种做法得到了广泛的认可。㉑ 然而,是否在实现了数个不同的构成要件时,也可以适用这一标准将这对这些构成要件的数次实现综合理解成为一罪? 对此,具有争议:

22　　① 尤其当行为人在较为紧密的时间—空间联系之中,基于一个特定的目标设定犯下了不同的犯罪时,判例和文献中的部分见解认为可以将之综合理解成为一罪。例如,行为人在道路交通中有错误举止后,出于对警察的恐惧而犯下不同的罪行。㉒

23　　② 而根据学术文献中广为传播的见解,如果行为人相互独立地数次违反法规,而这之间没有共同的实行行为,则不应成立想象竞合。㉓ 这种观点是合理的,理由是:为了将行为人虽然依次犯下但是却仍然相互独立的构成要件之实现综合理解成为一罪,(行为人的)主观的目的设定(比如,怕警察)难以成为法律上的评判标准。

24　　**(2)针对数个不同的法益主体**:在主流观点内部,针对是否可以将侵害不同法益主体的高度人身性利益的数个构成要件之实现也按照自然的行为单数的标准综合地认定成一罪,也尚不明确。㉔ 假若行为人是同时、轮流地攻击数个受害人(就像案例6那样),判例的见解是(例外地)成立一罪。㉕

㉑ 对此,见本书第45节,边码6及以下几个边码。
㉒ 《联邦法院刑事判例集》,第22卷,第67页,尤其是第76页;联邦法院,《交通法汇编》,第57卷,第277页;第66卷,第20页;联邦法院,《刑法新杂志》,1984年,第214页,尤其是第215页;《德国国月报》(霍尔茨),1986年,第622页;菲舍尔,第52条前言,边码2及以下几个边码;格尔茨:《刑法中的竞合论》(Zur Lehre von der Konkurrenz im Strafrecht),1961年版,第289页及下一页;格佩尔特,《法学》,1982年,第358页,尤其是第362页;奥托,第23节,边码11;施洛德,《法学》,1980年,第240页,尤其是第241页及下一页;限制性的观点,见联邦法院,《交通法汇编》,第47卷,第340页,尤其是第342页。
㉓ 格罗普,第14节,边码44及下一边码;雅科布斯,第32节,边码35;耶赛克、魏根特,第66节 III、3;克勒尔(Keller):《论构成要件上的行为单数》(Zur tatbestandlichen Handlungseinheit),2004年版,第23页及以下几个;金德霍伊泽尔,《法学教学》,1985年,第100页,尤其是第104页;《(舍恩克、施罗德)刑法典评注——施特雷、施特尔贝格—利本》,第52条前言,边码22及以下几个边码。
㉔ 肯定的观点,见联邦法院,《新法学周刊》,1985年,第1565页及迈瓦尔德的评释,见《法学综览》,1985年,第513页及以下几个;联邦法院,《刑法新杂志》,1985年,第217页;菲舍尔,第52条前言,边码7;格佩尔特,《法学》,1982年,第358页,尤其是第362页;索瓦达,《法学》,1995年,第245页,尤其是第252页及下一页;限制性的观点,联邦法院,《刑事辩护人杂志》,1998年,第72页;《刑法新杂志——刑事判决和报告》,1998年,第233页;韦塞尔斯·博伊尔克,边码766;否定的观点,因而认定成立数罪,见《联邦法院刑事判例集》,第2卷,第246页,尤其是第247页;第16卷,第397页,尤其是第398页;联邦法院,《刑法新杂志》,1984年,第311页;1996年,第129页;雅科布斯,第32节,边码35、37;金德霍伊泽尔,《法学教学》,1985年,第100页,尤其是第105页;屈尔,第21卷,第19页及下一页;迈瓦尔德:《自然的行为单数》(natürliche Handlungseinheit),1964年版,第80页及下一页;迈瓦尔德,《新法学周刊》,1978年,第300页,尤其是第301页及下一页;沃尔特,《刑事辩护人杂志》,1986年,第315页。
㉕ 联邦法院,《刑事辩护人杂志》,1990年,第544页;《刑法新杂志》,2003年,第366页,尤其是第367页。

需要注意的是,反对将针对高度人身性法益的数次侵害综合理解成为只实现了一次构成要件的理由[26],并不能适用到竞合这上面来。例如,若A"一口气"先后骂了B和C,那么,他就犯下了两个侮辱罪(第185条)而不是一个。虽然如此,但是,仅此尚不足以排除将这两次违反法规捆绑综合成为第52条上的一个(犯罪)行为,从而使得A因两次侮辱而按照一罪处罚的可能性,理由在于:自然地看,这两次违反法规能够看作一次事实发生。[27] 在判例和学术文献之中,对于自然的行为单数的如下两种机能常常区分得不够清楚:① 将数个动作综合理解成为实现一次构成要件的机能;② 将数次违反法规捆绑成为一罪的机能。[28]

5. 不作为时的一罪

(1) 一个结果:如果负有义务者[29]不阻止某一特定的结果,那么,不需考虑可能具有的救助可能性,只需要对他按照**一个**不作为加以处罚。

(2) 数个结果:反之,如果负有义务者不阻止数个结果,则需要区别对待了:

① 若他本来必须实施一个特定的行为(比如,特定的一个救助措施)来阻止全部结果,则成立一罪。[30]

② 假如他为了救助,本来必须分别采取数个互相独立的行为,则成立数罪。

6. 参与时的一罪

在存在**参与**时,是成立一行为还是数个行为,从原则上讲,取决于参与者的举止,而非正犯的举止。因此,若帮助者分别对数个犯罪行为分别进行了独立的支持、帮助,通常成立数罪。[31] 但若只有一个教唆行为(第26条)或一次帮助(第27条),则他也就只能因一个参与行为而受处罚,而并不取决于正犯或正犯们实施了一个主行为还是数个主行为。[32] 相反,如果存在数个参与行为,而仅有一个主行

---

[26] 对此,见本书第45节,边码10。

[27] 参见奥托,第23节,边码11、13。

[28] 详见屈尔,第21节,边码10及以下几个边码。

[29] 这同样适用于保证人和不纯正不作为犯的负有义务者这两者,参见联邦法院,《新法学周刊》,1985年,第1719页及下一页;耶赛克、魏根特,第66节Ⅳ、2;《莱比锡刑法典评注——里辛—凡·桑》,第52条前言,边码85及下一边码。

[30] 参见《联邦法院刑事判例集》,第37卷,第106页,尤其是第134页及下一页;鲍曼、韦伯、米奇,第36节,边码31。

[31] 参见联邦法院,《新法学周刊》,2009年,第690页,尤其是第692页;另外,对于"接连"(fortlaufend)促进多个犯罪行为的情形,见联邦法院,《经济刑法和税收刑法杂志》,2007年,第262页,尤其是第267页。

[32] 参见《联邦法院刑事判例集》,第40卷,第374页,尤其是第377页;联邦法院,《刑法新杂志》,1993年,第584页;不作为的情况,见联邦法院,《刑法新杂志》,2009年,第443页及下一页。

为,那么根据参与的从属性,仍然成立一罪。㉝

31　　同样地,在**间接正犯**的场合,若行为媒介实施了多个犯罪行为,对于幕后操纵者来讲,原则上也只成立一罪,只要这多个犯罪行为是建立在一个"任务"之上。㉞

32　　若**共同正犯**犯下一系列罪行,那么成立一罪还是数罪这个问题,则进一步取决于各共同正犯者的具体举止方式。如果具体的共同正犯个别地附随犯下数个犯罪,则成立数罪。而若当时只有单一的行为贡献促进了犯罪行为,则针对这些犯罪行为只成立一罪。㉟

33　　在依第 30 条第 2 款约定为数个重罪的场合,竞合的判断需以已经实现的犯罪行为为准,而不是什么将要实施的犯罪㊱,因为前者(而非只是所计划的犯罪行为)才是依照前述条款处罪的外在标准。

三、数罪

1. 前提条件

34　　如果行为人实施了数次独立且可罚的法规违反,则这些法规违反之间不具有一罪的关系,便成立数罪。因而,数罪是**否定了一罪后的一个结果**。就此而言,仅仅在一罪这里就具有了界分的功能。

2. 总和刑的构成原则

35　　**(1) 基本原理**:"若一人犯数罪,且该数罪同时接受审判,因而被判处数个有期自由刑或者数个罚金刑",则应按照第 53 条第 1 款"认定一总和刑"。这意味着:若数个行为违反了数个法规,则需要先针对其中每次违反法规分别确定它们的个别刑;然后,再根据这些个别刑构成一个总和刑。

36　　**(2) 加重原则**(Asperationsprinzip):加重原则意味着,对最高的个别刑再行加重,从而构成总和刑,在该过程中,总和刑应在个别刑相加总和的刑期之下(第 54 条第 1 款第 2 句、第 2 款)。所以,不得将各个个别刑简单相加,这样,在具体场合下,就不会得出一个高得不合理的刑罚。更确切地说,在确定总和刑时,需要对行

㉝ 《联邦法院刑事判例集》,第 46 卷,第 107 页,尤其是第 116 页;联邦法院,《刑法新杂志——刑事判决和报告》,2008 年,第 168 页,尤其是第 169 页;其他观点,黑格曼斯,载《罗克辛祝贺文集》,2011 年版,第 867 页,尤其是第 872 页及以下几页。

㉞ 《联邦法院刑事判例集》,第 40 卷,第 218 页,尤其是第 238 页及下一页;联邦法院,《经济刑法和税收刑法杂志》,2002 年,第 421 页及下一页;《刑法新杂志——刑事判决和报告》,2004 年,第 9 页。

㉟ 联邦法院,《刑事辩护人杂志》,2011 年,第 726 页及下一页;《经济刑法和税收刑法杂志》,2012 年,第 146 页。

㊱ 参见《联邦法院刑事判例集》,第 56 卷,第 170 页,尤其是第 172 页及下一页及杜特格赞同性的评论,见《刑法新杂志》,2012 年,第 438 页及下一页;联邦法院,《刑法新杂志》,2013 年,第 33 页,尤其是第 34 页;不同地,还有联邦法院,《新法学周刊》,2010 年,第 623 页,尤其是第 624 页。

为人的人格和具体犯罪做出综合权衡；接着，便基于这种权衡，适当地提高个别刑。㊲ 如果存在（近似于一罪的）时间、事件或者情况上的紧密联系，则不应过分提高个别刑。

如果各个个别刑之中有一终身自由刑，则总和刑便是终身自由刑（第 54 条第 1 款第 1 句）。 37

（3）总和刑的事后构成：根据第 55 条的规定，若行为人因某个行为而受审判后，又需要对其在该次审判之前的另一行为加以定罪，这时，便可以事后地再构成一总和刑。假如这里所提到的之前实施的行为，在之前的判决之中就已经共同地考虑进去了，那么，当时根据第 53、54 条而行事的法官就必定已经在一个程序中对两个行为合并审判时，同意给予行为人相应的"刑罚优惠"（Strafrabatt）了。这一（刑罚上的）"好处"，根据第 55 条，行为人在事后也可以享有。㊳ 38

（4）专业鉴定的构造：在大学里的专业鉴定的撰写中，不需要深入讨论总和刑的构成。在涉及竞合的时候，只需要考察是否符合第 52、53 条中的相应前提条件。 39

40

> **复习与深化**
>
> 1. 按照什么原则来确定一罪时的刑罚？根据何种原则来确定数罪的总和刑？（边码 3 及以下几个边码、边码 35 及以下几个边码）
> 2. 根据什么标准可以将数个犯罪捆绑综合成为一罪？（边码 8）
> 3. 一个犯罪可以将两个在具体不法上更为严重的犯罪夹结起来成立一罪吗？（边码 18 及下一边码）

㊲ 联邦法院，《刑法新杂志》，2001 年，第 365 页及下一页；2011 年，第 32 页；详见《整体刑法评注便携本——施泰因梅茨》（HKGS-*Steinmetz*），第 54 条，边码 7。

㊳ 《联邦法院刑事判例集》，第 33 卷，第 131 页，尤其是第 132 页；第 35 卷，第 208 页，尤其是第 211 页。

第 48 节　疑罪从无、选择确定和后置确定

一、"疑罪从无"的原则

1. 概念和适用领域

1　　**(1) 概念**："疑罪从无"(*in dubio pro reo*)("有疑义时做有利于被告人的解释")的原则乃是**法律适用之中的一个判定性规则**。这一原则是指,定罪只能建立在(为形成法庭的确信)已于程序中证实的行为事实之上。① 该原则直接源于《欧洲保护人权和基本自由公约》第 6 条第 2 款,同时,人们也将之理解成为《基本法》第 103 条第 2 款所规定的罪刑法定原则的附加内容。②

2　　**(2) 适用领域**："疑罪从无"的原则适用于两种情况:① 在决定处罚还是释放之时;② 在具有阶段关系的不同行为之间做选择时。

3　　依此,一方面,若行为人因某一特定犯罪被起诉,而根据可采信的证据,该犯罪的事实性前提条件并非不令人怀疑,此时,则适用"疑罪从无"的原则。另一方面,假设行为人因某一加重构成要件而受起诉,但是,基于可采信的证据,只有对基本犯的实现是确定没有疑问的,这时也适用该原则。在该情况下,只能按照基本犯来处罚被告。③

4　　**(3) 阶段关系**(Stufenverhältnis):如果若干个构成要件之间只是多一些要素和少一些要素的区别,则它们之间具备阶段关系(所谓**逻辑的阶段关系**)。这样的阶段关系有:基本犯和(构成要件的)加重、(构成要件的)减轻和基本犯、力图和既遂等。④

5　　如果若干个构成要件之间仅在不法内容的强度有区别,则亦有可能成立一种受普遍承认的阶段关系。这便是所谓的"**价值伦理的或规范的阶段关系**"⑤。在这种情况下,根据判例的见解,只是间或"类比"适用"疑罪从无"的原则⑥,而学术文

---

① 详见沃尔特,《法学教学》,1983 年,第 363 页及以下几页。
② 对此,见本书第 8 节,边码 6 及下一边码。
③ 鲍曼、韦伯、米奇,第 10 节,边码 5;奥托,第 24 节,边码 2。
④ 参见《(舍恩克、施罗德)刑法典评注——埃泽尔、黑克尔》,第 1 条,边码 88,有进一步的文献。
⑤ 详见《(舍恩克、施罗德)刑法典评注——埃泽尔、黑克尔》,第 1 条,边码 85 及以下几个边码;米洛诺波洛斯,《整体刑法学杂志》,第 99 卷,1987 年,第 685 页,尤其是第 691 页及以下几页;奥托,载《彼得斯祝贺文集》,第 373 页,尤其是第 375 页及以下几页;沃尔特,《选择确定和疑罪从无》(Wahlfestellung und in dubio pro reo),1987 年版,第 57 页及以下几页。
⑥ 参见《联邦法院刑事判例集》,第 31 卷,第 136 页,尤其是第 138 页。

献中的观点则认为,可以直接适用该原则。⑦ 这种规范的阶段关系有:过失和故意⑧、参与和正犯⑨、帮助和教唆⑩或一罪和数罪。⑪

2. 专业鉴定

由于"疑罪从无"原则乃是个判决规则,而不是证明规则,所以,在专业鉴定中,不得一开始就将对可能的行为人最有利的那种案件事实情况强行加以适用。毋宁说,应当分两个步骤:第一步,需要彻底地全面考察每一种可能的事实发生状况;只有完成第一步后,才进入第二步,亦即根据这分别支持每一个构成要件的每一种可能的案件事实情况,确定出对行为人最有利的法律情形。例如,在黑夜里,A 枪杀了 B,却无法查明,他当时事实上是要击中 B,还是不小心地将 B 当成了一尊雕像。

6

(1)在审查是否成立故意杀人罪时,依照有疑义时做有利于被告人的解释,应得出 A 对其目标的性质产生了错误认识,这样,这里就要根据规范的阶段关系⑫,对行为人(只)以过失致人死亡罪论处。

(2)相反地,鉴于可能同时实现的力图损坏财物,则应相应地认定,A 还是合理地将目标识别为人了,因此不能附带依照第 303 条第 1、3 款、第 22 条、第 23 条以力图论处。⑬

二、选择确定

1. 判决时的情况

在适用"疑罪从无"原则时,人们所面临的是无法确知行为人做出还是没有做出可罚的举止,或者无法确知他是否实现了异种的构成要件。而在所谓的选择确定(Wahlfeststellung)的场合下,行为人可以实现数个构成要件中的一个或若干个,而这数个构成要件相互之间具有相似性,尽管这种相似性在细节上存在争议。⑭ 这意味着,数个与刑法有关的案件事实情况都是可能的,而这些案件事实情况之间

7

---

⑦ 参见耶赛克、魏根特,第 16 节 II、2,有进一步的文献。
⑧ 《联邦法院刑事判例集》,第 32 卷,第 48 页,尤其是第 57 页;雅科布斯,《戈尔特达默刑法档案》,1971 年,第 257 页,尤其是第 260 页及下一页。
⑨ 《联邦法院刑事判例集》,第 23 卷,第 203 页,尤其是第 206 页及以下几页;《(舍恩克、施罗德)刑法典评注——埃泽尔、黑克尔》,第 1 条,边码 87。
⑩ 《联邦法院刑事判例集》,第 31 卷,第 136 页,尤其是第 138 页及鲍曼的评释,见《法学家报》,1983 年,第 116 页及下一页;赫鲁斯卡,《法学综览》,1983 年,第 177 页及以下几页。
⑪ 联邦法院司法判决:刑事部分,《刑法典》第 52 条第 1 款,疑罪从无,2;联邦法院,《刑法新杂志——刑事判决和报告》,2002 年,第 75 页。
⑫ 参见本书本节边码 5。
⑬ 有教益的其他例子,见冯·海因契尔—海内格,边码 71 及下一边码。
⑭ 参见本书本节边码 12 及以下几个边码。

具有一定的可比性。同时,必须排除的是所有案件事实情况无一成立的情形。在选择确定问题上,需要区分同种的选择确定和异种的选择确定。

2. 同种的选择确定

8   所谓同种的选择确定[或替代的案件事实情况(Sachverhaltsalternativität)]要处理的问题是:行为人有可能实施了两个针对**同一构成要件**之实现的行为,同时,其中一个行为是肯定的。这时,人们可以肯定的是,行为人实现了构成要件,因而,不知道替代的案件事实之中究竟哪个才是实际上需要加以定罪的事实,也就不会有影响。⑮ 例如,证人 Z 在上诉程序中所作证言和一审程序中的相抵触,则要对之依照第 153 条加以处罚。这时,不得适用"疑罪从无"的原则,因为人们考虑的两个案件事实情况符合的是同一构成要件,因而并不存在任何阶段关系。

9   在**专业鉴定**中,需要对每一可能的案件事实情况加以考察,并进而确定,在每一种情况中,行为人都符合的是同一构成要件,因而不存在阶段关系,也就不适用"疑罪从无"的原则,所以,成立同种的选择确定。

3. 异种的选择确定

> **案例 1**
>
> 在运输盗窃来的赃物时,A 被抓获;但是搞不清楚,这些东西是 A 自己偷来的(第 242 条),还是 A 从第三人手中恶意地弄到的(第 259 条)。

10   所谓异种的选择确定(或"纯正的"选择确定)要处理的情况是:行为人所涉的数个可能的案件事实情况分别独立地犯了不同的罪,而这些可能的行为之间**根本不存在任何阶段关系**。

11   (1) 概述:在成立同种的选择确定的时候,行为人乃是因其事实上也实际犯下的犯罪而受罚,不同于此,在数个可能的犯罪之中选择出一个加以定罪,也就意味着行为人可能要**因为没有犯的罪**而受责难。如果严格适用"疑罪从无"原则的话,那便要释放行为人,尽管可以肯定,他实施了一个可罚的举止。尽管如此,为了避免行为人得到他不应得到的污点,根据主流观点,只有在严格的界限范围内,才能允许以可以多种解释的行为事实作为定罪判决的基础。不过,针对是否可以允许

---

⑮ 需要特别注意的是,如果案件事实情况之间的时间相距较远,可能会发生是否是《刑事诉讼法》第 264 条上的同一"程序上的行为"的疑问。对此,详见《联邦法院刑事判例集》,第 36 卷,第 262 页,尤其是第 269 页;联邦法院,《德国法月报》,1980 年,第 948 页,尤其是第 949 页;杜塞尔多夫州高等法院,《法学综览》,1980 年,第 470 页;《刑法新杂志——刑事判决和报告》,1999 年,第 304 页及下一页;冯·海因契尔—海内格,边码 77。

选择确定这一问题,变得越来越有疑问了。⑯

（2）**前提条件**:采取异种的选择确定的方式来定罪,需要一定前提条件,而这些条件却有争议。

① 根据主流观点,数个控诉的行为(Tatvorwürfe)之间必须具备**法律伦理和心理上的可比性**⑰:

第一,同一犯罪的数个不同的作为形式之间⑱、伪证和诬告之间⑲、以及像诈骗和窝赃这样的财产犯罪之间⑳或者(像案例1中那样)所有权犯罪和窝赃之间㉑具有这种可比性。

第二,而像参与先前(犯罪)行为和阻挠刑罚之间㉒、故意杀人和伤害致死之间㉓、盗窃和敲诈勒索之间㉔或者盗窃和诈骗之间㉕则不存在这种可比性。

需要注意的是,在结合犯的场合,要将不可比较的部分剔除出去,而剩下的可比较的犯罪,只要可以独立地加以处罚,则适用选择确定。例如,如果抢劫(第249条)和窝赃(第259条)都是行为人可能替代地犯下的罪行,那么,首先需要将抢劫分割成为盗窃和强制,而强制因和窝赃没有可比性,因而也就要将之剔除出去。这样,也就需要在盗窃和窝赃之间选择一个定罪。㉖

② 按照广为传播且较为可取的少数说,在所考虑的数个犯罪之间需要具有**不法核心的同一性**(Identität des Unrechtskerns)。㉗ 若攻击所针对的是同一种法益,且不同犯罪的行为非价之间的分量也基本等同,则成立这里的同一性。像财物诈骗

---

⑯ 参见联邦法院,《刑法新杂志》,2000年,第473页及下一页;恩德鲁魏特(*Endruweit*):《选择确定和形成确信的相关问题》(Die Wahlfeststellung und die Problematik der Überzeugungsbildung),1973年版,第105页及以下几页;《诺莫斯刑法典评注——弗里斯特》(NK-*Frister*),第2条续言,边码76及以下几个边码、边码90;相反,赞同无限制地适用选择确定的,见德雷埃尔,《德国法月报》,1970年,第369页及以下几页;冯·海波尔,《新法学周刊》,1963年,第1533页及以下几页。

⑰ 参见《联邦法院刑事判例集》,第9卷,第390页,尤其是第393页及下一页;第25卷,第182页,尤其是第183页及下一页;第30卷,第77页,尤其是第78页。

⑱ 《联邦法院刑事判例集》,第22卷,第12页,尤其是第13页及下一页。

⑲ 巴伐利亚州高等法院,《德国法月报》,1977年,第860页。

⑳ 联邦法院,《新法学周刊》,1974年,第804页及下一页。

㉑ 《联邦法院刑事判例集》,第1卷,第302页,尤其是第304页;第16卷,第184页,尤其是第186页及下一页;杜塞尔多夫州高等法院,《刑法新杂志——刑事判决和报告》,1999年,第304页,尤其是第305页。

㉒ 《联邦法院刑事判例集》,第30卷,第77页,尤其是第78页。

㉓ 联邦法院,《新法学周刊》,1990年,第130页及下一页。

㉔ 联邦法院,《德国法官报》(DRiZ),1972年,第30页,尤其是第31页。

㉕ 联邦法院,《刑法新杂志》,1985年,第123页。

㉖ 参见联邦法院,《刑事辩护人杂志》,1985年,第123页。

㉗ 雅科布斯,《戈尔特达默刑法档案》,1971年,第257页,尤其是第270页;耶赛克、魏根特,第16节 III,3;蒙滕布吕克(*Montenbruck*),《戈尔特达默刑法档案》,1988年,第531页,尤其是第538页;奥托,第24节,边码9;亦参见巴伐利亚州高等法院,《德国法月报》,1977年,第860页;《刑法典体系性评注——鲁道菲、沃尔特》,第55条附录,边码38及以下几个边码。

(第263条)和盗窃(第242条)二者之间便可以做这样的选择确定。㉘

18　　**(3) 专业鉴定的构造**：在专业鉴定中，首先需要分别审查每一种可能的案件事实情况，然后确定是否行为人在这每一种情况中都满足了某一犯罪的构成要件。若是，那么，当不存在适用"疑罪从无"这一原则的阶段关系，且各个犯罪之间却又具有"法律伦理和心理上的可比性"或者具有"同一的不法核心"时，则可以认定：在该种情况下适用异种的选择确定。具体而言，便是：针对这数个可能的犯罪，要选择出其中法定的刑罚幅度最轻的一个犯罪，将行为人按此犯罪处罚。

三、后置确定和前置确定

> **案例 2**
> 　　根据法庭的确信，可以确定：A 恶意地买了(盗窃的)赃物，以继续利用之。但他是否也是盗窃的共同正犯，则无法确定。

1. 后置确定(Postpendenz)

19　　在选择确定的情况下，人们所审查的两个犯罪是否都得到了实施，是不确定的；而所谓后置确定要处理的问题是：在两个刑法上相互关联的案件事实情况之间，可以**肯定地证实后一种**案件事实情况，(只是)是否实施了前者，似乎存在疑问。㉙ 案例 2 便是该种情况。在这种情况下，由于可以肯定后一举止实现了犯罪，因而，就清楚地按照后一举止加以定罪(这便是所谓的后置确定)。不过，需独立加以处理的是，刑罚幅度应始终适用处罚最轻的法规。㉚ 这样，案例 2 中的 A 仅需要根据第 259 条判罚。

20　　在**专业鉴定**中，对于后置确定的情况，需要分别审查诸种可能的案件事实情况。然后，根据可以肯定地确定的后一种案件事实情况来定罪，而不能按照有疑义的前一行为来判罚。

2. 前置确定(Praependenz)

21　　如果两个刑法上互相关联的案件事实情况之中，**前者是没有疑义的**，而后者只是可能存在，则适用所谓的前置确定。与后置确定相对应地，对前置确定的判决规

㉘　关于两种犯罪的犯罪构造，详见《诺莫斯刑法典评注——金德霍伊泽尔》，第 263 条，边码 42 及以下几个边码。

㉙　《联邦法院刑事判例集》，第 35 卷，第 86 页及以下几页和约尔登·沃尔特的评论，分别见《法学家报》，1988 年，第 847 页及以下几页和《刑法新杂志》，1988 年，第 456 页及以下几页；联邦法院，《刑法新杂志》，1989 年，第 266 页；1989 年，第 574 页；基础性的论述，见赫鲁斯卡，《法学家报》，1970 年，第 637 页及以下几页；赫鲁斯卡，《新法学周刊》，1971 年，第 1392 页及以下几页。

㉚　联邦法院，《刑法新杂志》，2011 年，第 510 页。

则是：按照前一犯罪定罪。

> **复习与深化**

1. "疑罪从无"原则适用于何种场合？（边码 2 及下一边码）
2. 如何理解异种的选择确定？在何种情况下适用它？（边码 10 及以下几个边码）
3. 什么时候适用后置确定？（边码 19 及下一边码）

定　义

第 3—7 条	
概念	定义
国内	是指德国刑法依据国家主权所可以适用的范围。这种所谓的功能性的"国内"概念和国家法上的概念是一致的,其包括《基本法》序言中所列举的那些州。（第 4 节,边码 11）
德国人	是指依照《基本法》第 116 条拥有德国国籍的人。（第 4 节,边码 11）
外国	是指不属于国内的领域,包括公海和无国家主权的地方。（第 4 节,边码 11）
外国人	是指《基本法》第 116 条第 1 款意义上的非德国人,也包括无国籍人（《居留法》第 2 条第 1 款）。（第 4 节,边码 11）
第 12 条	
(1) **重罪**是指最低刑为一年或一年以上自由刑的违法行为。	
(2) **轻罪**是指最高刑为一年以下自由刑或者科处罚金刑的违法行为。	
(3) 总则中对刑罚严厉事由和缓和事由的规定,或者针对情节特别严重或者不甚严重的规定,在这种分类是不予考虑。	
概念	定义
结果	是指对于规范所保护的法益(客体)的负面改变。（第 10 节,边码 3）
行为	刑法所关心的是:为了有目标地(有意志地)避免实现构成要件而可以为或不为的任一举止。(有争议)（第 5 节,边码 13 及下一边码）
因果关系	在给定的情况下,倘若某个举止是人们不得不考虑的,没有这种举止的话,按照公认的因果法则,具体结果就不必加以考虑了,那么,该举止则是促成结果的原因。（第 10 节,边码 15）
客观归属	如果在某个结果中,由(单独或共同)正犯实现了其所创设的某一(一般的)不被容许的风险,那么,这个结果在客观上就是可归属的。（第 11 节,边码 5）
合意	是指受害人针对行为人的举止的同意。这种同意可以阻却某一以违背受害人意志为必要的构成要件要素。（第 12 节,边码 33 及以下几个边码）

定义

(续表)

承诺	是指受害人针对促成构成要件上的结果的同意。这种同意在保护个人法益的犯罪中可以(在违法性阶层或者在构成要件阶层就)阻却不法。(第12节,边码1及以下几个边码)
不法	是指用以判定某行为人的举止是否是刑法上值得关注的违法的(等同于"违反法律的""禁止的""违反义务的"或"违反规范的")举止的所有前提条件的总和。(第6节,边码1)
罪责	是指判定行为人是否要以可罚的方式对其所犯的不法承担责任所需的所有前提条件之总和,满足了这些条件,才可以责难其所犯的不法及其可罚的后果。(第6节,边码1)
客观构成要件	指的是犯罪的构成要件或正当化事由中规定的各种外部的行为情状。例如,在故意杀人罪(第212条第1款)中,行为人所造成的他人死亡的举止;或在紧急防卫(第32条)时,针对某个违法攻击所采取的客观上应当且必要的防御。(第6节,边码5)
主观构成要件	指的是各种行为中特定的认识或意志诸要素,如故意犯中的故意、第211条第2款中的贪财、第32条紧急防卫情形中的认识。(第6节,边码5)
主观的构成要件要素	主观构成要件要素是指行为人的精神心灵领域和思想世界中的相应情状,这些情状表明了每个犯罪行为的主观方面的特征。(第9节,边码5)
描述的构成要件要素	是指人或物体的自然特征,是否存在这类特征是可以运用实证的方法或者测算的方法来确定的。(第9节,边码10)
规范的构成要件要素	是指需要由社会规范或者法律规范来确定的那些特征。(第9节,边码11)
空白要素	是指需要援引其他法律规则(法典、法令、行政处罚),并由这些规则来确定相应内容的构成要件要素。(第9节,边码14)
行为不法	如果行为人(在客观和主观上)本来能够和必须做出一定的作为或不作为,从而避免犯罪的构成要件的实现,而他却没有这样做,那么,他的不作为或者作为的举止,便是行为不法。(第9节,边码7)
结果不法	与之相对应,由相应举止所导致的符合构成要件的事实发生,则是结果不法。(第9节,边码7)
客观处罚条件	在刑罚法规中存在这样一些要素,其实现虽是某举止之可罚性的前提条件,但却并非主观归属的对象。这种要素便称作客观处罚条件。(第6节,边码13)

501

（续表）

人身性刑罚阻却事由和刑罚取消事由	（刑法中）有这样一些情状，若它们出现了，便可阻止人们对违法且有罪责的举止进行进一步的刑事追究，这些情状即为人身性刑罚阻却事由或者刑罚取消事由，它们主要是建立在刑事政策的衡量基础之上的。（第6节，边码14）
人身性刑罚限制事由	如果法律规定没有强制性地阻却刑罚，而是让法庭在其职权义务范围内进行衡量，是否其需要按照特定的前提条件免除刑罚或减轻刑罚，那么，这便是所谓的人身性刑罚限制事由。（第6节，边码17）
程序性条件	人们将启动刑事程序的法定条件称为程序性条件。（第6节，边码18）
基本的构成要件	基本的构成要件表述了特定犯罪类型之基本形式，且规定了具体犯罪的典型特征的各个要素。（第8节，边码6）
各种加重和减轻	由于各种加重和减轻（在不同阶层的意义上）增高或者降低了基本的构成要件的不法，所以它们只是基本的构成要件的派生。然而，这种派生情况却是起决定作用的法律规则，如果满足相应的前提条件的话，刑罚必须按照这些事先设定的刑罚幅度来科处。同时，由于法规竞合的原因，在基本的构成要件与加重、减轻的各种构成要件相冲突时，后者优于前者。（第8节，边码7）
范例	针对特别严重的情形的范例乃是仅在规定的情况下才适用的刑罚严厉事由，但并非必定适用。（第8节，边码8）
作为犯	乃指行为人通过作为（积极的举止）的方式可归属地实现了构成要件的犯罪。（第8节，边码12）
不作为犯	指行为人在可以阻止构成要件实现之时，可归属地采取了不作为的做法（第13条第1款）的这类犯罪。针对不作为犯，还可进一步区分为纯正的不作为犯和不纯正的不作为犯。（第8节，边码12）
纯正的不作为犯	指犯罪的构成要件所表述的举止就（已经是）一种特定不作为的犯罪。（第8节，边码13）
不纯正的不作为犯	是指行为人虽身负第13条第1款所规定的相应的特别义务，但却没有阻止实现构成要件的这种犯罪。（第8节，边码14）
告诉犯	如果某种犯罪的刑事追究，在程序上必须以提出刑事告诉为前提，那么，这种犯罪是告诉犯，当然，只是在例外的情况下，才需要这种程序性条件。（第8节，边码14）
重罪	法律规定最低自由刑为一年的犯罪（第12条第1款）。（第8节，边码30）
轻罪	最高自由刑不超过一年或者处以罚金刑的犯罪（第12条第2款）。（第8节，边码30）

	(续表)
既遂	若犯罪的构成要件的客观和主观的所有构成要件要素均已实现,该犯罪便为既遂。(第9节,边码15)
终了	如果可罚的不法完成了,那么,该犯罪也就终了了。(第9节,边码16)

第 13 条

(1) 仅当不作为者依法必须保证结果不发生,且当不作为与因作为而实现法定构成要件二者相等价时,其不阻止属于刑罚法规的构成要件的结果,根据本法才是可罚的。

(2) 其刑罚可依第 49 条第 1 款予以减轻。

概念	定义
保证人地位	监督某一危险(监督者保证人地位)或保证某一特定利益不遭受任意的危险(保护者保证人地位)的法律义务。(第36节,边码23及以下几个边码)
需要	根据他人客观的事前判断,能够有效(快速而可靠)地阻止实现构成要件的行为。(第37节,边码5)

第 15 条

若法律没有明确规定处罚**过失**行为,那么,只处罚**故意**的行为。

概念	定义
故意	故意的对象乃是行为人以为,通过其所欲的举止可以创设实现某一构成要件的风险(如何进一步确定该定义中所包含的认识因素和意志因素,是非常有争议的)。(第13节,边码1及以下几个边码)
蓄意	如果行为人追求构成要件情状的实现,并且希望通过他的举止能引发这种实现,那么,他就是在蓄意地行事。(第14节,边码3)
直接故意	鉴于某个构成要件性的情状,如果行为人认为,实现该构成要件情状是他所欲采取的举止的必然结果,那么,他便有了直接故意。(第14节,边码8)
间接故意	若行为人根据某个构成要件性的情状,认为从具体风险上看,实现该情状乃是他所"欲"的举止的某种可能的结果,那么,他就是在间接故意地行事。(第14节,边码31)
累积故意	行为人认为,通过其行为可同时实现若干个构成要件。(第14节,边码32)
择一故意	行为人认为,通过其行为可实现若干个互相独立的构成要件中的一个。(第14节,边码33)

(续表)

过失	若行为人没有认识到和避免其举止实现构成要件的结果,而该结果在保持必要的谨慎之时是本来能够和必须预见和避免的,那么,成立过失。(第33节,边码6、12)

第16条

(1) 行为人在行为时没有认识到法定的构成要件所规定的**情状**,那么,该行为不具有故意。但对过失犯罪仍然要予以处罚。

(2) 行为人在行为时错误地以为只会实现法律上较轻的构成要件,则对其故意犯罪只能按照较轻的法规加以处罚。

概念	定义
错误	行为人针对刑法上某一相关情状没有认识或者错误认识。(第26节,边码3)
行为情状	某一犯罪的构成要件(或正当化构成要件,有争议)的事实性前提条件(第27节,边码7)
针对人或者客体的认识错误	行为人对行为客体本身发生了认识错误(换言之,没有弄清具体是哪个行为客体),但是,针对他所要实现的构成要件的种类,则没有发生认识错误。(第27节,边码40)
容许构成要件错误	行为人错误地以为存在正当化的案件事实情况。(第29节,边码11)
打击错误	行为人故意地打击某个确定的行为客体(攻击客体),但由于发生了行为人未预见的因果流程,另外一个客体(侵害客体)承受了攻击。(第27节,边码53)

第17条

若行为人实施行为时,未能认识到行为的不法,且该认识错误无法**避免**,那么,其行为不具有罪责。若行为人可以避免该认识错误,则可以根据第49条第1款减轻处罚。

概念	定义
(禁止错误的)可避免性	如果行为人本来可以认识到不法的,也就是说,考虑到其能力和知识,其举止必定已能够让他对举止的违法性有所考虑,或者开始审查是否有违法性,进而他就也许可以依此而获得对不法的洞察,那么这时,该禁止错误便是可避免的。(第28节,边码14)

第18条

若本法对行为的某一特别后果规定了更重的刑罚,那么,仅当正犯或参与者对这一后果至少具有过失之时,才可适用。

(续表)

概念	定义
轻率	严重违反交往中的必要谨慎(大致可以对应于民法中的重大过失)。(第33节,边码71)

第20条

实施行为时,由于**病理性精神障碍**、**深度的意识障碍**、**智力低下**或者**其他严重的精神异常**,而无能力为行为的不法负责,或根据这一洞察而行事的,其行为没有罪责。

第21条

若因第20条所列出的某一原因,而使得行为人洞察行为之不法或依该洞察而行事的能力在实施行为时显著降低,那么,可依第49条第1款而减轻处罚。

概念	定义
病理性精神障碍	人们已证实基于身体原因的精神疾病,或者人们推测是以身体原因为前提的精神疾病。(第22节,边码6)
深度的意识障碍	严重的非病理性意识障碍或者意识受限,这种障碍可以导致时空方向感的丧失。(第22节,边码6)
智力低下	先天性的或由于精神发展缺陷导致的严重的智能低下,而没有可证实的器质性原因。(第22节,边码6)
严重的精神异常	严重精神病症、神经官能症和欲求紊乱。(第22节,边码6)
缺乏洞察能力	没有获得针对行为的相应不法意识的能力。(第22节,边码7)
缺乏行为控制能力	在具体的行为上,没有按照其洞察到的情况采取相应的举止的能力。(第22节,边码7)
原因自由行为	在满足"原因自由行为"的前提条件时,即便行为人在直接实现构成要件之时没有罪责能力,但因要对其无罪责能力(特别是基于预先摄入酒精或其他麻醉品)承担责任,因而,该构成要件之实现也要归属于罪责。"原因自由行为"的合宪性是有争议的。(第23节,边码1及以下几个边码)

第22条

根据其对行为的设想,直接着手实现构成要件的,是力图犯罪。

第23条

(1) 力图犯重罪者,一律可罚,力图犯轻罪者,以相关法规明文规定者为限。

(2) 力图可比照既遂行为减轻处罚。(第49条第1款)

(续表)

(3) 若行为人由于严重无知,而未能认识到依据其针对的对象之性质和其实施行为时所用的手段,其力图根本不能达致既遂,法庭则可以对之免除刑罚或者酌情减轻刑罚。

概念	定义
力图的能犯性	从了解相应情状的观察者的视角来看,行为人的行为显得适合于实现构成要件。(第30节,边码12)
不能犯性	从知悉相应情状的观察者角度而言,行为人的行为显得并不适合于构成要件之实现。(第30节,边码13)
结果加重的力图	若行为人力图实施故意的基本犯,或已达致故意的基本犯既遂,进而又故意实施该犯罪的特别的结果,但却未能导致这种结果发生。(第30节,边码18)
力图的结果加重	行为人在力图实施故意的基本犯时,已经过失促成了特定的结果。(第30节,边码19)
幻想犯	行为人在行为时以为存在某个事实上并不存在的禁止规范。(第30节,边码25)
计划	对事实发生的思路预想阶段,按照行为人的设想,这种事实发生可以实现某个犯罪的构成要件。(第31节,边码1)
预备	为了实施行为,而做一些必要的准备。(第31节,边码1)
力图	基于无条件的行为决意,行为人按照其对行为的设想开始着手直接实现构成要件,而尚未达到既遂。(第31节,边码1)
行为决意	针对构成要件之实现的故意,以及其他主观构成要件要素。(第31节,边码4)

第24条

(1) 行为人自愿**放弃**进一步实施行为,或者阻止行为的既遂,则不再因**力图**而受处罚。若即便行为人没有中止,行为也无法既遂,只要他主动**认真努力**阻止行为既遂,则不予处罚。

(2) 数人参加某一行为的,其中**自愿**阻止行为既遂者,不因力图而受罚。当行为即便没有中止犯的努力也不会既遂,或者没有他之前对行为的贡献,行为也会实施之时,只要他自愿、**认真努力**阻止行为既遂了,即可不予刑罚。

概念	定义
失败的力图	按照行为人的设想,构成要件的实现不再可能,或者行为客体不符合(犯罪)行为计划中的行为客体。(第32节,边码6)

（续表）

未终了的力图	行为人认为,还没有干完可能促成构成要件之实现的所必要的所有事情。(第32节,边码8)
已终了的力图	行为人以为,已经干完可能促成构成要件之实现的所必要的所有事情。(第32节,边码8)
放弃	不再采取(行为人以为尚具有现实可能的)进一步的措施以实现构成要件。(第32节,边码19)
(犯罪)行为	故意、违法地实现某一特定的实体、法律上犯罪的构成要件。(第32节,边码20)
认真的努力	行为人深信,其行为(以他人亦理解的方式)能阻止结果的发生。(第32节,边码30)
自愿性	倘若中止是基于自主动机而产生的,那么,算是自愿的;而若中止乃是基于非自主动机而发生,则不算自愿。(主流学说)(第32节,边码22)

第25条

(1) **自己实施**或**通过他人实施**犯罪的,依正犯论处。

(2) 数人共同地犯罪的,每人均依正犯论处(**共同正犯**)。

概念	定义
自己	**直接正犯**是自己实行犯罪的人,亦即符合了客观、主观的所有构成要件要素,进而亲自实现了构成要件的人。(第39节,边码1)
通过他人	**间接正犯**乃是利用他人作为犯罪工具以实现构成要件的人。之所以说是犯罪工具,是由于间接正犯(作为幕后操纵者)需对直接行为者(实际行为人或幕前人)在法律上相应的答责欠缺进行法律上的答责。反过来说,间接正犯的答责性,在于其更优越的认识或意志。(第38节,边码44,第39节,边码2、7)
实施(有争议)	根据主流学说,实施(或实行)的前提是实质、客观的犯罪行为支配。犯罪行为支配的标志是针对是否("决策支配")以及如何("形态支配")实施犯罪行为进行支配。 而判例(也)则采取主观标准,即各参加者是否以不同于参与者意志的行为人(正犯)意志行事,换言之,将行为视为自己的行为,而非纯粹将行为视为他人的行为加以操纵和促进。 (第38节,边码39及以下几个边码、43及以下几个边码)
共同正犯	共同正犯的成立条件有二:第一,在客观上共同地实施行为;第二,主观上具有共同的行为决意。(第40节,边码3)

(续表)

第 26 条	
故意确定他人故意实施违法行为的,是教唆犯;对教唆犯的处罚与正犯相同。	
概念	定义
故意地	教唆故意只需**间接故意**即可。教唆故意必须包括完成一确定的故意且违法的主行为和使主行为人萌生行为决意(所谓双重教唆故意)两个方面。 针对主行为,主行为人的故意必须具体包括行为的基本内容和本质性要素。 (第41节,边码22及下一边码)
确定	使他人萌生为具体违法行为的决意。依主流学说,对此需有一精神联系或者一交流动作,以使接收者形成行为决意。若仅是创造了刺激犯罪行为的情况,则算不上。(有争议)(第41节,边码5及以下几个边码)

第 27 条	
(1)对他人故意实施的违法行为**故意提供**帮助的,依帮助犯论处。	
(2)帮助犯的刑罚,参照正犯的处罚以确定,并依第49条第1款予以减轻。	
概念	定义
故意地	帮助故意只需**间接故意**即可。帮助故意之内容须包括实施并使一特定的故意且违法的主行为达致既遂,以及自己提供帮助(所谓双重帮助故意)。就主行为而言,对帮助故意的要求(相比于对教唆故意的要求)来得一般更少,因为帮助者不像教唆者那样需要预先给出一个具体化的行为,而只需对一已经具体化的行为提供帮助。 (第42节,边码29及下一边码)
帮助	提供的帮助既可以是主意,也可以是行为,亦即有物质性帮助和精神性帮助之分: ① **物质性帮助**既可以是提供物质工具(如武器、工具),也可以(犯罪)行为期间的体力性工作。 ② **精神性帮助**则是提供主意的工作(认知性帮助),但(依照主流观点)也可能以纯粹地加强行为决意的形式(意志性帮助)出现。(有争议) (第42节,边码3及以下几个边码)
提供	就帮助的因果关系而言,主流学说所谓的结果促进说要求一使构成要件之实现变得可能、更加容易或者强化、保障构成要件之实现的帮助性贡献。提供帮助的认定,以其贡献修正了犯罪行为的具体形态为己足。(有争议)(第42节,边码9及以下几个边码)

(续表)

第 28 条	
(1) 若正犯的刑罚取决于**特定的人身性要素**(第 14 条第 1 款),而参与者(教唆者和帮助者)缺乏这些特定的人身性要素,则要依第 49 条第 1 款减轻其刑罚。	
(2) 法规中规定的能导致刑罚的严厉化、减轻和排除的特定人身性要素只能适用于具有该要素的参加者(正犯或参与者)。	

概念	定义
特定的人身性要素	特定的人身性要素是人身性的要素,它们是(特定的)**行为人**的特征,而不是**行为的**特征(有争议)。 ① 此处的行为的特征,仅仅是客观实现了的或将要实现的不法反映在主观上的要素。例如,故意、非法占有和获益的目的。 ② 而行为人的特征并不是针对行为的客观不法的要素,具体而言,这类特征主要指(像谋杀罪中的贪财这类)不指向侵害为构成要件所保护的法益的动机,以及身份义务要素(例如,公职人员的特征)。(第 38 节,边码 25 及以下几个边码)

第 30 条	
(1) **力图确定**或教唆**他人**实施**重罪**,依重罪的力图的规定加以处罚。但可依照第 49 条第 1 款减轻处罚。第 23 条第 3 款亦相应适用。	
(2) 就实施或者教唆某一重罪而言,**自愿声明**、接受他人的请求或者与他人**约定者**,同样处罚。	

概念	定义
力图确定他人	根据第 30 条第 1 款的教唆或连锁教唆仅仅只是力图,这意味着,它必须是没有成效的。因被教唆者没有形成行为决意,未将该行为决意付诸实施,或者之前就已经决意实施行为,则教唆没有成效(有争议)。根据主流学说,只要提要求者以某种方式一旦表示出其意思,便可认定力图的开始;至于到达接收者,则并不必要(有争议)。(第 43 节,边码 2、边码 5 及以下几个边码)
重罪	根据《刑法典》第 12 条第 1 款的规定,重罪乃是法律规定最低自由刑为一年的违法行为。就主行为的重罪性质而言,根据占支配地位学说的观点,是否所瞄准的行为属于重罪,判断标准**在教唆者的人身上**。(有争议)这一问题仅在该重罪乃是基于第 28 条之特定人身性要素而成立时才有讨论的意义,因为第 2 款中刑罚的严厉化仅适用于亲自具备了相应要素的人。(第 43 节,边码 8 及以下几个边码)
自愿声明	就某一重罪而言,自愿声明有两种情况:其一,接受教唆;其二,某人倾向于实施行为,但尚未决定,因为他以为他人有兴趣同意实施一重罪,如果他人想这样的话。根据主流见解,自愿声明并不必须已经到达。(有争议)(第 43 节,边码 16 及下一边码)

（续表）

接受请求	乃是一严肃的声明，即对于他人提议实施重罪或者教唆他人重罪表示合意。（第 43 节，边码 18）
约定	约定乃是指两人或两人以上之间（明示或默示地）严肃地达成一致，以共同正犯的形式实施某一重罪，或者共同教唆他人实施重罪。这样，约定便是共同正犯或者共同教唆的先前阶段。（第 43 节，边码 19）

第 31 条

（1）若行为人：
① **自愿地放弃**确定他人达到重罪的力图，且**防止**可能发生的他人实施犯罪行为之危险；
② 就某一重罪，已经自愿声明后，又**自愿地**放弃其计划；
③ 在针对某一重罪进行约定或接受他人请求后，**自愿地阻止该犯罪行为**；
则不依照第 30 条加以处罚。

（2）倘若没有中止犯的努力犯罪行为也会停止，或者没有中止犯以前的举止，行为也会实施的，只要他自愿、**认真努力**以阻止行为实施，便不予以处罚。

概念	定义
自愿性	根据主流见解，像第 24 条中那样，倘若中止是基于自主动机而产生的，那么，算是自愿的；而若中止乃是基于非自主动机而发生，则不算自愿。（第 32 节，边码 22）
放弃	根据主流见解，要认定力图的放弃（相对应于第 24 条），则需行为人不再采取进一步的措施，而这些措施在实现构成要件上能组成一个统一的事情全过程。至于终局地放弃行为计划则并不必要。（有争议）（第 32 节，边码 19）
防止	若教唆者因果地使得行为的不发生，或者该行为不发生可以根据参加规则归属于他，则可以认定防止。（第 32 节，边码 27 及下一边码）
阻止犯罪行为	就第 31 条第 1 款第 3 项和第 31 条第 2 款中的阻止而言，只需要一个被动的举止就够了。具体而言，参加者不做出依其设想犯罪行为取得计划中的成功所必要的行为贡献即可。（第 43 节，边码 24）
认真的努力	认真的努力可以像第 24 条中那样来理解，即行为人深信，其行为（以他人亦理解的方式）能阻止结果的发生。（第 32 节，边码 30）

第 32 条之前

概念	定义
容许构成要件错误	当行为人误以为存在正当化事由的事实性或规范性（有争议）前提条件，而客观上并不存在，则成立容许构成要件错误。（第 29 节，边码 11 及以下几个边码、28 及以下几个边码）

(续表)

容许错误	当行为人尽管正确认识到了案件事实情况,但错误地认定成立法律上不承认的正当化事由(成立错误),或者将法律上承认的正当化事由的界限有利于自己地过度扩张到自己的情况上(界限错误),则成立容许错误。(第29节,边码6)
推定承诺	推定承诺乃是一正当化事由,在这种事由中,除了欠缺法益持有者的表示之外,必须满足有效承诺的其他所有条件。在该种情况下,之所以可以干预他人的权利领域,乃在于及时取得事实上的承诺存在无法克服的障碍,而且该符合构成要件的举止要么有益于权利人的利益(利益代理原则),要么明显没有影响权利人的利益(缺乏利益原则)。(第19节,边码1、3及以下几个边码)
假设承诺	假设承诺乃是判例中出现的一种承诺假定。其不同于推定承诺的地方在于:在假设承诺的情况下,本来可以取得当事人的事实性的表示,但却没有这样做。(第19节,边码15)
正当化的义务冲突	正当化的义务冲突,是指当事人同时需要履行两个同等地位的义务,但是,他只能够履行其中一个而放弃另一个。(第18节,边码1)

《刑事诉讼法》第127条

(1) 若某人在现行犯罪时被发觉或追捕,同时他又有逃跑的嫌疑或者身份不能立即被确定时,任何人都有权在没有法官命令的情况下将之暂时**逮捕**。人员身份的鉴别,由检察院或者警察机构官员根据《刑事诉讼法》第163条b第1款加以确定。

(2) 若满足逮捕令或收容(观察)令的前提条件,在延误便有危险之时,检察院和警察机构官员亦有权实施暂时逮捕。

(3) 对于告诉才处理的犯罪,在尚未提起告诉时,也允许暂时逮捕。对于只有授权或处罚请求才可追究的犯罪,该规定亦同样适用。

概念	定义
(犯罪)行为	所谓的(犯罪)行为,仅指第11条第1款第5项规定的违法行为。该举止必须实现某一刑罚法规的构成要件,而没有出现正当化事由。因此,仅是逮捕者自以为的(犯罪)行为是不够的(有争议)。(第20节,边码2及以下几个边码)
现行的	只要能够从当事人所处的总体情况中推知他尚处在犯行期间,那么,就可以说,该犯罪是现行的。采取逮捕必须与行为具有直接的时间和空间上的联系。(第20节,边码7)
逮捕	逮捕的手段可以是相对于逮捕目标而言所有适合的手段。此外,为了实现相同目的而实施的比剥夺人身自由更缓和的侵犯也包括在内。(第20节,边码8及下一边码)

(续表)

第 32 条	
（1）**紧急防卫所需**的行为不违法。	
（2）为使自己或他人免受**正在发生**的违法**攻击**而实施的必要的防卫行为，是紧急防卫。	
概念	定义
紧急防卫	紧急防卫乃是一种正当化事由。它的成立条件有三：紧急防卫的情形（"是否"实施紧急防卫）、紧急防卫的行为（"如何"实施紧急防卫）以及防卫的意思（紧急防卫的主观方面）。 ① **紧急防卫的情形**是以现时且违法的攻击为前提的； ② 针对攻击所需要实施的必要防卫，是**紧急防卫的行为**； ③ 按照主流学说，**防卫的意思**要求在对紧急防卫情形有认识的同时，而且有防卫目的地行事。（有争议） （第 16 节，边码 3、5、25、37 及下一边码）
需要	如果防卫在规范上合适，那么，该防卫便是需要的，也就是说，没有出现任何"社会伦理"的限制。不同于讨论对攻击在事实上实施抵抗是否可能的**必要性**的是，需要性指的是，这种反应（抵抗）**在规范上**是否合适。（第 16 节，边码 35 及下一边码、39 及以下几个边码）
攻击	由人为的举止所引起的针对受法律保护之利益的任何伤害，都是攻击。这里的人为的举止必须是行为，但并不一定以伤害为目的，而只需依该举止的趋势加以判断，会直接导致伤害即可。（第 16 节，边码 6 及以下几个边码）
现时的	如果利益伤害即刻就会直接发生、已经开始或者还在继续，那么，攻击是现时的。（第 16 节，边码 17）
防卫	紧急防卫意义上的防卫乃是（仅）针对攻击者的举止，因为只有攻击者的举止才导致了别人有权对其实施紧急防卫。（第 16 节，边码 26）
必要性	所谓必要性，是指为了制止攻击，基于客观的**事前**判断，防卫必须是适当的。具体地，也就是要采取对等适当的手段，且只能给攻击者造成尽量少的损失。我们说防卫是不是必要的，参照点乃是防卫的**行为**，而不是防卫的**结果**。（第 16 节，边码 27 及下一边码）
紧急救助	为有助于他人而实施的防卫，便是所谓"紧急防卫救助"或"紧急救助"，所适用的条件和紧急防卫是基本一样的，进而也是正当的。特别要指出的是，当危及的是可处分的利益时，若受攻击者明显想忍受其利益的损失，那么，便不允许进行紧急救助。（第 16 节，边码 2）
第 33 条	
防卫人因为**慌乱、恐惧或者惊吓**而**超越**紧急防卫的界限的，不受处罚。	

(续表)

概念	定义
超越紧急防卫的界限	超越紧急防卫的界限至少指的是针对防卫的必要防卫限度,这是没有争议的(所谓**质的防卫过当**)。而根据主流学说的见解,在时间的角度上,超越紧急防卫的规定并不适用(所谓**量的防卫过当**)。(有争议)对于所谓"**误想防卫过当**"的情况(亦即根本不存在紧急防卫的情形),也不能适用。(有争议)(第25节,边码2、8及以下几个边码、边码15及以下几个边码)
因为慌乱、恐惧或者惊吓	有关的仅仅是作为低度情绪冲动的所谓"微弱情绪冲动",而非像愤怒、不满或者仇恨这样的"强大情绪冲动"。若"微弱情绪冲动"的发生还伴随其他的动机,那么,该情绪冲动必须起着共同的决定性作用。(第25节,边码7)

第 34 条

为使自己或他人的身体、生命、自由、尊严、所有权或其他**法益**免受**现时的、无法通过其他措施防止的危险**,而采取的紧急避险行为不违法,但**在权衡相冲突的利益时**,要保护的法益和其面临的危险程度应明显大于所损及的法益。仅在行为属于避险的**适当的手段**之时,方适用本条的规定。

概念	定义
正当化的紧急避险	正当化的紧急避险乃是一正当化事由,其成立需三个条件:紧急避险的情形、紧急避险的行为以及以救济的意思行事。 ① **紧急避险的情形**在于法益遭遇了现时的危险。 ② **紧急避险的行为**的要素有三:必要性、利益衡量和第2句所称的适当性。 ③ 根据主流学说,在**救济的意思**上,除了要对正当化的情形有认识外,其行事还需以避险为目标。 (第17节,边码13及下一边码、21、41)
危险	若根据当时的情况,法益极有可能遭到损害,则可认为法益遇到了第34条第1句意义上的危险,此时,对危险的判断乃是基于中立观察者**事前**角度的预料而得出的。若侵害已发生,那么,危险则是损害可能性的增大。(第17节,边码15及下一边码)
现时性	若必须立即采取措施以回避危险,便可认定该危险是现时的。这取决于是否有立即采取行动以避免逼近的侵害的必要性,而更不依赖于所期待的危险实现之时点。(第17节,边码18及以下几个边码)
法益	不管为了保护什么法益,均可成立紧急避险。这意味着,除了明确列出的身体、生命、自由、尊严和所有权这些个人法益外,还包括超个人法益(集体法益)。(第17节,边码17)

(续表)

无法通过其他措施防止的	为避险,紧急避险行为须是必要的。(第17节,边码21)
权衡相冲突的利益	根据法规中已有的表述,权衡相冲突的利益需要考虑所涉诸法益(的抽象价值)以及它们所受危险各自程度。此外,还要特别考虑可能遭受损害的大小、受危者的特定义务地位及其对于引发危险的可能的责任。(第17节,边码24及以下几个边码、39及下一边码)
适当的手段	为了避险,当事人无法为合法行为时,在第34条第2句的意义上,紧急避险行为才是适当的手段。(第17节,边码37)

《民法典》第228条

为自己或他人而抵御他人的物所导致的危险,而损坏或毁灭该物的,没有违法地行为,只要该损坏或毁灭乃抵御危险所必要,且损害和危险之间并**不失衡**。若行为者对危险的产生负有责任,则他应负损害赔偿的义务。

概念	定义
不得比例失衡	根据《民法典》第228条的规定,(所造成的)损害不得与要防止的危险比例失衡,使得在防卫性紧急避险时,即便损害**大于**当时威胁的侵害,也有可能会被正当化。而这是不同于第34条第1句中侵犯性紧急避险(《民法典》第904条)的。(第17节,边码46)

第35条

(1) 为使自己、亲属或其他与自己关系密切者的生命、身体和自由免受现时的、无法通过其他措施防止的危险,而采取的违法行为没有罪责。但若行为人因为自己造成了危险或处于可期待其接受危险的某一特定的法律关系之中,根据这类情状,不适用该规定;不过,若行为人没有考虑到特定的法律关系从而接受危险,则可依第49条第1款减轻处罚。

(2) 若行为人在实施行为时错误地以为存在第1款中的免除罪责的情状,则仅可当其能够避免该错误时,才可以处罚。其刑罚须依第49条第1款减轻。

概念	定义
免除罪责的紧急避险	免除罪责的紧急避险乃是一免除罪责事由,其成立条件有三:紧急避险的情形、紧急避险的行为、救济的意思以及没有忍受危险的期待可能性。 ① 若某一明确列出的法益遇到了现时的危险,则具备了**紧急避险的情形**; ② 当引起紧急避险的危险无法通过其他措施防止,而只能采取行为人的举止时,则成立**紧急避险的行为**; ③ **救济的意思**除了要求险情的认识之外,还须行事时防止危险的目标。 (第24节,边码3、4、8、11)

(续表)

危险	第35条第1款第1句中的危险和正当化紧急避险中的危险一样,也是一种极有可能的危险,但在这种情况下的危险只针对明确列举的那些法益。(第24节,边码5及下一边码,第17节,边码15及下一边码)
现时性	和第34条第1句一样,若必须立即采取措施以回避危险,便可认定该危险是现时的。(第17节,边码18及以下几个边码)
自由	自由应该仅理解成是行动自由(而非一般的行为自由)。(第24节,边码6)
亲属	亲属是指第11条第1项所提到的那些人。(第24节,边码7)
关系密切者	所谓关系密切者是指和行为人一起生活的人,或者和他有亲属一般的人身联系的人。(第24节,边码7)
无法通过其他措施防止	无法通过其他措施防止的危险仅仅是指,在客观上,为了消除危险,紧急避险行为已经是必要的最后手段,因此,紧急避险行为必须是适当的和所能采取的相对最缓和的手段。此外,受保护法益和受侵害法益之间必须存在某种比例性。(第24节,边码8及以下几个边码)
自己造成危险	仅仅设定了某一因果条件尚不代表造成危险。更确切地说,当行为人至少在客观上没有可靠的理由就引发了可预见会产生险情的情势,我们才可以对其肯定罪责的成立(即取消罪责的免除)。(第24节,边码13)
特定的法律关系	第35条第1款第2句中的**特定的法律关系**是指要求更高的承受危险义务和保护义务的法律关系。此处的保护义务必须针对**公众**,如警察或者消防员的保护义务。(第24节,边码14)

第52条之前

概念	定义
行为单数	行为单数的概念是指将某一外在的举止从法律上评价成为一个统一的行为。对此,可适用的情况是: ① 自然意义上的行为; ② 自然的行为单数; ③ 构成要件上的行为单数和连续行为。 (第44节,边码14,第45节,边码1及以下几个边码)
自然意义的行为	所谓自然意义的行为乃是指行为人通过某个特定的身体运动或其相应的不作为,从而满足了某个犯罪的构成要件。(第45节,边码4及下一边码)

(续表)

自然的行为单数	当数个自然的行为满足下列条件： ① 互相之间具有空间和时间上的直接联系； ② 乃是基于单一的动机情形； ③ 从"自然"角度看表现为单一的事实发生； ④ 引发的是构成要件性的损害的量的增加； 则构成自然的行为单数。 (第45节,边码6及以下几个边码)
构成要件上的行为单数	倘若通过构成要件上的不法类型化,可以将数个个别的动作综合理解成为一个行为,那么,成立构成要件上的行为单数。这样的例子有持续犯、结合犯和数动作犯。(第45节,边码13及以下几个边码)
连续行为	所谓的连续行为,需要满足的条件有： ① 数个具体的动作必须针对同一法益； ② 采取的作为方式本质上是同种类的； ③ 具备空间和时间上的联系； ④ 基于统一的故意(整体的故意)。 根据《联邦法院刑事判例集》第40卷,第138页及以下几页,连续行为这一法律概念在相当程度上被抛弃了。(第45节,边码16及下一边码)
法规竞合	法规竞合(亦称为不纯正的竞合或者法规单数)是指称对于虽实现但不加以适用的刑罚法规的"排除",因为其不法已经由另一法规包含了,而违反这另一个法规,同样使行为人遭受责难。法规竞合可分为三种行为：① 特别关系；② 补充关系；③ 吸收关系。 (第46节,边码1及以下几个边码)
特别关系	如果一个行为(或者行为单数)违反了两个法规,而这两个法规中,其中一个法规除了包含了另一法规的所有要素之外,还至少规定了一些其他要素,那么,法规之间便成立特别关系。(第46节,边码5及以下几个边码)
补充关系	若一个行为(或行为单数)违反了两个法规,而在这两个法规中,有一个法规只有在不适用另一法规的时候才可以适用,这时成立补充关系。这种情况可以在法规中明确地加以规定(所谓**形式上补充关系**),或者也可以因为不法可以以不同的形式归属于行为人(所谓**实质上的补充关系**)。(第46节,边码8及以下几个边码)
吸收关系	吸收关系针对的情况既包括行为单数,也包括行为复数。在这些情况下,某个犯罪的不法**通常**都为另一个犯罪的不法所包含,这样,前一犯罪的不法便失去了独立的地位。(第48节,边码11及以下几个边码)

(续表)

疑罪从无	疑罪从无(有疑义时做有利于被告人的解释)原则乃是法律适用之中的一个判定性规则。它指的是,定罪只能建立在(为形成法庭的确信)已于程序中证实的行为事实之上。该原则不仅适用于决定处罚还是释放之时,也适用于在具有逻辑或规范的阶段关系的不同行为之间做选择之时。(第48节,边码1及以下几个边码)
同种的选择确定	同种的选择确定(或替代的案件事实情况)要处理的是:行为人有可能实施了数个实现同一构成要件的行为,同时,其中一个行为是肯定实现构成要件的,却无法确定具体的实施方式。这样,行为人仍要因所涉构成要件而受罚。(第48节,边码8及下一边码)
异种的选择确定	异种的(或"纯正的")选择确定要处理的是:行为人所涉的数个可能的案件事实情况犯下了数个独立的犯罪之中的一个,而这数个犯罪之间必须在法律伦理和心理上是可比的。(有争议)因此,需要选择地加以定罪。(有争议)(第48节,边码10及以下几个边码)
后置确定	所谓后置确定要处理的问题是:在两个刑法上相互关联的案件事实情况之间,可以肯定地证实后一种案件事实情况,而前者仅仅只是可能存在。此时则清楚地根据后一犯罪加以定罪。(第48节,边码19及下一边码)
前置确定	如果两个刑法上互相关联的案件事实情况之中,前者是没有疑义的,而后者只是可能存在,则适用所谓的前置确定,按照前一犯罪定罪。(第48节,边码21)

第52条

(1) **同一行为违反了数个刑罚法规**或者**数次违反同一刑罚法规**,只判处一个刑罚。

(2) 违反数个刑罚法规,则根据刑罚最重的法规确定刑罚。所判刑罚不得轻于其他可适用法规中所允许的刑罚。

(3) 在满足第41条前提条件的情况下,法庭可在判处自由刑外,另处罚金刑。

(4) 若可适用的法规之一允许判处财产刑,法庭则可以在判处终身自由刑或重于两年的有期自由刑之外,另处财产刑。此外,若可适用的法规之一规定或允许判处附加刑、附随后果或者(第11条第1条第8项中的)措施,则必须或可以科处之。

概念	定义
一罪	如果: ① 某个特定的行为同时实现了数个构成要件; ② 同一行为(或行为单数)部分地实现了数个构成要件(因实行行为的部分相同,而成立的一罪); ③ 互相独立地实现了数个构成要件;但是,实现其中任一构成要件都和实现另一个构成要件具有部分相同性(夹结作用而形成的一罪);

（续表）

	④ 数个行为单独犯下了数个犯罪，从自然的角度看，这数个行为却构成一个统一体（基于自然行为单数的一罪）（有争议）；那么，便违反了数个刑罚法规或者数次违反了同一刑罚法规，成立一罪。（第47节，边码8及以下几个边码）
同一行为违反数个刑罚法规	一个行为（行为单数）违反了数个刑罚法规，则称之为异种一罪或**异种想象竞合**。（第47节，边码1及下一边码）
同一行为数次违反同一刑罚法规	一个行为（行为单数）数次违反同一刑罚法规，则称之为同种一罪或**同种想象竞合**。（第47节，边码1及下一边码）
第53条	
（1）**若某人实施了数罪**，且该数罪同时接受审判，进而被判处数个有期自由刑或数个罚金刑，则认定一总和刑。	
（2）若自由刑和罚金刑并科，则认定一总和刑。但法庭也可以另处罚金刑，如果在这种情况下，因数个犯罪而应处罚金刑，则对此判处一总和罚金刑。	
（3）在依法适用第43条a的法规，或在第52条第4款的情况下，若行为人被判处终身自由刑或重于两年的有期自由刑作为单一的刑罚，法庭则可于依第1款或第2款认定一总和刑之外，再另处一财产刑。	
（4）第52条第3款和第4款第2句亦相应地适用。	
概念	定义
某人实施了数罪	一人实施了数次独立且可罚的法规违反，则称之为数罪。当不适用构成一罪的任何标准之时，便出现数罪。

关键词索引

数字标明的是本书的节(粗体)和具体该节内的边码(细体)。

例如,第 9 节,边码 10 = **9** 10。*

德文关键词及其全书位置	本书中文译法
Abartigkeiten, schwere seelische **22** 6	异常,严重的精神上的
aberratio ictus **27** 53 ff	打击错误
Absicht **14** 1,3 ff	蓄意、目的
absichtslos doloses Werkzeug **39** 20	没蓄意但故意的犯罪工具
Absorptionsprinzip **47** 4,7	吸收原则
Abstiftung **41** 15	缓解(教唆)
actio illicita in causa **16** 51,56	原因不法行为
actio libera in causa **23** 1 ff	原因自由行为
– Ausnahmemodell **23** 5 ff	—例外模式
– beim Fahrlässigkeitsdelikt **23** 29 ff	—过失犯中的
– Irrtum bei - **27** 61 ff	—针对……的认识错误
– Tatbestandsmodell **23** 5,11 ff	—构成要件模式
– und Koinzidenzprinzip **23** 4 ff	—和同时原则
– Verfassungsgemäßheit **23** 10,20 ff	—合宪性
– Versuchsbeginn **31** 19 ff	—力图的开始
– Vorverlagerungstheorie **23** 15	—前置理论
actio praecedens **23** 7	先行行为
Adäquanz	相当性

---

* 这是就其下德文关键词之全书位置中的数字而言的。细体字型中,f 表示下一边码,ff 代表以下若干边码。而在对应中文译法中,省略号代表分项中省略掉的主题关键词,用以对应德文原文的"—",例如,"原因自由行为"主题关键词下第三分项"针对……的认识错误"是指"针对原因自由行为的认识错误"。为便于阅读,两个标题"德文关键词及其全书位置"和"本书中文译法"(当然,亦及于相应具体内容)为译者所加。——译者注

（续表）

德文关键词及其全书位置	本书中文译法
– kausale **33** 22 f	—因果的
– soziale **11** 10 f,**33** 26	—社会的
Adäquanztheorie **10** 6 f,**33** 22 f	相当理论
Affekt	情绪冲动
– asthenischer **25** 7	—微弱的
– sthenischer **25** 7	—强大的
agent provocateur **41** 26 f	陷害教唆
aggressiver Notstand **17** 5	侵犯性的紧急避险
Akzessorietät der Teilnahme **38** 19 ff	参与的从属性
– limitierte **38** 19	—限制的
– Lockerung **38** 22 ff	—松动
Alleintäterschaft **39** 1 ff	单独正犯
Allgemeindelikt **8** 15	一般犯
Alternativverhalten, erlaubt riskantes **33** 34 ff	替代举止,容许的风险性的
Analogieverbot **3** 2,6	禁止类推
Angehörige **24** 7	亲属
Angriff, notwehrfähiger **16** 6 ff	攻击,可加以紧急防卫的
– auf staatliche Güter **16** 13 ff	—针对国家利益
– durch Unterlassen **16** 9	—不作为形式的
– Gegenstand des-s **16** 11 ff	—……的对象
– Gegenwärtigkeit **16** 17 ff	—现时性
– notwehrähnliche Lage **16** 20	—类似紧急防卫的情形
– Rechtswidrigkeit **16** 21 ff	—违法性
animus auctoris **38** 39	行为人意志
animus socii **38** 39	参与者意志
Ansetzen s. unmittelbares Ansetzen	着手,参见直接着手
Anstiftung **38** 4,**41** 1 ff	教唆
– Abstiftung **41** 15	—缓解

(续表)

德文关键词及其全书位置	本书中文译法
– agent provocateur **41** 26 f	—陷害教唆
– Anstiftervorsatz, doppelter **41** 1,21 ff	—教唆故意,双重的
– Aufstiftung **41** 13 ff	—提升
– Bestimmen **41** 1,5 ff	—确定
– durch Unterlassen **41** 17 ff	—不作为式的
– Exzess des Haupttäters **41** 24	—主行为人的过限
– Haupttat **41** 1,3 f	—主行为
– Hervorrufen des Tatentschlusses **41** 5 ff	—使萌生行为决意
– Irrtümer **41** 30	—诸认识错误
– Umstiftung **41** 12	—改变
– Verhältnis zur Beihilfe **41** 11 f,14 f	—和帮助的关系
– versuchte **41** 4,11,**43** 3	—(教唆的)力图
Antragsdelikt **6** 19,**8** 29	告诉犯
– absolutes **6** 19	—绝对的
– relatives **6** 19	—相对的
Äquivalenztheorie **10** 8 ff	等值理论
– beim Unterlassungsdelikt **36** 14 ff s. auch Kausalität	—在不作为的场合,亦参见因果关系
– Erfolg in seiner konkreten Gestalt **10** 4,17	—具体情状中的结果
– modifizierte condicio-sine-qua-non-Formel **10** 15 f,34	—修正的"若无前者,即无后者"公式
Asperationsprinzip **47** 36	加重原则
Aufgeben der Tat **32** 19 ff	行为的放弃
Aufstiftung **41** 13 ff	提升(教唆)
Ausführungshorizont **32** 13	(行为)实施范围
Ausland **4** 11	外国
Ausländer **4** 11	外国人
Auslegung **3** 7	解释
autonome Motive **32** 22	自主动机

(续表)

德文关键词及其全书位置	本书中文译法
bedingter Vorsatz **14** 1,11 ff,31	间接故意
– Abgrenzung zur Fahrlässigkeit **14** 14 ff	—和过失的区分
– Billigungstheorie **14** 22 ff	—认可理论
– Einwilligungstheorie **14** 22 ff	—承诺理论
– Ernstnahmetheorie **14** 22,25	—认真对待理论
– Gleichgültigkeitstheorie **14** 22,26	—无所谓理论
– Möglichkeitstheorie **14** 15 ff,27 ff	—可能性理论
– Risikotheorie **14** 15,18 ff	—风险理论
– Vermeidungstheorie **14** 15,21	—避免理论
– voluntatives Element **14** 12 ff,22 ff	—意志因素
– Wahrscheinlichkeitstheorie **14** 15,17,28	—极有可能性理论
Bedingungstheorie s. Äquivalenztheorie	条件理论,参见等值理论
beendeter Versuch **32** 1,8,13	已终了的力图
– Abgrenzung zum unbeendeten Versuch **32** 11 ff	—和未终了的力图的区分
– Rücktritt **32** 25 ff	—中止
Beendigung der Straftat **9** 16 f,**31** 1	犯罪的终了
Begegnungsdelikte **38** 6 f	对合犯
Begehungsdelikt **8** 12	作为犯
Begehungsort **4** 5 ff	从事(犯罪)地
Beihilfe **38** 4,**42** 1 ff	帮助
– durch alltägliche Handlungen **42** 15 ff	—通过日常行为的
– durch Unterlassen **42** 24	—不作为式的
– Formen **42** 3 ff	—诸形式
– Gehilfenvorsatz **42** 1,29	—帮助故意
– Haupttat **42** 1	—主行为
– Hilfeleistung **42** 1,3 ff	—提供帮助
– Kausalität der Hilfeleistung **42** 9 ff	—提供帮助的因果关系
– physische **42** 4	—物质性的

(续表)

德文关键词及其全书位置	本书中文译法
– psychische **41** 11,14 ff, **42** 5 ff	—精神性的
– sukzessive **42** 26	—承继的
– Verhältnis zur Anstiftung **42** 31	—与教唆的关系
– zu Unterlassungsdelikten **42** 25	—对不作为犯的
Bemühen, ernsthaftes **32** 30	努力,认真的
Beschützergarant **36** 25,56,74 ff	保护者保证人
– aus enger Gemeinschaftsbeziehung **36** 74,76 ff	—基于紧密的共同体关系
– aus familiärer Verbundenheit **36** 74 f,77 f	—基于家庭团结
– aus öffentlichen Ämtern **36** 74,82 f	—基于公职
– übernahme von Schutzfunktionen **36** 74,79 f	—对保护功能的接管
besondere persönliche Merkmale **38** 22 ff	特定的人身性要素
– Garantenpflichten als- **38** 61	—作为……的保证人义务
– strafbegründende **38** 23,32	—使刑罚成立的
– strafqualifizierende **38** 24,32	—加重刑罚的
Bestandsirrtum **29** 6	成立错误
Bestimmen **41** 1,5 ff	确定
Bestimmtheitsgebot **3** 2,5	必须具有明确性
Beteiligung **38** 1 ff	参加
– Akzessorietät **38** 17 ff	—从属性
– Anstiftung s. Anstiftung	—教唆,参见教唆
– bei Fahrlässigkeitsdelikten **38** 55	—过失犯的
– Beihilfe s. Beihilfe	—帮助,参见帮助
– bei Unterlassungsdelikten **38** 60	—不作为犯的
– durch Unterlassen **38** 65	—不作为式的
– Ketten- **38** 5	—连锁(参加)
– Rücktritt vom Versuch der- **43** 23	—……的力图中的中止
– Schuldunabhängigkeit **38** 17 ff	—罪责独立性
– Täterschaft s. Täterschaft	—正犯,参见正犯

(续表)

德文关键词及其全书位置	本书中文译法
– Teilnahme s. Teilnahme	—参与，参见参与
– versuchte **43** 1 ff	—（参加的）力图
Bewusstseinsstörungen, tiefgreifende **22** 6	意识障碍，深度的
Billigungstheorie **14** 22 ff	认可理论
Blankettmerkmal **9** 14, **27** 32 f	空白要素
Blutalkoholkonzentration **22** 8	血液酒精浓度
condicio-sine-qua-non-Formel **10** 9 ff	"若无前者，即无后者"公式
– modifizierte **10** 15 f, 34	—修正的
corpus delicti, Lehre vom- **8** 2	罪体，……的学说
Dauerdelikt **8** 24	持续犯
defensiver Notstand **17** 45 ff	防卫性的紧急避险
Defizite, kognitive **26** 2	缺陷，认知性的
delictum sui generis **8** 10	独立犯
Delikt	犯罪
– eigener Art s. delictum sui generis	—独立的，参见独立犯
– eigenhändiges **8** 23, **38** 52	—亲手的
– erfolgsqualifiziertes s. erfolgsqualifiziertes Delikt	—结果加重的，参见结果加重犯
– Typen **8** 11 ff	—诸类型
Deliktsaufbau **6** 1 ff	犯罪构造
– dreistufiger **6** 8 f, 11	—三阶层的
– zweistufiger **6** 8 f, 10	—两阶层的
Deliktstatbestand	犯罪的构成要件
– Begriff und Formen **8** 1 ff	—概念和形式
– Inhalt **9** 1 ff	—内容
– objektiver s. objektiver Tatbestand	—客观的，参见客观构成要件
– subjektiver s. subjektiver Tatbestand	—主观的，参见主观构成要件
deskriptive Tatbestandsmerkmale **9** 10, 12, **27** 23	描述的构成要件要素
Deutscher **4** 11	德国人

（续表）

德文关键词及其全书位置	本书中文译法
direkter Vorsatz **14** 1,8 ff	直接故意
dolus alternativus **14** 33 ff	择一故意
dolus antecedens **13** 8	事前故意
dolus cumulativus **14** 32 f	累积故意
dolus directus	直接故意
－1. Grades s. Absicht	一第一级，参见蓄意
－2. Grades s. direkter Vorsatz	一第二级，参见直接故意
dolus eventualis s. bedingter Vorsatz	间接故意，参见间接故意
dolus generalis **14** 37,**27** 50 ff	概括故意
dolus malus **13** 4,**28** 4	恶意
dolus subsequens **13** 8	事后故意
dolus-Theorie **38** 39	故意说
doppelter Anstiftervorsatz **41** 22 ff	双重教唆故意
duales System der Rechtsfolgen **1** 16	法律后果的二元体系
echtes Unterlassungsdelikt **8** 13,**35** 1,**37** 1 ff	纯正不作为犯
eigenhändiges Delikt **8** 23	亲手犯
eigenverantwortliche Selbstgefährdung **11** 22 ff	自我答责的自危
－ Abgrenzung zur Fremdgefährdung **12** 63 ff	一与外来危险的区分
－ Mitwirkung an Drogenkonsum **11** 34	一针对毒品消费的加功
Eigenverantwortlichkeitsprinzip **11** 23	自我答责原则
Eindruckstheorie **30** 9 f	印象说
eingeschränkte Schuldtheorie **29** 19,24,26	限制罪责说
Einheitstäter **38** 3	单一正犯
Einheitstheorie **4** 5	统一论
Einsichtsfähigkeit, fehlende **12** 11,18,**22** 7	洞察能力，缺乏的
einverständliche Fremdgefährdung **12** 61 ff	对外来危险的合意
－ Abgrenzung zur Selbstgefährdung **12** 63 ff	一与自危的区分
Einverständnis **12** 33 ff	合意

525

(续表)

德文关键词及其全书位置	本书中文译法
－ bedingtes **12** 60	—附加条件的
－ Einsichtsfähigkeit **12** 40 ff	—洞察能力
－ Erklärungsbedürftigkeit **12** 55 ff	—是否需要意思表示
－ relevante Tatbestandsmerkmale **12** 33 ff	—相关的构成要件要素
－ Stellvertretung **12** 60	—代理
－ Widerruf **12** 60	—撤回
－ Willensmängel **12** 49 ff	—意思瑕疵
－ Wirksamkeitsvoraussetzungen **12** 46 ff	—有效性之前提条件
Einwilligung **12** 1 ff	承诺
－ bedingte **12** 15	—有条件的
－ hypothetische **19** 15 ff	—假设的
－ mutmaßliche **19** 1 ff	—推定的
－ Stellvertretung **12** 16 ff	—代理
－ Widerruf **12** 20	—撤回
－ Willensmängel **12** 21 ff	—意思瑕疵
－ Wirksamkeitsvoraussetzungen **12** 9 ff	—有效性之前提条件
Einwilligungslösung **39** 49	承诺的方案
Einwilligungstheorie **14** 22 ff	承诺理论
Einwirkungstheorie **39** 57	影响说
Einzelaktstheorie **32** 14	个别动作说
Einzellösung **39** 55 ff,61,63 f,**40** 14	个别性方案
－ modifizierte **39** 56	—修正的
－ strenge **39** 57	—严格的
endogene Psychosen **22** 6	内因性精神病
Entscheidungsherrschaft **38** 43	决策支配
entschuldigender Notstand **17** 7,9,**24** 1 ff	免除罪责的紧急避险
－ Abgrenzung zum rechtfertigenden Notstand **17** 7 ff	—和正当化的紧急避险的区分
－ notstandsfähige Rechtsgüter **24** 6	—能够加以紧急避险的法益

(续表)

德文关键词及其全书位置	本书中文译法
– Notstandshandlung **24** 3,8 ff	—紧急避险的行为
– Notstandslage **24** 3 ff	—紧急避险的情形
– Rettungswille **24** 3,11	—救济的意思
– Unzumutbarkeit der Gefahrhinnahme **24** 3,12 ff	—没有期待可能性接受危险
Entschuldigungsgründe **21** 12 ff	免除罪责事由
– Irrtum über- **28** 17 ff	—针对……的认识错误
Entschuldigungstatbestand **8** 5	免除罪责的构成要件
Erfolgsdelikt **8** 18 f	结果犯
Erfolgsförderungstheorie **42** 10 ff	结果促进说
Erfolgsort **4** 6	结果地
erfolgsqualifiziertes Delikt **8** 19,**34** 2,4,6 ff	结果加重犯
– Rücktritt vom Versuch **32** 35 ff	—力图中的中止
– Teilnahmefähigkeit **38** 21	—是否成立参与
– Versuch **30** 17 ff	—力图
Erfolgsunrecht **6** 6,**9** 7	结果不法
Erfolgsunwert s. Erfolgsunrecht	结果非价,参见结果不法
Erforderlichkeit der Verteidigung **16** 27 ff	防卫的必要性
Erlaubnisirrtum **28** 12,**29** 6	容许错误
– umgekehrter **30** 24	—相反的
Erlaubnisnorm **15** 1	容许规范
Erlaubnistatbestand **8** 5,**15** 7 ff	容许的构成要件
– objektiver **15** 8	—客观的
– subjektiver **15** 9	—主观的
Erlaubnistatbestandsirrtum **29** 11 ff	容许构成要件错误
– eingeschränkte Schuldtheorie **29** 19,24,26	—限制罪责说
– Lehre vom Gesamtunrechtstatbestand **29** 20 f,24 f	—整体不法构成要件说
– Lehre von den negativen Tatbestandsmerkmalen **29** 20 f,24 f	—消极的构成要件要素理论

527

(续表)

德文关键词及其全书位置	本书中文译法
– modifizierte Vorsatztheorie **29** 15	—修正的故意说
– rechtsfolgenverweisende Schuldtheorie **29** 22 f	—法律后果援用之罪责说
– strenge Schuldtheorie **29** 16 ff	—严格罪责说
– Über normative Merkmale **29** 28 ff	—针对规范性要素
– Vorsatztheorie **29** 14	—故意说
Ermittlungsverfahren **1** 12	侦查程序
Ernstnahmetheorie **14** 22, 25	认真对待理论
error s. Fehlvorstellung	错误认识,参见错误认识
error in persona vel objecto **27** 40 ff	针对人或者客体的认识错误
– bei mittelbarer Täterschaft **39** 79	—在间接正犯时
– des Angestifteten **41** 33	—受教唆者的
– des Mittäters **40** 21 f	—共同正犯的
Ersatztäter **11** 13	后备的行为人
Ersatzursache s. Kausalverlauf, hypothetischer	后备原因,参见因果流程,假设的
Erstverursacher s. Regressverbot	第一引发人,参见回溯禁止
Erziehungsrecht **20** 18 ff	教育权
ex ante-Betrachtung **10** 5	事前观察法
Exkulpationslösung **39** 48	排除责任的方案
exogene Psychosen **22** 6	外因性精神病
ex post-Betrachtung **10** 5 f	事后观察法
Fahrlässigkeit **33** 1 ff	过失
– Abgrenzung zum dolus eventualis **14** 14 ff	—和间接故意的区分
– actio libera in causa **23** 29 ff	—原因自由行为
– Alternativverhalten, erlaubt riskantes **33** 34 ff	—替代举止,容许的风险性的
– Begriff s. Fahrlässigkeitsbegriff	—概念,参见过失概念
– Beteiligung **38** 55	—参加
– bewusste **33** 69	—有认识的
– Einheitstäter **38** 3	—单一正犯

(续表)

德文关键词及其全书位置	本书中文译法
– erlaubtes Risiko 33 26 ff	—容许的风险
– Formen 33 67 ff	—诸形式
– Funktion der Haftung für- 33 2 ff	—……责任的机能
– individuelle Vermeidbarkeit 33 51 ff	—个别的可避免性
– kausale Adäquanz 33 22 f	—因果的相当性
– Leichtfertigkeit 33 70 f	—轻率
– objektive Vermeidbarkeit 33 18,24 f	—客观的可避免性
– objektive Vorhersehbarkeit 33 18,20 f	—客观的可预见性
– objektive Zurechnung 33 8,14	—客观归属
– Pflichtwidrigkeitszusammenhang 33 34 ff	—义务违反性的关联
– Rechtfertigung 33 58 ff	—正当化
– Schuld 33 63 ff	—罪责
– Sonderwissen 33 21,52	—特别认识
– Sorgfalt s. Sorgfalt	—谨慎,参见谨慎
– Sorgfaltspflicht s. Sorgfaltspflicht	—谨慎义务,参见谨慎义务
– Sorgfaltspflichtverletzung 33 16 ff,20 ff,24 ff,51 ff	—违反谨慎义务
– soziale Adäquanz 33 26	—社会的相当性
– subjektive Tatseite 33 45 ff,51 ff	—行为的主观方面
– übernahme- 33 19,48	—接受的
– unbewusste 33 67 f	—没有认识的
– Vertrauensgrundsatz 33 30 ff s. auch Vorsatz-Fahrlässigkeits-Kombinationen	—信赖原则,亦参见故意—过失结合体
– zweistufiges Modell 33 45	—两阶层模式
Fahrlässigkeitsbegriff 33 6 ff	过失概念
– einstufiges Modell 33 49 ff	—一阶层模式
– Prüfungsaufbau 33 15 ff	—审查结构
Fehlgehen s. aberratio ictus	犯错,参见打击错误
Fehlvorstellung 26 3,5 f,9 ff,18	错误认识

529

(续表)

德文关键词及其全书位置	本书中文译法
Festnahme, vorläufige **20** 1 ff	逮捕,临时的
Feuerprobe der kritischen Situation **31** 15	临界情况下的考验
finale Handlungslehre **5** 10 f	目的行为论
Fortsetzungstat **45** 2,16 f	连续行为
fragmentarischer Charakter des Strafrechts **2** 6	刑法的不完整性
Frank'sche Formel **32** 22	弗兰克公式
Freiheitsstrafe **1** 19	自由刑
Freistellungsnorm **15** 1	豁免规范
Garantenpflicht **8** 14,**36** 2 s. auch Garantenstellung	保证人义务,亦参见保证人地位
Garantenstellung **35** 2,**36** 23 ff,**37** 1	保证人地位
– als besonderes persönliches Merkmal **38** 61	—作为特定人身性要素的
– aus Amtspflicht **36** 82	—基于公职
– Begründung **36** 49 ff	—成立(理由)
– Beschützer-s. Beschützergarant	—保护者的,参见保护者保证人
– Ingerenz **36** 58,64 ff	—先行行为义务
– Irrtümer über-**36** 31 ff	—针对……发生的认识错误
– kraft institutioneller Fürsorge **36** 53,55 ff	—根据制度性的照料
– kraft Risikoherrschaft **36** 53 f,56 ff	—根据对风险的支配
– überwacher-s. überwachergarant	—监督者的,参见监督者保证人
– Verkehrssicherungspflichten **36** 58 ff	—交往安全义务
Garantiefunktion des Strafrechts **3** 2 ff	刑法的保障机能
Gebotenheit der Verteidigung **16** 35 f	防卫的需要性
Gebotsirrtum **36** 34	命令错误
Gefahr	危险
– gegenwärtige **17** 14 ff,**24** 5	—现时的
– rechtlich missbilligte **11** 5	—法律上不许可的
Gefährdungsdelikt **8** 20 ff	危险犯
– abstraktes **8** 22	—抽象的

(续表)

德文关键词及其全书位置	本书中文译法
– konkretes **8** 21	—具体的
Gefährdungstheorie **31** 17	危险论
gefährliches Vorverhalten s. Ingerenz	危险的先行举止,参见先行行为义务
Gehilfe s. Beihilfe	帮助,参见帮助
Geldstrafe **1** 20	罚金刑
Geltungsbereich des StGB **4** 1 ff	《刑法典》的适用范围
Generalprävention	一般预防
– negative **2** 13	—消极的
– positive **2** 14 f	—积极的
Gesamtbetrachtungslehre **32** 13	整体观察法
Gesamtlösung **39** 54,61,**40** 15	整体性方案
Gesamtstrafe **44** 11,**47** 35	总和刑
gesamttatbewertendes Merkmal **8** 3	对整体行为的评价性要素
Gesamtunrechtstatbestand **8** 5	整体的不法构成要件
– Lehre vom-**6** 8,**29** 20 f,24 f	—……学说
Gesetz, spezielleres **46** 5 ff	法规,特别的
Gesetzeseinheit **46** 3 s. auch Gesetzeskonkurrenz	法规单数,亦参见法规竞合
Gesetzeskonkurrenz **44** 6 ff,**46** 1 ff	法规竞合
– Konsumtion **46** 3 f,11 ff	—吸收关系
– Spezialität **46** 3 ff	—特别关系
– Subsidiarität **46** 3 f,8 ff	—补充关系
Gesetzlichkeitsprinzip **3** 1 ff	罪刑法定原则
gesetzmäßige Bedingung **10** 12 ff	合乎法则的条件
Gestaltungsherrschaft **38** 43	形态支配
Gewohnheitsrecht, Verbot des-s **3** 2 f	习惯法,(习惯法)的禁止
Gleichgültigkeitstheorie **14** 22,26	无所谓理论
Gnadentheorie **32** 3	恩惠理论
goldenen Brücke, Theorie von der-**32** 3	金桥,……的理论

(续表)

德文关键词及其全书位置	本书中文译法
Grenzirrtum **29** 6	界限错误
Grundtatbestand **8** 6 f	基本的构成要件
Gutachtenstil **1** 15	专业鉴定风格
Haftungsbegrenzung, tatbestandliche s. objektive Zurechnung	责任界定，构成要件性的，参见客观归属
Handeln für einen anderen **7** 1 ff	为他人之行为
Handlung **5** 10 ff	行为
– dieselbe **47** 1 f	—同一的
– fortgesetzte **45** 2,16 f	—连续的
– im natürlichen Sinn **45** 2,4 f s. auch Handlungstheorien	—自然意义上的，亦参见行为理论
Handlungsäquivalenz **36** 1 f, 49, **37** 1	行为等价
Handlungseinheit **44** 15	行为单数
– iterative natürliche **45** 12	—反复的自然的
– Kriterien **45** 1 ff	—诸标准
– natürliche **45** 2,6 ff, **47** 8, 21 ff	—自然的
– rechtliche **45** 17	—法律上的
– sukzessive natürliche **45** 13	—逐渐的自然的
– tatbestandliche **45** 2, 14	—构成要件上的
Handlungsfähigkeit **5** 5,8	行为能力
Handlungsförderungstheorie **42** 10	行为促进说
Handlungsobjekt **2** 7	行为客体
Handlungstheorien **5** 10 ff	行为的标准
Handlungsunrecht **6** 6, **9** 7	行为不法
Handlungsunwert s. Handlungsunrecht	行为非价，参见行为不法
Hauptstrafen **1** 18 ff	主刑
Haupttat **38** 19, **41** 1,3 f, **42** 1	主行为
– bei versuchter Anstiftung **43** 9	—在教唆的力图时
Hauptverfahren **1** 13	主程序

（续表）

德文关键词及其全书位置	本书中文译法
Heranwachsende **22** 2 f	成长中的青年
heteronome Motive **32** 22	非自主动机
Hintermann s. mittelbare Täterschaft	幕后操纵者，参见间接正犯
Idealkonkurrenz **44** 8	想象竞合
－ gleichartige **47** 1	－同种的
－ ungleichartige **47** 1 s. auch Tateinheit	－异种的，亦参见一罪
ignorantia s. Unkenntnis	没有认识，参见没有认识
in dubio pro reo **48** 1 ff	疑罪从无，或有疑义时做有利于被告的解释
Ingerenz **36** 58,64 ff	先行行为义务
Inland **4** 11	国内
Interessentheorie **38** 39	利益说
Internetstraftaten	网络犯罪
－ Tatort **4** 9	－行为地
－ Verabredung zu einem Verbrechen **43** 21	－约定实施重罪
Irrtum **26** 1 ff	错误，或认识错误
－ Begriff **26** 3 ff	－概念
－ bei actio libera in causa **27** 61 ff	－针对原因自由行为的
－ bei Anstiftung **41** 30	－在教唆时
－ bei mittelbarer Täterschaft **39** 65	－在间接正犯时
－ Bestands- **29** 6	－成立的
－ Doppel- **29** 6	－双重的
－ Erlaubnis- **28** 12,**29** 6	－容许的
－ Erlaubnistatbestands- s. Erlaubnistatbestandsirrtum	－容许构成要件的，参见容许构成要件错误
－ Fehlvorstellung **26** 3,5 f,9 ff,18	－错误认识
－ Formen **26** 3 ff,18	－各种形式
－ Gebots- **36** 34	－命令的
－ Gegenstand des-s **26** 7 ff,18	－（认识错误的）对象
－ Grenz- **29** 6	－界限的

533

（续表）

德文关键词及其全书位置	本书中文译法
– Rechtsfolgen **26** 9 ff,18	—法律后果
– Subsumtions-**27** 15 ff	—涵摄的
– Tatbestands-s. Tatbestandsirrtum	—构成要件的,参见构成要件错误
– Über Entschuldigungsgründe **28** 17 ff	—针对免除罪责事由的
– Über Garantenstellung **36** 31 ff	—针对保证人地位发生的
– Über Identität des Tatobjekts s. error in persona vel objecto	—针对行为客体的同一性的,参见针对人或客体的认识错误
– Über Kausalverlauf **27** 43 ff	—针对因果流程的
– Über normative Tatbestandsmerkmale **30** 26 ff	—针对规范性构成要件要素的
– Über Rechtfertigungsvoraussetzungen **29** 1 ff	—针对正当化前提条件的
– Über Sonderdeliktsmerkmale **30** 31 ff	—针对身份犯要素的
– Über Tatbestandsalternativen **27** 34	—针对构成要件选择要素的
– Über Vollendungszeitpunkt **27** 47 ff	—针对既遂时点的
– umgekehrter Tatbestands-**30** 2	—相反的构成要件的
– Unkenntnis **26** 3 f,6,9,11 f,18	—没有认识
– Verbots-s. Verbotsirrtum	—禁止的,参见禁止错误
– Wahndelikt **26** 10,**29** 5	—幻想犯
Irrtumslehre **26** 1 ff	错误论
"Jedermann-Delikt" s. Allgemeindelikt	"人人犯",参见一般犯
Kausalbegriff, funktionaler **10** 1	因果(关系)概念,机能的
kausale Adäquanz **33** 22 f	因果的相当性
kausale Handlungslehre **5** 15 f	因果行为论
kausales Regressverbot **10** 27	因果的回溯禁止
Kausalität **10** 1 ff	因果关系
– alternative **10** 31 ff	—替代的
– bei Gremienentscheidungen **10** 39 ff,**36** 22	—集体决策时
– beim Unterlassungsdelikt **36** 12 ff	—在不作为犯时
– der Beihilfehandlung **42** 9 ff	—帮助行为的
– Doppel-**10** 31 ff	—双重的

(续表)

德文关键词及其全书位置	本书中文译法
– Funktion **10** 1 ff	—机能
– kumulative **10** 29 f	—累积的
– Nachweis **10** 8 ff	—证明
Kausalverlauf	因果流程
– Abbruch eines rettenden-s **10** 37 f, **35** 11	—救助性……的中断
– abgebrochener **10** 24 ff	—中断的
– atypischer **10** 22 f	—非典型的
– hypothetischer **10** 18 ff, **11** 12 f	—假设的
– Irrtum über- **27** 43 ff	—针对……的认识错误
– Überholender **10** 24 ff	—超越性的
Kettenbeteiligung **38** 5	连锁参加
Klammerwirkung **47** 8, 16 ff	夹结作用
Koinzidenzprinzip **6** 3	同时原则
– und actio libera in causa **23** 4 f	—和原因自由行为
Kombinationsprinzip **47** 4	结合原则
Konkurrenzen **44** 1 ff	竞合
– Gesetzeskonkurrenz s. Gesetzeskonkurrenz	—法规竞合，参见法规竞合
– Idealkonkurrenz s. Idealkonkurrenz	—想象竞合，参见想象竞合
– Realkonkurrenz s. Realkonkurrenz	—实质竞合，参见实质竞合
– unechte Konkurrenz s. auch Handlungseinheit; Tateinheit; Tatmehrheit s. Gesetzeskonkurrenz	—不纯正的竞合，亦参见行为单数；一罪；数罪，参见法规竞合
Konsumtion **46** 3 f, 11 ff	吸收关系
Konvergenzdelikte **38** 6	众合犯
krankhafte seelische Störungen **22** 6, 8	病理性精神障碍
Kriminologie **1** 9	犯罪学
Legalitätsprinzip **1** 12	合法原则
Leichtfertigkeit **33** 70 f	轻率
Letalitätstheorie **34** 9	致命说
lex specialis **46** 5 ff	特别法

535

(续表)

德文关键词及其全书位置	本书中文译法
limitierte Akzessorietät **38** 19	限制从属性
Lockspitzel s. agent provocateur	钓鱼侦查,参见陷害教唆
luxuria **33** 69	有认识的过失
Maßnahmen **1** 23	措施
Maßregeln der Besserung und Sicherung **1** 22 f	矫正和保安处分
Merkmale, besondere persönliche s. besondere persönliche Merkmale	要素,特定人身性的,参见特定人身性要素
mitbestrafte Nachtat **46** 14,16	共罚的事后行为
mitbestrafte Vortat **46** 14 f	共罚的事前行为
Mittäterschaft **40** 1 ff	共同正犯
– additive **40** 5	—添加的
– alternative **40** 5	—替代的
– Erfordernis der Anwesenheit am Tatort **38** 46 ff, **40** 4	—要求在场(在行为地)
– Exzess des Mittäters **40** 19 ff	—共同正犯的过限
– fahrlässige **38** 57,59	—过失的
– gemeinsamer Tatentschluss **40** 3,6 ff	—共同的行为决意
– gemeinschaftliche Tatbegehung **40** 3,4	—共同地实施行为
– Objektsverwechslung **40** 21 f	—针对客体的认识错误
– Schein- **40** 16 ff	—误想的
– sukzessive **40** 10	—承继的
– Tatzeit **4** 4	—行为时
– vermeintliche **40** 16 ff	—误想的
– Versuchsbeginn **40** 13 ff	—力图的开始
mittelbare Täterschaft **39** 2,7	间接正犯
– absichtslos doloses Werkzeug **39** 20	—没蓄意但故意的犯罪工具
– Defizite auf Rechtfertigungsebene **39** 27	—正当化阶层的欠缺
– Defizite auf Schuldebene **39** 29	—罪责阶层的欠缺
– Defizite auf Tatbestandsebene **39** 13	—构成要件阶层的欠缺

(续表)

德文关键词及其全书位置	本书中文译法
– durch Unterlassen **39** 41	—不作为式的
– eigenhändige Delikte **39** 9	—亲手犯
– Exzess des Tatmittlers **39** 11	—行为媒介的过限
– fahrlässige **38** 57 f	—过失的
– Fallgruppen **39** 13	—若干类型
– Hintermann **39** 7	—幕后操纵者
– Irrtum über Qualifikation **39** 24	—针对加重(构成要件)的认识错误
– Irrtum über Tatherrschaft **39** 65	—针对犯罪行为支配的认识错误
– Motivirrtum **39** 14	—动机错误
– Objektsverwechslung beim Vordermann **39** 79	—实际执行者针对客体发生认识错误
– organisatorische Machtapparate **39** 37 ff	—组织性的权力机器
– qualifikationslos doloses Werkzeug **39** 17	—故意但没资格的犯罪工具
– schuldlos handelndes Werkzeug **39** 29	—没有罪责地行事的犯罪工具
– Selbstverletzungen des Vordermanns **39** 44 ff, 60 ff	—实际执行者的自伤
– Sonderdelikt **39** 17	—身份犯，或特别犯
– Tatmittler **39** 7	—行为媒介
– Versuchsbeginn **39** 53	—力图的开始
– Vordermann **39** 7	—实际执行者，或幕前人
– Werkzeug **39** 7	—(犯罪)工具
– Zurechnungsprinzip **39** 7	—归属原则
Modalitätenäquivalenz **36** 1,3, **37** 1	形态等价
modifizierte Vorsatztheorie **29** 15	修正的故意说
Möglichkeitstheorie **14** 15 ff, 27 ff	可能性理论
Motivationsfähigkeit **5** 8	动机能力
Motivirrtum **27** 41	动机错误
– bei mittelbarer Täterschaft **39** 14 ff	—在间接正犯时
mutmaßliche Einwilligung **19** 1 ff	推定承诺
Nebenfolge **1** 18	附带后果

537

(续表)

德文关键词及其全书位置	本书中文译法
Nebenstrafe **1** 18	附加刑
Nebenstrafrecht **1** 2	附属刑法
Nebentäter **39** 3 ff	同时正犯
ne bis in idem **4** 15, **6** 18	一事不再理
negative Tatbestandsmerkmale **29** 20 f, 24 f	消极的构成要件要素
neglegentia **33** 68	没有认识的过失
normative Tatbestandsmerkmale **9** 11 ff, **27** 24 ff	规范性构成要件要素
Normen **2** 1 ff	诸规范
normgerechte Motivation s. normgerechtes Verhalten	合乎规范的动机,参见合乎规范的举止
normgerechtes Verhalten **21** 12 ff, **24** 1, **36** 37 ff, **37** 9 f	合乎规范的举止
Normwiderspruch **5** 3 ff	规范违反
Nothilfe **16** 2	紧急救助
Nötigungsnotstand **17** 34 ff	强制紧急避险
Notstand **17** 1 ff	紧急避险
– aggressiver **17** 5	—侵犯性
– defensiver **17** 4	—防卫性
– entschuldigender **17** 7, 9, **24** 1 ff	—免除罪责的
– rechtfertigender s. rechtfertigender Notstand	—正当化的,参见正当化的紧急避险
– ssituation **17** 2 ff	—(紧急避险的)情况
– übergesetzlicher **17** 10, **21** 14	—超法规的
– zivilrechtlicher s. zivilrechtlicher Notstand	—民法上的,参见民法上的紧急避险
Notstandshilfe **17** 14	紧急避险救助
Notstandslage **17** 14 ff	紧急避险的情形
Notwehr **16** 1 ff	紧急防卫
– Angriffe Schuldloser **16** 46	—无罪责的人的攻击
– Angriffe von Garanten **16** 47	—保证人的攻击
– antizipierte **16** 32	—预先的

(续表)

德文关键词及其全书位置	本书中文译法
– Bagatellangriffe **16** 41	—轻微攻击
– Einschränkungen der-befugnis **16** 39 ff	—对成立……的限制
– fähige Güter **16** 11 ff	—可以(攻击)的利益
– handlung s. Notwehrhandlung	—行为,参见紧急防卫的行为
– krasses Missverhältnis **16** 42 ff	—明显失衡
– lage s. Notwehrlage	—情形,参见紧急防卫的情形
– Präventiv-**16** 20	—预防性的
– provokation s. Notwehrprovokation	—挑起、挑衅,参见挑拨防卫
– subjektive Voraussetzungen s. Verteidigungswille	—主观的前提条件,参见防卫的意思
– überschreiten der Grenzen s. Notwehrexzess	—超越界限,参见防卫过当
notwehrähnliche Lage **16** 20	类似紧急防卫的情形
Notwehrexzess **25** 1 ff	防卫过当
– extensiver **25** 9 ff,20,22	—量的
– intensiver **25** 2 ff,20 f	—质的
– Putativ-**25** 16	—误想的
– subjektive Tatseite **25** 15	—行为的主观方面
Notwehrhandlung **16** 3,25 ff	紧急防卫的行为
– Erforderlichkeit **16** 27 ff	—必要性
– Gebotenheit **16** 35 f	—需要性
– Selbstschutzanlagen **16** 32 ff	—自我保护装置
Notwehrlage **16** 3,5 ff	紧急防卫的情形
– provozierte **16** 48 ff s. auch Angriff	—挑起的,亦参见攻击
Notwehrprovokation **16** 48 ff	挑拨防卫
nulla poena,nullum crimen sine lege **3** 2 ff	无法无罪,无法无罚
objektiver Tatbestand **6** 5,**9** 1 ff	客观构成要件
objektive Strafbarkeitsbedingungen **6** 13	客观处罚条件
– Irrtum über Voraussetzungen **26** 15	—针对前提条件的认识错误
objektive Zurechnung **11** 1 ff,**33** 10	客观归属

(续表)

德文关键词及其全书位置	本书中文译法
– Ausschluss durch Einwilligung **12** 4 f	—通过承诺的阻却
– beim Unterlassungsdelikt **36** 27	—在不作为犯的场合
– Eingreifen Dritter **11** 35 ff	—第三者的干预
– Folgerisiken **11** 35,46 ff	—后续风险
– Funktion **11** 1 ff	—机能
– hypothetischer Kausalverlauf **11** 12 f	—假设的因果流程
– Regressverbot **11** 35 ff	—回溯禁止
– "Retterfälle" **11** 35,55 ff	—"救助者的场合"
– Risikoverringerung **11** 14 ff	—风险降低
– Risikozuständigkeit **11** 22 ff	—风险管辖
– Selbstgefährdung s. eigenverantwortliche Selbstgefährdung	—自危,参见自我答责的自危
– übliches Sozialverhalten **11** 10 f s. auch Risiko	—日常的社会举止,亦参见风险
omissio libera in causa **35** 14	原因自由不作为
omnimodo facturus **31** 8,**41** 11	已决意实施某一行为的人,或行为决意已形成
Parallelwertung in der Laiensphäre **27** 28 ff	外行人的价值观
personale Handlungslehre **5** 12	人格行为论
Personalitätsprinzip **4** 12 f	属人原则
Pflichtenkollision **18** 1 ff	义务冲突
Pflichtwidrigkeitszusammenhang **33** 34 ff	义务违反性的关联
Planungshorizont **32** 12	计划区域
pluralistische Theorie **15** 4	多元论
Postpendenzfeststellung **48** 19 f	后置确定
Praependenzfeststellung **48** 21	前置确定
Prämientheorie **32** 3	褒奖理论
Präventivnotwehr **16** 20	预防性紧急防卫
Privilegierung **8** 6 f	减轻
Prozessvoraussetzungen **6** 18	程序性条件

(续表)

德文关键词及其全书位置	本书中文译法
– Irrtum über **26** 14 s. auch Strafantrag	——针对……的认识错误，亦参见刑事告诉
Psychosen **22** 6	精神病
Putativnotwehrexzess **25** 16	误想防卫过当
Qualifikation **8** 6 f	加重
qualifikationslos doloses Werkzeug **39** 17	故意但没资格的犯罪工具
Rausch **22** 8	恍惚
Realkonkurrenz **44** 11	实质竞合
rechtfertigende Pflichtenkollision s. Pflichtenkollision	正当化的义务冲突，参见义务冲突
rechtfertigender aggressiver Notstand **17** 5，10 ff	正当化的侵犯性紧急避险
– Angemessenheit **17** 21，37 f	——适当性
– Einschränkung der Notstandsbefugnis **17** 39 f	——紧急避险的限制
– Erforderlichkeit **17** 21 ff	——必要性
– gegenwärtige Gefahr **17** 14 ff	——现时的危险
– Interessenabwägung **17** 21，24 ff	——利益衡量
– Nötigungsnotstand **17** 34 ff	——强制紧急避险
– notstandsfähige Rechtsgüter **17** 17	——可成立紧急避险的法益
– Notstandshandlung **17** 13，21 ff	——紧急避险的行为
– Notstandslage **17** 13 ff	——紧急避险的情形
– Rettungswille **17** 13，41	——救济的意思
– subjektive Voraussetzungen **17** 41	——主观的前提条件
rechtfertigender Notstand **17** 7 f，10 ff	正当化的紧急避险
– aggressiver s. rechtfertigender aggressiver Notstand	——侵犯性的，参见正当化的侵犯性紧急避险
– bei hoheitlichem Handeln **17** 11	——主权行为时
– defensiver **17** 4，48	——防卫性的
Rechtfertigungsgründe **15** 1 ff，**20** 1 ff	正当化事由
– Einwilligung als Rechtfertigungsgrund **12** 2 f	——作为正当化事由的承诺
– gesetzlich normierte **15** 11，13	——法定、规范化的

(续表)

德文关键词及其全书位置	本书中文译法
– Irrtum über Voraussetzungen **29** 1 ff	——针对前提条件的认识错误
– monistische Theorien **15** 3	——一元论
– pluralistische Theorien **15** 4	——多元论
– ungeschriebene **15** 12	——不成文的
Rechtfertigungslage, Verkennung einer- **29** 8 ff	正当化情形,没有认识到……
Rechtfertigungstatbestand s. Erlaubnistatbestand	正当化构成要件,参见容许构成要件
– objektiver **33**,59	——客观的
– subjektiver **33**,60 f	——主观的
Rechtsfolgen **1** 18 ff	法律后果
rechtsfolgenverweisende Schuldtheorie **29** 22 f	法律后果援用之罪责说
Rechtsgüter **2** 6 f	法益
– Individual- **2** 6	——个人的
– Kollektiv- **2** 6	——集体的
Rechtsgüterschutz **2** 6 f,**10** 2	法益保护
Rechtsmittelverfahren **1** 13	法律救济程序
Rechtsschuld **21** 10	法律罪责
Rechtswidrigkeit **6** 4,**15** 1 ff	违法性
– "indizierte" **8** 4	——"征表的"
Regelbeispiele **8** 8 f	范例
Regressverbot **11** 35 ff	回溯禁止
Rettungswille **17** 13,41	救济的意思
Risiko	风险
– Begriff **11** 6 ff	——概念
– erlaubtes **33** 26 ff	——容许的
– und übliches Sozialverhalten **11** 10 f	——和日常的社会举止
– Verringerung **11** 14 ff	——降低
Risikoerhöhungslehre **33** 37 f	风险增高说
Risikofaktor **11** 7 ff	风险因素

(续表)

德文关键词及其全书位置	本书中文译法
Risikozuständigkeit 11 22 ff	风险管辖
– Eingreifen Dritter 11 35 ff	—实施干预的第三者
– Folgerisiken 11 35, 46 ff	—后续风险
– hypothetischer Kausalverlauf 11 12 f	—假设的因果流程
– Regressverbot 11 35 ff	—回溯禁止
– Retterfälle 11 35, 55 ff	—救助者的场合
– Risikoverringerung 11 14 ff	—风险降低
– Selbstgefährdung s. eigenverantwortliche Selbstgefährdung	—自危,参见自我答责的自危
Rücktritt 32 1 ff	中止
– Aufgeben der Tat 32 19	—行为的放弃
– außertatbestandliche Zielerreichung 32 18	—实现构成要件之外的目标
– autonome Motive 32 22	—自主动机
– bei mehreren Beteiligten 32 31 f	—数个参加者时
– bei objektiv nicht zurechenbarem Erfolg 32 33	—客观上不可归属的结果中的
– ernsthaftes Bemühen 32 30	—认真努力
– fehlgeschlagener Versuch 32 5 ff	—失败的力图
– Frank'sche Formel 32 22	—弗兰克公式
– Freiwilligkeit 32 22	—自愿性
– Grund für Strafausschluss 32 3	—排除刑罚的理由
– heteronome Motive 32 22	—非自主动机
– tätige Reue 32 4	—主动悔罪
– Teil- 32 21	—部分的
– vom beendeten Versuch 32 25 ff	—已终了的力图中的
– vom erfolgsqualifizierten Delikt 32 35	—结果加重犯中的
– vom qualifizierten Versuch 32 34	—力图的加重的
– vom unbeendeten Versuch 32 10 ff	—未终了的力图中的
– vom Unterlassungsdelikt 36 45 ff	—不作为犯的
– vom Unternehmensdelikt 32 36	—企行犯的

（续表）

德文关键词及其全书位置	本书中文译法
– vom Versuch der Beteiligung **43** 23 s. auch Versuch	—参加的力图的，亦参见力图
Rücktrittshorizont **32** 11	中止范围
– Korrektur des-s **32** 13	—对……的修正
Rückwirkungsverbot **3** 2,**4**,**4** 1	禁止溯及既往
sachgedankliches Mitbewusstsein **13** 2	实事角度的伴随意识
Sachverhaltsalternativität **48** 8 f	替代的案件事实情况
Sanktionsnormen **2** 4	制裁规范
– Legitimation **2** 8 ff	—正当性
Schein-Mittäterschaft **40** 16 ff	误想共同正犯
Schuld **5** 9,**6** 1 f,**21** 1 ff	罪责
– Begriff s. Schuldbegriff	—概念，参见罪责概念
– beim Fahrlässigkeitsdelikt **33** 63 ff	—过失犯时
– Feststellung der-**6** 7	——……的确定
– im formellen Sinn **21** 5	—形式意义的
– im materiellen Sinn **21** 6 ff	—实质意义的
– Unzumutbarkeit normgerechten Verhaltens **21** 12 ff,**24** 1,**36** 37 ff,**37** 9 f	—为合乎规范的举止的期待可能性
Schuldbegriff **21** 5 ff	罪责概念
– diskursiver **21** 9	—交谈的
– funktionaler **21** 8	—机能的
– normativer **21** 7	—规范的
– psychologischer **21** 7	—心理的
Schuldfähigkeit **21** 11,**22** 1 ff	罪责能力
– bedingte **22** 2	—限制的
– fehlende s. Schuldunfähigkeit	—缺乏的，参见无罪责能力
– verminderte **22** 4,8	—减轻的
Schuldprinzip **21** 1 ff	罪责原则
Schuldtatbestand **21** 11 f	罪责构成要件

(续表)

德文关键词及其全书位置	本书中文译法
Schuldtheorie **28** 2 f	罪责说
– eingeschränkte **29** 19,24,26	—限制的
– rechtsfolgenverweisende **29** 22 f	—法律后果援用的
– strenge **29** 16 ff	—严格的
Schuldunabhängigkeit, Grundsatz der **38** 17 ff	罪责独立性,基本原则
Schuldunfähigkeit **21** 12,**22** 2,5 ff	无罪责能力
– Affekt **22** 9 f	—情绪冲动
– biologische Kriterien **22** 5 f	—生物学意义的标准
– Blutalkoholkonzentration **22** 8	—血液酒精浓度
– psychologische Kriterien **22** 5,7	—心理学意义的标准
– Rausch **22** 8	—恍惚
– zu vertretende s. actio libera in causa	—负有责任地,参见原因自由行为
Schuldverstrickungstheorie **38** 14 f	罪责卷入说
Schutzprinzip **4** 12 f	保护原则
Schutzwehr **16** 29	防御防卫
Schutzzweck der Norm **11** 20 f	规范的保护目标
Schwachsinn **22** 6	智力低下
Selbstgefährdung s. eigenverantwortliche Selbstgefährdung	自危,参见自我答责的自危
Selbsthilfe **20** 11 ff	自力救济
Sonderdelikt **8** 15 ff	特别犯,或身份犯
– echtes **8** 16	—纯正的
– mittelbare Täterschaft **39** 17	—间接正犯
– Täterschaft **38** 51,53	—正犯
– unechtes **8** 17	—不纯正的
Sondernormen **2** 2	特别规范
Sonderpflichtmerkmale **38** 25,29	身份义务的要素
Sorgfalt	谨慎
– äußere **33** 18,24 f	—外在的

(续表)

德文关键词及其全书位置	本书中文译法
– im Verkehr erforderliche-s. Sorgfaltspflicht	—交往中所必要的……,参见谨慎义务
– innere **33** 18,20 ff	—内在的
– Sonderwissen **33** 21	—特别认识
Sorgfaltspflicht **33** 2 ff,10 ff,16 ff	谨慎义务
– Schutzzweck **33** 4 f	—保护目标
– typische-en **33** 19	—典型的
Sorgfaltspflichtverletzung **33** 16 ff	违反谨慎义务
soziale Adäquanz **11** 10 f,**33** 26	社会的相当性
soziale Handlungslehre **5** 12	社会行为论
Spezialität **46** 3 ff	特别关系
Spezialprävention **2** 12	特殊预防
Sphärentheorie **31** 14	领域论
Staatsnotwehr **16** 16	国家紧急防卫
Steuerungsfähigkeit,fehlende **22** 7	行动控制能力,欠缺的
sthenischer Affekt **25** 7	强大的情绪冲动
Strafantrag **6** 18	刑事告诉
Strafaufhebungsgrund **6** 14,16	刑罚取消事由
– Irrtum über Voraussetzungen **26** 16	—针对前提条件的认识错误
– Rücktritt als-**32** 2 f	—作为……的中止
Strafausschließungsgrund **6** 14 f	刑罚阻却事由
– Irrtum über Voraussetzungen **26** 16	—针对前提条件的认识错误
Strafbarkeitsbedingungen s. objektive Strafbarkeitsbedingungen	可罚性条件,参见客观处罚条件
Strafbarkeitsirrtum,umgekehrter **30** 24	可罚性认识错误,相反的
Strafe **1** 18 ff,**2** 8 ff	刑罚
Strafeinschränkungsgrund **6** 17,**38** 10	刑罚限制事由
Strafrecht **1** 1 ff	刑法
– formelles **1** 4	—程序的
– fragmentarischer Charakter **2** 6	—不完整的

(续表)

德文关键词及其全书位置	本书中文译法
– Gesetzlichkeit des-s **3** 1 ff	——的罪刑法定
– interlokales **4** 10	—区际的
– internationales **4** 10 ff	—国际的
– materielles **1** 2 f	—实体的
– räumliche und personelle Geltung **4** 11 ff	—空间效力和属人效力
Strafrechtsdogmatik **1** 11	刑法学理
Strafrechtspflege, Prinzip der stellvertretenden-**4** 12 f	刑事司法,代理……的原则
Straftat	犯罪
– als Normwiderspruch **5** 1 ff	—作为规范违反
– Beendigung **9** 16 f	—终了
– Versuch s. Versuch	—力图,参见力图
– Vollendung **9** 15	—既遂
Straftheorien **2** 8 ff	刑罚理论
Strafverfahren **1** 12 f	刑事程序
Strafzumessung **1** 21	量刑
Strafzumessungsregeln **8** 9	量刑规则
Strafzwecktheorie **32** 3	刑罚目标理论
strenge Schuldtheorie **29** 16 ff	严格罪责说
Stufenverhältnis	阶段关系
– logisches **48** 4	—逻辑的
– normatives **48** 5	—规范的
– wertethisches **48** 5	—价值伦理的
subjektiver Tatbestand **6** 5, **9** 5 f, **13** 1 ff	主观构成要件
Subsidiarität **46** 3 f, 8 ff	补充关系
– formelle **46** 9	—形式上的
– materielle **46** 10	—实质上的
Subsumtionsirrtum **27** 9 ff	涵摄错误
– umgekehrter **30** 24	—相反的

(续表)

德文关键词及其全书位置	本书中文译法
Tagessatz **1** 20	日额金
Tat	(犯罪)行为
– Aufgeben der-**32** 19	—……的放弃
– fortgesetzte s. Fortsetzungstat	—连续的,参见连续行为
– frische **20** 7	—现行的
– im prozessualen Sinn **44** 18	—程序意义上的
– rechtswidrige und schuldhafte **6** 1 ff	—违法的和有罪责的
Tatbestand s. Deliktstatbestand	构成要件,参见犯罪的构成要件
Tatbestandsabwandlungen **8** 6 ff	构成要件的派生
Tatbestandsirrtum **27** 1 ff	构成要件错误
– aberratio ictus **27** 53 ff	—打击错误
– Abgrenzung zum Subsumtionsirrtum **27** 9 ff	—和涵摄错误的区分
– bei der actio libera in causa **27** 61 ff	—在原因自由行为时
– Blankettmerkmale **27** 32 f	—空白要素
– deskriptive Tatbestandsmerkmale **27** 23	—描述性构成要件要素
– error in persona vel objecto **27** 40 ff	—针对人或者客体的认识错误
– Gegenstand des-s **27** 7 ff	—(构成要件错误的)对象
– Irrtum über Kausalverlauf **27** 43 ff	—针对因果流程的认识错误
– Irrtum über Tatbestandsalternativen **27** 34	—针对构成要件选择要素的认识错误
– Irrtum über Vollendungszeitpunkt **27** 47 ff	—针对既遂时点的认识错误
– normative Tatbestandsmerkmale **27** 24 ff	—规范性构成要件要素
– Parallelwertung in der Laiensphäre **27** 28 ff	—外行人的价值观
– privilegierende Merkmale **27** 3 ff	—减轻要素
– qualifizierende Merkmale **27** 3	—加重要素
– umgekehrter **30** 2	—相反的
Tatbestandslehre **8** 2	构成要件论
tatbestandsmäßiges Risiko s. Risiko	符合构成要件的风险,参见风险
Tatbestandsmäßigkeit **6** 4	构成要件符合性

(续表)

德文关键词及其全书位置	本书中文译法
Tatbestandsmerkmale	构成要件要素
– Blankettmerkmale **9** 14	—空白要素
– deskriptive **9** 10,12,**27** 23	—描述(性)的
– normative **9** 11 ff,**27** 24 ff	—规范(性)的
– objektive **9** 2 ff	—客观的
– subjektive **9** 5 f	—主观的
– Typen **9** 8 ff	—诸类型
tatbezogene Merkmale **38** 27,32	行为的特征
Tateinheit **44** 5 ff,15,17,**47** 1 ff	一罪
– bei Mittäterschaft **47**,32	—共同正犯时
– bei mittelbarer Täterschaft **47**,31	—间接正犯时
– beim Unterlassen **47** 26 ff	—不作为时
– bei Teilnahme **47** 30	—参与时
– bei versuchter Beteiligung **47** 33	—力图参加时
– echte **44** 8	—纯正的
– Festsetzung des Strafrahmens **47** 3 ff	—刑罚幅度的确定
– gleichartige **47** 1,5	—同种的
– Klammerwirkung **47** 8,16 ff	—夹结作用
– natürliche Handlungseinheit **47** 8,21 ff	—自然的行为单数
– Teilidentität **47** 8,10 ff	—部分相同性
– unechte **44** 7,**46** 13	—不纯正的
– ungleichartige **47** 1,4	—异种的
Tatentschluss **30** 1,**31** 1,3 ff	行为决意
– bei Mittäterschaft **40** 4,6 ff	—在共同正犯时
– Hervorrufen des-es **41** 5 ff	—使……萌生
– omnimodo facturus **31** 8	—已决意实施某一行为的人,或行为决意已形成
– Rücktrittsvorbehalt **31** 7	—有条件地中止,或中止保留
– Unbedingtheit **31** 6 ff	—无条件性

(续表)

德文关键词及其全书位置	本书中文译法
Täter s. Täterschaft	行为人,或正犯,参见诸正犯
Täterbegriff 38 8 ff	正犯概念
– extensiver 38 10 ff	—扩张的
– restriktiver 38 9	—限制的
täterbezogene Merkmale 38 26,28,32	行为人的特征
– s. auch besondere persönliche Merkmale	—亦参见特定的人身性要素
Täterschaft 38 1 ff	诸正犯
– Abgrenzung zur Teilnahme 38 34	—和参与的区分
– Allein- 39 1 ff	—单独的
– Mit- s. Mittäterschaft	—共同的,参见共同正犯
– mittelbare s. mittelbare Täterschaft	—间接的,参见间接正犯
– Neben- 39 3 f	—同时的
– unmittelbare 39 1	—直接的
Tatherrschaftslehre 38 38,43	犯罪行为支配说
– funktionelle 38 48	—机能的
tätige Reue 32 4	主动悔罪
Tätigkeitsdelikt 8 18	行为犯
Tätigkeitsort 4 6	行动地
Tatmehrheit 44 9 ff,47 34	数罪
– echte 44 11	—纯正的
– unechte 44 10,46 14 ff	—不纯正的
Tatmittler s. mittelbare Täterschaft	行为媒介,参见间接正犯
Tatobjekt 2 7	(犯罪)行为客体
Tatort 4 5 ff	行为地
Tatplantheorie 32 12	行为计划说
Tatsachen	行为事实
– institutionelle 9 13	—制度性的
– natürliche 9 13	—自然的

(续表)

德文关键词及其全书位置	本书中文译法
Tatumstand 13 1 f,27 7	行为情状
– normativer 27 23 ff	—规范的
Tatumstandsirrtum s. Tatbestandsirrtum	行为情状错误,参见构成要件错误
Teilnahme 38 1 ff	参与
– Abgrenzung zur Täterschaft 38 34	—与正犯的区分
– Akzessorietät 38 17 ff	—从属性
– Akzessorietätslockerung 38 22 ff	—从属性的松动
– Anstiftung s. Anstiftung	—教唆,参见教唆
– Beihilfe s. Beihilfe	—帮助,参见帮助
– Formen 38 4	—诸形式
– notwendige 38 6 f	—必要的
– Strafgrund 38 8 ff	—可罚根据
– Tatort 4 7	—行为地
Teilrücktritt 32 21	部分中止
Territorialitätsprinzip 4 12 f	属地原则
Trutzwehr 16 29	攻击防卫
Tun	作为
– Abgrenzung zum Unterlassen 35 3 ff	—和不作为的区分
Übernahmefahrlässigkeit 33 19,48	接受过失
Überwachergarant 36 24,56,58 ff	监督者保证人地位
– Ingerenz 36 58,64 ff	—先行行为义务
– Verkehrssicherungspflichten 36 58 ff	—交往安全义务
Ubiquitätstheorie 4 5	普遍论
Umstiftung 41 12	改变(教唆)
unbeendeter Versuch 32 1,8,11 ff	未终了的力图
– Abgrenzung zum beendeten Versuch 32 8 ff	—和已终了的力图的区分
– Rücktritt 32 10 ff	—中止
– zeitliche Grenzen 32 11 ff	—时间界限

551

(续表)

德文关键词及其全书位置	本书中文译法
unbeendet-tauglicher Versuch **32** 15	尚未终了的能犯力图
unechtes Unterlassungsdelikt **8** 14, **35** 2, **36** 1 ff	不纯正不作为犯
– Äquivalenz **36** 1 ff	—等价
– Deliktsmerkmale **36** 8 ff	—犯罪要素
– fahrlässiges **36** 36	—过失的
– Garantenpflicht **8** 14, **36** 2	—保证人义务
– Garantenstellung s. Garantenstellung	—保证人地位,参见保证人地位
– Kausalität **36** 12 ff	—因果关系
– objektive Zurechnung **36** 27 ff	—客观归属
– Schuld **36** 37 ff	—罪责
– Versuch **36** 40 ff	—力图
Universalitätsprinzip **4** 12 f	普遍原则
Unkenntnis **26** 3 f, 6, 9, 11 f, 18	没有认识
unmittelbares Ansetzen **30** 1, **31** 3, 5, 10 ff	直接着手
– bei actio libera in causa **31** 19 ff	—原因自由行为中的
– bei Mittäterschaft **40** 13 ff	—在共同正犯时
– bei mittelbarer Täterschaft **39** 53	—在间接正犯时
– beim Unterlassungsdelikt **36** 40 ff	—在不作为犯时
– Gefährdungstheorie **31** 17	—危险论
– nach äußerem Verhaltenssinn **31** 16	—依照举止的外在意义
– Sphärentheorie **31** 14	—领域论
– Theorie von der Feuerprobe der kritischen Situation **31** 15	—临界情况下的考验论
– Zwischenaktstheorie **31** 18	—中间动作论
Unrecht **5** 9, **6** 1 f, **12** 1 f, **13** 1	不法
– Ausschließungsgründe **15** 1	—阻却事由
– Feststellung **6** 4 ff, **8** 3	—确定
Unrechtsbewusstsein **21** 11, **28** 7 ff	不法意识
– aktuelles **28** 10	—现实的

(续表)

德文关键词及其全书位置	本书中文译法
– fehlendes **21** 12	—缺乏的
– potentielles **28** 11	—潜在的
Unrechtseinsicht s. Unrechtsbewusstsein	对不法的洞察,参见不法意识
Unrechtsmerkmale, besondere subjektive **13** 6	不法要素,特别的主观的
Unrechtsteilnahmetheorie **38** 16	不法参与说
Unrechtsverstrickungstheorie **38** 14 f	不法卷入说
Unterlassungsdelikt **8** 12 ff, **35** 1 ff	不作为犯
– Abbruch eigener Rettungsbemühungen **35** 12 f	—中断自己的救助努力
– Abbruch rettender Kausalverläufe **35** 11	—中断救助性因果流程
– Abgrenzung von Tun und Unterlassen **35** 3 ff	—作为和不作为的区分
– Beihilfe **42** 24	—帮助
– Beteiligung **38** 60	—参加
– echtes **8** 13, **35** 1, **37** 1 ff	—纯正的
– Garantenpflicht **8** 14, **36** 2	—保证人义务
– Garantenstellung s. Garantenstellung	—保证人地位,参见保证人地位
– mittelbare Täterschaft **39** 41	—间接正犯
– omissio libera in causa **35** 14	—原因自由不作为
– Tatort des **4** 6	—……的行为地
– unechtes s. unechtes Unterlassungsdelikt	—不纯正的,参见不纯正不作为犯
Unternehmensdelikt **8** 26 ff	企行犯
– echtes **8** 27	—纯正的
– unechtes **8** 28	—不纯正的
Unwissen **26** 3 ff	没有认识
Ursachenzusammenhang s. Kausalität	原因上的关联,参见因果关系
Urteilsstil **1** 14	判决书风格
Verbotsirrtum **27** 35 ff, **28** 1 ff	禁止错误
– direkter **28** 12	—直接的
– indirekter **28** 12, **29** 6	—间接的

553

(续表)

德文关键词及其全书位置	本书中文译法
– Schuldtheorie **28** 2 f	—罪责说
– umgekehrter **30** 24	—相反的
– Unrechtsbewusstsein **28** 7 ff	—不法意识
– Vermeidbarkeit **28** 14 ff	—可避免性
– Vorsatztheorie **28** 4 ff	—故意说
Verbrechen **8** 30 f	重罪
– Annahme des Erbietens zu einem– **43** 19	—接受为……的他人请求
– Sich-Bereiterklären zu einem– **43** 17	—自愿声明实施……
– Verabredung zu einem– **43** 20 f	—约定实施……
Vereinigungstheorie **2** 16 f	综合理论
Vergehen **8** 30 f	轻罪
Vergeltungstheorie **2** 9 ff	报应理论
Verhaltensnormen **2** 2 ff,5	举止规范
– Legitimation **2** 6 f	—正当性
Verletzungsdelikt **8** 20	实害犯，或侵害犯
Vermeidbarkeit	可避免性
– individuelle **33** 51 ff	—个别的
– sorgfaltsgemäße **33** 18,24 f	—合乎谨慎的
Vermeidungstheorie **14** 15,21	避免理论
Versuch **9** 15,**30** 1 ff	力图
– abergläubischer **30** 16	—迷信的
– Abgrenzung zum Wahndelikt **30** 21 ff	—与幻想犯的区分
– beendeter s. beendeter Versuch	—已终了的，参见已终了的力图
– Beginn des–s. unmittelbares Ansetzen	—（力图）的开始，参见直接着手
– bei actio libera in causa **31** 19 ff	—原因自由行为中的
– bei Mittäterschaft **40** 13 ff	—在共同正犯时
– bei mittelbarer Täterschaft **39** 53	—在间接正犯时
– beim Unterlassungsdelikt **36** 40 ff,**37** 3	—在不作为犯时

(续表)

德文关键词及其全书位置	本书中文译法
– der Anstiftung **43** 3	—教唆的
– der Beteiligung **43** 1 ff	—参加的
– der Erfolgsqualifikation **30** 18	—结果加重犯的
– Eindruckstheorie **30** 9 f	—印象说
– erfolgsqualifizierter **30** 19	—（力图的）结果加重
– fahrlässiger **30** 20	—过失的
– fehlgeschlagener **32** 5 ff,11 ff	—失败的
– Formen des **30** 11 ff	—……的诸形式
– grob unverständiger **30** 14 f	—严重无知的
– Planung **31** 1	—计划
– Rücktritt s. Rücktritt	—中止，参见中止
– Strafbarkeit des-s **30** 1,5 ff	—（力图的）可罚性
– Strafwürdigkeit des-s **30** 5 ff	—（力图的）应罚性
– Tatentschluss s. Tatentschluss	—行为决意，参见行为决意
– tauglicher **30** 12,14	—能犯的
– unbeendeter s. unbeendeter Versuch	—未终了的，参见未终了的力图
– unbeendet-tauglicher **32** 15	—尚未终了的能犯的
– unmittelbares Ansetzen s. unmittelbares Ansetzen	—直接着手，参见直接着手
– untauglicher **30** 13 f,**32** 7	—不能犯的
– Vollendung **31** 1 ff	—既遂
– Vorbereitung s. Vorbereitung	—预备，参见预备
versuchte Anstiftung **43** 3	教唆的力图
versuchte Beteiligung **43** 1 ff	参加的力图
– Rücktritt **43** 23	—中止
Verteidigung s. Notwehrhandlung	防卫，参见紧急防卫的行为
Verteidigungswille **16** 3,37 f	防卫的意思
Vertrauensgrundsatz **33** 30 ff	信赖原则
Vertreter, Haftung des-s **7** 1 ff	代理人，（代理人的）责任

（续表）

德文关键词及其全书位置	本书中文译法
Verursachungstheorie **38** 12 f	惹起说
Verwarnung mit Strafvorbehalt **1** 20	保留刑罚的警告
Verwerflichkeit **8** 3	可责难性
Vollendung der Straftat **9** 15,**31** 1 ff	犯罪的既遂
Vollstreckungsverfahren **1** 13	执行程序
voluntative Vorsatzkomponente **13** 3,**14** 9,12 ff	故意的意志因素
Vorbereitung **31** 1 f,**43** 6	预备
– strafbare **43** 15	——可罚的
– und Versuch **31** 1 ff,10 ff	——和力图
Vordermann s. mittelbare Täterschaft	实际执行者，参见间接正犯
Vorhersehbarkeit	可预见性
– individuelle **33** 51 ff	——个别的
– sorgfaltsgemäße **33** 18,20 ff	——合乎谨慎的
vorläufige Festnahme **20** 1 ff	临时逮捕
Vorsatz **13** 1 ff	故意
– Absicht s. Absicht	——蓄意，参见蓄意
– alternativer s. dolus alternativus	——择一的，参见择一故意
– Arten **14** 1 ff	——种类
– bedingter s. bedingter Vorsatz	——间接的，参见间接故意
– beim Unterlassungsdelikt **36** 30 ff	——在不作为犯时
– direkter s. direkter Vorsatz	——直接的，参见直接故意
– dolus generalis **14** 37	——概括故意
– Doppelfunktion **13** 5	——双重的机能
– Gegenstand **13** 10 ff	——对象
– Hauptfolgen **14** 5 f	——主要结果
– intellektuelles Element **13** 2,**14** 9,11	——认识因素
– kumulativer s. dolus cumulativus	——累积的，参见累积故意
– maßgeblicher Zeitpunkt **13** 8 f	——决定性的时点

(续表)

德文关键词及其全书位置	本书中文译法
– natürlicher **13** 4	—自然的
– Nebenfolgen **14** 5 f,11	—伴随结果
– sachgedankliches Mitbewusstsein **13** 2	—实事角度的伴随意识
– voluntatives Element **13** 3,**14** 12 ff s. auch Tatbestandsirrtum	—意志因素,亦参见构成要件错误
Vorsatz-Fahrlässigkeits-Kombinationen **34** 1 ff	故意—过失结合体
– erfolgsqualifizierte Delikte **34** 2,4,6 ff	—结果加重犯
– nicht-qualifizierende **34** 2 f	—非加重的
– Teilnahmefähigkeit **38** 21	—能否成立参与
Vorsatztheorie **28** 4 ff,**29** 14	故意说
– modifizierte **28** 5 f,**29** 15	—修正的
Vorverlagerungstheorie **23** 15,19	前置理论
Wahlfeststellung **48** 7 ff	选择确定
– echte **48** 10 ff	—纯正的
– gleichartige **48** 8 f	—同种的
– ungleichartige **48** 10 ff	—异种的
Wahndelikt **26** 10,**29** 5	幻想犯
– Abgrenzung zum Versuch **30** 21 ff	—与力图的区分
Wahrscheinlichkeitstheorie **14** 15,17,28	极有可能性理论
Weltrechtsprinzip **4** 12 f	世界法原则
Werkzeug s. mittelbare Täterschaft	(犯罪)工具,参见间接正犯
Zeitgesetz **4** 3	限时法
zeitliche Geltung des StGB **4** 1 ff	《刑法典》的时间效力
Zeitpunkt der Tat s. Tatzeitpunkt	行为的时点,参见行为时
zivilrechtlicher Notstand	民法上的紧急避险
– aggressiver **17** 43 f	—侵犯性的
– defensiver **17** 45 ff	—防卫性的
zivilrechtliche Selbsthilfe **20** 11 ff	民法上的自力救济
Züchtigungsrecht **20** 18 ff	责打权

(续表)

德文关键词及其全书位置	本书中文译法
Zurechnung, objektive s. objektive Zurechnung	归属,客观的,参见客观归属
Zusendung unbestellter Leistungen **20** 14 ff	寄送未预订过的给付
Zuständigkeit für den Erfolgseintritt s. objektive Zurechnung	对结果发生的管辖,参见客观归属
Zustandsdelikt **8** 25	状态犯
Zweispurigkeit der Rechtsfolgen **1** 16 f	法律后果的双轨制
Zweitverursacher **11** 36 s. auch Regressverbot	第二引发人,亦参见回溯禁止
Zwischenaktstheorie **31** 18	中间动作论

刑法知识的传授和翻译（译者跋）

（一）刑法知识的传授与研究

这本刑法教科书，以书面的方式，真实地再现了德国波恩大学法律系刑法总论大课的授课内容。众所周知，自近现代以来，波恩大学刑法学巨匠辈出，在韦尔策尔、雅科布斯、普珀等老一辈刑法学家的努力下，波恩刑法学在德意志刑法学界独树一帜。因而，能够翻译波恩大学法律系的这样一本活生生的教材，令人感到很有意义。有人说过，做好学问的最好方法，是仔细地观察。而这样一部教科书，则似乎在说，做好学问，需要用心观察，也需冷静聆听。

众所周知，德意志刑法是体系性构建的法律。早在罗马法时代，围绕着对法律的解释，就产生了法学学理。因而，刑法学理也是由对刑法的解释而发展起来的体系化的法学理论。现代意义上体系性的德国刑法学已经有一百余年的历史了。这种体系性的学问的优点在于，各种概念、原则、规则都已经通过争论得到了整理和归纳，并均在知识体系中具有相对应的位置，这种条理化的安排，大大降低了学习的时间成本。所以说，德国刑法学理是容易传授的刑法知识体系。这几乎成了判例法系国家（或地区）以外世界刑法学的共识。这样一套体系化的刑法知识，能够让人较完整而且较快地了解到刑法适用中可能涉及的基本问题，故在知识传播上具有相当的优势。我国作为法治建设中的国家，倘若能够较快地了解这样一套知识体系，无疑会有所裨益。事实上，自19世纪末以来，我国刑法学始终都直接或间接地与德国刑法学保持着思想联系。当然，这不代表我们就要照抄照搬，因为了解这一知识体系之后，还要再对之加以研究，取其长处，舍其短处，为我所用。研究要以了解、会通为前提，缺乏消化的研究，在道理上恐怕不足以成立。

这是一本以讲授德国刑法学总论的基本知识为目标的教科书，书中每节都有相应的问答题目，且每节大多附有小案例，进而降低了论述的艰深程度，便于掌握，而这是很重要的。希望该教科书的翻译，能够有助于我国有意了解德国刑法知识体系的读者，较快地对德国刑法总论部分有基本的了解。当然，在阅读翻译的教科书之前，最好还是能以阅读体系相近的我国刑法教科书为基础。

本书作者金德霍伊泽尔教授乃是当代德国著名刑法学家。在刑法思想上，他是当代德国对宾丁创立的规范论理解得几乎最深刻的刑法思想家；在学理方法论上，他坚定地贯彻中立的刑法分析方法，传承着波恩刑法学不偏不倚的一贯特色。在学术成果上，他和诺伊曼、佩夫根共同主编，阿尔布雷希特、察克奇克、哈塞默、库伦、普珀等刑法学者参与撰写的三卷本《诺莫斯刑法典评注》(第四版),以7104页的巨型篇幅,成为了德国刑法理论界和实务界频繁引用、实现德国刑法学理继续创新的极为重要的注释书。除主编和撰写注释书之外,金德霍伊泽尔教授同样极为重视教科书的写作。他以独著的方式,出齐了刑法总论、刑法分论、刑事诉讼法的教科书,并实现了反复再版。这个纪录,即便在德意志,也是不多见的。拿读者面前的这本《刑法总论教科书》来说,该书每两三年即修订推出新版,其简易平实的风格给人留下了深刻的印象。诺莫斯出版社这样评价该书:"在法律教学中,刑法总论因其高度的抽象性以及难以计数的观点论争,而算得上是涉及面最广且最复杂的内容了。这本新版教科书,以易懂、简洁和为读者所喜欢的方式,讲解了教学中相关的各个主题。该书不仅适合于刚刚接触刑法总论的读者,也可供再次学习之用。"(见诺莫斯出版社《法学学习文献·2012年夏季学期》,诺莫斯教科书)。值得一提的是,该教科书的西班牙文译本为智利学者马纳利希博士所译。

自20世纪70年代以来,德意志刑法学又进入了一个新的阶段,但愿本书能以恰当的方式给国内带去一部分新知识。在这里,译者想提一下如何看待德国刑法中的"主流学说"(即"通说")的问题。阅读翻译的著作时,细心的读者应该会发现,是否是"主流学说"乃取决于相应学说被接受的广度,是否取得支配地位;而取得支配地位,则要么是得到了判例的持续采纳、引证,要么是在文献中占据了多数的地位。因而,不少持"主流学说"的法学学者,在许多情况下也完全可能成为少数说的论者。如同任何自然现象和社会现象一样,学说也是不断发展变化的。"主流学说"是特定条件下占支配地位的学说,当其条件发生变化,学说的说服力既可以增强,也可能减弱乃至失去。少数说在其设定的条件下,也是"说得通"的,否则就不成立为学说。所以,衡量学说优劣的标准,不是别的,而是学说本身的逻辑,以及学说是否合乎相应的条件。在该教科书中,金德霍伊泽尔教授并非处处都采用传统的主流观点;当主流意见并不妥当或不符合实际情况时,他便在阐述主流见解的同时,也恰当地论证自己的观点。我以为这才是实事求是的科学精神。以前翻译进国内的教科书,已经为我国刑法学的研究提供了丰富的素材。正如诺莫斯出版社所指出的,本教科书的出众之处在于其精炼的篇幅、易懂的表述和创新的观点,因而,但愿本书的中文版能成为有益于我国刑法教学、理论研究和法律实践的参考资料。

(二)翻译的可能与不可能

但凡做事,都有个可能与不可能。若谈可能,也就是说这事可行且可能带来好效果;若谈不可能,则是说这事不可行,做了反而可能不如不做的好。世间的事情,大多都有这种两面性。翻译也不例外。

作为一种语言的转换,翻译同时也是知识的一种继承,在语言不通的个人和国度之间,通过翻译,能够实现知识的共享和文化的交流,但是,由于社会、政治、文化背景的不同,这使得翻译有可能是一种再创造,时髦一点说,是创新。创造主要应该体现在为输出体语言和输入体语言架桥的这个环节上。因而,较好的学术翻译,对应于翻译的具体环节,至少应建立在三种能力的基础上:对输出体知识和语言的掌握、对输入体知识和语言的掌握、对二者之间差异的处理与转换能力。这三者同等重要、缺一不可。因此,翻译的可能与不可能,也就体现在这三个环节上。说翻译是可能的,乃是人们可以通过翻译这座桥梁了解到不太了解的信息;说翻译是不可能的,乃是通过翻译这座桥梁,看到的"外国十五的月亮已可能是十四或者十六的月亮了"(如果允许我做比喻的话)。举个与我们刑法学相关的例子。众所周知,雅科布斯教授的人格体理论中"人格体"是"Person",在刑法学语境下,冯军教授的这一译法值得称道,而贺麟教授在翻译黑格尔的《法哲学原理》时,将"Person"直接译为"人"。雅科布斯教授和黑格尔历史遗产之间,具有一定程度的继承关系。这时,该将"Person"这个最基本、最"简单"的词做何译?答案是该怎么译就怎么译,没有固定不变的做法。但没有定法,不等于瞎译,而是要遵守科学的基本规律来译。

我国是具有优良翻译传统的国度。近世的严复先生说,翻译要信、达、雅。这三个要求之间,信居于首,故而,在存疑的情况下应"因循本旨,不加文饰"。在本书的翻译中,也以忠实原文为根本。但对于一部好的译著而言,是否可以只求信,而不求达、雅呢?显然是不可以的,仅仅死心求信,结果很可能译文无法通达,而成为机器语言。好的翻译,需信、达、雅三者齐全,方为理想。译者的天职是忠实于作者原意行事,但也不应仅满足于求信,稳妥的方式应该是,在确保信的基础上,适当追求达和雅。至少在"雅"这上面,是属于创造。换言之,如果原文是诗,那么翻译出来应该还是诗。这样,在某种意义上讲,翻译是不可能的。话说回来,在古老中国重新崛起的关键时刻,我国刑法学也处于知识再转型的路口,这时,需要多了解外国知识,在语言不通的情况下,借助于翻译也许是个好方法。但有人以为,"翻译"不过语言转换,不为创新。现今学术制度下,翻译应该算一种笨功夫。但假若翻译工作没有做好,而要零散的翻译成为体系性的工作,从而推动知识的转型,可能会费时长些。

需要说明的是,本书最初翻译的是原书德文版第四版。由于翻译进度赶不上原书德文版的更新,在翻译和准备出版第四版的过程中,原书的第五版、第六版便相继面世。在原书德文新版与读者见面后,译者按照原书新版修订的内容,对译稿又进行了全面的更新,从而实现了和德文第六版的一致。本书在翻译过程中,译者有幸聆听了金德霍伊泽尔教授本人的刑法总论课,在从事翻译之时,也多次就自己琢磨不定的问题向教授求教,他不厌其烦的耐心和清晰的解答,澄清了我的许多疑惑。在翻译工作基本完成后,他还亲自惠赐一篇洋洋洒洒的前言,同时还热忱关心出版事宜,并为之而奔走。德国诺莫斯出版社也在版权问题上给予了支持。没有他们的真诚合作和鼎力相助,本译著难以和读者见面。本译著初稿完成后,导师陈兴良教授通读了译稿并拨冗作序,为本书增色不少,译者在此表示衷心感谢。在翻译、出版的前前后后,冯军教授、王世洲教授、梁根林教授、江溯博士、何庆仁博士、牛露露博士、柏浪涛博士、马寅翔博士等,也积极关注或者询问本书的翻译进展,并期待本书中译本的面世。师弟王俊仔细阅读了该译本中的部分内容,他对刑法学研究的热情和追求,深刻地印在我的脑海中。北京大学出版社蒋浩先生、白丽丽女士、毕苗苗先生等诸位在出版该书上的殷切热情和版权联系、审稿校对上的辛勤努力,则是本译著能顺利地与读者见面不可或缺的重要一环。对于以各种形式提供了帮助的诸位师长、同仁,译者谨致以衷心谢忱。当然,本书翻译中的不妥之处,概由译者承担,也请读者不吝批评、指正。

以上便是本书翻译过程中的一点小想法,是为译者跋。

蔡桂生
于德国波恩市莱茵河畔小屋
2010 年夏季
断续修改至 2014 年 12 月底